易學易用**SPSS PASW**統計分析實務

李金泉　編著

全華圖書股份有限公司　印行

作者序

初版緣起

2007年是非常特別的一年！有著很多不可思議的因緣。在此之前二年原本承諾全華圖書撰寫一本SPSS的書籍，但期間一直忙著，毫無思緒提筆，直至2007年初，偶然的機會，在回家的路上，看到一個路燈的掛飾，一面是電子時鐘，顯示目前時間，上方寫著「把握當下」；另一面是電子溫度計，顯示目前溫度，上方寫著「冷暖自在」，正因如此才激發起自己一個念頭與動力，讓我終於下定決心，要完成這多年來的心願。畢竟距離上一次撰寫SPSS的書籍，匆匆已過十多年，時間從未停歇，人事不斷變化，感慨自己一事無成，總是在週遭的處境中打轉。

花了近半年的時間撰寫本書，自我要求清晨四點起床，每天有些許的進度，終於歷經四個月專心的寫作，完成本書大部份的初稿，一切也都照著自己既定的規劃去完成。豈料人生總是好事多磨，2007年5月初歷經好友之妻病逝及家中慈母突然辭世，心中有著無限的衝擊與感傷，也中斷了將近一個多月的時間未能繼續本書的撰寫。回顧自己從小在鄉下困苦的環境中成長，雖然母親未曾受過教育，但非常感念她教導我樂觀面對人生處境的性格。感傷自己國中畢業後便離家至外地讀書、工作，與母親的相處是聚少離多。因此其驟逝，令我非常不捨，亦更加深我完成撰寫本書的信念，期望報答她老人家的養育之恩。

再版動機

隨著本書於2010年的再版，配合著IBM公司SPSS PASW統計軟體18版多語言(可任意更換中、英文的操作介面及輸出報表)之便利性，因此重新將本書所有的操作介面更新為中文介面，以利讀者閱讀上的方便；而為加深統計的學習，全書內容的操作說明、統計專有名詞均以中、英文對照說明。

同時考量研究上的實務需求，本書再版時，增加第21章探索性因素分析，配合第19章的項目分析及第20章的信度分析，以更完整的說明研究工具之信、效度的量化檢驗；至於新增第22章二因子變異數分析，是強調交互作用的分析，以更深入的探索多因子之間的差異效果。

此外，為提供讀者在閱讀本書的同時能做更多的延伸學習，茲建置本書之愛秀(ishow)的個人網站(http://www.ishow.idv.tw/SPSS)，期待能將本書的相關資源與大家共享。

統計思考

學習統計分析，重點不僅要熟悉如何運算，更重要的是要瞭解邏輯思考及使用適當的統計方法，通常好的資料會因為使用不適當的統計方法而變得沒有價值。茲引用下列一段英文資料以闡述統計思考的學習：

Statistical thinking will one day be as necessary for efficient citizenship as the ability to read and write. (HG Wells, 1866 ~ 1946) The application of statistical thinking means that, for any question for which we seek an answer, we should follow a process. ■ We plan: what data we are going to collect: when, how, and where. ■ We do: collect the data. ■ We study: analyses the data. ■ We act and improve: draw conclusions and take appropriate action.	統計思考未來將如同讀、寫能力一般而成為有效公民所必備的能力 (HG Wells, 1866 ~ 1946)。 　統計思考的應用係意謂著問題求解答，應依循下列的過程： ■ 規畫—何時、如何、何處去蒐集何種資料。 ■ 執行—蒐集資料。 ■ 研究—分析資料。 ■ 行動與改善—做結論與採取適當的行動。

學習要訣

學習SPSS的金律(The Golden Rule of Learning SPSS，摘錄自Pallant, 2007)

■ 學習資料分析如學習烹調，以SPSS為火爐工具燒出各式各樣的好菜。

In both cooking and data analysis, you can't just throw in all your ingredients together, shove it in the oven (or SPSS) and pray for the best. Hopefully this book will help you understand the data analysis process a little better and give you the confidence and skills to be a better 'cook'.

■ 最佳的學習方法就是不斷地動手練習，學習SPSS不僅學會對話盒(dialog)的操作，亦同時要學寫簡易的語法程式(programming)。

The best way to learn is by actually doing, rather than just reading. Hands-on practice is always better than just reading. Doing is the best way of learning—particularly with these more complex techniques. Practice will help build your confidence for when you come to analyze your own data.

■ 自由自在玩樂於範例資料檔，發現分析結果並試著加以解釋，以建立執行正確分析的信心。

'Play' with the data files from which the examples in this book are taken before you start using your own data file. This will improve your confidence and also allow you to check that you are performing the analyses correctly. Feel free to 'play' with the data file. See what results you get, and try to interpret them.

章節架構

本書係易學易用SPSS PASW統計分析系列的第一本書，共分四篇計有22章，詳如下圖所示，主要係期待學習者能熟悉SPSS PASW的操作環境及瞭解基本統計分析的實務應用，至於其它更進階之推論應用統計分析，期待能於後續的努力，不斷地加以整理及分享。

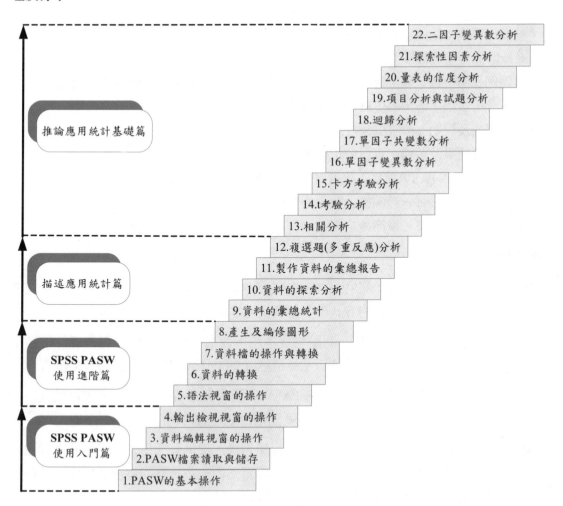

問題求解

問題求解是學習動力的關鍵所在，因此本書建構的每一個問題旨在引導學習者的學習方向，期望透過下列圖示的系統化學習過程以探索解答，將讓學習者能更加精通SPSS PASW統計分析的實務與應用。

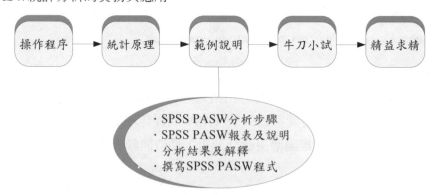

操作程序 → 統計原理 → 範例說明 → 牛刀小試 → 精益求精

- SPSS PASW分析步驟
- SPSS PASW報表及說明
- 分析結果及解釋
- 撰寫SPSS PASW程式

操作程序：快速掌握SPSS PASW功能表的操作。

統計原理：簡潔說明統計的基本原理。

範例說明：每一範例透過以下過程加以詳盡說明SPSS PASW的實務與應用。

- 分析步驟：逐步解說SPSS PASW的操作過程。
- 報表及說明：解說SPSS PASW的輸出報表。
- 分析結果及解釋：資料分析結果的呈現。
- 撰寫SPSS PASW程式：學習SPSS PASW程式的撰寫。

牛刀小試：於每一範例後之類似的習題，以提供反覆的練習機會。

精益求精：於每一章節後之深入的習題，以提供精通的學習機會。

本書特色

◆ 問題導向的編排架構：將SPSS PASW的操作功能及應用統計的分析技巧融合在各章的問題中，以系統化的方式導引讀者快速掌握各章的概念與實務運用。

◆ 逐步指引的學習策略：每一問題均逐步地解說其操作步驟，以利讀者能依循學習，快速瞭解各問題的解答技巧，並精熟SPSS PASW與應用統計的各項技巧。

◆ 對話方塊的詳盡解說：針對SPSS PASW各程序及命令的對話盒、次對話盒之功能，提供詳盡的指引，讀者可做為深入使用SPSS PASW的參考指引手冊。

◆ 豐富多元的練習解題：在問題導引逐步學習後，提供有「牛刀小試」的練習題，讓讀者能將所學習到的技巧予以即時的練習；而在每一章的最後並提供有「精益求精」的練習題，旨在深化讀者實務分析的能力。

感恩惜福

　　本書能如期順利再版，首先要感謝讀者長期的愛護與使用，提供很多寶貴的意見，讓本書的內容能更加精緻與豐富。

　　對於全華圖書李素玲經理、資訊圖書部蔡秀娟組長的鼎力協助，以及吳佩珊編輯的細心、熱誠校對及協助均深感溫馨與謝意。

　　最後，感念賢妻莉娜的付出與包容，女兒依蓉、宜靜的支持與關心，讓我更能無後顧之憂、全心全力的完成自己多年來的心願。畢竟這是一個重新的起步，期許自己未來能更加專心致志，逐步的去追尋理想與實現夢想，也期待大家能夠透過本書的學習，更開闊資料統計分析的視野，進而不斷的以問題求解的精神，面對更多人生的處境。

李金泉　謹於　台南 2010.01.15

目錄

第二篇　PASW使用進階篇

Chapter 07　資料檔的操作與轉換

Chapter 08　統計圖的繪製與編修

第三篇　描述應用統計篇

第四篇　推論應用統計基礎篇

Chapter 14　t考驗分析

Chapter 15　卡方(x^2)考驗分析

Chapter 16　單因子變異數分析

Chapter 17　單因子共變數分析(ANCOVA)

Chapter 18　迴歸分析

Chapter 19　項目分析與試題分析

Chapter 20　信度分析

Chapter 21　探索性因素分析

Chapter 22　二因子變異數分析

Appendix　PASW各資料檔說明

主要參考文獻

對話盒指引

PASW使用入門篇

第四篇　第三篇　第二篇　第一篇

SPSS 之 PASW 統計分析軟體，前身是 Statistical Package for the Social Science 的簡稱，係 SPSS 公司於 1965 年所開發，2009 年由 IBM 公司收購 (acquire) 後，將其更名為 PASW(Predictive Analytics SoftWare)，具有更全面及強力的進階統計分析功能，並可隨時切換中、英文的操作介面及輸出報表。為使讀者由淺入深地瞭解和快速掌握 PASW 軟體的入門使用，並靈活運用於資料分析和解決研究問題，本篇共分四章，茲將各章的內容簡要說明如下：

第一章、PASW 的基本操作：包括簡述 PASW 的意義及特性，綜論 PASW 視窗 (window)、功能表 (menu)、對話盒 (dialogue) 的基本操作，並論述如何使用 PASW 進行簡單的統計分析及繪製統計圖等。

第二章、PASW 的檔案讀取與儲存：包括如何新建檔案，讀取 PASW、試算表、資料庫、文字檔等資料檔，以及如何使用語法讀取文字檔的資料，如何在 PASW 資料檔加入註解、顯示資料檔的資訊，如何定義及使用變數集等。

第三章、資料編輯視窗的操作：包括如何瞭解 PASW 資料編輯器的架構、定義 SPSS 變數、輸入及編修資料、尋找資料、設定資料編輯器的工作環境等。

第四章、輸出檢視視窗的操作：包括如何操作輸出檢視器、使用樞軸表編輯器、以及對輸出表格進行編修、設定輸出表格的外觀、自訂輸出檢視器的起始顯示設定，並將分析結果運用至其他的應用軟體等。

Chapter 01

PASW的基本操作

❓ 1-1 如何瞭解PASW Statistics？

一、PASW的意義

SPSS 統計分析套裝軟體，早期是 Statistical Package for the Social Science 的簡稱，不論在大電腦或 IBM 個人電腦 (PC) 或 Macintosh 個人電腦上，都有傑出的表現，且深受廣大使用者的喜愛。而率先於其它公司所推出的 Windows 版本：SPSS for Windows 更是一舉將其推上了領先群雄的地位，不斷地推出新產品與新機種的軟體，更是突顯了 SPSS 公司對於統計軟體的企圖心，也因此，後來將其 SPSS 更名為 Statistical Products and Services Solutions 的簡稱，亦即將其市場推廣至各個領域，而不再侷限於社會科學的範疇中，甚至提供了各種統計的諮詢與服務，2009 年由 IBM 公司收購後，將其更名為 PASW (Predictive Analytics SoftWare)，具有更全面及強力的進階統計分析功能，並可隨時切換中、英文的操作介面及輸出報表。

二、PASW Statistics的特性

SPSS PASW 統計分析軟體可以兩句話來形容其特性，即 "Real Stats，Real Easy"，所謂 Real Stats 即真正的統計，意指可以深入顯現資料的型態與趨勢、決定是否達顯著水準、發現變數之間的關係等。而所謂 Real Easy，即真正的好用，意指可以輕易而即刻地使用所需的統計程序。茲將其特色分成四個要點來加以說明如下：

(一) 學習快速，工作簡捷 (Learn fast，work smart)

PASW Statistics 在學習與使用上都相當地容易。所有的分析選項均清楚地顯示在下拉式功能表 (pull-down menus) 以及增強的對話盒 (dialog boxes) 中。其他特性還包括有較廣範圍的統計量、統計辭彙 (statistical glossary)、圖形繪製以及超文字 (hypertext) 的輔助說明等，只要輕按滑鼠，即可快速而有效的執行分析。因此，此軟體能使你更集中心力於分析，而不再浪費時間於操作機器上。

(二) 全面地操作資料 (Work your data over)

PASW Statistics 的資料編輯器 (Data Editor)，類似於速算表 (spreadsheet)，可提供更具彈性的標註觀測值以及編修資料值，可以更快速、更容易存取各式各樣的資料檔，包括有 SPSS/PC+、dBASE、Excel、Lotus、SAS、SYLK、ASC II、Stata 等檔案，以及 Oracle 與 SQL 伺服器的資料庫等。同時亦可輕易地分割檔案、產生新變數、抽選樣本及排序資料等，而不需撰寫複雜的程序巨集指令等。

(三) 找到真正的答案 (Find the "right" answer)

在 PASW Statistics 中可以更快更好地執行各模組內的大部份統計工具。這些統計能力是速算表、資料庫等其他應用軟體所無法比擬的，諸如平均數、列聯表、相關、變異數分析、迴歸等，每一種統計程序都包括有分析考驗的精確度與深度。

(四) 清晰而快速地顯現結果 (See results clearly and quickly)

PASW Statistics 可產生超過 50 種以上的高畫質圖形、包括有商業圖 (business charts)、統計圖 (statistical charts)、統計品管圖 (SQC charts)、診斷圖 (diagnostic plots) 等。

三、PASW的功能

■ 資料存取

讀取不同格式之資料，組織成為 PASW 資料檔以供統計分析及繪製統計圖。

■ 資料轉換

可產生新變數、累計總數及偵查輸入資料之錯誤外，還可以用來修改變數定義 (如將數字資料轉換為文字資料)。

■ 統計分析

從簡單之描述性統計至複雜之多變量分析均可處理。

■ 報表編輯

除產生之標準報表外，尚提供編輯功能，且能將結果轉入其他軟體（如 excel）中使用。

■ 資料檔處理

有編輯、細分、連結、合併和更新資料檔之功能。可同時處理數個輸入檔。

1-2 如何操作PASW的視窗(windows)？

一、PASW的視窗種類

PASW 共有四類常用的視窗，分別介紹如下：

(一) PASW資料編輯視窗(PASW Statistics Data Editor Window)

如圖 1-2-1 所示的視窗用以顯示資料檔的內容，SPSS PASW 啟動時自動產生，可產生新資料檔或修改現在的資料。

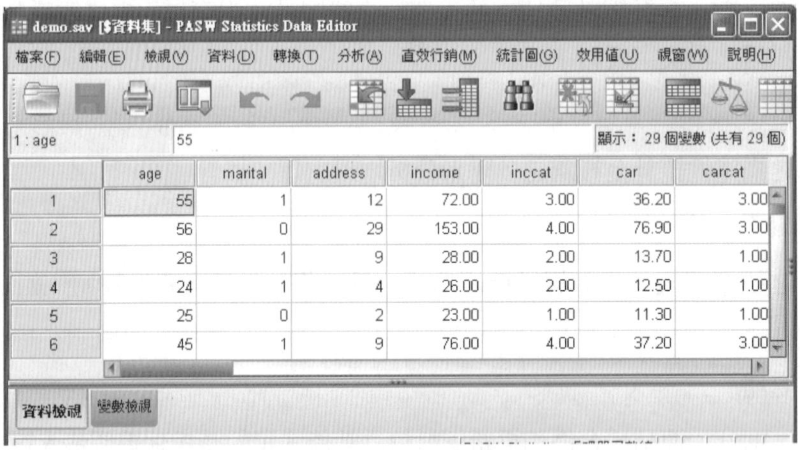

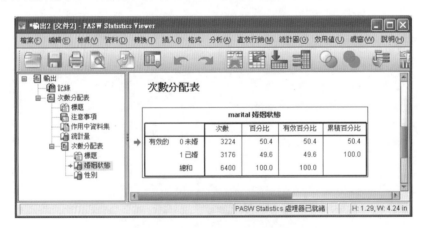

圖1-2-1　PASW資料編輯視窗

(二) PASW輸出瀏覽視窗(PASW Statistics Viewer Window)

如圖 1-2-2 所示的視窗用以顯示 PASW 分析的結果，包括文字及圖形的輸出，可編輯並儲存以供日後的使用，亦可同時開啟其它多個輸出視窗。

圖1-2-2　PASW輸出瀏覽視窗

(三) PASW語法編輯視窗(PASW Statistics Syntax Editor Window)

如圖 1-2-3 所示的視窗用以顯示 PASW 的命令語法程式，可編修及儲存，並可同時開啓多個語法視窗，亦可把對話盒 (dialog box) 的選擇結果變成命令語法 (command syntax) 貼入 (paste) 語法編輯視窗中。

圖1-2-3　PASW語法編輯視窗

(四) 圖形編輯視窗(Chart Editor Window)

通常在輸出瀏覽視窗快速點選圖形二次，即可開啓此視窗，其功能係用以修改、儲存高解析度的圖形，並可改變圖形色彩，選擇不同型式的字型或大小，甚至改變圖形的類型。

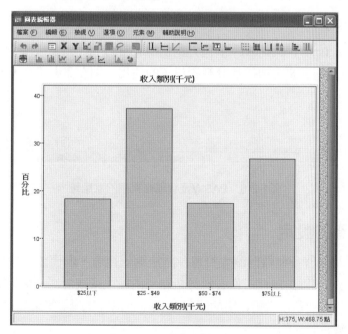

圖1-2-4　圖形編輯視窗

二、PASW資料編輯視窗的架構

(一) 圖示軸(Icon Bars)

在資料編輯、輸出瀏覽、語法編輯及圖形編輯等四個視窗中的頂端，都提供有圖示軸，這些圖示是用以提供該視窗之特有功能，可使用滑鼠的點取以快速執行有用的操作，如圖1-2-5 所示即為 PASW 資料編輯視窗的圖示軸，我們將分別在第三章、第四章、第五章及第八章等章節分別詳細說明。

圖1-2-5　PASW資料編輯視窗的圖示軸

(二) 狀態軸(Status Bars)

在 PASW 資料編輯視窗的底端，是用以顯示目前所處的狀態，總共分成六格，如圖1-2-6 所示，由左至右依次顯示為：

1. 命令狀態 (command status)：用以顯示執行的命令或程序。

2. 觀測體狀態 (case status)：用以顯示目前處理的觀測體個數。

3. 轉換狀態 (transformation status)：用以顯示資料轉換的執行狀態。

4. 過濾狀態 (filter status)：訊息篩選於 (Filter On) 顯示納入分析的觀測體是經過篩選的資料組。

5. 加權狀態 (weight status)：訊息加權於 (Weight On) 顯示使用加權變數。

6. 分割檔案狀態 (split file status)：訊息分割依據 (Split File On) 顯示資料檔已分割成幾個子集。至於 有關過濾，加權及分割資料檔的使用，則在第七章中有更深入詳細的說明。

圖1-2-6　PASW資料編輯視窗的狀態軸

三、指定視窗的設定

PASW 可同時開啟多個輸出瀏覽視窗、語法編輯視窗，但僅能其中一個為指定視窗 (designated window)，以供現行工作資料分析結果的輸出或統計語法的貼入。通常指定視窗是由輸出瀏覽視窗或語法編輯視窗的圖示軸 (icon bar) 上的 鈕來加以宣告，其設定是點取該鈕，使其變為較淡的顏色。

❓ 1-3　如何操作PASW的功能表(menus)？

一、PASW Statistics的主功能表簡介

PASW Statistics 是以功能表驅動 (menu driven) 方式，藉由功能表的選擇來達成大部份的特性。在 PASW 資料編輯視窗中的主功能表 (main menu) 上共分類有主要的十大功能，依序如下，詳細說明則在以後各章中一一予以介紹。

1. [檔案] (File) 功能表：用以產生新的 PASW 檔案、開啓舊有檔案或讀取由其它軟體所產生的速算表或資料庫檔案。

2. [編輯] (Edit) 功能表：用以修改或從輸出及語法視窗中複製內文。

3. [檢視] (View) 功能表：用以切換資料及變數屬性視窗，檢視狀態列、資料的字型、格線、資料值標註的顯示，和自訂工具列的圖示與顯示等。

4. [資料] (Data) 功能表：用以對資料檔進行修飾，例如資料檔的合併、轉置、排序、分割等。

5. [轉換] (Transform) 功能表：用以進行資料的轉換，包括產生新變數、重新編碼、觀測體的排等級、資料計次等。

6. [分析] (Analyze) 功能表：用以選擇各種不同的統計程序，如變異數分析、線性迴歸、相關及列聯表等。

7. [統計圖] (Graphs) 功能表：用以產生各種不同的統計圖形，如條狀圖、散佈圖、圓形比例圖等。

8. [效用值] (Utilities) 功能表：用以改變字型、顯示資料檔內容的訊息或開啓語法索引等。

9. [視窗] (Window) 功能表：用以排序、選擇及控制各種不同的 PASW 視窗。

10. [說明] (Help) 功能表：用以開啓各種不同的輔助說明視窗。

二、功能表的顯示架構

功能表是目前現行視窗的功能清單。其內各功能項目之顯示，茲以圖 1-3-1 及圖 1-3-2 來加以瞭解其顯示架構

1. 當所顯示功能項目之顏色較淡或灰色時，表示該功能目前不能使用。通常是因爲某些必要的條件無法配合。例如圖 1-3-1 中的儲存 (Save Data) 命令，因爲資料編輯器內的新資料檔尚無任何資料，故無法執行儲存。

2. 當所顯示功能項目之右邊界附加「▶」時，表示該功能項目尚有次功能表 (sub-menu)。例如圖 1-3-1 中，點取開啓新檔 (New) 功能項目，即會出現資料 (Data)、語法 (Syntax)、輸出 (Output)、程式檔 (Script) 等四項之次功能項目。

3. 當所顯示功能項目之右邊附加「…」(三個點時)，表示使用者在選取該功能項目之後，會出現「對話盒」(dialog box)，要求使用者輸入更多的資料。例如圖 1-3-1 中，點取讀

取文字資料 (Read Text Data…) 時，螢幕中會出現開啓資料 (「Open File」) 的對話盒。

4. 當所顯示功能項目之左邊有檢查符號，即打 ✓ 時，表示該功能正使用中。例如圖 1-3-2 中，狀態列 (Status Bar) 功能的左邊標示 ✓ 的符號，表示目前視窗顯示出狀態軸。

5. 當所顯示功能項目右邊有標示按鍵組合或功能鍵時，表示可直接利用鍵盤之該鍵，亦能達到該功能之目的。例如圖 1-3-2 中，變數 (Variables) 功能項目右邊標示有 Ctrl+T，即表示同時按 [Ctrl] + [T] 的組合鍵，亦可達成該項功能。

6. 當功能項目以反白顯示時，表示為目前被選定的功能，只要以滑鼠指標點取或按 [Enter] 鍵之後，該項功能即被執行。例如圖 1-3-2 中的數值標記 (Value Labels) 功能項目。

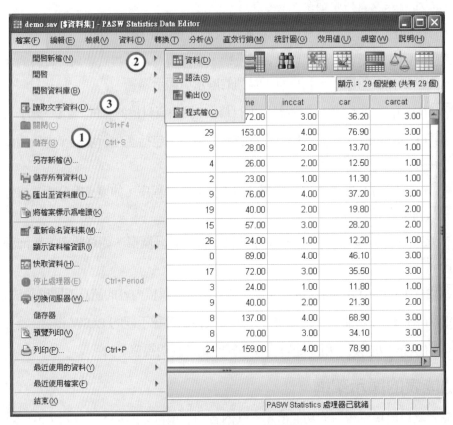

圖1-3-1　檔案(File)功能表

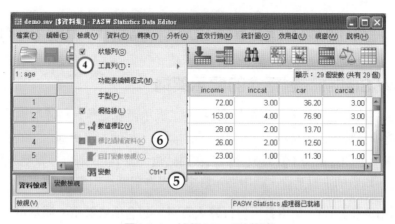

圖1-3-2　檢視(View)功能表

三、選取功能表的基本操作

通常想要在功能表中選取一個功能項目時，可以透過滑鼠或鍵盤很簡易地操作即可，其步驟如下：

1. 在所想要使用的功能表名稱以滑鼠指標點取或以鍵盤按組合鍵 Alt + 選擇字母 ，即可在功能表名稱的位置下方顯示下拉式功能表。(注意在各項功能表及功能項目中，會包含一個加上底線的英文字母，此即為選擇字母)。

2. 在所想要使用的功能表項目上以滑鼠指標點取或以鍵盤按功能項目的選擇字母，PASW 即會執行該項功能，或者顯示相對應的對話盒或次功能表，以進一步設定另外的訊息。

❓ 1-4 ： 如何操作PASW的對話盒(dialog box)？

一、PASW Statistics對話盒的顯示架構

在功能表中的功能項目名稱之後接著 ▶ 時，表示需要更多資料才能執行。通常選取這一類的功能項目時，在螢幕顯示上便會出現對話盒，以便收集更進一步的資料，例如圖1-4-1及1-4-2所示即是單因子變異數分析之次對話盒，圖1-4-3則為計算變數的主對話盒，圖1-4-4則為平均數的主對話盒，圖中顯示許多出現在對話盒中常見的項目：

(一) **文字方塊**(text box)：使用者可自行輸入資料，如名稱或數值。通常可分為三種基本型式。

1. 空白式文字方塊 (blank text boxes)：沒有預設的內定值，必須輸入一個資料。例如圖1-4-3中的目標變數 (「Target Variable」) 文字方塊。

2. 預設式文字方塊 (preset text boxes)：文字方塊中已有一預設的內定值。如果該項沒有新值，則系統會自動使用內定值。例如圖1-4-2中的顯著水準 (「Significance level」)文字方塊中的預設值為 0.05。

3. 多重輸入式文字方塊 (multiple-entry text boxes)：由一個列示方塊 (list box) 及一組按鈕(通常為加入、修改、刪除等三個按鈕) 所構成。通常在文字盒中輸入每一個值後，按 新增 (Add) 鈕加入新值，而按 變更 (Change) 鈕及 移除 (Remove) 鈕則可進行改變或刪除。例如圖1-4-1中的對比係數 (Contrast Coefficients) 的列示方塊及其一組按鈕。

(二) **列示方塊**(list box)：為使用者可從列示清單中選擇某一項目。通常可分為三種基本型式。

1. 預設式列示方塊：啟動對話方塊後，系統即出現內定的列示清單。又可細分為二類，其中一類可與空白式列示方塊進行雙向作用者，通常由一個列示方塊及右向鈕 ▶ 所組成，另一類為無法與空白式列示方塊進行雙向作用者，通常由一個列示方塊及向上鈕 ▲ 所組成。例如圖1-4-3中的來源變數清單即是屬於可雙向作用的預設式列示方塊，而函數群組 (「Functions」) 的函數清單則是屬於無雙向作用的預設式列示方塊。

2. 空白式列示方塊：沒有預設的內定清單，必須由使用者自行輸入或從預設式列示清單中選入。例如圖1-4-3中的數值運算式 (Numeric Expression) 列示方塊。

3. 階層式列示方塊：是由空白式列示方塊、選入鈕 ▶ 及上下一層按鈕所組成。例如圖1-4-4中的自變數清單 (「Independent List」)，從來源變數清單選入自變數清單後，按 下一個 (Next) 鈕，即可再進行下一個迴歸方程式的設定。

(三)**下拉式清單**(drop-down list)：通常可用以取代選項鈕的型式，目前的選項會出現在一具有向下箭頭圖示鈕的方塊中，例如圖1-4-1中的次數(「Degree」)下拉式清單，只按箭頭即可打開清單，並改變其選項。

(四) 檢核方塊(check box)：為一小四方格，使用者可用以進行多重選擇。通常只要以滑鼠指標點取檢核方塊，即會在小方格中出現☑符號，表示該選項會予以執行。

(五) 選項鈕(optional buttons)或收音鈕(radio buttons)：為一小圓圈，通常是由一些互相排斥的選擇項目所組成，使用者僅可進行單一選擇，被選定的項目在小圓圈中會出現黑圓點。例如圖1-4-2中檢定(test)方式之處理，僅能從其中擇一方式。

(六) 次對話盒按鈕(Sub-dialog box push buttons)：統計程序中的主對話盒通常僅包含執行程序時所需的最小資訊，而其它的界定則另置於次對話盒中。其組成為在次指令名稱之後，加上「…」三個點。例如圖1-4-4中，點取 選項… (Options…)鈕，可開啟平均數：選項(Means：Options)次對話盒。

(七) 命令按鈕(Command push buttons)：通常在對話盒的下邊會出現3～5個命令按鈕，用以執行一些動作。例如當使用者不小心進入對話盒或是改變心意時，可點取 取消 (Cancel)按鈕予以取消。

1. 主對話盒中的最下方有 5 個標準的命令按鈕：如圖 1-4-3 下邊所示。

 確定 (OK)：執行動作。在選擇完變數及其它界定之後，按此鈕即 (確定) 可開始執行程序，並關閉對話盒。

 貼上之後 (Paste)：從對話盒中的選擇與界定，產生命令語法並貼入語法視窗中。

 重設 (Reset)：重新設定所有的選擇與界定，並回到系統預設狀態。

 取消 (Cancel)：取消對話盒的改變，並予以關閉。

 輔助說明 (Help)：開啟輔助說明的視窗。

2. 次對話盒中的最下方有 3 個標準的命令按鈕，如圖 1-4-2 下邊所示。

 繼續 (Continue)：儲存設定的改變，並回到主對話盒。

 取消 (Cancel)：取消任何改變。儲存先前的設定，並回到主對話盒。

 輔助說明 (Help)：開啟輔助說明的視窗。

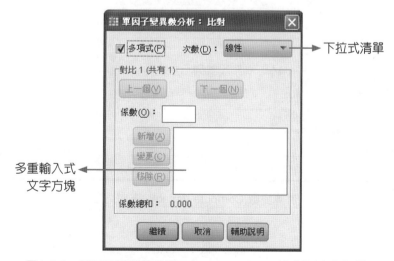

圖1-4-1　單因子變異數分析(One-way ANOVA)次對話盒的架構一

檢核方塊　　　　　　　　下拉式清單

選項鈕

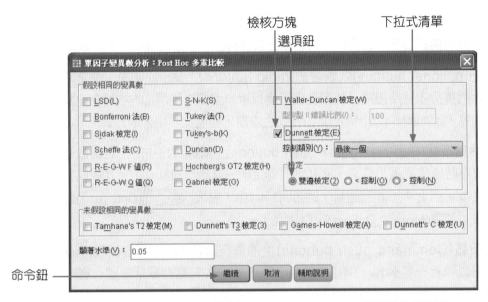

圖1-4-2　單因子變異數分析(One-way ANOVA)次對話盒的架構二

空白式文字方塊

圖1-4-3　計算變數(Compute Variable)主對話盒的架構

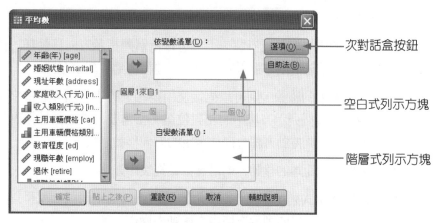

圖1-4-4　平均數(Means)主對話盒的架構

二、PASW Statistics對話盒的基本操作

(一) 在對話盒中移動游標

部份的對話盒都分成幾個部份，每一個方形區域都是一個獨立的部份，每一個命令鈕也是一個獨立的部份。在這些具有多重選擇的部份，如列示方塊、選項鈕集、命令按鈕等，游標通常是以圍在文字四週的點狀方框顯示。如果使用滑鼠，則可以直接點取所想選取的部份，當滑鼠指標移入文字方塊內時，指標的形狀會變成 I 字型的形狀，否則它仍然維持常見的箭頭形狀。如果想要使用鍵盤在對話盒的各部份中移動時，則其操作技巧如下：

- 按 Tab 鍵：可使游標移至下一部份。
- 按 Shift + Tab 組合鍵：可使游標反向移動。
- 按 Alt + 選擇字母 ：可用以點取一命令按鈕或檢核方塊、打開下拉式列示方塊、或移至某一部份、文字方塊或列示方塊。
- 按 方向鍵 ：可用以在每一部份內，項目跟項目之間的移動。

(二) 在列示方塊中捲動

列示方塊通常無法完全列出所有的項目，因此需使用鍵盤或滑鼠在方塊中往上或往下移動。

1. 使用鍵盤操作
   - 使用上、下方向鍵可以在列示方塊中的項目與項目之間移動。
   - PgUp 、 PgDn 、 Home 、 End 等鍵可用以大範圍的移動。
   - 直接按一英文字母鍵會使游標移至此字母開頭的項次 (不論大小寫)。
   - 欲開啟下拉式列示方塊，則可以按 Alt + 選擇字母 使方塊反白，然後使用方向箭在各項目中移動。

2. 使用滑鼠操作

- 點取捲軸兩端的箭頭方塊一下，可以依箭頭指示方向移動任一個項次。如果在箭頭方塊，按著滑鼠左鍵不放，則可以連續捲動該列示方塊。

- 當需要較大的移動，則可以直接使用捲軸上的小方塊，通常它會顯示目前所顯示的內容在整個列示方塊中的相對位置。當需要一頁一頁地捲動時，則直接點取捲軸背景，如此捲動方塊會向你選定的方向移動一頁。

- 當需要更大距離的移動，則沿著捲軸拖曳小方塊。

- 欲開啟下拉式列示方塊，則點取方塊右邊的向下箭號，就可以顯示所有的項目，然後就可依一般的列示方塊中之移動來操作。

3. 在對話盒中進行項目的選取

(1) 選取選項鈕：直接使用滑鼠點取，或是按 Alt + 選擇字母 的組合鍵，使選項中的點出現 ⊙ 或消失 ○。

(2) 選取檢核方塊：以滑鼠直接點取或按 Alt + 選擇字母 的組合鍵使游標放在檢核方塊上面，然後再按空白鍵，使檢核方塊中出現 ☑ 或消失 □。

(3) 選取命令按鈕：以滑鼠直接點取，或是按 Esc 鍵表取消、 F1 鍵表輔助說明、 Enter 鍵表確定、 Alt + P 表貼入語法、 Alt + R 表重新設定。

(4) 選取次對話盒鈕：以滑鼠直接點取，或是按 Alt + 選擇字母 。

(5) 在來源變數清單 (source variable list) 中選取變數

→ 選定單一變數：在來源變數清單中將該變數反白 (highlight)，並點取 ▶ 鈕，使其進入選定變數清單 (selected variable list) 中。亦可直接在該個別變數上點取 2 次 (double click)。

→ 選定多個變數：可使用拖曳 (Click-and-drag) 技巧反白整組一起的多個變數。另一方法則是先點取第一個變數之後，再按 Shift 鍵並同時點取最後一個變數 (此即 Shift-click 技巧) 亦可達成反白整組一起的變數，如圖 1-4-5 所示。當需反白沒有整組一起的多個變數時，則點取第一個變數後，再按 Ctrl 鍵，並同時點取另一個變數，此即為 Ctrl-Click 技巧，如圖 1-4-6 所示。

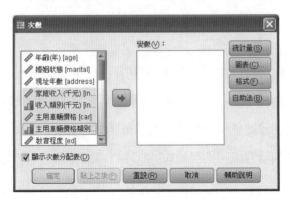

圖1-4-5　以Shift-Click或Click-and-Drag法選定一組連續變數

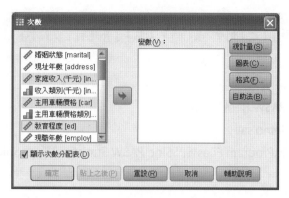

圖1-4-6 以Ctrl-Click法選定非連續的多個變數

❓ 1-5 如何使用PASW進行統計分析？

學習目標

→ 瞭解與使用 PASW 的基本架構

→ 範例檔案：demo.sav

→ 檔案位置：C:\Program Files\SPSSInc\PASW Statistics18\Samples\Traditional Chinese

一、啟動PASW

0. 在 Windows 中點選**開始 > 所有程式集 >SPSSInc >PASW Statistics18**。

1. 啟動後，將看到 PASW 資料編輯 (Data Editor) 視窗如圖 1-5-1 所示。

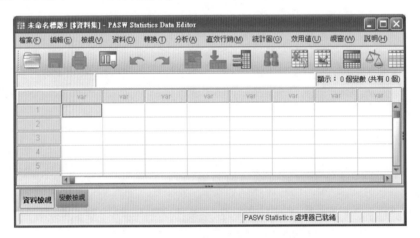

圖1-5-1　資料編輯視窗(資料檢視)

在對話盒(Dialog Boxes)中變數的顯示

在對話盒中的列示方塊是顯示變數名稱或較長的變數標註。此外，在列示方塊中的變數是以字母順序排列或依其在檔案中的位置順序排列。通常 PASW 預設是以檔案位置順序排列、顯示變數標註，若欲改變，可依下列步驟來加以完成：

0. 從功能表選擇編輯 (Edit) > 選項…(Options…)，開啟如圖 1-5-2 所示的對話盒。

1. 在 一般 (General) 標籤的變數清單 (Variable Lists) 區組中點選顯示名稱 (Display names)。

2. 點選一次只開啟一個資料集 (Open only one dataset at a time)

3. 點選 確定 鈕，完成對話盒中變數顯示的改變。

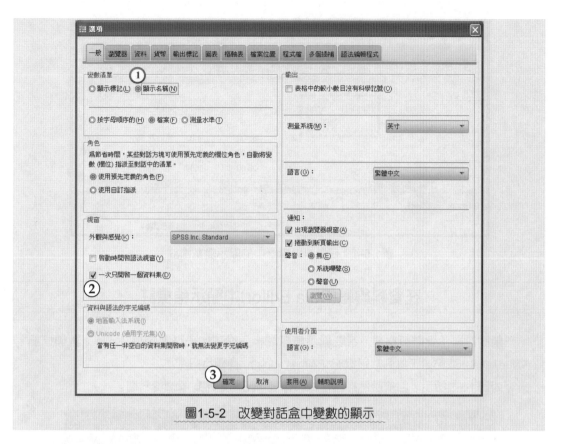

圖1-5-2　改變對話盒中變數的顯示

二、開啓資料檔

0. 從功能表中選擇檔案 (File) > 開啓 (Open) > 資料 (Data…) 或使用工具列開啓資料文件 ([Open file]) 📄 的圖示鈕。
   註：檔案格式預設爲 PASW 資料檔 (副檔名爲 .sav)

1. 如圖 1-5-3 的對話盒所示，點選 Samples 資料夾 ==> 點選 Traditional Chinese 資料夾 ==> 點選 demo.sav 檔案。

2. 按 確定 (OK) 鈕，即可完成 PASW 資料檔的開啓。如圖 1-5-4 所示，資料檔顯示在資料編輯器，如果將滑鼠游標移至變數名稱 (variable name)(在縱欄的標頭) 時，則會顯現出更多描述性的變數標記 (variable label)。

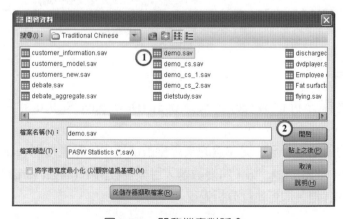

圖1-5-3　開啓檔案對話盒

圖1-5-4　在資料編輯器中的顯示變數標註

在資料編輯(Data Editor)中顯示值標註

　　預設為顯示實際資料值，若要顯示值標註，可從功能表點選檢視 (View) > 數值標記 (Value Labels) 或點選工具列數值標記 ([Value Labels]) 圖示鈕。

　　如圖 1-5-5 所示，目前顯示描述性的值標註，這將更容易解讀資料檔。

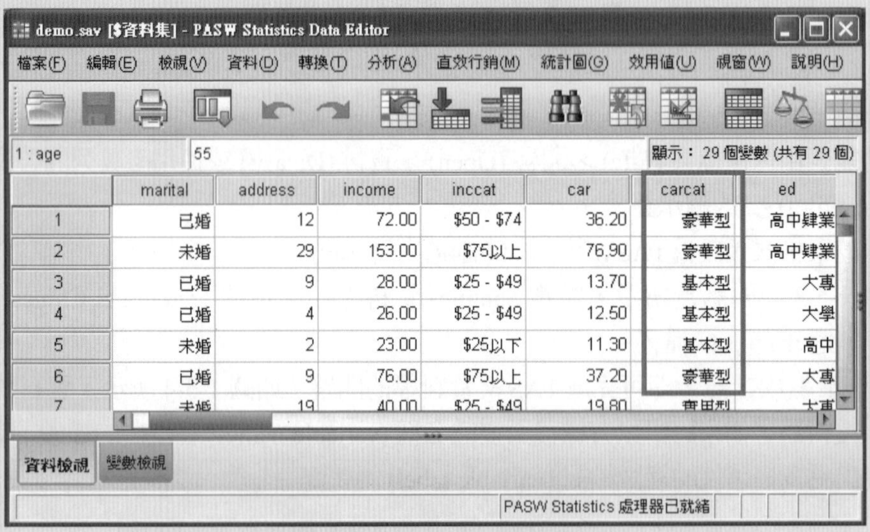

圖1-5-5　變數值標註的顯示

三、執行分析

0. 從功能表選擇分析 (Analyze) > 敘述統計 (Descriptive Statistics) > 次數分配表… (Frequencies…)。

1. 如圖 1-5-6 的對話盒所示，從左邊的來源變數清單中，點選性別 (gender) 及收入類別 (inccat) 變數，並點按 ► 鈕，將變數選入目標變數清單 (target variables list) 中。

2. 按 確定 (OK) 鈕，即可執行分析過程。

圖1-5-6　執行次數表分析的對話盒

在對話盒的來源變數清單中顯示變數資訊

　　欲顯示變數標註的資訊，可在來源變數清單 (source variable list) 點選變數，並按滑鼠右鍵。

1. 點選收入類別 (inccat) 變數。
2. 在收入類別 (inccat) 變數按滑鼠右鍵，接著按變數資訊 (Variable Information)，如圖 1-5-7 所示。
3. 點選數值標記 (Value labels) 下拉式清單，如圖 1-5-8 所示。

圖1-5-7　顯示變數資訊

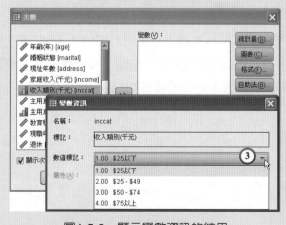

圖1-5-8　顯示變數資訊的結果

四、檢視結果

1. 點選左視窗目錄區的性別 (gender)，從圖 1-5-9 中可以看到這個次數表顯示不同性別的人數及百分比。

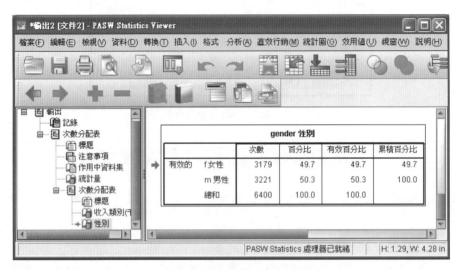

圖1-5-9 分析結果的檢視視窗

五、繪製圖形

雖然許多統計程序能產生高解析度的圖形，但亦可透過統計圖 (Graphs) 功能表來產生圖形。例如，想要繪製一張圖形以顯示無線電話服務與擁有 PDA(個人數位助理) 之間的關係。

0. 從功能表選擇統計圖 (Graphs) ＞歷史對話記錄 (History Legacy Dialogs) ＞條形圖⋯ (Bar⋯)。

1. 如圖 1-5-10 所示，點選集群 (Clustered) 並點按 定義 (Define) 鈕，以開啟長條圖的對話盒。

2. 如圖 1-5-11 所示，在來源變數清單將捲軸往下移，並點選無線電通話服務 (wireless) 為類別軸 (Category Axis) 變數。

3. 點選擁有 PDA(ownpda) 變數為定義集群依據 (Define Clusters by) 變數。

4. 按 確定 (OK) 鈕，即可執行繪圖過程。如圖 1-5-12 所示，長條圖顯示具有無線電話服務的人比沒有無線服務的人更可能擁有 PDA。

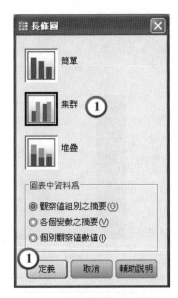

圖1-5-10　定義長條圖類型的對話盒

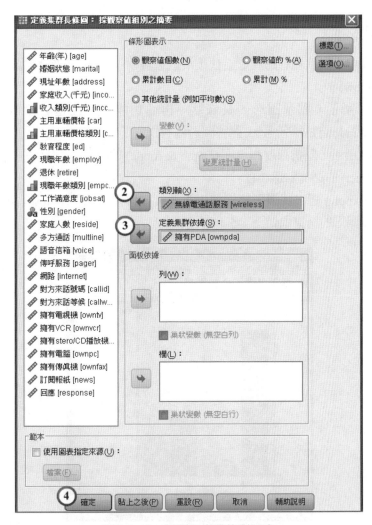

圖1-5-11　繪製長條圖的對話盒

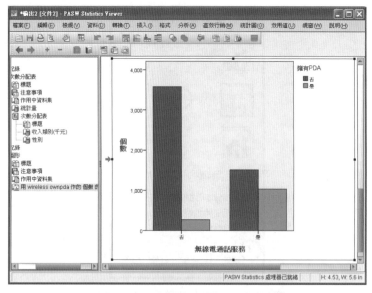

圖1-5-12　顯示在檢視視窗中的長條圖

六、編修圖形

0. 在檢視視窗中，對欲編修的圖形上快按滑鼠左鍵兩下，即可開啓圖表編輯視窗 (Chart Editor Window)。

1. 如圖 1-5-13 所示，點選圖形的長條狀，再從功能表上點選顯示內容視窗 (Show Properties Window) 的圖示 🔳，開啓圖形內容視窗。

2. 如圖 1-5-14 所示，點選深度和角度 (Depth & Angle) 的標籤。

3. 在效果 (Effect) 的區塊點選 3-D。

4. 按 套用 (Apply) 鈕，將圖形屬性加以更改後，再按 關閉 (Close) 鈕，關閉屬性視窗。編修後圖形的結果則如圖 1-5-15 所示。

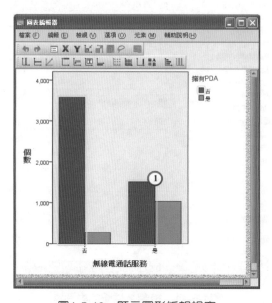

圖1-5-13　顯示圖形編輯視窗

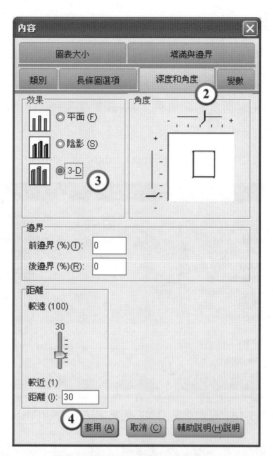

圖1-5-14　顯示圖形內容視窗

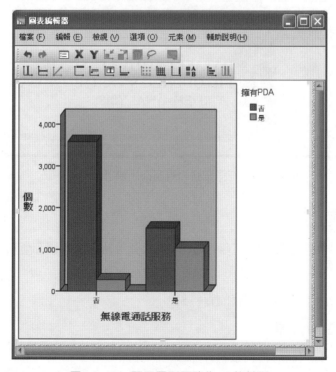

圖1-5-15　顯示圖形更改為3D的結果

七、貼入並編輯語法

0. 點選叫回最近使用的對話 (Dialog Recall) 圖示鈕 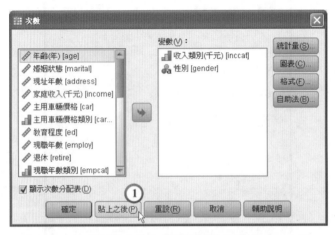，重新開啟次數分配表 (Frequencies) 對話盒。

1. 如圖 1-5-16 所示，在對話盒的命令列，點按 貼上之後 (Paste) 鈕，即可貼出命令語法。

2. 如圖 1-5-17 所示，為語法編輯視窗 (Syntax Editor Window)。

圖1-5-16　在對話盒的命令列點按貼上之後(Paste)鈕

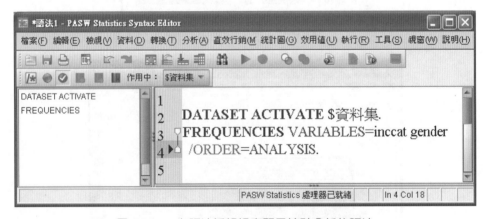

圖1-5-17　在語法編輯視窗顯示統計分析的語法

八、儲存檔案

0. 在檢視視窗中點選工具列的儲存 ([Save File]) 圖示鈕，開啟儲存資料為 (Save As) 對話盒。

1. 如圖 1-5-18 所示，選擇欲儲存的資料夾。

2. 輸入欲儲存檔案的名稱。

3. 按 儲存 鈕，即可將分析結果執行儲存。

圖1-5-18 儲存分析結果的對話盒

九、離開PASW

0. 從功能表選擇檔案 (File) > 結束 (Exit)。

❓ 1-6 如何設定PASW的工作環境？

0. 從功能表選擇編輯 (Edit) > 選項…(Options…)，開啟如圖 1-6-1 所示的對話盒。

1. 簡化在對話盒中變數的顯示方式：在 一般 (General) 標籤的變數清單 (Variable List) 方塊中可點選顯示名稱 (Display names)。

2. 單一資料集的開啟：一般而言，PASW 可容許同時開啟多個資料集，若為避免資料分析的複雜性，可在視窗 (Windows) 的方塊中，勾選一次只開啟一個資料集。

3. 切換 PASW 的輸出報表的顯示介面：一般而言，PASW 安裝完成後所使用的輸出報表係以繁體中文顯示，可在輸出方塊中的語言下拉式選單中點選所需要的語言 (如英文、日文)。

4. 切換 PASW 的操作介面：一般而言，PASW 安裝完成後係使用繁體中文的操作介面，可在使用者介面方塊中的語言下拉式選單點選所需要的語言 (如英文、日文)。

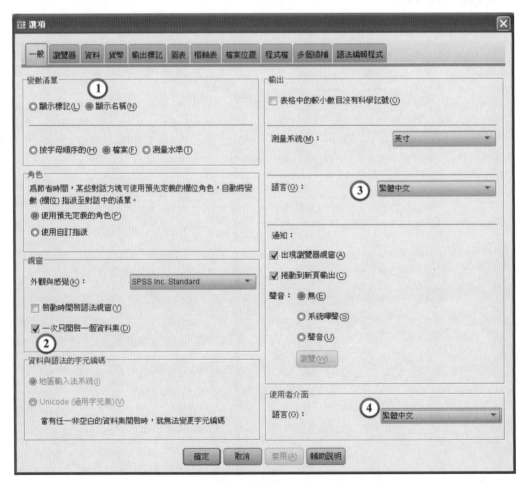

圖1-6-1　PASW工作環境的一般(General)設定

5. 在輸出報表中顯示統計分析的指令：一般而言，PASW 統計分析預設會將每一個對話盒的分析指令顯示在輸出報表中，若要將此功能關閉，可點按 瀏覽器 (Viewer) 標籤，將顯示記錄中的指令之勾選去除，如圖 1-6-2 所示。通常建議能保留分析指令的顯示，以方便日後 PASW 語法程式的學習及記錄輸出報表的分析過程。

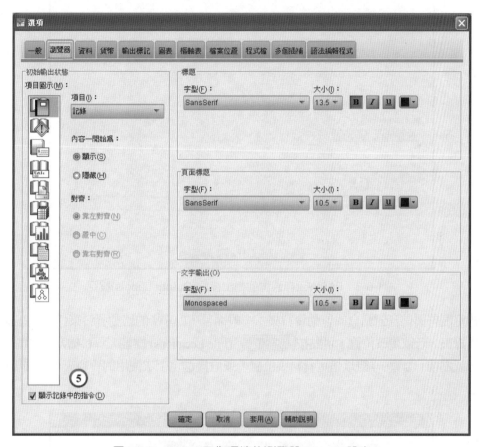

圖1-6-2　PASW工作環境的瀏覽器(Viewer)設定

6. 在樞軸表中顯示變數的名稱與標記：一般而言，PASW 輸出報表中之樞軸表預設僅會顯示變數的標記，可點按 輸出標記 (Output Labels) 標籤，在樞軸表標記的方塊中之標記中的變數顯示為的下拉式功能表點選名稱與標記，如圖 1-6-3 所示，以利於日後輸出報表的解讀。

7. 在樞軸表中顯示變數值的名稱與標記：一般而言，PASW 輸出報表中之樞軸表預設僅會顯示變數值的標記，可點按 輸出標記 (Output Labels) 標籤，在樞軸表標記的方塊中之標記中的變數值顯示為的下拉式功能表點選值與標記，如圖 1-6-3 所示，以利於日後輸出報表的解讀。

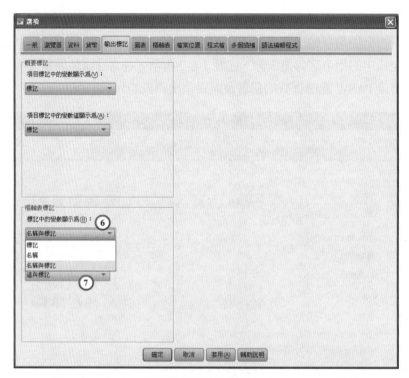

圖1-6-3　PASW工作環境的輸出標記(Output Labels)設定

8. 指定開啟與儲存對話盒的啟動資料夾：一般而言，PASW 的啟動資料來係預設在安裝的目錄夾，若欲更改位置，可點按 檔案位置 (File Locations) 標籤，資料檔方格中輸入位置，或點按 (瀏覽⋯) 鈕以指定資料夾位置，或直接選定上次使用的資料夾，如圖 1-6-4 所示。

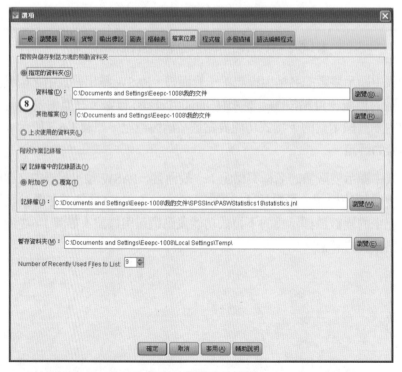

圖1-6-4　PASW工作環境的檔案位置(File Locations)設定

Chapter 02

PASW的檔案讀取與儲存

學習目標

☞ 學會 PASW 的新建檔案

☞ 能讀取 PASW 的資料檔

☞ 能讀取試算表的資料檔

☞ 能讀取資料庫的資料檔

☞ 能讀取文字檔的資料檔

☞ 學會以 PASW 語法讀取文字檔的資料

☞ 學會對 PASW 資料檔加入註解

☞ 學會顯示資料檔的資訊

☞ 能定義及使用變數集

2-1 　如何新建(new)檔案？

操作程序

→ 檔案 (File) > 開啓新檔 (New) > 資料 (Data)。(新建資料檔)

→ 檔案 (File) > 開啓新檔 (New)> 語法 (Syntax)。(新建語法檔)

→ 檔案 (File) > 開啓新檔 (New) > 輸出 (Output)。(新建輸出檔)

　　通常 PASW 的檔案可新建成新的檔案，如圖 2-1-1 所示，其中最常用的有下列三種，分別是①資料檔 (data)、②語法檔 (syntax)、③輸出檔 (output)。須注意的是若資料編輯器視窗中僅能有唯一的資料檔，則新建資料檔會取代原有已開啓的資料檔。而語法檔與輸出檔則可同時新建數個檔案。

圖2-1-1　PASW新建檔案的功能表

2-2　如何讀取PASW資料檔？

操作程序

$\sum \alpha$ → 檔案 (File) > 開啟 (Open) > 資料…(Data…)

一、操作步驟

0. 從功能表中選擇檔案 (File) > 開啟 (Open) > 資料…(Data…) 或使用工具列開啟資料文件 ([Open file]) 📂的圖示鈕。

   註：檔案格式預設為 PASW Statistics 資料檔 (副檔名為 .sav)。

1. 如圖 2-2-1 的對話盒所示，點選 Samples 資料夾 ==> 點選 Traditional Chinese 資料夾 ==> 點選 demo.sav 檔案。

2. 按 [開啟] 鈕，即可完成 PASW 資料檔的開啟。如圖 2-2-2 所示，資料檔顯示在資料編輯器中。

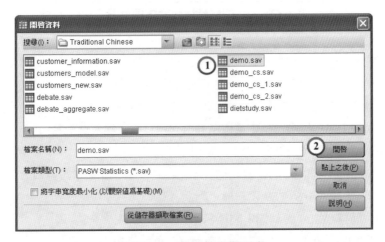

圖2-2-1　開啟檔案對話盒

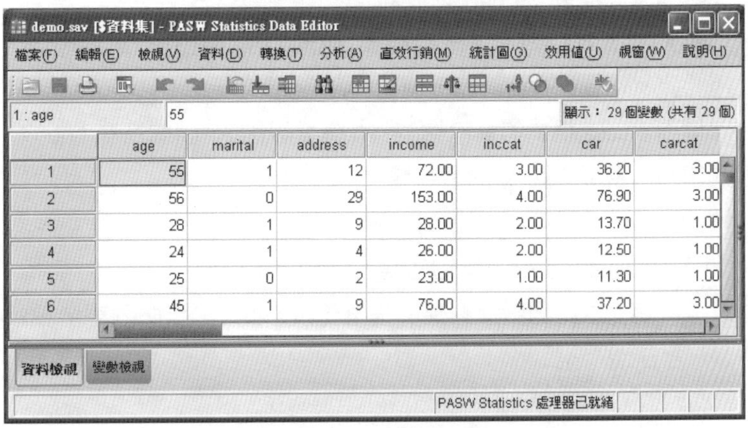

圖2-2-2　在資料編輯器中的資料檔

A2-2對話盒指引　Open File指令

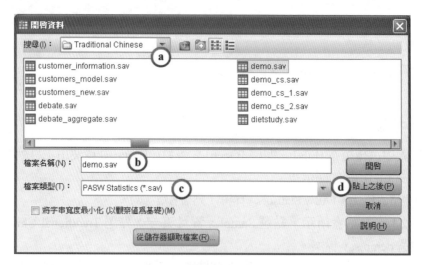

圖① 開啓資料檔的對話盒

Open File對話盒的說明

　　開啟檔案 (Open File) 的指令可用於開啟 PASW 或 EXCEL 的資料檔。可從功能表選擇檔案 (File) > 開啟 (Open) > 資料…(Data…)，以開啟如圖①的對話盒。

ⓐ 搜尋下拉式清單：選取欲開啟之資料檔所在的位置目錄。

ⓑ 檔案名稱：從上方的檔案清單中選取欲開啟之資料檔或輸入檔案名稱。

ⓒ 檔案類型下拉式清單：可開啟的資料檔包括如下。

　(1) PASW Statistics：開啟 PASW 資料檔，副檔名為 *.sav，此為預設選項。

　(2) SPSS/PC+：開啟 SPSS/PC+ 資料檔，副檔名為 *.sys。

　(3) Systat：開啟 SYSTAT 資料檔，副檔名為 *.syd。

　(4) 可攜式 (SPSS Portable)：開啟 SPSS 可攜檔，副檔名為 *.por。

　(5) Excel：開啟 Excel 檔案，副檔名為 *.xls。

　(6) Lotus：開啟 Lotus 1-2-3 格式 (版本為 3.0 以前)，副檔名為 *.w*。

　(7) SYLK：開啟 SYLK 格式的資料檔，副檔名為 *.slk。

　(8) dBASE：開啟 Dbase 格式的資料檔 (版本為 IV 以前)，副檔名為 *.dbf。

　(9) SAS：開啟 SAS 各版本 (6-9) 的資料檔。

　(10) Stata：開啟 Stata 各版本 (4-8) 的資料檔。

　(11) Text：開啟 ASCII 的文字檔，副檔名為 *.txt、*.dat。

ⓓ 貼上之後 (Paste)：可將開啟資料檔的指令做成 PASW 語法貼入語法編輯視窗。詳見第五章 PASW 語法的撰寫說明。

2-3 : 如何讀取試算表(spreadsheets)資料檔？

操作程序

→ 檔案 (File) > 開啓 (Open) > 資料…(Data…)

一、操作步驟

0. 從功能表中選擇檔案 (File) > 開啓 (Open) > 資料…(Data…)。

1. 如圖 2-3-1 的對話盒所示，在檔案類型的下拉式選單點選 Excel(*.xls)。

2. 選擇 demo.xls 檔案，按 開啓 鈕，即可開啓如圖 2-3-2 的對話盒，可以界定是否要包含在試算表中的變數名稱、資料匯入的細格範圍以及工作單等。

　　註：如果在 Excel 工作單中欄的標頭 (column headings) 無法符合 PASW 變數命名的規則時，將會被轉成有效的變數名稱，且原始欄的標頭會被儲存爲變數標註。

3. 按 確定 (OK) 鈕，即可完成 Excel 資料檔的開啓，如圖 2-3-3 所示，資料檔顯示在資料編輯器中，資料檔名稱則未命名 (untitled)。

4. 從功能表中選擇檔案 (File) > 儲存 (Save…) 或使用工具列儲存此文件 ([Save File]) 的圖示鈕 🖫 。

　　註：儲存資料檔格式預設爲 PASW Statistics 資料檔 (副檔名爲 .sav)。

5. 如圖 2-3-4 所示，在檔案名稱方格中輸入 [excelok]。

6. 按 儲存 鈕，即可將資料檔加以儲存。

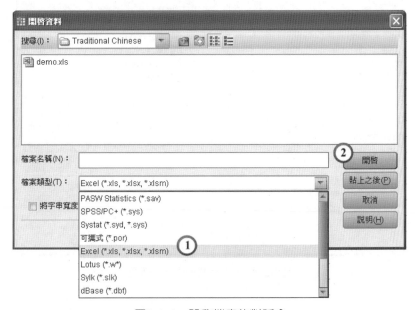

圖2-3-1　開啓檔案的對話盒

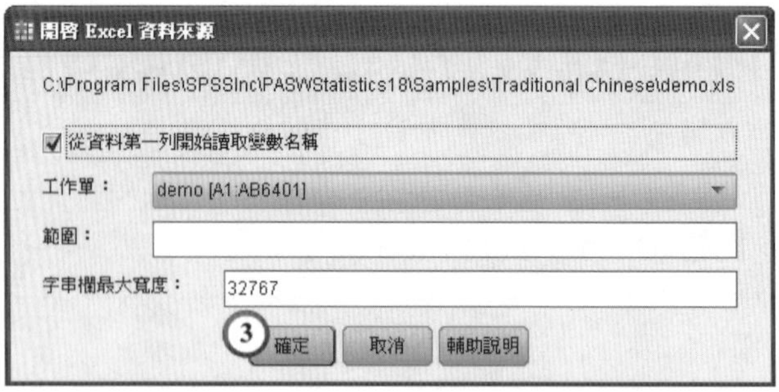

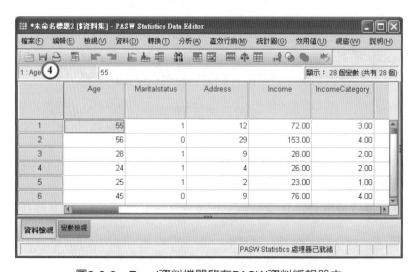

圖2-3-2　開啓Excel資料來源的對話盒

圖2-3-3　Excel資料檔開啓在PASW資料編輯器中

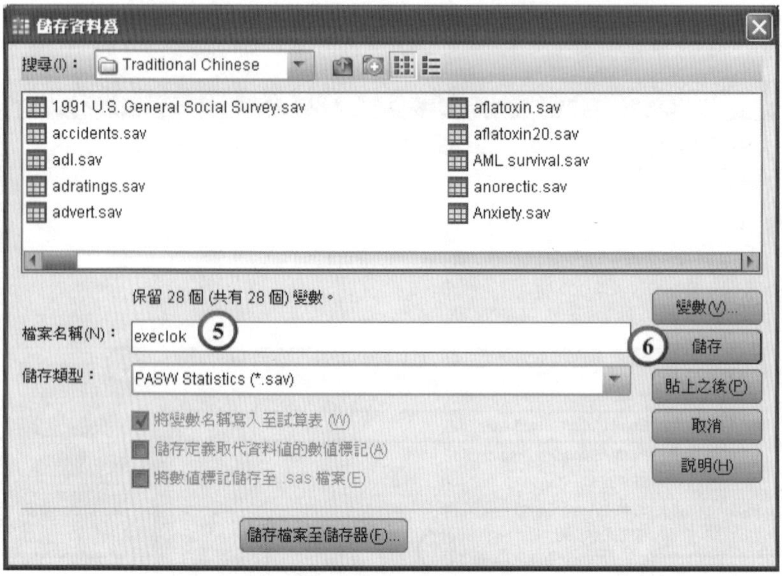

圖2-3-4　儲存資料檔的對話盒

A2-3-1對話盒指引　Open Excel Data Source指令

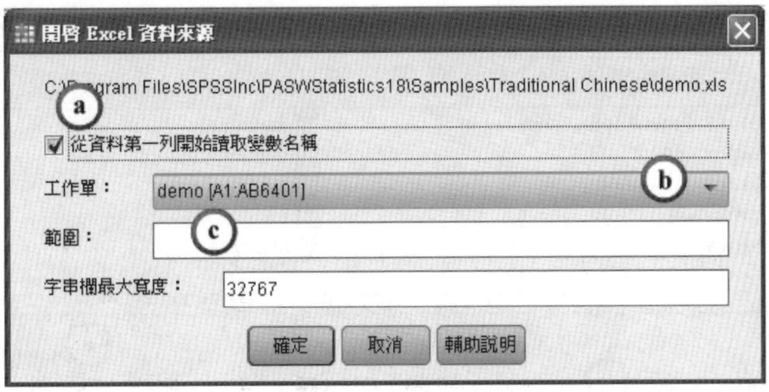

圖① 開啓Excel資料來源的對話盒

Open Excel Data Source對話盒的說明

　　開啓 Excel 資料來源 (Open Excel Data Source) 的指令用於設定開啓 EXCEL 資料檔時的一些選項。在功能表選擇檔案 (File) > 開啓 (Open) > 資料…(Data…) 後，選擇開啓 EXCEL 檔時，再按 開啓 ，即可開啓如圖①的對話盒。

ⓐ □從資料第一列開始讀取變數名稱 (Read variable names from the first row of data)：讀取變數名稱。開啓 Excel 資料檔時，將資料檔第一列的值當作變數名稱讀入。

ⓑ 工作單 (Worksheet) 下拉式清單：選取資料檔的工作單。可從下拉式選單中選取 Excel 資料檔中的任一工作單。

ⓒ 範圍 (Range)：讀取資料檔的範圍。可供使用者界定開啓資料檔所需的細格範圍。

A2-3-2對話盒指引 Save Data As指令

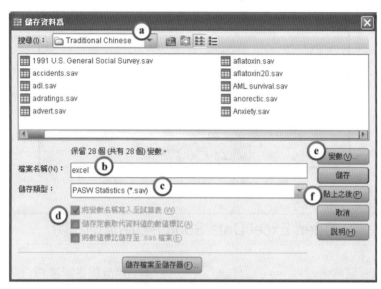

圖① 另存資料檔的對話盒

Save Data As對話盒的說明

　　儲存資料為 (Save Data As) 的指令用於另存資料檔，可設定一些選項。在功能表選擇檔案 (File) > 另存新檔…(Save As…)，即可開啟如圖①的對話盒。

ⓐ 搜尋下拉式清單：選取欲儲存之資料檔所在的位置目錄。

ⓑ 檔案名稱：從上方的檔案清單中選取欲儲存之資料檔或輸入檔案名稱。

ⓒ 儲存類型下拉式清單：可儲存的資料檔型式包括如下。

　(1) PASW Statistics：儲存成 PASW 資料檔，副檔名為 *.sav，此為預設選項。

　(2) SPSS/PC+：儲存成 SPSS/PC+ 資料檔，副檔名為 *.sys。

　(3) Systat：儲存成 SYSTAT 資料檔，副檔名為 *.syd。

　(4) SPSS Portable：儲存成 SPSS 可攜檔，副檔名為 *.por。

　(5) Excel：儲存成 Excel 檔案，副檔名為 *.xls。

　(6) Lotus：儲存成 Lotus 1-2-3 格式 (版本為 3.0 以前)，副檔名為 *.w*。

　(7) SYLK：儲存成 SYLK 格式的資料檔，副檔名為 *.slk。

　(8) dBASE：儲存成 Dbase 格式的資料檔 (版本為 IV 以前)，副檔名為 *.dbf。

　(9) SAS：儲存成 SAS 各版本 (6-9) 的資料檔。

　(10) Stata：儲存成 Stata 各版本 (4-8) 的資料檔

　(11) Text：儲存成 ASCII 的文字檔，副檔名為 *.txt、*.dat。

ⓓ □ 將變數名稱寫入至試算表 (Write variable names to spreadsheet)：適用於將變數名稱寫入試算表中。

　　□ 儲存定義取代資料值的數值標記 (Save value labels where defined instead of data values)：將定義好的值標註取代資料值並加以存入。

　□　將數值標記儲存至 .sas 檔案 (Save value labels into a .sas file)：將值標註存入 SAS 資料檔中。

ⓔ　變數… (Variables…)：選擇想要的變數儲存至新資料檔中。預設是將所有變數加以儲存。可開啟如圖②的對話盒。

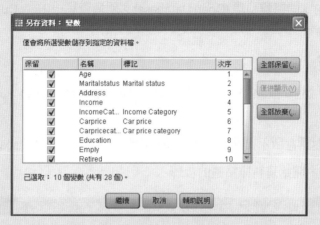

圖②　選擇變數另存新檔的次對話盒

選擇變數次對話盒的說明

(1) 以滑鼠在變數清單表格的表頭點按欄位，可依變數名稱 (Name)、標記 (Label) 或次序 (Order) 加以排序。

(2) 全部保留 (Keep All)：選取所有變數。

(3) 全部放棄 (Drop All)：取消所有變數。

(4) 僅供顯示 (Visible Only)：選取目前使用中變數集的變數，須配合使用變數集 (Using Variable sets)。

(5) 在變數清單中，可直接在保留 (Keep) 欄位各變數前方的方格中，進行選取 ☑ 或取消 □ 變數。

ⓕ　貼上之後 (Paste) 按鈕：可將儲存資料檔的指令做成 PASW 語法貼入語法編輯視窗。詳見第五章 PASW 語法的撰寫說明。

2-4 如何讀取資料庫(database)資料檔？

操作程序

→ 檔案 (File) > 開啟資料庫 (Open Database) > 新增查詢…(New Query…)

一、操作步驟

0. 從功能表中選擇檔案 (File) > 開啟資料庫 (Open Database) > 新增查詢…(New Query…)。

1. 如圖 2-4-1 的對話盒所示，在資源來源清單中點選 MS Access Database。

2. 按 下一步 鈕，開始資料庫精靈的步驟。

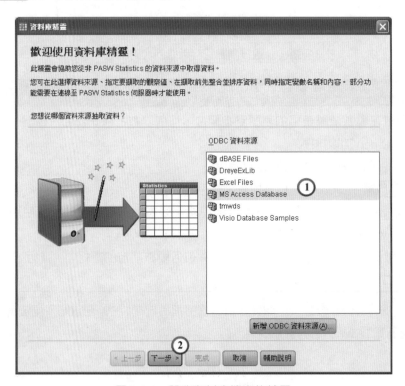

圖2-4-1　開啟資料庫檔案的精靈

(一)選取資料庫

3. 如圖 2-4-2 所示，按 瀏覽… (Browse…) 鈕，啟動開啟檔案的對話盒。

4. 在搜尋下拉式清單中選取 Samples > Traditional Chinese 的檔案目錄。

5. 在檔案清單中選取 demo.mdb 資料檔。

6. 按 開啟 鈕，回到資料庫登入的對話盒。

7. 按 確定 (OK) 鈕，便完成資料庫檔案的選取。

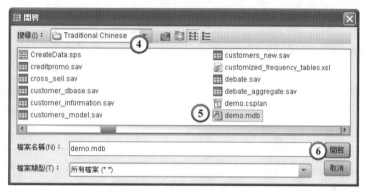

圖2-4-2　選取資料庫檔案

(二)選取資料

8. 如圖 2-4-3 所示，從左邊方塊的可用表格 (available table) 中，用滑鼠直接拖曳 demo 至右邊的方塊。

9. 按 下一步 鈕，完成資料的選擇。

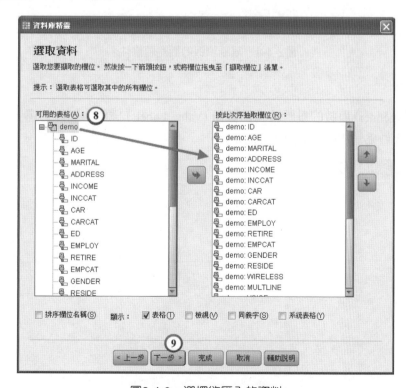

圖2-4-3　選擇欲匯入的資料

(三)限定觀測體

10. 若對觀測體的選擇沒有限定，則如圖 2-4-4 所示，可直接按 下一步 鈕。

圖2-4-4　限制讀取的觀測值條件

(四)定義變數

11. 在性別 (gender) 變數的重新編碼為數值 (Value Labels) 欄位中加以勾選，使字串變數的值加入做為值標註，如圖 2-4-5 所示。

12. 按 下一步 鈕，完成變數的定義。

圖2-4-5　定義變數

(五)完成結果

13. 如圖 2-4-6 所示，按 完成 鈕，即可完成資料庫的讀取。

圖2-4-6　讀取資料庫結果

(六)儲存檔案

14. 從功能表中選擇檔案 (File) > 儲存 (Save) 或使用工具列儲存此文件 (Save File) 的圖示
鈕 🖫 。

   註：儲存資料檔格式預設為 PASW Statistics 資料檔 (副檔名為 .sav)。

15. 在儲存資料為 (Save Data As) 之對話盒的檔案名稱方格中輸入 [accessok]。

16. 按 儲存 鈕，即可將資料檔加以儲存。

2-5 如何讀取文字檔(text file)的資料？

操作程序

→ 檔案 (File) > 讀取文字資料…(Read Text Data…)

一、操作步驟

0. 從功能表中選擇檔案 (File) > 讀取文字資料…(Read Text Data…)。

1. 如圖 2-5-l 的對話盒所示，選取 demo.txt 的文字資料檔，再按 開啟 鈕，即可開始文字匯入精靈的步驟。

圖2-5-1 開啟文字資料檔的對話盒

步驟一： 是否有事先完成定義格式的文字檔加以匹配？否。

2. 如圖 2-5-2 的對話盒所示，按 下一步 鈕。

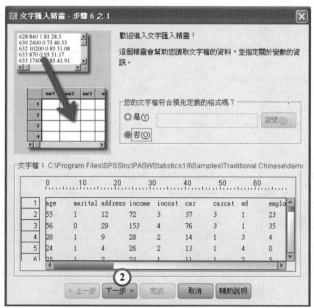

圖2-5-2 文字匯入精靈步驟一的對話盒

步驟二：變數是否已有排列？變數名稱是否在資料檔的最上端？

3. 如圖 2-5-3 的對話盒所示，於「變數名稱是否在資料檔的最上端？」問項中，選取 yes 選項。

4. 按 下一步 鈕，完成文字匯入精靈的步驟二。

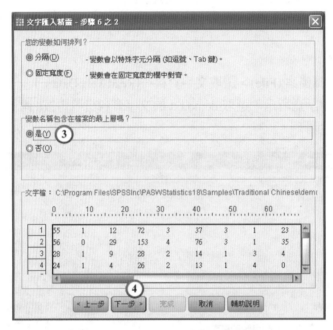

圖2-5-3　文字匯入精靈步驟二的對話盒

步驟三：每一觀測體是一列或多列？要匯入多少觀測體？

5. 如圖 2-5-4 的對話盒所示，按 下一步 鈕，完成文字匯入精靈的步驟三。

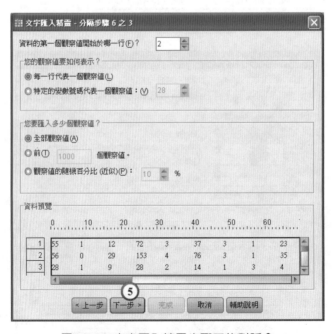

圖2-5-4　文字匯入精靈步驟三的對話盒

步驟四：變數之間是否有區隔符號？文字是否有引號的修飾？

6. 如圖 2-5-5 的對話盒所示，按 下一步 鈕，完成文字匯入精靈的步驟四。

圖2-5-5　文字匯入精靈步驟四的對話盒

步驟五：選定變數之設定的資料預覽

7. 如圖 2-5-6 的對話盒所示，選取 INCOME 欄位。

8. 在資料格式 (Data format) 的下拉式清單中，選取元 (Dollar) 選項。

9. 按 下一步 鈕，完成文字匯入精靈的步驟五。

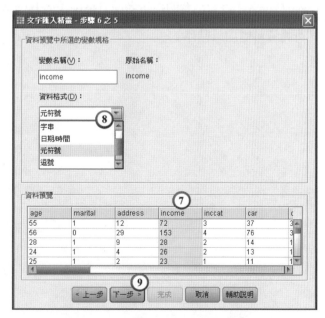

圖2-5-6　文字匯入精靈步驟五的對話盒

步驟六：是否要儲存檔案格式供未來使用？是否要貼出語法？

10. 如圖 2-5-7 的對話盒所示，選取 完成 。

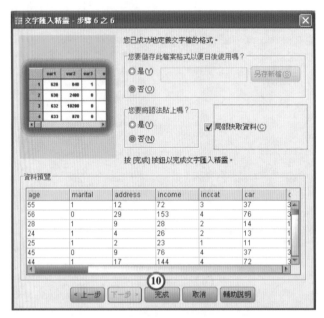

圖2-5-7   文字匯入精靈步驟六的對話盒

步驟七：儲存檔案

11. 從功能表中選擇檔案 (File) > 儲存…(Save…) 或使用工具列儲存此文件 ([Save File]) 的圖示鈕 。

    註：儲存資料檔格式預設為 PASW 資料檔 (副檔名為 .sav)。

12. 在儲存資料為 (Save Data As) 之對話盒的檔案名稱方格中輸入 [textok]。

13. 按 儲存 鈕，即可將資料檔加以儲存。

❓ 2-6　　如何以PASW語法讀取文字檔的資料？

　　某研究資料 (class.dat) 共蒐集 40 位中學生包含有 26 個變數如表 2-6-1 所示，前四個變數為 (id, sex, exp, school) 背景變數，sex 有兩個水準值 (M= 男生、F= 女生)、exp 有三個水準值 (1= 少於一年、2= 一～二年、3= 超過二年以上)、school 有三個水準值 (1= 鄉村學校、2= 城鎮學校、3= 都會學校)。接下來的二十個變數 (c1 ～ c10、m1 ～ m10) 是李克特式 (Likert type) 量表，分別各有十題量測學生的電腦焦慮及數學焦慮的情形。其餘兩個變數 (mathscor, compscor) 分別是數學成績及電腦成績。試將此文字檔讀入 PASW 中。

表 2-6-1　範例資料中的變數名稱及標註

PASW 變數名稱	變數標註
id	學生識別碼
sex	學生的性別
exp	先前電腦經驗 (以年 / 月計)
school	學校所屬區域
c1 ～ c10	電腦焦慮量表的 10 個題項
m1 ～ m10	數學焦慮量表的 10 個題項
mathscor	同一時期的數學考試成績
compscor	同一時期的電腦考試成績

一、撰寫程式

　　(註：PASW 程式語法撰寫請參考第五章有更詳細的說明)。

程序語法：讀入文字檔的資料(ex2-6.sps)

```
*資料讀入(請先將資料置於c:\).
DATA LIST FIXED FILE="c:\StepPASW\class.dat"
 /id 1-2 sex 3 (A) exp 4 school 5 c1 TO c10 6-15 m1 TO m10 16-25
 mathscor 26-27 compscor  28-29.
 EXECUTE.

*變數標註.
VARIABLE LABELS id '編號'
 /sex '性別'
 /exp '先前電腦經驗'
 /school '學校類別'
 /mathscor '數學成績'
```

```
/compscor  '電腦成績'.



*變數值標註.
VALUE LABELS sex 'M' '男生' 'F' '女生'
  /exp 1 '少於一年' 2 '一至二年' 3 '超過二年以上'
  /school 1 '鄉村' 2 '城鎮' 3 '都會'
  /c1 TO m10 1'非常不同意' 2 '不同意' 3 '普通' 4 '同意' 5 '非常同意'.

*儲存資料檔.
SAVE OUTFILE='C:\StepPASW\class.sav'
  /COMPRESSED.
```

2-7　如何對PASW資料檔加入註解(comments)？

操作程序

 ➜ 效用值 (Utilities) > 資料檔備註 (Data File Comments…)

功能用途

可以在 PASW 資料集加入描述性的註解，這些註解會隨著資料檔加以儲存。

A2-7對話盒指引　Data File Comments指令

圖① SPSS資料檔之註解的對話盒

Data File Comments對話盒的說明

要加入、修改、刪除或顯示資料檔的註解，可以從功能表選擇效用值 (Utilities) > 資料檔備註…(Data File Comments…)，開啟如圖①的對話盒。

ⓐ 註解的長度被限制在每行 80 個字元，超過時會自動換行。

ⓑ 日期章會以括號的方式自動加入在註解的最後一行。

ⓒ 在輸出中顯示備註 (Display comments in output)：將資料檔的註解顯示於輸出檢視器中。

2-8 : 如何顯示資料檔的資訊？

操作程序

 → 檔案 (File)> 顯示資料檔資訊 (Display Data File Information)> 工作檔 (Working File)

功能用途

 PASW 的資料檔不僅包含原始資料，亦包含有一些定義變數的資訊，包括有變數的名稱、格式及描述性標註與值標註等。這些資訊都儲存在 PASW 資料檔中，利用第三章的資料編輯器可以看到變數定義的資訊，此外，亦可完全顯示現行資料檔或任何其它 PASW 資料檔的資訊。

範例2-8 顯示資料檔的資訊

開啓 PASW 範例資料檔 (demo.sav)，並顯示該範例資料檔的資訊。

一、操作步驟

0. 從功能表中選擇檔案 (File)> 顯示資料檔資訊 (Display Data File Information)> 工作檔 (Working File)。

二、輸出報表及說明

1. 變數名稱 (Name) 為 age，位置 (Position) 為第1個變數，標註 (Label) 為 Age in years。量測水準 (Measurement Level) 為尺度、行寬度 (Column Width) 為 8 個字元、欄位對齊 (Alignment) 為靠右、列印格式 (Print Format) 及寫入格式 (Write Format) 為 F4 代表數值變數有 4 個字元。

變數資訊

變數	位置	標記	測量水準	角色	行寬度	準線	列印格式	寫入格式	遺漏值
age	1	年齡(年)	尺度	輸入	8	右	F4	F4	
marital	2	婚姻狀態	尺度	輸入	8	右	F4	F4	
address	3	現址年數	尺度	輸入	8	右	F4	F4	
income	4	家庭收入(千元)	尺度	輸入	8	右	F8.2	F8.2	

變數值

數值		標記
marital	0	未婚
	1	已婚
inccat	1.00	$25以下
	2.00	$25 - $49
	3.00	$50 - $74
	4.00	$75以上
carcat	1.00	基本型
	2.00	實用型
	3.00	豪華型

圖2-8-1　顯示PASW範例資料檔(demo.sav)的資訊

2-9 ┊ 如何定義及使用變數集(variable sets)？

操作程序

 ➔ 效用值 (Utilities) > 定義變數集…(Define Sets…)
➔ 效用值 (Utilities) > 使用變數集…(Use Sets…)

功能用途

可以產生變數的次集合以顯示在對話盒的來源變數清單中。小的變數集使得在對話盒中尋找及選取變數時更加容易，進而能提昇統計分析的效能。因此可以限制對話盒中來源變數清單的變數有更小的次集合。

範例2-9 ┊ 定義及使用變數集

一、定義變數集

0. 開啓本書附錄的調查資料檔 surveyok.sav，並從功能表中選擇效用值 (Utilities) > 定義變數集…(Define Sets…)
1. 如圖 2-9-1 所示，在集名稱 (Set Name) 方格中輸入 burnout。
2. 從左邊的來源變數清單中，選取 sex、school、degree 等個人背景變數以及工作倦怠 (wb1、wb2、wb3、wbt 等) 變數進入右邊的變數集內的變數清單中。
3. 按 新增變數集 (Add Set) 鈕，將工作倦怠 (burnout) 加入變數集清單中。
4. 同步驟1，在集名稱 (Set Name) 方格中輸入 teach。
5. 同步驟2，選入教學取向的相關變數 (to1、to2、to3、tot 等)。
6. 按 新增變數集 (Add Set) 鈕，將教學取向 (teach) 加入變數集清單中。
7. 按 關閉 (Close) 鈕，關閉變數集的設定。

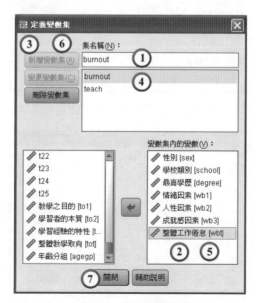

圖2-9-1 定義變數集

二、使用變數集

0. 從功能表中選擇效用值 (Utilities) > 使用變數集⋯(Use Sets⋯)。

1. 如圖 2-9-2 所示，將所有變數 (ALL VARIABLES) 及新變數 (NEW VARIABLES) 從使用中變數集 (Set in Use) 取消，並將工作倦怠 (burnout) 的資料集勾選為使用中變數集的清單。

2. 按 確定 (OK) 鈕，即可完成。

圖2-9-2　設定使用中的變數集

三、對話盒中顯示使用中的變數集

0. 從功能表中選擇敘述統計 (Descriptive) > 次數分配表⋯(Frequencies⋯)。

1. 如圖 2-9-3 所示，對話盒中僅顯示個人背景、工作倦怠及教學取向等變數，不同於圖 2-9-4 在未設定變數集，使用時對話盒包含所有的變數。

圖2-9-3　使用變數集後，對話盒中顯示的來源變數清單僅含部份變數

圖2-9-4　未使用變數集，對話盒中顯示的來源變數清單包含全部變數

Chapter 03

資料編輯視窗
的操作

3-1　如何瞭解PASW資料編輯器

→ 使用資料檢視 (Data View) 與變數檢視 (Variable View)。

一、PASW資料編輯器的架構

資料編輯器 (Data Editor) 提供一個簡便且有如試算表 (spreadsheet) 之方法來產生及編修 PASW 的資料檔,如圖 3-1-1 所示,資料編輯器顯示實際資料檔的內容,其資訊包括變數及個案。通常在啟動 PASW 時便會開啟此資料編輯視窗。

1. 資料檢視 (Data View):如圖 3-1-1 所示,包含有下列許多重要的特性:

    (1) 橫列 (rows):每一個橫列即代表每一個案 (case) 或觀測值 (observation)。

    (2) 縱欄 (columns):每一縱欄即代表變數 (variable)。

    (3) 細格 (cells):每一細格僅含有變數或個案的單一資料值,無法包含公式。

    (4) 資料檔案必為方形 (rectangular):即資料檔案的大小由個案與變數的數目來決定。對於數值變數,空白細格會被轉換成系統遺漏值;而對於文字變數,空白細格則被視為一有效值。

2. 變數檢視 (Variable View):如圖 3-1-2 所示,每一橫列是一個變數,而每一縱欄是變數的關聯屬性。在調查問卷中對每一問題的反應就等同於變數,變數有各種不同的型態,包括數字、字串、貨幣以及日期等。

	age	marital	address	income	inccat	car	carcat
1	55	1	12	72.00	3.00	36.20	3.00
2	56	0	29	153.00	4.00	76.90	3.00
3	28	1	9	28.00	2.00	13.70	1.00
4	24	1	4	26.00	2.00	12.50	1.00
5	25	1	2	23.00	1.00	11.30	1.00
6	45	1	9	76.00	4.00	37.20	3.00
7	42	0	19	40.00	2.00	19.80	2.00
8	35	0	15	57.00	3.00	28.20	2.00

1 : age　55　　　　顯示:29 個變數 (共有 29 個)
資料檢視　變數檢視

圖3-1-1　PASW資料編輯器中資料檢視的架構

	名稱	類型	寬度	小數	標記	值	遺漏
1	age	數字的	4	0	年齡(年)	無	無
2	marital	數字的	4	0	婚姻狀態	{0, 未婚}...	無
3	address	數字的	4	0	現址年數	無	無
4	income	數字的	8	2	家庭收入(千元)	無	無
5	inccat	數字的	8	2	收入類別(千元)	{1.00, $25以...	無
6	car	數字的	8	2	主用車輛價格	無	無
7	carcat	數字的	8	2	主用車輛價格類...	{1.00, 基本...	無
8	ed	數字的	4	0	教育程度	{1, 高中肄業...	無
9	employ	數字的	4	0	現職年數	無	無

資料檢視　變數檢視

圖3-1-2　PASW資料編輯器中變數檢視的架構

二、PASW資料編輯器的工具列

圖3-1-3 資料編輯器中的圖示工具列

如圖 3-1-3 所示，茲將 PASW 資料編輯器工具列的各圖示之功能說明如下：

	Open File：開啟檔案，顯示開啟資料 (Open File) 對話盒，可依不同的現行視窗，開啟資料檔、輸出檔、語法檔或圖形檔。
	Save File：儲存檔案，在現行視窗中儲存檔案，如果該檔案未命名時，則會顯示儲存資料為 (Save) 對話盒。
	Print：列印，顯示現行視窗檔案型式的列印 (Print) 對話盒。
	Dialog Recall：顯示最近曾開啟過的對話盒。
	Undo：復原使用者的一個動作。
	Redo：重複使用者的一個動作。
	Goto Case：顯示到 (Goto) 對話盒，在資料編輯器中移至某一觀測體。
	Goto Variable：顯示到 (Goto) 對話盒，在資料編輯器中移至某一變數。
	Variables：顯示變數 (Variables) 對話盒，其效果同於從功能表效用值 (Utilities) 中選擇變數…(Variable…)。 在變數 (Variables) 對話盒，可看到變數標註、變數型式、遺漏值以及值標註等資訊。
	Find：尋找資料，顯示尋找與置換 (Find Data in Variable) 對話盒。
	Insert Cases：在資料編輯器中插入一觀測體 (即橫列)。
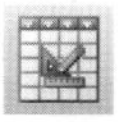	Insert Variable：在資料編輯器中插入一變數 (即縱欄)。
	Split File：分割檔案。
	Weight Cases：加權觀測體。
	Select Cases：選擇觀測體。
	Value Labels：在資料編輯器中，實際值與值標註的相互切換。
	Use Sets：開啟使用變數集 (Use Sets) 對話盒。可選定欲顯示在對話盒中的變數集。

❓ 3-2　如何定義變數？

通常在建立一個新資料檔時，首要步驟即是先定義變數，包括變數的名稱 (name)、型態 (type)、標註 (label)、缺漏值 (missing value) 的指定以及欄位的格式等。此外，亦可在建好或讀入資料檔後，使用資料編輯器來改變其變數的各種屬性。

定義變數的方法有二種，分別是：

1. 在最頂端欄位之目前變數名稱上連續按滑鼠二次 (double click)。

2. 在變數檢視 (Variable View) 的模式，如圖 3-2-1 所示。

	名稱	類型	寬度	小數	標記	值	遺漏	欄	對齊	測量	角色
1											
2											
3											
4											
5											
6											
7											
8											

圖3-2-1　變數檢視中的變數屬性

變數屬性的說明

1. 名稱 (Name)：變數名稱，PASW 預設的變數名稱為 Var00001、Var00002、…等，亦可直接在此鍵入變數名稱以做修改。而定義名稱的原則如下：

   ❍ 必須以字母做開頭，之後可為任何字母、數字、句點或 @、#、－、$ 等符號。

   ❍ 勿以句點為變數名稱的結尾。

   ❍ 應避免以底線做為變數名稱的結尾 (以避免與某些程序自動產生的變數相衝突)。

   ❍ 名稱長度勿超過 8 個字元，以利日後撰寫 PASW 程式的便利性。

   ❍ 勿使用空白或其他特殊字元 (例如 !、?、、*)。

   ❍ 每個變數名稱必須是唯一的。例如 NEWVAR、NewVAR、與 newvar 在 PASW 中均是相同的名稱。

   ❍ 勿使用下列保留字：

ALL	NE	EQ	TO	LE
LT	BY	OR	GT	
AND	NOT	GE	WITH	

2. 類型 (Type)：定義變數型態，PASW 預設是將所有新變數均假設為數值 (numeric)，欲改變變數型態，按 ⋯ 鈕，可開啟如圖 3-2-2 所示的對話盒。

圖3-2-2　變數型態的對話盒

可選取下列其中之一的變數型態：

➲ 數值型 (Numeric)：數值型態，可包括正負號、小數點。請在寬度 (Width) 鍵入最大位數寬度 (包括正負號及小數點)，並在小數位數 (Decimal Places) 鍵入小數位數。

➲ 逗點 (Comma)：可包括數值、正負號、小數點及千位分割之逗號。請在寬度 (Width) 鍵入最大位數寬度 (包括正負號、小數點及逗號)，並在小數位數 (Decimal Places) 鍵入小數位數。

➲ 點 (Dot)：可包括數值、正負號作為小數點逗號，及作為千位分割之句號。請在寬度 (Width) 鍵入最大位數寬度 (包括正負號、小數點、逗號及句號)，並在小數位數 (Decimal Places) 鍵入小數位數。

➲ 科學記號 (Scientific notation)：包括數值及科學記號兩部份。如 25D4、256E4、256+4、256-4 等皆合乎規則。

➲ 日期 (Date)：日期時間之型態。

➲ 元符號 (Dollar)：包括 $ 號及逗點 (Comma) 型態兩部份。

➲ 自訂貨幣 (Custom currency)：以自訂之現金格式作為顯示。

➲ 字串 (String)：可包括字母、數字及字元。請在寬度 (Width) 鍵入字串寬，小於等於 8 個字元者為短字串，超出者為長字串。短字串可用於許多 PASW 程序中，長字串則受限較多。

3. 寬度 (Width)：設定最大位數寬度 (包括正負號及小數點)，預設值為 8。

4. 小數 (Decimal Places)：設定小數位數，預設值為 2。

5. 標記 (Label)：可鍵入變數標註。

6. 值 (Values)：針對變數的每一個值皆可指定一個值標註，按 ⸱⸱⸱ 鈕，可開啟如圖 3-2-3 所示的對話盒。

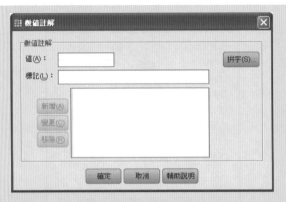

圖3-2-3　變數值標註的對話盒

如何指定值標註？

(1) 在值 (Value) 文字方塊中輸入變數值，此值可為數字或字串。

(2) 在標記 (Value Label) 文字方塊中輸入值標註。

(3) 按 新增 (add) 鈕，則值標註便會加入列示清單中。

如何修改值標註？

(1) 在列示清單中選取一值標註，使其反白。

(2) 在對應之文字方塊中輸入新的標註或新值。

(3) 按 變更 (Change) 鈕，則新的標註便會取代原有的標註。

如何刪除值標註

(1) 在列示清單中選取一值標註，使其反白。

(2) 按 移除 (Remove) 鈕，則標註便會從清單中刪除。

7. 遺漏 (Missing)：定義變數的缺漏值。在 PASW 中，缺漏值有兩種型態：

(1) 系統缺漏值：資料檔的數值格若為空白，便會指定其為系統缺漏值，以 . 作表示。

(2) 使用者缺漏值：你可以指定值給 PASW 作標示以辨識資訊缺漏的原因。要指定使用者缺漏值，可按 … 鈕，開啟如圖 3-2-4 對話盒。

圖3-2-4　缺漏值對話盒

可選取下列其中之一的選項：

➲ 無遺漏值 (No missing values)：不指定使用者缺漏值，視所有值皆有效，此為預設值。

　　　⊃ 離散遺漏值 (Discrete missing values)：可在此鍵入三個不連續之使用者缺漏值給每一變數。可定義不連續的使用者缺漏值為數值或短字串型態。

　　　⊃ 遺漏值的範圍 (Range of missing values)：所有在低 (Low) 和高 (High) 兩值之間的值皆標示為缺漏值。此不供短字串使用。

　　　⊃ 範圍加上一個選擇性的離散遺漏值 (Range plus one discrete missing values)：所有在低 (Low) 和高 (High) 兩值之間的範圍，並加上在此範圍外的值皆標示為缺漏值。此不供短字串使用。

8. 欄 (Column)：欄位寬度，預設值為變數的寬度。若要改變欄位寬度，可輸入新值。亦可直接在資料編輯視窗中，使用滑鼠拖曳變數名稱兩旁的分界線 (此時游標會由十字型變為Ｉ字型) 來任意調整欄位的寬度。

9. 對齊 (Align)：文字對齊方式有三種，可選取下列其中之一。

　　　⊃ 靠左 (Left)：靠左對齊，此為字串變數的預設方式。

　　　⊃ 置中 (Center)：置中對齊。

　　　⊃ 靠右 (Right)：靠右對齊，此為非字串變數的預設方式。

注意事項

欄位寬度Ｖ.Ｓ變數寬度

欄位寬度會影響資料值在資料編輯視窗中的顯示。改變欄位寬度不會改變變數已定的寬度。如果資料值已定的實際寬度較欄位寬度大時，則資料值在資料編輯視窗中的顯示將會被截斷。

10. 測量 (Measure)：設定變數的量測水準，可選取下列其中之一。

　　　📏尺度 (Scale)：量尺的變數。

　　　序的 (Ordinal)：次序的變數。

　　　名義 (Nominal)：名義的變數。

　　顯示在對話盒中每一變數的圖示提供資料型式 (data type) 及量測水準 (level of measurement) 的資訊。

量測水準	資料型式			
	數值 (Numeric)	文字 (String)	日期 (Date)	時間 (Time)
尺度的 (Scale)	📏	無	📏	📏
次序的 (Ordinal)	📊	📊	📊	📊
名義的 (Nominal)	🎱	🎱	🎱	🎱

❓ 3-3 如何輸入及編修資料？

一、如何輸入資料？

在完成變數定義後，接下來即是開始輸入資料，如圖 3-3-1 所示，其步驟如下：

1. 以滑鼠按觸細格或使用鍵盤方向鍵移至細格，此時在該細格四週會出現黑框，即為作用細格 (active cell)，而變數名稱與列號則顯示在資料編輯視窗的左上角。
2. 輸入資料值。此時資料值會顯示在資料編輯視窗頂端的細格編輯區 (cell editor)。
3. 按 Enter 鍵可向下一格；按 Tab 鍵可向右一格；或以方向鍵移動亦可。

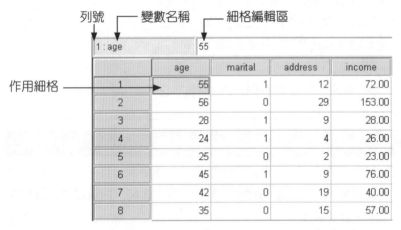

圖3-3-1　資料編輯器中的作用細格與細格編輯區

資料值的限制

1. 若所鍵入的資料不符合所定義的變數型態，則資料編輯器會發出聲響，並且不會輸入該資料。
2. 若是字串變數，字元不允許超過定義的長度。
3. 若是數值變數，整數值可超過定義的長度，但顯示出來的將會是科學記號表示法或是全為星號，這時你可調整該欄寬度以顯示完整的數值。

二、如何編修資料？

資料的編修有好幾種方式，包括修改資料值、剪下、複製與貼上資料值，及加入與刪除個案、加入與刪除變數、改變變數的次序等，茲分別說明如下：

(一) 修改資料值

1. 取代一值：刪除舊值並輸入新值。
   (1) 按觸細格或以方向鍵移動細格。該細格之值會顯示在細格編輯器中。
   (2) 輸入新值，則會取代舊值。

(3) 按 Enter 鍵，新值便會顯示在細格中。

2. 編修一值。

(1) 按觸細格。該細格之值會顯示在細格編輯器中。

(2) 按觸細格編輯器，此時會有一閃爍游標顯示，移動該游標至適當位置並做修改。

(二) 剪下(cut)、複製(copy)及貼上(paste)資料值

搬移或複製細格值的步驟如下：

1. 選擇要剪下或複製的細格值。

2. 從功能表中選擇編輯 (Edit) > 剪下 (Cut) 或編輯 (Edit)> 複製 (Copy)。

3. 選擇目標細格。

4. 從功能表中選擇編輯 (Edit)> 貼上 (Paste)。

如此便會將值貼入目標方格中，但須注意的是來源與目標方格之資料型態要一致。

(三) 加入或刪除個案

在空白列輸入一資料時，會自動產生一新的個案。此時該個案之其他變數會插入系統缺漏值。而在空白欄輸入一資料時亦同。

1. 在現有之個案中插入新個案。

(1) 在要插入新個案的位置中，選擇任一細格。

(2) 從功能表中選擇編輯（Edit) > 插入觀察值 (Insert Cases)，便會插入一橫列。

2. 刪除個案。

(1) 按觸橫列最左邊的個案號碼，將整列反白。若要刪除多個個案，則可使用按住拖曳滑鼠的方法將之反白。

(2) 從功能表中選擇編輯 (Edit) > 清除 (Clear) 或按 Del 鍵，便會將所選的個案予以刪除。

(四) 加入或刪除變數

在空白行輸入一資料時，自動產生一新的變數，其變數名稱與型式預設值為Var00001，為數值變數。此時該變數之其他列會插入系統缺漏值。

1. 在現有之變數中插入新的變數。

(1) 在要插入新變數的位置中，選擇任一細格。

(2) 從功能表中選擇編輯 (Edit) > 插入變數 (Insert Variable)，便會插入一縱欄。

2. 刪除變數。

(1) 按觸縱欄最頂端的變數名稱，將整欄反白。若欲刪除多個變數，則可使用按住拖曳滑鼠的方法將之反白。

(2) 從功能表中選擇編輯 (Edit) > 清除 (Clear) 或按 Del 鍵，便會將所選的變數予以刪除。

(五) 搬移變數

1. 在目標細格插入一新的變數。

2. 按觸要移動之變數欄位最頂端的變數名稱，使之整行成為反白。

3. 從功能表中選擇編輯 (Edit) > 剪下 (Cut)，將該變數整行剪下。

4. 按觸目標細格的新變數名稱欄，使之反白。

5. 從功能表中選擇編輯 (Edit) > 貼上 (Paste)，將該變數整行貼上。

如何尋找資料？

　　通常一份研究資料包含有數十個變數以及數百個個案，而且變數並沒有以字母順序加以排序，因此要尋找某特定資料並非易事。尋找資料可分為尋找變數、尋找個案，以及尋找資料值等三種，茲分別說明如下：

一、如何尋找變數？

方法一：

1. 從功能表中選擇編輯 (Edit) > 直接跳到變數…(Goto Variable…)，以開啟如圖 3-4-0 到 (Go To) 對話盒。
2. 在跳到變數 (Go To Variable) 之下拉式清單中，選擇所要的變數。
3. 按 [移至] (Go) 鈕即可。

圖3-4-0　前往變數的對話盒

方法二：

1. 從功能表中選擇效用值 (Utilities) > 變數 (Variables…)，以開啟如圖 3-4-1 的變數 (Variables) 對話盒。
2. 在變數 (Variables) 對話盒的來源變數清單中，選擇所要找尋的變數，使之反白。
3. 按 [到] (Go To) 鈕後，再按 [關閉] (Close) 鈕即可。

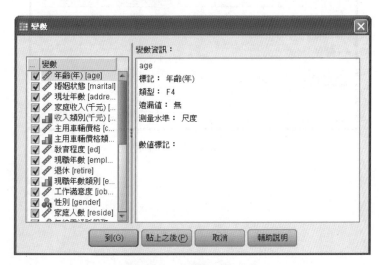

圖3-4-1　變數的對話盒

二、如何尋找個案？

1. 從功能表中選擇編輯 (Edit) > 直接跳到觀測值 (Go To Case…)，以開啟如圖 3-4-2 的到 (Go to) 對話盒。

2. 在觀察值號碼 (Case Number) 文字方格中輸入所要找尋的個案號碼。

3. 按 移至 (Go) 鈕即可。

圖3-4-2　前往個案的對話盒

三、如何尋找資料值？

1. 在要尋找之變數的所在欄中，任選一細格。

2. 從功能表中選擇編輯 (Edit) > 尋找…(Find…)，以開啟如圖 3-4-3 的尋找與置換 (Find Data) 對話盒。

3. 在尋找 (Find what) 文字方格中，輸入所要尋找的資料值。

4. 按 找下一筆 (Find Next) 鈕向前尋找即可。

   注意：尋找的資料值為英文字母時，若需要區別為大小寫，則需要點選符合大小寫 (Match Case) 的條件。

圖3-4-3　尋找資料的對話盒

❓ 3-5 ：如何設定資料編輯器的工作環境？

在檢視 (View) 功能表中提供許多的特性來設定資料編輯器，包括有以值標註顯示取代資料 值、格線是否要顯示或列印、字型的改變等，茲分述於下：

一、如何顯示值標註(Value Labels)？

在資料編輯器中顯示曾定義過的值標註以取代實際的資料值，可從功能表中選擇檢視 (View) > 數值標記 (Value Labels)。

二、如何使用值標註來進行資料輸入？

1. 使用滑鼠或方向鍵選定細格。此時顯示在資料編輯器中的是值標註，而顯示在細格編輯器中的則是實際值。
2. 按觸滑鼠右鍵，即可顯示該變數的值標註清單。若未定義值標註者，則不會有所顯示。
3. 選擇所要輸入的值標註，使之反白。
4. 按滑鼠左鍵兩下。當離開細格後，所選定之值標註便會顯示在該細格中。

三、如何顯示或關閉格線(Grid Line)？

資料編輯器中的格線可設定是否要顯示或列印。此項更改，可從功能表中選擇檢視 (View) > 網格線 (Grid Lines)。

四、如何更改字型？

要改變資料編輯器中的字型，可從功能表中選擇檢視 (View) > 字型…(Fonts…)，開啟如圖 3-5-1 的字型對話盒以進行相關的設定。

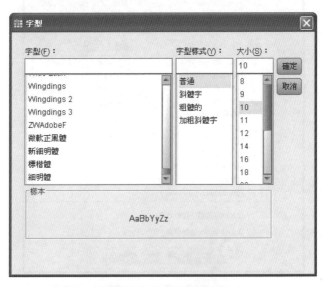

圖3-5-1　字型的對話盒

❓ 3-6 ：如何定義變數的性質？

對於類別(名義、次序)的資料,定義變數性質(Define Variable Properties)能協助定義值標註以及其它的變數屬性,定義變數屬性的功能如下:

- 掃描實際的資料值並列出選定變數的所有單一資料值。

- 識別未標註的值並提供”自動標註”的特性。

- 將其他變數已定義好的值標註複製到選定的變數或從選定變數複製到其他多個變數。

▌範例3-6　定義類別變數的變數性質

茲以PASW範例資料檔demo.sav(檔案位置C:\Program Files\SPSS Inc\PASW Statictics18\Samples\Traditional Chinese)來加以說明。該資料檔已經定義好資料值的標註,但為說明起見,擬先輸入一個缺漏值的代號值,並進行該值的標註。

1. 開啟demo.sav資料檔,並在資料編輯器中選定資料檢視(Data View)模式,運用橫捲軸往右邊拉動,以點選變數ownpc的第一個資料細格,並輸入99。

2. 從功能表選擇資料(Data) > 定義變數性質…(Define Variable Properties…)。

3. 如圖3-6-1的對話盒所示,選取擁有電視機(Owns TV)[owntv]至擁有電腦(Owns computer)[ownpc]等變數,按 ▶ 鈕,以進入要掃瞄的變數(Variables to Scan)清單中。

4. 按 繼續 (Continue)鈕,以開啟定義變數屬性的主對話盒。

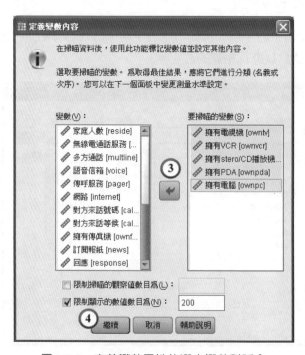

圖3-6-1　定義變數屬性的選定變數對話盒

5. 如圖 3-6-2 的主對話盒所示，在已掃描的變數 (Scanned Variable) 清單中，選定 ownpc。

6. 目前選定變數的測量水準為尺度 (scale)，可藉由下拉式選單的選項或按 建議 (Suggest) 鈕來改變測量水準。

7. 如圖 3-6-3 的次對話盒所示，點選次序的 (Ordinal) 選項，再按 繼續 (Continue) 鈕，回到主對話盒。

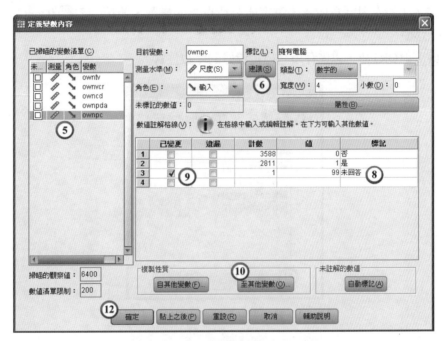

圖3-6-2　定義變數屬性的主對話盒

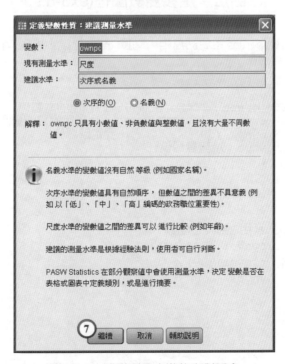

圖3-6-3　建議測量水準的次對話盒

8. 如圖 3-6-2 的主對話盒所示，在上方目前變數 ownpc 的標記 (Label) 方格中加入 [自己的電腦]，而在值標註網格 (Value Label grid) 中，於值 99 的 Label 欄之細格，輸入 [未回答]。

9. 點選 Missing 欄中的檢核方塊 ☑。

10. 在複製性質 (Copy Properties) 群組中，按 至其他變數… (To Other Variables…) 鈕，以開啟複製變數屬性的次對話盒。

11. 如圖 3-6-4 的次對話盒所示，選定所有清單中的變數，並按 複製 (Copy) 鈕，回到主對話盒。

12. 按 確定 (OK) 鈕，以儲存所有已定義好的變數性質。

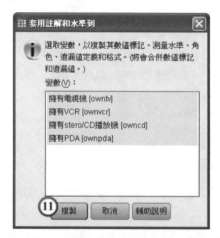

圖3-6-4　套用標註及測量水準的次對話盒

程序語法：定義變數屬性(ex3-5.sps)

(1) 在 Define Variable Properties 主對話盒中，點按 貼上之後 (Paste) 鈕，即可貼出定義變數屬性的語法如下：

```
*Define Variable Properties.
*ownpc.
VARIABLE LABELS ownpc   'Owns computer(自己的電腦)'.   /*變數標註
VARIABLE LEVEL ownvcr   (ORDINAL).      /*界定變數的量測水準
MISSING VALUES ownpc (99).         /*界定缺漏值
VALUE LABELS   ownpc  /*變數值標註
  0 'No'
  1 'Yes'
  99 '拒絕回答'.
EXECUTE.
```

(2) 將變數的屬性複製 (套用) 到其它變數：

```
VARIABLE LEVEL ownvcr (ORDINAL).
MISSING VALUES ownvcr (99).
VALUE LABELS   ownvcr
  0 'No'
  1 'Yes'
  99 '拒絕回答'.
EXECUTE.
```

A3-6對話盒說明　Define Variable Properties程序

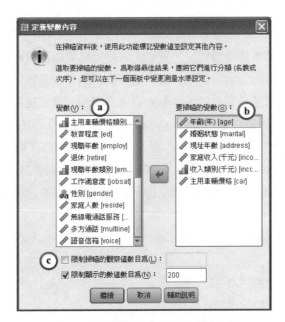

圖① 定義變數屬性的初始對話盒

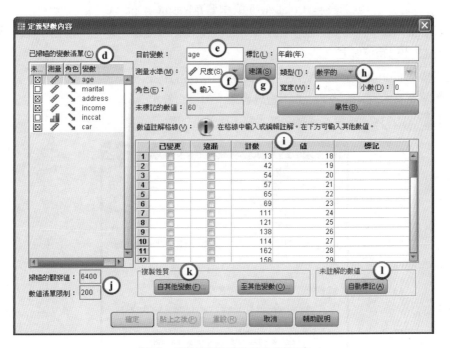

圖② 定義變數屬性的主對話盒

Define Variable Properties對話盒的說明

　　定義變數性質 (Define Variable Properties) 程序係用於協助類別的 (名義的、次序的) 變數產生描述性的變數標註及值標註。其功能包括掃描實際的資料值並列示每一個選定的變數之單一資料值、識別出未標註的資料值並提供自動標註的特性、提供從其他選定的變數複製定義好的值標註或將特定變數的值標註複製到其它選定的變數。可從功能表選擇資料 (Data) > 定義變數性質…(Define Variable Properties…)，以開啓如圖①的對話盒，若選定好變數後，再按 繼續 (Continue) 鈕，即可開啓如圖②的主對話盒。

ⓐ 變數 (Variables) 方塊：來源變數清單，會顯示資料集的所有變數。

ⓑ 要掃瞄的變數 (Variables to Scan) 方塊：選定變數清單，從來源變數清單中選取一或多個變數，按 ▶ 鈕，以進入此清單中。

ⓒ ☐ 限制掃瞄的觀察值個數為 (Limit number of cases Scanned to)：限制掃瞄的觀測體僅到特定的個數。

　　☐ 限制顯示的數值數目為 (Limit number of values displayed to)：限制顯示的資料值僅到特定的個數。預設為 200 個。

ⓓ 已掃瞄的變數清單 (Scanned Variable List)：掃瞄變數清單，以滑鼠在變數清單表格的表頭點按欄位，可依未註解 (Unlabeled) 或測量 (Measurement) 或變數 (Variable) 加以排序。在變數清單中，可直接在未註解 (Unlabeled) 欄中各變數之前方的方格中進行選取未標註 ☑ 或已有標註 ☐。

ⓔ 目前變數 (Current Variable) 方格：顯示目前選定變數的名稱及標記 (Label)。

ⓕ 測量水準 (Measurement Level) 下拉式選單：顯示測量水準。

ⓖ 建議 (Suggest) 按鈕：建議測量水準，可開啓如圖③的次對話盒。

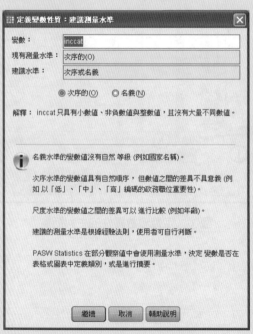

圖③　建議測量水準的次對話盒

ⓗ 類型 (Type) 下拉式選單：可選取下列其中之一的變數型態。

　⊃ 數字的 (Numeric)：數值型態，可包括正負號、小數值。請在寬度 (Width) 鍵入最大位數寬度 (包括正負號及小數點)，並在小數 (Decimal) 鍵入小數位數。

　⊃ 逗號 (Comma)：可包括數值、正負號、小數值及千位分割之逗號。請在寬度 (Width) 鍵入最大位數寬度 (包括正負號、小數點、及逗號)，並在小數 (Decimal) 鍵入小數位數。

　⊃ 點 (Dot)：可包括數值、正負號、作為小數點逗號、及作為千位分割之句號。請在寬度 (Width) 鍵入最大位數寬度 (包括正負號、小數點、逗號、及句號)，並在小數 (Decimal) 鍵入小數位數。

　⊃ 科學記號 (Scientific)：包括數值及科學記號兩部份。如 25D4、256E4、256+4、256-4 等皆合乎規則。

　⊃ 日期 (Date)：日期時間之型態。

　⊃ 元符號 (Dollar)：包括 $ 號及 Comma 型態兩部份。

　⊃ 貨幣 (Currency)：以自定之現金格式作為顯示。

　⊃ 百分比 (Percent)：以百分比顯示。

　⊃ 字串 (String)：文字型態。

　⊃ 寬度 (Width)：設定變數的寬度。

　⊃ 小數 (Decimals)：設定小數點位數。

ⓘ 數值註解格線 (Value Label grid) 表格：顯示值標註的網格，可直接在網格中輸入或編輯值標註。亦可在表格的最底端輸入其它的值及其標註。網格中各欄提供的資訊包括是否變更 (Changed)、是否為遺漏值 (Missing)、計數 (Count)、值 (Value)、標記 (Label) 等。

ⓙ 掃瞄的觀察值 (Cases Scanned) 方格：顯示已掃描的個案數。

　數值清單限制 (Value list limit) 方格：顯示值清單的限制個數。

ⓚ 複製性質 (Copy Properties) 方塊：複製變數屬性，若要從其它變數複製到選定的變數時，可點按 自其他變數… (From Another Variable…) 鈕，以開啟如圖④的次對話盒。若要從選定的變數複製到其它變數時，可點按 至其他變數… (To Other Variables…) 鈕，以開啟如圖⑤的次對話盒。

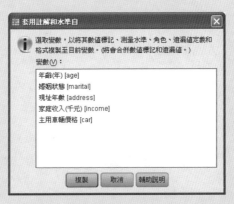

圖④　從其它變數套用標註及測量水準的次對話盒

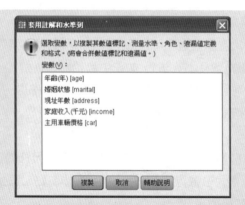

圖⑤　將標註及測量水準套用至其它變數的次對話盒

① 未註解的數值 (Unlabeled Values) 方塊：未標註之變數值的處理，可點按 自動標記 (Automatic Labels) 鈕，以自動加入值標註。

❓ 3-7　如何操作資料編輯器(Data Editor)？

範例3-7-1　輸入數值資料(numeric data)

1. 在資料編輯視窗的左下方點按 變數檢視 (Variable View) 標籤。如圖 3-7-1 所示，本範例擬分別定義年齡、婚姻狀態、收入等三個變數。

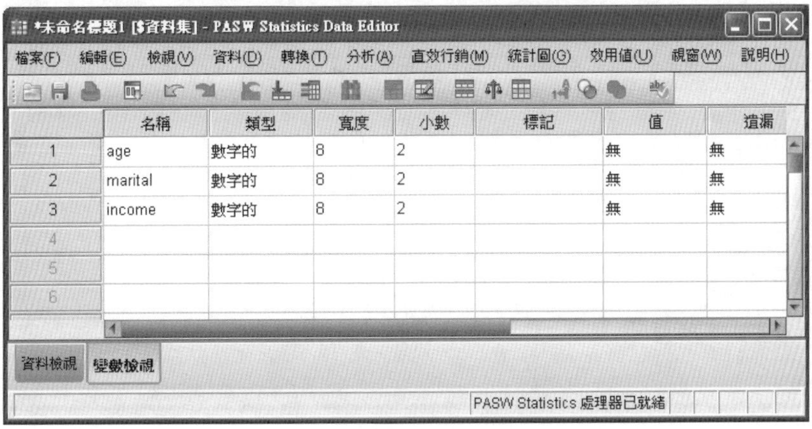

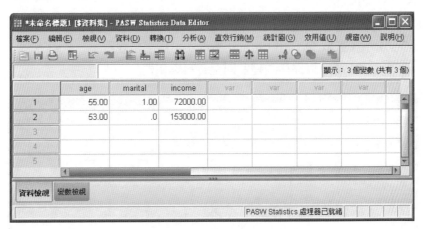

圖3-7-1　在變數檢視中的定義變數名稱

2. 在第一欄的第一列，鍵入 age。(註：新變數會自動預設為數值型資料。)
3. 在第二列，鍵入 marital。
4. 在第三列，鍵入 income。
5. 點按 資料檢視 (Data View) 標籤，如圖 3-7-2 所示，繼續輸入資料。

圖3-7-2　在資料檢視中輸入資料值

6. 在 age 欄位，鍵入 55。
7. 在 marital 欄位，鍵入 1。
8. 在 income 欄位，鍵入 72000。
9. 移動滑鼠到第二列的第一欄加入下一個受試者資料。

10. 在 age 欄位，鍵入 53。
11. 在 marital 欄位，鍵入 0。
12. 在 income 欄位，鍵入 153000。
13. 點按 變數檢視 (Variable View) 標籤，如圖 3-7-3 所示，更新變數的小數位屬性。
14. 選擇 age 列的 小數 (Decimals) 欄位，鍵入 0。
15. 選擇 marital 列的 小數 (Decimals) 欄位，鍵入 0。

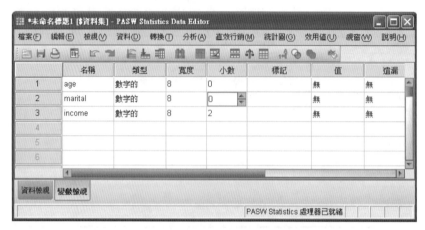

圖3-7-3　更新age及marital變數的小數位屬性

範例3-7-2　　輸入字串資料(string data)

1. 在資料編輯視窗的左下方點按 變數檢視 (Variable View) 標籤，如圖 3-7-4 所示。
2. 在第一個空白列的第一個細格，鍵入 sex 的變數名稱。
3. 點選類型 (Type) 細格。
4. 點選類型 (Type) 細格的 … 按鈕，開啟變數類型 (Variable type) 對話盒。
5. 如圖 3-7-5 所示，選取 ⊙ 字串 (String) 用以界定為字串變數。
6. 點按 確定 (OK) 鈕，以儲存改變並回至資料編輯器。

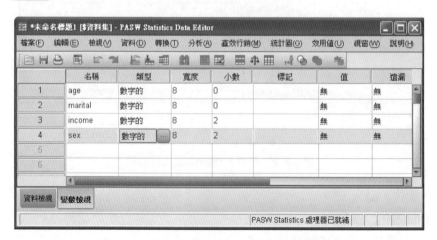

圖3-7-4　在sex的類型(Type)細格中顯示按鈕

圖3-7-5　變數類型對話盒

範例3-7-3　　加入變數標註(Variable Label)

標註爲變數的描述，通常可長達 256 個字元。這些標註被使用於統計輸出報表中，用以識別不同的變數，增加報表的可讀性。

1. 在資料編輯視窗的最左下方點按 變數檢視 (Variable View) 標籤，如圖 3-7-6 所示。
2. 在 age 列的 標記 (Label) 欄位中，鍵入 [填答者的年齡]。
3. 在 marital 列的 標記 (Label) 欄位中，鍵入 [婚姻狀態]。
4. 在 income 列的 標記 (Label) 欄位中，鍵入 [家庭收入]。
5. 在 sex 列的 標記 (Label) 欄位中，鍵入 [填答者的性別]。

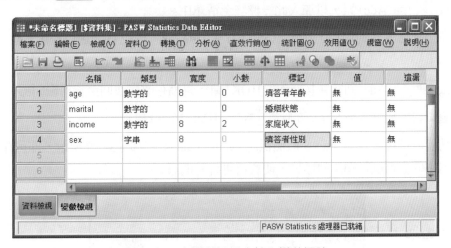

圖3-7-6　在變數檢視中輸入變數標註

範例3-7-4　　改變變數類型(Variable Type)與格式

1. 點選 income 列的類型 (Type) 細格，點按其 ⋯ 按鈕，以開啓變數類型 (Variable type) 對話盒，如圖 3-7-7 所示。
2. 在變數類型對話盒中選擇 ⊙ 元符號 (Dollar)，以選擇爲貨幣變數。
3. 選擇貨幣型式爲 $###,###,###。

4. 點按 確定 (OK) 鈕，以儲存改變。

圖3-7-7　變數類型對話盒

範例3-7-5　對數值變數加入值標註(Value Label)

1. 點選 marital 列的值 (Values) 細格，點按其 ⋯ 按鈕，以開啓數值註解 (Value Labels) 對話盒，如圖 3-7-8 所示。

2. 在值 (Value) 方格中輸入 0。

3. 在標記 (Value Label) 方格中輸入 [未婚]。

4. 點按 新增 (Add) 鈕，以加入此一標註至清單中。

5. 重覆上述 2 ～ 3 的過程，在值 (Value) 方格中輸入 1，標記 (Value Label) 方格中輸入 [已婚]。

6. 點按 新增 (Add) 鈕，再按 確定 (OK) 鈕，以儲存改變並回至資料編輯器。

7. 點選資料編輯器視窗左下方的 資料檢視 (Data View) 標籤。

8. 從功能表選擇檢視 (View) > 數值標記 (Value Labels)，如圖 3-7-9 所示，即可在資料編輯器中的資料細格顯示值標註，使資料更容易閱讀。

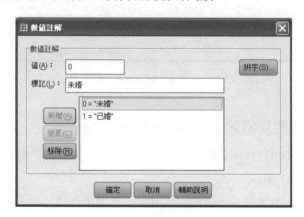

圖3-7-8　值標註對話盒

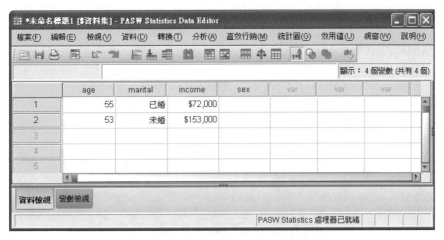

圖3-7-9　在變數檢視中顯示值標註

範例3-7-6　　對文字變數加入值標註(Value Label)

1. 點選資料編輯視窗左下方的 資料檢視 (Variable View) 標籤。

2. 點選 sex 列的 值 (Values) 細格，點按 ⋯ 按鈕，以開啟數值註解 (Value Labels) 對話盒，如圖 3-7-10 所示。

3. 在值 (Value) 方格中輸入 F。

4. 在標記 (Value Label) 方格中輸入 [女]。

5. 點按 新增 (Add) 鈕，以加入此一標註至清單中。

6. 重覆上述 2 ～ 3 過程，在值 (Value) 方格中輸入 M，標記 (Value Label) 方格中輸入 [男]。

7. 點按 新增 (Add) 鈕，再按 確定 (OK) 鈕，以儲存改變並回至資料編輯器。

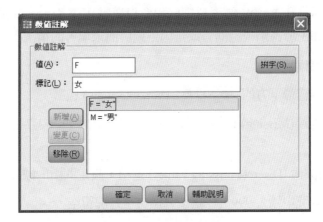

圖3-7-10　值標註對話盒

■ | 範例3-7-7 | 　使用值標註進行資料輸入

　　在資料編輯器中不是顯示資料的實際值，而是使用值標註來顯示時，即可使用這些值標註來進行資料的輸入。

1. 點選資料編輯視窗最下方的 [資料檢視] (Data View) 標籤。

2. 在第一列，選擇 [Sex] 細格，並從下拉式清單中選定 [男]。

3. 在第二列，選擇 [Sex] 細格，並從下拉式清單中選定 [女]，如圖 3-7-11 所示。

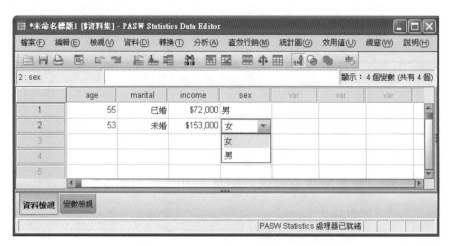

圖3-7-11　使用值標註來輸入資料值

■ | 範例3-7-8 | 　處理缺漏資料(Missing Data)

　　缺漏或無效資料通常會被忽略，在進行調查時，填答者可能會拒絕回答某一問題、可能不知道答案、可能答案為非預期的格式等，如果未能採取步驟來過濾或識別出這些資料，則將造成分析結果不正確。對於數值資料，空白或有無效的輸入將會被轉成系統的缺漏值 (system missing)，通常在 PASW 的資料細格中會以單點「.」表示。缺漏值對於資料分析是相當重要的，例如對於區別拒絕問答或是因不適用而未填答的情況下特別有用。

(一) 數值變數的缺漏值

1. 點選資料編輯視窗最下方的 [變數檢視] (Variable View) 標籤。

2. 點選 age 列的遺漏 (Missing) 細格，點按 […] 按鈕，開啟如圖 3-7-12 的缺漏值 (Missing Values) 對話盒。

3. 點選 ⊙ 離散遺漏值 (Discrete missing values) 選項，設定間斷的缺漏值。

4. 在第一個文字方塊中輸入 999，並讓後二個文字方塊留空。

5. 點按 [確定] (OK) 鈕，以儲存改變並回至資料編輯器。

6. 點選 age 列的值 (Values) 細格，點按 […] 按鈕，開啟如圖 3-7-13 的數值註解 (Value Labels) 對話盒。

7. 在值 (Value) 中輸入 999。

8. 在標記 (Value Label) 中輸入「未填答」。

9. 點按 新增 (Add) 鈕，加入此一標註至清單中。

10. 點按 確定 (OK) 鈕，儲存改變並回至資料編輯器。

圖3-7-12　缺漏值對話盒

圖3-7-13　值標註對話盒

(二) 字串變數的缺漏值

對於字串變數缺漏值的處理方式與數值變數相同，但空白的字串變數並沒有被設定為缺漏值，而是被視為是空白字串。

1. 點選資料編輯視窗最下方的 變數檢視 (Variable View) 標籤。

2. 點選 sex 列的遺漏 (Missing) 細格，點按 ⋯ 鈕，開啓遺漏值 (Missing Values) 對話盒。

3. 點選 ⊙ 離散遺漏值 (Discrete missing values) 選項，設定為間斷的缺漏值。

4. 在第一個文字方塊中輸入 NR，並讓後二個文字方塊留空。

5. 點按 確定 (OK) 鈕，以儲存改變並回至資料編輯器。

6. 點選 sex 列的值 (Values) 細格，點按 ⋯ 鈕，開啓如圖 3-7-14 的數值註解 (Value Labels) 對話盒。

7. 在值 (Value) 中輸入 NR。
8. 在標記 (Value Label) 中輸入「未填答」。
9. 點按 新增 (Add) 鈕，加入此一標註至清單中。
10. 點按 確定 (OK) 鈕，儲存改變並回至資料編輯器。

圖3-7-14　值標註對話盒

範例3-7-9　變數值屬性的複製與貼上

一旦定義好變數的各項屬性後，通常可以將這些屬性加以複製並套用至其它的變數。

(一) 套用屬性至單一變數

1. 在變數檢視 (Variable View) 模式，於第一個空白列的第一個細格中輸入 agewed，如圖 3-7-15 所示。
2. 在標記 (Label) 欄，鍵入 [結婚年齡]。
3. 點選 age 列的 值 (Values) 細格。
4. 從功能表選擇編輯 (Edit) > 複製 (Copy)。
5. 點選 agewed 列的 值 (Values) 細格。
6. 從功能表選擇編輯 (Edit) > 貼上 (Paste)，則會將 age 變數定義好的各項屬性套用至 agewed 變數。

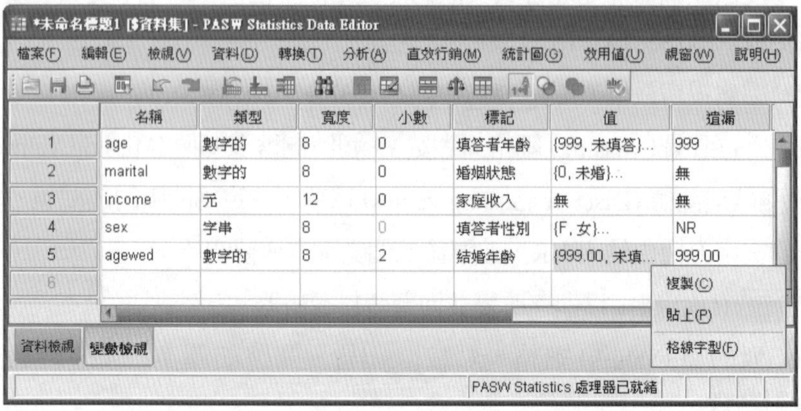

圖3-7-15　在變數檢視模式下的agewed變數

(二) 套用屬性至多個變數

如圖 3-7-16 所示，選取多個目標細格 (點選並往下拖曳縱欄)。

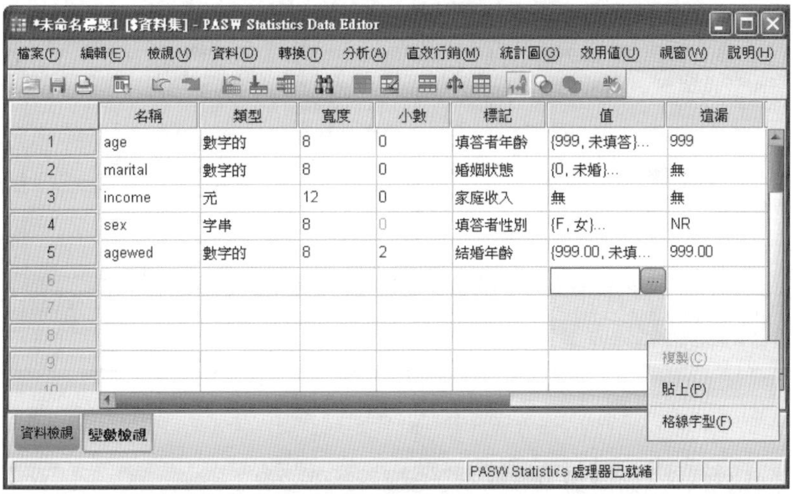

圖3-7-16　選取多個細格

如圖 3-7-17 所示，當貼入屬性時，會套用至所有選定的細格中。如果將值貼入空白列，則會自動產生新的變數。

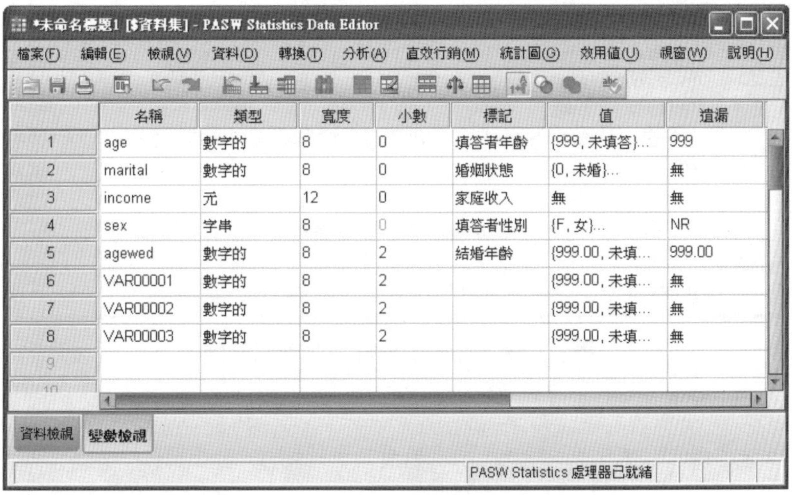

圖3-7-17　將值的屬性複製到多個細格

亦可將一個變數的屬性複製到另一個變數 (橫列)。

1. 點選 marital 列的列編號 (row number)，如圖 3-7-18 所示。

2. 從功能表選擇編輯 (Edit) > 複製 (Copy)。

3. 點選第一個空白列的列編號。

4. 從功能表選擇編輯 (Edit) > 貼上 (Paste)，則會將 marital 變數的所有屬性套用至新的變數中，結果如圖 3-7-19 所示。

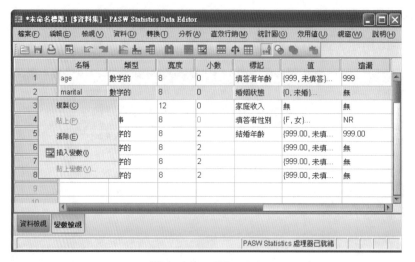

圖3-7-18　選取一列

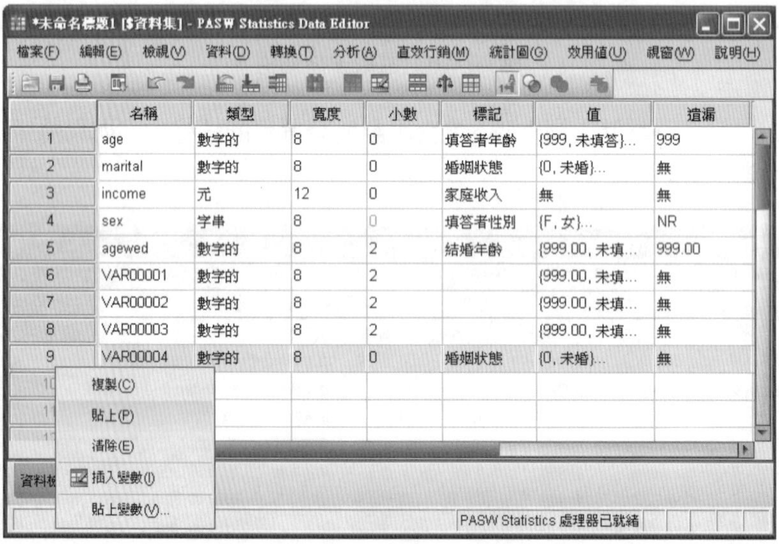

圖3-7-19　將值的屬性複製到另一列

牛刀小試　Try for yourself

TFY 3-1 · 試將下列資料輸入 PASW 並加以儲存資料檔 (work1.sav)。

學生 id	性別 gender	智商 iq	成績等第 gpa
1	1	105	1.33
2	1	92	3.50
3	2	104	2.67
4	2	94	2.75
5	1	106	2.75
6	1	111	2.25
7	2	100	3.00
8	2	95	3.00
9	1	120	3.00
10	1	90	2.50

TFY 3-2 · 請以 PASW 將下列資料建立成資料檔 (work2.sav)。

編號 caseid	年齡 age	性別 sex	每月收入 income
1	38	F	
2	27	M	32000
3	22	X	15000
4	31	M	40000
5	99	F	17000
6	40	F	5000
7	99	M	21050
8	28	F	
9	39	M	46000
10	20	M	19000

TFY 3-3 · 試將本書隨附資料檔 (請將資料複製於 C:\StepPASW\work1.dat) 讀入 PASW 中，並儲存為資料檔 (work4.sav)。

變數	類型	小數位	變數標註	遺漏值
person	數字 (Numeric)	0	識別碼	
sex	字串 (String)		性別	X
age	數字 (Numeric)	0	年齡	99
marital	字串 (String)		婚姻狀態	
n_kids	數字 (Numeric)	0	孩童人數	9

變數	類型	小數位	變數標註	遺漏值
income	數字 (Numeric)	0	年薪	99999
height	數字 (Numeric)	1	身高	99.9
s_height	數字 (Numeric)	1	配偶身高	99.8,99.9

性別：F = 女性，M = 男性
婚姻狀態：M = 已婚，S = 單身，D = 離婚，W = 喪偶

TFY 3-4・下列原始資料包含 30 位學生的二個質性變數 (性別與血型) 以及二個量化變數 (身高與體重)，請以 PASW 將下列資料建立成資料檔 (work3.sav)。

性別 gender	體重 weight(kgs)	身高 height(cms)	血型 bloodtype
M	75	178	O
M	100	196	O
M	60	145	A
M	71	170	O
M	80	180	B
M	69	175	O
M	78	185	AB
M	85	186	A
M	96	176	B
M	76	180	O
M	89	169	AB
M	96	195	O
M	105	200	O
M	98	201	A
M	89	186	B
F	65	171	O
F	67	176	O
F	78	180	AB
F	67	160	AB
F	89	150	A
F	90	154	B
F	85	153	B
F	81	140	A
F	66	144	O
F	58	153	O
F	55	164	O
F	67	171	A
F	72	159	B
F	75	171	B
F	76	169	O

Chapter 04

輸出檢視視窗的操作

❓ 4-1　如何使用輸出檢視器(Viewer)？

一、使用輸出檢視器(Viewer)

執行 PASW 統計程序的結果會顯示在檢視器中，產生的輸出結果包括統計表、圖、或文字等，如圖 4-1-1 所示，檢視器視窗共分成兩個區域：一為大綱區 (outline pane)：檢視器中所有儲存資訊的大綱；另一為內容區 (contents pane)：包含統計表、圖、文字等輸出。

使用捲軸可以垂直或水平的瀏覽視窗的內容，為更方便的瀏覽，可以點按大綱區的項目以將內容顯示於內容區。如果發現沒有足夠的空間以顯示整個表格於檢視器中或大綱檢視太窄等，便可以方便的重新設置視窗的大小。

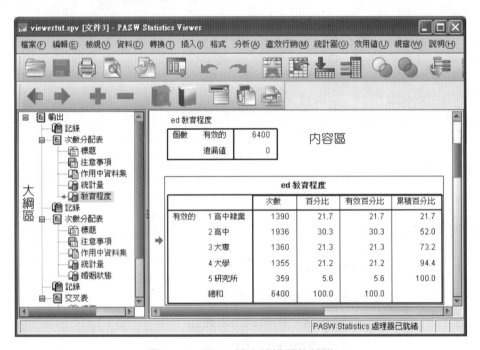

圖4-1-1　PASW輸出檢視器的架構

1. 拖曳 (click and drag) 大綱區的右邊界以改變其寬度。
   在大綱區之書本開啟 (open book) 的圖示代表在檢視器中目前是可見的，即使其目前可能不在內容區可見的部份。

2. 雙按 (double click) 大綱區的書本圖示 (book icon)，即可隱藏圖或表。
   開啟書本 (open book) 的圖示改變成關閉書本 (closed book) 的圖示，代表在檢視器中目前是將資訊加以隱藏。

3. 要重新顯示輸出的圖表，雙按關閉的書本圖示 (closed book icon)。
   亦可以隱藏某一特定統計程序之所有結果或在檢視器中的所有輸出結果。

4. 點選盒中的負號 (-)，即可隱藏程序的輸出結果。若要隱藏所有的輸出，則可點選大綱區最上端的項目，如圖 4-1-2 所示。

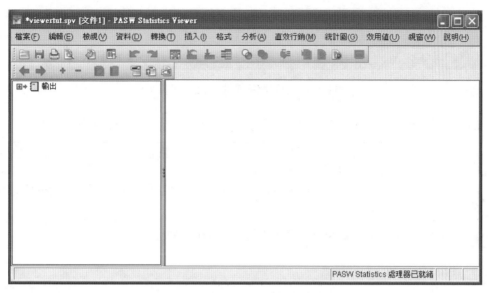

圖4-1-2　隱藏檢視器中的所有輸出結果

5. 若要改變輸出結果的顯示次序。可在大綱區點選想要移動的項目，如圖 4-1-3 所示。

6. 拖曳選定的項目至新的地區，並放開滑鼠按鈕。亦可在內容區拖曳移動輸出的項目。

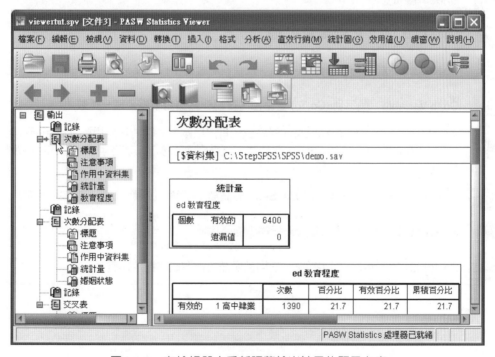

圖4-1-3　在檢視器中重新調整輸出結果的顯示次序

二、輸出檢視器的工具列

圖4-1-4 檢視器視窗中的圖示工具列

如圖 4-1-4 所示,茲將 PASW 輸出檢視器工具列的各圖示之功能說明如下:

Open File:開啓檔案,顯示開啓檔案 (Open File) 對話盒,可依不同的現行視窗,以開啓資料檔、輸出檔、語法檔、或圖形檔。

Save File:儲存檔案,在現行視窗中儲存檔案,如果該檔案未命名時,則會顯示儲存輸出為 (Save) 對話盒。

Print:列印,顯示現行視窗檔案型式的列印 (Print) 對話盒。

Print Preview:列印預覽。

Export:匯出。

Dialog Recall:顯示最近曾開啓過的對話盒。

Undo:復原。

Go to Data:切換至資料編輯器視窗。

Go to Case:顯示到 (Go to) 對話盒。在資料編輯器中移至某一觀測體。

Go to Variable:顯示到 (Go To) 對話盒,在資料編輯器中移至某一變數。

Variables:顯示變數 (Variables) 對話盒,其效果同於從功能表效用值 (Utilities) 中選擇變數 (Variable…)。在 Variables 對話盒,可看到變數標註、變數型式、遺漏值以及值標註等的資訊。

Use Sets:開啓使用變數集 (Use Sets) 對話盒。可選定欲顯示在對話盒中的變數集。

Select Last Output:選擇最後一個輸出的區塊。

Designate Window:指定視窗,使目前所在之視窗成為指定視窗。

❓ 4-2 如何使用樞軸表編輯器(Pilot Table Editor)？

一、取得統計術語的定義

大多數統計程序產生的結果會以樞軸表加以顯示。許多統計術語 (term) 會顯示在輸出結果中，這些術語的定義可以直接在檢視器中取得。

0. 開啓 PASW 範例輸出檔 (C:\Program Files\SPSSInc\PASW Statistics18\Samples\ Traditional Chinese\viewertut.spo)，或本書範例輸出檔 (viewertut.spv)。

1. 雙按 Owns PDA * Gender * Internet 的交叉表格。

2. 在期望個數 (Expected Count) 按右鍵，從彈跳出的功能表中選擇這是什麼？(What's This?) 即可顯示期望次數的定義。如圖 4-2-1 所示，定義會顯示在彈出式 (pop-up) 的視窗中。

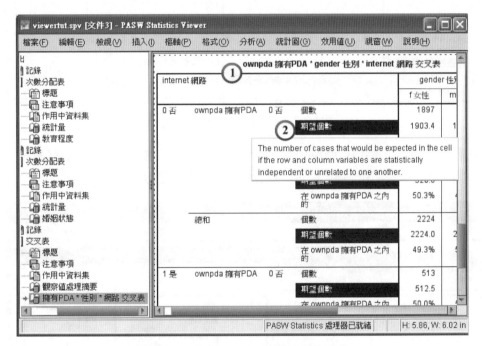

圖4-2-1　彈出(pop-up)統計術語的定義

二、樞軸表

預設產生的統計表所顯示的資訊可能不夠精簡或如預期的清楚，利用樞軸表，可以轉置 (transpose) 橫列與縱欄、調整表格中資料的次序、以及其它許多方法來修正表格。例如可以運用橫列與縱欄的轉置，將一個短而寬的表格改變成長而薄的表格。改變表格的舖排而不影響其結果，以讓表格更能顯示出不同而更精確的資訊。

1. 雙按 Owns PDA * Gender * Internet 的交叉表格，如圖 4-2-2 所示。樞軸軌道 (pivoting tray) 係提供資料在欄 (column)、列 (row)、層 (layer) 之間進行移動。

2. 如果樞軸軌道未出現時，可從功能表選擇樞軸 (Pivot) > 正在樞軸分析 (Pivoting Trays)。

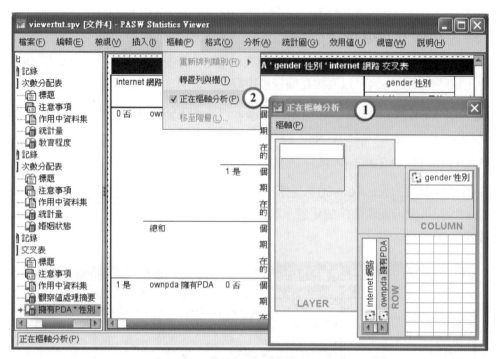

圖4-2-2　樞軸軌道(pivoting tray)

3. 如圖 4-2-3 所示，點選一個樞軸圖示，此時在表格中的陰影區顯示為要移動者。當滑鼠指向圖示時，彈出標籤會顯示其在表格中所代表的變數內容。

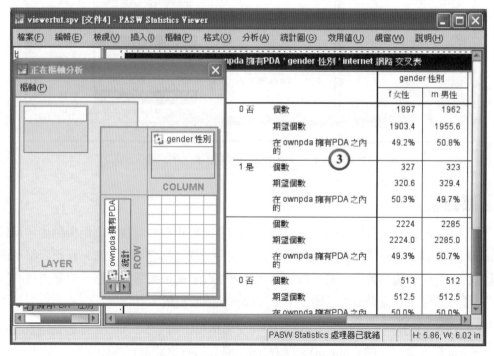

圖4-2-3　樞軸軌道中的圖示(icon)

4. 如圖 4-2-4 所示，從列軸上拖曳統計 (Statistics) 樞軸圖示至欄軸上的底處。此時表格立即重新調整以反應出其改變，如圖 4-2-5 所示。

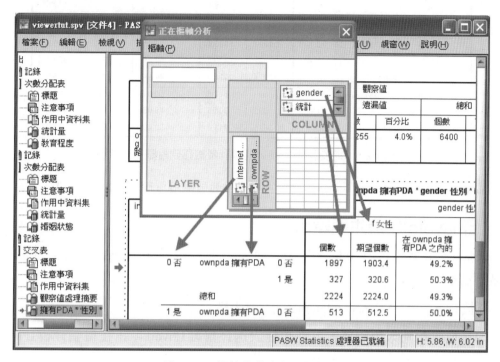

圖4-2-4　樞軸軌道中圖示的關聯

ownpda 擁有PDA * gender 性別 * internet 網路 交叉表

internet 網路				gender 性別		
				f 女性	m 男性	總和
0 否	ownpda 擁有PDA	0 否	個數	1897	1962	3859
			期望個數	1903.4	1955.6	3859.0
			在 ownpda 擁有PDA 之內的	49.2%	50.8%	100.0%
		1 是	個數	327	323	650
			期望個數	320.6	329.4	650.0
			在 ownpda 擁有PDA 之內的	50.3%	49.7%	100.0%
	總和		個數	2224	2285	4509
			期望個數	2224.0	2285.0	4509.0
			在 ownpda 擁有PDA 之內的	49.3%	50.7%	100.0%
1 是	ownpda 擁有PDA	0 否	個數	513	512	1025
			期望個數	512.5	512.5	1025.0
			在 ownpda 擁有PDA 之內的	50.0%	50.0%	100.0%
		1 是	個數	305	306	611
			期望個數	305.5	305.5	611.0
			在 ownpda 擁有PDA 之內的	49.9%	50.1%	100.0%
	總和		個數	818	818	1636
			期望個數	818.0	818.0	1636.0
			在 ownpda 擁有PDA 之內的	50.0%	50.0%	100.0%

internet 網路				ownpda 擁有PDA * gender 性別 * internet 網路 交叉表				
				gender 性別				
				f 女性			m 男性	
				個數	期望個數	在 ownpda 擁有PDA 之內的	個數	期望個數
0 否	ownpda 擁有PDA	0 否		1897	1903.4	49.2%	1962	1955.6
		1 是		327	320.6	50.3%	323	329.4
	總和			2224	2224.0	49.3%	2285	2285.0
1 是	ownpda 擁有PDA	0 否		513	512.5	50.0%	512	512.5
		1 是		305	305.5	49.9%	306	305.5
	總和			818	818.0	50.0%	818	818.0

圖4-2-5　將交叉表中橫列的統計量數移到縱欄的位置

5. 拖曳 Owns PDA 圖示至 Internet 圖示的左邊，並放開滑鼠可以反置這兩列的次序。

三、層(layers)的產生與顯示

通常在大的表格中，尤其是當至少有三個變數時，層的使用會使資料顯示更具層次感，而易於閱讀。

1. 雙按 Owns PDA * Gender * Internet 的交叉表格。

2. 如果樞軸軌道未出現時，可從功能表選擇樞軸 (Pivot) > 正在樞軸分析 (Pivoting Trays)。

3. 拖曳 Gender 樞軸圖示至層軸，如圖 4-2-6 所示。

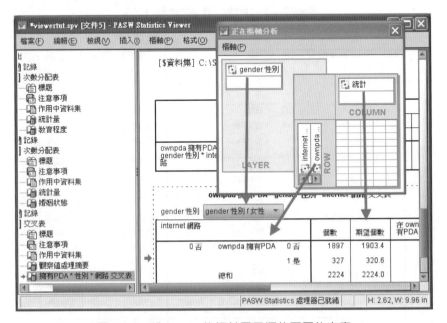

圖4-2-6　將Gender的樞軸圖示擺放至層的向度

4. 要顯示不同層時，可點選層樞軸圖示的箭頭，或可從表格的下拉式選單中點選一個層，
   如圖 4-2-7。

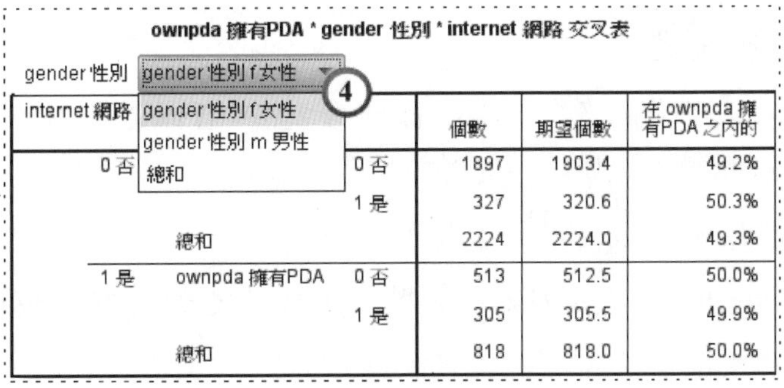

圖4-2-7　從下拉式選單中任選一層

❓ 4-3　如何對表格進行編修？

一、表格的一般編修

通常樞軸表是以標準化的格式產生，可以改變表格中任何文字的格式，包括名稱、字型大小、字型風格 (粗體或斜體)、字型顏色等。

1. 雙按教育程度 (Level of education) 表格。

2. 如果格式 (Formatting) 工具列未出現時，可從功能表選擇檢視 (View) > 工具列 (Toolbar)。

3. 點按標題文字教育程度 (Level of education)。

4. 從工具列字型大小的下拉式清單點選 12。

5. 要改變標題文字的顏色時，點選文字顏色工具中的顏色，如圖 4-3-1。

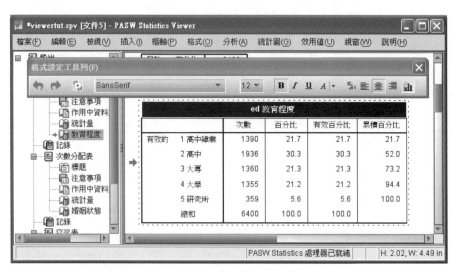

圖4-3-1　在樞軸表中將標題文字重新設定格式

6. 雙按標題，可改變此一表格的標題。亦可編輯表格及標註的內容。

7. 輸入教育水準 (Education Level) 做為新的標註。

   須注意的是若改變表格中的值，其總數及其它統計量數是不會重新計算的。

二、隱藏列與欄

在表格中許多資料的顯示是沒有用途或過於複雜而不需要，因此可以將整列或整欄加以隱藏而不致於造成任何資料的遺失

1. 雙按教育水準 (Education Level) 表格。

2. ⌨Ctrl + ⌨Alt +點按有效百分比 (Valid Percent) 欄的標頭以選擇該欄所有的細格。

3. 在被選取的欄之標頭按右鍵，並從彈出的選單中點選隱藏類別 (Hide Category)。此時該欄是被隱藏而非刪除。

4. 若要再顯示該欄，則從功能表選擇檢視 (View) > 全部顯示 (Show All)。

列的隱藏及顯示與欄的方式相同。

三、改變資料顯示格式

1. 雙按教育水準 (Education Level) 表格。

2. 點選百分比 (Percent) 欄的標頭。

3. 從功能表選擇編輯 (Edit) > 選取 (Select) > 資料儲存格 (Data Cells)。

4. 從功能表選擇格式 (Format) > 儲存格性質 (Cell Properties…)，以開啟圖 4-3-2 的對話盒。在此對話盒中亦可改變資料的型態與格式。

圖4-3-2　細格屬性對話盒

5. 點按格式值 (Value) 標籤，在小數 (Decimals) 欄中輸入 2，使所有在這一欄中的小數點變為 2 位數。

6. 若要改變資料型態與格式時，可從左邊的組別 (Category) 清單方塊中選擇型態，以及在右邊的格式 (Format) 清單方塊中選擇格式。

7. 點按 確定 鈕，以套用改變，並回到檢視器中，如圖 4-3-3 所示。

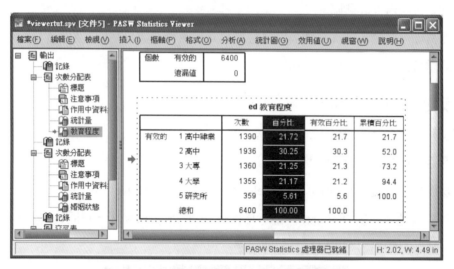

圖4-3-3   在Percent欄中將小數位設定為2位數

❓ 4-4 　如何設定表格的外觀(TableLook)？

　　表格的觀感是提供清楚、簡潔以及有意義結果的重要部份 若提供的表格難以閱讀，則在表格中所包含的資訊可能不易瞭解。

一、使用預設的格式

1. 雙按婚姻狀態 (Marital Status) 表格。

2. 從功能表選擇格式 (Format) > 表格格式集 (Table Looks…)，以開啓如圖 4-4-1 的對話盒。TableLooks 對話盒列出各種預設的樣式，從左邊的清單中任選一種樣式，即可在右邊的樣本 (Sample) 視窗中預覽樣式，或亦可編輯現有的樣式以符合自己的需求，並將修改過的樣式另存成新的樣式。

3. 選擇其中一個樣式，並點按 確定 鈕。

圖4-4-1　表格外觀的對話盒

二、自訂表格外觀樣式

　　可以自製表格格式以適合特定的需求，幾乎表格的各個面向，從背景顏色到邊線樣式均可自製。

1. 雙按婚姻狀態 (Marital Status) 表格。
2. 從功能表選擇格式 (Format) > 表格格式集…(Table Looks…)。
3. 選擇所想要的格式並點按 編輯外觀… (Edit Look…) 鈕，以開啓如圖 4-4-2 的對話盒。
4. 點按 儲存格的格式 (Cell Formats) 標籤以檢視格式的選項。
   格式的選項包括名稱、字型大小、樣式與顏色、對齊、陰影、前景與背景顏色以及邊框大小等。樣本 (Sample) 視窗提供格式改變如何影響表格的預覽。

表格的每一個區域有不同的格式樣式，為選取一個表格區域加以編輯，可以在區域 (Area)
下拉式清單中由名稱來選擇區域或在樣本 (Sample) 視窗中點按所想要改變的區域。

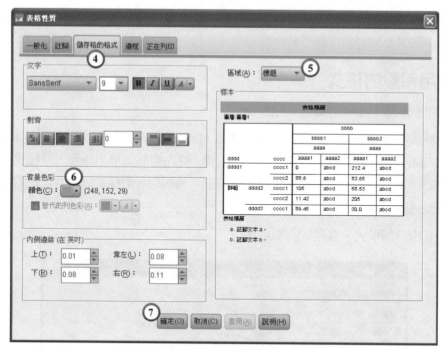

圖4-4-2　表格屬性對話盒

5. 從區域 (Area) 下拉式清單中選取標題 (Title)。
6. 從背景顏色 (Background) 下拉式清單中選取一個新的顏色。
7. 點按 確定 鈕，以回到 TableLooks 對話盒。
8. 點按 另存新檔… (Save As…) 鈕。
9. 瀏覽所要儲存的目錄位置以及輸入新樣式的名稱。
10. 點按 存檔 鈕。
11. 點按 確定 鈕以套用改變，如圖 4-4-3 所示，並回到檢視器中。

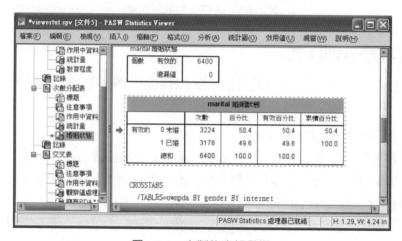

圖4-4-3　自製的表格外觀

三、改變預設表格的格式

　　雖然可以在產生表格後再改變表格的格式，但更有效率的方法是改變預設的表格外觀，而不需要每次去改變所產生的表格之格式。

0. 從功能表選擇編輯 (Edit) > 選項 (Options…)，以開啓如圖 4-4-4 的對話盒。

1. 點選 樞軸表 (Pivot Tables) 標籤。

2. 點選表格格式集 (TableLook) 的樣式以套用至所有表格。可以使用樣本 (Sample) 視窗來預覽表格外觀。

3. 點按 確定 鈕，以儲存設定並關閉對話盒。

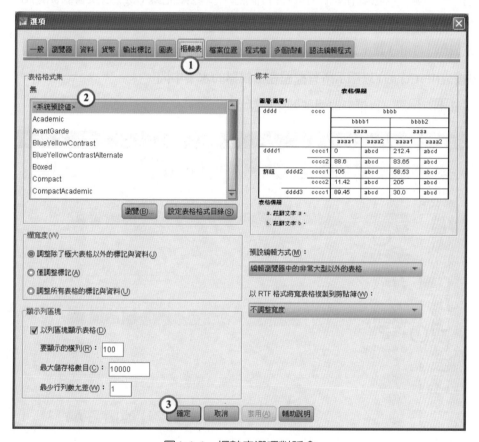

圖4-4-4　樞軸表選項對話盒

❓ 4-5 　如何自訂輸出檢視器的起始顯示設定？

一、自訂檢視器的顯示選項

　　起始的顯示設定包括有檢視器中物件 (objects) 的對齊、預設是否顯示或隱藏物件、檢視視窗的寬度等。

0. 從功能表選擇編輯 (Edit) > 選項…(Options…)，如圖 4-5-1 所示。

1. 點選 瀏覽器 (Viewer) 標籤。

2. 雙按警告圖示以隱藏在輸出中的警告訊息，要隱藏記錄 (log) 以及警告訊息等，雙按其圖示，即可自動地改變該物件的顯示屬性。

3. 點按標題 (Title) 圖示以顯示其設定。

4. 點按置中 (Center) 以顯示所有標題在檢視器的水平中間。

5. 點按 確定 鈕，以儲存改變並關閉對話盒。

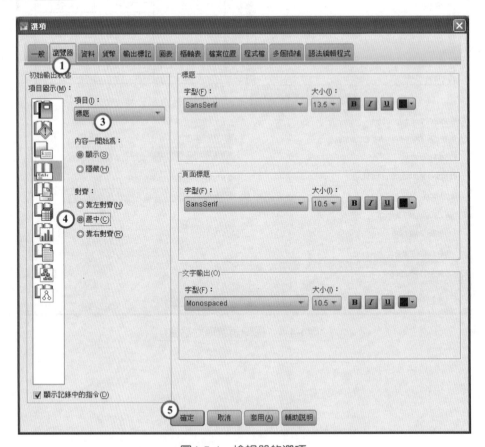

圖4-5-1　檢視器的選項

　　新的設定在下一次執行統計程序時即會套用。所有隱藏的項目仍會產生，但在內容區中是不會呈現的，置中的項目在其左邊會有一個小符號加以識別。

二、顯示變數標註與值標註

0. 從功能表選擇編輯 (Edit) > 選項…(Options…)。
1. 點選 [輸出標記] (Output Labels)(輸出標註) 的標籤。如圖 4-5-2 所示，可以在綱要區或內容區顯示不同的設定，例如在綱要區顯示標註，而在內容區顯示變數名稱與資料值。
2. 在樞軸表標記 (Pivot Table Labeling) 方塊中，從標記中的變數顯示為 (Variables in Labels) 下拉式清單中選擇名稱與標記 (Names and Labels)，以同時顯示變數名稱及變數標註。
3. 從標記中的變數值顯示為 (Variables Values in Labels) 下拉式清單中選擇值與標記 (Values and Labels)，以同時顯示變數值及值標註。
4. 點按 [確定] 鈕，以儲存改變並關閉對話盒。

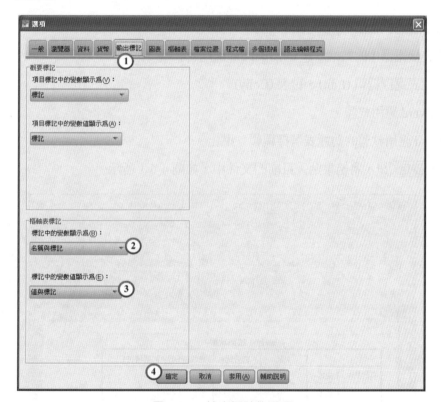

圖4-5-2　輸出標註的選項

通常新的設定值會在下一次執行統計程序時套用，如圖 4-5-3 所示。

變數值　變數名稱　變數標記

marital 婚姻狀態

		次數	百分比	有效百分比	累積百分比
有效的	0 未婚	3224	50.4	50.4	50.4
	1 已婚	3176	49.6	49.6	100.0
	總和	6400	100.0	100.0	

值標記

圖4-5-3　設定輸出標註之選項的輸出結果

❓ 4-6　如何將PASW分析結果運用至其他的應用軟體？

PASW 分析結果可使用至其他應用軟體，例如，想將圖表應用至微軟的 PowerPoint 簡報中或 Word 的報告中。

一、PASW分析結果的複製與運用

(一) 以格式化文字(Rich Text)貼上結果

可以將樞軸表貼入 Word 中成為原始的 Word 表格，文字格式，如字型大小及顏色，均未保留，但欄及列均保留對齊格式。因為表格係屬於文字格式，因此在貼入文件後仍可以編修。

0. 開啟本書範例輸出檔 (viewertut.spv)。

1. 點選在檢視器中的婚姻狀態 (Marital Status) 表格。

2. 從功能表選擇編輯 (Edit) > 複製 (Copy)。

3. 開啟 Word 應用軟體。

4. 從 Word 應用軟體的功能表選擇編輯 > 貼上。

5. 點按 確定 鈕，將結果貼入目前的文件中，如圖 4-6-1 所示。

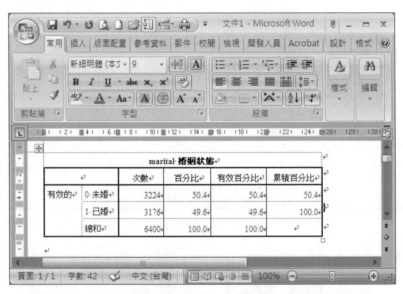

圖4-6-1　PASW的樞軸表以格式化文字顯示在Word應用軟體中

(二) 以圖形(Metafiles)貼上結果

以 Metafiles 的圖片貼入 Word 中可以維持 PASW 輸出表格的格式，但無法進行表格的編修。

1. 點選在檢視器中的婚姻狀態 (Marital Status) 表格。

2. 從功能表選擇編輯 (Edit) > 複製 (Copy)。

3. 開啟 Word 應用軟體。

4. 從 Word 應用軟體的功能表選擇編輯 > 選擇性貼上。

5. 如圖 4-6-2 所示，在選擇性貼上對話盒選擇圖片 (Windows 中繼檔)。

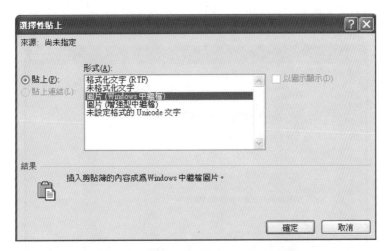

圖4-6-2　選擇性對話盒中選取貼上圖片

6. 點按 確定 鈕，將結果貼入目前的文件中，如圖 4-6-3 所示。

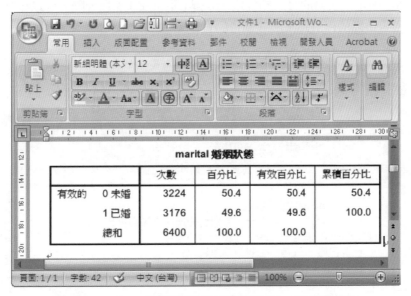

圖4-6-3　PASW的樞軸表以圖形顯示在Word應用軟體中

(三) 以一般文字貼上結果

樞軸表以一般文字複製到其它應用軟體中，其格式無法加以保留，但在貼入其它應用軟體後仍可以對表格資料加以編修。

1. 點選在檢視器中的 Marital Status 表格。

2. 從功能表選擇編輯 (Edit) > 複製 (Copy)。

3. 開啓 Word 應用軟體。

4. 從 Word 應用軟體的功能表選擇編輯 > 選擇性貼上。

5. 如圖 4-6-4 所示，在選擇性貼上對話盒中選擇 [未格式化文字]。

6. 點按 確定 鈕，將結果貼入目前的文件中。

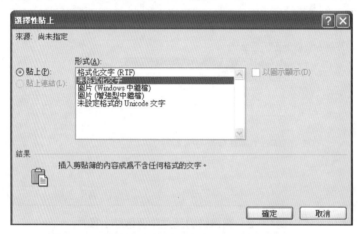

圖4-6-4　選擇性貼上對話盒中選取未格式化文字

如圖 4-6-5 所示，表格的每一欄位以 Tab 鍵 (定位點) 加以分隔，可以在 Word 應用軟體中藉由調整定位點的停駐點來改變欄位的寬度。

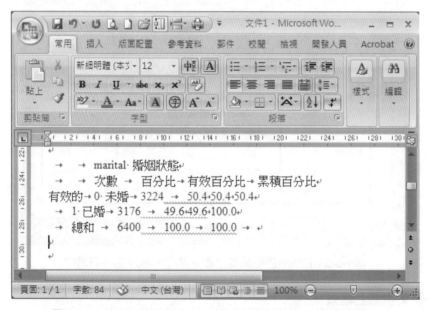

圖4-6-5　PASW的樞軸表以一般文字顯示在Word應用軟體中

二、匯出結果成微軟Word、PowerPoint以及Excel檔案格式

　　PASW 可以匯出結果成微軟的 Word、PowerPoint 以及 Excel 檔案格式，可以在檢視器中選定項目或所有項目加以匯出，如果匯出至 Word 或 PowerPoint，可以匯出圖形。茲以 viewertut.spv 及 demo.sav 檔案為範例加以說明如下：

0. 從檢視器功能表中選擇檔案 (File) > 匯出…(Export…)，以開啟如圖 4-6-6 的對話盒。

1. 在要匯出的物件 (Outputs of Export) 群組中選擇全部 (All)。

　　註：除了匯出所有物件外，亦可選擇僅匯出顯示的物件或僅匯出已選定的物件。

2. 從文件類型 (File Type) 下拉式功能表中選擇所要輸出的檔案類型，如：Word/RTF file(*.doc)。

3. 在檔案名稱 (File Name) 方格中輸入所要輸出的檔案位置及名稱。

4. 點按 OK 鈕，即可產生 Word 檔案。

圖4-6-6　匯出輸出的對話盒

　　以 Word 應用軟體開啟匯出的結果檔如圖 4-6-7 所示，可以看到 PASW 如何將結果加以匯出，必須注意的是一些在 PASW 中沒有看到的物件會顯示在 Word 中，這是因為選擇了匯出所有物件的選項所致。

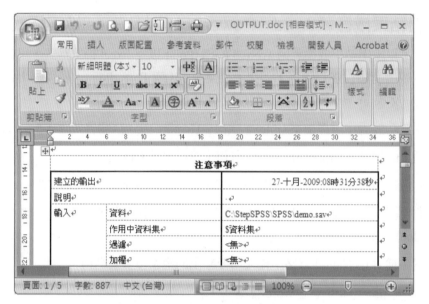

圖4-6-7　output.doc在Word中

樞軸表變為 Word 表格，如圖 4-6-8 所示。樞軸表所有原始的格式 (包括字型、顏色、邊界等等) 仍被保留。

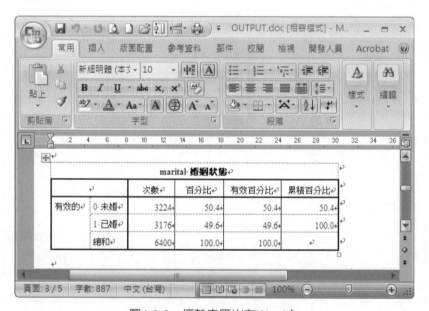

圖4-6-8　樞軸表匯出在Word中

PASW 繪製的圖形會以 Windows metafiles 的格式匯出至 Word 檔案中，如圖 4-6-9 所示。

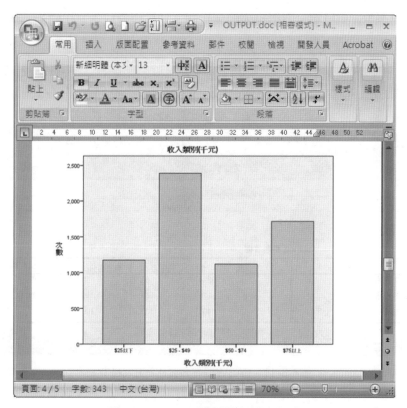

圖4-6-9　PASW圖形匯出在Word中

文字式的輸出匯出至 Word 檔時，會以固定式字型顯示，如圖 4-6-10 所示。

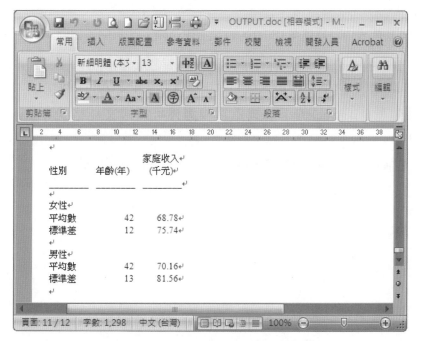

圖4-6-10　PASW文字式輸出匯出在Word中

如果匯出至 Excel 檔案，則樞軸表的列、欄、細格會變成 Excel 的列、欄、細格，如圖 4-6-11 所示。

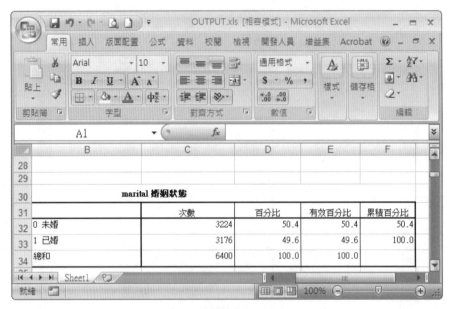

圖4-6-11　PASW樞軸表匯出在Excel中

三、匯出結果成PDF文件檔

PASW 亦可將分析結果匯出成 PDF 檔案格式。茲以本書範例輸出檔 (viewertut.spv) 為例加以說明如下：

0. 從檢視器功能表中選擇檔案 (File) > 匯出 ...(Export...)，以開啟如圖 4-6-12 所示的對話盒。

1. 在要匯出的物件 (Outputs of Export) 方塊中選擇全部可見 (All visible)。

2. 在文件類型 (File type) 的下拉式選單中選擇可攜式文件格式 (portable document format)。

3. 在檔案名稱 (File Name) 方格中輸入所要匯出的檔案位置及名稱。

圖4-6-12　匯出輸出成PDF檔案的對話盒

4. 點按 變更選項… (Change Options…) 鈕，以開啟如圖 4-6-13 所示的對話盒。

5. 在模式的檢視方塊中點選僅匯出可見的檢視，再點按 繼續 鈕，以回到主對話盒。

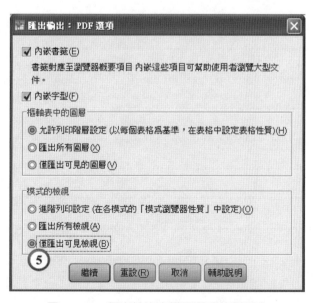

圖4-6-13　匯出輸出之變更選項的對話盒

6. 點按 確定 (OK) 鈕，即可產生 PDF 文件檔。

PASW使用進階篇

第四篇　　第三篇　　**第二篇**　　第一篇

　　PASW 資料檔往往必須經由資料轉換及資料檔處理以供後續的統計分析及繪製統計圖。因此為使讀者由淺入深地瞭解和快速掌握 PASW 軟體的進階使用，並靈活運用於資料分析和解決研究問題，本篇共分四章，茲將各章的內容簡要說明如下：

　　第五章、語法視窗的操作與 PASW 程式撰寫：包括如何操作語法視窗、瞭解 PASW 語法程式的架構、以及如何以 PASW 語法進行原始資料的定義、讀取與儲存、定義變數的標註與格式，如何以 PASW 語法進行矩陣資料的定義、讀取與儲存、如何撰寫問卷統計分析的 PASW 語法程式等。

　　第六章、資料的轉換：包括如何計算變數的值、反向計分的重新編碼、類別變數的整併、量化變數的類別化、計次一組變數的某特定值、字串變數重新編碼成數值變數、資料等級化、置換缺漏值、執行懸置的轉換等。

　　第七章、資料檔的操作與轉換：包括如何執行資料的排序、觀測體與變數的轉置、資料的重新建構、資料檔案的垂直合併、資料檔案的水平合併、資料的整合、檔案的分割、選擇觀測體、加權觀測體等。

　　第八章、統計圖的繪製與編修：包括如何選擇統計繪圖的功能表、繪製及編修標準圖 (standard chart)、繪製及編修互動圖 (interactive chart)、由樞軸表繪製互動圖、繪製及編修互動式條狀圖及圓餅圖等。

Chapter 05

語法視窗的操作與 PASW程式撰寫

❓ 5-1 : 如何操作語法視窗(syntax window)？

PASW 語法提供一種無須經由對話盒、檢視器或資料編輯器，而是透過語法指令來控制 PASW 應用軟體的一種方法。PASW 的語法視窗可用以直接執行 PASW 的指令，亦可藉由統計對話盒的選項將指令語法貼入 (paste) 此視窗中，並加以編輯。因此若有已寫好的程式檔 (*.sps)，則可直接開啟至語法視窗中並加以執行。

一、從對話盒貼入語法

產生語法最容易的方式即是使用對話盒中的 貼上語法 (Paste) 鈕。

0. 開啟 PASW 範例資料檔 (demo.sav)，並從功能表選擇分析 (Analyze) > 敘述統計 (Descriptive Statistics) > 次數分配表…(Frequencies…)，以開啟如圖 5-1-1 的主對話盒。

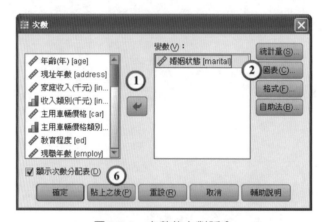

圖5-1-1　次數的主對話盒

圖5-1-2　圖形的次對話盒

1. 在來源變數清單中選擇婚姻狀態 (marital) 變數，點按箭頭鈕將變數移入右邊的分析變數清單中。
2. 點按 圖表… (Charts…) 鈕，以開啟如圖 5-1-2 所示的次對話盒。
3. 在圖表類型 (Chart Type) 群組中，選取長條圖 (Bar charts) 選項。

4. 在圖表值 (Chart Values) 群組中，選取百分比 (percentages) 選項。

5. 點按 （繼續） (Continue) 鈕，回到主對話盒。

6. 點按 （貼上語法） (Paste) 鈕，將選取對話盒結果所產生的語法貼入到語法編輯器中。通常可以單獨使用此一語法、加入其它的語法檔中。

7. 為執行目前顯示的語法，如圖 5-1-3 所示，將滑鼠放於目前語法中的任一位置 (或選取想要執行的語法)，並從功能表中選擇執行 (Run) > 選擇 (Selection)，或在工具列圖示直接點按 （▶） 鈕即可。

圖5-1-3　PASW的語法編輯器

二、編修語法

在語法視窗中，可以編修語法，例如：想要改變 /BARCHART 次指令顯示以次數 (FREQ) 而不是百分比 (PERCENT) 來繪製長條圖。通常會以一條斜線來代表次指令，如圖 5-1-4 所示。在 /BARCHART 次指令鍵入 =(等於) 符號時，即會出現相關的關鍵詞可供選入。

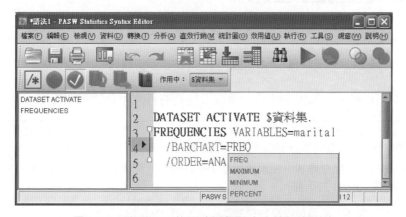

圖5-1-4　在PASW的語法編輯器中直接編修語法

若要尋求目前指令可取用的次指令 (subcommands) 及關鍵字 (keywords)。可點按語法視窗工具列的語法輔助按鈕。如圖 5-1-5 所示，即可顯示 FREQUENCIES 指令的完整語法。

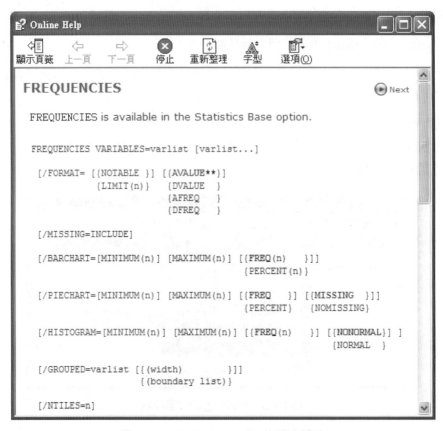

圖5-1-5　FREQUENCIES的語法輔助

　　如果滑鼠游標所在位置沒有指令時,點按語法輔助按鈕時,會顯示依字母順序的指令清單,通常可以點選其中想要的任一指令,以顯示其語法輔助。

三、PASW語法視窗的工具列

圖5-1-6　語法視窗中的圖示工具列

　　如圖 5-1-6 所示,茲將 PASW 語法視窗工具列的各圖示功能說明如下:

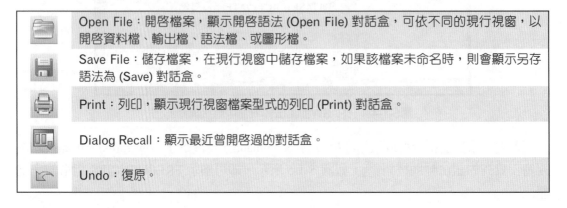

	Open File:開啟檔案,顯示開啟語法 (Open File) 對話盒,可依不同的現行視窗,以開啟資料檔、輸出檔、語法檔、或圖形檔。
	Save File:儲存檔案,在現行視窗中儲存檔案,如果該檔案未命名時,則會顯示另存語法為 (Save) 對話盒。
	Print:列印,顯示現行視窗檔案型式的列印 (Print) 對話盒。
	Dialog Recall:顯示最近曾開啟過的對話盒。
	Undo:復原。

Go to Data：切換至資料編輯器視窗。

 Go to Case：顯示到 (Go to) 對話盒。在資料編輯器中移至某一觀測體。

 Go to Variables：顯示到 (Go To) 對話盒。在資料編輯器中移至某一變數。

 Variables：顯示變數 (Variables) 對話盒，其效果同於從功能表效用值 (Utilities) 中選擇變數…(Variable…)。 在 Variables 對話盒，可看到變數標註、變數型式、遺漏值以及值標註等的資訊。

 Find：尋找資料，顯示尋找與置換 (Find Data in Variable) 對話盒。

 執行選定的 PASW 程式語法。

 Use Sets：開啟使用變數集 (Use Sets) 對話盒。可選定欲顯示在對話盒中的變數集。

 Syntax Help：提供 PASW 程式語法的協助。

 Designate Window：指定視窗，使目前所在之視窗成為指定視窗。

5-2 如何撰寫PASW的語法程式？

| 範例5-2 | PASW程式語法撰寫入門(ex5-2.sps) |

某一研究者已蒐集如下資料：

性別	身高 (cm)	體重 (kg)
M	150	42
F	142	40
F	155	45
M	138	39
M	147	40
F	150	43
M	144	38
M	152	46
F	140	42
M	148	44

試撰寫 PASW 程式，將該資料讀入，並計算整體的平均身高、體重，以及男、女生各別的平均身高、體重。

一、開啟語法視窗

0. 啟動 PASW，從功能表選擇檔案 (File) > 開啟新檔 (New) > 語法 (Syntax)，以開啟如圖 5-2-1 的語法視窗。

1. 在語法視窗中，輸入 PASW 的程式語法如圖 5-2-2 所示。

2. 選取想要執行的語法，並從功能表中選擇執行 (Run) > 選擇 (Select)，或在工具列圖示直接點按 ▶ 鈕即可執行分析。

圖5-2-1　在語法視窗中撰寫PASW的程式

```
* 讀入資料 .                                        ←程式的註解
DATA LIST FREE /sex(A8) height weight.             ←資料集的變數定義

FORMATS height weight (F8.0).                      ←定義變數格式

BEGIN DATA.
M 150 42
F 142 40
F 155 45
M 138 39                                           ←資料集
M 147 40
F 150 43
M 144 38
M 152 46
F 140 42
M 148 44
END DATA.




* 變數標註 .
VARIABLE LABELS sex ' 性別 '                        ←變數標註
  /height ' 身高 (cm)'
  /weight ' 體重 (kg)'.
* 值標註 .
VALUE LABELS sex 'M' ' 男生 ' 'F' ' 女生 '.          ←變數的值標註

SAVE OUTFILE='C:\StepPASW\demo.sav'.               ←儲存資料集

DESCRIPTIVES  VARIABLES=height  weight             ←界定統計分析程序
  /STATISTICS=MEAN  STDDEV MIN MAX .

SORT CASES BY sex(D).                              ←資料的排序

TEMPORARY.
SELECT IF (sex = 'M').                             ←暫時性的資料選擇
DESCRIPTIVES  VARIABLES=height  weight             ←界定統計分析程序
  /STATISTICS=MEAN  STDDEV MIN MAX .

TEMPORARY.
SELECT IF (SEX = 'F').                             ←暫時性的資料選擇
DESCRIPTIVES  VARIABLES=height  weight             ←界定統計分析程序
  /STATISTICS=MEAN  STDDEV MIN MAX .
```

圖5-2-2　PASW程式的語法

　　首先第一部份為資料組的定義，其次為資料組，此兩部分必須使資料組與變數定義相一致，如圖 5-2-2 所示，是採用自由格式輸入資料，第一個數據為性別 (sex)，且為字串資料，在 sex 之後加上 (A8)，A 即表示為字串變數，格式為 8 位字元；第二個數據為身高 (height)，第三個數據為體重 (weight)，此兩變數為數值資料，故定義格式為 (F8.0)，即表示格式為 8 位字元，小數位數為 0。

　　第二部份，則界定統計分析的程序，如圖 5-2-2 所示，是進行計算全體樣本或選擇樣本之身高、體重的描述性統計。此外亦可對資料集進行儲存 (如 SAVE OUTFILE 指令) 或資料進行操控 (如 SORT CASES 指令) 與選擇 (如 TEMPORARY 與 SELECT IF 指令的搭配使用)。

　　由以上此一範例的簡介，我們可以瞭解，通常 PASW 的指令，概分為三大種類，茲將 此三大種類的指令與功能說明，歸納整理如表 5-2-1。

一、作業指令(operation commands)：提供PASW資料集的讀取與儲存設定、執行指令程式、設定與顯示系統環境等。

二、資料定義與操控指令(Data definition and manipulation commands)：提供資料的定義、轉換、選擇與加權等功能。

三、程序指令(Procedure commands)：提供各種不同的統計分析之功能。

表 5-2-1　PASW 各項指令的分類

功能說明	指令
一、作業指令	
1. 提供輔助說明	SHOW，DISPLAY，SYSFILE　INFO。
2. 作業系統設定	SET，TSET，GSET。
3. 執行指定程式	INCLUDE。
4. 編輯檔案	REVIEW。
5. 執行 DOS 指令或其它軟體	DOS，EXECUTE。
二、資料定義與操控指令	
1. 資料定義	DATA LIST，BEGIN　DTAT，END　DATA，IMPORT，GET，TRANSLATE，SAVE，WRITE。
2. 資料轉換	RECODE，COMPUTE，IF，COUNT，RANK。
3. 定義缺漏資料	MISSING VALUE。
4. 資料的選擇與加權	SELECT IF，PROCESS IF，N，SAMPLE，WEIGHT。
5. 操控檔案資料	SORT，JOIN MATCH，AGGREGATE。
6. 提供標註與格式	TITLE，SUBTITLE，　＊，FORMATS，VARIABLE LABELS，VALUE　LABELS。

功能說明	指令
三、程序指令	
1. 報表及表格	LIST，REPORT，TABLES，PRINT TABLES。
2. 描述統計	FREQUENCIES，DESCRIPTIVES，CROSSTABS，MEANS，EXAMINE。
3. 相關與迴歸	CORELATIONS，REGRESSION，NLR，LOGISTIC REGRESSION，PROBIT。
4. 比較組別平均數	T-TEST，ANOVA，ONEWAY，MANOVA。
5. 分類與群集	FACTOR，QUICK CLUSTER，CLUSTER，DSCRIMINANT。
6. 時間序列	EXSMOOTH，SEASON，ACF。
7. 類別分析	ANACOR，HOMALS，PRINCALS。
8. 其它分析	NPAR TESTS，RELIABLITY，HILOGLINEAR，LOGLINEAR，SURVIVAL。

❓ 5-3 ： 如何進行原始資料集(raw data)的定義？讀取與儲存？

一、原始資料集的定義

資料集的定義與資料集要配合得當，否則將造成錯誤的統計分析結果。一般而言，隨著資料集的不同，其資料集定義的格式亦大有所不同，以下茲就常用幾種資料型態來加以說明：

在建立 PASW 資料檔的一般語法中，有三個不可或缺的指令：

```
DATA LIST/ 變項的定義 .
BEGIN DATA.
資料組
END DATA.
```

通常資料集之變數的定義有下列幾種形式：

1. 固定式 (FIXED)：定義變數值的位置是固定不變。

資料組：

行數	1	2	3	4	5	6	7	8	9
列 #1	M		1	5	0	6		4	2
數 #2	F		1	4	2	7		4	0

資料集定義：

DATA LIST FIXED / SEX 1(A) HEIGHT 3-6(1) WEIGHT 8-9

※注意： (A) 表示文字變數，如 SEX(A)。

(1) 指明數字變數之小數位有 1 位。

2. 自由式 (FREE)：資料組格式只要求相鄰兩變數值之間以一個或一個以上的空白隔開。

資料集定義：

DATA LIST FREE / SEX(A) HEIGHT(1) WEIGHT.

此外，茲再介紹定義原始資料常用的幾種情形：

■ 原始資料為 PASW 程式中所內含時，則須在原始資料的前後加上 BEGIN DATA. 指令與 END DATA. 指令。若原始資料為外部檔案時則需利用「FILE=' 檔案名稱 '」的指令，例如：

DATA LIST FILE='C:\StepPASW\demo.dat' FREE /sex(A) height weight.

■ 若有多個類似變數時，則資料定義可寫成：

DATA LIST FIXED/item1 TO item10 1-20.

■ 若每一筆資料具有二列時，如下的資料集：

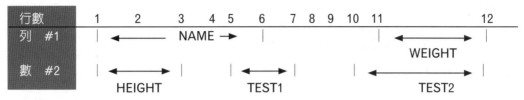

資料集定義：

DATA LIST FIXED / NAME 1-6(A) WEIGHT 11-12
　　　　　　　　/ HEIGHT 1-3 TEST1 5-7 TEST2 10-12.

■ 若每一筆資料變數界定太多時，則可寫成：

DATA LIST FREE / SEX(A) NAME(A) HEIGHT WEIGHT
　　　　　　　　TEST1 TEST2

DATA LIST指令的語法：

```
DATA LIST [FILE=file] [{FIXED}] [RECORDS={1}] [SKIP={n}] [{TABLE  }]
                                         {n}                {NOTABLE}

                      {FREE}  [{("delimiter", "delimiter,..., TAB)}]
                      {LIST}

/{1    } varname {col location [(format)]} [varname ...]
 {rec #}         {(FORTRAN-like format)  }

[/{2    } ...] [/ ...]
  {rec #}
```

DATA LIST指令的語法架構：

```
DATA LIST FILE='檔案位置及名稱'         ←取用外部的原始資料檔
     FIXED/ 變數名稱 欄位……            ←固定格式定義資料組
     TABLE/ 變數名稱 欄位……            ←格局式定義資料組
     FREE / 變數名稱串                  ←自由格式定義資料組
＊若變數為文字變數，則在變數名稱之後，需多加 (A)。
＊若數值變數有 n 位小數點，則在變數名稱之後，需多加 (n)。
```

二、PASW資料集的讀取與儲存

通常原始資料讀入 PASW 系統後，可利用 SAVE 指令存成一個資料檔 (*.sav)，以供日後進一步的統計分析之用。取用 PASW 資料檔則可利用 GET 指令。

例如：將原始資料檔讀入後，存在 C 磁碟 StepPASW 目錄下的 demo.sav 檔中。

DATA LIST FREE / sex(A) height weight.
BEGIN DATA.
　〉
原始資料集
　〉
END DATA.
SAVE OUTFILE 'C:\StepPASW\demo.sav'.

若日後欲進行更進一步的統計分析，即可利用 GET 指令，例如：

GET FILE 'C:\StepPASW\demo.sav'.

DESCRIPITIVES VARIABLES height weight

　　/STATISTICS=MEAN STDDEV MIN MAX .

SAVE OUTFILE指令的語法：

```
SAVE OUTFILE='filespec'

  [/VERSION={3**}]
           {2  }

  [/UNSELECTED=[{RETAIN}]
               {DELETE}]

  [/KEEP={ALL**  }] [/DROP=varlist]
         {varlist}

  [/RENAME=(old varlist=new varlist)...]

  [/MAP]  [/{COMPRESSED  }]
           {UNCOMPRESSED}

  [/NAMES]

  [/PERMISSIONS={READONLY }]
               {WRITEABLE}
```

　　**Default if the subcommand is omitted.

SAVE OUTFILE指令的語法架構：

```
SAVE /OUTFILE='PASW 資料檔位置及名稱'    ←存成 PASW 的資料檔
    /DROP       變數名稱串              ←排除變數
    /KEEP       變數名稱串              ←保留變數
    /RENAME( 舊變數 = 新變數 )          ←更改變數名稱
    /COMPRESSED                        ←以壓縮形式儲存資料檔
    /UNCOMPRESSED                      ←以未壓縮形式儲存資料檔
```

GET FILE指令的語法：

```
GET FILE=file

  [/KEEP={ALL**  }] [/DROP=varlist]
         {varlist}

  [/RENAME=(old varnames=new varnames)...]

  [/MAP]
```

　　**Default if the subcommand is omitted.

GET FILE 指令的語法架構：

```
GET /FILE='PASW 資料檔位置及名稱'      ←取用 PASW 資料檔
    /DROP 變數名稱串                   ←排除變數
    /KEEP 變數名稱串                   ←保留變數
    /RENAME （舊變數 = 新變數）         ←更改變數名稱
```

範例5-3　以語法讀入文字資料檔

　　某研究者共蒐集 40 位中學生包含有 26 個變數如表 5-3-1 所示，前四個變數為 (id, sex, exp, school) 背景變數，sex 有兩個水準值 (M= 男生、F= 女生)、exp 有三個水準值 (1= 少於一年、2= 一～二年、3= 超過二年以上)、school 有三個水準值 (1= 鄉村學校、2= 城鎮學校、3= 都會學校)。接下來的二十個變數 (c1 ～ c10、m1 ～ m10) 是李克特式 (Likert type) 量表，分別各有十題量測學生的電腦焦慮及數學焦慮的情形。其餘兩個變數 (mathscor, compscor) 是數學成績及電腦成績。試撰寫 PASW 語法檔以讀取該文字資料檔 (C:\StepPASW\class.dat)。

表 5-3-1　範例資料中的變數名稱及標註

PASW 變數名稱	變數標註
id	學生識別碼
sex	學生的性別
exp	先前電腦經驗 (以年 / 月計)
school	學校所屬區域
c1 ～ c10	電腦焦慮量表的 10 個題項
m1 ～ m10	數學焦慮量表的 10 個題項
mathscor	同一時期的數學考試成績
compscor	同一時期的電腦考試成績

一、撰寫PASW程式(ex5-3.sps)

(1) 資料讀入 (請先將資料置於 C:\StepPASW\)：

DATA LIST FIXED FILE="C:\StepPASW\class.dat"
　　/id 1-2 sex 3 (A) exp 4 school 5 c1 TO c10 6-15
　　m1 TO m10 16-25 mathscor 26-27 compscor 28-29.
EXECUTE.

(2) 變項標註：

VARIABLE LABELS id ' 編號 '
　　/sex ' 性別 '
　　/exp ' 先前電腦經驗 '
　　/school ' 學校類別 '
　　/mathscor ' 數學成績 '
　　/compscor ' 電腦成績 '.

(3) 變項值標註：

VALUE LABELS sex 'M' ' 男生 ' 'F' ' 女生 '
　　/exp 1 ' 少於一年 ' 2 ' 一至二年 ' 3 ' 超過二年以上 '
　　/school 1 ' 鄉村 ' 2 ' 城鎮 ' 3 ' 都會 '
　　/c1 TO m10 1 ' 非常不同意 ' 2 ' 不同意 ' 3 ' 普通 ' 4 ' 同意 ' 5 ' 非常同意 '.

(4) 儲存資料檔：

　　SAVE OUTFILE='C:\StepPASW\class.sav'

　　　　/COMPRESSED.

牛刀小試　Try for yourself

TFY 5-3-1・試將本書隨附資料檔 (請將資料複製於 C:\StepPASW\work1.dat)，以 PASW 語法讀入，並儲存為 PASW 資料檔 (data.sav)。

變數	類型	小數位	變數標註	缺漏值
person	數字 (Numeric)	0	識別碼	
sex	字串 (String)		性別	X
age	數字 (Numeric)	0	年齡	99
marital	字串 (String)		婚姻狀態	
n_kids	數字 (Numeric)	0	孩童人數	9
income	數字 (Numeric)	0	年薪	99999
height	數字 (Numeric)	1	身高	99.9
s_height	數字 (Numeric)	1	配偶身高	99.8,99.9

性別：F = 女性，M = 男性
婚姻狀態：M = 已婚，S = 單身，D = 離婚，W = 喪偶

❓ 5-4 ： 如何定義變數的標註與格式？

在資料集定義後，為了使報表更有可讀性，通常以 VARIABLE LABELS 指令與 VALUE LABELS 指令及 ADD VALUE LABELS 指令等來對變數、變數值加以標註。此外，FORMATS 指令則允許使用者改變數字變數之輸出及列印格式，MISSING VALUE 指令則宣告數字變數或字串變數的一些變數值為使用者缺漏值。以下茲就這些標註與格式 (labels & formatting) 的指令一一加以介紹：

一、VARIABLES LABELS指令：變數的標註(最高可達255個字元)

- 基本語法：

```
VARIABLE LABELS 變項名稱  '標註'
  /變項名稱  '標註'.
```

(1) 若標註從一指令行要繼續到下一行時，可運用加號 (+) 來連結該二行的標註。

(2) 若標註需要斷行時，可在斷行的標註前加入 \n。

- 語法範例：

```
VARIABLES  LABLES sex  '性別'
  /height  '身高 (cm)'
  /weight  '體重 (kg)'  .
```

二、VALUE LABELS指令：變數值的標註（最高可達60個字元）

- 基本語法：

```
VALUE LABELS  變數名稱 ( 串 )  變數值 '標註' 變數值 '標註'……
  / 變數名稱 ( 串 )  變數值 '標註' 變項值 '標註'…….
```

- 語法範例：

(1) 數字變數值的標註：

```
VALUE LABELS workyear 1  '0—10 years' 2 '10—20 years'
  /scale1 TO scale5 1 'LOW'   2 'Medium'
          3 'High'  9 'Missing'.
```

(2) 字串變數值的標註：

```
VALUE LABELS sex  'M'  '男生'  'F' '女生'
  /reside 'URBAN'   '鄉村' 'CITY'  '都市'.
```

三、ADD VALUE LABELS：變數值的加註

基本語法及語法範例均與 VALUE LABELS 指令相同。

四、FORMATS指令：界定數字變數的輸出格式

- 基本語法：

FORMATS 變數名稱　格式 .

格式：

格式	意　義
(F w.d)	界定寬度為 w，d 位小數之數值
(COMMA w.d)	界定逗號和小數之數值
(DOLLAR w.d)	界定金錢符號 ($)、逗號 (,)、小數之數值
(A w)	界定寬度為 w 之字串

- 語法範例：

	A	B	C	D
	4.32	$25,000	389,213	李文三
FORMATS	A(F4.2)	B(DOLLAR7)	C(COMMA7)	D(A8).

五、MISSING VALUE：界定缺漏值

- 基本語法：

MISSING VALUE 變數名稱 (串)　(缺漏值).

- 語法範例：

(1) 數值變數

MISSING VALUE var1(9)　var2　var3(0)

(2) 字串變數

MISSING VALUE state1 to state3 ('   ').

　　　　　　　　　　　　　　　　↑
　　　　　　　　　　　　　　　空 8 個字元

(3) 取消缺漏值的定義

MISSING VALUE vote( ).

5-5 如何進行矩陣資料集(matrix data)的定義？讀取與儲存？

範例5-5-1　讀入相關係數的矩陣資料

下列資料是研究五年級共 250 位學生對語意量表之反應的相關係數矩陣，共計利用八個分量表：友善的／不友善的 (X1)、好的／壞的 (X2)、親切的／畏懼的 (X3)、勇敢的／害怕的 (X4)、大的／小的 (X5)、強壯的／虛弱的 (X6)、移動的／靜止的 (X7)、快的／慢的 (X8)，試以主成份法抽取因素，而以最大變異數法加以轉軸，進行因素分析？

	X1	X2	X3	X4	X5	X6	X7	X8
X1	1.00							
X2	0.75	1.00						
X3	0.76	0.78	1.00					
X4	0.28	0.30	0.38	1.00				
X5	0.33	0.35	0.31	0.52	1.00			
X6	0.30	0.23	0.41	0.79	0.61	1.00		
X7	0.21	0.19	0.19	0.43	0.31	0.42	1.00	
X8	0.30	0.31	0.57	0.29	0.57	0.68	0.46	1.00
平均數	4.11	3.44	4.40	4.08	3.29	4.43	3.11	3.37
標準差	0.75	0.87	0.78	0.91	1.09	0.76	0.83	0.93

■ PASW 語法程式：(ex5-5-1.sps)

```
* 讀取矩陣資料 .
MATRIX DATA VARIABLES=ROWTYPE_  x1 TO x8
   /N=250.

* 資料集 .
BEGIN DATA.
MEAN     4.11 3.44 4.40 4.08 3.29 4.43 3.11 3.37
STDDEV   0.75 0.87 0.78 0.91 1.09 0.76 0.83 0.93
CORR 1.00
CORR 0.75 1.00
CORR 0.76 0.78 1.00
CORR 0.28 0.30 0.38 1.00
CORR 0.33 0.35 0.31 0.52 1.00
CORR 0.30 0.23 0.41 0.79 0.61 1.00
CORR 0.21 0.19 0.19 0.43 0.31 0.42 1.00
CORR 0.30 0.31 0.57 0.29 0.57 0.68 0.46 1.00

END DATA.

* 儲存成 PASW 矩陣資料檔 .
SAVE OUTFILE='C:\StepPASW\matrix1.sav'.
```

```
* 進行因素分析 .
FACTOR MATRIX=IN(COR=*)          /* 讀入矩陣資料並進行因素分析
  /VARIABLES=x1 TO x8
  /PRINT=DEFAULT FSCORE
  /PLOT=EIGEN ROTATION (1,2)
  /FORMAT=SORT
  /EXTRACTION=PC
  /ROTATION=VARIMAX.
```

範例5-5-2　讀入平均數、標準差、相關係數的矩陣資料

下列資料是研究三種不同社經地位 (group) 共 300 位學生對語意量表之反應的相關係數矩陣及平均數、標準差、人數等，共計利用八個分量表：友善的／不友善的 (X1)、好的／壞的 (X2)、親切的／畏懼的 (X3)、勇敢的／害怕的 (X4)、大的／小的 (X5)、強壯的／虛弱的 (X6)、移動的／靜止的 (X7)、快的／慢的 (X8)，試進行不同社經地位學生在八個語意量表之單因子變異分析並進行事後比較？

		X1	X2	X3	X4	X5	X6	X7	X8
	X1	1.00							
	X2	0.75	1.00						
	X3	0.76	0.78	1.00					
	X4	0.28	0.30	0.38	1.00				
	X5	0.33	0.35	0.31	0.52	1.00			
	X6	0.30	0.23	0.41	0.79	0.61	1.00		
	X7	0.21	0.19	0.19	0.43	0.31	0.42	1.00	
	X8	0.30	0.31	0.57	0.29	0.57	0.68	0.46	1.00
高社經	平均數	4.11	3.44	4.40	4.08	3.29	4.43	3.11	3.37
	標準差	0.75	0.87	0.78	0.91	1.09	0.76	0.83	0.93
中社經	平均數	4.03	3.32	4.34	4.23	3.11	4.24	3.49	3.81
	標準差	0.92	1.10	0.68	0.82	1.27	0.69	1.16	1.10
低社經	平均數	3.83	3.17	3.91	4.04	4.22	4.26	3.78	2.87
	標準差	1.07	1.11	0.79	1.15	0.67	0.75	1.00	1.32

■ PASW 語法程式：(ex5-5-2.sps)

```
* 讀取矩陣資料 .
MATRIX DATA VARIABLE=group  ROWTYPE_   x1 TO x8
   /FACTORS=group.

* 資料集 .
BEGIN DATA.
1 N        100    100    100    100    100    100    100    100
1 MEAN     4.11   3.44   4.40   4.08   3.29   4.43   3.11   3.37
1 STDDEV   0.75   0.87   0.78   0.91   1.09   0.76   0.83   0.93
2 N        150    150    150    150    150    150    150    150
2 MEAN     4.03   3.32   4.34   4.23   3.11   4.24   3.49   3.81
2 STDDEV   0.92   1.10   0.68   0.82   1.27   0.69   1.16   1.10
3 N        50     50     50     50     50     50     50     50
3 MEAN     3.83   3.17   3.91   4.04   4.22   4.26   3.78   2.87
3 STDDEV   1.07   1.11   0.79   1.15   0.67   0.75   1.00   1.32
. CORR 1.00
. CORR 0.75 1.00
. CORR 0.76 0.78 1.00
. CORR 0.28 0.30 0.38 1.00
. CORR 0.33 0.35 0.31 0.52 1.00
. CORR 0.30 0.23 0.41 0.79 0.61 1.00
. CORR 0.21 0.19 0.19 0.43 0.31 0.42 1.00
. CORR 0.30 0.31 0.57 0.29 0.57 0.68 0.46 1.00
END DATA.

* 儲存成 PASW 矩陣資料檔 .
SAVE OUTFILE='C:\StepPASW\matrix2.sav'

* 進行單因子變異數分析及事後比較 .
ONEWAY  x1 TO x8 BY group
   /POSTHOC = SCHEFFE ALPHA(.05)
    /MATRIX=IN(*).
```

範例5-5-3　讀入上三角相關係數的矩陣資料

■ PASW 語法程式：(ex5-5-3.sps)

```
* 讀取矩陣資料 .
MATRIX DATA VARIABLES=y  x1 x2 x3 x4
    /CONTENTS=MEAN  SD CORR
    /FORMAT=UPPER  NODIAGONAL
    /N=50.

* 資料集 .
BEGIN DATA.
9.6710 5.0896  2.2930  6.7784  3.7576
4.4804 9.1517  1.2908  1.8511  2.8699
-.4555 .3165   .2203          .3048
-.9085 -.7562  -.0478
.7870  .0253
-.1295
END DATA.

* 儲存成 PASW 矩陣資料檔 .
SAVE OUTFILE='C:\StepPASW\matrix3.sav'.

* 進行迴歸分析 .
REGRESSION  MATRIX=IN(*)
    /VARIABLES=y  TO x4
    /DEP=y
    /ENTER=x1 TO x4.
```

※各類矩陣格式的設定：

完全矩陣				上三角矩陣 有對角線				上三角矩陣 無對角線				下三角矩陣 有對角線				下三角矩陣 無對角線			
MEAN	5	4	3	MEAN	5	4	3	MEAN	5	4	3	MEAN	5	4	3	MEAN	5	4	3
SD	3	2	1	SD	3	2	1	SD	3	2	1	SD	3	2	1	SD	3	2	1
N	9	9	9	N	9	9	9	N	9	9	9	N	9	9	9	N	9	9	9
CORR	1	.6	.7	CORR	1	.6	.7	CORR		.6	.7	CORR	1			CORR	.6		
CORR	.6	1	.8	CORR		1	.8	CORR			.8	CORR	.6	1		CORR	.7	.8	
CORR	.7	.8	1	CORR			1					CORR	.7	.8	1				

■ 範例5-5-4　　讀入矩陣資料，進行One-way ANOVA及事後比較

■ PASW 語法程式：(ex5-5-4.sps)

```
* 讀取矩陣資料 .
MATRIX DATA VARIABLES=edu  ROWTYPE_ stress
   /FACTORS=edu.

* 資料集 .
BEGIN DATA.
1 N 65
2 N 95
3 N 181
4 N 82
5 N 40
6 N 37
1 MEAN 2.6462
2 MEAN 2.7737
3 MEAN 4.1796
4 MEAN 4.5610
5 MEAN 4.6625
6 MEAN 5.2297
. MSE 6.2699
. DFE 494
END DATA.

* 儲存成 PASW 矩陣資料檔 .
SAVE OUTFILE='C:\StepPASW\matrix4.sav'.

* 進行單因子變異數分析及事後比較 .
ONEWAY stress BY edu(1,6)
   /POSTHOC = SCHEFFE ALPHA(.05)
   /MATRIX=IN(*).
```

MATRIX DATA指令的語法：

```
MATRIX DATA VARIABLES=varlist     [/FILE={INLINE**}]
                                        {file    }

 [/FORMAT=[{LIST**}]   [{LOWER**}]   [{DIAGONAL**}]]
          {FREE   }    {UPPER  }     {NODIAGONAL}
                       {FULL   }

 [/SPLIT=varlist]      [/FACTORS=varlist]

 [/CELLS=number of cells]     [/N=sample size]

 [/CONTENTS= [CORR**]   [COV]   [MAT]   [MSE]   [DFE]   [MEAN]   [PROX]

             [{STDDEV}]   [N_SCALAR]   [{N_VECTOR}]   [N_MATRIX]   [COUNT]]
              {SD    }                 {N        }
```

**Default if the subcommand is omitted.

MATRIX DATA指令的語法架構：

```
MATRIX DATA VARIABLES= 變數串
    /FILE='PASW 資料檔位置及名稱 '          ←取用 PASW 資料檔
    /FORMAT= 格式關鍵字                    ←界定矩陣資料的格式
    /SPLIT= 變數串                        ←界定為分割的變數
    /FACTORS= 變數串                      ←界定為因子的變數
    /CELLS= 細格數目                      ←界定細格總數
    /N= 樣本數                           ←界定樣本總數
    /CONTENTS= 統計量數關鍵字 .           ←界定矩陣資料的統計量數
```

❓ 5-6　如何撰寫問卷統計分析的PASW程式語法？

問卷分析所收集的大量資料，要經過統計分析，通常是一件費時且需要技術的複雜工作。為使讀者能更深入 PASW 語法程式之應用，茲將問卷設計、資料編碼及撰寫程式等三個部份分別說明如下：

一、問卷設計

問卷設計，主要可分為基本資料與問卷內容兩大部份。基本資料部份，常是收集自變數的資料來源，通常可分為量化變數 (如年齡) 以及質性變數 (如性別、學校類別等) 兩大類，而須注意的是每一自變數各類別之間應獨立而互斥。至於問卷內容部份，則是用以收集依變數的資料，約可大分為三類：(1) 類別反應的問題，(2) 評定順序的問題，(3) 評定量表的問題。茲模擬一調查研究，以說明問卷的編製如下：

壹、基本資料

1 · 年齡：
2 · 性別：□ (1) 男 □ (2) 女
3 · 學校類別：□ (1) 公立 □ (2) 私立
4 · 最高學歷：□ (1) 研究所 □ (2) 大學院校 □ (3) 專科 □ (4) 高中、職
5 · 服務年資：□ (1) 未滿 5 年 □ (2)5 年～未滿 15 年 □ (3)15 年～未滿 25 年
　　　　　　　□ (4)25 年以上

貳、問卷內容

一、類別反應的問題：

1. 平常您最喜歡的休閒活動是：
□ (1) 看電視或電影 □ (2) 郊遊活動 □ (3) 閱讀書報 □ (4) 球類活動
□ (5) 其它
2. 您認為實習課程時，每班多少人最為恰當？
□ (1)15 人 (不含以下) □ (2)15 ～ 25 人 □ (3)26 ～ 35 人 □ (4)36 ～ 45 人
□ (5)46 人 (含) 以上

	非常不同意	不同意	中立意見	同意	非常同意
	1	2	3	4	5
3.您對學校的圖書設備感到如何？	□	□	□	□	□
4.您對學校的領導方式感到如何？	□	□	□	□	□
5.您對學校的行政配合感到如何？	□	□	□	□	□

二、評定順序的問題：這種題目是由受試者用不同的數字評定一些敘述句或類別的順序

您認為改進教學，以下的因素應考應的優先順序為：
（請以 1、2、3、4、5 等順序填答之 ）：
_____課程修訂 _____ 師資進修 _____教材改進
_____教法改進 _____製作教學媒體

三、評定量表的問題：旨在測量某種特質的程度，所得資料容易轉換和分析，甚至每題
　　的分數可以合併成總分數而加以比較分析。

（一）教學滿意度	非常不滿意				非常滿意
	1	2	3	4	5
1．教學設備的數量與教學需要的配合情況	☐	☐	☐	☐	☐
2．學生學習成效之情況	☐	☐	☐	☐	☐
3．學校對教學之支持情況	☐	☐	☐	☐	☐

（二）教師之工作倦怠	從未如此	很少如此	有時如此	時常如此	總是如此
1．我對教學工作感到心灰意冷。	1	2	3	4	5
2．工作一整天後，我感到精疲力倦。	1	2	3	4	5
3．晨起想到要面對一天的工作時，我已感到疲倦。	1	2	3	4	5
4．我容易了解學生對事情的感受。	1	2	3	4	5
5．我覺得某些學生，不能讓我用一般對人的態度來對待。	1	2	3	4	5
6．整天與學生或同事在一起工作，讓我覺得緊張。	1	2	3	4	5
7．我可以很有效的處理學生問題。	1	2	3	4	5
8．我對我的工作感到身心交瘁。	1	2	3	4	5
9．我覺得我確實能影響學生。	1	2	3	4	5
10．自從我擔任教職以後，我變得比較冷漠無情。	1	2	3	4	5
11．我擔心教學工作使我變得較為冷酷。	1	2	3	4	5
12．我對教學工作充滿信心。	1	2	3	4	5
13．我對目前的工作有挫折感。	1	2	3	4	5
14．我覺得工作得很辛苦。	1	2	3	4	5
15．我並不在乎某些學生發生了什麼事。	1	2	3	4	5

16·和同事一起工作，帶給我很大的壓力。─────── 　1　　2　　3　　4　　5
17·我能很容易的和學生共同創造一種輕鬆的氣氛。── 　1　　2　　3　　4　　5
18·每於教學以後，我感到很快活。──────── 　1　　2　　3　　4　　5
19·我覺得從工作中，完成了許多有價值的事情。──── 　1　　2　　3　　4　　5
20·我對教學工作，常感到無能為力。──────── 　1　　2　　3　　4　　5
21·在工作中，我能冷靜的處理情緒上的問題。───── 　1　　2　　3　　4　　5
22·我覺得學生會因某些問題，而責怪我。────── 　1　　2　　3　　4　　5

(三) 教師之教學取向

非常不贊同 ←──────→ 非常贊同

Ⅰ、教學之目的

1·應該透過教學來增加學生對社會的認識與瞭解。─── 　1　　2　　3　　4　　5
2·應該鼓勵學生多接受、少評斷社會的價值觀。──── 　1　　2　　3　　4　　5
3·應該幫助學生改善其不當之行為。──────── 　1　　2　　3　　4　　5
4·把教學僅視為知識與技能的傳播，已是過時的觀念。─ 　1　　2　　3　　4　　5
5·在教學上應該重視穩健而不是追求創新。───── 　1　　2　　3　　4　　5
6·應該讓學生幫助自己達成個人的目標。────── 　1　　2　　3　　4　　5
7·應督促學生學習其所應學習的知識與技能。───── 　1　　2　　3　　4　　5
8·在教學時，不應該改變已經表達過的結論。───── 　1　　2　　3　　4　　5

非常不贊同 ←──────→ 非常贊同

Ⅱ、學習者的本質

9·應該容許學生們在學習上有個別差異存在。───── 　1　　2　　3　　4　　5
10·大部份學生的學習皆趨於一致。──────── 　1　　2　　3　　4　　5
11·學生應該有能力去選擇及實踐自己的學習計劃。── 　1　　2　　3　　4　　5
12·學生們常需要學習上的指導。──────── 　1　　2　　3　　4　　5
13·應該以學生的需求來決定學習內容及如何教學。── 　1　　2　　3　　4　　5
14·學生們常不知道應該學習那些知識與技能。──── 　1　　2　　3　　4　　5
15·大部份的學生皆能夠穩定地控制他們的學習情緒。─ 　1　　2　　3　　4　　5
16·應該協助學生瞭解：為了達成個人目標，需自己作決
　　定。──────────────────── 　1　　2　　3　　4　　5

	非常不贊同				非常贊同
Ⅲ、學習經驗的特性					
17．鼓勵學生自我學習比傳授學生知識、技能更為重要。	1	2	3	4	5
18．掌握教材、清晰解釋，有益於學生的學習。	1	2	3	4	5
19．學習活動與教材，不應該只由教師提供。	1	2	3	4	5
20．應該全權決定教學的內容。	1	2	3	4	5
21．應遵照事先計劃來導引教學，不因學生差異而有所改變。	1	2	3	4	5
22．考慮學生學習的需求比課程目標重要。	1	2	3	4	5
23．應該避免與學生討論有關價值判斷之爭議性的課題。	1	2	3	4	5
24．該透過教學，協助學生選擇和發展自己的學習方向。	1	2	3	4	5
25．學生的學習，應該僅是瞭解概念、獲得技能的一種過程。	1	2	3	4	5

二、資料編碼

問卷的設計，通常需要配合研究之目的以及研究問題，而且尚需考慮統計分析方法的運用，此外，為了節省時間與精神，往往亦需注重問卷回收資料編碼的問題。因此，研究者在編擬問卷後，應即進行資料的編碼架構。

資料的編碼架構如下頁編碼表所示，包括 (1) 資料所在的欄位，(2) 變數名稱 (儘量以英文命名，不超過 8 個字元，以方便日後撰寫統計分析的 PASW 程式)，(3) 變數標註 (可以中文標註變數的意義)，(4) 變數值，(5) 變數值標註等。

茲以本模擬調查研究的資料如何進行編碼為例，說明如下：

```
欄   000000000  11111 11122 222 22233333333334444444444  555555555556666666666677777
位   123456789  12345 78901 345 78901234567890123456789  012345678901234567890123434

     008472134  44335 24444 424 53551521513342355443315  42542451422432422224225252
     003572134  45445 34442 534 44442422434234444444324  43554553434442344434343344
     006412231  34334 34434 423 53551521513342355443315  42524541123424234534344343
     005362231  34244 34543 534 54442432444525555555424  42533551435533354534344455
     004472234  44555 44544 411 53552531515454445445115  52551553522252224554534445
     003382143  54434 35234 524 54523533555532444444423  42514552424534454535334442
     027362142  43244 34433 524 55552532535533443533423  44544543423424334423424343
     025352143  45144 24355 335 44442422434444343343434  43523453414534254434344543
     002422133  55455 44435 324 43552431512543245555524  33553533444522555554542552
     020362231  25444 23335 524 54552532515454445445115  53534533323433244524344443
```

編　碼　表

欄位 column	變數名稱 variable	變數標註 variable labels	變數值 value	變數值標註 value labels	變數性質
1-3	id	編號			
4-5	age	年齡			量尺
6	sex	性別	1 2	男 女	名義
7	school	學校類別	1 2	公立 私立	名義
8	degree	最高學歷	1 2 3 4	研究所 大學院校 專科 高中、職	名義
9	years	服務年資	1 2 3 4	未滿 5 年 5 年～未滿 15 年 15 年～未滿 25 年 25 年以上	名義
10			空行		
11	leisure	休閒活動	1 2 3 4 5	看電視或電影 郊遊活動 閱讀書報 球類活動 其它	名義
12	numbers	實習人數	1 2 3 4 5	15 人 (不含) 以下 15 ～ 25 人 26 ～ 35 人 36 ～ 45 人 46 人 (含) 以上	名義
13	book	圖書設備	1 2 3 4 5	非常不滿意 不　滿　意 中立　意見 滿　　意 非常滿意	名義
14	leader	領導方式			
15	admin	行政配合			
16			空行		
17	r1	課程修訂	1 2 3 4 5	排序	次序
18	r2	師資進修			
19	r3	教材改進			
20	r4	教法改進			
21	r5	製作媒體			
22			空行		

編　碼　表 (續)

欄位 column	變數名稱 variable	變數標註 variable label	變數值 value	變數值標註 value label	變數性質 質
23	s1	設備數量	1 2 3 4 5	非常不滿意 不　滿　意 中立　意見 滿　　　意 非 常 滿 意	量尺
24	s2	學習成效			
25	s3	教學支持			
26		空行			
27 ～ 48	w1 ～ w22	工作倦怠	1 2 3 4 5	從未如此 很少如此 有時如此 時常如此 總是如此	量尺
49		空行			
50 ～ 74	t1 ～ t25	教學取向	1 2 3 4 5	非常不贊同 ↕ 非常　贊同	量尺

三、撰寫程式：(ex5-6.sps)

(一) 讀取ASCⅡ檔

```
TITLE ' 讀入問卷 ASCII 資料檔的 PASW 程式 '.
* 資料集的定義 .
DATA LIST FIXED FILE='C:\StepPASW\survey.dat'
    /id 1-3 age 4-5 sex 6 school 7 degree 8 years 9 leisure 11
    numbers 12 book 13 leader 14 admin 15 r1 to r5 17-21
    s1 to s3 23-25 w1 to w22 27-48 t1 to t25 50-74.
EXECUTE.
* 變數標註 .
VARIABLE LABELS  age ' 年齡 '
    /sex ' 性別 '
    /school ' 學校類別 '
    /degree ' 最高學歷 '
    /years ' 服務年資 '
    /leisure ' 休閒活動 '
    /numbers ' 實習人數 '
    /book ' 圖書設備 '
    /leader ' 領導方式 '
    /admin ' 行政配合 '
```

```
    /r1 ' 課程修訂 '
    /r2 ' 師資進修 '
    /r3 ' 教材改進 '
    /r4 ' 教法改進 '
    /r5 ' 製作教學媒體 '
    /s1 ' 設備數量 '
    /s2 ' 學習成效 '
    /s3 ' 教學支持 '.

* 變數數值標註 .
VALUE LABELS  sex 1 ' 男 ' 2 ' 女 '
    /school 1 ' 公立 ' 2 ' 私立 '
    /degree 1 ' 研究所 ' 2 ' 大學院校 ' 3 ' 專科 ' 4 ' 高中、職 '
    /years 1 ' 未滿 5 年 ' 2 '5 年～未滿 15 年 ' 3 '15 年～未滿 25 年 ' 4 '25 年以上 '
    /leisure 1 ' 看電視或電影 ' 2 ' 郊遊活動 ' 3 ' 閱讀書報 ' 4 ' 球類活動 ' 5 ' 其它 '
    /numbers 1 '15 人 ( 不含 ) 以下 ' 2 '15-25 人 ' 3 '26-35 人 ' 4 '36-45 人 ' 5 '46 人 ( 含 ) 以上 '
    /book TO admin s1 TO s3 1 ' 非常滿意 ' 2 ' 滿意 ' 3 ' 中立意見 ' 4 ' 不滿意 ' 5 ' 非常不滿意 '
    /w1 TO w22 1 ' 從未如此 ' 2 ' 很少如此 ' 3 ' 有時如此 ' 4 ' 時常如此 ' 5 ' 總是如此 '
    /t1 TO t25 1 ' 非常不贊同 ' 5 ' 非常贊同 '.

* 儲存成 PASW 資料檔 .
SAVE OUTFILE 'C:\StepPASW\survey.sav'.
```

(二) 資料的整理與轉換

```
TITLE ' 資料的整理與轉換 '.

* 反向計分 .
RECODE t2 t5 t8 t10 t14 t15 t20 t21 t23 t25 (1=5) (2=4) (4=2) (5=1).
EXECUTE.

* 計算工作倦怠的三個構面  .
COMPUTE   wb1=MEAN8.6(w2,w5,w7,w11,w12,w17,w18,w20,w22).
COMPUTE   wb2=MEAN6.4(w1,w3,w4,w6,w9,w16,w19).
COMPUTE   wb3=MEAN3.2(w8,w10,w13,w14,w15,w21).
COMPUTE   wbt=MEAN22.17(w1  TO w22).
EXECUTE.

* 計算教學取向的三個構面   .
COMPUTE  to1=MEAN8.6(t1  TO t8).
COMPUTE  to2=MEAN8.6(t9  TO t16).
COMPUTE  to3=MEAN9.7(t17  TO t25).
COMPUTE  tot=MEAN25.20(t1  TO t25).
EXECUTE.

* 變數標註 .
VARIABLE LABELS  wb1 ' 情緒因素 '
```

```
    /wb2 ' 人性因素 '
    /wb3 ' 成就感因素 '
    /wbt ' 整體工作倦怠 '
    /to1 ' 教學之目的 '
    /to2 ' 學習者的本質 '
    /to3 ' 學習經驗的特性 '
    /tot ' 整體教學取向 '.

* 年齡分組 .
RECODE
  age
  (Lowest thru 34=1) (35 thru 44=2) (45 thru 54=3) (55 thru Highest=4)
  INTO  agegp .
VARIABLE LABELS agegp ' 年齡分組 '.
EXECUTE .

* 變數數值標註 .
VALUE LABELS agegp 1 "25 ～ 34 歲 "  2 "35 ～ 44 歲 "
              3 "45 ～ 54 歲 "  4 "55 ～ 64 歲 ".


* 資料轉換後另存 PASW 資料檔 .
SAVE OUTFILE 'C:\StepPASW\surveyok.sav'.
```

精 益 求 精 | Do your best

DYB 5-1・試以 PASW 程式讀入下列問卷的 ASCII 資料檔 (job.dat)，並儲存成
PASW 資料檔 (job.sav)。下列工作調查問卷用以發現一些有關您自己
及工作狀況，請據實回答下列問題：

一、您的工作地點是：□ (1) 北部　□ (2) 中部　□ (3) 南部 □ (4) 東部。

二、您的性別是：□ (1) 男性　□ (2) 女性。

三、您目前每年的收入是：_____元。

四、您現在的年齡是：_____歲。

五、您在這家公司已經工作幾年？_____年。

六、請您指出是否 (1) 非常不同意　(2) 不同意 (3) 中立意見 (4) 同意 (5) 非常同意 於下列的敘
述，於下列每一敘述勾選出符合您目前狀況的選項。

工作倦怠感	(1)	(2)	(3)	(4)	(5)
1・我對我的工作充滿信心。 ⋯⋯⋯⋯⋯⋯⋯⋯⋯⋯⋯⋯⋯⋯⋯	□	□	□	□	□
2・我的工作對我而言是一種興趣與嗜好。⋯⋯⋯⋯⋯⋯⋯⋯	□	□	□	□	□
3・大部份的時間，我必須強迫自己去工作。 ⋯⋯⋯⋯⋯⋯	□	□	□	□	□
4・大部份的日子，我都熱衷於我的工作。⋯⋯⋯⋯⋯⋯⋯	□	□	□	□	□

5．工作一整天後，我感到精疲力倦。　..........................　□　□　□　□　□

6．我覺得從工作中完成了許多有價值的事情。　..........　□　□　□　□　□

7．我可以很有效地處理工作上的問題。　.....................　□　□　□　□　□

8．我的工作常有許多的樂趣。　.................................　□　□　□　□　□

9．我能自做決定如何做好我的工作上的問題。　...........　□　□　□　□　□

10．我每天用相同的方法做工作。　.............................　□　□　□　□　□

11．我和同事一起工作，帶給我很大的壓力。　.............　□　□　□　□　□

12．我對我的工作，常感到無能為力。　.......................　□　□　□　□　□

問卷資料檔 (job.dat) 的編碼表

欄位 column	變數名稱 variable	變數標註 variable labels	變數值及標註 value & value labels	變數性質
1-2	id	編號		
3		空行		
4	place	工作地點	1 北區　2 中區 3 南區　4 東區	名義
5	gender	性別	1 男性　2 女性	名義
6-10	income	收入		量尺
11-12	age	年齡		量尺
13-14	years	工作年資		量尺
15		空行（以下為工作滿意度分量表）		
16-19	a1 ～ a4	工作滿意度	其中 a3 為反向題	量尺
20		空行（以下為工作成就感分量表）		
21-24	b1 ～ b4	工作成就感	其中 b4 為反向題	量尺
25		空行（以下為工作例行性分量表）		
26-29	c1 ～ c4	工作例行性	其中 c2、c3、c4 為反向題	量尺

Chapter 06

資料的轉換

在理想狀態下，原始資料能完全適合分析所需之型態，且變數間的關係能符合我們的要求，這種情形是極為少見的。因此，有時我們必須使用資料的轉換 (transform)，PASW 提供資料轉換的功能如圖 6-0-1 所示，表 6-0-1 所示為 PASW 常用之資料轉換的程序 (procedure)。

圖6-0-1　轉換(Transform)功能表

表 6-0-1　資料轉換的常用 PASW 程序

PASW 程序	意義	說明
Compute	計算變數	執行各類計算以用於更改現有變數或產生新變數。
Recode	重新編碼	將已存在之變數的值重新編碼後，可存回原來變數中或存至另一新變數。
Visual Binning	視覺化分段	將現有變數的連續值分組成許多間斷類別的新變數。可用於從連續的量尺變數產生類別的變數或將大量的次序類別合併成較少的類別。
Count	計次觀測體	用於計次一組變數當中，重複出現某一數值的次數，並將此一次數指定至一個新變數的數值。
Rank Cases	等級化觀測體	用於計算等級或將觀測值分組。
Automatic Recode	自動重新編碼	用於將大範圍的數值編碼轉換成一系列連續的數值或將字串或文字變數轉換成數值變數。

6-1 ┆ 如何計算(compute)變數的值？

操作程序

 ➜ 轉換 (Transform) > 計算變數…(Compute…)

功能用途

計算變數(Compute)的功能可執行各類的計算以用於更改現有變數或產生新變數。

範例6-1　產生新變數

　　在 PASW 資料檔 Employee data.sav (檔案位置 C:\Program Files\SPSSInc\PASW Statistics\ Samples\Traditional Chinese) 中，計算目前薪水 (salary) 與起薪 (salbegin) 的差異，以瞭解銀行員工薪水增加的情況。

一、操作程序

0. 從功能表中選擇轉換 (Transform) > 計算變數…(Compute…)。
1. 如圖 6-l-l 的主對話盒所示，在目標變數 (Target Variables) 方塊中，輸入 saldif。
2. 點按 類型&標記… (Type & Label…) 鈕，開啓如圖 6-1-2 所示的次對話盒，並在標記 (Label) 方塊中輸入變數的標註 [增加薪水的情況]。
3. 在數值運算式 (Numeric Expression) 方塊中，從左欄的來源變數清單選入並計算目前薪水與起薪的差異 (salary – salbegin)。
4. 點按 確定 (OK) 鈕，完成變數的計算並產生新變數。

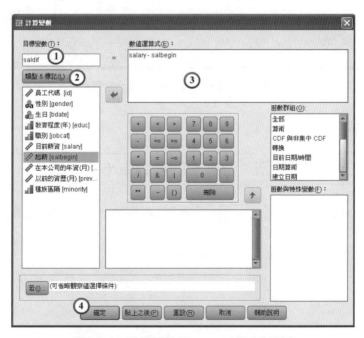

圖6-1-1　計算變數(Compute)的主對話盒

圖6-1-2　新變數之型態與標註的次對話盒

二、產生新變數結果及說明

1.　由 Compute 指令所產生的新變數,並不會在輸出檢視器中有任何的輸出報表,而是如圖 6-l-3 所示,在資料編輯器中會顯示所產生的新變數。

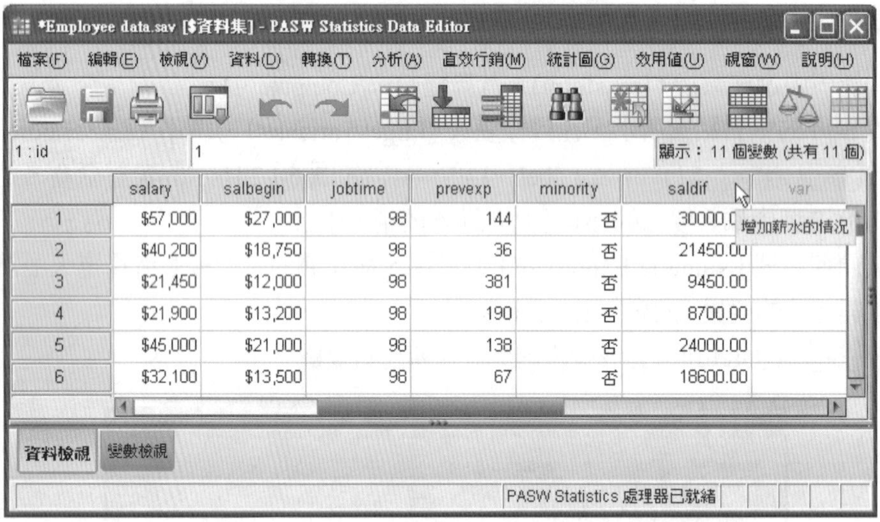

圖6-1-3　在資料編輯視窗中顯示新變數

三、撰寫程式

程序語法:變數值的計算(ex6-1.sps)

(1) 在 Compute 對話盒中按 貼上之後 (Paste) 鈕,即可貼出計算變數值的語法如下:

```
COMPUTE saldif = salary - salbegin .
VARIABLE LABELS saldif '增加薪水的情況'.
EXECUTE.
```

牛刀小試 | Try for yourself

TFY **6-1-1** · 試對本書範例 (job.sav)，分別計算工作滿意度分數 (satisfy=a1+a2+a3 +a4)，工作成就感分數 (success=b1+b2+b3+b4)，工作例行性分數 (routine=c1+c2+c3+c4)。

TFY **6-1-2** · 試對本書範例資料 (job.sav)，以性別 (gender) 為男性及工作地點 (place) 為北區之條件下，計算平均收入 (avg1=income/years)，並將 該值予以四捨五入。

TFY **6-1-3** · 試對本書範例資料 (job.sav)，以年齡 (age) 為 45 歲以上之條件下， 計算平均收入 (avg2=income/age)，並將該值予以四捨五入。

A6-1對話盒指引 計算變數(Compute Variable)程序

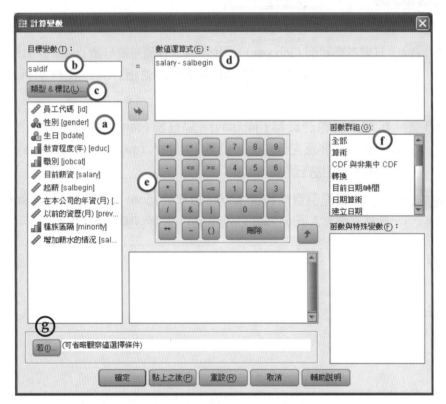

圖①　計算變數值之主對話盒

Compute Variables對話盒的說明

　　計算變數 (Compute Variables) 程序用於轉換其它變數的值來計算某一變數的值，可以計算數值或字串變數的值、產生新變數以取代現有的變數，對新變數可以界定其型式與標註、以邏輯條件選擇部份資料以進行變數值的計算、超過 70 個內建函數，包括算數函數、統計函數、分配函數及字串函數等。可從功能表選擇轉換 (Transform) > 計算變數… (Compute…)，以開啟如圖①的對話盒。

ⓐ 來源清單 (Source List) 方塊：來源變數清單，會顯示資料集的數值變數。

ⓑ 目標變數 (Target Variable) 文字方格：目標變數，亦即接受計算值之變數。目標變數可為舊有或新的變數。

ⓒ 類型&標記… (Type & Label…) 按鈕：設定目標變數的型態及標註，開啟如圖②的次對話盒。

圖② 變數型式與標註之次對話盒

變數型式與標註次對話盒的說明

(1) 標記 (Label) 方塊：描述性變數標註，可選取下列其中之一的選項。

　　○標記 (Label) 方格：輸入標註，最高可達 120 個字元。此為預設選項。

　　○使用運算式為標記 (Use expression as label)：使用運算式的前 110 個字元為標註。

(2) 類型 (Type) 方塊：變數的形式，可選取下列其中之一的選項。

　　○數值 (Numeric)：數值變數，此為預設設定。

　　○字串型 (String)：字串變數。

　　　寬度 (Width) 方格：輸入字串變數的最大寬度。

ⓓ 數值運算式 (Numeric Expression) 文字方塊：即所謂運算式，可使用計算盤、來源變數清單、函數清單等來貼入構成運算式的要件。

ⓔ 計算盤 (calculator pad)：計算盤包含有數字、算術運算、關係運算、以及邏輯運算等。

算術運算	關係運算	邏輯運算
+ 加 - 減 * 乘 / 除 ** 取指數	< 小於 > 大於 <= 小於或等於 >= 大於或等於 = 等於 ~= 不等於	& 且，即兩關係皆需為真 | 或，即兩關係之一為真 ~ 否，將邏輯值取相反值

ⓘ 運算的優先順序，最先是函數，其次是乘除，最後則是加減。亦可藉由括號來控制運算順序。

ⓕ 函數 (functions)：PASW 內建函數有 70 種以上，主要可區分為下列八大類型：算數函數、統計函數、分配函數、邏輯函數、日期及時間整合與擷取函數、缺漏值處理函數、交叉個案函數、字串函數等。

(1) 算數函數 (arithmetic functions)

函數名稱	實例	說明
ABS(arg)	ABS(-3.2)＝3.2	對引數取絕對值
RND(arg)	RND(4.8)＝5	對引數取四捨五入
TRUNC(arg)	TRUNC(4.8)＝4	對引數截去小數位
MOD(arg)	MOD(10.3)＝1	將引數 1 除以引數 2 之後，取其餘數
SQRT(arg)	SQRT(4.8)＝2.19	將引數取開根號
EXP(arg)	EXP(2)＝7.39	將引數取指數值
LG10(arg)	LG10(100)＝10	對引數取以 10 為底的對數值
LN(arg)	LN(1)＝0	對引數取以 2 為底的對數值
ARSIN(arg)	ARSIN(1)＝1.57	對引數取反正弦函數
ARTAN(arg)	ARTAN(1)＝0.7458	對引數取反正切函數
SIN(arg)	SIN(1.57)＝1	對引數取正弦函數
COS(arg)	COS(0)＝1	對引數取餘弦函數

註：arg (argument) 為引數，可為變數、常數、或運算式。

(2) 統計函數 (statistics functions)

函數名稱	實例	說明
SUM(arg)	SUM(X,Y,Z)＝X＋Y＋Z	對引數串 (X，Y，Z) 求總和
MEAN(arg)	MEAN(X,Y,Z)＝(X＋Y＋Z)/3	對引數串 (X，Y，Z) 求平均數
SD(arg)	SD(7,8,9)＝1	對引數串求標準差
VAR(arg)	VAR(7,8,9)＝1	對引數串求變異數
VFVAR(arg)	VFVAR(7,8,9)＝0.5	對引數串求變異係數
MIN(arg)	MIN(7,8,9)＝7	對引數串求最小值
MAX(arg)	MAX(7,8,9)＝9	對引數串求最大值

註：arg (argment) 為引數，可為變數、常數、或運算式。

(3) 累計分布函數 (cumulative distribution functions)

函數名稱	實例	說明
CDF.NORMAL(q,a,b)	CDF.NORMAL(13,10,2) ＝0.95	低於 q 值之常態分布的累計機率，a 為常態分布的平均數、b 為常態分布的標準差。
CDFNORM(q)	CDFNORM(1.96) ＝0.975	低於 q 值之標準常態分布的累計機率，q 代表 z 值。
CDF.T(q,a)	CDF.T(2.95,17) ＝0.991	低於 q 值之 Student's t 分布的累計機率，q 為 t 值，a 為自由度。
CDF.CHISQ(q,a)	CDF.CHISQ(31.264,11) ＝0.999	低於 q 值之卡方分布的機率，q 為卡方值，a 為自由度。
CDF.F(q,a,b)	CDF.F(3.32,2,30) ＝0.95	低於 q 值之 F 分布的機率，q 為 F 值，a、b 均為自由度。
CDF.BINOM(q,a,b)	CDF.BINOM(0.5,10,4) ＝0.37695	低於 q 值之二項式分布的機率，q 為成功的機率，a 為總個數，b 為成功的個數。
CDF.POISSION(q,a)	CDF.POISSION(1,2) ＝0.9197	低於 q 值之波以松分布的機率，q 為平均數，a 為某期間發生次數。

(4) 反分布函數 (inverse distribution functions)

函數名稱	實例	說明
IDF.NORMAL(p,a,b)	IDF.NORMAL(.95,10,2) ＝13	常態分布值，p 為累計機率，a 為常態分布的平均數、b 為常態分布的標準差。
PROBIT(p)	PROBIT(.025) ＝-1.96	標準常態分布的值，p 為累計機率。
IDF.T(p,a)	IDF.T(.95,2) ＝2.92	Student's t 分布值，p 為累計機率，a 為自由度。
IDF.CHISQ(p,a)	IDF.CHISQ(.95,3) ＝7.8147	卡方分布值，p 為累計機率，a 為自由度。
IDF.F(p,a,b)	IDF.F(.95,2,10) ＝4.1028	F 分布值，p 為累計機率，a、b 均為自由度。

(5) 非中心性函數 (noncentral distribution functions)

函數名稱	實例	說明
NCDF.CHISQ(x,a,b,c)	ABS(3.52,3,36,9.51) =0.4331	非中心卡方分布的機率
NCDF.F(x,a,b,c)	NCDF. F(2.87,3,36,10.54) =0.2659	非中心 F 分布的機率
NCDF.T(x,a,c)	NCDF.T(2.01,48,1.77) =0.5889	非中心 t 分布的機率

(6) 邏輯函數 (logical functions)

函數名稱	實例	說明
RANGE(varname,range)	RANGE(age,10,19,50,59)	若變數 age 介於 15 至 20 之間，或者介於 50 至 60 之間，則結果為真；相反的，若介於 20 至 49 之間，則結果為偽。
ANY(arg,arg list)	ANY(age,15,20,50,60)	若第一個引數 age 的值包含在引數串 15，20，50，60 中，則結果為真，否則為偽。通常第一個引數必須為變數。

(7) 巢狀函數

一個函數可作為另一個函數的引數。例如：

MEAN(RND(var1),TRUNC(var2))

MEAN(RND(SD(var1)),TRUNC(SQRT(var2)))

(8) 缺漏值函數 (missing value functions)

※函數與簡單算術運算式在處理缺漏值的方法有所不同。

※在運算式中當其中一個變數有缺漏值時，則運算結果便會有缺漏值。

※在函數中 MEAN(var1,var2,var3) 僅當所有三個變數均有缺漏值時，則運算結果才會有缺漏值。

※對統計函數，可界定無缺漏值之引數的最小數目。可在函數名稱之後輸入〝.〞及〝數目〞，例如：MEAN.2(var1,var2,var3)，則表示至少二個變數無缺漏值，則運算才會有結果。

(9) 亂數函數 (random number functions)

※ NORMAL(stddev)：每一觀測體從平均數為 0 及自訂標準差的常態分布中指定一個亂數。

※ UNIFORM(max)：每一觀測體從最小值為 0 及自訂最大值的均勻分布中指定一個亂數。

ⓖ 若… (If…) 按鈕：設定條件運算式，開啟如圖③的次對話盒。

圖③　條件式計算之次對話盒

條件式次對話盒的說明

(1) 來源清單 (Source List) 方塊：來源變數清單，會顯示資料集的數值變數。

(2) 可選取下列其中之一的選項：

　　○包含全部觀察值 (Include all cases)：對所有觀測體加以計算，而忽略任何的條件運算式。此為預設選項。

　　○包含滿足條件時的觀察值 (Include if cases satisfies condition)：對滿足條件運算式的觀測體加以計算。在文字方塊中輸入條件運算式，此運算式可包括變數名稱、常數、算術運算、數值與其它函數、邏輯運算以及關係運算等。

(3) 計算盤與函數清單：可參見 e 及 f 的說明 (頁次為 6-7)。

(4) 條件運算式的簡例：

　　※ age>=21：僅選取年齡值等於或大於 21 的觀測體。

　　※ salary*3<100,000：僅選取薪資乘 3 而小於 10 萬的觀測體。

　　※ age>=21 | educat=1：僅選取符合年齡條件或教育類別條件的觀測體。

　　※ salary*3<100,000 & jobcat ~ 5：僅選取符合薪資條件及工作類別條件的觀測體。

6-2 如何對量表進行反向計分(reverse coding)的重新編碼？

 操作程序

→ 轉換 (Transform) > 重新編碼成同一變數…(Recode Into Same Variable…)

 功能用途

重新編碼 (recode) 的功能可將已存在的數值變數或字串變數的值重新編碼後，可存回原來變數中。

範例6-2　反向計分

某研究資料共蒐集 40 位中學生包含有 26 個變數如表 6-2-1 所示，前四個變數為 id, sex, exp, school 等背景變數，其中 sex 有兩個水準值 (M= 男生、F= 女生)、exp 有三個水準值 (1= 少於一年、2= 一～二年、3= 超過二年以上)、school 有三個水準值 (1= 鄉村學校、2= 城鎮學校、3= 都會學校)。接下來的二十個變數 (c1 ～ c10、m1 ～ m10) 是李克特式 (Likert type) 量表如表 6-2-2 及 6-2-3 所示，分別各有十題量測學生的電腦焦慮及數學焦慮的情形。其餘兩個變數 (mathscor, compscor) 分別是數學成績及電腦成績。

表 6-2-1　範例資料中的變數名稱及標註

PASW 變數名稱	變數標註
id	學生識別碼
sex	學生的性別
exp	先前電腦經驗 (以年 / 月計)
school	學校所屬區域
c1 ～ c10	電腦焦慮量表的 10 個題項
m1 ～ m10	數學焦慮量表的 10 個題項
mathscor	同一時期的數學考試成績
compscor	同一時期的電腦考試成績

(註：c3 c5 c6 c10 m3 m7 m8 m9 為反向題)

表 6-2-2　電腦焦慮量表

1.	當別人談論電腦時，我覺得自己很愚笨。
2.	我儘量不去碰電腦。
3.	* 學習使用電腦不會使我覺得很煩惱。
4.	使用電腦時我非常害怕弄壞它。

5.	* 當面對陌生的電腦系統時我不會感到害怕。
6.	* 當別人談論電腦時,我不會覺得有壓力。
7.	電腦使我感到挫敗。
8.	我很怕我電腦學不好。
9.	使用電腦時,我很怕做錯後不會修正。
10.	* 使用電腦時,若出現錯誤訊息,我會知道如何處理。

註:* 表反向題

表 6-2-3 數學焦慮量表

1.	我常擔心數學考試會不及格。
2.	在考數學的時候,我常因過度緊張而把應該會的都忘記了。
3.	* 在所有的科目中我最喜歡數學科。
4.	當要做數學題目時,我的頭腦就一片空白。
5.	只要看到「數學」這兩個字,我就感到緊張。
6.	我覺得數學比較深,不容易了解。
7.	* 在數學課中,我常感到輕鬆自在。
8.	* 上數學課是一件令人愉快的事。
9.	* 我希望每天都上數學課。
10.	上數學課的時候,我一直盼望下課的鐘聲趕快響。

註:* 表反向題

一、操作步驟

(一) 選擇變數

0. 開啟資料檔 (class.sav),並從功能表中選擇轉換 (Transform)> 重新編碼成同一變數…(Recode Into Same Variables…)。

1. 如圖 6-2-1 的對話盒所示,從左欄的來源變數清單,將反向題 (c3 c5 c6 cl0 m3 m7 m8 m9) 等選入右欄的變數清單中。

2. 點按 舊值與新值… (Old and New Values…) 鈕,開啟次對話盒。

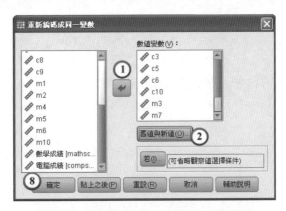

圖6-2-1 Recode至同一變數的主對話盒

(二) 進行值的反向編碼

3. 如圖 6-2-2 的次對盒所示，在舊值 (Old Value) 的區塊之數值 (Value) 選項中輸入 1。

4. 在新值 (New Value) 的區塊之數值 (Value) 選項中輸入 5。

5. 點按 新增 (Add) 鈕，將反向值重新編碼加入清單中。

6. 重複上述步驟 3～5，分別將其它反向值重新編碼加入清單中，如圖 6-2-2 所示。

7. 點按 繼續 (Continue) 鈕，回到 Recode 主對話盒。

8. 在圖 6-2-l Recode 主對話盒中，點按 確定 (OK) 鈕，完成反向計分的重新編碼。

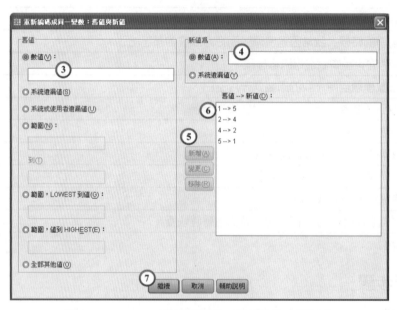

圖6-2-2　Recode至同一變數：新舊值的次對話盒

二、撰寫程式

程序語法：反向計分(ex6-2.sps)

(1) 在 Recode 主對話盒中按 貼上之後 (Paste) 鈕，即可貼出反向計分的語法如下：

```
RECODE
c3 c5 c6 c10 m3 m7 m8 m9   (1=5)   (2=4)   (4=2)   (5=1).
EXECUTE.
```

(2) 若為偶數計分者，如 Likert 6 點計分，則語法如下：

```
(1=6)   (2=5)   (3=4)   (4=3)   (5=2)   (6=1)
```

A6-2對話盒指引　Recode into Same Variables程序

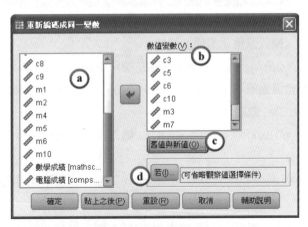

圖①　重新編碼至相同變數之主對話盒

RECODE至相同變數之對話盒的說明

　　重新編碼成同一變數…(Recode Into Same Variables…) 程序用於將已存在的數值變數或字串變數的值，加以重新編碼，以重疊或組合資料，以利進一步統計分析。對觀測值重新編碼後，可存回原來變數中，或存至另一新變數中。可從功能表選擇轉換 (Transform) > 重新編碼成同一變數…(Recode Into Same Variables…)，開啟如圖①的對話盒。

ⓐ 來源清單 (Source List) 方塊：來源變數清單，會顯示資料集的所有變數。

ⓑ 數值變數 (Numeric Variables) 方塊：分析變數清單，可從來源變數清單中選取一個或多個數值變數，按 ▶ 鈕，以進入此清單中。

ⓒ 舊值與新值… (Old and New Values…) 按鈕：界定重新編碼的觀測值與新值，開啟如圖②的次對話盒。

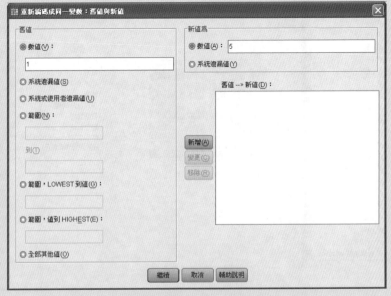

圖②　重新編碼至相同變數之新舊值的次對話盒

新舊值次對話盒的說明

(1) 舊值 (Old Value) 方塊中的選項。

○數值 (Value)：輸入欲重新編碼的舊值。

○系統遺漏值 (System-missing)：系統缺漏值的重新編碼。在清單中以 SYSMIS 做顯示。

○系統或使用者遺漏值 (System or user-missing)：系統所有缺漏值的重新編碼。在清單中以 MISSING 做顯示。

○範圍：n1 到 n2(Range：n1 through n2)：輸入欲重新編碼的變數值範圍，從 n1 至 n2 者。

○範圍：最小到 n(Range：Lowest through n)：輸入欲重新編碼的變數值範圍，低於 n 者。

○範圍：n 到最高 (Range：n through highest)：輸入欲重新編碼的變數值範圍，高於 n 者。

○全部其他值 (All other Values)：之前指定過而所剩餘之其它的變數值。

(2) 新值 (New Value) 方格中的選項。

○數值 (Value)：輸入重新編碼後的新值。

○系統遺漏值 (System-missing)：重新編碼成系統缺漏值，在清單中以 SYSMIS 做顯示。

(3) 舊值→新值 (Old → New) 方塊：新舊值的清單。

若上述項目選定後，可以按觸 新增 (Add) 按鈕將其選入，若欲作改變或刪除，則可按觸 變更 (Change)、移除 (Remove) 等按鈕。

ⓓ 若… (If…) 按鈕：開啟如圖③的次對話盒，使用條件運算式來選擇部份觀測值。

圖③　重新編碼至相同變數之條件式次對話盒

條件式次對話盒的說明

(1) 來源清單 (Source List) 方塊：來源變數清單，會顯示資料集的所有變數。

(2) 可選取下列其中之一的選項：

　　○包含全部觀察值 (Include all cases)：對所有觀測體加以計算，而忽略任何的條件運算式。此為預設選項。

　　○包含滿足條件時的觀察值 (Include if cases satisfies condition)：對滿足條件運算式的觀測體加以計算。在文字方塊中輸入條件運算式，此運算式可包括變數名稱、常數、算術運算、數值與其它函數、邏輯運算以及關係運算等。

(3) 計算盤與函數清單：可參見 Compute 對話盒 (A6.1)e 及 f 的說明 (頁次為 6-7)。

❓ 6-3　如何重新編碼至不同的變數？(類別變數的整併)

操作程序

 ➜ 轉換 (Transform) > 重新編碼成不同變數…(Recode Into Different Variable…)

功能用途

 重新編碼 (recode) 的功能可將已存在的數值變數或字串變數的值重新編碼後，再存至另一新變數中。

範例6-3　類別變數的整併

Recode 可重新編碼在同一原始變數，但不建議如此。更安全的做法是以新編碼至新的 (不同的) 變數上，如果重新編碼有誤時，尚可保有原始值再重新編碼。

如圖 6-3-l 所示，係 PASW 範例資料集 demo.sav 的 reside 變數 (Number of people in the HouSehold，住家中的人口數) 之次數分配表，顯示 6 位人口以上所佔的百分比較低，故予以整併至 5 位人口數，因此擬將 reside 變數重新編成一個新的變數，其值分成為五組，分別是單一人口、二位人口、三位人口、四位人口及五位人口 (含) 以上。

reside 家庭人數

		次數	百分比	有效百分比	累積百分比
有效的	1	2466	38.5	38.5	38.5
	2	1651	25.8	25.8	64.3
	3	786	12.3	12.3	76.6
	4	851	13.3	13.3	89.9
	5	436	6.8	6.8	96.7
	6	154	2.4	2.4	99.1
	7	45	.7	.7	99.8
	8	10	.2	.2	100.0
	9	1	.0	.0	100.0
	總和	6400	100.0	100.0	

圖6-3-1　住家中人口數的次數分配表

一、操作步驟

(一) 選擇變數並產生新變數

0. 開啓資料檔 (demo.sav)，並從功能表中選擇轉換 (Transform) > 重新編碼成不同變數… (Recode Into Different Variables…)。

1. 如圖 6-3-2 的對話盒所示，從左欄的來源變數清單，將家庭人數 (reside) 變數選入右欄的變數清單 中。

2. 在輸出之新變數 (Output Variable) 方塊中，輸入名稱 (Name) 爲 household_number，標記 (Label) 爲住家中的人數。

3. 點按 變更 (Change) 鈕，將新的變數名稱放入清單中。
4. 點按 舊值與新值… (Old and New Values…) 鈕，以開啓如圖 6-3-3 所示的對話盒。

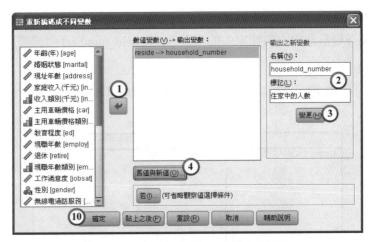

圖6-3-2　Recode至另一變數的主對話盒

(二) 進行類別整併的重新編碼

5. 如圖 6-3-3 的次對盒所示，在舊值 (Old Value) 的區塊之範圍值到最高 (Range through highest) 選項中輸入 5。
6. 在新值 (New Value) 的區塊之 Value 選項中輸入 5。
7. 點按 新增 (Add) 鈕，將重新編碼加入清單中。
8. 在舊值 (Old Value) 的區塊中選定全部其他值 (All other values) 選項，在新值 (New Value) 的區塊中選定複製舊值 (Copy old value(s)) 選項中，再點按 新增 (Add) 鈕，加入清單中。
9. 點按 繼續 (Continue) 鈕，回到 Recode 主對話盒。
10. 在 Recode 主對話盒中，點按 確定 (OK) 鈕，完成類別整併的重新編碼。

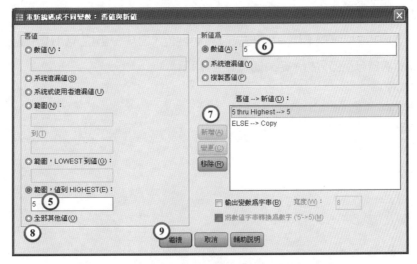

圖6-3-3　Recode至不同變數之新舊值的次對話盒

(三) 進行次數分析以顯示類別整併的結果

11. 從功能表中選擇分析 (Analyze) > 敘述統計 (Descriptive Statistics) > 次數分配表… (Frequencies…)。

12. 從左欄的來源變數清單，將住家中的人數 (household_number) 變數選入右欄的變數清單中。

13. 點按 確定 (OK) 鈕，進行次數分析以顯示類別整併後的結果，如圖 6-3-4 所示。

household_number 住家中的人數

		次數	百分比	有效百分比	累積百分比
有效的	1 單一人口	2466	38.5	38.5	38.5
	2 二位人口	1651	25.8	25.8	64.3
	3 三位人口	786	12.3	12.3	76.6
	4 四位人口	851	13.3	13.3	89.9
	5 五位人口(含)以上	646	10.1	10.1	100.0
	總和	6400	100.0	100.0	

圖6-3-4 住家中人口數的次數分配表(類別重新整併)

二、撰寫程式

程序語法：類別整併(ex6-3.sps)

(1) 在 Recode 主對話盒中，點按 貼上之後 (Paste) 鈕，即可貼出類別整併的語法如下：
```
RECODE
reside
(5 thru Highest=5)  (ELSE=CoPy)  INTO  household_number.
 VARIABLE LABELS household_number  '住家中的人數'.
EXECUTE.
```

(2) 可再加入值的標註。
```
VALUE LABELS household_number
1'單一人口' 2'二位人口' 3'三位人口' 4'四位人口' 5'五位人口(含)以上'.
```

(3) 重新執行次數分配的分析，結果如圖 6-3-4 所示。
```
FREQUENCIES
VARIABLES=household_number
/ORDER=  ANALYSIS.
```

牛刀小試 | Try for yourself

TFY **6-3-1** · 試對本書範例資料 (trans.sav)，將身高 (height) 分為三個等級，第一級為高於 150 以上者，第二級為 140 ～ 149 者，第三級為低於 139 者。同時亦將體重 (weight) 分為二級，高於 45 者為第一級，餘則為第二級。

TFY **6-3-2** · 試對本書範例資料 (job.sav)，將性別 (gender) 重新編碼成新變數，並將 1 重新編碼成 M，將 2 重新編碼成 F。

TFY **6-3-3** · 試對本書範例資料 (job.sav)，以年齡 (age) 分成五類，分別是 29 歲 (含) 以下，30 ～ 39 歲，40 ～ 49 歲，50 ～ 59 歲，60 歲 (含) 以上等。

A6-3對話盒指引　Recode into Different Variables程序

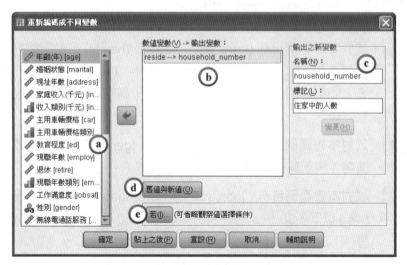

圖①　重新編碼至不同變數之主對話盒

RECODE至不同變數之對話盒的說明

　　重新編碼成不同變數 (Recode into Different Variables) 程序用於將已存在的數值變數或字串變數的值，加以重新編碼，以重疊或組合資料，以利進一步統計分析。對觀測值重新編碼後，可存至另一新變數中。可從功能表選擇轉換 (Transform) > 重新編碼成不同變數 (Recode Into Different Variables…)，開啟如圖①的對話盒。

ⓐ 來源清單 (Source List) 方塊：來源變數清單，會顯示資料集的所有變數。

ⓑ 數值變數→輸出變數 (Numeric Variables → OutPut Variable) 方塊：在來源變數清單中選定的變數，按 ▶ 鈕後，會出現在輸出變數欄中，此時在輸出變數欄會出現?號，表示要鍵入輸出變數名稱。

ⓒ 輸出之新變數 (OutPut Variable) 方塊：在名稱 (Name) 方格中輸入新變數的名稱，在標記 (Label) 方格中輸入新變數的標註。設定後，按觸 變更 (Change) 鈕即可。

ⓓ 舊值與新值… (Old and New Values…) 按鈕：界定重新編碼的觀測值與新值，開啟如圖②的次對話盒。

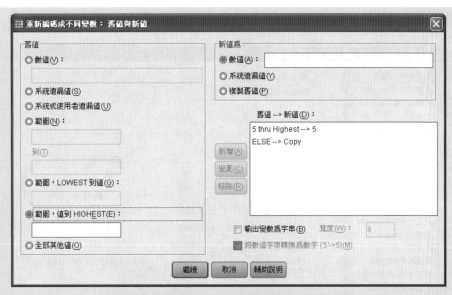

圖②　重新編碼至不同變數之新舊值的次對話盒

新舊值次對話盒的說明

(1) 舊值 (Old Value) 方塊中的選項。

　　○數值 (Value)：輸入欲重新編碼的舊值。

　　○系統遺漏值 (System-missing)：系統缺漏值的重新編碼。在清單中以 SYSMIS 做
　　　顯示。

　　○系統或使用者遺漏值 (System or user-missing)：系統所有缺漏值的重新編碼。在
　　　清單中以 MISSING 做 顯示。

　　○範圍到 (Range：n1 through n2)：輸入欲重新編碼的變數值範圍，從 n1 至 n2 者。

　　○範圍最低到 (Range：Lowest through n)：輸入欲重新編碼的變數值範圍，低於 n 者。

　　○範圍至最高 (Range：n through highest)：輸入欲重新編碼的變數值範圍，高於 n 者。

　　○全部其他值 (All other Values)：之前指定過而所剩餘之其它的變數值。

(2) 新值為 (New Value) 方塊中的選項。

　　○數值 (Value)：輸入重新編碼後的新值。

　　○系統遺漏值 (System-missing)：重新編碼成系統缺漏值，在清單中以 SYSMIS 做
　　　顯示。

　　○複製舊值 (Copy and Values)：保留原輸入變數的值。

(3) 舊值→新值 (Old → New) 方塊：新舊值的清單

若上述項目選定後，可以按觸 [新增] (Add) 按鈕將其選入，若欲作改變或刪除，則
可按觸 [變更] (Change)、[移除] (Remove) 等按鈕。

(4) 供字串變項使用的選項

　　□輸出變數為字串 (Output Variables are string)：若是新的輸出變數為字串者，請
　　　選此選項，並可設定字串寬度。

　　□ Convert numeric strings to numbers['5' → 5]：將數字型字串轉換成數字。

ⓔ 若⋯ (If⋯) 按鈕：開啟如圖③的次對話盒，使用條件運算式以選擇部份觀測值。

圖③　重新編碼至不同變數之條件式次對話盒

條件式次對話盒的說明

(1) 來源清單 (Source List) 方塊：來源變數清單，會顯示資料集的所有變數。

(2) 可選取下列其中之一的選項：

　　○包含全部觀察值 (Include all cases)：對所有觀測體加以計算，而忽略任何的條件運算式。此為預設選項。

　　○包含滿足條件時的觀察值 (Include if cases satisfies condition)：對滿足條件運算式的觀測體加以計算。在文字方塊中輸入條件運算式，此運算式可包括變數名稱、常數、算術運算、數值與其它函數、邏輯運算以及關係運算等。

(3) 計算盤與函數清單：可參見 Compute 對話盒 (A6.1)e 及 f 的說明 (頁次為 6-7)。

(4) 條件運算式的簡例：

　　※ age>=21：僅選取年齡值等於或大於 21 的觀測體。

　　※ salary*3<100,000：僅選取薪資乘 3 而小於 10 萬的觀測體。

　　※ age>=21 | educat=1：僅選取符合年齡條件或教育類別條件的觀測體。

　　※ salary*3<100,000 & jobcat ~ 5：僅選取符合薪資條件及工作類別條件的觀測體。

6-4 如何將量尺變數(scale variables)
類別化(categorize)？

操作程序

 ➔ 轉換 (Transform) > Visual Binning…

功能用途

視覺化分段 (Visual Binning…) 是將現有變數的連續值分組成許多間斷類別的新變數。可用於從連續的量尺變數產生類別的變數，例如將連續的收入變數轉成許多收入範圍的類別變數。亦可將大量的次序類別合併成較少的類別，例如將九個等第的類別合併成低、中、高的三個類別。

| 範例6-4 | 量尺變數的類別化 |

一、操作步驟

(一) 選擇變數

0. 開啓 PASW 的範例資料檔 (demo.sav)，並從選單中選擇轉換 (Transform) >Visual Binning…。

1. 如圖 6-4-1 的對話盒所示，從左欄的來源變數清單，將 age 選入右邊變數至 Bin 的清單。

2. 點按 繼續 (Continue) 鈕，開啓如圖 6-4-2 的主對話盒。

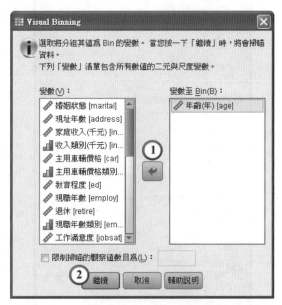

圖6-4-1　Visual Binning(視覺化分段)的初始對話盒

(二) 顯示變數的分布

3. 如圖 6-4-2 的主對話盒所示，在左欄的變數清單中點選 age 變數，並定義新的變數名稱為 agegp，而其後的變數標記 (Label) 細格會自動產生年齡 (年)(已 Bin)Age in years (Bined)。

4. 選定是否包含往上的端點，預設值為包含 (<=)。

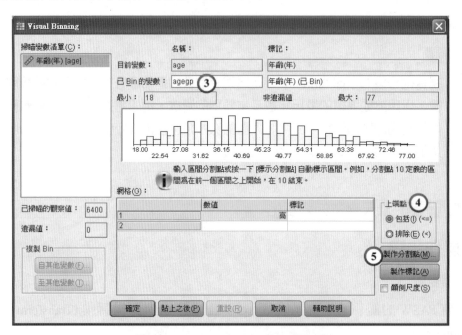

圖6-4-2　Visual Binning的主對話盒

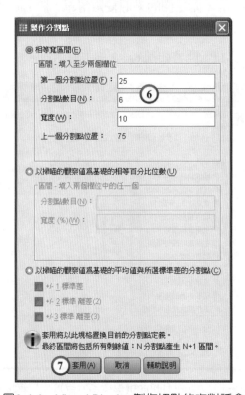

圖6-4-3　Visual Binning製作切點的次對話盒

(三) 製作切點

5. 點按 製作分割點… (Make Cutpoint…) 鈕，開啟如圖 6-4-3 的次對話盒。

6. 如圖 6-4-3 的次對話盒所示，選擇第一個切點為 25，寬度為 10，PASW 會自動計算出共有 6 個切點，而最後切點自動顯示為 75。

7. 點按 套用 (Apply) 鈕，套用後再看分段的結果。

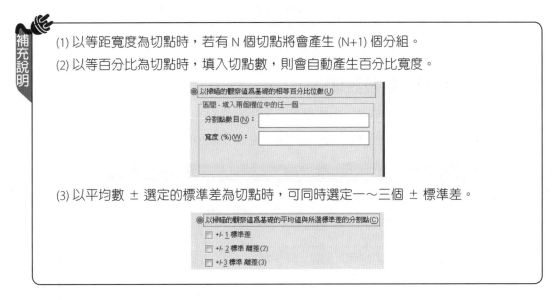

補充說明

(1) 以等距寬度為切點時，若有 N 個切點將會產生 (N+1) 個分組。

(2) 以等百分比為切點時，填入切點數，則會自動產生百分比寬度。

(3) 以平均數 ± 選定的標準差為切點時，可同時選定一～三個 ± 標準差。

(四) 顯示分組結果並製作分組標註

8. 點按 製作標記 (Make Labels) 鈕，加入分組的標註，如圖 6-4-4 所示。

9. 點按 確定 (OK) 鈕，完成分組。

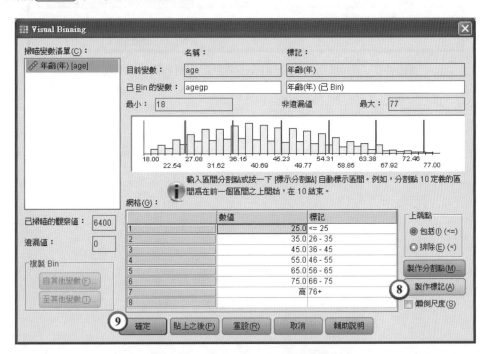

圖6-4-4　Visual Binning的分段結果

(五) 產生新變數

10. 如圖 6-4-5 所示，點按 確定 鈕，分段界定後會產生新的變數。

圖6-4-5　完成分組後產生新變數

二、產生新變數結果及說明

1.　由 Visual Binning 指令所產生的新變數，並不會在輸出檢視器中有任何的輸出報表，而是如圖 6-4-6 所示，在資料編器中會顯示完成分段後所產生的新變數 (agegp)。

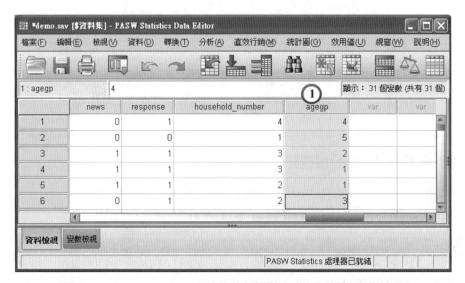

圖6-4-6　Visual Binning分組後的新變數在資料編輯視窗的結果

A6-4對話盒指引　Visual Binning程序

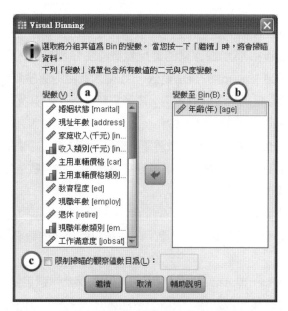

圖①　視覺化分段之初始對話盒

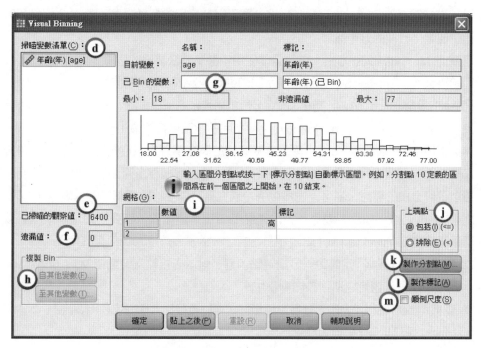

圖②　視覺化分段之主對話盒

Visual Binning對話盒的說明

　　視覺化分段 (Visual Binning) 程序是用於依現有變數的連續值加以分組並產生一個新的類別變數。其功能包括：(1) 從連續的量尺變數產生類別變數，例如使用量尺的年齡 (age) 變數，產生年齡層 (agegp) 的類別變數。(2) 從大數目的次序類別合併成小數目的類別，例如將九類的評等量尺合併成低、中、高等三類。可從功能表選擇轉換 (Transform) > Visual Binning…，以開啟如圖①的對話盒。

(a) 來源清單 (Source List) 方塊：來源變數清單，會顯示資料集的次序及量尺的變數。

(b) 變數至 Bin(Variables to Bin) 方塊：在來源變數清單中選定變數，按 ▶ 鈕，以進入欲做分段的變數清單中。

(c) □限制掃瞄的觀測值數目為 (Limit number of cases scanned to)：指定要掃瞄顯示的個案數，在文字方格中可自行設定個案的數目 n。預設以全部的個案數來產生視覺化分段的分布圖。

(d) 掃瞄變數清單 (Scanned Variable List)：顯示在初始對話盒中選定要分段的變數清單。可依變數的測量水準 (量尺或次序) 或依變數的標註或名稱來排序清單中的變數，點按欄的標頭 (column headings) 即可。

(e) 已掃瞄的觀察值 (Cases Scanned) 方格：顯示目前使用的個數，預設是以全部的個數來產生視覺化分段的分布圖。

(f) 遺漏值 (Missing Values) 方格：顯示目前使用中觀測體缺漏值的個數。

(g) 目前變數 (Current Variable) 方格：顯示目前選定變數的名稱與標註。

　　已 Bin 的變數 (Bined Variable) 方格：設定分段的新變數名稱與標註 (長度最多 255 個字元)。

　　最小、最大 (Minimum and Maximum)：顯示目前選定變數的最小值與最大值。

(h) 非遺漏值 (Nonmissing Values)：顯示非缺漏值的直方圖分布。定義好新變數的分段後，在直方圖的垂直線代表各分段的切割點。可以直接按拖直方圖上的切割點至不同的位置以改變分段的範圍。亦可經由拖曳的方式從直方圖上移除切割點的垂直線。

(i) 網格 (Grid) 方塊：顯示定義每一分段端點的值及其值標註。若要從網格中刪除分段，可以直接選定 Value(值) 或 Label(標註) 的任一格子，再按 Del 鍵即可。

　　⊃ 數值 (Value) 細格：定義每一分段端點的值，可以直接輸入值或依 Make CutPoints(製作切割點) 所選定之準則來自動產生。

　　⊃ 標記 (Labels) 細格：分段新變數之值標註。可以直接輸入標註或利用 Make Labels(製作標註) 來自動產生。

(j) 上端點 (Upper Endpoints) 方塊：控制網格中值欄位之上端點值的輸入設定。可選擇下列其中之一的處理方式：

　　⊃ 包括 (Included) (<=)：包含，即小於或等於。例如設定 25、50、75 三個值時，則正好 25 的值會落於第一分段，因為該分段是小於或等於 25。

　　⊃ 排除 (Excluded) (<)：不包含，即小於。例如設定 25、50、75 三個值時，則正好 25 的值會落於第二分段，因為第一分段是僅包含小於 25 的值。

ⓚ 製作分割點… (Make Cutpoints…) 按鈕：製作切割點以自動產生分段的類別，可以採用等寬的間距、同樣個數的間距或依標準差做間距。可開啟如圖③所示的對話盒。

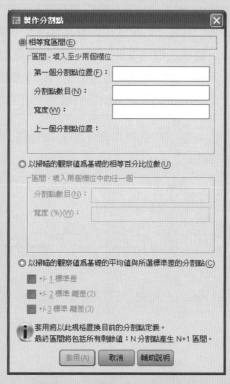

圖③　製作切割點的次對話盒

製作切割點之次對話盒的說明

(1) ○相等寬區間 (Equal Width Intervals)：等寬間距 (例如 1-10、11-20、21-30 等)，需使用下列三種準則中的任二種：

　　・第一個分割點位置 (First Cutpoint Location)：第一個切割點的位置。

　　・分割數目 (Number of Cutpoints)：切割點的數目。例如想產生 10 個類別的分段，則必須設定的切割點數目為 9。

　　・寬度 (Width)：每一間距的寬度。

(2) ○以掃瞄的觀察值為基礎的相等百分比位數 (Equal Percentiles Based on Scanned Cases)：等百分位間距，可依下列其中之一的準則：

　　・分割點數目 (Number of Cutpoints)：切割點的數目。分段類別的數目是切割點數目加 1。例如 三個切割點可以產生四個百分位數的分段，每一分段包含 25%的個案。

　　・寬度 (Width) (%)：每一間距的寬度，例如 33.3 將產生三個分段類別 (即二個切點)，每一 個分段將包含 33.3%的個案。

(3) ○以掃瞄的觀察值為基礎的平均值與所選標準差的分割點 (Cutpoints at Mean and Selected Standard Deviations Based on Scanned Cases)：可依平均數及選定的標準差來界定分段的間距。

□ +/- 1 標準差 (Std. Devation)：以正負一個標準差做為分段的間距。

□ +/- 2 標準差 (Std. Devation)：以正負二個標準差做為分段的間距。

□ +/- 3 標準差 (Std. Devation)：以正負三個標準差做為分段的間距。

如果未選定任一標準差的間距，則會依平均數為切割點分成兩個分段。亦可選定任一種組合 (一個、二個或三個標準差)，例如三個選項均選定，將會產生八個分段類別。在常態分布中，68%的個案會落於一個標準差以內，95%的個案會落於二個標準差以內，而 99%的個案會落於三個標準差以內。

ⓛ 製作標記 (Make Labels) 按鈕：依網格中界定的上端點值 (包含或不包含)，以自動產生連續性整數值的值標註。

ⓜ □顛倒尺度 (Reverse scale)：預設是新分段變數的值是以遞增連續性整數從 1 到 n。選取此項設定時將會以遞減連續性整數從 n 到 1。

ⓝ 複製 Bin(Copy Bins) 方塊：用以進行分段設定的複製。

自其他變數… (From Another Variable) 按鈕：將另一變數的分段設定複製到目前選定的變數。

至其他變數… (To Other Variables) 按鈕：將選定變數的分段設定複製到多個其他的變數。

❓ 6-5 ： 如何計次(count)一組變數的某特定值？

操作程序

 ➔ 轉換 (Transform) > 計算觀察值內的數值…(Count…)。

功能用途

 計次 (count) 的功能用於計次一組變數當中，重複出現某一數值的次數，並將此計次的次數指定至一個新變數的數值。

範例6-5　變數的計次

　　在 PASW 的範例資料檔 1991 U.S. General Social Survey.sav(檔案位置 C:\Program Files\SPSSInc\PASW Statistics\Samples\Traditional Chinese\) 的變數 Work1 ～ Work9 係問填答者過去一年內曾遭遇過那些工作上的問題，分別如下，可計次每一位受訪者在九個變數中回答「是」(資料值為 1) 的共有幾個。

變數名稱	中文敘述	英文敘述
work1	失業並尋覓工作一個月以上	Unemployed and Looking for Work a Month +
work2	被降職或換到較差的職務	Being Demoted or Move to Worse Position
work3	減薪或工時減少	Cut in Pay or Reduced Hours
work4	錯失晉升的機會	Being Passed Over for Promotion
work5	與老闆相處不良	Having Trouble with One's Boss
work6	自己的事業虧損或倒閉	Own Business Losing Money or Failing
work7	夥伴 (丈夫、妻子) 被解雇	Partner (Husband, Wife) Being Fired
work8	夥伴 (丈夫、妻子) 減薪	Partner (Husband, Wife) Cut in Pay
work9	自己的配偶失業	One's Spouse Being Unemployed

一、操作步驟

(一) 選擇變數並產生新變數

0. 從功能表中選擇轉換 (Transform)> 計算觀察值內的數值…(Count…)。

1. 如圖 6-5-1 的對話盒所示，在目標變數 (Target Variables) 方塊中，輸入 yeswork。

2. 在目標變數的標記 (Target Label) 方塊中，輸入「工作面臨問題的個數」。

3. 從左欄的來源變數清單，將 work1 ～ work9 等變數選入右欄的變數清單中。

4. 點按 定義數值… (Define Values…) 鈕，開啟欲計次資料值設定的次對話盒。

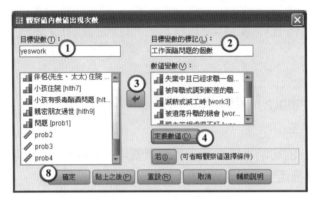

圖6-5-1　計次(Count)的對話盒

(二) 設定欲計次的變數值

5. 如圖 6-5-2 的對話盒所示，選定數值 (Value) 選項並在方塊中輸入 1。

6. 點按 新增 (Add) 鈕，加入欲計次變數值的清單中。

7. 點按 繼續 (Continue) 鈕，回到 Count 主對話盒。

8. 如圖 6-5-1 的對話盒所示，點按 確定 (OK) 鈕，完成一組變數的計次。

圖6-5-2　欲計數的數值(Values to Count)次對話盒

二、撰寫程式

程序語法：變數值的計次(ex6-5.sps)

(1) 在 Count 對話盒中按 ⌈貼上之後⌉ (Paste) 鈕，即可貼出計次變數值的語法如下：

```
COUNT
   yeswork = work1 TO work9 (1) .
VARIABLE LABELS yeswork '工作面臨問題的個數'.
EXECUTE.
```

牛刀小試　Try for yourself

TFY**6-5-1** · 試對本書範例資料 (trans.sav)，以身高 (height) 與體重來計次，身高低於 139 或體重低於 39 者計次為 L，身高介於 140 ~ 149 或體重介於 40 ~ 44 者計次為 M，而身高大於 150 以上或體重大於 45 以上者計次為 H。

TFY**6-5-2** · 試對本書範例資料 (job.sav)，以年齡 (age) 低於 40 歲為條件，計次收入 (income) 高於 40,000 元者。

A6-5對話盒指引　Count程序

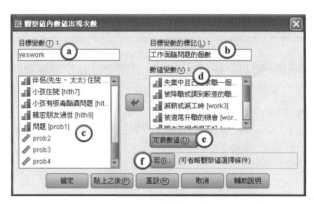

圖① 變數值計數之主對話盒

Count對話盒的說明

計次 (Count) 程序用於計算變數某特定數值之出現次數，並將計算結果存到另一變數中。可從功能表選擇轉換 (Transform) > 計算觀察值內的次數 (Count…)，以開啟如圖①的對話盒。

ⓐ 目標變數 (Target Variable) 方格：輸入新變數的名稱，此變數是用以接受計數值。

ⓑ 目標變數的標記 (Target Label) 方格：輸入新變數的標註。

ⓒ 來源清單 (Source List) 方塊：來源變數清單，會顯示資料集的所有變數。

ⓓ 數值變數 (Numeric Variables) 方塊：欲計數的變數清單，可從來源變數清單中選取一個或多個變數，按 ▶ 鈕，以進入此清單中。

ⓔ 定義數值… (Define Values) 按鈕：開啟如圖②的次對話盒，以設定欲計數之變數值。

圖② 欲計數之變數值的次對話盒

設定變數值對話盒的說明

(1) 數值 (Value) 方塊中的選項。

　　○數值 (Value)：輸入欲計次的變數值。

　　○系統遺漏值 (System-missing)：系統缺漏值的計次。在清單中以 SYSMIS 做顯示。

　　○系統或使用者遺漏值 (System or user-missing)：系統所有缺漏值的計次，在清單中以 MISSING 做顯示。

　　○範圍到 (Range: n1 through n2)：輸入欲計次的變數值範圍，從 n1 至 n2 者。

　　○範圍最低到值 (Range: Lowest through n)：輸入欲計次的變數值範圍，低於 n 者。

　　○範圍值到最高 (Range: n through highest)：輸入欲計次的變數值範圍，高於 n 者。

(2) 欲計數的數值 (Values to Count) 方塊：若上述項目選定後，可以按觸 新增 (Add) 按鈕將其選入，若欲作改變或刪除，則可按觸 變更 (Change)、移除 (Remove) 等按鈕。

ⓕ 若… (If…) 按鈕：開啓如圖③的次對話盒，使用條件運算式來選擇部份觀測值。

圖③　條件式之變數值計數的次對話盒

條件式次對話盒的說明

(1) 來源清單 (Source List) 方塊：來源變數清單，會顯示資料集的所有變數。

(2) 可選取下列其中之一的選項：

○包含全部觀察值 (Include all cases)：對所有觀測體加以計次，而忽略任何的條件運算式。此為預設選項。

○包含滿足條件時的觀察值 (Include if cases satisfies condition)：對滿足條件運算式的觀測體加以計次。在文字方塊中輸入條件運算式，此運算式可包括變數名稱、常數、算術運算、數值與其它函數、邏輯運算以及關係運算等。

(3) 計算盤與函數清單：可參見 Compute 對話盒 (A6.1)e 及 f 的說明 (頁次為 6-7)。

(4) 條件運算式的簡例：

※ age>=21：僅選取年齡值等於或大於 21 的觀測體。

※ salary*3<100,000：僅選取薪資乘 3 而小於 10 萬的觀測體。

※ age>=21 | educat=1：僅選取符合年齡條件或教育類別條件的觀測體。

※ salary*3<100,000 & jobcat ~ 5：僅選取符合薪資條件及工作類別條件的觀測體。

6-6 如何將字串(string)變數自動編碼成數值 (numeric)變數？

操作程序

 → 轉換 (Transform) > 自動重新編碼…(Automatic Recode…)

功能用途

自動重新編碼的功能有二：(1) 將大範圍的數值編碼轉換成一系列連續的數值；(2) 將字串 (string) 或文字 (text) 變數轉換成數值 (numeric) 變數。因為超過 8 個字元的字串變數在大多數的 PASW 統計程序中是較不易使用，所以最好是能將字串資料轉換成數值編碼。

範例6-6 自動編碼成數值變數

在 PASW 的範例資料檔 demo.sav 的性別 (gender) 變數具有 1 個字元的字串值 (f 及 m)，如何將其轉換成數值 (1 及 2)。

一、操作步驟

(一) 選擇變數並產生新變數

0. 開啟資料檔 (demo.sav)，並從功能表中選擇轉換 (Transform) > 自動重新編碼… (Automatic Recode…)。

1. 如圖 6-6-1 的對話盒所示，從左欄的來源變數清單，將 gender 變數選入右欄的變數清單中，此時會顯示 gender-->????????。

2. 在 New Name(新名稱) 方塊中，輸入 sex。

3. 點按 新增名稱 (Add New Name) 鈕，將新的變數名稱放入清單中。此時會顯示 gender-->sex。

4. 點按 確定 (OK) 鈕，完成自動重新編碼。

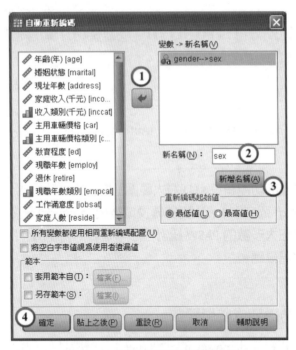

圖6-6-1 自動重新編碼的對話盒

(二) 顯示自動重新編碼的結果

如圖 6-6-2 所示,自動重新編碼 (Automatic Recode) 所產生的編碼結果係依 gender 變數中字串的字母 順序來重新編碼成由小而大的數值順序,且將原有的字串轉換成新變數的值標註。

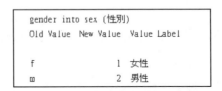

圖6-2-2 Automatic Recode所產生的編碼結果

ⓘ 應注意的是 PASW 對字串變數的大、小寫字元會視為不同的字串值,所以在自動重新編碼成新變數時會給予個別的數字編碼。

二、撰寫程式

程序語法:自動重新編碼(ex6-6.sps)

(1) 在 Automatic Recode 對話盒中,按 [貼上之後] (Paste) 鈕,即可貼出自動重新編碼的語法如下:

```
AUTORECODE   VARIABLES=gender
 /INTO sex
 /PRINT.
```

Try for yourself

TFY**6-6-1**　· 試對本書範例資料 (trans.sav)，將身高 (height) 與體重 (weight)，自動重新編碼為連續的整數，並由最高值開始編碼為 1。

TFY**6-6-2**　· 試對本書範例資料 (job.sav)，將收入 (income)，自動重新編碼為連續的整數，並由最高值開始編碼為 1。

A6-6對話盒指引 Automatic Recode程序

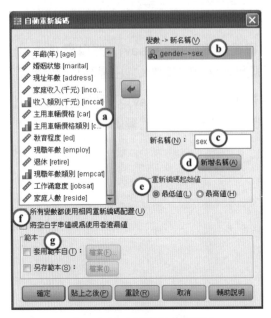

圖①　自動重新編碼之對話盒

Automatic Recode對話盒的說明

　　當類別代碼不連續時，結果所產生的空格將會降低演算效率及增加許多程序的記憶需求量。此外，某些程序無法使用長字串，而某些程序需要連續的整數值來做因素水準。因此 Automatic Recode 程序係可將字串及數值變數重新編碼成一連續的整數。可從功能表選擇轉換 (Transform) > 自動重新編碼…(Automatic Recode…)，開啟如圖①的對話盒。

ⓐ 來源清單 (Source List) 方塊：來源變數清單，會顯示資料集的所有變數。

ⓑ 變數→新變數 (Variable → New Name) 方塊：從來源變數清單中選定變數，按 ▶ 鈕後，會出現在變數 (Variable) 欄中，此時在新名稱 (New Name) 欄中會出現？號，表示要輸入新變數的名稱。

ⓒ 新名稱 (New Name) 方格：輸入新變數的名稱。

ⓓ 新增名稱 (Add New Name) 按鈕：在文字盒中輸入新變數的名稱，並點取此按鈕即可。

ⓔ 重新編碼起始值 (Recode Starting from) 方塊：自動重新編碼的數字起始有下列二種方式。

　　最低值 (Lowest value)：依最小值開始自動重新編碼。

　　最高值 (Highest value)：依最大值開始自動重新編碼。

ⓕ □所有變數都使用相同重新編碼配置 (Use the same recoding scheme for all variables)

　　□將空白字串值視為使用者遺漏值 (Treat blank string values as user-missing)

ⓖ 範本 (Template) 方塊：

　　□套用範本 (Apply template from)

　　□另存範本 (save template as)

❓ 6-7　如何將資料等級化(rank)？

操作程序

 ➔ 轉換 (Transform) > 等級觀察值…(Rank Cases…)

功能用途

 可依百分位數、常態化分數、Savage 分數等來計算等級、亦可將觀測值分組。

範例6-7　等級化資料

茲以一簡單的資料 (trans.sav) 如下：

性別 sex	身高 height	體重 weight	期中考 test1	期末考 test2
M	150	42	78	72
F	142	40	80	85
F	155	45	70	74
M	138	39	82	76
M	147	40	80	84
F	150	43	75	76
M	144	38	62	56
M	152	46	90	78
F	140	42	66	90
M	148	44	77	83

試將身高 (height) 與體重 (weight) 二變數，分別產生排序等級與四分位等級。

一、操作步驟

0. 開啓資料檔 (trans.sav)，並從功能表中選擇轉換 (Transform) > 等級觀察值…(Rank Cases…)。

1. 如圖 6-7-1 的對話盒所示，從左欄的來源變數清單，將身高 (height) 與體重 (weight) 選入分析變數清單。

2. 點按 等級類型… (Rank Types…) 鈕，開啓如圖 6-7-2 的對話盒。

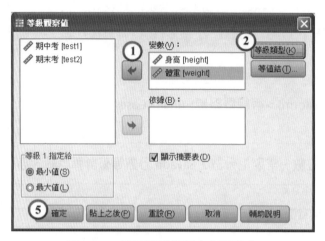

圖6-7-1　觀測體排等級之主對話盒

3. 如圖 6-7-2 的對話盒所示，點選自訂 N 個等分 (Ntiles) 選項，預設爲四分位數。
4. 點按 繼續 (Continue) 鈕，回到主對話盒。
5. 點按 確定 (OK) 鈕，則在資料編輯視窗中會顯示排等級後的四個變數，而在輸出視窗中則會顯示一摘要表，如圖 6-7-3 所示。

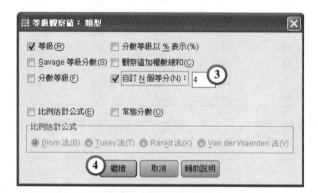

圖6-7-2　觀測體排等級方式的次對話盒

二、SPSS輸出報表及說明

1. 由圖 6-7-3 所示，Rheight 爲身高由低而高的排等級，Rweight 則爲體重由高而低的排等級。

2. 由圖 6-7-3 所示，Nheight 係將身高分成四等，Nweight 則係將體重分成四等。

建立的變數[c]

來源變數	函數	新的變數	標記
height[a]	等級	Rheight	Rank of height
	百分位數組[b]	Nheight	Percentile Group of height
weight[a]	等級	Rweight	Rank of weight
	百分位數組[b]	Nweight	Percentile Group of weight

a. 等級是探遞增順序。

b. 產生 4 群組。

c. 連結值的平均等級用於連結空間。

height	weight	Rheight	Rweight	Nheight
150	42	7.500	5.500	3
142	40	3.000	3.500	2
155	45	10.000	9.000	4
138	39	1.000	2.000	1
147	40	5.000	3.500	2
150	43	7.500	7.000	3
144	38	4.000	1.000	2
152	46	9.000	10.000	4
140	42	2.000	5.500	1
148	44	6.000	8.000	3

圖6-7-3　顯示觀測體排等級後之結果

三、撰寫程式

程序語法：觀測體排等級(ex6-7.sps)

(1) 在 Rank Cases 對話盒中點按 貼上之後 (Paste) 鈕，即可貼出排等級的語法如下：

```
*進行資料的等級化.
RANK   VARIABLES=height weight  (A)
  /RANK          *由低而高排等級
  /NTILES (4)   *分成四等
  /PRINT=YES
  /TIES=MEAN.
```

(2) 顯示觀測體排等級後的結果：

```
*列出觀測體.
LIST VARIABLES= height weight Rheight Rweight Nheight Nweight.
```

牛 刀 小 試　Try for yourself

TFY**6-7-1** · 試對本書範例 (trans.sav)，將期中考 (test1) 與期末考 (test2) 二變數 ，產生三個等級，並由最高分指定為等級 1，若同分時則指定較低的 等級。

TFY**6-7-2** · 試對本書範例 (job.sav)，依不同性別 (gender) 分別對收入 (income) 排出 10 個等級，並由最高收入指定為等級 1，若相同收入時，則指 定相同的次序等級。

A6-7對話盒指引　Rank Cases程序

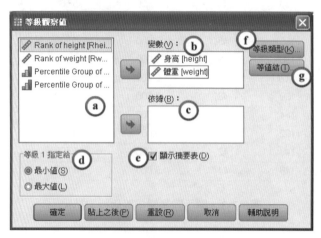

圖①　觀測體排等級之主對話盒

Rank Cases對話盒的說明

　　等級觀察值 (Rank Cases) 程序用於從數值變數產生包含有等級化分數、常態化分數、百分位分數等之新變數，新變數的名稱及描述性標註會依原始變數的名稱及選定的量數而自動產生。可從功能表選擇轉換 (Transform) > 等級觀察值…(Rank Cases…)，以開啟如圖①的主對話盒。

ⓐ 來源清單 (Source List) 方塊：來源變數清單，會顯示資料集的所有變數。

ⓑ 變數 (Variable(s)) 方塊：在來源變數清單中選定欲等級化的變數，按第一個 ▶ 鈕後，會出現在分析變數方塊中。

ⓒ 依據 (By) 方塊：從來源變數清單中選定分組的變數，按第二個 ▶ 鈕後，會出現在分組變數方塊中。

ⓓ 等級 1 指定給 (Assign Rank 1 to) 方塊中的選項：指定等級為 1 的方法，可選取下列其中之一。

　　○最小值 (Smallest value)：指定升冪順序排等級，最小等級為 1。此為預設值。

　　○最大值 (Largest value)：指定降冪順序排等級，最大等級為 1。

ⓔ ☑ 顯示摘要表 (DisPlay SUmmary tables)：顯示一摘要表，包括新變數的名稱、標註、變數的等級、排序方法、及所有分組變數等，此為預設選項。若不須顯示此摘要表，可取消其預設。

ⓕ 等級類型… (Rank Types…) 按鈕：界定排等級的方式，可開啟如圖②的次對話盒

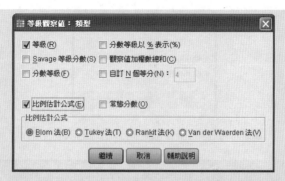

圖② 觀測體排等級方式的次對話盒

排等級方式之次對話盒的說明

□ 等級 (Rank)：簡單的排等級，此為預設選項。

□ Savage 等級分數 (Savage score)：依指數分配來等級化。

□ 分數等級 (Fractional rank)：依每個等級除以觀測體總數或除以加權變數的和。

□ 分數等級以 % 表示 (Fractional rank as %)：依每個等級除以觀測值總數後，再乘以 100。此即一般所謂的百分等級。

□ 觀察值加權總和 (Sum of case weights)：在同一群組中，變數值對於觀測值是固定的。

□ 自訂 N 個等分 (Ntiles)：由使用者指定百分位數的數目，預設值是 4。

□ 比例估計公式 (Proportional estimates)：依某特殊等級化方式來估計資料之累計次數分配化。

□ 常態分數 (Normal score)：即將原始分數非線性轉換成標準化常態分布。 若要依比例估計及常態分數來建立新的等級，則可選定下列任一種計算累積百分比的公式：

○ Blom：Blom 轉換，公式為 $(r-3/8)/(w+1/4)$，其中 w 為觀測體個數，r 為等級 (由 1 至 w)。此為預設選項。

○ Tukey：Tukey 轉換。公式為 $(r-1/3)/(w+1/3)$，其中 w 為權重總和，r 為等級 (由 1 至 w)。

○ Rankit：Rankit 轉換。公式為 $(r-1/2)/w$，其中 w 為觀測體個數，r 為等級 (由 1 至 w)。

○ Van der Waerden：Van der Waerden 轉換。公式為 $r/(w+1)$，其中 w 為權重總和，r 為等級 (由 1 至 w)。

⑧ 等值結… (Ties…) 按鈕：當變數中具有相同等級時，要選定其處理的方法，可開啟如圖③的次對話盒。

圖③　觀測體排等級之同分處理的次對話盒

同分處理之次對話盒的說明

○ 平均數 (Mean)：將平均等級指定給同分者。此為預設選項。

○ 低 (Low)：將較小等級指定給同分者。

○ 高 (High)：將較大等級指定給同分者。

○ 同分觀察值依順序給唯一值 (Sequential ranks to unique values)：等級值從 1 到 D(其中 D 是唯一性數值)。亦即將相同等級指定給同分者。

6-8　如何置換缺漏值(replace missing value)？

操作程序

→ 轉換 (Transform) > 置換遺漏值 (Replace Missing Values…)

A6-8對話盒指引　Replace Missing程序

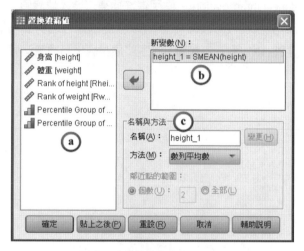

圖①　置換缺漏值之對話盒

Replace Missing Values對話盒的說明

　　缺漏值 (missing observations) 在分析中會形成問題，而且在序列中若含有缺漏值將使許多時間序列的量數無法計算。因此必須使用許多估算方法來置換缺漏值，以解決此一問題。可從功能表選擇轉換 (Transform) > 置換遺漏值…(Replace Missing Values…)，開啓如圖①的對話盒。

ⓐ 來源清單 (Source List) 方塊：來源變數清單，會顯示資料集的數值變數。

ⓑ 新變數 (New Variable(s)) 方塊：顯示新變數名稱及其使用的函數，在來源變數清單中選定變數，按 ▶ 鈕後，會出現在新變數方塊中。

ⓒ 名稱與方法 (Name and Method) 方塊：可以修改變數名稱及用以產生新時間序列變數的方法。在文字盒中輸入新名稱並 (或) 選定不同的方法，再按 變更 (Change) 鈕。

　名稱 (Name) 文字方格：可輸入一新的名稱。預設的新變數名稱是原變數的前 6 個字元，之後接著一個底線與一個序號。變數名稱不可超過 8 個字元。

方法 (Method) 下拉式清單：可選取下列其中之一的選項。

(1) 數列平均數 (Series mean)：以全序列的平均數置換缺漏值。

(2) 附近點的平均數 (Mean of nearby Points)：以有效之鄰近觀測值的平均數置換缺漏值。

　鄰近點的範圍 (Span of nearby Points)：可選取下列其中之一的鄰近點選項。

○個數 (Number)：在缺漏值上下用以計算平均數的有效值之數目，預設數目是 2。

○全部 (All)：以全序列的平均數置換缺漏值 (此即同 Series mean 的選項)。

(3) 附近點的中位數 (Median of nearby Points)：以有效之鄰近觀測值的中位數置換缺漏值。

鄰近點的範圍 (Span of nearby Points)：可選取下列其中之一的鄰近點選項。

○個數 (Number)：在缺漏值上下用以計算中位數的有效值之數目，預設數目是 2。

○全部 (All)：以全序列的中位數置換缺漏值。

(4) 線性內插法 (Linear interpolation)：使用線性插補法置換缺漏值。

(5) 點上的線性趨勢 (Linear trend at Point)：以該點的線性趨勢置換缺漏值。即以原序列與一指示變數 (以 1 到 n 為軸量) 的迴歸預測值來置換缺漏值。

6-9 如何執行擱置的轉換
(Pending Transformations)？

操作程序

 → 轉換 (Transform) > 執行擱置的轉換 (Run Pending Transforms)

功能用途

資料轉換預設設定是即刻執行。若需要執行大數量的轉換或在大資料檔中工作時，為了節省處理時間，通常可以修改選項 (Options) 設定 (請參見第一章的說明) 以延遲轉換的執行，直到遭遇所需的命令為止。因此若選擇延遲資料轉換的執行，則在 PASW 資料編輯視窗下方的狀態軸中間會顯現轉換擱置 (Pending Transformations) 的字樣，當執行任何所需的統計程序時即會自動地執行資料轉換。若不執行任何統計分析而要隨時直接執行擱置的轉換時，則可從功能表中直接選擇轉換 (Transform) > 執行擱置的轉換 (Run Pending Transforms)。

精益求精 Do your best

這裡是一系列的作業，讓您自己使用 Recode 以及 Compute 指令。如果您無法在課堂中完成，無須擔憂，請在課堂後加以練習。記住的是產生的新變數必須加上變數標註 (variable labels) 及變數值標註 (value labels)。

一、使用Employee Data.sav(此為SPSS PASW的資料檔)

DYB 6-1 ‧ 將 age(年齡) 分成三組並產生新的變數 (agegrp)，分別為 age 是 30 或低於 30、30 至 45 之間，以及 age 超過 45 以上。對新變數的三組分別加入值標註。並繪出新變數的圓餅圖 (pie-chart)。

DYB 6-2 ‧ 使用 Visual Binning 將 edlevel(教育水準) 加以分類，使用 edlevel 的直方圖來判定並做最佳的分割。運用 Crosstab 程序來比較新變數在各工作類別 (jobcat) 的分布情形。

DYB 6-3 ‧ 產生新變數將目前薪資 (salnow) 依 $10,000 的頻帶 (band) 加以編碼成五個相等的組別。運用 Crosstab 將新的薪資類別變數對性別 (gender)、種族 (minority) 變數進行交叉表以檢視比較在最佳薪資與最差薪資之性別／種族的類別。

二、使用1991 U.S. General Social Survey.sav(此為SPSS PASW的資料檔)

DYB 6-4 ‧ 重新編碼 (recode)sibs 變數 (兄弟姐妹人數) 成一個新變數，其值為 1 者表有兄弟姐妹，而值為 0 者表獨生子女，同時重新編碼 childs 變數 (子女人數) 成一個新變數，其值為 1 者表有子女，而為 0 者表無子女。對於不適用的類別也要加以處理。

DYB 6-5 ‧ 運用計次 (count) 以產生新變數來含括工作 (work) 議題的數目、健康 (health) 議題的數目以及遭遇問題 (problem) 的數目等。前二者的新變數是計次答「是」(其值為 1 者)，但最後一個新變數則是計次一段範圍的值。(在使用 count 計次之 前，應該先執行次數分析以瞭解變數)

DYB 6-6 ‧ 計算一個新的變數以取得在父親或母親以及自己或配偶之間，最大的完成教育年數。

DYB 6-7 ‧ 重新編碼教育年數的變數成為新變數，該新變數包含 4 個頻帶 (band) 分別是 0-8，9-12，13-16，以及超過 16 以上。應利用那一個程序（procedure) 來找出在新變數與 happy(快樂度) 以及 life(生活趣味度) 之間有何關聯？

實務應用：家庭社經地位之分析

DYB **6-8** · 家庭社經地位指數的計算，是以父母親二人之中教育程度或職業等級較高者為代表，若父母雙亡或已退休者，則以目前負擔主要家庭經濟責任者的教育程度及職業為準。計算時，參照 Hollingshead（1957）兩因素社會地位指數（two-factor index of social position）方法，將教育程度等級數乘以 4，加上職業等級數乘以 7，而得家庭社經地位指數。並參考張炳煌（1998）、陳秀慧（1984）將區分為五個等級，研究者將 I、II 合列為最高社經地位等級，III 列為中社經地位等級，IV、V 合列為低社經地位等級，共區分為三類社經地位等級。

教育程度等級	教育級數	職業等級	職業指數	家庭社經地位指數	家庭社經地位等級
I	5	I	5	$5 \times 4 + 5 \times 7 = 55$	高 41-55
II	4	II	4	$4 \times 4 + 4 \times 7 = 44$	
III	3	III	3	$3 \times 4 + 3 \times 7 = 33$	中 30-40
IV	2	IV	2	$2 \times 4 + 2 \times 7 = 22$	
V	1	V	1	$1 \times 4 + 1 \times 7 = 11$	低 11-29

家庭社經背景問卷

1. 父親學歷：□(1) 國小(含)以下　□(2) 國中　□(3) 高中職　□(4) 大專　□(5) 碩士(含)以上。
2. 母親學歷：□(1) 國小(含)以下　□(2) 國中　□(3) 高中職　□(4) 大專　□(5) 碩士(含)以上。
3. 父親職業：_____（若下列職業代碼都不符合，請以文字敘述。）
4. 母親職業：_____（若下列職業代碼都不符合，請以文字敘述。）

※請選擇下列適合的職業代碼填入第 3、4 題。

職業等級	職業類別說明
❶非技術性工人	工廠工人、學徒、小販、佃農、漁夫、清潔工、雜工、臨時工、工友、建築物看管人員、門房、傭工、女傭、服務生、舞女或酒女、無業、家庭主婦
❷技術性工人	技工、水電工、店員、雜貨店老闆、零售員、推銷員、自耕農、司機、裁縫、廚師、美容師、理髮師、郵差、乙等職員、士官、士兵、打字員、領班、監工
❸半專業人員	技術員、技佐、委任級公務人員、科員、行員、出納員、縣市議員、鄉鎮民意代表、批發商、代理商、包商、尉級軍官、警察、消防隊員、甲等職員、辦事員、秘書、代書、演藝人員、服裝設計師
❹專業人員	中小學校長、中小學老師、會計師、法官、推事、律師、工程師、建築師、薦任級公務人員、公司行號科長、船長、經理、襄理、協理、副理、校級軍官、警官、作家、畫家、音樂家、新聞電視記者
❺高級專業人員	大專校長、大專老師、醫師、大法官、科學家、特任或簡任公務人員、立法委員、監察委員、考試委員、國大代表、董事長、總經理、將級軍官

茲取樣原住民高職學生共計 103 位，以家庭社經背景問卷進行調查，資料如 social.sav，試分析其家庭社經地位。

Chapter 07

資料檔的操作與轉換

學習目標

- ☞ 能進行資料的排序
- ☞ 能進行觀測體與變數的轉置
- ☞ 學會資料的重新建構
- ☞ 能進行資料檔案的垂直合併
- ☞ 能進行資料檔案的水平合併
- ☞ 能進行資料的整合
- ☞ 學會檔案的分割
- ☞ 學會選擇觀測體
- ☞ 學會加權觀測體

　　資料檔的組織常因某些特殊需要而必須加以整合，因此我們可能需要合併資料檔，以不同次序排列資料，或僅選取某些觀測體，或將觀測體加以分組以供進一步的統計分析。PASW 提供了廣大範圍的資料檔處理功能，如圖 7-0-1 所示，常用功能如表 7-0-1 所示。

圖7-0-1　資料(Data)功能表

表 7-0-1　常用的資料檔處理功能

PASW 程序	意義	說明
Sort Cases	排序觀測體	用於在資料編輯器中重新排序資料，可依某個或某些變數值的大小來排序觀測體。特別是在資料整併 (merge) 時，PASW 須要使用這個程序做為先備條件。
Transpose	資料轉置	用於將橫列的觀測體與縱欄的變數來相互轉換位置。
Restructure	資料重構	用於重新建構資料的結構，以因應後續的統計分析。
Merge Files	資料檔合併	用於將二個（或以上）的檔案，做水平合併（即以相同觀測值來合併兩個不同變數的資料檔）或垂直合併（即以相同變數來合併兩個不同觀測值的資料檔）。
Aggregate	資料整合	依據一個（或以上）分組變數值來重新整合觀測體。
Split File	分割檔案	用於產生資料檔的次資料集以進行獨立的分析。
Select Cases	篩選觀測體	用於只選取符合某些條件的觀測體之次資料集 (subset) 以進行分析。有許多種方法用以選擇次資料集，最常用的方法是使用邏輯運算式 (Logical　expressions)，所謂邏輯運算式係建立許多選擇性程序的區塊，透過 If… 按鈕運用條件以進行次資料集的選擇。
Weight Cases	加權觀測體	用於提供資料不同的加權值。

❓ 7-1　如何進行資料排序(sorting data)？

操作程序

 ➜ 資料 (Data) > 觀察值排序…(Sort Cases…)

功能用途

 在合併或分割資料檔或部份統計分析情況下，須要對資料加以排序。

範例7-1　資料的排序

茲有一簡單的資料 (trans.sav) 如下，請依性別 (sex) 及期末考 (test2) 來排序資料。

性別 sex	身高 height	體重 weight	期中考 test1	期末考 test2
M	150	42	78	72
F	142	40	80	85
F	155	45	70	74
M	138	39	82	76
M	147	40	80	84
F	150	43	75	76
M	144	38	62	56
M	152	46	90	78
F	140	42	66	90
M	148	44	77	83

一、分析步驟

0. 開啟資料檔 (trans.sav) 並從功能表中選擇資料 (Data) > 觀察值排序…(Sort Cases…)。
1. 如圖 7-1-1 對話盒所示，從左邊的來源變數清單中，選擇 sex 及 test2 變數進入右邊之排序依據清單的方塊中。
2. 按 確定 (OK) 鈕，即可完成資料排序，排序結果會直接在資料編輯器中顯示。

圖7-1-1　Sort Cases對話盒

二、撰寫程式

程序語法：資料排序(ex7-1.sps)

(1) 在 Sort Cases 對話盒中按 貼上之後 (Paste) 鈕，即可貼出資料排序的語法如下：

```
SORT CASES BY
  sex (A) test2 (A). /*性別及測驗二均依升冪(A)方式排序。
```

三、資料排序結果及解釋

	sex	height	weight	test1	test2
1	F	155	45	70	74
2	F	150	43	75	76
3	F	142	40	80	85
4	F	140	42	66	90
5	M	144	38	62	56
6	M	150	42	78	72
7	M	138	39	82	76
8	M	152	46	90	78
9	M	148	44	77	83
10	M	147	40	80	84

 牛刀小試 ｜ Try for yourself

TFY **7-1-1**・試對本書範例資料 (bashw.sav)，依血型 (blood)、性別 (sex) 及年齡 (age) 等來排序資料。

TFY **7-1-2**・試對本書範例資料 (job.sav)，依工作地點 (place)、性別 (gender) 及收入 (income) 等來排序資料。

A7-1對話盒指引　Sort Cases程序

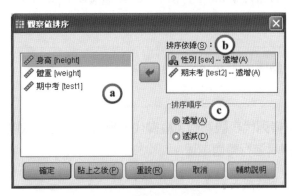

圖① 排序觀測體之對話盒

Sort Cases對話盒的說明

　　觀察值排序 (Sort Cases) 程序可依一個或多個排序變數的值來加以遞增或遞減的排序資料。如果選擇多個排序變數，則將依排序清單中在前面的變數之類別來排序每一個變數，例如先選定 gender 為第一個排序變數，而 minority 為第二個排序變數，則將每一個 gender 之類別中依 minority 的分類排序。如果是字串變數，則排序的方式是大寫會在小寫之前，例如字串值 "Yes" 的排序在 "yes" 之前。可從功能表選擇資料 (Data) > 觀察值排序…(Sort Cases…)，以開啟如圖①的對話盒。

ⓐ 來源清單 (Source List) 方塊：來源變數清單，會顯示資料集的所有變數。

ⓑ 排序依據 (Sort by) 方塊：從來源變項清單中選定一或多個變數，按 ▶ 鈕，則所選之變數會顯示在排序依據 (Sort by) 方塊中，若選擇多個排序變數，則排序標準會依這些變數的優先順序來進行排序。

ⓒ 排序順序 (Sort order) 方塊：可選取下列其中之一的排序方式。

➲ 遞增 (Ascending)：排序順序為升冪 (即由小到大)。

➲ 遞減 (Descending)：排序順序為降冪 (即由大到小)。

7-2 如何進行觀測體與變數的轉置(transpose)？

操作程序

 → 資料 (Data) > 轉置…(Transpose…)

功能用途

PASW 假定以橫列代表觀測體，縱欄代表變數。若資料欲以相反的方式來加以表示，則必須對其進行轉置處理。

範例7-2　資料的轉置

茲有一簡單的資料 (flip.sav) 如下，請將原始資料的行列互相轉置。

測驗	一月	二月	三月	四月	五月	六月
test	jan	feb	mar	apr	may	jun
test1	24	36	78	48	53	65
test2	39	82	31	49	22	48

一、分析步驟

0. 開啟資料檔 (flip.sav)，並從功能表中選擇資料 (Data) > 轉置 (Transpose…)。

1. 如圖 7-2-1 的對話盒所示，從左邊的來源變數清單中，選擇 jan 到 jun 等變數進入右邊之轉置變數清單的方塊中。

2. 選擇 test 變數進入右邊之命名變數 (Name Variable) 清單的方格中。

3. 按 確定 (OK) 鈕，即可完成資料轉置，轉置結果會直接在資料編輯器中顯示。

圖7-2-1　Transpose對話盒

二、撰寫程式

程序語法：資料排序(ex7-2.sps)

(1) 在 Transpose 對話盒中按 貼上之後 (Paste) 鈕，即可貼出資料排序的語法如下：
```
FLIP VARIABLES=jan feb mar apr may jun
   /NEWNAME=test.
```

三、資料轉置結果

	CASE_LBL	test1	test2
1	jan	24.00	39.00
2	feb	36.00	82.00
3	mar	78.00	31.00
4	apr	48.00	49.00
5	may	53.00	22.00
6	jun	65.00	48.00

A7-2對話盒指引　Transpose程序

圖① 轉置觀測體之對話盒

Transpose對話盒的說明

　　轉置 (Transpose) 程序會產生一個新的資料檔,其中會將原有資料檔中的橫列與縱欄加以轉置,使個案(橫列)變為變數,而變數(縱欄)變為個案。會自動產生新的變數名稱。可從功能表選擇資料 (Data) > 轉置…(Transpose…),以開啓如圖①的對話盒。

ⓐ 來源清單 (Source List) 方塊:來源變數清單,會顯示資料集的所有變數。

ⓑ 變數 (Variable(s)) 方塊:在來源變數清單中選定一或多個變數,按 ▶ 鈕,所選之變數即會顯示於變數 (Variables) 清單中,這些變數將成為觀測值,而觀測值將會成為變數。

ⓒ 命名變數 (Name Variable) 方塊:PASW 會為新變數名稱預設為 Var001、Var002、…等。亦可使用原檔案的變項名稱。新變項名稱之表格將會顯示在輸出視窗中。

7-3 ： 如何進行資料的重新架構(restructuring data)？

操作程序

 ➔ 資料 (Data) > 重新架構…(Restructure…)

功能用途

使用重新建構資料的精靈 (wizard) 可以選定變數重新架構為個案、或選定個案重新建構為變數、或轉置所有資料等。

範例7-3-1　資料的重新建構一

　　茲有某一實驗結果如下 (lanova_dr.sav)，試輸入 PASW 並進行資料的重新架構以適合於執行單因子變異數分析。

組別				
A1	A2	A3	A4	A5
18	20	6	15	12
20	25	9	10	11
21	23	8	9	8
16	27	6	12	13
15	25	11	14	11

一、分析步驟

(一) 選定重新架構資料的方法

0. 開啓資料檔 (lanova_dr.sav)，並從功能表中選擇資料 (Data)> 重新架構…(Restructure…)。

1. 如圖 7-3-1 的對話盒所示，選擇第一個選項，再按 下一步 鈕即可。

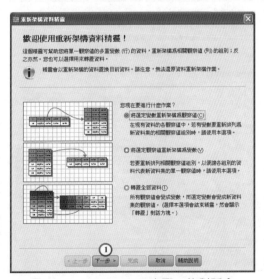

圖7-3-1　Restructure步驟一的對話盒

(二) 選定變數群組的數目

2. 如圖 7-3-2 的對話盒所示，選擇第一個選項，再按 下一步 鈕即可。

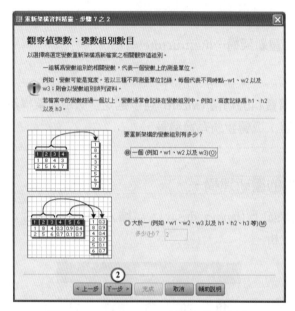

圖7-3-2　Restructure步驟二的對話盒

(三) 選定變數

3. 如圖 7-3-3 的對話盒所示，在觀察值組別識別 (Casc Group Identification) 下拉式選單中選擇無 (None)。
4. 在目標變數 (Target Variable) 下拉式選單，將 transl 更名為 y。
5. 在要轉置的變數 (Variables to be Transposed) 方塊選擇所有變數進入右邊的轉置變數清單。
6. 按 下一步 鈕即可。

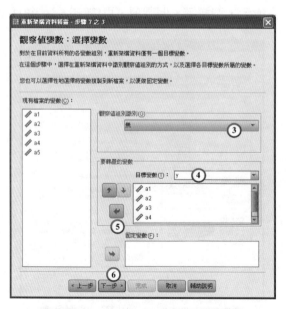

圖7-3-3　Restructure步驟三的對話盒

(四) 選定產生指標變數的方法

7.　如圖 7-3-4 的對話盒所示，選擇第一個選項，再按 下一步 鈕即可。

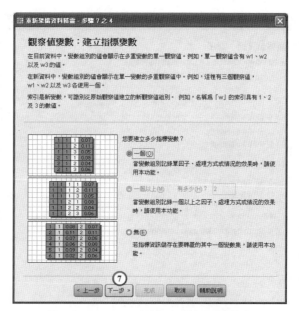

圖7-3-4　Restructure步驟四的對話盒

(五) 產生一個指標變數

8.　如圖 7-3-5 的對話盒所示，在指標數值的種類為何？(What kind of index values) 方塊中選定序號 (Sequential numbers) 選項。

9.　在編輯指標變數名稱和註解 (Edit the Index Variable Name and Label) 方塊中將名稱 indexl 更名為 group，並加入標記「組別」。

10. 按 下一步 鈕即可。

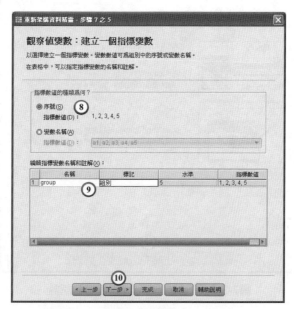

圖7-3-5　Restructure步驟五的對話盒

(六) 選定其它選項

11. 如圖 7-3-6 的對話盒所示，選擇預設的選項，再按 下一步 鈕即可。

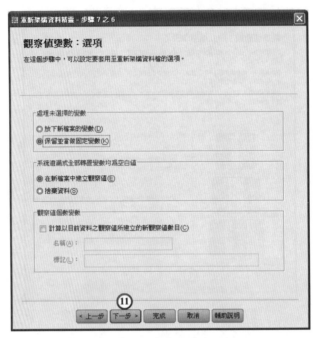

圖7-3-6　Restructure步驟六的對話盒

(七) 完成資料重構

12. 如圖 7-3-7 的對話盒所示，選擇預設的選項，再按 完成 鈕即可。

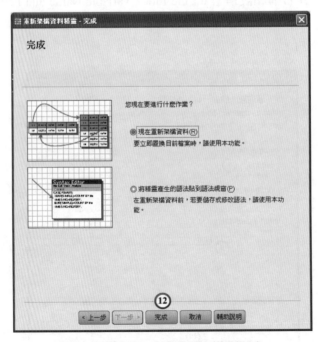

圖7-3-7　Restructure步驟七的對話盒

二、資料重新架構結果

	a1	a2	a3	a4	a5
1	18	20	6	15	12
2	20	25	9	10	11
3	21	23	8	9	8
4	16	27	6	12	13
5	15	25	11	14	11

	group	y
1	1	18
2	2	20
3	3	6
4	4	15
5	5	12
6	1	20
7	2	25
8	3	9
9	4	10
10	5	11

三、撰寫程式

程序語法：資料重構(ex7-3-1.sps)

(1) 在最後的對話盒中按 [貼上之後] (Paste) 鈕，即可貼出資料重構的語法如下：

```
VARSTOCASES
  /MAKE y FROM a1 a2 a3 a4 a5
  /INDEX = group "組別" (5).
```

範例7-3-2　資料的重新建構二

　　下列資料 (2anova_dr.sav) 是不同性別與不同課程對學生學習計算機概論影響的實驗，試輸入 PASW 並進行資料重新架構以適合執行二因子變異數分析。

性別	課程		
	甲	乙	丙
	10	16	18
	12	12	14
	8	19	17
	14	17	13
男	10	15	19
	16	11	15
	15	14	22
	13	10	20
	8	14	12
	10	10	18
	7	13	14
女	9	9	21
	12	17	19
	5	15	17
	8	12	13
	7	8	16

一、分析步驟

(一) 選定重新架構資料的方法

0.　開啟資料檔 (2anova_dr.sav)，並從功能表中選擇資料 (Data) > 重新架構…Restructure…。

1.　如圖 7-3-1 的對話盒所示，選擇第一個選項，再按 下一步 鈕即可。

(二) 選定變數群組的數目

2.　如圖 7-3-2 的對話盒所示，選擇第一個選項，再按 下一步 鈕即可。

(三) 選定變數

3.　如圖 7-3-3 的對話盒所示，在觀察值組別的識別 (Case Group Identification) 下拉式選單中選擇無 (None)。

4.　在目標變數 (Target Variable) 下拉式選單，將 transl 更名為 y。

5.　在要轉置的變數 (Variables to be Transposed) 方塊選擇 bl ～ b3 變數進入右變的轉置變數清單。

6.　將 sex 變數選入固定變數 (Fixed Variable(s) 方塊的固定變數清單中。

7.　按 下一步 鈕即可。

(四) 選定產生指標變數的方法

8. 如圖 7-3-4 的對話盒所示，選擇第一個選項，再按 下一步 鈕即可。

(五) 產生一個指標變數

9. 如圖 7-3-5 的對話盒所示，在指標數值的種類爲何？(What kind of index values) 方塊中選定序號 (Sequential numbers) 選項。

10. 在編輯指標變數的名稱和註解 (Edit the Index Variable Name and Label) 方塊中將名稱 indexl 更名爲 group，並加入標記「課程別」。

11. 按 下一步 鈕即可。

(六) 選定其它選項

12. 如圖 7-3-6 的對話盒所示，選擇預設的選項，再按 下一步 鈕即可。

(七) 完成資料重構

13. 如圖 7-3-7 的對話盒所示，選擇預設的選項，再按 完成 鈕即可。

二、資料重新建構結果

	sex	b1	b2	b3
1	1	10	16	18
2	1	12	12	14
3	1	8	19	17
4	1	14	17	13
5	1	10	15	19
6	1	16	11	15
7	1	15	14	22
8	1	13	10	20
9	2	8	14	12
10	2	10	10	18
11	2	7	13	14
12	2	9	9	21
13	2	12	17	19
14	2	5	15	17
15	2	8	12	13
16	2	7	8	16

	sex	group	y
21	1	3	22
22	1	1	13
23	1	2	10
24	1	3	20
25	2	1	8
26	2	2	14
27	2	3	12
28	2	1	10

三、撰寫程式

程序語法：資料重構(ex7-3-2.sps)

(1) 在最後的對話盒中按 貼上之後 (Paste) 鈕，即可貼出資料重構的語法如下：

```
VARSTOCASES
  /MAKE y FROM b1 b2 b3
  /INDEX = group "課程別" (3)
  /KEEP = sex.
```

範例7-3-3　　資料的重新建構三

下列資料 (3anova_dr.sav) 是某研究將 48 位受試者，依性別 (男、女)、年級 (一、二、三)、及學校 (公、私立) 等加以隨機分派至實驗中，試輸入 PASW 並進行資料重新架構以適合於執行三因子變異數分析。

		C1			C2	
	B1	B2	B3	B1	B2	B3
A1	4	20	16	21	28	32
	18	12	27	14	36	42
	8	18	23	19	33	46
	10	10	14	26	23	40
A2	6	5	20	11	20	17
	4	9	15	7	11	16
	13	11	8	6	10	25
	7	15	17	16	9	12

註：A 表性別，B 表年級，C 表學校

一、分析步驟

(一) 選定重新架構資料的方法

0. 開啓資料檔 (3anova_dr.sav)，並從功能表中選擇資料 (Data) > 重新架構… (Restructure…)。

1. 如圖 7-3-1 的對話盒所示，選擇第一個選項，再按 下一步 鈕即可。

(二) 選定變數群組的數目

2. 如圖 7-3-2 的對話盒所示，選擇第一個選項，再按 下一步 鈕即可。

(三) 選定變數

3. 如圖 7-3-3 的對話盒所示，在觀察值組別識別 (Case Group Identification) 下拉式選單中選擇無 (None)。

4. 在目標變數 (Target Variable) 下拉式選單，將 transl 更名爲 y。

5. 在要轉置的變數 (Variables to be Transposed) 方塊選擇 clbl ～ c2b3 變數進入右邊的轉置變數清單。

6. 將 a 變數選入固定變數 (Fixed Variable(s)) 方塊的固定變數清單中。

7. 按 下一步 鈕即可。

(四) 選定產生指標變數的方法

8. 如圖 7-3-4 的對話盒所示，選擇第二個選項，再按 下一步 鈕即可。

(五) 產生一個指標變數

9. 如圖 7-3-5 的對話盒所示，在編輯指標變數的名稱和註解 (Edit the Index Variable Name and Label) 方塊中將名稱 index1 更名為 c，並加入水準 (level) 為 2；將 index2 更名為 b，並加入水準 (level) 為 3。

10. 按 [下一步] 鈕即可。

(六) 選定其它選項

11. 如圖 7-3-6 的對話盒所示，選擇預設的選項，再按 [下一步] 鈕即可。

(七) 完成資料重構

12. 如圖 7-3-7 的對話盒所示，選擇預設的選項，再按 [完成] 鈕即可。

二、資料重新建構結果

	a	c1b1	c1b2	c1b3	c2b1	c2b2	c2b3
1	1	4	20	16	21	28	32
2	1	18	12	27	14	36	42
3	1	8	18	23	19	33	46
4	1	10	10	14	26	23	40
5	2	6	5	20	11	20	17
6	2	4	9	15	7	11	16
7	2	13	11	8	6	10	25
8	2	7	15	17	16	9	12

	a	c	b	y
1	1	1	1	4
2	1	1	2	20
3	1	1	3	16
4	1	2	1	21
5	1	2	2	28
6	1	2	3	32
7	1	1	1	18
8	1	1	2	12
9	1	1	3	27
10	1	2	1	14
11	1	2	2	36
12	1	2	3	42

三、撰寫程式

程序語法：資料重構(ex7-3-3.sps)

(1) 在最後的對話盒中按 [貼上之後] (Paste) 鈕，即可貼出資料重構的語法如下：

```
VARSTOCASES
/MAKE y FROM c1b1 c1b2 c1b3 c2b1 c2b2 c2b3
/INDEX = c(2)  b(3)
/KEEP =  a .
```

A7-3對話盒指引　Restructure Data精靈

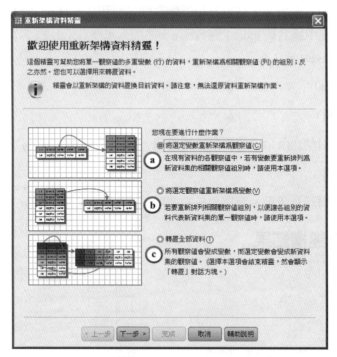

圖① 重新建構資料之步驟一的對話盒

Restructure Data精靈之步驟一的對話盒說明

　　可從功能表選擇資料 (Data) > 重新架構…(Restructure…)，以開啓如圖①的對話盒。重構資料的精靈協助將資料加以轉置，可選取下列三種方式之一：

ⓐ ○ Restructure selected variables into cases：將選定的變數 (縱欄) 轉置成觀測體 (橫列)。

ⓑ ○ Restructure selected cases into variables：將選定的觀測體 (橫列) 轉置成變數 (縱欄)。

ⓒ ○ Transposeall data：轉置所有資料，選擇此選項時，將會結束精靈，並出現 Transpose 對話盒。

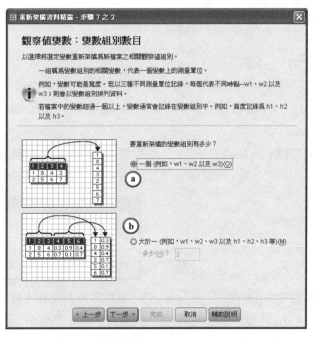

圖② 重新建構資料之步驟二的對話盒

Restructure Data精靈之步驟二的對話盒說明

　　設定依變數群組的數目，如圖②所示，可選取下列二種方式其中之一：

ⓐ ○一個 (One)：僅一個變數群組 (例如僅寬度變數，w1、w2 及 w3)。

ⓑ ○大於一 (More than one)：超過一個變數群組 (例如有寬度及高度等變數，w1、w2、w3 與 h1、h2、h3 等)。

圖③ 重新建構資料之步驟三的對話盒

Restructure Data精靈之步驟三的對話盒說明

選定欲轉置的變數，如圖③所示：

ⓐ 現有檔案的變數 (Variables in the Current File) 方塊：在目前檔案中的來源變數清單。

ⓑ 觀察值組別識別 (Case Group Identification) 下拉式清單：設定觀測體群組的識別，可選擇下列三種方式其中之一：

(1) 使用觀察值號碼 (Use Case Number)：使用個案號碼為觀測體群組的識別，在名稱 (Name) 方格中輸入名稱 (預設為 id)，按 [註解…] (Label…) 鈕，可輸入標註。

(2) 使用選定變數 (Use selected variable)：使用選定的變數為觀測體群組的識別，從來源變數清單中選擇變數，按 [▶] 鈕進入變數 (Variable) 方格中。

(3) 無 (None)：不使用觀測體群組的識別。

ⓒ 要轉置的變數 (Variables to be Transposed)：選定欲進行轉置的變數，並可更改標的變數的名稱。

ⓓ 固定變數 (Fixed Variable(s))：選定固定變數，亦即資料中固定的變數。

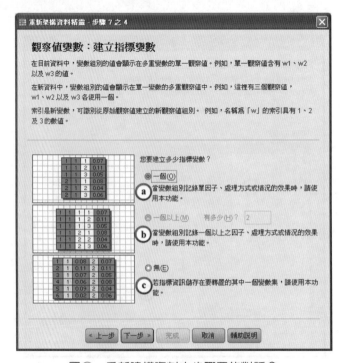

圖④　重新建構資料之步驟四的對話盒

Restructure Data精靈之步驟四的對話盒說明

　　設定產生指標變數的數目，如圖④所示，可選取下列三種方式其中之一：

ⓐ ○一個 (One)：設定一個指標變數。

ⓑ ○一個以上 (More than one)：設定多個指標變數。

ⓒ ○無 (None)：不使用指標變數。

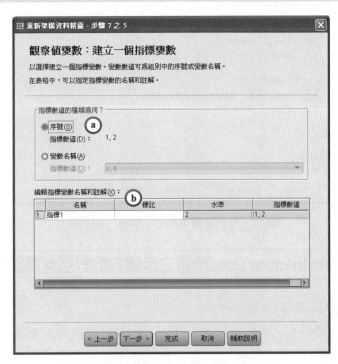

圖⑤　重新建構資料之步驟五的對話盒

Restructure Data精靈之步驟五的對話盒說明

　　產生一個指標變數，如圖⑤所示：

ⓐ 指標數值的種類為何？ (What kind of index values?) 方塊：那一種類的指標值？可選取下列二種方式其中之一：

　　⊃ 序號 (Sequential numbers)：連續的號碼。

　　⊃ 變數名稱 (Variable names)：變數的名稱。

ⓑ 編輯指標變數名稱和註解 (Edit the Index Variable Name and Label) 表格：編輯指標變數的名稱與標註。

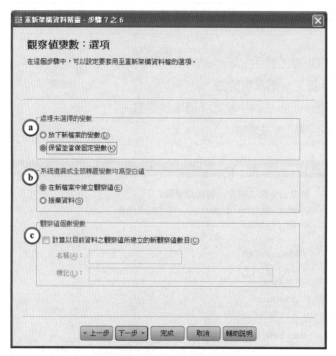

圖⑥　重新建構資料之步驟六的對話盒

Restructure Data精靈之步驟六的對話盒說明

設定重構資料的選項，如圖⑥所示：

ⓐ 處理未選擇的變數 (Handling of Variables not selected) 方塊：未被選定之變數的處理，可選取下列二種方式其中之一：

➲ 放下新檔案的變數 (Drop variable(s) from the new data file)：從新資料檔中排除未選定的變數。

➲ 保留並當做固定變數 (Keep and treat as fxed variable(s))：保留並視未選定的變數為固定變數。

ⓑ 系統遺漏或全部轉置變數均為空白值 (System Missing or Blank Values in all Transposed Variables) 方塊：在所有轉置變數中的系統缺漏值或空白值，可選取下列二種方式其中之一：

➲ 在新增案中建立觀察值 (Create a case in the new file)：在新檔中產生一個個案。

➲ 捨棄資料 (Discard the data)：摒棄資料。

ⓒ 觀察值個數變數 (Case Count Variable) 方塊：個案計數之變數，可選取下列的選項

☐ 計算以目前資料之觀察值所建立的新觀值數目 (Count the number of new cases created by the case in current data)：計次新個案數目。可在名稱 (Name) 方格中輸入名稱、在標記 (Label) 方格中輸入標註。

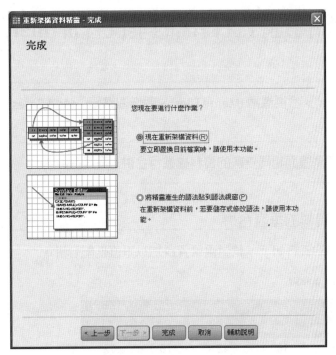

圖⑦　重新建構資料之步驟七的對話盒

Restructure Data精靈之步驟七的對話盒說明

　　最後完成的步驟，如圖⑦所示：

ⓐ 現在重新架構資料 (Restructure the data now)：立即重新建構資料。

ⓑ 將精靈產生的語法貼到語法視窗 (Paste the syntax)：貼上語法。

7-4　如何進行資料檔的垂直合併(merge files)？

操作程序

 ➔ 資料 (Data) > 合併檔案 (Merge Files) > 新增觀察值⋯(Add Cases⋯)

功能用途

 對不同觀測體而相同變數的資料檔進行合併 (垂直合併)。

範例7-4　資料的垂直合併

茲有二筆簡單的資料如下，試對兩筆資料加以垂直匹配合併。

資料 A (merge_a.sav)

性別 sex	身高 height	體重 weight	期中考 test1	期末考 test2
M	150	42	78	72
F	142	40	80	85
F	155	45	70	74
M	138	39	82	76
M	147	40	80	84
F	150	43	75	76

(merge_b.sav)

性別 sex	身高 height	體重 weight	期中考 test1	期末考 test2
M	144	38	62	56
M	152	46	90	78
F	140	42	66	90
M	148	44	77	83

一、分析步驟

0. 開啓資料檔 (merge_a.sav)，使得資料編輯器中顯現檔案的資料內容，從功能表中選擇資料 (Data) > 合併檔案 (Merge Files) > 新增觀察值 (Add Cases⋯)。

1. 如圖 7-4-0 的對話盒所示，點選外部 PASW Statistics 資料檔的選項，並按 瀏覽 (Browse⋯) 鈕。

2. 如圖 7-4-1 的對話盒所示，選擇欲新增觀察值的資料檔 (merge_b.sav)。

3. 按 開啓 鈕，進入新增觀察值 (Add Cases from) 的對話盒。

4. 如圖 7-4-2 的對話盒所示，選擇所有變數進入右邊之變數清單的方塊中。

5. 按 確定 (OK) 鈕，即可完成資料的垂直合併，並會直接在資料編輯器中顯示。

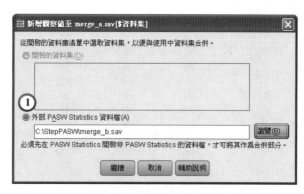

圖7-4-0　新增觀測值的對話盒

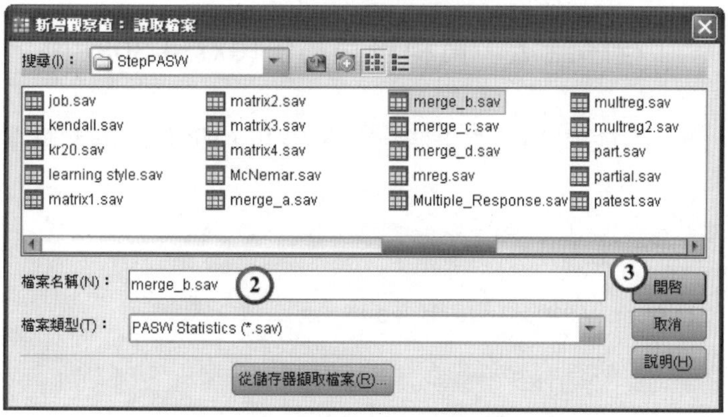

圖7-4-1　讀取合併資料檔的對話盒

圖7-4-2　加入觀測體的對話盒

二、資料垂直合併結果

	sex	height	weight	test1	test2
1	M	150	42	78	72
2	F	142	40	80	85
3	F	155	45	70	74
4	M	138	39	82	76
5	M	147	40	80	84
6	F	150	43	75	76
7	M	144	38	62	56
8	M	152	46	90	78
9	F	140	42	66	90
10	M	148	44	77	83

三、撰寫程式

程序語法：資料垂直合併(ex7-4.sps)

(1) 在 Add Cases from 對話盒中按 貼上語法 (Paste) 鈕，即可貼出資料垂直合併的語法如下：

```
ADD FILES
  /FILE=*
  /FILE='C:\StepPASW\merge_b.sav'.
EXECUTE.
```

牛刀小試　Try for yourself

TFY **7-4-1**・試對本書範例資料 (bashw.sav) 與 (datashw.sav) 進行垂直合併。

A7-4對話盒指引 Add Cases from程序

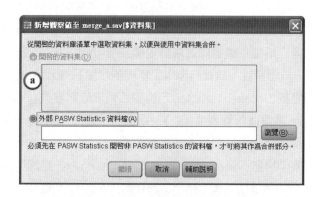

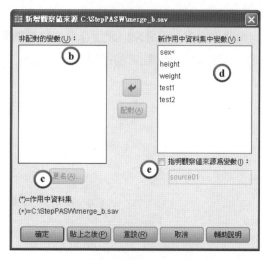

圖① 轉置觀測體之對話盒

Add Cases from對話盒的說明

ⓐ ○ 開啓的資料集 (An Open dataset)：從開啓的資料庫清單中選取資料集，以便與使用中資料集合併。

　　○ 外部 PASW Statistic 資料檔 (An external PASW Statistics data file)。

ⓑ 非配對的變數 (Unpaired Variables) 方塊：新的合併檔中未匹配的變數清單。來自原工作資料檔中的變數以星號 (*) 作為辨識。而來自外部資料檔的變數以加號 (+) 作為辨識。該清單中列示的變數包含有：

　⊃ 兩資料檔中未一致匹配的變數。

　⊃ 在一資料檔中為數值型態，但在另一資料檔中為字串型態之變數。

　⊃ 不同長度之字串變數。

ⓒ 更名… (Rename…) 按鈕：對資料相同、但名稱不同之兩變數，可直接更改其名稱。選定變數，按觸 更名… (Rename…) 鈕，便會開啓次對話盒。在新名稱 (New Name) 方格中輸入變數的新名稱。

ⓓ 新作用中資料集中變數 (Variables in New Working Data File) 方塊：包含在新合併資料檔中的變數清單。依照預設，所有名稱及資料型態一致的變數均會自動顯示在此方塊中。在非配對的變數 (Unpaired Variables) 方塊中若有資訊相同但名稱不同之變數，你可更改變數名稱或使之建立成對。請選擇這兩個變數並按 配對 (Pair) 鈕，如此即可顯示於右方塊的同一列。依照預設，該資料會以工作檔的變數名進入合併檔中。

同樣在非配對的變數 (Unpaired Variables) 方塊中若有未成對變數 (只有一檔案有之變數) 要含括進來，請選擇該變數並按 ▶ 鈕即可。這時由於另一檔案未有此變數，故對應在合併檔中的資料即會出現遺漏值。

在新作用中資料集中變數 (Variables in New Working Data File) 方塊中為要進入合併檔案的變數。若有不希望進入者，請選取該變數並按 ◀ 鈕即可。

ⓔ ○指明觀察值來源為變數 (Indicate case source as variable)：建立指示變數 (預設名稱為 Source01) 以指出觀測體的來源處。若是來自原工作資料檔的觀測體則為 0；而來自外部資料檔的則為 1。亦可自行輸入指示變數的名稱。

❓ 7-5　如何進行資料檔的水平合併(merge files)？

操作程序

 ➜ 資料 (Data) > 合併檔案 (Merge Files) > 新增變數…(Add Variables…)

功能用途

 對不同變數而相同觀測體的資料檔案進行合併 (水平合併)。

範例7-5　資料的水平合併

茲有二筆簡單的資料如下，試對兩筆具有異同變數之資料加以水平匹配合併。

資料 C(merge_c.sav)

性別	體重	期中考	期末考
sex	weight	test1	test2
M	42	78	72
F	40	80	85
F	45	70	74
M	39	82	76
M	40	80	84

資料 D(merge_d.sav)

性別	身高	期中考
sex	height	test1
F	160	75
M	144	62
M	152	90
F	140	66
M	148	77

一、分析步驟

0. 開啓資料檔 (merge_c.sav)，使得資料編輯器中顯現檔案的資料內容，並從功能表中選擇資料 (Data) > 合併檔案 (Merge Files) > 新增變數…(Add Variables…)。

1. 如圖 7-5-0 的對話盒所示，點選外部 PASW Statistics 資料檔的選項，並按 瀏覽… (Browse…) 鈕。

2. 如圖 7-5-1 的對話盒所示，選擇欲新增變數的資料檔 (merge_d.sav)

3. 按 開啓 鈕，進入新增變數 (Add Variables from)，如圖 7-5-2 的對話盒。

4. 按 確定 (OK) 鈕，即可完成資料的水平合併，並會直接在資料編輯器中顯示。

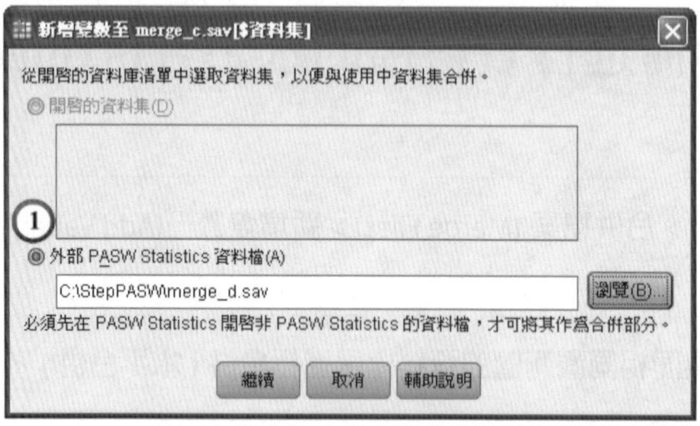

圖7-5-0 新增變數的對話盒

圖7-5-1 讀取合併資料檔的對話盒

圖7-5-2 新增變數來源(Add Variables from)對話盒

二、資料水平合併結果

	sex	weight	test1	test2	height
1	M	42	78	72	150
2	F	40	80	85	144
3	F	45	70	74	152
4	M	39	82	76	140
5	M	40	80	84	148

三、撰寫程式

程序語法：資料垂直合併(ex7-5.sps)

(1) 在 Add Variables from 對話盒中按 貼上之後 (Paste) 鈕，可貼出資料水平合併的語法如下：

```
MATCH FILES
  /FILE=*
  /FILE='C:\StepPASW\merge_d.sav'
  /RENAME (sex test1 = d0 d1)
  /DROP= d0 d1.
EXECUTE.
```

 牛刀小試 Try for yourself

TFY **7-5-1** · 試對本書範例資料 (bashw.sav) 與 (trans.sav) 進行水平合併。

A7-5對話盒指引 Add Variables from程序

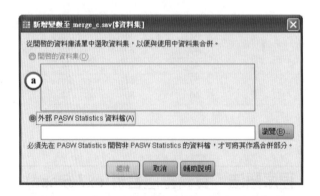

圖① 加入變數的對話盒

Add Variables from對話盒的說明

ⓐ ○開啓的資料集 (An open dataset)：從開啓的資料庫清單中選取資料集，以便與使用中資料集合併。

　○外部 PASW Statistics 資料檔 (An external PASW Statistics data file)。

ⓑ 被排除的變數 (Excluded variables) 方塊：不包含在合併檔中的變數清單，預設兩檔案中有重複名稱之變數。來自原工作資料檔中的變數以星號 (*) 作為辨識。而來自外部資料檔的變數以加號 (+) 作為辨識。如果想要把重複檔名的變數包含入合併檔中則可按觸 更名… (Rename…) 鈕更改變數名稱後，再按 ▶ 鈕加入變數清單中。

ⓒ 新作用中資料集 (New Working Data File) 方塊：包含在新合併資料檔中的變數。依照預設，所有的資料檔中的單獨名稱之變數顯示在此清單中。

ⓓ □匹配已排序檔案關鍵變數的觀察值 (Match cases on key variables in sorted files)：若一檔案有些觀測體未與另一檔案匹配，可使用 Key Variables(即關鍵變數) 來辨識並做正確之匹配。關鍵變數必須是在兩檔案中有相同之名稱。兩資料檔必須依關鍵變數加以升冪排序。使用關鍵變數的匹配方法有下列三種：

➲ 兩檔皆提供觀察值 (Both file provide cases)：以一一對應來匹配檔案的觀測體。此為預設選項。若有兩個以上之觀測體在關鍵變數上有相同的值，PASW 會順序合併這些觀測值並發出警告訊息。

➲ 非作用中資料集是索引表 (Non-active dataset is keyed table)：指定外部資料檔為表格查詢檔。

➲ 作用中資料集是索引表 (Active dataset is keyed table)：指定工作資料檔表格查詢檔。所謂〞關鍵表格〞(keyed table)〞表格查詢檔〞(table lookup file) 為一檔案，其每一觀測體的資料可被引用於其他資料檔的多個觀測體中。

ⓔ □指明觀察值來源為變數 (Indicate case source as Variable)：建立指示變數 (預設名稱 Source01) 以指出在合併檔中每一個觀測體的來源資料檔。若是來自工作檔，則其變數值 0，來自外部資料檔，則其變數值為 1。

ⓕ 關鍵變數 (Key Variables) 方塊：關鍵變數的選擇，可由被排除的變數 (Excluded Variables) 清單選定變數，並按觸 ▶ 鈕，則所選之變數便會出現在關鍵變數 (Key Variables) 方塊中。通常可以指定多個關鍵變數，但注意兩資料檔皆需以關鍵變數加以升冪排序。

7-6 如何進行資料的整合(aggregating data)？

操作程序

 ➔ 資料 (Data) > 整合…(Aggregate…)

功能用途

整合資料可依一或多個群組變數的值，並對每一群組建立一新的資料檔。

範例7-6　資料的整合

茲有一簡單的資料 (trans.sav) 如下，將資料以性別 (sex) 為分組，並整合期中考 (test1)
平均數與標準差。

性別 sex	身高 height	體重 weight	期中考 test1	期末考 test2
M	150	42	78	72
F	142	40	80	85
F	155	45	70	74
M	138	39	82	76
M	147	40	80	84
F	150	43	75	76
M	144	38	62	56
M	152	46	90	78
F	140	42	66	90
M	148	44	77	83

一、分析步驟

0. 開啟資料檔 (trans.sav)，並從功能表中選擇資料 (Data) > 整合…(Aggregate…)。

1. 如圖 7-6-1 的對話盒所示，從左邊的來源變數清單中，選擇 sex 變數，按第一個 ▶ 鈕，
   以選入分段變數 (Break Variable) 清單中。

2. 選取 test1 變數，按第二個 ▶ 鈕，以選入整合變數 (Aggregate Variable) 之變數摘要
   (Summarise of Variable) 清單中。

3. 按 名稱與標記… (Name & Label…)，鈕，開啟如圖 7-6-2 所示的對話盒，在名稱
   (Name) 文字盒中輸入 "Mean_test1"。

4. 再選取一次 test1 變數，按第二個 ▶ 鈕，以選入整合變數 (Aggregate Variable) 清單中。
   並按 名稱與標記… (Name & Label…) 鈕，在名稱 (Name) 文字盒中輸入 "SD_test1"。

5. 按 (函數…) (Function…) 鈕，開啟如圖 7-6-3 所示的對話盒，並選取標準差 (Standard deviation) 選項，再按 (繼續) (Continue) 鈕，回主對話盒。

6. 點選寫入僅包含整合變數的新資料檔 (Write a new data file containning only the aggregated variable)，按 (檔案…) (File…) 鈕，開啟如圖 7-6-4 所示的對話盒，將儲存目錄選至 C:\StepPASW\ch07，儲存檔名預設為 aggr.sav，再按 (儲存) 鈕，回主對話盒。

7. 按 (確定) (OK) 鈕，則會自動產生一整合資料檔 (aggr.sav)，其結果會直接在資料編輯器中顯示。

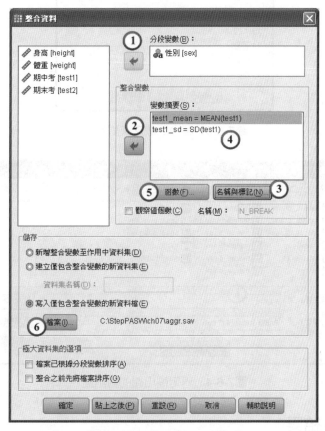

圖7-6-1　整合資料的主對話盒

圖7-6-2　名稱與標註之次對話盒

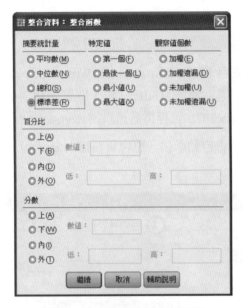

圖7-6-3　整合函數之次對話盒

圖7-6-4　界定輸出檔的對話盒

二、資料整合結果

	sex	Mean_test1	SD_test1
1	F	72.75	6.08
2	M	78.17	9.17

三、撰寫程式

程序語法：資料整合(ex7-6.sps)

(1) 在 AGGREGATE 對話盒中按 貼上之後 (Paste) 鈕，即可貼出資料整合的語法如下：

```
AGGREGATE
  /OUTFILE='C:\StepPASW\aggr.sav'
  /BREAK=sex
  /Mean_test1 = MEAN(test1)
  /SD_test1 = SD(test1).
```

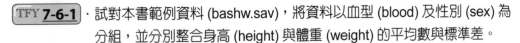

牛刀小試 Try for yourself

TFY **7-6-1**・試對本書範例資料 (bashw.sav)，將資料以血型 (blood) 及性別 (sex) 為分組，並分別整合身高 (height) 與體重 (weight) 的平均數與標準差。

TFY **7-6-2**・試對本書範例資料 (job.sav)，將資料以工作地點 (place) 及性別 (gender) 為分組，並整合收入 (income) 的最小值、最大值及平均數等。

A7-6對話盒指引　Aggregate Data程序

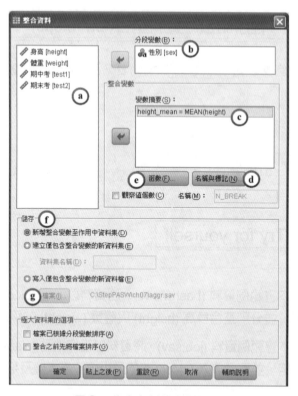

圖①　整合資料的主對話盒

Aggregate Data對話盒的說明

ⓐ 來源清單 (Source List) 方塊：來源變數清單，會顯示資料集的所有變數。

ⓑ 分段變數 (Break Variable(s)) 方塊：觀測體依此分斷變數的值來做分群。分斷變數可以是數值字串。

ⓒ 整合變數 (Aggregate Variable(s)) 方塊：用於整合函數的變數，以產生整合檔案的新變數。依照預設，PASW 會使用來源變數的前幾個字元及一個 _ 符號與兩位數字來建立新的整合變數名稱，例如在來源變數清單的 height，會變成整合變數清單的 height_1，而後面並跟著有在引號中的變數名稱。

ⓓ 名稱與標記… (Name & Label…) 按鈕：新的整合資料檔中之變數命名及標註。在整合變數清單中選定 (反白) 變數，並按此鈕，即可開啟如圖②次對話盒。

圖②　整合資料之名稱與標註的次對話盒

名稱與標註次對話盒的說明

(1) 名稱 (Name) 方格：輸入變數的新名稱。

(2) 標記 (Label) 方格：輸入變數的標註。

(e) 函數… (Function…) 按鈕：整合函數。依照預設，新的整合變數是使用平均數作為整合函數。若要指定不同的整合函數，則可在整合變數清單中選定 (反白) 變數，再按此鈕，即可開啓如圖③的次對話盒。

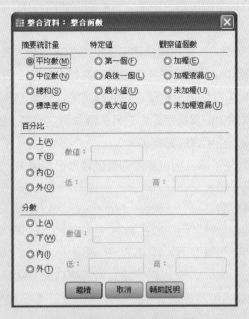

圖③　整合函數的次對話盒

整合函數次對話盒的說明

(1) 摘要統計量 (Summary Statistics)

　　○平均數 (Mean)：群組的觀測值之平均數，表為 MEAN。

　　○中位數 (Median)：群組的觀測值之中位數，表為 MEDIAN。

　　○總和 (Sum)：群組的觀測值之總和，表為 SUM。

　　○標準差 (Standard deviation)：群組的觀測值之標準差，表為 SD。

(2) 特定值 (Specific Values)

　　○第一個 (First)：群組的第一個非遺漏值，表為 FIRST。

　　○最後一個 (Last)：群組的最後一個非遺漏值，表為 LAST。

　　○最小值 (Minimum)：群組的觀測值之最小值，表為 MIN。

　　○最大值 (Maximum)：群組的觀測值之最大值，表為 MAX。

(3) 觀察值個數 (Number of Cases)

　　○加權 (Weighted)：群組觀測值加權的個數，表為 N。

　　○加權遺漏 (Weighted missing)：群組觀測值加權的遺漏值個數，表為 NMISS。

○未加權 (Unweighted)：群組中未加權觀測值的個數，表為 NU。

○未加權遺漏 (Unweighted missing)：群組中未加權觀測值的遺漏值個數，表為 NUMISS。

(4) 百分比 (Percentages)

○上 (Above)：群組中大於使用者指定值的觀測體之百分比，表為 PGT。

○下 (Below)：群組中小於使用者指定值的觀測體之百分比，表為 PLT。

○內 (Inside)：群組中位於指定範圍之間的觀測體百分比，表為 PIN。

○外 (Outside)：群組中位於指定範圍之外的觀測體百分比，表為 POUT。

(5) 分數 (Fractions)

○上 (Above)：群組中大於使用者指定值的觀測體之分數，表為 FGT。

○下 (Below)：群組中小於使用者指定值的觀測體之分數，表為 FLT。

○內 (Inside)：群組中位於指定範圍之間的觀測體之分數，表為 FIN。

○外 (Outside)：群組中位於指定範圍之外的觀測體之分數，表為 FOUT。

數值 (Value) 方格：輸入使用者的指定值。

低 (Low) 及高 (High) 方格：輸入指定範圍的最低值及最高值。

ⓕ □新增整合變數至資料集 (Save number of cases in break group as variable)：建立一新變數以記錄每一群組的觀測體數目預設名稱為 N_BREAK，亦可在方格中做更名。

ⓖ 整合後資料檔儲存方式可選取下列其中之一的選項：

➲ 建立新資料集 (Create new data file)：建立新的資料檔，PASW 預設名稱為 aggr.sav。若要更改不同的檔名以及放置於不同的路徑中，則可按 檔案… (File…) 鈕，以開啟次對話盒。

➲ 新增至作用中資料集 (Replace working data file)：將新的整合資料檔取代目前的工作資料檔。

7-7 如何將檔案分割(split file)成個別群組以進行分析？

操作程序

 ➜ 資料 (Data) > 分割檔案…(Split File…)

功能用途

要將檔案分割成個別的群組，以做進一步的統計分析。

| 範例7-7 | 檔案的分割 |

　　開啟 PASW 的資料檔 Employee data.sav，個別分析每一組工作職類 (jobcat) 觀測體，並進行性別的次數分析。

一、操作步驟

(一) 選擇變數

0.　從功能表中選擇資料 (Data) > 分割檔案…(Split File…)。

1.　如圖 7-7-1 的對話盒所示，點選比較群組 (Compare groups) 選項。

2.　從左邊的來源變數清單中，選擇 jobcat 變數進入右邊的依此群組 (Groups Based on) 清單中。

3.　按 確定 (OK) 鈕，即可完成檔案的分割。

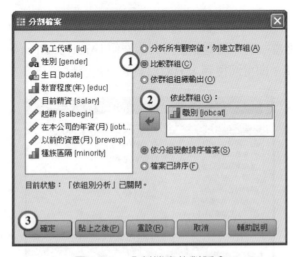

圖7-7-1　分割檔案的對話盒

(二) 分割檔案後的結果

4. 如圖 7-7-2 所示,在資料編輯器中的最下方右邊之狀態列會呈現出分割依據 (Split File On),顯示資料目前是處於分割檔案的狀態中。

圖7-7-2　分割檔案後,在資料編輯器的結果

(三) 進一步的統計分析

5. 對分割檔案執行進一步的統計分析,以探討各工作職類的性別分布,可從功能表選擇分析 (Analyze) > 敘述統計 (Descriptive Statistics) > 次數分配表 (Frequencies⋯),以開啟如圖 7-7-3 所示的對話盒。
6. 從左邊的來源變數清單選擇性別 (gender) 進入右邊的分析變數清單中。
7. 按 確定 (OK) 鈕,以完成分割檔案的統計分析,結果如圖 7-7-5 所示。

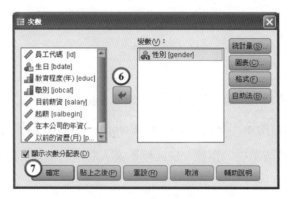

圖7-7-3　次數分析的對話盒

(四) 關閉分割檔案

8. 如圖 7-7-4 的對話盒所示,點選分析所有觀察值 (Analyze all cases) 選項。
9. 按 確定 (OK) 鈕,即可回復到未分割檔案的原始資料。

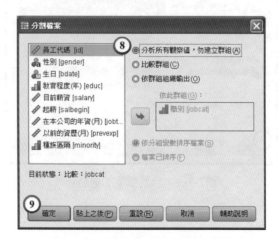

圖7-7-4　關閉分割檔案的對話盒

二、報表及說明

1. 如圖 7-7-5 所示為分割檔案後，執行比較群組的統計分析。若在分割檔案的對話盒點選依群組組織輸出 (Organize output by groups) 選項時，則進一步的統計分析結果如圖 7-7-6 所示為分割檔案後，執行重複群組的統計分析。

gender 性別

jobcat 職別			次數	百分比	有效百分比	累積百分比
1 職員	有效的	f 女	206	56.7	56.7	56.7
		m 男	157	43.3	43.3	100.0
		總和	363	100.0	100.0	
2 保全人員	有效的	m 男	27	100.0	100.0	100.0
3 管理人員	有效的	f 女	10	11.9	11.9	11.9
		m 男	74	88.1	88.1	100.0
		總和	84	100.0	100.0	

圖7-7-5　分割檔案後，執行比較群組的統計分析

gender 性別[a]

		次數	百分比	有效百分比	累積百分比
有效的	f 女	206	56.7	56.7	56.7
	m 男	157	43.3	43.3	100.0
	總和	363	100.0	100.0	

a. jobcat 職別 = 1 職員

gender 性別[a]

		次數	百分比	有效百分比	累積百分比
有效的	m 男	27	100.0	100.0	100.0

a. jobcat 職別 = 2 保全人員

gender 性別[a]

		次數	百分比	有效百分比	累積百分比
有效的	f 女	10	11.9	11.9	11.9
	m 男	74	88.1	88.1	100.0
	總和	84	100.0	100.0	

a. jobcat 職別 = 3 管理人員

圖7-7-6　分割檔案後，執行重複群組的統計分析

三、撰寫程式

程序語法：分割檔案(ex7-7.sps)

---

(1) 在 Split File 對話盒中按 [貼上之後] (Paste) 鈕，即可貼出分割檔案的語法如下，可分成兩類來分析：

a. 分割檔案以執行比較群組的分析

```
*依工作類別分割檔案.
SORT CASES BY jobcat.
SPLIT FILE
LAYERED BY jobcat.
*執行進一步的統計分析.
FREQUENCIES
VARIABLES=gender
/ORDER= ANALYSIS.
*關閉分割檔案.
SPLIT FILE OFF.
```

b. 分割檔案以執行重複群組的分析

```
*依工作類別分割檔案.
SORT CASES BY jobcat.
SPLIT FILE
  SEPARATE BY jobcat.
*執行進一步的統計分析.
FREQUENCIES
  VARIABLES=gender
  /ORDER=  ANALYSIS.
*關閉分割檔案.
SPLIT FILE OFF.
```

 牛刀小試 Try for yourself

TFY **7-7-1** · 試對本書範例資料 (bashw.sav)，以血型 (blood)、性別 (sex) 為分組，將資料予以分割，並分別列示 (listing) 其身高 (height) 與體重 (weight) 的資料。

TFY **7-7-2** · 試對本書範例資料 (job.sav)，以工作地點 (place) 及性別 (gender) 為分組，將資料予以分割，並分別計算其年齡及收入的平均數、標準差、最大值、最小值。

A7-7對話盒指引　Split File程序

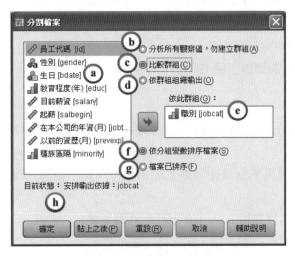

圖①　分割檔案的對話盒

Split File對話盒的說明

　　分割檔案 (Split File) 程序可依一或多個分組變數的值將資料檔分割成不同的群組以供後續的統計分析，可以設定至多八個分組變數。可從功能表選擇資料 (Data) > 分割檔案 (Split File…)，以開啓如圖①的對話盒。

ⓐ 來源清單 (Source List) 方塊：來源變數清單，會顯示資料集的所有變數。

ⓑ ○分析所有觀察值，勿建立群組 (Analyze all cases, do not create groups)：關閉分割檔案的程序。亦即所有觀測體一 併做分析，此預設選項。

ⓒ ○比較群組 (Compare groups)：啓動分割檔案的程序，亦即會比較每一群組的個別分析。

ⓓ ○依群組組織輸出 (Organize output by groups)：啓動分割檔案的程序，亦即每一群組均會重複個別分析。

ⓔ 依此群組 (Groups Based on) 方塊：在來源變項清單中選定一或多個群組變數，按 ▶ 鈕，即顯示在此方塊中，如此會對這些選定的變數加以分組並執行個別分析。而在進行分割檔案程序之前，須確定檔案是否依分群變數做排序，並請選擇下列之一的選項。

ⓕ ○依分組變數排序檔案 (sort the file by grouping variables)：此為預設選項，表示檔案尚未排序，因此便會在分割檔案之前先依群組變數來做排序。

ⓖ ○檔案已排序 (File is already sorted)：檔案已做過排序，如此可省下處理的時間。

ⓗ 告知目前的狀態 (Current Status)。通常在使用了分割檔案程序後，除非將它關閉 (即選定分析所有觀察值 (Analyze all cases) 選項，並按 確定 (OK) 鈕，否則其功能便一直存在。

7-8 如何選擇(select)觀測體以進行分析？

操作程序

 ➔ 資料 (Data) > 選擇觀察值 (Select Cases…)

功能用途

PASW 可設定只符合特定準則之部份觀測體來進行統計分析，選擇觀測體有各種不同的方法：

○使用邏輯運算式或算術運算式或函數，例如：如果 (select if) 公式為真則選擇出觀測體。

○從資料集隨機抽樣 (sample) 出部份的觀測體。

○選擇某一範圍的觀測體，例如觀測體的號碼。

○以時間架構選擇觀測體，例如日期與時間範圍。

○使用過濾 (filter) 變數，僅選擇該變數值 1 的觀測體。

範例7-8	選擇觀測體

開啟 PASW 的資料檔 Employee data.sav，選擇工作職類 (jobcat) 為辦事員 (1=clerical) 的觀測體，並進行性別的次數分析。

一、操作步驟

(一) 設定選擇觀測體的方法

0. 從功能表中選擇資料 (Data) > 選擇觀察值…(Select Cases…)。

1. 如圖 7-8-l 的主對話盒所示，點選如果滿足設定條件 (If condition is satisfied)，並按 ⬚ 若… (If…) 鈕，以開啟次對話盒。

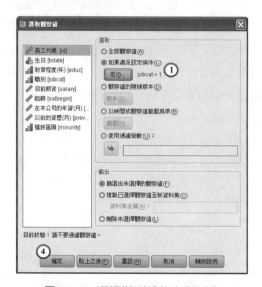

圖7-8-1　選擇觀測體的主對話盒

(二) 設定選擇觀測體的條件

2. 如圖 7-8-2 的次對盒所示，運用左邊的來源變數清單及計算盤的功能，在文字方塊中
   輸入 jobcat=1。

3. 按 繼續 (Continue) 鈕，回到主對話盒。

4. 如圖 7-8-1 按 確定 (OK) 鈕，即可完成條件式的選擇觀測體。

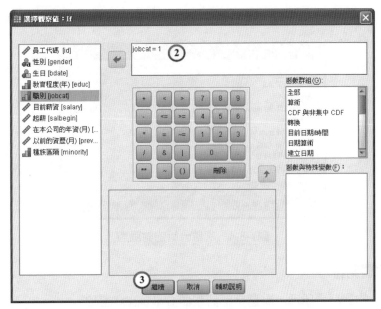

圖7-8-2　條件式選擇(select if)觀測體的次對話盒

(三) 選擇觀測體後的結果

5. 如圖 7-8-3 所示，在資料編輯器中未被選擇的觀測體，在其編號上會呈現一條斜線。

6. 在變數欄位的最後會新增一個 filter_$ 的過濾變數，其值為 1 者表示已被選擇，其值
   為 0 者表示未被選擇。

7. 在 PASW 資料編輯視窗的最下方右邊之狀態列會呈現出篩選於 (Filter on)，顯示資料
   目前是處於過濾選擇觀測體而不是全部觀測體的狀態中。

	jobcat	salary	salbegin	jobtime	prevexp	minority	filter_$
25	1	$21,150	$9,000	97	171	1	1
26	1	$31,050	$12,600	96	14	0	1
27	3	$60,375	$27,480	96	96	0	0
28	1	$32,550	$14,250	96	43	0	1
29	3	$135,000	$79,980	96	199	0	0
30	1	$31,200	$14,250	96	54	0	1
31	1	$36,150	$14,250	96	83	0	1
32	3	$110,625	$45,000	96	120	0	0
33	1	$42,000	$15,000	96	68	0	1
34	3	$92,000	$39,990	96	175	0	0
35	3	$81,250	$30,000	96	18	0	0

資料檢視　變數檢視

PASW Statistics 處理器已就緒　　篩選於

圖7-8-3　條件式選擇觀測體後，在資料編輯器的結果

(四) 進一步的統計分析

8. 對過濾後的檔案執行進一步的統計分析，可從功能表選擇分析 (Analyze) > 敍述統計 (Descriptive Statistics) > 次數分配表…(Frequencies…)，以開啓如圖 7-8-4 所示的對話盒。

9. 從左邊的來源變數清單選擇性別 (gender) 進入右邊的分析變數清單中。

10. 按 確定 (OK) 鈕，以完成選擇觀測體後的統計分析，結果如圖 7-8-6 所示。

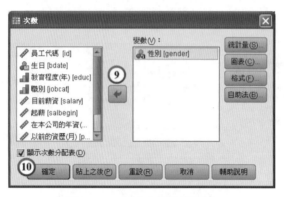

圖7-8-4　次數分析的對話盒

(五) 關閉選擇觀測體

11. 如圖 7-8-5 的對話盒所示，點選全部觀察值 (All cases) 選項。

12. 按 確定 (OK) 鈕，即可回復到原始資料的全部觀測體。

圖7-8-5　關閉選擇觀測體的對話盒

二、報表及說明

1. 如圖 7-8-6 所示，對選擇的觀測體執行進一步的統計分析，注意其個數為 363 人而不是原始資料的 474 人，其後任何的統計分析均將以此選擇後的觀測體為執行對象。

gender 性別

		次數	百分比	有效百分比	累積百分比
有效的	f 女	206	56.7	56.7	56.7
	m 男	157	43.3	43.3	100.0
①	總和	363	100.0	100.0	

圖7-8-6　條件式選擇觀測體後，執行進一步的統計分析

三、撰寫程式

程序語法：條件式選擇觀測體(ex7-8.sps)

(1) 在 Select Cases 主對話盒中按 貼上之後 (Paste) 鈕，即可貼出選擇觀測體的語法如下：

```
*選擇工作類別為1的觀測體.
USE ALL.
COMPUTE filter_$=(jObcat = 1).
VARIABLE LABEL filter_$ 'jObcat = 1(FILTER)'.
VALUE LABELS filter_$  0 'Not Selected' 1 'Selected'.
FORMAT filter_$ (f1.0).
FILTER BY filter_$.
EXECUTE.
*執行進一步的統計分析.
FREQUENCIES
VARIABLES=gender
  /ORDER=ANALYSIS.
*關閉選擇觀測體.
FILTER OFF.
USE ALL.
EXECUTE.
```

(2) 另一種條件式選擇觀測體的方法是運用 TEMPORARY 指令與 SELECT IF 指令的配合，如下所示：

```
*暫時條件式選觀測體.
TEMPORARY.
SELECT IF(jObcat = 1).
*僅能執行一次統計分析.
FREQUENCIES
VARIABLES=gender
/ORDER=ANALYSIS.
```

牛刀小試 Try for yourself

TFY **7-8-1** · 試對本書範例資料 (bashw.sav)，選取身高大於 140 且體重大於 31 的觀測體，並進行性別 (sex) 及血型 (blood) 的次數分析。

TFY **7-8-2** · 試對本書範例資料 (bashw.sav)，選取範圍第 5 個至第 12 個的觀測體，並分析其身高 (height) 及體重 (weight) 的平均數、標準差、最大值、最小值。

TFY **7-8-3** · 試對本書範例資料 (job.sav)，隨機選取大約 30%的觀測體，並進行其工作地點 (place) 及性別 (gender) 的次數分析。

TFY **7-8-4** · 試對本書範例資料 (job.sav)，從前 50 個觀測體中隨機選取 10 個觀測體，並分析其年齡 (age) 及工作年齡 (years) 的平均數、標準差、最大值、最小值。

A7-8對話盒指引　Select Cases程序

圖① 選擇觀測體的對話盒

Select Cases對話盒的說明

　　選擇觀察值 (Select Cases) 程序係以包含變數及複雜的運算式等多種方法來選取次群組的觀測體，可從功能表選擇資料 (Data) > 選擇觀察值…(Select Cases…)，以開啓如圖①的對話盒。

ⓐ 來源清單 (Source List) 方塊：來源變數清單，會顯示資料集的所有變數。

ⓑ 選取 (Select) 方塊：選擇觀測體的方式，僅能選擇下列其中之一。

　　⊃ 全部觀察值 (All cases)：選擇所有觀測體，此預設選項，亦為關閉選擇觀測體的程序。

　　⊃ 如果滿足設定條件 (If condition is satisfied)：使用條件運算式來選擇觀測體，符合者會被選出。按　若…　(If…) 鈕，可開啓如圖②的次對話盒以設定運算式。

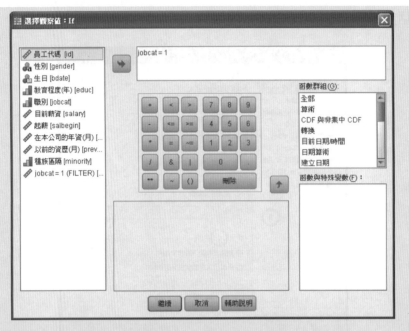

圖②　條件式次對話盒的說明

條件式次對話盒的說明

(1) 來源清單 (Source List) 方塊：來源變數清單，會顯示資料集的數值變數。

(2) 計算盤與函數清單：可參見 A6.1 對話盒指引計算變數 (Compute Variables) 程序中之 e 及 f 的說明 (頁次為 6-7)。

(3) 條件運算式的簡例：

　※ age>=21：僅選取年齡值等於或大於 21 的觀測體。

　※ salary*3<100,000：僅選取薪資乘 3 而小於 10 萬的觀測體。

　※ age>=21 | educat=1：僅選取符合年齡條件或教育類別條件的觀測體。

　※ salary*3<100,000 & jobcat ~ 5：僅選取符合薪資條件及工作類別條件的觀測體。

⊃ 觀察值的隨機樣本 (Random sample of cases)：以隨機抽樣選出一百分比或確實數目之觀測體。按 樣本… (Sample…) 鈕，以開啟如圖③的次對話盒。

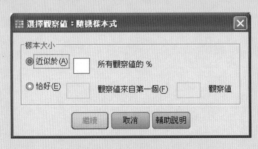

圖③　隨機抽樣的次對話盒

隨機抽樣次對話盒的說明

○近似於 (Approximately)：輸入百分比。PSASW 會依此比例隨機抽取近似的觀測體
　　數目。

○恰好 (Exactly)：輸入欲抽出的觀測體數目，及從最開頭的數目中抽出。

⊃ 以時間或觀察值範圍為準 (Base on time or case range)：選定某範圍的資料。對於時
　間序列的資料，則可以選定某日期或時間範圍的資料。按 [範圍…] (Range…) 鈕以
　開啟如圖④及圖⑤的次對話盒。

圖④　選定一般觀測體範圍的次對話盒

一般觀測體範圍之次對話盒的說明

觀察值 (Observation)：輸入欲選出的第一個觀測體號碼及最後一個觀測體的號碼。

圖⑤　選定時間序列觀測體範圍的次對話盒

時間序列觀測體範圍之次對話盒的說明

年 (Year)：輸入欲選出的第一個及最後一個觀測體的年份。

月 (Month)：輸入欲選出的第一個及最後一個觀測體的月份。

⊃ 使用過濾變數 (Use filter variable)：可由資料檔中選出數值變數來過濾或刪除觀測體，
　凡是過濾變數數值不是 0 或遺漏值者均被選出。

ⓒ 輸出 (Output)：觀測體的處理方式，僅能選擇下列其中之一。

⊃ 篩選出未選擇的觀察值 (Filter out unselected cases)：過濾出觀測體，使其不納入統
　計分析中，但仍會保持在資料檔中，此為預設選項。若使用隨機抽樣或以條件運算
　式來選擇變數，便會產生一名為 filter_$ 的變數，當其值為 1 時表示為選出之觀測
　體，而其值為 0 時表示未選之觀測體，且在資料編輯視窗的最左邊之列號會出現一
　斜線。

⊃ 複製已選擇觀察值至新資料集 (Copy selected cases to new dataset)：可在資料集名稱 (Dataset name) 方格中輸入。

⊃ 刪除未選擇觀察值 (Delete unselected case)：未選擇之觀測體會被刪除。

ⓘ Deleted 選項要非常小心的使用，在執行該選項後，若將資料儲存到原有的檔案名稱時，則將會遺失所有未被選擇的資料，而造成原始資料檔的破壞。

ⓓ 目前狀態 (Current Status)：選擇 (過濾) 的狀態，如下所示：

⊃ Do not filter cases：請不要過濾觀察值。

⊃ 藉由下列的值過濾觀察值 (Filter cases by values of [變數名稱])：開啟過濾功能。此時在視窗最下方的狀態軸會顯示 Filter On 之訊息。

7-9 　如何加權(weight)觀測體以進行分析？

操作程序

 ➜ 資料 (Data) > 加權觀察值…(Weight Cases…)

功能用途

當資料檔中的每一筆記錄代表的不只是一個觀測值時，可使用 Weight 程序來進行加權。

■ 範例7-9 　加權觀測體

醫院以某種方法治療各不同血型病人之治療情形 (weight.sav)，如圖 7-9-1 所示，試以觀測人數加權資料檔。

血型	病情改善	病情惡化
A	25人	25人
B	35人	40人
O	30人	35人
AB	60人	45人

	blood	sick	freq
1	A型	病情改善	25
2	B型	病情改善	35
3	O型	病情改善	30
4	AB型	病情改善	60
5	A型	病情惡化	25
6	B型	病情惡化	40
7	O型	病情惡化	35
8	AB型	病情惡化	45

圖7-9-1　本範例的PASW資料檔(weight.sav)

一、操作步驟

(一) 選擇變數

0. 開啟資料檔 (weight.sav)，並從功能表中選擇資料 (Data) > 加權觀察值…(Weight Cases…)。

1. 如圖 7-9-2 的對話盒所示，點選觀察值加權依據 (Weight cases by) 選項。

2. 從左邊的來源變數清單中，選擇 freq 變數進入右邊的次數變數 (Frequency Varialbe) 方格中。

3. 按 確定 (OK) 鈕，即可完成觀測體的加權。

圖7-9-2 加權觀測體的對話盒

(二) 加權觀測體後的結果

4. 如圖 7-9-3 所示，在資料編輯器中的最下方右邊之狀態列會呈現出加權於 (Weight on)，顯示資料目前是處於加權的狀態中。

圖7-9-3 加權觀測體後，在資料編輯器的結果

(三) 進一步的統計分析

5. 對加權後的檔案執行進一步的統計分析，可從功能表選擇分析 (Analyze) > 敘述統計 (Descriptive Statistics) > 交叉表…(Crosstabs…)，以開啓如圖 7-9-4 所示的對話盒。

6. 從左邊的來源變數清單選擇血型 (blood) 進入右邊的列 (row) 變數清單中。

7. 從左邊的來源變數清單選擇病情 (sick) 進入右邊的欄 (column) 變數清單中。

8. 按 確定 (OK) 鈕，以完成選擇觀測體後的統計分析，結果如圖 7-9-7 所示。

圖7-9-4 交叉表分析的對話盒

(四) 關閉加權觀測體

9.　如圖 7-9-5 的對話盒所示，點選觀察值不加權 (Do not weight cases) 選項。

10.　按 ⬚確定⬚ (OK) 鈕，即可回復到未加權觀測體的原始資料。

圖7-9-5　關閉加權觀測體的對話盒

二、報表及說明

1.　如圖 7-9-6 所示為資料尚未加權時進行的次數分析，無法顯示正確的分析結果，因此正確的做法則是將觀測體加權，則次數分析的結果則如圖 7-9-7 所示。

blood 血型 * sick 病情 交叉表

個數

		sick 病情		總和
		1 病情改善	2 病情惡化	
blood 血型	A A型	1	1	2
	AB AB型	1	1	2
	B B型	1	1	2
	O O型	1	1	2
總和		4	4	8

圖7-9-6　觀測體尚未加權時，執行交叉表分析的結果

blood 血型 * sick 病情 交叉表

個數

		sick 病情		總和
		1 病情改善	2 病情惡化	
blood 血型	A A型	25	25	50
	AB AB型	60	45	105
	B B型	35	40	75
	O O型	30	35	65
總和		150	145	295

圖7-9-7　觀測體加權後，執行交叉表分析的結果

三、撰寫程式

程序語法：加權觀測體(ex7-9.sps)

---

(1) 在 Weight Cases 對話盒中按 貼上之後 (Paste) 鈕，即可貼出加權觀測體的語法如下：

```
*加權觀測體.
WEIGHT
BY freq .
*執行進一步的統計分析，交叉分析.
CROSSTABS
/TABLES=blood BY sick
/FORMAT= AVALUE TABLES
/CELLS= COUNT
/COUNT ROUND CELL.
*關閉加權觀測體.
WEIGHT
OFF.
```

A7-9對話盒指引 Weight Cases程序

圖① 加權觀測體的對話盒

Weight Cases對話盒的說明

　　加權觀察值 (Weight Cases) 程序提供觀測體不同的權重以供後續的統計分析之用。可從功能表選擇資料 (Data) > 加權觀察值…(Weight Cases…)，以開啟如圖①的對話盒。

ⓐ 來源清單 (Source List) 方塊：來源變數清單，會顯示資料集的所有變數。

ⓑ ○觀察值不加權 (Do not weight cases)：關閉加權功能，此預設選項。

ⓒ ○觀察值加權依據 (Weight cases by)：開啟加權功能，並請在次數變數 (Frequency Variable) 方格中選入加權變數，此時，在視窗下方的狀態軸會顯示加權於 (Weight On) 之訊息。

ⓓ 目前狀態 (Current Status)：顯示目前加權的訊息。

　⊃ Do not weight cases：關閉加權功能。

　⊃ Weight cases by values of [變數名稱]：開啟加權功能。此時在視窗最下方的狀態軸會顯示加權於 (Weight On) 之訊息。

精 益 求 精 ｜ Do your best

DYB 7-1 · 某學年度上學期量化研究與資料分析的課程中學生之 PASW 學習的各項成績結果，任課教師為了減輕助教的負擔，將全班同學分成單號組及雙號組，並將兩組人的成績分別存在 spss_even.sav 及 spss_odd.sav 資料檔。在處理資料時，經常會遇到所欲分析的資料散落於不同檔案中的情形。此時我們必須設法將這些變數或資料放到同一個檔案之中。PASW 中的 Merge 程序可以幫助我們合併檔案。Merge 合併資料可以分成兩類：

(1)Add cases：在原來檔案中增加觀測體個案

試將單數學號同學的成績 (spss_odd.sav) 及雙數學號同學成績 (spss_even. sav) 合併成一個檔案，並將新的合併檔另存新資料檔 (spss_all.sav)。

(2)Add variables：在原來檔案中增加變數

任課教師為想了解 PASW 學習成績與其他學科成績是否有關，因此從教務處下載每位同學的成績單，得到檔案 score.sav，為了進行分析，必須將統計成績的檔案 (spss_all.sav) 與教務處成績檔 (score.sav) 合併，並將新的合併檔另存新資料檔 (test_all.sav)。(注意合併檔案前無論是 working data file 或是 keyed table file 要按照 keyed variable 排序。)

試執行下列問題的統計分析

Q1：分析期末考 (final) 的敘述性統計及畫出直方圖。

Q2：將作業成績加總 (homework)，並分析其敘述性統計。

Q3：將期中考、期末考及作業成績化成 0-100 的標準尺度，再以 30%，40%，30% 的比重算出學期總成績 (learning)，並分析學期總成績敘述性統計。

Q4：以性別 (sex) 加以分割資料檔，並比較男女生 (sex) 學期成績 (learning)？

Q5：選取有修過研究法課程 (research) 的同學，並分析其學期成績 (learning) 與統計成績 (stat) 的相關？

實務應用：學習風格之分析

DYB **7-2** · Kolb 基於經驗學習理論在 1976 年編製而 1985 年修訂其發展的學習風格量表 (Learning Style Inventory, LSI) 中描述四階段的學習循環 (learning cycle)，如圖①所示包括有 (1) 具體經驗 (concrete experience, CE)：以個人的感受獲得實際經驗；(2) 省思觀察 (reflective observation, RO)：由不同的觀點分析以進行價值判斷；(3) 抽象概念 (abstract conceptualization, AC)：以對情況的心智了解取代感受以發展通則、理論以解決問題；(4) 主動實驗 (active experience, AE)：測試理論、評鑑流程及用實際方法以影響他人或事件。茲將 Kolb 學習風格量表利用「具體經驗／抽象概念」及「主動實驗／省思觀察」兩個維度而形成四個象限（學習風格）以圖①所示，四種階段分別由處理 (process) 與知覺 (perception) 兩個構面而形成四種學習風格，即分散型 (Diverger)、調適型 (Accommodator)、聚合型 (Converger) 及同化型 (Assimilator)。

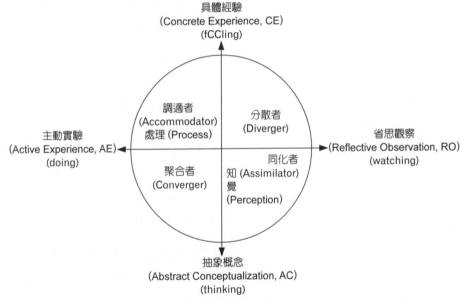

圖①　Kolb四階段的學習循環及四類學習風格

KOLB 學習風格量表

下面共有 12 個問題，每個問題有四種回答，根據各個狀況對您的適合程度依 4、3、2、1 分別加以排列 (請勿重複排列或漏填)。其中最像你的句子以 4 表示，3 代表次像你的、2 代表次不像你，而最不像你句子以 1 表示。例如：

當我學習時，

3 A. 我是很強調分析的。　　　　　　　　　　4 ＝最像你的

1 B. 我依自己心情而定。　　　　　　　　　　3 ＝次像你的

2 C. 我喜歡自己先問自己問題。　　　　　　　2 ＝次不像你

4 D. 我重視學習效用。　　　　　　　　　　　1 ＝最不像你

1. 當我學習的時候， __A. 我喜歡加入自己的感受。 __B. 我喜歡觀察與聆聽。 __C. 我喜歡針對觀念進行思考。 __D. 我喜歡實作。	2. 我學得最好的時候，是當 __A. 我相信我的直覺與感受時。 __B. 我仔細聆聽與觀察時。 __C. 我依賴邏輯思考時。 __D. 我努力完成實作時。
3. 當我學習時， __A. 我有強烈的感覺及反應。 __B. 我是安靜、謹慎的。 __C. 我是試著將事情想通。 __D. 我負責所有實作。	4. 我學習是利用 __A. 感覺。 __B. 觀察。 __C. 思考。 __D. 實作。
5. 當我學習時， __A. 我能接受新的經驗。 __B. 我會從各個層面來思考問題。 __C. 我喜歡分析事情，並分解成更小的問題。 __D. 我喜歡試著實際動手做。	6. 當我學習時， __A. 我是個直覺型的人。 __B. 我是個觀察型的人。 __C. 我是個邏輯型的人。 __D. 我是個行動型的人。
7. 我學得最好的時候，是從 __A. 同學間的討論。 __B. 觀察。 __C. 理論。 __D. 試作及練習。	8. 當我學習時， __A. 我覺得整個人都投入學習中。 __B. 我會在行動前都盡量準備妥當。 __C. 我喜歡觀念及理論。 __D. 我喜歡看到自己實作的成果。
9. 我學得最好的時候，是 __A. 我依賴自己的感覺時。 __B. 我依賴自己的觀察力時。 __C. 我依賴自己的觀念時。 __D. 自己試作一些事情時。	10. 當我學習時， __A. 我是容易相信的人。 __B. 我是一個審慎的人。 __C. 我是個理智的人。 __D. 我是個能負責的人。
11. 當我學習時， __A. 我是非常投入的。 __B. 我喜歡觀察。 __C. 我評估事物。 __D. 我喜歡積極參與。	12. 我學得最好的時候，是當我是 __A. 接受他人看法、開放心胸時。 __B. 非常小心時。 __C. 分析想法時。 __D. 實際動手做時。

　　　　茲取樣研究所學生共計 77 位，以 KOLB 學習風格量表進行量測，同時並調查其性別、年齡及婚姻狀況等個人變數，調查所得資料為 learning style.sav，試分析所有研究生學習風格之次數百分比，同時並分別依不同性別及不同婚姻狀況分析研究生的學習風格之次數百分比是否有所不同。

註：每一題選項 A 的答案加總即為具體經驗 (CE) 的分數，選項 B 的答案加總即為省思觀察 (RO) 的分數，選項 C 的答案加總即為抽象概念 (AC) 的分數，選項 D 的答案加總即為主動實驗 (AE) 的分數。

Chapter 08

統計圖的繪製
與編修

學習目標

☞ 學會選擇統計繪圖的功能表

☞ 能繪製標準圖 (standard chart)

☞ 能編修標準圖

☞ 能繪製互動圖 (interactive chart)

☞ 能編修互動圖

☞ 學會由樞軸表繪製互動圖

☞ 能繪製及編修互動式條狀圖

☞ 能繪製及編修互動式圓餅圖

❓8-1　如何選擇統計繪圖的功能表？

SPSS PASW 提供了超過 50 種以上的高解析度之統計圖形，其統計圖形的產生主要係透過統計圖 (Graphs) 功能表來加以繪製，而有部份亦可透過分析 (Analyze) 功能表中的許多程序來繪製。SPSS 版本 16 版以前提供如下的兩種方式繪製統計圖：

- 標準圖 (standard chart)：係由統計圖 (Graphs) 主功能表以及由統計程序所產生的圖形。

- 互動圖 (interactive chart)：係由統計圖 (Graphs) 主功能表中的互動式 (Interactive) 次功能表所產生的圖形。

至於 PASW(版本 17 版以後) 則提供以下的兩種方式繪製統計圖：

- 傳統標準圖：係由統計圖 (Graphs) 主功能表中的歷史對話記錄 (Legacy Dialogs) 次功能表產生。

- 圖表建立器：係由統計圖 (Graphs) 主功能表中的圖表建立器 (Chart Builder) 所產生。

一、PASW統計繪圖的功能表

如圖 8-1-1 所示，功能表中的選項，共分為四大類的統計圖。

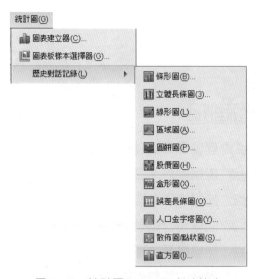

圖8-1-1　統計圖(Graphs)主功能表

(一) 類別的圖形(Categorical Charts)

1. 長條圖 (bar chart)：有簡單型、群集型、堆疊型、懸置型等。

2. 線型圖 (line chart)：有簡單型、多重型、落差型。

3. 面積圖 (area chart)：有簡單型、堆疊型。

4. 圓餅圖 (pie chart)：有簡單型、分割型。

5. 高低圖 (high-low chart)、差異線型圖 (difference line chart)。

6. 盒狀圖 (boxplot)：有簡單型、群集型。

7. 全距條狀圖 (range bar chart)、誤差條狀圖 (error bar)：有簡單型、群集型。

8. 混合圖 (mixed chart)：任何面積、條狀與線型圖的組合。

(二) 統計品質控制圖(SQC Charts)

1. 柏拉圖 (pareto chart)：有簡單型、堆疊型。

2. 控制圖 (control charts)：有 X-Bar、Range、Sigma、individual chart、moving range chart、p chart、np chart、u chart、c chart 等。

(三) 直方圖與散佈圖(histograms & scatterplots)

1. 直方圖：(含或不含) 常態曲線圖。

2. 散佈圖：有簡單型、重疊型、矩陣型、立體型。

(四) 診斷與檢測圖(diagnostic & exploratory plots)

1. 觀測圖 (caseplots) 與時間序列圖 (time series plots)。

2. 常態機率圖 (normal probability plots)。

3. 交叉相關函數圖 (cross-correlation function plots)。

二、PASW圖形編輯器(Chart Editor)的工具列

(一) 編輯工具列(Edit Toolbar)

圖8-1-2　圖形編輯器之編輯工具列

如圖 8-1-2 所示，將圖形編輯器之編輯工具列的各圖示之功能說明如下：

 ↶	Undo：復原使用者的最近一個動作。
 ↷	Redo：重複使用者的最近一個動作。
 ▦	Properties：顯示屬性視窗。
 **X**	X axis：選定 X (水平) 軸。
 **Y**	Y axis：選定 Y (垂直) 軸。

(二) 圖形工具列(Chart Toolbar)

圖8-1-3　圖形編輯器之圖形工具列

如圖 8-1-3 所示,將圖形編輯器之圖形工具列的各圖示之功能說明如下:

串	Data ID Mode:資料識別模式。
	Insert an annotation:插入一個註解。
T	Insert a text box:插入一個文字方塊。
	Add interpolation line:加入折疊式線條。
	Add fit line:加入適配線。
	Show Data Labels:顯示資料標註。
	Show or hide derived axis:顯示或隱藏軸線。
A B	Show/Hide legend:顯示／隱藏圖例。
	Show Line Markers:顯示線條的標記符號。
	Explode Slice:圓餅圖切片的分離。
	Transpose chart coordinate system:轉置圖型的座標系統。

(三) 格式工具列(Format Toolbar)

圖8-1-4　圖形編輯器之格式工具列

如圖 8-1-4 所示，將圖形編輯器之格式工具列的各圖示之功能說明如下：

B	Bold：文字粗體。
I	Italic：文字斜體。
≣	Align Left：向左對齊。
≣	Align Center：置中對齊。
≣	Align Right：向右對齊。
A·	Text Color：文字顏色
■·	Fill Color：填充顏色
―·	Line and Border Color：線條與邊界顏色。

三、SPSS互動圖形編輯器(Interactive Chart Editor)的工具列

適用於 SPSS 版本 16 版以前。

(一) 垂直軸工具列

茲將互動圖形編輯器垂直軸工具列的各圖示之功能說明如下：

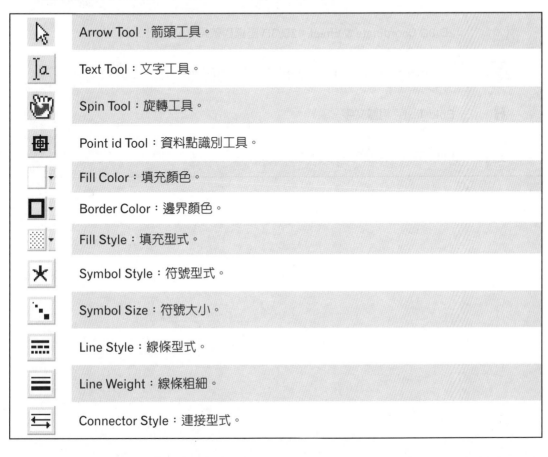

⬐	Arrow Tool：箭頭工具。
I*a*	Text Tool：文字工具。
✋	Spin Tool：旋轉工具。
⊞	Point id Tool：資料點識別工具。
□·	Fill Color：填充顏色。
■·	Border Color：邊界顏色。
⣿·	Fill Style：填充型式。
✳	Symbol Style：符號型式。
∴	Symbol Size：符號大小。
☰	Line Style：線條型式。
☰	Line Weight：線條粗細。
⇆	Connector Style：連接型式。

(二) 水平軸工具列

茲將互動圖形編輯器水平軸工具列的各圖示之功能說明如下：

	Assign variables to axes：指定變數至軸、圖例以及其它圖形特性。
	Insert Element：插入圖形的其它元素。
	Display the Chart Manager：顯示圖形的管理界面。
	Show Warings：顯示警告。
	Undo：復原使用者的最近一個動作。
	Redo：重複使用者的最近一個動作。
	Horizontal Orientation：轉向水平。
	Vertical Orientation：轉向垂直。
	3D Light & Palette：3D 的光線與色盤。
	2D/3D Coordinate & Effect：2D/3D 座標與效果。
	Automatically arrange：自動排列所有的圖形物件。
 B	Bold Text：粗體文字。
 I	Italic Text：斜體文字。

8-2　如何繪製標準圖(standard charts)？

以 PASW 範例檔 demo.sav 為例，我們想繪製圓餅圖以顯示家中有網路服務反應者人數之情形。

0. 開啟資料檔 (demo.sav)，並從功能表選擇統計圖 (Graphs) > 歷史對話記錄 (Legacy Dialogs) > 圓餅圖…(Pie…)。

1. 如圖 8-2-1 所示，點選 ⊙ 觀察值組別之摘要 (Summaries for groups of cases)，再點按 定義 (Define) 鈕。(此係想產生單一變數的圖形)

圖8-2-1　圓餅圖的對話盒

2. 如圖 8-2-2 示，將網路 (internet) 選入定義圖塊依據 (Define slices by) 的方格中。

3. 點按 選項… (Options…) 鈕。

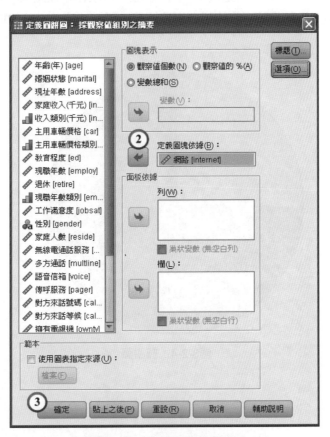

圖8-2-2　定義圓餅圖的對話盒

4. 如圖 8-2-3 所示，選取顯示由遺漏值定義的組別 (Display groups defined by missing values)，並點按 繼續 (Continue) 鈕。(通常預設值並未顯示缺漏值的類別)

圖8-2-3　圓餅圖選項的對話盒

5. 在定義圓餅圖 (Define Pie) 對話盒中，點按 確定 (OK) 鈕以產生圖餅圖。如圖 8-2-4，圓餅圖顯示大多數的填答者家中沒有網路服務，僅有約四分之一的填答者家中有網路服務。

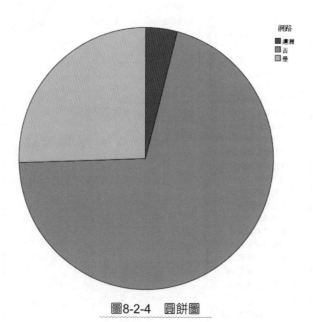

圖8-2-4　圓餅圖

❓ 8-3　如何編修標準圖？

編修圖形有各種方式，茲以本圓餅圖為範例加以說明，包括加入標題、去除缺漏資料的小類別、顯示百分比等。

1. 承 8-2 題，雙點圓餅圖開啟如圖 8-3-1 的圖形編輯器 (Chart Editor)。因為圓餅圖填滿可用空間，讓標題沒有空間加入。因此，在加入標題之前，必須先將資料框架調整大小。所謂資料框架是在圓餅圖週遭的框架。

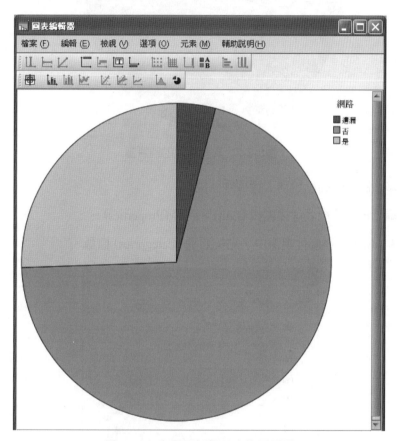

圖8-3-1　在圖形編輯器中的圓餅圖

2. 選擇資料框架，當選定時可以看到框架被選定後的處理。

3. 將滑鼠指標定位至右下角 (會出現雙箭頭游標)，再調整框架的大小，以留出空間加入圖形標題。

4. 從圖形編輯器的功能表選擇選項 (Options)> 標題 (Title)。

5. 在文字方塊中輸入「家中網路服務」，再按 Enter 鍵。即可看到如圖 8-3-2 所示，在圓餅圖上方顯示出標題，可以移動至想要放置的位置。

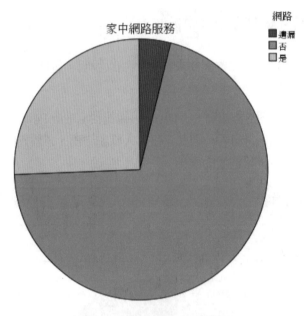

<u>圖8-3-2　具有標題的圓餅圖</u>

6.　為了要移除缺漏值的小類別，選擇圓餅圖。

7.　從圖形編輯器的功能表選擇編輯 (Edit) > 內容 (Properties)。

8.　如圖 8-3-3 所示，在屬性視窗中，點按類別 (Categories) 標籤。

<u>圖8-3-3　屬性視窗中的類別標籤</u>

9. 將遺漏 (Missing) 從上方的順序 (Order) 清單中移至下方的排除 (Excluded) 清單中。

10. 點按 套用 (Apply) 鈕，即可看到如圖 8-3-4 所示，缺漏值資料的類別已被移除，而僅剩餘二個類別。

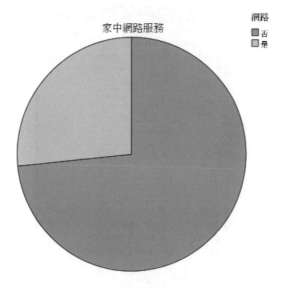

圖8-3-4　沒有缺漏值類別的圓餅圖

此圓餅圖更清楚的顯示大多數的填答者家中沒有網路服務，大約有四分之三的填答者是落於否 (NO) 的類別中，無論如何，若能呈現精確的百分比則更具有用途。

11. 選擇圓餅圖。

12. 從功能表中選擇元素 (Element)> 顯示資料標籤 (Show Data Labels)。如圖 8-3-5 所示，在圓餅圖中呈現有百分比的標註，可加上有計次 (個數) 的標註。

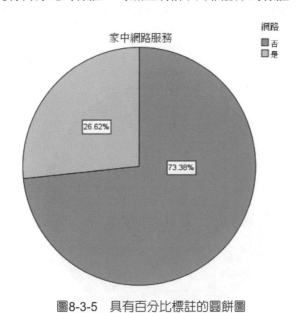

圖8-3-5　具有百分比標註的圓餅圖

13. 如圖 8-3-6 所示，在內容 (屬性) 視窗中的資料值標記 (Data Value Labels) 標籤，將下方的 Available(可用) 清單中個數 (Count) 移動至上方的內容 (Content) 清單中。

14. 在內容 (Content) 清單中移動上下箭頭，將個數 (Count) 置於百分比 (Percent) 之上。

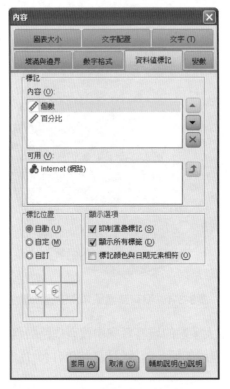

圖8-3-6　屬性視窗中的資料值標註之標籤

15. 點按 套用 (Apply) 鈕，即可看到如圖 8-3-7 中，百分比係以目前的兩個類別加以計算顯示 (73.38+23.62=l00)，如果將缺漏值的類別亦加入時，則各類別的百分比將會有改變而不同。

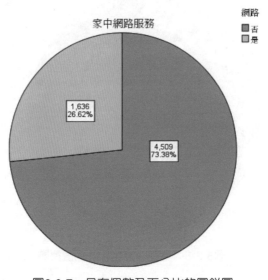

圖8-3-7　具有個數及百分比的圓餅圖

❓ 8-4　如何繪製互動圖(interactive charts)？

互動圖係透過從統計圖 (Graphs) 功能表的互動式 (Interactive) 次功能表選定圖形類別加以繪製而成的，僅適用於 SPSS 版本 16 版以前。

0. 從功能表中選擇統計圖 (Graphs) > 互動式 (Interactive) > 條形圖…(Bar…)，以開啟如圖 8-4-l 對話盒。

1. 從來源變數清單中將 ownpda 變數拖曳至 X(水平) 軸的清單中。

2. 將 inccat 變數拖曳至 Color(顏色) 的清單中。

圖8-4-1　繪製條狀圖的對話盒

3. 點按 確定 鈕，即可繪製互動圖。

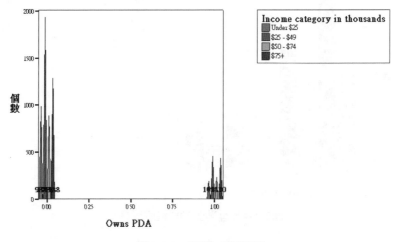

圖8-4-2　互動式條狀圖

　　如圖 8-4-2 所示，這不是一張特別吸引人的圖形，係因互動圖對量的變數與類別變數的處理方式不同所致。因為 ownpda 變數在 SPSS 資料中被定義為量的變數，而實際上它是一個類別變數，因此可以在資料編輯器中更改其變數定義，或是可以輕易的在互動圖繪製的程序中加以處理，而成為類別變數。

4. 再度開啟互動式條狀圖的對話盒，如圖 8-4-3 所示。

5. 在 x(水平) 軸清單中的 ownpda 變數，按滑鼠右鍵。

6. 從彈出的快捷選單 (context menu，或稱右鍵選單) 中選擇類別 (Categorical)。

圖8-4-3　在水平軸變數按滑鼠右鍵顯示變數類型的選單

7. 點按 確定 鈕以繪製圖形。如圖 8-4-4 所示的群集式條狀圖較之前好看。

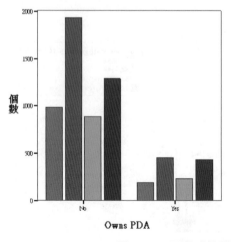

圖8-4-4　互動式的群集條狀圖

8-5 如何編修互動圖？

互動圖可以在檢視器 (Viewer) 中直接進行編修，僅適用於 SPSS 版本 16 版以前。

1. 承 8-4 題，雙按條狀圖以啓動如圖 8-5-1 所示的編輯區。

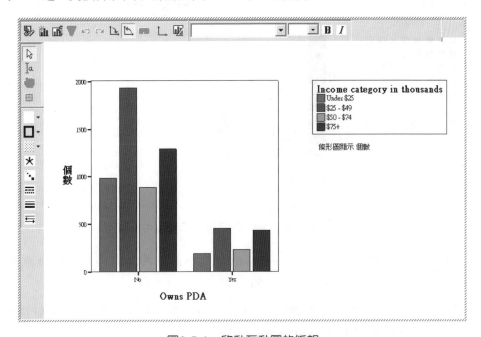

圖8-5-1　啓動互動圖的編輯

互動圖是在檢視器視窗中直接被啓動並進行編修，而標準圖則是開啓另一獨立視窗再進行編修。

爲改變條狀圖的顏色，可以點按以選擇其中的一個條狀，然後從垂直工具列的 Fill Color(填入顏色) 的配色盤中選擇另一種顏色。無論如何，在這個群集式的條狀圖範例中，顏色是與配對條狀有關聯的，所以可藉由選擇圖例 (legend) 中的條狀類別來加以改變。

2. 點按在圖例中之 $25-$49 類別旁的顏色方塊，如圖 8-5-2 所示。

3. 點按在垂直工具列中填入顏色 (Fill Color) 圖示旁的向下箭頭，並選擇一種新的顏色。此新顏色會被套用至代表 $25-$49 類別的兩個條狀。

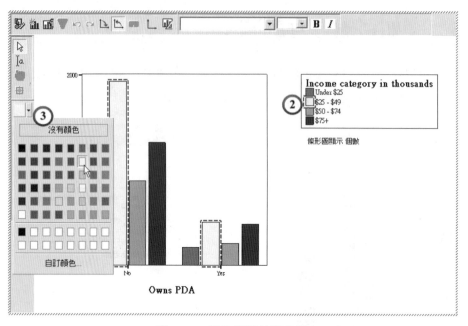

圖8-5-2 填入顏色的配色盤

在此範例中，圖例下的關鍵文字 (key text) 是不需要的，因為量尺的垂直軸已有 Counts 的標註。因此可加以刪除，其作法如下：

4. 如圖 8-5-3 所示，在圖例下的關鍵文字 (key text) 按滑鼠右鍵，並從彈出的快捷選單中選擇 Hide key(隱藏鍵)。結果如圖 8-5-4 所示。

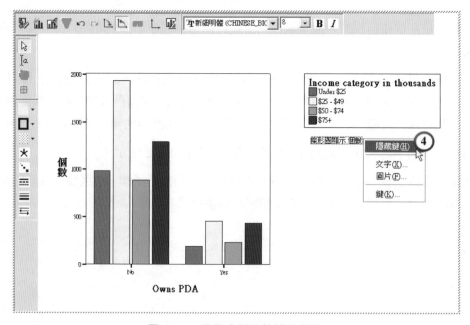

圖8-5-3 滑鼠右鍵的快捷功能表

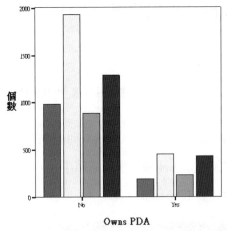

圖8-5-4　在圖例下方的關鍵文字被隱藏

❓ 8-6 如何由樞軸表繪製統計圖？

可以直接從樞軸表中包含的資料來繪製統計圖。

0. 從功能表中選擇分析 (Analyze) > 敘述統計 (Descriptive Statistics) > 交叉表 … (Crosstabs…)。

1. 如圖 8-6-1 所示，從來源變數清單中將 inccat 變數選入 Row(列) 變數清單中。

2. 從來源變數清單中將 ownpda 變數選入 Column(欄) 變數清單中。

3. 點按 確定 (OK) 鈕，以執行交叉分析表 (Crosstabs) 程序。

圖8-6-1　交叉表分析的對話盒

4. 如圖 8-6-2 所示，雙按樞軸表並加以啟動。

5. 滑鼠以拖曳方式選擇想要繪製圖形的資料細格。

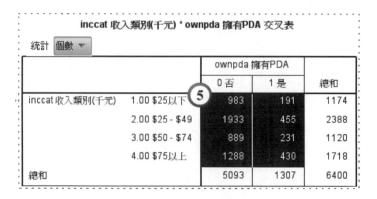

inccat 收入類別(千元) * ownpda 擁有PDA 交叉表

統計 個數 ▼

		ownpda 擁有PDA		總和
		0 否	1 是	
inccat收入類別(千元)	1.00 $25以下	983	191	1174
	2.00 $25 - $49	1933	455	2388
	3.00 $50 - $74	889	231	1120
	4.00 $75以上	1288	430	1718
總和		5093	1307	6400

圖8-6-2　在樞軸表中選定資料

6. 在選定區域中的任一地點按滑鼠右鍵。

7. 從彈出的快捷選單中選擇建立圖形 (Create Graph) > 條形圖 (Bar)。結果如圖 8-6-3 所示。

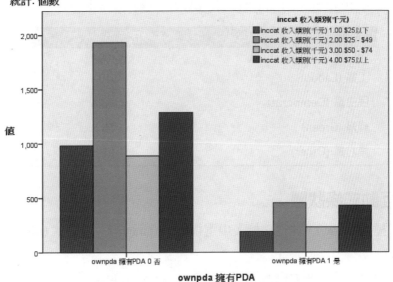

圖8-6-3　從樞軸表繪製群集式條狀圖

❓ 8-7　如何繪製及編修互動式條狀圖？

範例8-7　繪製及編修互動式條狀圖

下列資料是 1,110 位填答者的投票行為，試繪製及編修條狀圖。

政黨	投票行為（人次）
保守黨 (Conservative)	400
工黨 (Labour)	510
民主黨 (Democrat)	78
綠黨 (Green)	55
其它黨 (Other)	67

一、繪製互動式條狀圖

0. 開啟資料檔 (vote.sav)，並從功能表中選擇圖形 (Graphs) > 互動式 (Interactive)> 條形圖…（Bar…）。

1. 如圖 8-7-1 視窗所示，滑鼠點選 3-D效果 (3-D Effect) 模式。

2. 從左邊的來源變數清單中，選擇 party 變數進入右邊橫軸的方格中。

3. 從左邊的來源變數清單中，選擇百分比 ($pct) 變數進入縱軸方格中。

4. 取消顯示鍵 (Display Key) 的設定。

5. 點選 長條圖選項 (Bar Chart Options) 標籤，開啟如圖 8-7-2 所示的視窗，在條形形狀 (Bar Shape) 方塊中點選第二種形狀，並點選以圓形為基底 (Circular base)，在條形註解 (Bar Labels) 的方塊中，選取以數值 (Vaues) 為標註。

6. 點選 選項 (Options) 標籤，開啟如圖 8-7-3 所示的視窗，在量尺範圍 (Scale Range) 方塊中取消自動 (Auto) 設定，並在最大 (Maximum) 方格中輸入 l00。

7. 點按 確定 鈕，即可完成互動式條狀圖製作，結果如圖 8-7-4 所示。

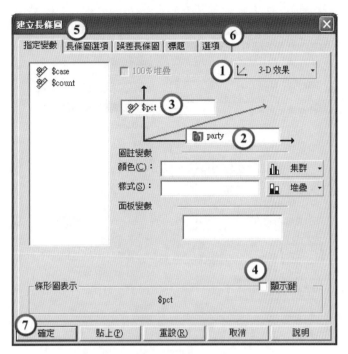

圖8-7-1　繪製互動式條狀圖的視窗

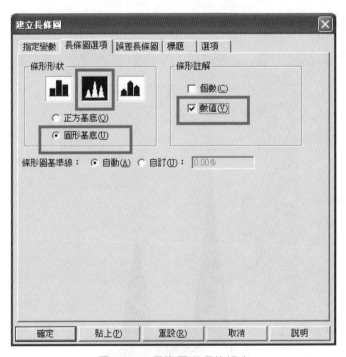

圖8-7-2　長條圖選項的視窗

圖8-7-3　圖形一般選項的視窗

二、編修互動式條狀圖

1. 從 SPSS 輸出檢視器中快按二下條狀圖，即可開啟如圖 8-7-4 所示的互動圖編輯區。

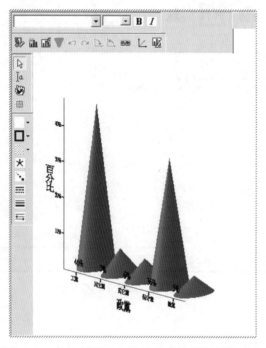

圖8-7-4　在檢視視窗中的互動式條狀圖的編輯區

2. 如圖 8-7-5 所示的 3D 旋轉盤中，在水平旋轉的方格中輸入 350，在垂直旋轉的方格中輸入 15，可即時看到條狀圖的旋轉變化結果。

圖8-7-5　互動圖的3D旋轉盤

3. 快按二下條狀圖的條狀，開啓如圖 8-7-6 所示的視窗，在條形圖填滿 (Bar Fill) 方塊中的樣式 (Style) 下拉式選單選取由下而上的漸層，在顏色一 (Color1) 的下拉式清單中選取紅色。

4. 在條形註解 (Bar Labels) 方塊中選取數值 (Values) 標註，並在位置 (Location) 下拉式選單中選取外端 (Outside End) 的選項。

圖8-7-6　互動式條狀圖之條狀的屬性視窗

5. 快按二下條狀圖的類別軸，開啓如圖 8-7-7 所示的視窗，在次序 (Order) 方塊中，點選依據 (By) 的選項，並從下拉式清單中點選人次 (freq) 變數。

6. 在排序 (Sort) 方塊中點選遞減 (Descending) 的選項。

7. 點按 確定 鈕，即可完成互動式條狀圖的編修，結果如圖 8-7-8 所示。

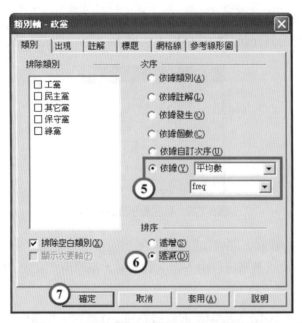

圖8-7-7　互動式條狀圖之類別軸的屬性視窗

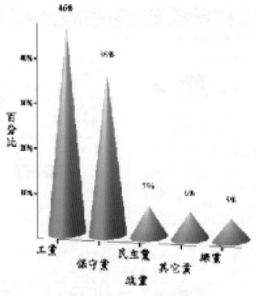

圖8-7-8　編修後之互動式條狀圖

8-8 如何繪製及編修互動式圓餅圖？

範例8-8 繪製及編修互動式圓餅圖

下列資料係調查在台北市工作的 3,600 位民眾每天上班所使用的交通工具，試繪製及編修圓餅圖。

交通工具 (type)	人次 (freq)
私人轎車	1,800
公共汽車	900
火車	300
其它工具	600

一、繪製互動式圓餅圖

0. 開啟資料檔 (cars.sav)，並從功能表中選擇統計圖 (Graphs) > 互動式 (Interactive) > 圓餅圖 (Pie) > 簡單…(Simple…)。

1. 如圖 8-8-1 的視窗所示，滑鼠點選 3D效果 (3-D Effeet) 模式。

2. 從左邊的來源變數清單中，選擇 traffic 變數進入右邊之切片依據 (Slice By) 的方格中。

3. 從左邊的來源變數清單中，選擇百分比 ($pct) 變數進入切片依據 (Slice Summary) 的方格中。

4. 取消顯示鍵 (Display Key) 設定。

5. 點選 圓餅圖 (Pies) 標籤，開啟如圖 8-8-2 所示的視窗，在切片註解 (Slice Labels) 方塊中點選類別 (Category) 及百分比 (Percent)。

6. 點按 確定 鈕，即可完成互動式圓餅圖的製作，結果如圖 8-8-3 所示。

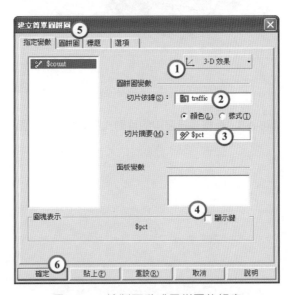

圖8-8-1 繪製互動式圓餅圖的視窗

圖8-8-2   圓餅圖選項的視窗

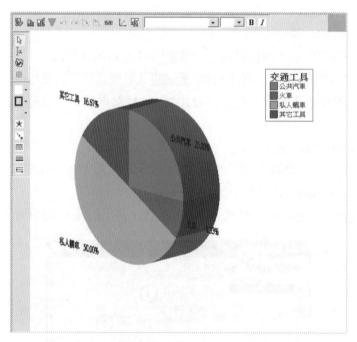

圖8-8-3   在檢視視窗中的互動式圓餅圖的編輯區

二、編修互動式圓餅圖

1. 從 SPSS 輸出檢視器中快按二下圓餅圖，即可開啟如圖 8-8-4 所示的互動圖編輯區。

2. 如圖 8-8-4 所示的 3D 旋轉盤中，在水平旋轉的方格中輸入 350，在垂直旋轉的方格中輸入 15，可即時看到條狀圖的旋轉變化結果。

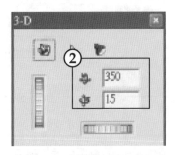

圖8-8-4　互動圖的3D旋轉盤

3. 快按二下圓餅圖的餅狀，開啟如圖 8-8-5 所示的視窗，在餅狀填充 (Pie Fill) 方塊中的樣式 (style) 下拉式選單選取由左右向中央的漸層。

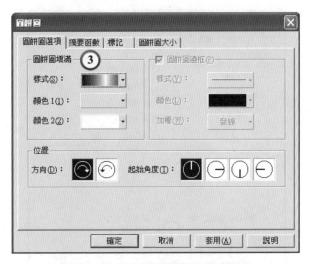

圖8-8-5　互動式圓餅圖選項的視窗

4. 快按二下互動圖的任一位置，開啟如圖 8-8-6 所示的視窗，在圖形內容 (Chart Contents) 方塊中點選色彩圖註 (color legend)，並從右邊色彩圖例 (color legend) 方塊中點選隱藏 (Hide) 選項，並按 編輯… (Edit…) 按鈕。

圖8-8-6 互動圖管理的視窗

5. 在次序 (Sort) 方塊中點選遞減 (Descending) 的選項，如圖 8-8-7 所示。

6. 點按 確定 鈕，即可完成互動式圓餅圖的編修，結果如圖 8-8-8 所示。

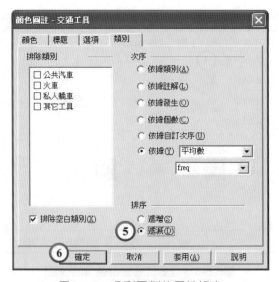

圖8-8-7 色彩圖例的屬性視窗

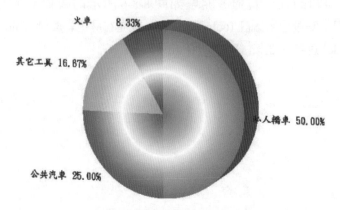

圖8-8-8 編修後之互動式圓餅圖

精 益 求 精 Do your best

DYB **8-1** · 下列資料是台南市市議員選舉的投票結果，試繪製條狀圖及圓餅圖。

候選人 (people)	得票數 (freq)
王大得	2,045
張國保	4,238
李小民	8,605
黃文珍	12,012

DYB **8-2** · 某研究者想瞭解足球員的身高 (吋) 與體重 (磅)，從一所大學抽樣 25 位美式足球員進行測量，結果如下所示，請使用 PASW 回答下列的問題：

1. 分別繪製身高、體重的直方圖與盒狀圖，並簡要描述繪圖結果。
2. 繪製體重與身高的散佈圖。

個案 Case	體重 Weight	身高 Height	個案 Case	體重 Weight	身高 Height
1	260.00	77.00	14	195.00	73.00
2	270.00	76.00	15	227.00	74.00
3	175.00	70.00	16	240.00	75.00
4	236.00	77.00	17	240.00	77.00
5	230.00	75.00	18	185.00	75.00
6	240.00	75.00	19	195.00	74.00
7	210.00	72.00	20	225.00	75.00
8	270.00	77.00	21	215.00	70.00
9	225.00	75.00	22	185.00	72.00
10	200.00	72.00	23	185.00	73.00
11	210.00	74.00	24	220.00	78.00
12	275.00	76.00	25	250.00	75.00
13	187.00	70.00			

描述應用統計篇

第四篇　第三篇　第二篇　第一篇

　　如何"讓資料說話"，以提供正確的資訊是研究者解決研究問題的重要依據，因此掌握資料分析方法和資料分析軟體工具是解決研究問題的有效手段。為使讀者由淺入深地瞭解和快速掌握描述應用統計的原理，並靈活運用於資料分析和解決研究問題，本篇共分四章，茲將各章的內容簡要說明如下：

　　第九章、彙總統計的分析：包括瞭解統計學的意義及變數的分類、統計圖表的應用時機、如何使用彙總統計量數以描述資料、及製作描述性統計表等。

　　第十章、資料的探索分析：包括瞭解莖葉圖與盒鬚圖應用於資料的探索分析、如何執行資料常態性的檢驗、界外值的檢測、未符合常態資料的變數轉換等。

　　第十一章、製作資料的彙總報告：包括如何製作線上分析處理 (OLAP) 的報告表格、個案彙總的報告表格、彙總在橫列的報告表格、彙總在縱欄的報告表格等。

　　第十二章、複選題 (多重反應) 的分析：包括如何執行多類別變數的複選題分析、及二分變數的複選題分析等。

Chapter 09

彙總統計 的分析

學習目標

☞ 瞭解統計學的意義及變數的分類

☞ 瞭解統計圖表的應用時機

☞ 能使用彙總統計量數以描述資料

☞ 能製作描述性統計表

9-1 何謂統計學？資料及變數量測的層次如何分類？

一、統計學的意義

統計學 (statistics) 為蒐集、整理、陳示、分析及解釋資料 (data) 的科學方法或程序。又可稱之為統計方法 (statistical methods)。透過統計處理可以把個別觀察而得的資料，結合成為團體的特徵，形成原理原則。大體言之，統計學可分為二大類型：

1. 描述統計 (descriptive statistics)：包含資料蒐集、整理、呈現、解釋與分析等步驟，一般以數值、表格、圖形來表現。

2. 推論統計 (inferential statistics)：根據部分資料分析的結果對更大範圍資料的某些特性，作一合理的推測與估計。如圖 9-1-1 所示，即以樣本 (sample) 資料來反映母群 (population) 的特性、推測母群分配的未知參數。

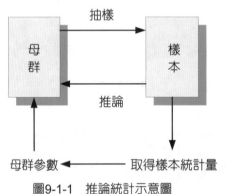

圖9-1-1　推論統計示意圖

二、資料的分類

對一組資料加以彙總或描述統計分析之前，應先區別資料的型態 (type of data)，因為不同型態的資料其所採用的彙總方法 (統計方法) 也有所不同。統計資料一般是由一個或很多個變數之值所組成，所謂變數 (variable) 乃是一種具有不同值或結果的特徵之量測，凡一切可計量的特徵皆稱為變數。依據資料特性可分為量化資料 (quantitative data) 與質性資料 (qualitative data)。

(一) 量化資料(quantitative data)

是以數字尺度來量測的資料，諸如年齡、身高、體重、分數、溫度、速度等。量化資料又可區分為間斷型資料 (discrete data) 與連續型資料 (continuous data)。

1. 間斷型：無法在二個數值間進行無限分割者，也就是有一最小計數單位可以進行計數 (countable)。如：家庭人數、產品個數等。

2. 連續型：任何二個數值間的段落可以無限分割成更小的數值，也就是經由量測 (measure) 而得，是不可計數的。如：時間、身高、溫度、體重等。

(二) 質性資料(qualitative data)

又稱為類別資料 (categorical data)，是依據屬性或類別尺度來區分資料，諸如性別、國別、血型、膚色等。

三、變數的量測層次(level of measurement)

量測乃是「依照規則賦予事物特徵特定數字的程序」，在量測時如採用不同的尺度，則將對事物或變數特徵的描述和說明提供不同的訊息。任何量測必須有準則和依據，S. S. Stevens(1951) 依量測的層次將變數加以分類成四種尺度，而這四種尺度具有不同的特徵，也有不同的功用：

(一) 名義尺度(nominal scale)

凡衡量變數本身用途時，僅能以事物的分類或屬性標示其特色者，稱之為名義尺度。因此，名義尺度中的數字只有名義而無實質內容；如「性別」中以 1 代表男、0 代表女。故名義尺度的資料僅能代表各代號所出現的次數或相對次數，將其進行算數運算並無任何意義。

(二) 順序尺度(ordinal scale)

凡衡量變數本身用途時，不僅可以利用數值或非數值來代表不同類別，尚可利用數值來區分類別間的大小、多寡、優劣、高低、次序等。如「評量」中 E 代表優、G 代表良、P 代表可、或是以 1 代表優、2 代表良、3 代表可。同樣的，將其進行算數運算並無任何意義。

(三) 等距尺度(interval scale)

包含上述名義尺度與順序尺度的特性外，還可利用數值表達事物間或類別間的差異量大小。因此，等距尺度資料必定是數值，而且可以進行加減運算。如「溫度」中攝氏 35 度與攝氏 5 度就有 30 度的差距。但我們不能以這種尺度進行乘除運算，也就是不能說攝氏 35 度是攝氏 5 度的七倍熱，此乃因為該原點 (零點) 並非熱量的真正原點。這也是與擁有「絕對零點」(absolute zero) 的比率尺度最大的不同。

(四) 比率尺度(ratio scale)

擁有上述尺度的所有特性，且變數具有「絕對零點」，二數值之間的比值是有意義的，是故進行四則運算皆可解釋資料之間的關係。如長度、重量、銷售量、所得都是比率尺度的例子，因其距離或大小都可從一個絕對的零點算起。

研究者必須了解這四種尺度的性質，才能選擇適當的尺度，用來編製測量工具，而它亦會影響我們所選用的統計分析方法。如圖 9-1-2 所示係資料的種類與量測水準之間的關係。

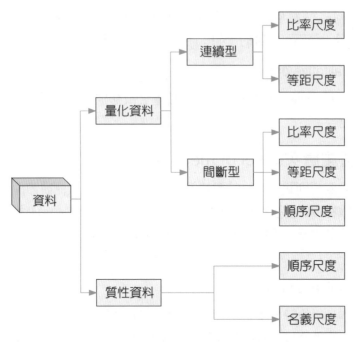

圖9-1-2　資料分類與量測尺度之間的關係

 Try for yourself

TFY **9-1-1**・學生的測驗評分等第是下列那一類型的變數？
(A) 連續型 (continuous)
(B) 間斷型 (discrete)
(C) 次序的 (ordinal)
(D) 名義的 (nominal)

TFY **9-1-2**・台南縣永康交流道至仁德交流道間的中山高速公路路段在週末發生車禍事故的數量是下列那一類型的變數？
(A) 連續型 (continuous)
(B) 間斷型 (discrete)
(C) 次序的 (ordinal)
(D) 名義的 (nominal)

TFY **9-1-3**・名義變數經常以何種格式呈現？
(A) 計次 (counts)
(B) 平均 (averages)
(C) 等第 (ranks)。

9-2 如何使用統計表及統計圖以陳示資料？

研究者由實驗、調查或測驗所得的原始資料 (raw-data)，通常雜亂無章，很難看出其意義，因此必須加以整理，使其有組織有系統而容易了解。整理資料最基本的方法就是將原始資料分類，計算每類出現的次數，以做成統計表 (table)。除了用統計表外，也可用圖示法 (graphic-methods) 更能引起閱讀者興趣與注意。

一、資料的陳示：統計表(statistical table)

是一種最基本的整理或彙總方法，從原始資料中描述各種重要特性的基本工作，此項工作有助於了解資料分配的集中情形、分散情形、偏態和峰態。

(一) 次數分配表(frequency distributed table)

所謂次數分配表是將資料依數量大小或類別而分成若干組，並計算各組的資料個數（次數），由此可顯示資料的分布情況。依據資料性質的不同，有以下二種次數表：

1. 簡單次數表：將變數依相同者 (或屬於同一類別者) 逐一歸併彙總而得，適用於質性資料或規模不大的間斷資料，如表 9-2-1 所示。

表 9-2-1　受試者學歷背景之次數分配表

組別	人數	百分比 (%)
國中	15	12.50
高中、職	10	8.33
專科	30	25.00
大學	25	20.83
研究所	40	33.33

2. 分組次數表：將變數依其大小次序，劃分為若干段落(分組)，以每一段落為一組(class)，由此所編製的表適用於連續資料，如表9-2-2所示，分組次數表雖然會喪失許多原有的細節，但卻可以讓我們瞭解原始資料所蘊含的規律性及其分布的情況，因此具有彙總與簡化原始資料的功用。

表 9-2-2　100 位學生統計學成績之次數分配表

分數組距	組中點	次數	百分比 (%)
75-79	77	15	15.00
80-84	82	10	10.00
85-89	87	30	30.00
90-94	92	25	25.00
95-99	97	20	20.00

(二) 累積次數分配表(cumulative frequency distributed table)

如表 9-2-3 所示為適用於間斷資料的累積次數分配表，而表 9-2-4 則為適用於連續資料的累積次數分配表。

表 9-2-3　受試者學歷背景之次數分配表

組別	人數	累積人數 (cf)	累積百分比 (cf%)
國中	15	15	12.50
高中、職	10	25	20.83
專科	30	55	45.83
大學	25	80	66.67
研究所	40	120	100.00

表 9-2-4　100 位學生統計學成績之累積次數分配表

分數	組中點	次數	累積次數 (cf)	累積百分比 (cf %)
75-79	77	15	15	15.00
80-84	82	10	25	25.00
85-84	87	30	55	55.00
90-94	92	25	80	80.00
95-99	97	20	100	100.00

(三) 二維列聯表(contingency table)

研究者常使用描述統計來整理資料，尤其是在問卷調查中，常使用次數的分配表或是列聯表來記錄所獲得的資料，如表 9-2-5 所示，列聯表的資料看來就像是一格一格的資料，而這些格子是由兩個或以上的類別變數交叉組合得出，得以檢視維度間資料的分布狀況，二維列聯表在推論統計方面可做進一步的卡方檢定。

表 9-2-5　不同性別受試者抽煙經驗之交叉列聯表

		抽煙經驗	
		有	無
性別	男	30 (20.00%)	120 (80.00%)
	女	5 (3.33%)	145 (96.67%)

二、資料的陳示：統計圖(statistical chart)

圖示法主要是在幫助讀者很快瞭解資料之分配情形和特性，使閱讀者僅花費少許時間便可對統計資料得到一個明確的綜合性概念。但也容易因此喪失部分資料，甚至無意被誤用或有意被濫用。基本上，統計圖與資料的型態有關，如表 9-2-6。

表 9-2-6　適用不同資料型態的各種統計圖

資料型態		適用統計圖
量化資料	連續型	直方圖、多邊圖、肩型圖
	間斷型	直方圖、多邊圖、肩型圖 條狀圖、圓餅圖
質性資料		條狀圖、圓餅圖

(一) 直方圖(histogram)

以長方形面積大小來表示次數分配的一種統計圖。其最大的特點就是條狀和條狀之間沒有空隙，而且組距都是連續下去的。橫軸代表分組，縱軸代表分組次數，專用於表示連續性資料（即等距及比率變數）之次數分布。如圖 9-2-1 所示，次數資料常以條狀圖放在兩個向度的圖形上，代表每個分數或組距發生的次數，由此最易於判斷資料的分布情形是否符合常態或偏態。

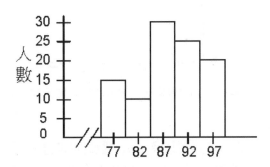

圖9-2-1　100位學生統計學成績之次數分配直方圖

(二) 次數多邊圖(frequency polygons)

次數多邊圖與直方圖近似，唯一不同的是以單點來取代條狀標示，並將這些單點以直線連結起來。如圖 9-2-2 所示。

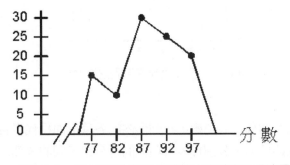

圖9-2-2　100位學生統計學成績之次數分配多邊圖

(三) 累積次數肩形圖(cumulative frequencies ogives)

是以累積次數及累積百分比來製作圖示，通常可分為兩類，一類為較小累積次數肩形圖 (less-than type Ogives)，如圖 9-2-3 所示。另一為較大累積次數肩形圖 (more-than type Ogives)。

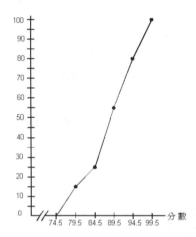

圖9-2-3　100位學生統計學成績之次數分配肩形圖

(四) 條狀圖(bar chart)

　　以上所述之直方圖、次數多邊圖以及累積次數肩形圖通常適用於等矩及比率變數，而條狀圖則適用於名義及類別變數。條狀圖是以若干等寬平行長條的長短，表示統計資料數量大小的統計圖，和前面提到的直方圖相似，但不同處是條狀圖的條狀和條狀之間是有空隙分開，如圖 9-2-4 所示。

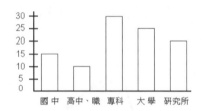

圖9-2-4　受試者學歷背景之條狀圖

(五) 圓餅圖(pie chart)

　　圓餅圖是以圓形的全面積代表總數，以圓形內的各扇形面積代表各部分數量。即將全圓分為若干個角度不同的扇形，分別代表各項目的百分比，圓的全部面積代表總數與百分之一百。故凡欲表示各項目對全部的百分比時，宜採用這種圖形。如圖 9-2-5 所示，是將受試者依不同學歷各組的比例分割 360° 繪製而成。

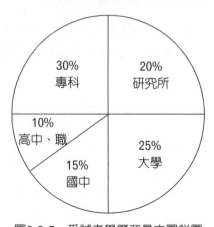

圖9-2-5　受試者學歷背景之圖餅圖

A9-2對話盒指引　Frequencies程序

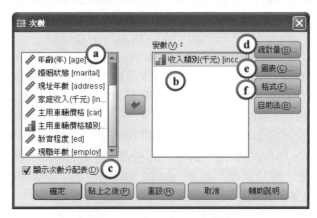

圖①　次數分析之主對話盒

Frequencies對話盒的說明

次數分配表 (Frequencies) 程序可以產生次數分配表、集中量數與分散量數、直方圖與條狀圖等，亦可依觀測值或次數計數的大小來排序次數分配表。最基本的規格要求是至少輸入一個數值或短字串的變數。可從功能表選擇分析 (Analyze)> 敘述統計 (Descriptive Statistics) > 次數分配表…(Frequencies…)，以開啓如圖①的對話盒。

ⓐ 來源清單 (Source List) 方塊：來源變數清單，會顯示資料集的數值與短字串變數。

ⓑ 變數 (Variable(s)) 方塊：分析變數清單，可從來源變數清單中選取一個或多個變數，按 ▶ 鈕進入此清單中。

ⓒ □顯示次數分配表 (Display frequency tables)：預設為顯示次數分配表。若取消此選項，則會抑制次數分配表的顯示。

ⓓ 統計量… (Statistics…) 按鈕：獲取數值變數的描述性與摘要性統計，可開啓如圖② 的次對話盒。

圖②　統計量的次對話盒

統計量次對話盒的說明

(1) 百分位數值 (Percentile Values) 方塊：可選取下列一個或多個分位量數。

　□四分位數 (Quartiles)：顯示第 25、50、與 75 的百分位數。

　□切割觀察組為相同值組別 (Cut points for n equal groups)：顯示將樣本分割成相同大小之群組的百分位數。預設群組數目是 10，輸入的數目必須是介於 2 與 100 之間的正整數。顯示的百分位數之數目是比所指定的群組數目少 1。

　□百分位數 (Percentile(s))：使用者自定的百分位數值。輸入一個介於 0 與 100 之間的值，按 新增 (Add) 鈕。重複此動作以便產生其他的百分位數，而在百分位數清單中，則會以遞增的次序顯示這些值。若要刪除某一個百分位數，則在清單中選定 (反白) 該值，再按 移除 (Remove) 鈕。若要修改某一個百分位數，則在清單中加以選定，輸入新值後，再按 變更 (Change) 鈕。

(2) 分散情形 (Dispersion) 方塊：可選取下列一或多個分散量數。

　□ Std. deviation：標準差。

　□ Variance：變異數，等於標準差的平方。

　□ Range：全距 (範圍)，最大值與最小值之差。

　□ Minimum：最小值。

　□ Maximum：最大值。

　□ S.E. mean：平均數的標準誤。

(3) 集中趨勢 (Central Tendency) 方塊：可選取下列一或多個集中量數。

　□ Mean：算術平均數。

　□ Median：中位數。

　□ Mode：眾數。若有多個數值同時為次數最多者，則僅出現數值最小的值。

　□ Sum：總和。

(4) Distribution 方塊：可選取下列一或多個分配量數。

　□ Skewness：偏度，亦顯示偏度的標準誤。

　□ Kurtosis：峰度，亦顯示峰度的標準誤。

(5) 觀察值為組別中點 (Values are group mi d goninuts.)

ⓔ 圖表… (Charts…) 按鈕：獲取條狀圖或直方圖，可開啟如圖③次的對話盒。

圖③　統計圖的次對話盒

統計圖次對話盒的說明

(1) 圖表類型 (Chart Type) 方塊：可選擇下列其中之一的圖形。

　○ 無 (None)：不產生圖形，此為預設選項。

　○ 長條圖 (Bar chart(s))：繪製條狀圖。

　○ 圓餅圖 (Pie chart)：繪製圓形圖。

　○ 直方圖 (Histogram(s))：繪製直方圖，繪製的區間之數目最大到 21。

　　□ 常態分佈曲線 (With normal curve)：此選項會將常態曲線加到直方圖中。

(2) 圖表值 (Chart Values) 方塊：可選擇下列其中之一的圖形值。

　○ 次數分配表 (Frequencies)：圖形值是以次數來顯示，此為預設選項。

　○ 百分比 (Percentages)：圖形值是以百分比來顯示。

ⓕ 〔格式…〕(Format…) 按鈕：修改次數分配表輸出的格式，可開啟如圖④的次對話盒。

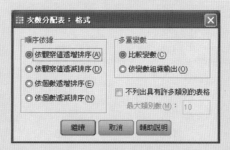

圖④　格式的次對話盒

格式次對話盒的說明

(1) 順序依據 (Order by) 方塊：可選擇下列其中之一的方式來排序。

　○ 依觀察值遞增排序 (Ascending Values)：以數值的遞增方式來排序，此為預設選項。

　○ 依觀察值遞減排序 (Descending Values)：以數值的遞減方式來排序。

　○ 依個數遞增排序 (Ascending Counts)：以計次的遞增方式來排序。

　○ 依個數遞減排序 (Descending Counts)：以計次的遞減方式來排序。

(2) 多重變數 (Multiple Variables) 方塊：多變數表格的顯示方式，可選擇下列其中之一的方式。

　○ 比較變數 (Compare variables)：將所有變數的表格顯示在單一表格中以比較變數。

　○ 依變數組織輸出 (Organize output by variables)：每一變數顯示個別的統計表，以依變數組織報表。

(3) □不列出具有許多類別的表格 (Suppress tables with more than n categories)：抑制表格不要顯示出超過指定數目的類別。

　最大類別數 (Maximum number of categories)：輸入表格最大的類別數，預設數目為 10。

範例9-2-1　質性變數的統計表及統計圖

　　下列是 30 位學生的基本資料 (student.sav)，其中包含兩個是質性變數 (性別與血型)，兩個是量化變數 (體重與身高)，試對該資料質性變數製作統計表及繪製統計圖。

性別 Gender	體重 Weight(Kgs)	身高 Height(cms)	血型 Bloodtype
M	75	178	O
M	100	196	O
M	60	145	A
M	71	170	O
M	80	180	B
M	69	175	O
M	78	185	AB
M	85	186	A
M	96	176	B
M	76	180	O
M	89	169	AB
M	96	195	O
M	105	200	O
M	98	201	A
M	89	186	B
F	65	171	O
F	67	176	O
F	78	180	AB
F	67	160	AB
F	89	150	A
F	90	154	B
F	85	153	B
F	81	140	A
F	66	144	O
F	58	153	O
F	55	164	O
F	67	171	A
F	72	159	B
F	75	171	B
F	76	169	O

一、分析步驟

0. 開啟資料檔 (student.sav)，並從功能表中選擇分析 (Analyze) > 敘述統計 (Descriptive Statistics) > 次數分配表…(Frequencies…)。

1. 如圖 9-2-1 的對話盒所示，從左邊的來源變數清單中，選擇性別 (gender) 變數進入右邊之變數清單的方塊中。

2. 點按 圖表… (Charts…) 鈕，開啟次對話盒，在圖形類型方塊中點選長條圖 (Bar Charts) 選項、圖表值方塊中點選百分比 (Percentages) 選項，再按 繼續 (Continue) 鈕回到主對話盒。

3. 點按 確定 (OK) 鈕，即可完成質性變數之統計表及統計圖的製作。

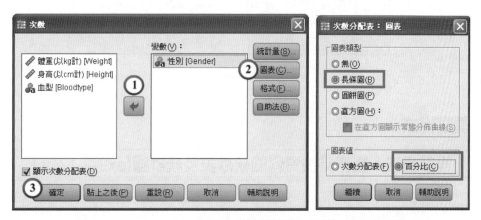

圖9-2-1 Frequencies對話盒製作質性變數的統計表及統計圖

二、報表及說明

1. 男生人次 (Frequeny) 共 15 人，百分比 (Percent) 為 50%，通常包含缺漏值的百分比。

2. 有效百分比 (Valid Percent) 通常不包含缺漏值的百分比，而累積百分比 (Cumulative Percent) 則依類別往下逐漸累積至 100%。

Gender 性別

		次數	百分比	有效百分比	累積百分比
有效的	F 女生	15	50.0	50.0	50.0
	M 男生	15	50.0	50.0	100.0
	總和	30	100.0	100.0	

3. 條狀圖顯示男、女性所佔的比率相同，均為 50%。

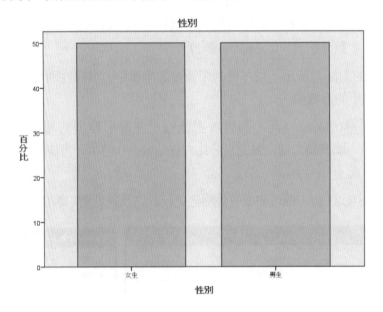

三、撰寫程式

程序語法：製作質性資料的統計表及統計圖(ex9-2-1.sps)

```
FREQUENCIES   VARIABLES=Gender
  /BARCHART PERCENT    *以百分比繪製條狀圖
  /ORDER= ANALYSIS.
```

牛 刀 小 試　Try for yourself

TFY 9-2-1 · 試對範例 9-2-1 的學生資料 (student.sav) 中之質性變數 (血型) 製作次數分配表，並以百分比繪製圓餅圖。

TFY 9-2-2 · 下列資料是 1,110 位填答者的投票行為，試繪製圓餅圖。

政黨	投票行為 (人次)
保守黨 (Conservative)	400
工黨 (Labour)	510
民主黨 (Democrat)	78
綠黨 (Green)	55
其它黨 (Other)	67

TFY **9-2-3** · 下列資料是一家保險公司在過去 40 天中每天處理投保的人數，試製作次數分配表。

3,5,9,6,4,7,8,6,2,5,10,1,6,3,6,5,4,7,8,4,5,9,4,2,7,6,1,3,5,6,2,6,4,8,3,1,7,9,7,2

TFY **9-2-4** · 下列資料係調查在台北市工作的 3,600 位民眾每天上班所使用的交通工具，試繪製條狀圖及圓餅圖。

交通工具 (type)	人次 (freq)
私人轎車	1,800
公共汽車	900
火車	300
其它工具	600

TFY **9-2-5** · 下列資料是台南市市議員選舉的投票結果，試繪製條狀圖及圓餅圖。

候選人 (people)	得票數 (freq)
王大得	2,045 票
張國保	4,238 票
李小民	8,605 票
黃文珍	12,012 票

範例9-2-2	量化變數的統計表及統計圖

同範例 9-2-1 的 30 位學生的基本資料 (student.sav)，試對該資料量化變數製作統計表及繪製統計圖。

一、分析步驟

0. 開啟資料檔 (student.sav)，並從功能表中選擇分析 (Analyze) > 敘述統計 (Descriptive Statistics) > 次數分配表…(Frequencies…)。

1. 如圖 9-2-2 的對話盒所示，從左邊的來源變數清單中，選擇體重 (weight) 變數進入右邊之變數清單的方塊中。

2. 點按 統計量… (Statistics…) 鈕，開啟次對話盒，在集中趨勢方塊中點選平均數 (Mean) 選項、分散量數方塊中點選標準差 (Std. deviation)、最小值 (Minimum)、最大值 (Maximum) 等選項，再按 繼續 (Continue) 鈕回到主對話盒。

3. 點按 圖表… (Charts…) 鈕，開啟次對話盒，在圖形類形方塊中點選直方圖 (Historgrams) 選項、並勾選常態分佈 (With normal curve)，再按 繼續 (Continue) 鈕回到主對話盒。

4. 點按 確定 (OK) 鈕，即可完成量化變數之統計表及統計圖的製作。

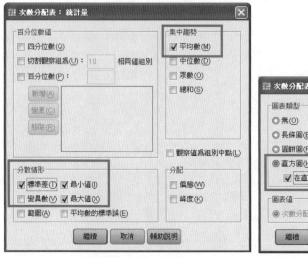

圖9-2-2　Frequencies對話盒製作量化變數的統計表及統計圖

二、報表及說明

1. 體重的平均數 (Mean) 為 78.6kg、標準差 (Std. Deviation) 為 13.116、最小值 (Minimum) 為 55、最大值 (Maximum) 為 105。

統計量

Weight 體重(以kg計)

個數	有效的	30
	遺漏值	0
平均數		78.60
標準差		13.116
最小值		55
最大值		105

2. 直方圖 (Histogram) 顯示略呈常態分布。

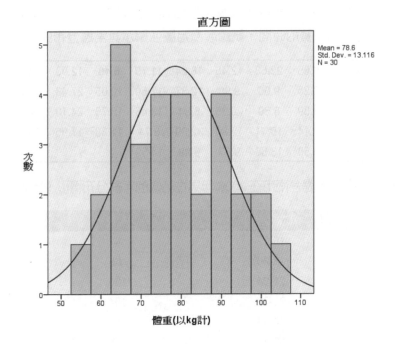

三、撰寫程式

程序語法：製作量化資料的統計表及統計圖(ex9-2-2.sps)

```
FREQUENCIES  VARIABLES=Weight
  /FORMAT=NOTABLE
  /STATISTICS=STDDEV MINIMUM·MAXIMUM MEAN
  /HISTOGRAM NORMAL
  /ORDER= ANALYSIS.
```

牛刀小試 | Try for yourself

TFY 9-2-6 · 試對範例 9-2-1 的學生資料 (student.sav) 中之量化變數 (身高) 製作統計表，繪製直方圖並顯示常態曲線。

TFY 9-2-7 · 下列資料是行銷業務員在過去 80 週期間拜訪客戶的數目，試繪製直方圖並顯示其常態分布曲線。

68	64	75	82	68	60	62	88	76	93	73	79	88	73	60	93
71	59	85	75	61	65	75	87	74	62	95	78	63	72	66	78
82	75	94	77	69	74	68	60	96	78	89	61	75	95	60	79
83	71	79	62	67	97	78	85	76	65	71	75	65	80	73	57
88	78	62	76	53	74	86	67	73	81	72	63	76	75	85	77

TFY 9-2-8 · 下列資料是隨機抽樣大學生的資料，以調查其上學期第九週時在課外活動所花費的時間，試繪製直方圖並顯示其常態分布曲線。

16.91	9.65	22.68	12.45	18.24	11.79	6.48	12.93	7.25	13.02	15.90
8.10	3.25	9.00	9.90	12.87	17.50	10.05	27.43	16.01	6.63	4.95
14.73	8.59	6.50	20.35	8.84	13.45	18.75	24.10	13.57	9.18	5.74
9.50	7.14	10.41	12.80	32.09	6.74	11.38	17.95	7.25	4.32	19.25
8.31	6.50	13.80	9.87	6.29	14.59					

TFY 9-2-9 · 下列資料是台南市在 2006 年男性結婚的年齡分布情形，試繪製直方圖。

年齡（歲）	人次
16-17	4
18-20	73
21-24	185
25-29	104
30-34	34
35-39	33
40-44	22
45-54	10
55 及以上	26

❓ 9-3 如何使用彙總統計量數以描述資料？

一、集中趨勢量數(measures of central tendency)

集中趨勢量數亦簡稱為集中量數，代表一組資料中，各觀測值某種特性有共同存在之趨勢量數；可反映該組資料觀測值集中的位置。常用的集中量數有平均數 (mean)、中位數 (median)、眾數 (mode)。當我們所搜集到的統計資料是屬於連續變數時，最宜使用平均數的集中量數來處理。間斷變數則常用中數或眾數的統計方法。

(一) 平均數

平均數是集中量數中最簡單、最重要且最常採用的量數。一組資料之全部數值的總和除以觀測值個數，即可求出平均數。一般而言，平均數具有三個重要的功能

1. 簡化作用：平均數能簡化一群體的所有數值而為一數值。

2. 代表作用：平均數能代表一群體的平均水準。

3. 比較作用：平均數簡化所有數值為一數值後，以該數值代表群體的平均水準，而便於兩個或兩個以上群體間相互作比較。

平均數的種類有下列數種：

1. 算術平均數 (arithmetic mean)，簡稱平均數，亦稱非加權平均數 (unweighted mean)

$$\overline{X} = \frac{x_1 + x_2 + \cdots\cdots + n_n}{n} = \frac{\sum\limits_{i=1}^{n} x_i}{n}$$

2. 加權平均數 (weighted mean)：適用於因各個數值之重要程度不同，須用不同權數表示不同比重時。

$$\overline{X}_w = \frac{\sum\limits_{i=1}^{n} W_i X_i}{\sum\limits_{i=1}^{n} W_i}$$　　X_i為各數值，W_i為各數值的權數。

3. 幾何平均數 (geometric mean)：是 n 個數值連乘之 n 次方根；適用於比例、變動率或對數分配求算平均數之用，例如求物價指數及人口增加率等。

$$G = \sqrt[n]{x_1 \cdot x_2 \cdots\cdots x_n} = \sqrt[n]{\prod\limits_{i=1}^{n} x_i}$$

4. 調和平均數 (harmonic mean)：是 n 個數值中各個數值倒數的算數平均數的倒數；適用於觀測值的倒數大約成等距的間隔，亦即適用於比率 (分子固定) 之平均數的求算，例如求平均速率及平均物價等。

$$H = \frac{n}{\displaystyle\sum_{i=1}^{n} 1/X_i}$$

(二) 中位數

中位數係指位於群體分配中點的一個數值，其上與其下的數值數目各佔總數的二分之一，通常它只適用於次序變數。中位數的求算依資料首先將 n 個數值由小而大順序排列，然後決定中位數所在位次，如果樣本大小 n 為偶數，則以第 n/2 個與第 (n/2)+1 個數值的平均值為中位數，如果樣本大小 n 為奇數，則以第 (n+1)/2 個數值為中位數。中位數為全體資料的中心，不受兩端極值大小變化的影響。

$$M_d = \begin{cases} X_{\frac{n+1}{2}} & \text{，若}N\text{為奇數。} \\ \dfrac{X_{\frac{n}{2}} + X_{\frac{n}{2}+1}}{2} & \text{，若}N\text{為偶數。} \end{cases}$$

(三) 眾數

眾數係指在一群體中出現次數最多的數值，不易受兩端極值的影響。通常它適用於名義變數。眾數的求算係將資料依序歸類，找出出現次數最多的數值，即為眾數。

$$M_o = Max(X_1 , X_2 ,\cdots\cdots, X_n)$$

二、分散趨勢量數(measures of dispersion tendency)

所有資料對於集中量數的差異程度，藉著差異程度之大小衡量整組資料之分散程度，以提供整個分配整體概觀。一般皆以距離和或距離平方和當作變異量數，該量愈大整組愈分散於集中量數；反之，則愈集中於集中量數。較常用的分散量數包括全距 (range)、四分位距 (Interquartile range, IQR)、四分位差 (Quartile, Deviation, QD)、平均絕對離差 (Mean Absolute Deviation , MAD)、變異數 (variance)、標準差 (standard deviation) 與變異係數 (coefficient of variation) 等。通常全距、平均絕對離差、標準差、變異數等適用於等距變數，而四分位差、四分位距則適用於次序變數。

(一) 全距

一組資料中，數值最大者與數值最小者之差稱為全距，一般以 R 表示。以全距來測度資料的差異程度有二個優點，即意義簡明易解且計算容易。然其缺點為，易受極端值影響，且無法測度中間各觀測值之間的差異情形。

$$R = X_{max} - X_{min}$$

(二) 四分位距

介於上四分位 Q_3 與下四分位 Q_1 之間的距離。

$$IQR = Q_3 - Q_1$$

(三) 四分位差

是上四分位 Q_3 和下四分位 Q_1 之間距離的一半。通常與中位數相配合地使用。當以中位數表集中趨勢時，則以四分位差表差異情形。其優點有三：(1) 計算方便，易於了解；(2) 不受極端值之影響；(3) 組距不確定時，亦可求得。然其缺點為 (1) 僅涉及一次數分配居中 50% 變量的差異情形，不能代表全體變量之分散情況；(2) 感應不靈敏。

$$QD = \frac{Q_3 - Q_1}{2}$$

(四) 平均絕對離差

一組資料中各個數值與其集中量數（平均數或中位數）之差稱之為離差 (deviation)；與平均數之差稱為離均差 (deviation about the mean)，而與中位數之差稱為離中差 (deviation about the median)，離均差的使用較為普遍。平均絕對離差是指各個數值之離差取絕對值，然後再求其平均數。平均絕對離差的值愈大代表資料愈分散；反之，即表示資料較為集中。以平均絕對離差來衡量一組資料的差異情形有其優、缺點，其優點為意義簡明，計算容易；可表示整組資料之完整的差異情形，較全距與四分位距感應靈敏，然其缺點為因具有平均的涵義，故易受極端值的影響。

$$MAD = \frac{\sum_{i=1}^{n} \left| X_i - \overline{X} \right|}{n}$$

(五) 變異數

一組資料中各個數值與其集中量數（平均數或中位數）之差稱之為離差 (deviation)。各數值取離差之平方再求其平均數即為變異數。如此處理可以避免離差的正負抵消，而失去衡量資料分配之差異情形。

$$母體變異數：\sigma^2 = \frac{1}{N} \sum_{i=1}^{n} (X_i - \overline{X})^2$$

$$樣本變異數：S^2 = \frac{1}{n-1} \sum_{i=1}^{n} (X_i - \overline{X})^2$$

(六) 標準差

變異數取離差的平方有一嚴重缺點，即離差取平方後，資料的量測單位亦須跟著平方，此時往往變成無意義的單位。如原資料以公斤為單位，取平方後變成平方公斤，顯然無意義。因此若將變異數取平方根，即可將單位還原，且無加大原來差數之嫌。

$$母體標準差：\sigma = \sqrt{\frac{1}{N}\sum_{i=1}^{n}(X_i - \overline{X})^2}$$

$$樣本標準差：S = \sqrt{\frac{1}{n-1}\sum_{i=1}^{n}(X_i - \overline{X})^2}$$

(七) 變異係數

凡性質相同、單位相同，平均數相差不大的二組統計資料，皆可用絕對差異量數 (measures of absolute dispersion) 來比較 (上述之量數)。反之，則須使用相對差異量數 (measures of relative dispersion) 來比較，即為絕對差異量數與某一集中量數或其他適當數值之比，通常以百分比表示。又稱為相對差異係數 (coefficient of relative variability)。變異係數的主要功用是用以比較單位不同之多種資料的差異程度。或用以比較單位相同，但平均數不同之多種資料的差異程度。

$$CV = \frac{S}{\overline{X}} \times 100\%$$

三、相對地位量數(measures of relative position)

用來描述個體在所屬群體中佔有之地位的情形。這種量數係與某一參照點比較而來，主要的有百分等級 (percentile rank)、標準分數 (standard score)、四分位數 (quartile)、百分位數 (percentile)。

(一) 百分等級

百分等級是群體分配中的一個點，標示有既定百分比的數值位在它之下。

$$PR = 100 - \frac{(100PK - 50)}{N}$$　　PK：距離頂點的等第，N：總人數。

(二) 標準分數

係用以表示分配中任一數值的方法，以標準差為單位，說明該數值與平均值間的距離，利用這種轉換，而把原始分數化成標準分數 (Z 分數)。

$$Z = \frac{X - \overline{X}}{\sigma}$$　　X= 原始分數，$\overline{X}$ = 群體的平均數，σ 群體的標準差。

(三) 四分位數

係將整個分配的數值分成四個等分，每個等分，各占 25% 的分配。亦即第一個四分位數 (Q1，又稱下四分位數) 代表在該數值以下的佔總數的 25%；第二個四分位數 (Q2)，即為中數，代表在該數值之下的佔總數的 50%；第三個四分位數 (Q3，又稱上四分位數) 即代表在該數值之下的佔總數的 75%。

(四) 百分位數

將資料按大小順序排列後，若至少有 P% 的觀測值位於某一數值之下，且至少有 (100 − P)% 的觀測值位於該值之上，則此數值稱為該組資料的第 P 個百分位數。

四、分配形態量數(measure of distribution shape)

為求證資料的次數分配是否為常態分配，通常需從分配曲線的偏態 (skewness) 和峰態 (kurtosis) 兩方面著手考驗。偏態是指大部份的數值落在平均數的哪一邊，若分配較多集中在低數值方面，是為正偏態分配 (或稱右偏態分配)；若分配較多集中在高數值方面，是為負偏態分配 (或稱左偏態分配)。峰態是次數分配曲線與常態曲線比較，是較為尖峻或平坦；通常較為尖峻者，稱為高狹峰 (leptokurtic)，較為平坦者稱為低闊峰 (platykurtic)。

(一) 偏度(g1)

可用來衡量資料分布形狀是偏向中心位置的右邊還是左邊，或者以中心位置呈對稱形狀。

$$母群偏態： g_1 = \frac{m_3}{m_2\sqrt{m_2}}, \ m_3 = \frac{\sum_{i=1}^{n}(x_i - \bar{x})^3}{n}, \ m_2 = \frac{\sum_{i=1}^{n}(x_i - \bar{x})^2}{n}$$

$$樣本偏態： g_1 = \frac{n}{(n-1)(n-2)}\sum_{i=1}^{n}(x_i - \bar{x})^3 / s^3$$

1. 若 $m_3 = 0$，即 $g_1 = 0$，則此分配為對稱分配，即中心位置就是平均數 $(\bar{X})$、中位數 (Med)、眾數 (M_o) 所在。

2. 若 $m_3 > 0$，即 $g_1 > 0$，則此分配為右偏分配，又稱正偏態，如圖 9-3-1 (A) 所示，眾數 (M_o)< 中位數 (Med)< 平均數 $(\bar{X})$。

3. 若 $m_3 < 0$，即 $g_1 < 0$，則此分配為左偏分配，又稱負偏態，如圖 9-3-1(B) 所示，平均數 $(\bar{X})$< 中位數 (Med)< 眾數 (M_o)。

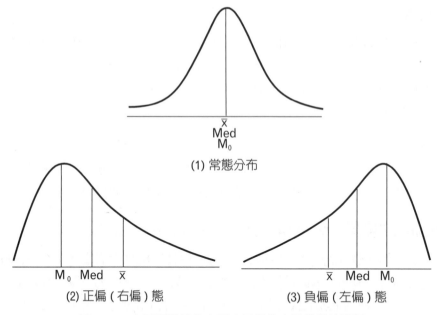

(1) 常態分布

(2) 正偏（右偏）態

(3) 負偏（左偏）態

圖9-3-1　在不同偏態分布下之三種集中量數間的關係

(二) 峰度(g2)

用來衡量資料分布的峰度高低。

母群峰態：$g_2 = \dfrac{m_4}{m_2^2} - 3 = k - 3$，$m_4 = \dfrac{\sum\limits_{i=1}^{n}(x_i - \bar{x})^4}{n}$，$m_2 = \dfrac{\sum\limits_{i=1}^{n}(x_i - \bar{x})^2}{n}$

樣本峰態：$g_2 = \dfrac{n(n+1)}{(n-1)(n-2)(n-3)}\sum\limits_{i=1}^{n}\dfrac{(x_i - \bar{x})^4}{S^4} - \dfrac{3(n-1)(n-1)}{(n-2)(n-3)}$

1. 若 k=3，即 g_2=0，則此分配為常態峰 (mesokurtosis)，如圖 9-3-2 所示。

2. 若 k>3，即 g_2>0，則此分配為高狹峰 (leptokurtosis)，如圖 9-3-2 所示。

3. 若 k<3，即 g_2<0，則此分配為低闊峰 (playkrutosis)，如圖 9-3-2 所示。

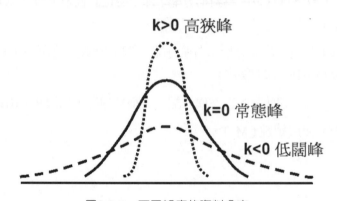

k>0 高狹峰

k=0 常態峰

k<0 低闊峰

圖9-3-2　不同峰度的資料分布

■ 範例9-3-1　量化變數的描述性統計(DESCRIPTIVE程序)

　　請以 PASW 的範例資料檔 Employee data.sav，試分析員工的目前薪資 (salary)、起薪 (salbegin)、在本公司的年資 (月)(jobtime)、以前的資歷 (月)(prevexp) 等的個數、平均數與標準差等。

一、分析步驟

0. 開啟資料檔 (Emploee data.sav)，並從功能表中選擇分析 (Analyze) > 敘述統計 (Descriptive Statistics) > 描述性統計量…(Descriptives…)。

1. 如圖 9-3-1 的對話盒所示，從左邊的來源變數清單中，選擇目前薪資 (salary)、起薪 (salbegin)、在本公司的年資 (jobtime)、以前的資歷 (prevexp) 等變數進入右邊之分析變數清單的方塊中。

2. 點按 確定 (OK) 鈕，即可完成變數之描述性統計分析。

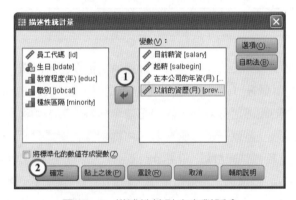

圖9-3-1　描述性統計之主對話盒

二、報表及說明

1. 描述性統計呈現出目前薪資、起始薪資、在本公司的年資 (月)、以前的資歷 (月) 等變數的個數 (N)、最小值 (Minimum)、最大值 (Maximum)、平均數 (Mean) 及標準差 (Std. Deviation) 等統計量。

敘述統計

	個數	最小值	最大值	平均數	標準差
salary 目前薪資	474	$15,750	$135,000	$34,419.57	$17,075.661
salbegin 起薪	474	$9,000	$79,980	$17,016.09	$7,870.638
jobtime 在本公司的年資 (月)	474	63	98	81.11	10.061
prevexp 以前的資歷(月)	474	0	476	95.86	104.586
有效的 N (完全排除)	474				

三、撰寫程式

程序語法：量化變數的描述性統計(ex9-3-1.sps)

```
DESCRIPTIVES VARIABLES=salary salbegin jobtime prevexp
  /STATISTICS=MEAN STDDEV MIN MAX.
```

A9-3-1對話盒指引 Descriptives程序

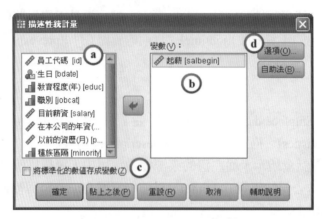

圖① 描述分析之主對話盒

Descriptives對話盒的說明

描述性統計量 (Descriptives) 程序是用來計算單變量彙總統計量,並且儲存標準化變數,雖然其計算的統計量在 Frequencies 程序亦有提供,但 Descriptives 程序對連續變數所計算的描述性統計則顯得更有效率,因為它並未將數值排序到次數分配表中,最基本的規格要求是至少輸入一個或多個數值變數,可從功能表選擇分析 (Analyze) > 敘述統計 (Descriptive Statistics) > 描述性統計量…(Descriptives…),以開啟如圖①的對話盒。

ⓐ 來源清單 (Source List) 方塊:來源變數清單,會顯示資料集的數值變數。

ⓑ 變數 (Variable(s)) 方塊:分析變數清單,可從來源變數清單中選取一個或多個變數,按 ▶ 鈕,以進入此清單中。

ⓒ □將標準化的數值存成變數 (Save standardized values as variables):產生每一變數的 Z 分數變數。新變數名稱將會取用原有變數的前七個字元,並於字首加上一字元 Z。例如,原變數名稱為 height,則產生的 Z 變數名稱為 Zheight。PASW 在輸出的檢視視窗中會顯示一表格,以顯示原變數名稱,新變數名稱及其標註,以及 Z 分數計算所用到的觀測體數目。

ⓓ 選項… (Options…) 按鈕:獲取數值變數的描述性統計,可開啟如圖②的次對話盒。

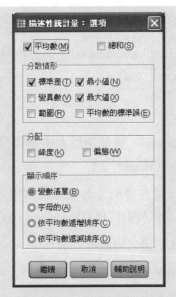

圖② 選項的次對話盒

選項次對話盒的說明

(1) ☐ Mean：平均數。此為預設選項。

(2) ☐ Sum：總和。

(3) 分散情形 (Dispersion) 方塊：可選取下列一個或多個分散量數。

☐ Std. deviation：標準差。此為預設選項。

☐ Variance：變異數，等於標準差的平方。

☐ Range：全距 (範圍)，最大值與最小值之差。

☐ Minimum：最小值。

☐ Maximum：最大值。

☐ S.E. mean：平均數的標準誤。

(4) 分配 (Distribution) 方塊：可選取下列一或多個分配量數。

☐ Kurtosis：峰度，亦顯示峰度的標準誤。

☐ Skewness：偏度，亦顯示偏度的標準誤。

(5) 顯示順序 (Display Order) 方塊：可選取下列其中之一的顯示方式。

○變數清單 (Variable list)：依變數清單中的次序來顯示變數。

○字母的 (Alphabetic)：依變數名稱的字母次序來顯示變數。

○依平均數遞增排序 (Ascending means)：依平均數的遞增次序來顯示變數，此為預設設定。

○依平均數遞減排序 (Descending means)：依平均數的遞減次序來顯示變數。

範例9-3-2　　量化變數的描述性統計(MEANS程序)

請以 PASW 的範例資料檔 Employee data.sav，試分析員工不同性別、職務的目前薪資 (salary)、起薪 (salbegin) 的個數、平均數。

一、分析步驟

0. 開啓資料檔 (Employee data.sav)，並從功能表中選擇分析 (Analyze) > 比較平均數法 (Compare Means) > 平均數…(Means…)。

1. 如圖 9-3-2 的對話盒所示，從左邊的來源變數清單中，選擇目前薪資 (salary)、起薪 (salbegin) 等變數進入右邊之依變數清單 (Dependent List) 的方塊中。

2. 選擇性別 (gender) 變數進入右邊之自變數清單 (Independent List) 的方塊中。

3. 點按 下一個 (Next) 鈕，再選擇職別 (jobcat) 變數進入右邊之自變數清單 (Independent List) 的方塊中。

4. 點按 選項… (Options…) 鈕，開啓設定細格統計量之次對話盒。

5. 如圖 9-3-3 的對話盒所示，從右邊儲存格統計量 (Cell Statistics) 移除標準差 (Standard Deviation)。

6. 點按 繼續 (Continue) 鈕，回到圖 9-3-2 的主對話盒。

7. 點按 確定 (OK) 鈕，即可完成變數之描述性統計分析。

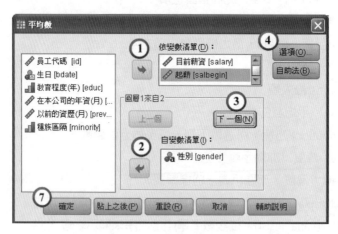

圖9-3-2　平均數主對話盒

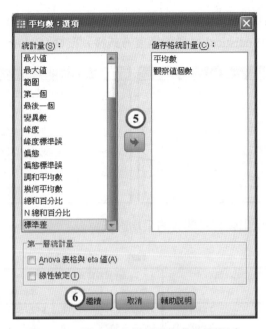

圖9-3-3　設定儲存格統計量的次對話盒

二、報表及說明

1. 製作出不同性別及不同工作職稱人員之目前薪資及起始薪資的平均數摘要表。

報表

gender 性別	jobcat 職別		salary 目前薪資	salbegin 起薪
f 女	1 職員	平均數	$25,003.69	$12,750.75
		個數	206	206
	3 管理人員	平均數	$47,213.50	$20,121.00
		個數	10	10
	總和	平均數	$26,031.92	$13,091.97
		個數	216	216
m 男	1 職員	平均數	$31,558.15	$15,861.21
		個數	157	157
	2 保全人員	平均數	$30,938.89	$15,077.78
		個數	27	27
	3 管理人員	平均數	$66,243.24	$31,627.70
		個數	74	74
	總和	平均數	$41,441.78	$20,301.40
		個數	258	258
總和	1 職員	平均數	$27,838.54	$14,096.05
		個數	363	363
	2 保全人員	平均數	$30,938.89	$15,077.78
		個數	27	27
	3 管理人員	平均數	$63,977.80	$30,257.86
		個數	84	84
	總和	平均數	$34,419.57	$17,016.09
		個數	474	474

2. 在輸出瀏覽視窗中快按二下平均數摘要表，顯示出如下的樞軸表軌道，將在橫列 (Row) 中的統計量 (Statistics) 以滑鼠拖曳方式移到縱欄 (Column) 的位置。

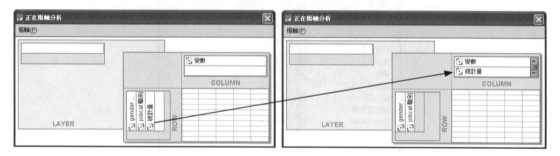

3. 結果如下所示，顯示出較容易閱讀的平均數摘要表。

報表

gender 性別	jobcat 職別	salary 目前薪資		salbegin 起薪	
		平均數	個數	平均數	個數
f 女	1 職員	$25,003.69	206	$12,750.75	206
	3 管理人員	$47,213.50	10	$20,121.00	10
	總和	$26,031.92	216	$13,091.97	216
m 男	1 職員	$31,558.15	157	$15,861.21	157
	2 保全人員	$30,938.89	27	$15,077.78	27
	3 管理人員	$66,243.24	74	$31,627.70	74
	總和	$41,441.78	258	$20,301.40	258
總和	1 職員	$27,838.54	363	$14,096.05	363
	2 保全人員	$30,938.89	27	$15,077.78	27
	3 管理人員	$63,977.80	84	$30,257.86	84
	總和	$34,419.57	474	$17,016.09	474

三、撰寫程式

程序語法：量化變數的平均數摘要統計(ex9-3-2.sps)

```
MEANS TABLES=salary salbegin BY gender BY jobcat
  /CELLS MEAN COUNT.
```

A9-3-2對話盒指引 Means程序

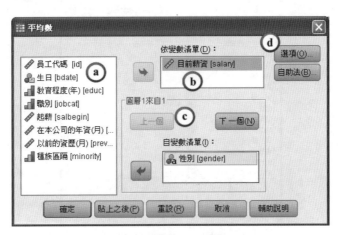

圖① 平均數分析之主對話盒

Means對話盒的說明

　　平均數 (Means) 程序會在一或多個自變數的類別中，計算子群組的平均數與相關的單變量統計量數，同時亦可獲取單因子變異數分析、eta 值、以及線性檢定等。最基本的規格要求是一個數值的依變數與一個數值或字串的自變數。可從功能表選擇分析 (Analyze) > 比較平均數法 (Compare Means) > 平均數…(Means…)，以開啟如圖①的主對話盒。

ⓐ 來源清單 (Source List) 方塊：資料檔之數值與短字串變數將會顯示在此來源變數清單中。

ⓑ 依變數清單 (Dependent List) 方塊：依變數 (即分析變數) 清單，可從來源變數清單中選取一或多個數值變數，按第一個 ▶ 鈕，以進入此清單中。

ⓒ 自變數清單 (Independent List) 方塊：自變數 (即群組變數) 清單，可從來源變數清單選取一或多個數值或短字串變數，按第二個 ▶ 鈕，以進入此清單中。按 下一個 (Next) 鈕，則可再選入另一層的自變數。最多僅可加入五個自變數，使用 下一個 (Next) 鈕與 上一個 (Previous) 鈕，即可移動不同層內的自變數。每選入一個自變數，系統將會對每一自變數的類別來產生個別的平均數。

ⓓ 選項… (Options…) 按鈕：以獲取其他的單變量統計量數，以及控制變數標註與值標註的顯示，並產生第一層的變異數分析。可開啟如圖②的次對話盒。

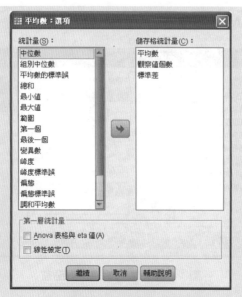

圖②　選項次對話盒

選項次對話盒的說明

(1) 統計量 (Statistics) 方塊：可選取下列其中之一的統計量。

Mean：平均數。

Median：中位數。

Grouped Median：歸組中位數。

Std. Error of Mean：平均數的標準誤。

Sum：總和。

Minimum：最小值。

Maximum：最大值。

Range：全距 (範圍)。

First：最先一個資料值。

Last：最後一個資料值。

Standard Deviation：標準差。

Variance：變異數。

Kurtosis：峰度。

Std. Error of Kurtosis：峰度的標準誤。

Skewness：偏度。

Std. Error of Skewness：偏度的標準誤。

Harmonic Mean：調和平均數。

Geometric Mean：幾何平均數。

Percent of Total Sum：全部總和的百分比。

Percent of Total N：全部總數的百分比。

(2) 儲存格統計量 (Cell Statistics) 方塊：可從統計量 (Statistics) 方塊中選入欲計算的細格統計量數。預設為觀測體個數 (N)、平均數、標準差等。

(3) 第一層統計量 (Statistics for First Layer) 方塊：可選擇下列一或多個選項。

☐ Anova 表格與 eta 值 (Anova table and eta)：對第一層的自變數顯示單因子變異數分析，並計算 eta 值與 eta 平方值。

☐ 線性檢定 (Test of linearity)：顯示線性檢定的結果。若自變數為短字串，則將不計算線性檢定。

牛刀小試 Try for yourself

TFY 9-3-1 · 下列資料是學生完成一個邏輯迷宮遊戲所花的時間量 (以分鐘計)。

Student	Time	Student	Time
A	2	N	4
B	8	O	8
C	14	P	11
D	6	Q	14
E	24	R	22
F	2	S	26
G	9	T	5
H	15	U	12
I	3	V	12
J	6	W	25
K	9	X	31
L	14	Y	3
M	17		

試將這些資料輸入 PASW

(1) 繪製直方圖及莖葉圖，並對資料的分布加以描述。

(2) 計算平均數、中位數、眾數、全距及標準差。

精益求精 Do your best

DYB **9-1** · 某研究者想瞭解足球員的身高 (吋) 與體重 (磅)，從一所大學抽樣 25 位足球員進行測量，結果如下所示，請使用 PASW 回答下列的問題：

1. 求算身高的平均數、標準差、變異數、最小值、最大值、峰度、偏度？

2. 求算體重的平均數、標準差、變異數、最小值、最大值、峰度、偏度？

3. 求算身高與體重的共變數？

4. 繪製身高的直方圖與盒狀圖，並簡要描述繪圖結果。

5. 繪製體重的直方圖與盒狀圖，並簡要描述繪圖結果。

6. 使用無母數統計的單一樣本 K-S 考驗法以檢定身高與體重的分布形態是否符合常態分布，並簡要描述發現的結果。

個案 Case	體重 Weight	身高 Height	個案 Case	體重 Weight	身高 Height
1	260.00	77.00	14	195.00	73.00
2	270.00	76.00	15	227.00	74.00
3	175.00	70.00	16	240.00	75.00
4	236.00	77.00	17	240.00	77.00
5	230.00	75.00	18	185.00	75.00
6	240.00	75.00	19	195.00	74.00
7	210.00	72.00	20	225.00	75.00
8	270.00	77.00	21	215.00	70.00
9	225.00	75.00	22	185.00	72.00
10	200.00	72.00	23	185.00	73.00
11	210.00	74.00	24	220.00	78.00
12	275.00	76.00	25	250.00	75.00
13	187.00	70.00			

DYB **9-2** · 某一調查研究之資料檔 (spss-1.sav)，包含有編號 (id)、區域 (area，分北、中、南三區)、身高 (height)、體重 (weight)、智商 (iq)、血壓 (bp)、成績 (score) 等變數，共有 90 人之資料。

1. 試以 PASW 計算與繪圖。

(1) 北、中、南區受試者之 " 智商的平均數 " 各為何？

(2) 繪出北、中、南區受試者之 " 智商的平均數 " 的圓餅圖 (pie)。

(3) 繪出所有人身高之折線圖 (line chart)。

2. 試以 PASW 判斷與計算，以組距為 5，從身高 155 ～ 159 開始，編製身高的次數分配表。

3. 試以 PASW 計算出除編號 (id) 外，選取適合之變數，呈現其平均數、中位數、眾數、變異數、標準差、全距、最大值、最小值、偏度、峰度等。

Chapter 10

資料的
探索分析

學習目標

☞ 瞭解莖葉圖與盒鬚圖應用於資料的探索分析

☞ 熟悉資料常態性的檢驗

☞ 熟悉資料界外值的檢測

☞ 能進行未符合常態資料的變數轉換

❓ 10-1　如何使用探索分析以檢測資料？

操作程序

 ➜ 分析 (Analyze) > 敍述統計 (Descriptive Statistics) > 預檢資料 (Explore…)

功能用途

 提供了各種的描述性圖形及統計量，包括有莖葉圖 (stem and leaf plots)、盒狀圖 (box plots)、常態機率圖 (normal probability plots)、散佈水準圖 (spread v.s. level plots) 等。同時還提供有變異數同質性的 Levene's 考驗，以及常態性考驗的 Shapiro-Wilks 與 Lillierfors 統計量。

　　探索性資料分析 (exploratory data analysis) 是一組圖形化顯示資料的技術，而較不依賴數字與統計量，較常用來檢測資料的探索性圖形包括有莖葉圖及盒鬚圖，茲分別介紹如下：

一、莖葉圖(stem-and-leaf plots)

　　莖葉圖與直方圖近似，是提供檢驗變數分配的簡易圖示法，其兼具數字和圖形的優點，不僅可以使我們看到資料的次數分配圖形，更可以提供更多有關實際資料值的訊息。莖葉圖的繪製步驟是先將資料由小到大排好，各數值的最右邊的數字作爲葉 (leaf)，另外的部分爲莖 (stem)，例如數字 75，有莖爲 7，葉爲 5；其次再將莖的部份由上到下、由小到大垂直排好，再畫一垂直線；最後將葉子按大小歸入所屬莖的類別內。莖葉圖可同時表達出次數分配情況並同時展現出資料點的個別資料，茲有觀測值分別爲 60, 70, 60, 82, 85, 78, 56, 79, 68, 62, 58, 90, 78, 88, 74 等，則其莖葉圖如圖 10-1-1 所示。

原始資料 (由小而大排列)	莖 (stem)	葉 (leaf)
56, 58	5	68
60, 60, 62, 68	6	0028
70, 74, 78, 78, 79	7	04889
82, 85, 88	8	258
90	9	0

圖10-1-1　莖葉圖

二、盒鬚圖(box-and-whisker plot)

　　亦稱盒狀圖 (box plot) 或骨架圖 (schematic plot)。盒鬚圖不繪製實際的觀測值，而顯示分配的彙總統計量 (summary statistics)，其可用以檢驗資料的極端量數及分配的型態。盒鬚圖主要是繪製中位數 (median，即第 50 的百分位數)、第 25 的百分位數，第 75 的百分位數等，如圖 10-1-2 所示，盒子的下界限是第 25 的百分位數 (25%，Q1，即下四分位數)，上界限是第 75 的百分位數 (75%，Q3，即上四分位數)，通常這些百分位數，有時亦稱

為 Tukey's-hinges，其計算與一般的百分位數略有不同。盒子的長度即是代表內四分位數的範圍 (interquartile range)，亦即是第 75 的百分位數與第 25 的百分位數之差值 (IQR=Q3-Q1)。盒中的星號 " ✳ " 代表中位數 (median)，通常盒中包含有變數 50% 的觀測值，因此盒子愈大，則表示觀測體散佈愈大。由盒子上下界所延伸出的線，即稱之為鬚 (whisker)，是用以連接觀測體 (非界外值、極端值) 的最大值與最小值。此外，盒鬚圖中亦可顯示出資料的界外值 (outliers) 以符號 "O" 表示之、與極端值 (extreme) 以符號 "E" 表示之。通常其界定是以任何觀測值與盒端的距離介於 1.5 至 3 倍盒長 (即內四分位數 IQR=Q3-Q1) 之間者，即稱之為 Outlier，而超過 3 倍的盒長者，即稱之為 Extreme。

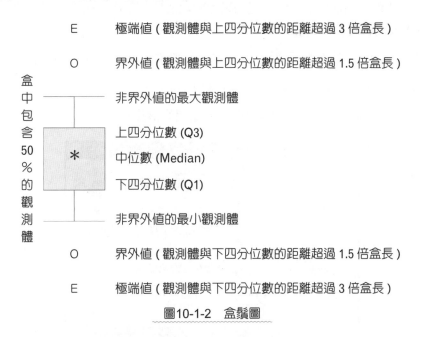

圖10-1-2　盒鬚圖

此外，盒鬚圖可用以顯示資料的分配形態，如下所示：

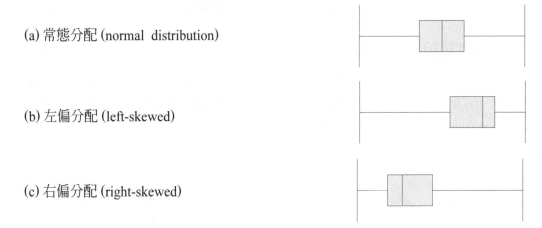

(a) 常態分配 (normal distribution)

(b) 左偏分配 (left-skewed)

(c) 右偏分配 (right-skewed)

範例10-1　使用莖葉圖與盒鬚圖

　　在 PASW 的資料檔 Employee data.sav 中，試繪製不同性別員工之先前工作經驗 (prevexp) 的莖葉圖與盒鬚圖，以探索資料的分布情形。

一、操作程序

0. 開啟 Employee data.sav 資料檔，並從功能表中選擇分析 (Analyze) > 敘述統計 (Descriptive Statistics) > 預檢資料…(Explore…)。

1. 如圖 10-1-1 的對話盒所示，從左邊的來源變數清單中選擇以前的資歷變數進入依變數清單 (Dependent List) 方塊中。

2. 從左邊的來源變數清單中選擇性別 (gender) 變數進入因子清單 (Factor List) 方塊中。

3. 在顯示 (Display) 方塊中點選圖形 (plot) 選項。

4. 點按 確定 (OK) 鈕，以完成莖葉圖及盒鬚圖的繪製。

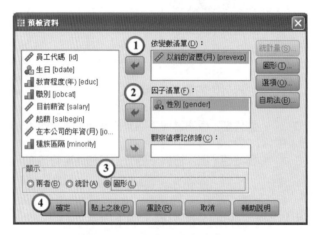

圖10-1-1　資料探索的對話盒

二、報表及說明

1. 由女生的莖葉圖，可顯示資料嚴重正偏，亦即有多數的女生之先前工作經驗集中於 100 個月以下 (莖的寬度為 100，每一葉表 1 個觀測體)，而共有 8 個極端值 (Extremes)，亦即其值超過或等於 318 個月。

以前的資歷(月) Stem-and-Leaf Plot for
gender= 女

Frequency   Stem & Leaf

    90.00   0 . 00000000000000000000000000000000000000000000000000000000000000000000000000000000011111111
    24.00   0 . 222222222222222333333333
    18.00   0 . 444444444555555555
    13.00   0 . 6666677777777
     8.00   0 . 88889999
     7.00   1 . 0000111
     9.00   1 . 222223333
     5.00   1 . 44555
     6.00   1 . 666677
     9.00   1 . 888999999
     4.00   2 . 0001
     6.00   2 . 222223
     3.00   2 . 444
     3.00   2 . 677
     3.00   2 . 888
     8.00 Extremes   (>=318)

2. 由男生的莖葉圖，可顯示資料亦嚴重正偏，亦即有多數的男生之先前工作經驗集中於 100 個月以下 (莖的寬度為 100，每一葉表 1 個觀測體)，而共有 19 個極端值 (Extremes)，亦即其值超過或等於 320 個月。

以前的資歷(月) Stem-and-Leaf Plot for
gender= 男

Frequency   Stem & Leaf

    29.00   0 . 00000000001111111111111111111
    41.00   0 . 22222222222222222223333333333333333333333
    48.00   0 . 444444444444444444444444444444555555555555555555
    29.00   0 . 66666666666666666677777777777
    18.00   0 . 888888888899999999
     8.00   1 . 00000111
    14.00   1 . 22222222333333
    13.00   1 . 4444445555555
     7.00   1 . 6777777
     6.00   1 . 889999
     5.00   2 . 00111
     1.00   2 . 2
     5.00   2 . 44455
     6.00   2 . 666677
     2.00   2 . 88
     7.00   3 . 0000111
    19.00 Extremes   (>=320)

Stem width: 100
Each leaf: 1 case(s)

3. 由女生的盒鬚圖(如下左圖),可顯示資料嚴重正偏(亦即往上的鬚較長,如同常態圖的尾巴),男生的盒鬚圖(如下右圖),亦顯示資料嚴重正偏。兩相比較顯示男生先前工作經驗的中位數高於女生,同時亦發現男生的界外值(Outliers)個數亦高於女生。

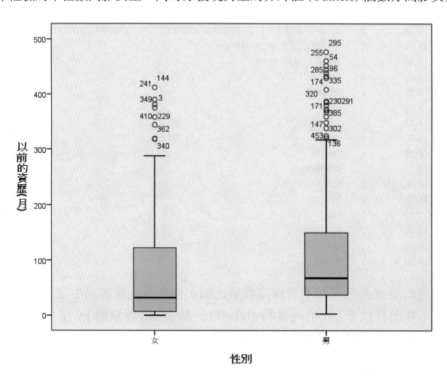

三、撰寫程式

程序語法:繪製莖葉圖及盒鬚圖(ex10-1.sps)

(1) 在 Explore 主對話盒中按 貼上之後 (Paste) 鈕,即可貼出繪製莖葉圖及盒鬚圖的語法如下:

```
EXAMINE VARIABLES=prevexp BY gender
  /PLOT BOXPLOT STEMLEAF
  /COMPARE GROUP
  /STATISTICS NONE
  /CINTERVAL 95
  /MISSING LISTWISE
  /NOTOTAL.
```

A10-1對話盒指引　Explore程序

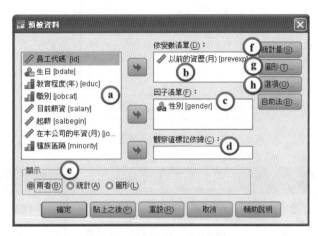

圖①　探索分析之主對話盒

Explore對話盒的說明

　　預檢資料 (Explore) 程序提供了不同的描述性圖形及統計量，包括有莖葉圖 (stem and leaf plots)、盒狀圖 (boxplots)、常態機率圖 (normal probability plots)、散佈水準圖 (spread v.s. level plots) 等。同時還提供有變異數同質性的 Levene 考驗，以及常態性考驗的 Shapiro-Wilks 與 Lillierfors 統計量，還有許多位置之穩健最大概似估計值 (robust maximum likelihood estimators of location)。同時亦可將觀測值分成若干群組，以得到任一群組的統計量。最基本的規格需求是一或多個數值的依變數。可從功能表選擇分析 (Analyze) > 敘述統計 (Descriptive Statistics) > 預檢資料…(Explore…)，以開啟如圖①的主對話盒。

ⓐ 來源清單 (Source List) 方塊：所有資料檔的變數均會顯示在此來源變數清單中。

ⓑ 依變數清單 (Dependent List) 方塊：分析變數清單，可從來源變數清單中選取一個或多個變數，按第一個 ▶ 鈕，以進入此清單中。

ⓒ 因子清單 (Factor List) 方塊：分組變數清單，可從來源變數清單中選取一或多個變數，按第二個 ▶ 鈕，以進入此清單中。

ⓓ 觀察值標記依據 (Label Cases by) 方格：用以標註觀測值資料的變數。可從來源變數清單中選擇一個長字串或短字串或數值變數，按第三個 ▶ 鈕，以進入此方格中。

ⓔ 顯示 (Display) 方塊：可選擇下列其中之一的顯示方式。

　　○ 兩者 (Both)：同時顯示描述性圖形及統計量，此為預設設定。

　　○ 統計 (Statistics)：僅顯示描述性統計。

　　○ 圖形 (Plots)：僅顯示描述性圖形。

ⓕ 統計量… (Statistics…) 按鈕：獲取穩健估計值 (robust estimators) 或顯示界外值 (outliers)、百分位數、或次數分配表。可開啟如圖②的次對話盒。

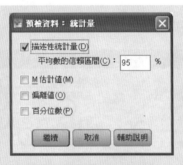

圖② 統計量的次對話盒

統計量次對話盒的說明

(1) □描述性統計量 (Descriptives)：顯示描述性統計量，包括有平均數及其信賴區間、
中位數、5% 截尾平均數、標準誤、變異數、標準差、最小值、最大值、全距、
內四分位距 (interquartile range)、偏度、峰度及其標準誤等。此為預設選項、而
內四分位距是依 HAVERAGE 方法來計算的。

(2) □ M 估計值 (M-estimators)：位置參數之穩健最大概似估計值，顯示有 Huber 的
M 估計值 (c=1.339)，Andrew 的坡形估計值 (c=1.34 π)，Hampel 的再降 M 估計值
(a=1.7， b=3.4，c=8.5) 以及 Tukey 的雙權數估計值 (c=4.685)。

(3) □偏離值 (Outliers)：顯示五個最大與最小的觀測值，在輸出報表中會顯示為
Extreme Values。

(4) □百分位數 (Percentiles)：顯示第 5、10、25、50、75、90 和 95 等的百分位數。
亦顯示 Tukey's hinges(即第 25、50、75 等的百分位數)。

ⓖ 圖形… (Plots…) 按鈕：獲取直方圖、常態圖及檢定、散佈水準圖與 Levene's 檢定等。
可開啟如圖③的次對話盒。

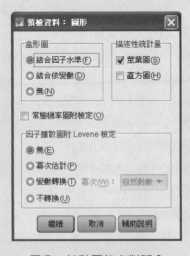

圖③ 統計圖的次對話盒

統計圖次對話盒的說明

(1) 盒形圖 (Boxplots) 方塊：可選取下列其中之一的盒狀圖。

　　○結合因子水準 (Factor levels together)：並排顯示某一特定依變數之每一群組的盒狀圖。若是沒有選定分組變數，則只有顯示全部樣本的盒狀圖。

　　○結合依變數 (Dependents together)：並排顯示某特定群組之每一依變數的盒狀圖。

(2) 描述統計量 (Descriptive) 方塊：可選取下列一或多個描述性圖形。

　　□莖葉圖 (Stem-and-leaf)：顯示莖葉圖，此為預設設定。

　　□直方圖 (Histogram)：顯示直方圖。

(3) □常態機率圖附檢定 (Normality plots with tests)：顯示常態機率及離勢機率圖 (detrend probability plots)，同時並計算 Shapiro-Wilks 統計量與 Lilliefors 顯著水準下檢定常態性的 Kolmogorov-Smirnov 統計量。

(4) 因子擴散圖附 Levene 檢定 (Spread vs. Level with Levene Test) 方塊：可選取下列其中之一的檢測變異同質性。

　　○無 (None)：抑制散佈水準圖與統計量的顯示。

　　○冪次估計 (Power estimation)：以中位數的自然對數對內四分位距的對數來加以繪製，並顯示估計的冪次 (power)。使用此方法以決定適當的資料轉換方式。

　　○變數轉換 (Transformed)：依指定的冪次轉換資料後，再加以繪製。而轉換後資料的內四分位距與中位數亦可加以繪製。

　　　冪次 (Power) 下拉式清單：可選擇下列其中之一的方法來轉換資料。

　　　　自然對數 (Natural log)：自然對數轉換，此為預設設定。

　　　　1/ 平方根 (1/square root)：平方根倒數轉換。

　　　　倒數 (Reciprocal)：倒數轉換。

　　　　平方根 (Square root)：平方根轉換。

　　　　平方 (Square)：平方轉換。

　　　　立方 (Cube)：立方轉換。

　　○不轉換 (Untransformed)：不進行資料的轉換 (即值為 1)。

ⓗ 選項… (Options…) 按鈕：用以修改與處理遺漏值。可開啓如圖④的對話盒。

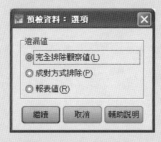

圖④　選項的次對話盒

選項次對話盒的說明

遺漏值 (Missing Values) 方塊：可選擇下列其中之一的處理缺漏值方法。

○ 完全排除觀察值 (Exclude cases listwise)：刪除含有缺漏值的任一觀測體，此為預設選項。

○ 成對方式排除 (Exclude cases pairwise)：刪除含有缺漏值的配對觀測體。

○ 報表值 (Report values)：報導缺漏值的次數，而不納入計算與繪圖。

❓ 10-2　如何檢驗資料的常態性？

　　統計方法常基於一些基本假定才得以維持，其中之一最常見的假定即是常態性 (normality)。因此統計模式常需要檢核變數的常態性，否則如果基於模式不可靠情形下進行推論與解釋，將造成結果的無效。

　　有兩種方法可用以檢測常態性，圖形法 (graphical methods) 是將實證的資料分配與理論的資料分配（如常態分配）之間的視覺差異。而數值法 (numerical methods) 則是執行統計檢定以考驗變數為常態分佈的虛無假設。

一、圖形法(視覺化)

　　圖形法係使用圖形來視覺化分布的情形，這些圖形包括莖葉圖 (stem-and-leaf plot)、盒狀圖 (box plot)、點圖 (dot plot) 以及直方圖 (histogram) 等。當樣本數 (N) 小時，莖葉圖或點圖適用於來彙總資料；而直方圖則適用於大樣本。莖葉圖適合於連續變數，而點圖則適於類別變數。盒狀圖代表第 25 百分位數、第 50 百分位數（中位數）、第 75 百分位數，以及盒內有一中位數的線。如果變數為常態分佈，則其直方圖會呈現如鐘形，因第 25 及第 75 百分位數會變成對稱，而中位數與平均數會呈現在同樣的位置，即正巧在盒形圖中間點的位置。

　　此外常態機率圖 (probability-probability plot，簡稱 P-P 圖) 及常態四分位圖 (quantile-quantile plot，簡稱 Q-Q 圖) 亦經常被用於檢測常態性。這些方法提供分析變數分布的視覺法。P-P 圖是一個變數之經驗的累積分配與一特定理論的累積分配函數（例如標準化常態分配函數）之間的比較。同樣的 Q-Q 圖則是一個變數的次序值與一特定理論分配（例如常態分配）之量值的比較。如果兩個分配適配時，則在圖上的點會形成一條通過原點的直線，且斜率為 1。因此，P-P 圖及 Q-Q 圖均是用於瞭解經驗資料的理論分配模式是否良好。離勢的常態 (detrended normal)P-P 圖及 Q-Q 圖描述資料點距離零水平線之實際差異。若離勢圖沒有特定的模式則顯示該變數具有常態性。雖然視覺上動人，但這些圖形法並無法提供客觀的準則來決定變數的常態性。因此解釋判斷仍有賴於數值法。

二、數值法(統計檢定)

　　偏度與峰度是常被用於描述性統計。此二者顯示一個變數的分配如何偏離對稱以及分配的尾巴厚度如何。如果變數為常態，則偏度為 0 且峰度為 0；如果偏度大於零，則分配是偏向右邊，亦即在左邊有較多的觀測值；如果峰度小於 0，則分配會比常態分配有較厚的尾巴。同圖形法，偏度與峰度無法提供解釋上的結論方式。檢定常態的數值法包括 K-S 檢定 (Kolmogorov-Smirnov test，或稱 Lilliefors test) 與 S-W 檢定 (Shapiro-Wilk test) 二種。Shapiro-Wilk 統計量 (1965) 是變異數的最佳估計值，對變異數的校正後平均和估計值的比值，其值為正且小於或等於 1 時，則愈接近於 1 便表示變數愈具有常態性。

(一) 使用偏度(skewness)與峰度(kurtosis)

1. 偏度 (skewness)

   當最小或最大的觀測值是大於二個標準差 (離平均數) 時，即顯示有嚴重的偏態 (Agresti & Finley, 1997)。例如數學考試有平均數為 86、標準差為 15，最大值為 100 時，則 Z=(100-86)/15 = .93，顯示資料的分布是左偏 (亦即在左邊具有較長的尾巴)。 PASW 的偏度是以第三動差來計算：$g_1 = \sum (Z_i^3 / N)$，如果偏度趨近於 0，則顯示 資料為常態分布。

2. 峰度 (kurtosis)

   峰度是用以評估是否比常態分布所期望有較多或較少的極端值 (extreme Values)(Glass & Hopkins, 1996)。PASW 的峰態係數是以第四動差來計算：$g_2 = \sum (Z_i^4 / N) - 3$， 如果峰態係數趨近於 0，則顯示資料為常態分布。負峰態係數為低闊峰 (platykurtik)， 較為平坦而廣闊，亦即較常態分布有較少的極端值。正峰態係數為高狹峰 (leptokurtik) ，較為修長而狹窄，亦即較常態分布有較多的極端值。

3. 偏態與峰態的檢定

   Tabachnick & Fidell (1996, p. 72) 提供一個近似的檢定，並建議當樣本數小時，應選用 較嚴苛的 α 水準 (0.01 或 0.001，雙尾)。當樣本數大時，使用慣常的檢定。

   ★檢定統計量：Z = 偏度／偏度的標準誤或 Z = 峰度／峰度的標準誤

   ★檢定臨界值：Z(0.05) = 1.96 (大約 2.00)

   　　　　　　　Z(0.01) = 2.576

   　　　　　　　Z(0.001) = 3.291

   常態分布有偏度 (g1) 幾近於 0，意即是以平均數為中心的對稱 (symmetrical) 分布。 同樣的常態分帶亦有峰度 (g2) 幾近於 0，意即具有完整的鐘型 (bell shape)。我們會檢定 這兩種係數是否顯著不同於 0，而要解答此一問題，因此必須使用偏度與峰度的標準誤 (standard error，簡寫為 SE) 來建構此兩個係數的 95% 信賴區間 (confidence interval) 為 1.96 ×SE。我們感興趣的是此一 95% 信賴區間是否包含 0 在其中，若有，即表示接受虛無假 設，偏度與峰度的估計值未顯著不同於 0，亦即資料符合常態分布。若無，即表示拒絕 虛無假設，顯示偏度與峰度的估計值顯著不同於 0，亦即資料不符合常態分布。通常在 PASW 的輸出報表中，會使用 1.96 或 2 來乘以估計值的標準誤以評估虛無假設。例如偏度 的統計量為 0.014，而其標準誤為 0.34，則可以計算出其 95% 信賴區間的上界為 0.014 +(2 ×0.34) = 0.694、而其下界為 0.014 – (2 × 0.34) = -0.54。因此偏度的 95% 信賴區間為 (– 0.54，0.69)，因為 0 包含其中，接受虛無假設，亦即偏度未顯著不同於 0，顯示資料符合 常態分布。至於峰度的檢定過程亦同於以上偏度的檢定。

(二) 使用KS與SW統計量

　　這些檢定主要是在考驗樣本分布與常態分布的差異性。如表 10-2-1 所示，為檢測資料常態性的圖形法與數值法之比較。而表 10-2-2 所示則為 PASW 可取得用以檢測資料常態的程序與命令，在 PASW 功能表中選擇分析 (Analyze) > 敘述統計 (Descriptiv Statistics) > 預檢資料 (Explore)，開啟對話盒，在圖形 (Plots) 次指令的按鈕中，選取常態機率圖附檢定 (Normality plots with test) 的選項，可以提供常態檢測的兩個檢定統計量，分別是 Kolmogorov-Smirnov (KS) 檢定，以及 Shapiro-Wilk's 檢定。PASW 建議當 n≤50 時，應使用 Shapiro-Wilk's 檢定，而對於較大的樣本數則使用 KS 檢定。這些檢定的虛無假設為 Ho：樣本分布與常態分布沒有差異，因此，我們希望檢定是未達顯著水準 (P>0.05)，亦即接受虛無假設。

表 10-2-1　圖形法與數值法的比較

	圖形法	數值法
描述性	莖葉圖、盒狀圖、點圖以及直方圖	偏度與峰度
推論性	P-P 圖、Q-Q 圖、離勢的 Q-Q/P-P 圖	Shapiro-Wilk 檢定 Kolmogorov-Smirnov 檢定 (Lillefors 檢定)
優缺點	容易閱讀 (直覺)、沒有決定性 (主觀評量)	提供客觀準則

表 10-2-2　用於瞭解常態性之 PASW 可取得的程序與命令

檢驗常態性之圖形或統計量	PASW 程序與命令
描述性統計量 (偏度 / 峰度)	DESCRIPTIVES , FREQUENCIES , EXAMINE
莖葉圖	EXAMINE
直方圖、點圖	GRAPH , IGRAPH , EXAMINE , FEQUENCIES
盒狀圖	EXAMINE, IGRAPH
P-P 圖	PPLOT
Q-Q 圖	EXAMINE, PPLOT
離勢的 Q-Q/P-P 圖	PPLOT, EXAMINE
Shapiro-Wilk 統計量 (N ≦ 50)	EXAMINE
Kolmogorov-Smirnov 統計量 (N > 50)	EXAMINE

　　DESCRIPTIVES 與 FREQUENCIES 命令會產生描述性統計，GRAPH 與 IGRAPH 命令可繪製直方圖與盒狀態。PPLOT 命令則會產生 P-P 圖與 Q-Q 圖。EXAMINE 命令則可容易被用於繪製離勢的 P-P 圖與 Q-Q 圖，且亦可執行常態性的 Kolmogorov-Smirnov 檢定與 Shapiro-Wilk 檢定。

　　DESCRIPTIVES 指令用於連續型的變數，而 FREQUENCIES 指令則運用於類別型的變數，兩者均會產生相同的描述性統計 (包括偏度與峰度)。可在 /STATISTICS 次指令使用相關的關鍵字。

▌範例10-2 　評估資料的常態性

在 PASW 的資料檔 Employee data.sav 中，試以圖示法及數值法分別評估員工起始薪資 (salbegin) 的常態性。

一、操作程序

0. 開啓 Employee data.sav 資料檔，並從功能表中選擇分析 (Analyze) > 敘述統計 (Descriptive Statistics) > 預檢資料…(Explore…)。

1. 如圖 10-2-1 的對話盒所示，從左邊的來源變數清單中選擇起薪 (salbegin) 變數進入依變數清單 (Dependent List) 方塊中。

2. 點按 [圖形…] (Plots…) 鈕，以開啓繪圖次對話盒。

3. 如圖 10-2-2 的對話盒所示，在描述性統計量 (Descriptive) 方塊中取消莖葉圖 (Stem-and-leaf) 而選取直方圖 (histogram) 的選項。

4. 選取繪製常態圖並執行檢定 (Normality plots with tests) 選項。

5. 點按 [繼續] (Continue) 鈕，回到資料探索的主對話盒。

6. 點按 [確定] (OK) 鈕，以完成資料常態性的評估。

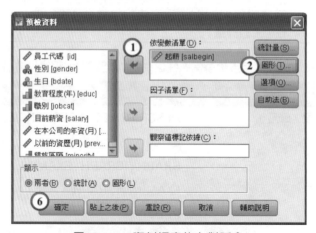

圖10-2-1　資料探索的主對話盒

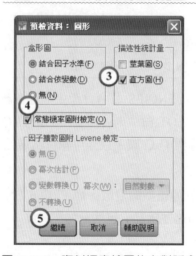

圖10-2-2　資料探索繪圖的次對話盒

二、報表及說明

1. 由偏態係數為 2.853 及其標準誤為 0.112，可以計算出偏態 95% 信賴區間的上界為 2.853+(2×0.112)=3.077、而其下界為 2.853–(2×0.112)=2.629。因為 0 未包含其中，拒絕虛無假設，亦即偏態顯著不同於 0，同時由峰度係數為 12.390 及其標準誤為 0.224，可以計算出峰度 95% 信賴區間的上界為 12.390 + (2×0.224) = 12.838、而其下界為 12.390–(2×0.224)=11.942。因為 0 未包含其中，拒絕虛無假設，亦即峰度顯著不同於 0，因此顯示員工起始薪資的資料不符合常態分布。

描述性統計量

			統計量	標準誤
salbegin 起薪	平均數		$17,016.09	$361.510
	平均數的 95% 信賴區間	下限	$16,305.72	
		上限	$17,726.45	
	刪除兩極端各 5% 觀察值之平均數		$16,041.71	
	中位數		$15,000.00	
	變異數		6.195E7	
	標準差		$7,870.638	
	最小值		$9,000	
	最大值		$79,980	
	範圍		$70,980	
	四分位全距		$5,168	
	偏態		2.853	.112
	峰度		12.390	.224

2. 因樣本數大於 50，故常態性檢定採用 Kolmogorov-Smirnov 統計量為 0.252(p<0.01)，顯示員工起始薪資的資料不符合常態分布。

常態檢定

	Kolmogorov-Smirnov檢定[a]			Shapiro-Wilk 常態性檢定		
	統計量	自由度	顯著性	統計量	自由度	顯著性
salbegin 起薪	.252	474	.000	.715	474	.000

a. Lilliefors 顯著性校正

3. 由直方圖顯示員工起始薪資的資料右偏 (正偏)，亦即分布圖顯示在右邊有較長的尾巴。

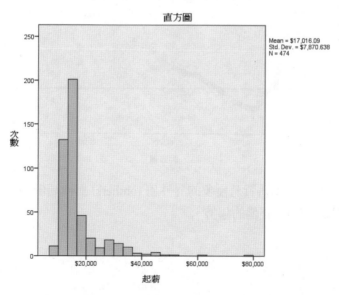

直方圖

Mean = $17,016.09
Std. Dev. = $7,870.638
N = 474

4. 由常態四分位圖 (Q-Q 圖) 的 45 度角斜線表示為常態分佈，資料點分布愈靠近則是十分接近常態，但此圖的資料點似乎有些偏離，因此顯示員工起始薪資並非接近常態。

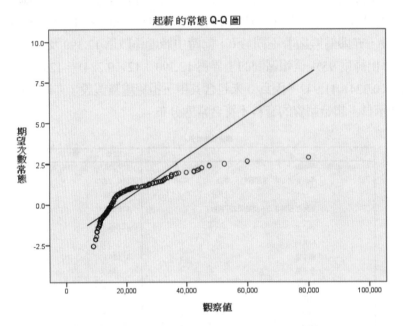

5. 由離勢常態的 Q-Q 圖顯示資料點於水平線 (0) 具有特定的模式，顯示員工的起始薪資未具有常態性。

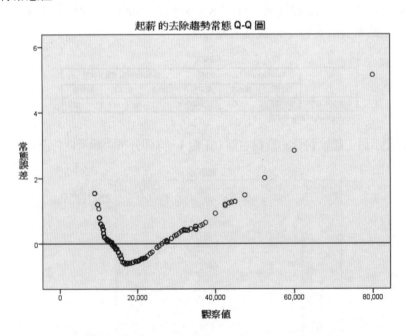

6. 由盒鬚圖顯示員工起始薪資有極多的界外值 (outliers) 與極端值 (extremes)，且往上的鬚線較長，顯示資料有正偏的趨勢。

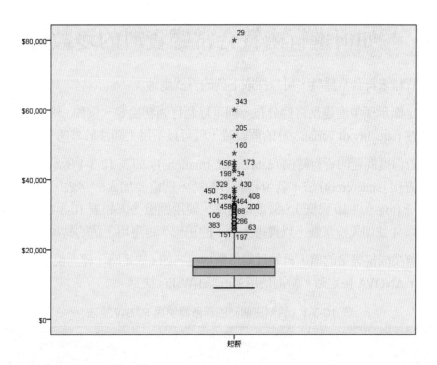

三、撰寫程式

程序語法：評估資料的常態性(ex10-2.sps)

(1) 在 Explore 主對話盒中按 貼上之後 (Paste) 鈕，即可貼出評估資料常態性的語法如下：

```
EXAMINE VARIABLES=salbegin
  /PLOT BOXPLOT HISTOGRAM NPPLOT
  /COMPARE GROUP
  /STATISTICS DESCRIPTIVES
  /CINTERVAL 95
  /MISSING LISTWISE
  /NOTOTAL.
```

❓ 10-3　　如何進行未符合常態資料的變數轉換？

通常當資料未符合常態時，可以採取下列的方式處理：

1. 如果檢定顯示僅中度違反常態分布，則可以執行強韌檢定，例如 t 檢定，當符合變異數同質性 (equality of variances) 的假設時，就可以不用太關注於常態分布的假設。

2. 協助改善偏度問題的資料轉換 (data transformations)：如表 10-3-1 所示，中度正偏時，使用平方根 (squareroot) 法，若資料有負數時，則需要加入一常數。大量正偏時，使用對數法 (log，以 10 為底)，嚴重正偏時，使用倒數法。如表 10-3-2，負偏時，先將資料乘以 -1 並加入一常數，以獲得大於 1 的正值，再應用上述的轉換法。

3. 將資料轉換成排等第的值，再執行無母數檢定。如 t 檢定時，轉而使用 Mann-Whitney U 檢定，ANOVA 檢定時，轉而使用 Kruskal-Wallis 檢定。

表 10-3-1　資料正偏時的變數轉換與 PASW 語法

分布情形		資料轉換方式	PASW 命令 （原始變數為 X)
	中度正偏 (positive skew)	平方根	NEWX=SQRT(X)
	大量正偏	對數	NEWX=LG10(X)
		對數 (如果有值為 0)	NEWX=LG10(X+C)
	嚴重正偏	倒數	NEWX=1/X
		倒數 (如果有值為 0)	NEWX=1/(X+C)

註：C 是加入到每一個分數的常數以使最小值為 1。

表 10-3-2　資料負偏時的變數轉換與 PASW 語法

分布情形	資料轉換方式	PASW 命令 (原始變數為 X)
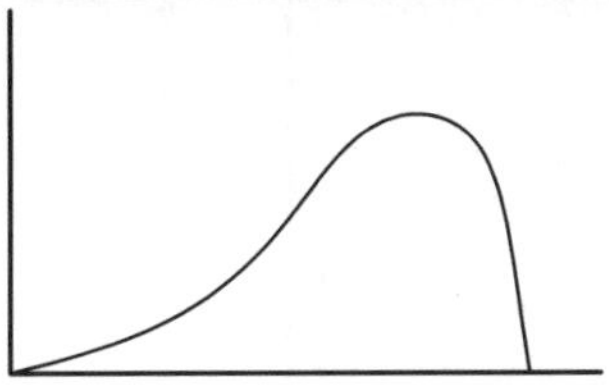 中度負偏 (negative skew)	反向 & 平方根	NEWX＝SQRT(K-X)
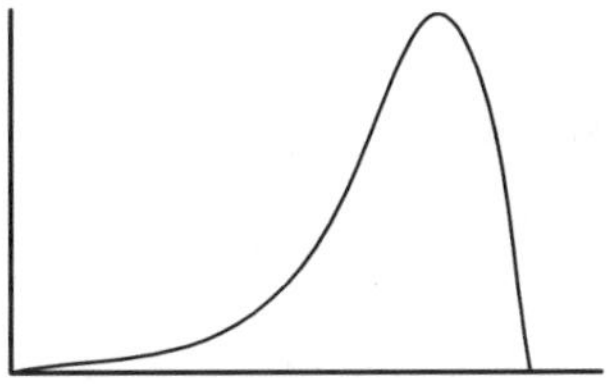 大量負偏	反向 & 對數	NEWX＝LG10(K-X)
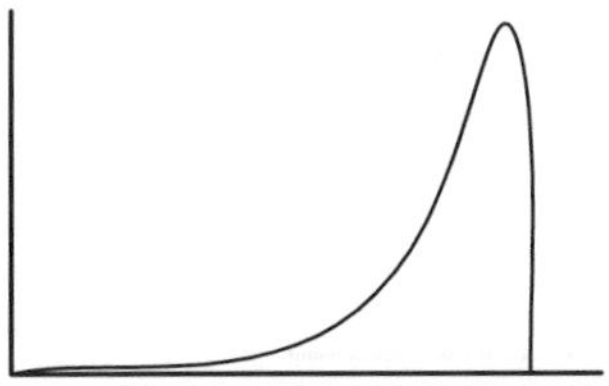 嚴重負偏	反向 & 倒數	NEWX＝1/(K-X)

註：K 為常數，用以減去每一個分數以使最小值為 1，通常等於使最大值 +1。

範例10-3　未符合常態資料的變數轉換

　　在 PASW 的資料檔 Employee data.sav 中，試對未符合常態性的變數起始薪資 (salbegin) 進行倒數轉換 (因資料呈現嚴重正偏態)，並重新評估其常態性。

一、操作程序

(一) 進行變數轉換

0. 開啓 Employee data.sav 資料檔，並從功能表中選擇轉換 (Transform) > 計算變數⋯ (Compute⋯)。

1. 如圖 10-3-1 的對話盒所示，在目標變數 (Target Variable) 方格中輸入 newsalbe，在右邊的數值運算式 (Numeric Expression) 方塊中輸入 l/salbegin。

2. 點按 確定 (OK) 鈕，以進行變數的轉換。

圖10-3-1　資料轉換(計算)的主對話盒

(二) 重新評估常態性

0. 從功能表中選擇分析 (Analyze) > 敘述統計 (Descriptive Statistics) > 預檢資料…
   (Explore…)。

1. 如圖 l0-3-2 的對話盒所示，從左邊的來源變數清單中選擇新的起薪 (newsalbe) 變數進
   入依變數清單 (Dependent List) 方塊中。

2. 點按 圖形… (Plots…) 鈕，以開啓繪圖次對話盒。

3. 如圖 10-3-3 的對話盒所示，在描述性統計量 (Descriptive) 方塊中取消莖葉圖 (Stem-
   and-leaf) 而選取直方圖 (histogram) 的選項。

4. 選取繪製常態圖並執行檢定 (Normality plots with tests) 選項。

5. 點按 繼續 (Continue) 鈕，回到資料探索的主對話盒。

6. 點按 確定 (OK) 鈕，以完成資料常態性的重新評估。

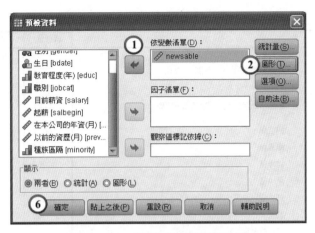

圖10-3-2　資料探索的主對話盒

圖10-3-3　資料探索繪圖的次對話盒

二、報表及說明

1. 由偏態係數為 - 0.313 及其標準誤為 0.112，可以計算出偏度 95% 信賴區間的上界為 -0.313+(2×0.112)=-0.089、而其下界為 -0.313–(2×0.112)=-0.537。因為 0 未包含其中，拒絕虛無假設，亦即偏度顯著不同於 0，然而由峰度係數為 -0.217 及其標準誤為 0.224，可以計算出峰度 95％信賴區間的上界為 -0.217+(2×0.224)=0.231、而其下界為 -0.217–(2×0.224)=-0.665。因為 0 包含其中，接受虛無假設，亦即峰度等同於 0，因此顯示員工起始薪資的資料經倒數轉換後較符合常態分布。

描述性統計量

		統計量	標準誤
newsable	平均數	.0001	.00000
	平均數的 95% 信賴區間　下限	.0001	
	上限	.0001	
	刪除兩極端各 5% 觀察值之平均數	.0001	
	中位數	.0001	
	變異數	.000	
	標準差	.00002	
	最小值	.00	
	最大值	.00	
	範圍	.00	
	四分位全距	.00	
	偏態	-.313	.112
	峰度	-.217	.224

2. 因樣本數大於 50，故常態性檢定採用 Kolmogorov-Smirnov 統計量為 0.104(p<0.0l)，顯示員工起始薪資的資料經倒數轉換後並不太符合常態分布。

常態檢定

	Kolmogorov-Smirnov檢定[a]			Shapiro-Wilk 常態性檢定		
	統計量	自由度	顯著性	統計量	自由度	顯著性
newsable	.104	474	.000	.976	474	.000

a. Lilliefors 顯著性校正

3. 由直方圖顯示員工起始薪資經倒數轉換後的資料已較趨近於常態分布。

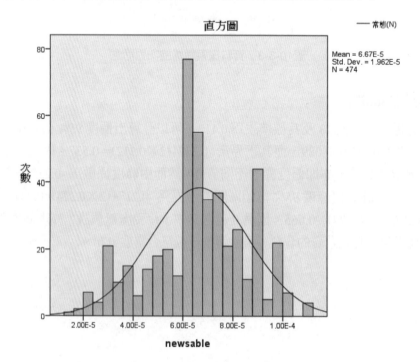

4. 由常態四分位圖 (Q-Q 圖) 的 45 度角斜線表示為常態分佈，員工起始薪資經倒數轉換後的資料點分布愈靠近顯示愈接近常態。

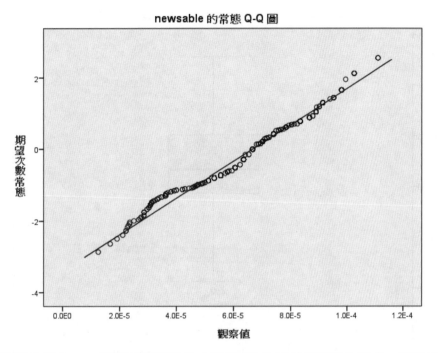

5. 由離勢常態的 Q-Q 圖顯示資料點於水平線 (0) 較不具有特定的模式，顯示員工的起始薪資經倒數轉換後較具有常態性。

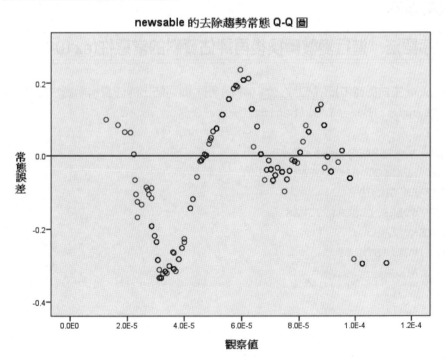

6. 由盒鬚圖顯示員工起始薪資經倒數轉換後有較少的界外值 (outliers)，且往上及往下的鬚線等長，顯示資料有常態的趨勢。

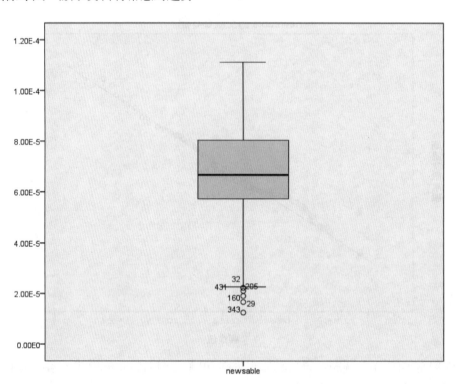

三、撰寫程式

程序語法：進行變數轉換後再評估資料的常態性(ex10-3.sps)

(1) 在 Explore 主對話盒中按 貼上之後 (Paste) 鈕，即可貼出評估資料常態性的語法如下：

```
COMPUTE newsalbe = 1/salbegin.
EXECUTE.
EXAMINE VARIABLES=newsalbe
  /PLOT BOXPLOT HISTOGRAM NPPLOT
  /COMPARE GROUP
  /STATISTICS DESCRIPTIVES
  /CINTERVAL 95
  /MISSING LISTWISE
  /NOTOTAL.
```

❓ 10-4　如何檢測資料的界外值(outliers)？

　　界外值 (outliers) 是指在資料中與大多數觀測值不同的資料值之個體 (cases)。界外值很重要係因其能改變資料分析的結果。在資料分析中是否要排除或包含界外值係依該個體為何成為界外值的理由以及分析之目的而定。單變數的界外值 (univariate outliers) 係指單一變數具有不正常的資料值之個體；而多變數的界外值 (multivariate outliers) 係指許多變數具有不正常結合的資料值之個體。

一、單變數界外值的檢測

　　識別單變數界外值的一個方法是將變數轉換成標準分數 (z 分數)。如果樣本數小 (80 或更少個體) 時，當標準分數是在 ±2.5 或之上時，則該個體為界外值。如果樣本數大於 80 時，當標準分數在 ±3.0 或之上時，則該個體為界外值。

二、多變數界外值的檢測

　　Mahalanobis D^2 是多向度版本的 Z 分數。其用以量測個體在某一特定的共變數 (多向度變異數) 下，離開分配中心 (多向度平均數) 的距離。當 D^2 的關聯機率小於 0.001 時，該個體為多變數界外值。而 D^2 係依循卡方分配，其自由度為包含在計算中的變數數目。

│ 範例10-4　單變數界外值的檢測

　　在 PASW 的資料檔 1991 U.S. General Social Survey.sav 中，試對職業聲望 (occupational prestige score) 的變數 (prestg80) 進行界外值的檢測。

方法一： Explore 程序

一、操作程序

0. 開啟 1991 U.S. General Social Survey.sav 資料檔，並從功能表中選擇分析 (Analyze) > 敘述統計 (Descriptive Statistics) > 預檢資料…(Explore…)。

1. 如圖 10-4-1 的對話盒所示，從左邊的來源變數清單中選擇職業聲望 (prestg80) 變數進入依變數清單 (Dependent List) 方塊中。

2. 點按 統計量… (Statistics…) 鈕，以開啟統計次對話盒。

3. 如圖 10-4-2 的對話盒所示，選取描述性統計量 (Descriptive) 及偏離值 (Outliers) 的選項。

4. 點按 繼續 (Continue) 鈕，回到資料探索的主對話盒。

5. 點按 確定 (OK) 鈕，以進行資料界外值的檢測。

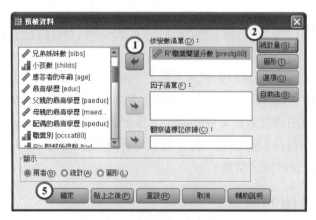

圖10-4-1　資料探索的主對話盒

圖10-4-2　資料探索：統計的次對話盒

二、報表及說明

1. 描述性統計。

描述性統計量

			統計量	標準誤
prestg80 R'職業聲望分數	平均數		42.93	.347
	平均數的95%信賴區間	下限	42.25	
		上限	43.61	
	刪除兩極端各5%觀察值之平均數		42.58	
	中位數		42.00	
	變異數		170.759	
	標準差		13.067	
	最小值		17	
	最大值		86	
	範圍		69	
	四分位全距		19	
	偏態		.440	.065
	峰度		-.372	.130

2. 顯示有 4 個較高的極端值 86 分，觀測體號碼分別是 199、424、454 及 682 等。

極端值

			觀察值個數	數值
prestg80 R'職業聲望分數	最高	1	199	86
		2	424	86
		3	454	86
		4	682	86
		5	2	75[a]
	最低	1	771	17
		2	505	17
		3	365	17
		4	113	17
		5	1148	19[b]

a. 在高極端值表格中，只會顯示包含數值 75 的部份觀察值清單。

b. 在低極端值表格中，只會顯示包含數值 19 的部份觀察值清單。

3. 由莖葉圖亦顯示有四個極端值超過或等於 86。

```
R' 職業聲望分數 Stem-and-Leaf Plot

Frequency    Stem &  Leaf

     7.00      1 .  79
    85.00      2 .  0011222222222222223333333344444
   145.00      2 .  555566777778888888888888888888999999999999999999
   190.00      3 .  00000000000000000011111111111111112222222222222222223333333344444444
   174.00      3 .  55555555556666666666666666666666666666677778888899999999999999
   189.00      4 .  000000000000000000011111112222222222222222222223333333444444444444
   216.00      4 .  55555555556666666666666666666666666677777777777777777777788888888999999999999
   162.00      5 .  000000000011111111111111111111111111111111111111122222344444
    42.00      5 .  555667778889999
   103.00      6 .  0000000000111122334444444444444444444
    73.00      6 .  5555555666666666666678899
    21.00      7 .  1334444&
     7.00      7 .  55
     4.00 Extremes    (>=86)

Stem width:  10
Each leaf:       3 case(s)
```

4. 由直方圖顯示有界外值的觀測體號碼為 682、424、454、199。

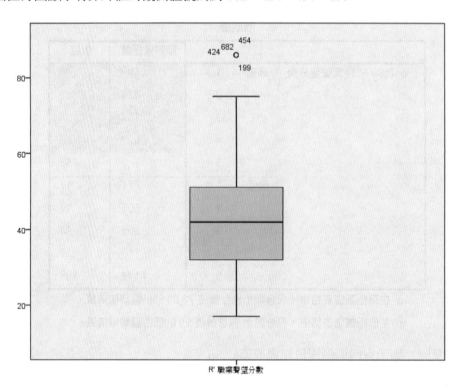

R' 職業聲望分數

三、撰寫程式

程序語法：進行資料界外值的檢測(ex10-4.sps)

(1) 在 Explore 主對話盒中按 貼上之後 (Paste) 鈕，即可貼出評估資料界外值的語法如下：

```
EXAMINE VARIABLES=prestg80
  /PLOT BOXPLOT STEMLEAF
  /COMPARE GROUP
  /STATISTICS DESCRIPTIVES EXTREME
  /CINTERVAL 95
  /MISSING LISTWISE
  /NOTOTAL.
```

方法二：Descriptives 程序

一、操作程序

0. 開啟 1991 U.S. General Social Survey.sav 資料檔，並從功能表中選擇分析 (Analyze) > 敘述統計 (Descriptive Statistics) > 描述性統計量…(Descriptives…)。

1. 如圖 10-4-3 的對話盒所示，從左邊的來源變數清單中選擇職業聲望 (prestg80) 變數進入依變數清單 (Variables) 方塊中。

2. 點選將標準化的值儲存成變數 (Save standardized values as variables) 的選項。

3. 點按 確定 (OK) 鈕，以進行資料界外值的檢測。

圖10-4-3　描述性統計的主對話盒

二、報表及說明

1. 描述性統計。

敘述統計

	個數	最小值	最大值	平均數	標準差
prestg80 R'職業聲望分數	1418	17	86	42.93	13.067
有效的 N (完全排除)	1418				

2. 在資料編輯視窗中點選 Zprestg80 變數，將整欄反白，按滑鼠右鍵，並從快顯功能表中點選遞減排序 (Sort Descending)。

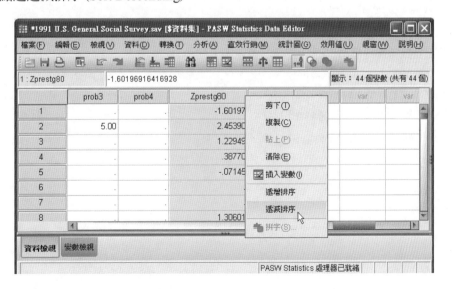

3. 從資料編輯視窗中顯示前四個觀測體的 Z 值大於 3，顯示為單變數的極端值。

	prob1	prob2	prob3	prob4	Zprestg80
1	家庭	1.00	.	.	3.29568
2		.	.	.	3.29568
3		.	.	.	3.29568
4	.	.	.	.	3.29568
5	財務	4.00	5.00	.	2.45390
6		.	.	.	2.45390
7		.	.	.	2.45390

4. 以 PASW 語法將該變數 Z 大於 3 的觀測體選出並加以列示如下：

```
        prestg80
199     86
424     86
454     86
682     86
```

Number of cases read: 4　　Number of cases listed: 4

三、撰寫程式

程序語法：進行資料界外值的檢測(ex10-4.sps)

(1) 在 Descriptives 主對話盒中按 貼上之後 (Paste) 鈕，即可貼出評估資料界外值的語法如下：

```
*將變數轉換成標準化(z值).
DESCRIPTIVES VARIABLES=prestg80
  /SAVE
  /STATISTICS=MEAN STDDEV MIN MAX.
*選出變數轉換為標準化的z值大於3者並加以列示.
TEMPORARY.
SELECT IF (Zprestg80>3).
LIST VARIABLES= prestg80
  /FORMAT=NUMBERED.
```

Try for yourself

TFY **10-4-1** · 本書隨附之資料檔 GSS2000R.SAV 中，試檢測最高學歷 (highest year of school completed) 的變數 (educ)，共有幾個觀測體符合單變數界外值。

　Do your best

DYB **10-1** · 在自變數為每週工作時數 (number of hours worked in the past week) 的變數 (hrs1)、職業聲望 (occupational prestige score) 的變數 (prestg98)、最高學歷 (highest year of school completed) 的變數 (educ) 以及依變數為收入 (income) 的變數 (rincome98) 等。試分析有多少個觀測體符合多變數界外值的特性 (在 0.001 的顯著水準下)。

提示：計算 D^2 的關聯機率時，係使用 PASW 的函數：CDF.CHISQ，其計算式為 p_mah_1=1-CDF.CHISQ(mah_1,3)。

Chapter 11

製作資料的彙總報告

學習目標

☞ 能製作線上分析處理 (OLAP) 的報告表格

☞ 能製作個案彙總的報告表格

☞ 能製作彙總在橫列的報告表格

☞ 能製作彙總在縱欄的報告表格

11-1　如何製作線上分析處理(OLAP)的報告表格？

操作程序

→ 分析 (Analyze) > 報表 (Reports) > OLAP 多維度報表…(OLAP Cubes…)

功能用途

線上分析處理 (OnLine Analytical Processing, OLAP) 之立體表格係計算在一或多個類別的分組變數中，連續的彙總變數之總和、平均數及其它單變數統計量。依每一分組變數的每一類別產生各層面的表格。

範例11-1　製作線上分析處理(OLAP)的表格

　　以 PASW 的範例資料檔 Employee data.sav 試分析不同性別 (男與女) 及不同種族 (少數民族與非少數民族) 之員工的教育水準、目前薪資、雇用起薪等的個數、平均數與標準差等。

一、線上分析處理立體表格之製作

0. 從功能表選擇分析 (Analyze) > 報表 (Reports) > OLAP 多維度報表…(OLAP Cubes…)

1. 如圖 11-1-1 所示，從左邊的來源變數清單中選取教育程度 (educ)、目前薪資 (salary)、起薪 (salbegin) 等變數，按第一個 ▶ 鈕，以選入摘要變數清單中。

2. 從來源變數清單中選取性別 (gender)、種族區隔 (minority) 等二個變數，按第二個 ▶ 鈕，以選入分組變數清單中。

3. 按 統計量… (Statistics…) 鈕，開啟如圖 11-1-2 的次對話盒。

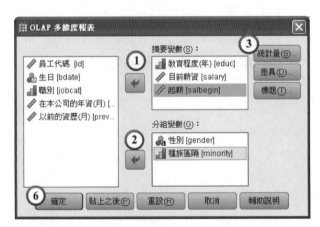

圖11-1-1　線上分析處理之立體表格的主對話盒

4. 如圖 11-1-2 的次對話盒所示，在格統計 (Cell Statistics) 的清單中選擇總和 (Sum) 及總和百分比 (Percent of Total Sum)，按 ◀ 鈕，將此二統計量移除。

5. 按 繼續 (Continue) 鈕，回到如圖 11-1-1 的主對話盒。

6. 按 確定 (OK) 鈕，完成 OLAP 立體表格的分析，結果如圖 11-1-3 所示。

圖11-1-2　線上分析處理立體表格之統計量的次對話盒

OLAP 多維度報表

gender 性別:總和
minority 種族區隔:總和

	個數	平均數	標準差	總個數的百分比
educ 教育程度(年)	474	13.49	2.885	100.0%
salary 目前薪資	474	$34,419.57	$17,075.661	100.0%
salbegin 起薪	474	$17,016.09	$7,870.638	100.0%

圖11-1-3　製作線上分析處理立體表格之結果

二、線上分析處理立體表格之操作

1. 在 OLAP 立體表格上快按兩下，則表格四週會出現斜線，並有兩個下拉式選單的箭頭，表示進入編修操作狀態，如圖 11-1-4 所示。

OLAP 多維度報表

gender 性別	總和 ▼		
minority 種族區隔	總和 ▼		

	個數	平均數	標準差	總個數的百分比
educ 教育程度(年)	474	13.49	2.885	100.0%
salary 目前薪資	474	$34,419.57	$17,075.661	100.0%
salbegin 起薪	474	$17,016.09	$7,870.638	100.0%

圖11-1-4　快按二下線上分析處理立體表格以進行操作

2. 點選層變數的最上一層 gender(性別) 之下拉式選單，如圖 11-1-5 所示，並點選 female(女性)。在第二層 minority(種族) 之下拉式選單，點選 Yes(是)，OLAP 立體表格即時顯示如圖 11-1-6 的結果。

圖11-1-5　線上分析處理立體表格之層變數的下拉式選單

OLAP 多維度報表

gender 性別	f女 ▼			
minority 種族區隔	1是 ▼			
	個數	平均數	標準差	總個數的百分比
educ 教育程度(年)	40	12.50	1.908	8.4%
salary 目前薪資	40	$23,062.50	$3,972.369	8.4%
salbegin 起薪	40	$11,951.25	$1,928.547	8.4%

圖11-1-6　少數民族女性員工之OLAP立體表格

3. 點選層變數的最上一層 gender(性別) 之下拉式選單，並點選 female(女性)。在第二層 minority(種族) 之下拉式選單，點選 No(否)。OLAP 立體表格即時顯示如圖 11-1-7 的結果。

OLAP 多維度報表

gender 性別	f女 ▼			
minority 種族區隔	0否 ▼			
	個數	平均數	標準差	總個數的百分比
educ 教育程度(年)	176	12.34	2.407	37.1%
salary 目前薪資	176	$26,706.79	$8,011.894	37.1%
salbegin 起薪	176	$13,351.22	$3,064.901	37.1%

圖11-1-7　非少數民族女性員工之OLAP立體表格

4. 比較圖 11-1-6 及圖 11-1-7 的結果顯示，雖然少數民族的女性員工之受教育年數高於非少數民族的女性，但其目前薪資及雇用起薪均低於非少數民族的女性員工

5. 點選層變數的最上一層 gender(性別) 之下拉式選單，並點選 male(男性)。在第二層 minority(種族) 之下拉式選單，點選 Yes(是)，OLAP 立體表格即時顯示如圖 11-1-8 的結果。

6. 點選層變數的最上一層 gender(性別) 之下拉式選單，並點選 male(男性)。在第二層 minority(種族) 之下拉式選單，點選 No(否)，OLAP 立體表格即時顯示如圖 11-1-9 的結果。

OLAP 多維度報表				
gender 性別	m男 ▼			
minority 種族區隔	1是 ▼			
	個數	平均數	標準差	總個數的百分比
educ 教育程度(年)	64	12.94	2.889	13.5%
salary 目前薪資	64	$32,246.09	$13,059.881	13.5%
salbegin 起薪	64	$16,383.75	$5,570.359	13.5%

圖11-1-8　少數民族男性員工之OLAP立體表格

OLAP 多維度報表				
gender 性別	m男 ▼			
minority 種族區隔	0否 ▼			
	個數	平均數	標準差	總個數的百分比
educ 教育程度(年)	194	14.92	2.848	40.9%
salary 目前薪資	194	$44,475.41	$20,330.662	40.9%
salbegin 起薪	194	$21,593.81	$9,677.754	40.9%

圖11-1-9　非少數民族男性員工之OLAP立體表格

7. 比較圖 11-1-8 及圖 11-1-9 的結果顯示，顯然少數民族的男性員工無論在受教育年數、目前薪資及雇用起薪均低於非少數民族的男性員工。

8. 比較圖 11-1-6 至圖 11-1-9 的結果顯示，顯然男性員工無論在受教育年數、目前薪資及雇用起薪均高於女性員工。

A11-1對話盒指引 OLAP Cubes程序

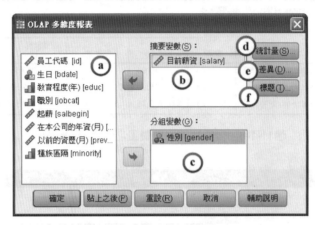

圖① 線上分析處理(OLAP)立體表之主對話盒

OLAP Cubes對話盒的說明

　　線上分析處理 (Online Analytical processing) 之多維度報表 (Cubes) 程序係計算在一或多個類別的分組變數中，連續的彙總變數之總和、平均數及其它單變數統計量。依每一分組變數的每一類別產生各層面的表格。可從功能表選擇分析 (Analyze) > 報表 (Reports) > OLAP 多維度報表…(OLAP Cubes…)，以開啟如圖①的主對話盒。

(a) 來源清單 (Source List) 方塊：資料檔中的所有變數均會顯示在此來源變數清單中。

(b) 摘要變數 (Summary Variable(s)) 方塊：欲彙總統計量的變數清單。可從來源變數清單中，選取一或多個變數，按第一個 ▶ 鈕，以進入此清單中。

(c) 分組變數 (Grouping Variable(s)) 方塊：欲彙總分成群組的分組變數清單。可從來源變數清單中，選取一或多個變數，按第二個 ▶ 鈕，以進入此清單中。

(d) 統計量… (Statistics…) 按鈕：用以界定彙總的統計量數。可開啟如圖②的次對話盒。

圖② 彙總統計量的次對話盒

彙總統計量次對話盒的說明

(1) 統計量 (Statistics) 方塊：可選取下列其中之一的彙總統計量。

    Mean：平均數。

    Median：中位數。

    Grouped Median：組別中位數。

    Std. Error of Mean：平均數的標準誤。

    Sum：總和。

    Minimum：最小值。

    Maximum：最大值。

    Range：全距 (範圍)。

    First：第一個資料值。

    Last：最後一個資料值。

    Standard Deviation：標準差。

    Variance：變異數。

    Kurtosis：峰度。

    Std. Error of Kurtosis：峰度的標準誤。

    Skewness：偏態。

    Std. Error of Skewness：偏態的標準誤。

    Harmonic Mean：調和平均數。

    Geometric Mean：幾何平均數。

    Percent of Total Sum：總和的百分比。

    Percent of Total N：總數 (N) 的百分比。

(2) 格統計 (Cell Statistics) 方塊：欲彙總的細格統計量數。預設為觀測體個數 (N)、總和 (Sum)、平均數 (Mean)、標準差 (Standard Deviation)、總和的百分比 (Percent of Total Sum)、總數的百分比 (Percent of Total N)。

ⓔ 差異… (Differences…) 按鈕：用以計算在彙總變數或組別間的百分比及算術的差異。可開啟如圖③的次對話盒。

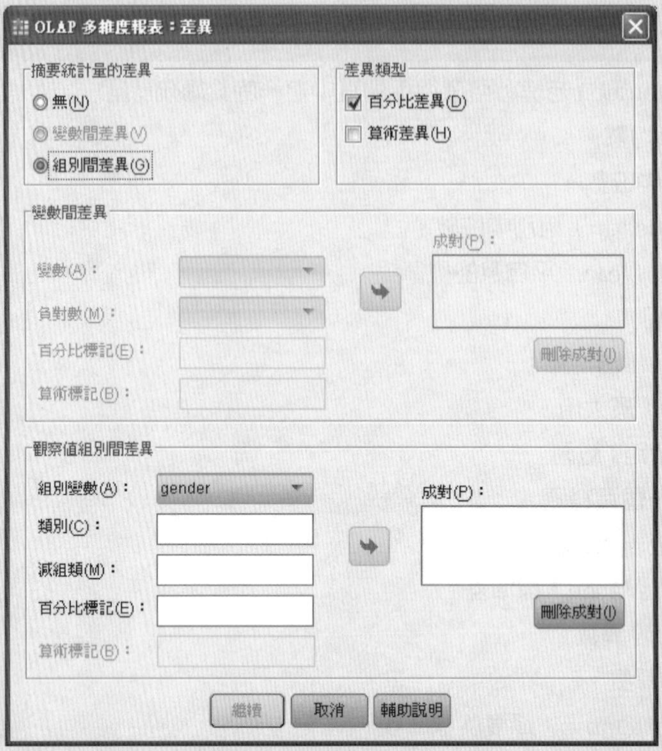

圖③　差異選項的次對話盒

差異選項次對話盒的說明

(1) 摘要統計量的差異 (Differences for Summary Statistics) 方塊：用以計算在彙總變數或組別間的百分比及算術的差異。可選取下列三種方式之一。

○ None：無。

○ 變數間差異 (Differences between variables)：計算配對變數間的差異。第一個變數的彙總統計值減第二個變數的彙總統計值。對百分比的差異，則是以第二個變數為分母。在主對話盒至少必須選擇二個以上 (含) 的彙總變數才能設定變數間的差異。

○ 組別間差異 (Differences between groups)：計算由分組變數所定義之配對組間的差異。

(2) 差異類型 (Type of Difference) 方塊：設定差異的型式，可任選下列的方式。

○ Percentage difference：百分比的差異。

○ Arithmetic difference：算術的差異。

(3) 變數間差異 (Differences between Variables) 方塊：計算配對變數間的差異。

變數 (Variable) 下拉式選單：選取計算差異的第一個變數。

負變數 (Minus variable) 下拉式選單：選取計算差異的第二個變數。

百分比標記 (Percent label) 方格：輸入百分比差異的標註。

算術標記 (Arithmetic label) 方格：輸入算術差異的標註。

成對 (Pairs) 方塊：設定配對變數後，按 ▶ 鈕，以進入此清單中。

刪除成對 (Delete Pair) 按鈕：刪除清單中的配對變數。

(4) 觀察值組別間差異 (Differences between Groups of Cases) 方塊：計算由分組變數所定義之配對組間的差異。

組別變數 (Grouping Variable) 下拉式選單：選取計算差異的分組變數。

類別 (Category) 下拉式選單：選取計算差異的第一個類別。

減組類 (Minus category) 下拉式選單：選取計算差異的第二個類別。

百分比標記 (Percent label) 方格：輸入百分比差異的標註。

算術標記 (Arithmetic label) 方格：輸入算術差異的標註。

成對 (Pairs) 方塊：設定配對組後，按 ▶ 鈕，以進入此清單中。

刪除成對 (Delete Pair) 按鈕：刪除清單中的配對組。

11-2 如何製作個案彙總(case summaries)的報告表格？

操作程序

 → 分析 (Analyze) > 報表 (Report) > 觀察值摘要…(Case Summaries…)。

功能用途

可以產生一個或多個量尺 (Scale) 變數之報告表格以包含彙總統計與（或）個別個案（觀測體）的列示 (listing)。

範例11-2-1　列示觀測體

某研究進行一項調查，以收集有關受試者的性別、年齡、血型及身高、體重等變數的資料如下所示 (本書隨附資料檔名稱 report.sav)：

血型	年齡	性別	身高	體重	平時測驗	期中測驗	期末測驗
O	10	M	141	35	68	84	60
O	10	M	138	27	75	92	70
A	10	F	145	32	80	85	60
B	10	M	140	33	75	80	82
A	10	F	135	24	84	90	75
A	11	M	142	30	76	86	78
B	11	M	135	27	74	90	56
O	11	M	144	32	74	78	85
O	11	F	135	27	82	82	68
B	11	F	138	25	76	84	62
O	12	F	149	32	78	84	58
O	12	F	136	25	86	92	90
A	12	F	135	24	86	84	78
B	12	M	145	33	78	90	88
A	12	M	140	32	76	88	74

試依不同性別列示出受試者的平時、期中及期末等測驗成績。

一、操作步驟

0. 開啓 report.sav 資料檔，並從功能表選擇分析 (Analyze) > 報表 (Report) > 觀察值摘要…
(Case Summaries…)。

1. 如圖 11-2-1 所示，從來源變數清單中，將 test1 ～ test3 等變數選入右邊的彙總變數清單中。

2. 從來源變數清單中，將性別 (sex) 變數選入右邊的彙總分組變數清單中。

3. 按 統計量… (Statistics…) 鈕，開啓如圖 11-2-2 的次對話盒。

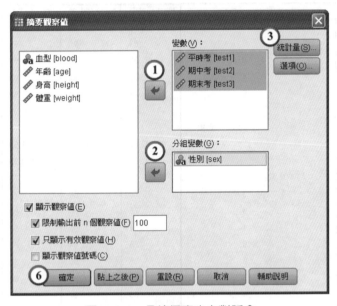

圖11-2-1　彙總個案之主對話盒

4. 如圖 11-2-2 所示，從左邊的統計量清單中，將平均數 (Mean) 及標準差 (Standard Deviation) 等統計量選入右邊的細格統計量清單中。

5. 按 繼續 (Continue) 鈕，回到圖 11-2-1 的主對話盒。

6. 按 確定 (OK) 鈕，完成彙總與列示觀測體，結果如圖 11-2-3 所示。

圖11-2-2　彙總報告之統計量的次對話盒

二、報表及說明

1. 如圖 11-2-3 所示,依性別分別列示觀測體每一筆資料、平時及期中及期末成績等,並於各分組及整體等提供彙總統計包括個數、平均數、標準差。

觀察值摘要[a]

sex性別				test1 平時考	test2 期中考	test3 期末考
F 女生		1		80	85	60
		2		84	90	75
		3		86	84	78
		4		82	82	68
		5		78	84	58
		6		86	92	90
	總和		個數	6	6	6
			平均數	82.67	86.17	71.50
			標準差	3.266	3.920	12.029
	M 男生	1		76	86	78
		2		76	88	74
		3		75	80	82
		4		74	90	56
		5		76	84	62
		6		78	90	88
		7		68	84	60
		8		75	92	70
		9		74	78	85
	總和		個數	9	9	9
			平均數	74.67	85.78	72.78
			標準差	2.784	4.738	11.530
總和			個數	15	15	15
			平均數	77.87	85.93	72.27
			標準差	4.969	4.284	11.317

a.限於前 100 個觀察值。

圖11-2-3 彙總並列示觀測體之報告的結果

三、撰寫程式

程序語法:彙總並列示觀測體(ex11-2-1.sps)

(1) 在 Summarize Cases 主對話盒中按 (貼上之後) (Paste) 鈕,即可貼出彙總並列示觀測體的語法如下:

```
SUMMARIZE
  /TABLES=test1 test2 test3  BY sex
  /FORMAT=VALIDLIST NOCASENUM TOTAL LIMIT=100
  /TITLE='Case Summaries'
  /MISSING=VARIABLE
  /CELLS=COUNT MEAN  STDDEV.
```

A11-2對話盒指引　Summarize Cases程序

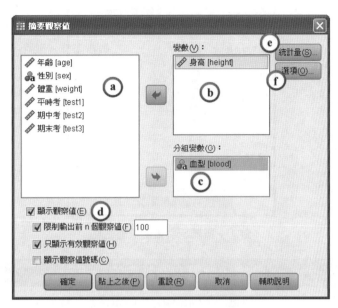

圖①　彙總個案之主對話盒

Summarize對話盒的說明

　　摘要觀察值 (Summarize Cases) 程序計算一個或多個分組變數中之次群組變數的統計量。分組變數的所有水準是以交叉列聯表的方式顯示,可以選擇統計量數顯示的次序,亦可顯示跨各類別之每一個變數的彙總統計。在每一類別的資料值可以加以列示或加以抑制。對於大的資料集,亦可僅選擇列示前 n 個觀測體。最基本的規格要求是一個變數。可從功能表選擇分析 (Analyze) > 報表 (Report) > 摘要觀察值…(Case Summaries…),以開啓如圖①的主對話盒。

ⓐ 來源清單 (Source List) 方塊:資料檔中的數值變數均會顯示在此來源變數清單中。

ⓑ 變數 (Variables) 方塊:欲列示或彙總統計量的變數清單。可從來源變數清單中,選取一或多個變數,按第一個 ▶ 鈕,以進入此清單中。

ⓒ 分組變數 (Grouping Variable(s)) 方塊:欲列示或彙總分成群組的分組變數清單。可從來源變數清單中,選取一或多個變數,按第二個 ▶ 鈕,以進入此清單中。

ⓓ ☐ 顯示觀察值 (Display Cases):可選取列示觀測體或抑制觀測體的列示。若選取此選項時,亦連帶可選取或不選取下列三個選項。

　　☐ 限制輸出前 n 個觀察值 (Limit Cases to first n):限制僅列示或彙總至 n 個觀測體。

　　☐ 只顯示有效觀察值 (Show only valid Cases):僅顯示有效的觀測體。

　　☐ 顯示觀察值號碼 (Show Case numbers):顯示觀測體個案的編號。

ⓔ 統計量… (Statistics…) 按鈕:用以界定彙總的統計量數。可開啓如圖②的次對話盒。

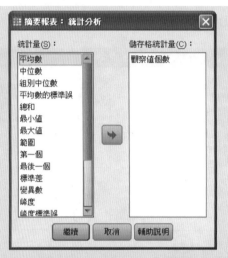

圖② 彙總統計量的次對話盒

彙總統計量次對話盒的說明

(1) 統計量 (Statistics) 方塊：可選取下列其中之一的彙總統計量。

Mean：平均數。

Median：中位數。

Grouped Median：組別中位數。

Std. Error of Mean：平均數的標準誤。

Sum：總和。

Minimum：最小值。

Maximum：最大值。

Range：全距 (範圍)。

First：第一個資料值。

Last：最後一個資料值。

Standard Deviation：標準差。

Variance：變異數。

Kurtosis：峰度。

Std. Error of Kurtosis：峰度的標準誤。

Skewness：偏態。

Std. Error of Skewness：偏態的標準誤。

Harmonic Mean：調和平均數。

Geometric Mean：幾何平均數。

Percent of Total Sum：總和的百分比。

Percent of Total N：總數 (N) 的百分比。

(2) 儲存格統計量 (Cell Statistics) 方塊：欲彙總的細格統計量數。預設為觀測體個數 (N)。

ⓕ 選項… (Options…) 按鈕：用以加入報表的抬頭與註釋，以及改變缺漏值的處理與顯示。可開啓如圖③的次對話盒。

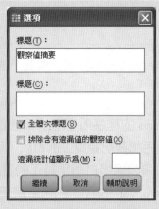

圖③　彙總選項的次對話盒

彙總選項次對話盒的說明
(1) 標題 (Title) 方塊：可編修列示或彙總的標題。 (2) 標題 (Caption) 方塊：可編修列示或彙總的註釋。 (3) □全體次標題 (Subheadings for totals)：預設對總數產生次標題。 (4) □排除含有遺漏值的觀察值 (Exclude cases with missing values listwise)：在任一變數具有缺漏值的觀測體，將被排除於列示或彙總之外。 (5) 遺漏統計值顯示為 (Missing Statistics appear as)：設定統計量缺漏時，顯示為自訂的符號。

❓ 11-3　如何製作彙總在橫列(summaries in rows)的報告表格？

操作程序

 → 分析 (Analyze) > 報表 (Report) > 列的報表摘要…(Report Summaries in Rows…)

功能用途

 Report Summaries in Rows 的程序所產生的報告表格係將各式的彙總統計置放於橫列中。例如某家連鎖店想要記錄員工的資訊，包括薪資、工作職等、工作的分店與部門等。所產生的報表應提供個別員工的資訊 (列示，listing)、依分店及部門區分 (分斷變數，break variables)、內含彙總統計量數 (Summary Statistics，如平均薪資) 等。

▌範例11-3　彙總在橫列(Summaries in Rows)的報告表格

假定我們進行一項調查，以收集有關受試者的性別、年齡及血型、身高、體重等變數的資料如下所示 (本書隨附資料檔名稱 report.sav)：

血型	年齡	性別	身高	體重	平時測驗	期中測驗	期末測驗
O	10	M	141	35	68	84	60
O	10	M	138	27	75	92	70
A	10	F	145	32	80	85	60
B	10	M	140	33	75	80	82
A	10	F	135	24	84	90	75
A	11	M	142	30	76	86	78
B	11	M	135	27	74	90	56
O	11	M	144	32	74	78	85
O	11	F	135	27	82	82	68
B	11	F	138	25	76	84	62
O	12	F	149	32	78	84	58
O	12	F	136	25	86	92	90
A	12	F	135	24	86	84	78
B	12	M	145	33	78	90	88
A	12	M	140	32	76	88	74

一、操作步驟

0. 開啟資料檔 (report.sav)，使資料編輯器中顯現檔案的資料內容。並從功能表選擇分析 (Analyze) > 報表 (Reports) > 列的報表摘要…(Report Summaries in Rows…)，開啟如圖 11-3-1 的主對話盒。

1. 從來源變數清單中選取身高 (height) 變數進入資料欄 (Data Columns) 清單中。

2. 在資料欄 (Data Columns) 方塊中按 格式… (Format…) 鈕，開啟如圖 11-3-2 的次對話盒。並在行標題調整 (Column title justification) 下拉式清單中選取置中 (center) 選項，在行內數值位置 (Vau1e position within Column) 方塊中選取在行內對中 (Centered within column)，再按 繼續 (Continue) 鈕，回主對話盒。

3. 從來源變數清單中再分別選取 weight、testl、test2、test3 等變數，並重複步驟 2。

4. 從來源變數清單中選取性別 (sex) 變數進入分割欄 (Break Columns) 清單中。

5. 在分割欄 (Break Columns) 方塊中，按 摘要… (Summary…) 鈕，開啟如圖 11-3-3 的次對話盒，並從中選取平均數 (Mean of vau1e) 及觀察值個數 (Number of cases) 選項，再按 繼續 (Continue) 鈕，回主對話盒。

6. 在分割欄 (Break Columns) 方塊中，按 選項… (Options…) 鈕，開啟如圖 11-3-4 的次對話盒，並從中在摘要前的空行數 (Blank Lines before Summaries) 文字盒中輸入 1。

7. 在分割欄 (Break Columns) 方塊中，按 格式… (Format…) 鈕，並同步驟 2 的操作。

8. 選取顯示觀察值 (Display cases) 選項。

9. 按 確定 (OK) 鈕，則資料列示的結果會顯示在輸出檢視視窗中，如圖 11-3-5 所示。

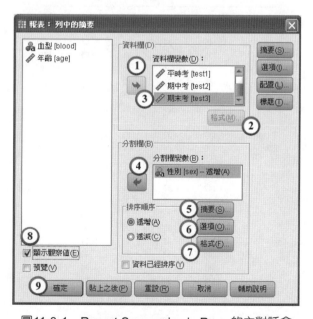

圖11-3-1　Report Summaries in Rows的主對話盒

圖11-3-2　資料欄格式的次對話盒

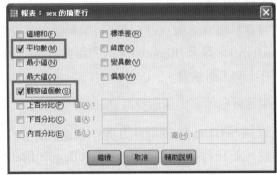

圖11-3-3　彙總統計量的次對話盒

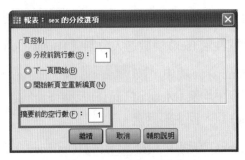

圖11-3-4　分段選項的次對話盒

二、輸出報表

頁面　　1

性別	身高	體重	平時考	期中考	期末考
女生					
	145	32	80	85	60
	135	24	84	90	75
	135	24	86	84	78
	135	27	82	82	68
	149	32	78	84	58
	136	25	86	92	90
平均數	139	27	83	86	72
個數	6	6	6	6	6
男生					
	142	30	76	86	78
	140	32	76	88	74
	140	33	75	80	82
	135	27	74	90	56
	138	25	76	84	62
	145	33	78	90	88
	141	35	68	84	60
	138	27	75	92	70
	144	32	74	78	85
平均數	140	30	75	86	73
個數	9	9	9	9	9

圖11-3-5　資料彙總在橫列的結果

Report：Summaries in Rows程序

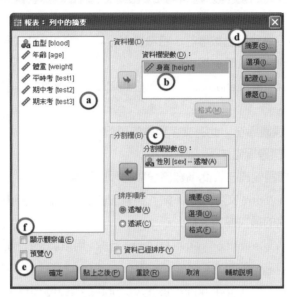

圖① 　彙總在橫列的報表之主對話盒

Report Summaries in Rows對話盒的說明

　　列的報表摘要 (Report Summaries in Rows) 的程序所產生的報告表格，係將各式的彙總統計置放於橫列中。最基本的規格要求是在清單中有一或多個報告變數，以及一或多個彙總統計量。可從功能表選擇分析 (Analyze) > 報表 (Report) > 列的報表摘要…(Report Summaries in Rows…)，開啟如圖①的主對話盒。

ⓐ 來源清單 (Source List) 方塊：資料檔中的所有變數均會顯示在此來源變數清單中。

ⓑ 資料欄 (Data Columns) 方塊：欲列示或彙總統計量的報告變數清單。可從來源變數清單中，選取一或多個變數，按第一個 ▶ 鈕，以進入此清單中。

(1) 格式… (Format…) 按鈕：用以修改資料欄的標題、欄寬、標題與資料的位置，以及控制值標註的顯示。可從資料欄 (Data Columns) 的清單中選取一報告變數，再按此鈕，以開啟如圖②的次對話盒。

圖② 　資料欄格式的次對話盒

資料欄格式次對話盒的說明

◆ 行標題 (Column Title) 方塊：顯示在選定的報告變數之欄位頂端的標題。如果未指定標題，則預設為使用變數標註，若無變數標註，則使用變數名稱，可輸入多行的標題，系統會自動依欄寬加以分斷。

◆ 行標題調整 (Column title justification) 下拉式清單：欄標題的位置，可選取下列其中之一的方式。

靠左 (Left)：欄標題靠左。此為文字變數的預設設定。

置中 (Center)：標題欄置中。

靠右 (Right)：標題欄靠右。此為數值變數的預設設定。

◆ 行寬度 (Column Width) 文字方格：輸入整數位的欄位寬度。若未加指定，則系統會自動調整所需的最大欄寬。

◆ 行內數值位置 (Value Position Within Column) 方塊：用以調整在欄位中資料的位置，可選取下列其中之一的方式。

○ 右端偏移量 (Offset from right/Offset Amount)：調整偏移量。預設值為零。若顯示的資料值是數值，則以欄的右邊算偏移量；若顯示的資料值是文字，則以欄的左邊算偏移量。偏移量不可超過已定義的欄寬。

○ 在行內對中 (Centered with Column)：將資料值或值標註置於欄位中央。

◆ 行內容 (Column Content) 方塊：欄的內容，可選取下列其中之一的選項。

○ 數值 (Values)：顯示資料值。此為資料欄變數的預設設定。

○ 數值標記 (Values labels)：顯示值標註。此為分斷欄變數的預設設定。

ⓒ 分割欄 (Break Columns) 方塊：可將報告分成群組的分斷變數清單。可從來源變數清單中，選取一或多個變數，按第二個 ▶ 鈕，以進入此清單中。

(1) 排序順序 (Sort Sequence)：分斷變數之類別的排列次序，是以資料值為排列次序的基準。可選取下列其中之一的選項。

○遞增 (Ascending)：以遞增方式排列次序。

○遞減 (Descending)：以遞減方式排列次序。

(2) □資料已經排序 (Data are already Sorted)：分斷變數的資料值已經完成排序。如果資料已事先經過排序，則選取此選項，將可節省很多處理時間。

(3) 摘要… (Summary…) 按鈕：用以界定在分斷變數各類別中之資料欄變數的彙總統計量。可從分割欄 (Break Column) 的清單中選取一分斷變數，再按此鈕，以開啓如圖③的次對話盒。

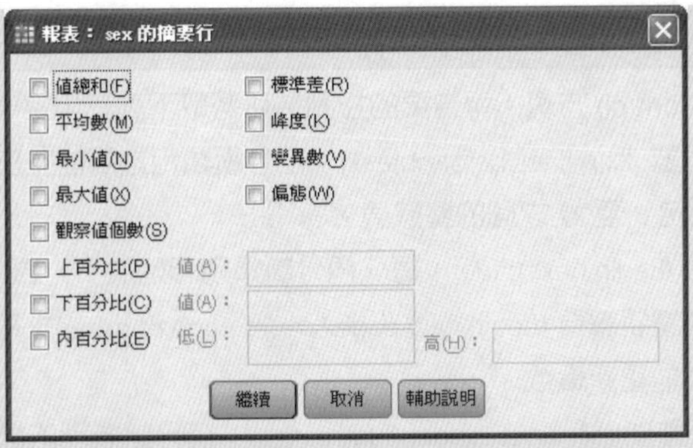

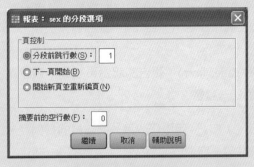

圖③　分斷類別之彙總統計量的次對話盒

分斷類別之彙總統計量次對話盒的說明

可選取下列一或多個彙總統計量：

☐ 值總和 (Sum of values)：在分斷類別之資料值的總和。

☐ 平均數 (Mean of values)：在分斷類別之資料值的算術平均數。

☐ 最小值 (Minimum of values)：在分斷類別之資料值的最小值。

☐ 最大值 (Maximum of values)：在分斷類別之資料值的最大值。

☐ 觀察值個數 (Number of cases)：在分斷類別之資料值的個數。

☐ 標準差 (Standard deviation)：在分斷類別之資料值的標準差。

☐ 峰度 (Kurtosis)：在分斷類別之資料值的峰度。

☐ 變異數 (Variance)：在分斷類別之資料值的變異數。

☐ 偏態 (Skewness)：在分斷類別之資料值的偏度。

☐ 上百分比 (Percentage above)：超過指定值之觀測體的百分比。若選定此項，則須在文字盒中輸入一值。

☐ 下百分比 (Percentage below)：低於指定值之觀測體的百分比。若選定此項，則須在文字盒中輸入一值。

☐ 內百分比 (Percentage inside)：介於指定值之間的觀測體百分比。若選定此項，則須在 Low 與 High 的文字盒中分別輸入最低值與最高值。

(4) 選項… (Options…) 按鈕：用以修改分斷類別或在分斷標題與彙總統計量之間的行間距，以及顯示每一分斷類別在個別的頁碼上。可從分割欄 (Break Column) 的清單中，選取一分斷變數，再按此鈕，以開啟如圖④的次對話盒。

圖④　分斷間距及頁面之選項的次對話盒

分斷間距及頁面之選項次對話盒的說明

◆ 頁控制 (Page Control) 方塊：報告頁的控制。可選取下列其中之一的選項。

　○ 分段前跳行數 (Skip lines before break)：在分斷類別之間的空白行數目。預設值為 7。可指定 0 至 22 之間的整數值。

　○ 下一頁開始 (Begin next page)：每一個分斷類別起始於下一頁。

　○ 開始新頁並重新編頁 (Begin new page & reset page number)：每一個分斷類別起始於新頁，並重新編號。

◆ 摘要前的空行數 (Blank Lines before Summaries)：在分斷類別的標題與彙總統計量之間的空白行數目。預設值為 0，可指定 0 至 20 之間的整數值。

---

(5) 格式… (Format…) 按鈕：用以修改分斷欄標題、欄寬、標題與資料的位置、以及控制值標註的顯示。可從分割欄 (Break Columns) 的清單中選取一分斷變數，再按此鈕，以開啟如圖②次的對話盒。

ⓓ Report 方塊：用以控制顯示彙總統計量的總值、缺漏值處理、頁面的佈置與編號，以及報告的抬頭與註腳等。

(1) 摘要… (Summary…) 按鈕：用以指定整個報告之彙總統計量的總值，可開啟如圖③的次對話盒。

(2) 選項… (Options…) 按鈕：用以改變缺漏值的處理與顯示，以及控制報告頁的編號。可開啟如圖⑤的次對話盒。

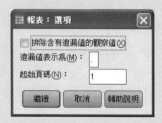

圖⑤　報告之選項的次對話盒

報告之選項次對話盒的說明

◆ □排除含有遺漏值的觀察值 (Exclude cases with missing values listwise)：在報告中的任一變數具有缺漏值的觀測體，將被排除於分析之外。預設設定為具有缺漏值之觀測體在任一報告變數中具有效值時，將被納入報告中。

◆ 遺漏值表示為 (Missing Values Appear as)：缺漏值預設以 . 來顯示，亦可自訂顯示的符號。

◆ 起始頁碼 (Number Pages from)：報告的起始頁號碼。預設為 1，起始頁號碼可以設定 0 至 99999 的任一整數。

---

(3) 配置… (Layout…) 按鈕：用以修改每一報告頁的長與寬，以及控制報告的位置，插入空白行及標註等。可開啟如圖⑥的次對話盒。

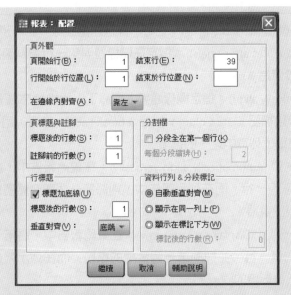

圖⑥　報告舖排的次對話盒

報告配置次對話盒的說明

◆ **頁外觀** (Page Layout) 方塊：用以控制報告在頁中的位置。

　頁開始行 / 結束行 (Page Begins on Line/End on Line)：預設值為每一報告頁起始於
　　該頁的第一行及終止於最後一行。(頁的長度可在 Preference 對話盒中加以
　　設定)。

　行開始於行位置 / 結束於行位置 (Line begins in Column/End in Column)：報告頁的
　　左右邊界。預設值為報告起始於第一欄，而終止於 Preference 對話盒中指定
　　的頁寬值。最高可輸入至 255。

　在邊緣內對齊 (Alignment within Margins)：報告可以靠左、置中、靠右顯示。預
　　設值為靠左。若未設定起始欄與終止欄的位置 (即左、右邊界)，則置中與
　　靠右的選項將無效。

◆ **頁標題與註腳** (Page Titles and Footers) 方塊：用以控制頁面抬頭與註腳的位置。

　標題後的行數 (Lines after title(s))：指定在報告抬頭與報告起始行之間的空行數目，
　　預設值為 1。

　註腳前的行數 (Lines before footer(s))：指定在報告註腳與報告底端之間的空白行
　　數目，預設值為 1。

◆ **分割欄** (Break Columns) 方塊：若有多個分斷變數，則可設定其分斷欄的位置。預
　設值為每一分斷變數有個別的欄位，亦可做如下的設定。

　□ 分段在第一行 (All breaks in first column)：所有分斷變數均顯示在第一欄中。

　□ 每個分段縮排 (Indent at each break)：預設值為每一分斷變數內凹 2 個字元。
　　可輸入其它數值，加以設定其間距。

◆ **行標題** (Column Titles) 方塊：用以設定欄標題。

□　標題加底線 (Underscore titles)：在每一欄標題劃底線，此為預設設定。

標題後的行數 (Lines after title(s))：指定在欄標題與第一行資料值之間的空白行數目，預設值為 7。

垂直對齊 (Vertically align)：指定欄標題靠上或靠下。預設值為靠下。

◆ 資料行列 & 分段標記 (Data Column Rows & Break Labels) 方塊：用以控制橫列與分斷標註。可選取下列其中之一的選項。

○ 自動垂直對齊 (Automatically align vertically)：在彙總報告中，將第一個彙總置於分斷值的下一 行。而在列示報告中，則將第一個觀測體置於分斷值的同一行。此為預設選項。

○ 顯示在同一列上 (Display on same row)：在彙總報告中，將第一個彙總統計置於分斷值的第一行，並抑制第一個彙總的標題。而在列示報告中，將第一個觀測體置於分斷值的同一 行。

○ 顯示在標記下方 (Display below labels)：在分斷值與下一個彙總列或列示觀測體之間插入指定數目的空白行。可在文字盒中輸入空白行數目。

(4) 標題… (Titles…) 按鈕：用以加入報告的抬頭與註腳。可開啟如圖⑦的次對話盒。

圖⑦　抬頭與註腳的次對話盒

> ### 抬頭與註腳次對話盒的說明
>
> ◆ 頁標題 (Page Titles) 方塊：抬頭的文字會顯示在每一頁的報告上方。可以設定左、右、中央抬頭的任何組合。若要設定多行的抬頭，可按 [下一個] (Next) 鈕以設定下一行。最多可達 10 行的的抬頭。預設設定目前頁碼在右抬頭。
>
> ◆ 頁註腳 (Page Footer) 方塊：註腳的文字會顯示在每一頁的報告下方。可以設定左、右、中央註腳的任何組合。若要設定多行的註腳，可按 [下一個] (Next) 鈕以設定下一行。最多可達 10 行的註腳。
>
> ◆ 來源清單 (Source List) 方塊：所有資料檔中的變數均會顯示在此來源變數清單中，另外在特殊變數 (Special Variables) 方塊中，亦包含有 Date(日期) 與 Page(頁碼) 兩個特殊變數。若要使用資料檔中的變數或特殊變數在抬頭或註腳，則可以選取變數，在相關的方塊或方塊中按 [▶] 鈕，以選入 Title 或 Footer 方格中，此時在方格中會顯示所選定的變數，並在其前加一右括弧。

ⓔ □預覽 (Preview)：僅顯示報告的第一頁。此選項可以用以預覽報告格式而不須處理全部的報告。

ⓕ □顯示觀察值 (DiSplay Cases)：產生列示觀測體的報告。

11-4 如何製作彙總在縱欄(Summaries in Columns)的報告表格？

操作程序

 ➔ 分析 (Analyze) > 報表 (Reports) > 欄的報表摘要…(Report Summaries in Columns…)

功能用途

欄的報表摘要 (Report Summaries in Columns) 程序在個別的縱欄中產生各種彙總統計量數的報告。例如某公司保有員工資料的記錄，包括薪資、工作職等、工作的部門等，可由此產生一個報告以提供每一部門薪資的彙總統計 (如平均數、最小值、最大值等)。

範例11-4　彙總在縱欄的報告表格

一、操作步驟

0. 開啓資料檔 (report.sav)，使資料編輯器中顯現檔案的資料內容。並從功能表選擇分析 (Analyze) > 報表 (Reports) > 欄的報表摘要…(Report Summaries in Columns…)，開啓如圖 11-4-1 的對話盒。

1. 從來源變數清單中選取體重 (weight) 變數進入資料欄 (Data Columns) 清單中。

2. 在資料欄 (Data Columns) 方塊中按 摘要… (Summary…) 鈕，開啓如圖 11-4-2 的次對話盒，並從中選取平均數 (Mean of values) 選項，再按 繼續 (Continue) 鈕回主對話盒。

3. 按 格式… (Format…) 鈕，開啓如圖 11-4-3 的次對話盒。並從中在行標題調整 (Column title justification) 下拉式清單中選取置中 (center) 選項，在行內數值位置 (Value position within column) 方塊中選取在行內對中 (Centered within column)，按 繼續 (Continue) 鈕回主對話盒。

4. 從來源變數清單中選取身高 (height) 變數進入資料欄 (Data Columns) 清單中，並重複步驟 2 及 3。

5. 在資料欄 (Data Columns) 方塊中按 插入總和 (Insert Total) 鈕，以便在身高 (height) 變數之後插入一總和 (Total) 變數。

6. 在資料欄 (Data Columns) 方塊按 摘要… (Summary…) 鈕，以開啓如圖 11-4-4 的次對話盒，並從中在資料行 (Data Columns) 清單中將 height 及 weight 變數選入摘要行 (Summary Column) 清單中，並在摘要函數 (Summary function) 下拉式清單中選取 % 第一行 / 第二行 (% lst column / 2nd column) 選項，再按 繼續 (Continue) 鈕回主對話盒。

7. 在資料欄 (Data Columns) 方塊按 格式… (Format…) 鈕，開啓如圖 11-4-5 的次對話盒。並從中在行標題 (Column Title) 方格中輸入「體重／身高之百分比 %」，在行標題調整 (Column title justification) 下拉式清單中選取置中 (center) 選項，在行內數值位置 (Value position within column) 方塊中選取在行內對中 (Centered within Column)，按 繼續 (Continue) 鈕回主對話盒。

8. 從來源變數清單中選取性別 (sex) 變數進入分割欄 (Break Columns) 清單中。

9. 在分割欄 (Break Columns) 方塊中，按 選項… (Options…) 鈕，開啓如圖 11-4-6 的次對話盒，並從中在小計 (Subtotal) 方塊中選取顯示小計 (Display Subtotal) 選項，並在標記 (Label) 文字盒中輸入「以性別分計」，再按 繼續 (Continue) 鈕回主對話盒。

10. 在分割欄 (Break Columns) 方塊中，按 格式… (Format…) 鈕，開啓次對話盒，同步驟 3 的設定。

11. 從來源變數清單中選取血型 (blood) 變數進入分割欄 (Break Columns) 清單中。按 格式… (Format…) 鈕，以開啓次對話盒，同步驟 3 的設定。

12. 按 選項… (Options…) 鈕，開啓如圖 11-4-7 的次對話盒，並從中在全體總和 (Grand Total) 方塊中選取顯示全體總和 (Display grand total)，並在標記 (Label) 文字盒中輸入「總計」，再按 繼續 (Continue) 鈕回主對話盒。

13. 按 確定 (OK) 鈕，則報告製作結果會顯示在輸出視窗中，如圖 11-4-8 所示。

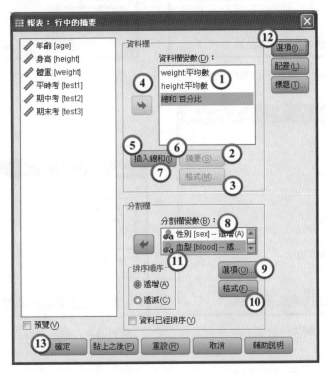

圖11-4-1 Report Summaries in Columns的主對話盒

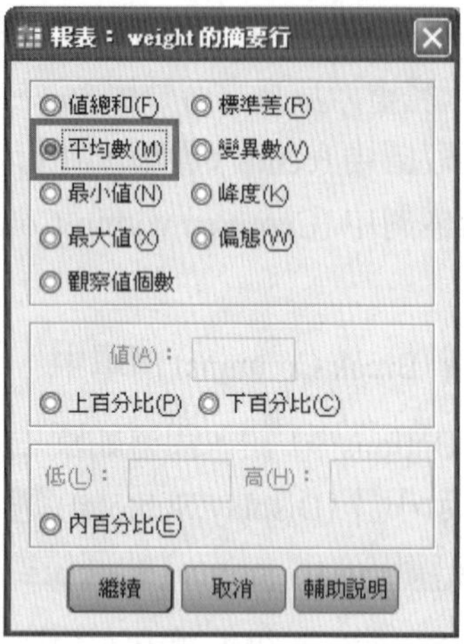

圖11-4-2　彙總統計量的次對話盒

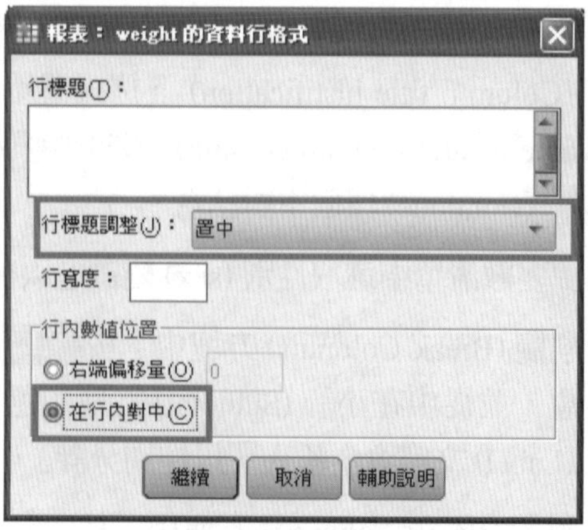

圖11-4-3　資料欄格式的次對話盒

圖11-4-4　加總之彙總統計量的次對話盒

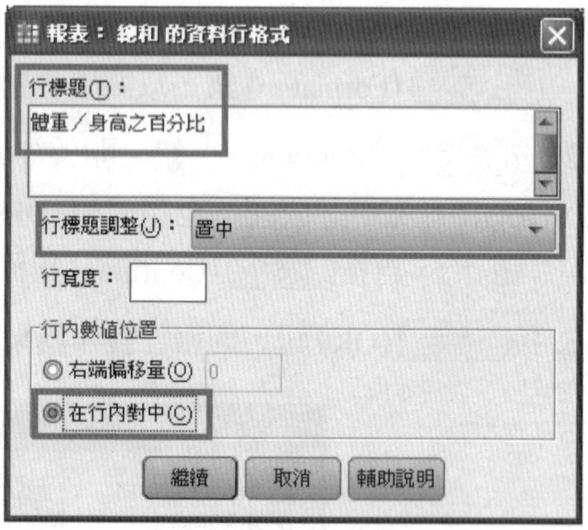

圖11-4-5　資料欄格式的次對話盒

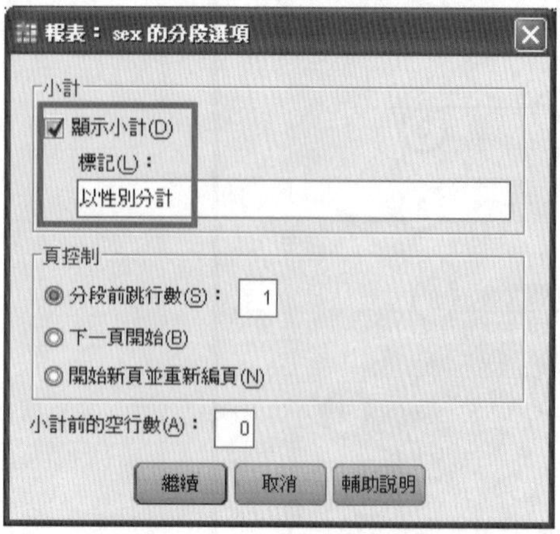

圖11-4-6　報告分斷選項的次對話盒

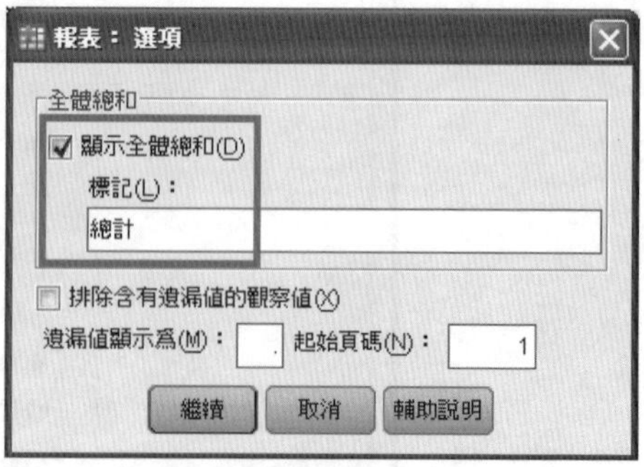

圖11-4-7　報告選項的次對話盒

二、輸出報表

性別	血型	體重 平均數	身高 平均數	體重／身 高之百分 比
女生	A型	27	138	19
	O型	28	140	20
以性別分計		27	139	20
男生	A型	31	141	22
	B型	30	140	21
	O型	31	141	22
以性別分計		30	140	22
全體總和		29	140	21

圖11-4-8　資料彙總在縱欄的結果

A11-4對話盒指引　Report：Summaries in Columns程序

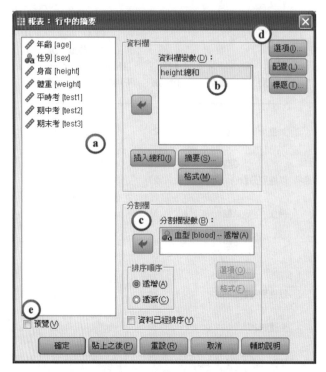

圖①　彙總在縱欄的報表之主對話盒

Report Summaries in Columns對話盒的說明

　　欄的報表摘要 (Report Summaries in Columns) 的程序所產生的報告表格係將各式的彙總統計置放於縱欄中。最基本的規格要求是在清單中有一或多個報告變數。可從功能表選擇分析 (Analyze) > 報表 (Report) > 欄的報表摘要…(Report Summaries in Columns…)，以開啟如圖①的主對話盒。

ⓐ 來源清單 (Source List) 方塊：資料檔中的所有變數均會顯示在此來源變數清單中。

ⓑ 資料欄 (Data Columns) 方塊：欲彙總統計量的報告變數清單。可從來源變數清單中，選取一或多個變數，按第一個 ▶ 鈕，以進入此清單中。

　(1) 摘要… (Summary…) 按鈕：用以界定資料欄變數的統計量數。對每一變數的預設彙總統計量為總和 (Sum)，可從資料欄 (Data Column) 方塊的報告變數清單中選定變數，並按此鈕，即可開啟如圖②的次對話盒。

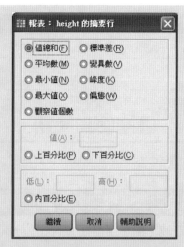

圖②　資料欄之彙總統計量的次對話盒

資料欄彙總統計量次對話盒的說明

對某一變數欄僅能選取一種彙總統計量。若要對同一變數增加另一欄的不同彙總，則需回到對話盒中再將該變數選入清單中。可選取下列其中之一的彙總統計量。

○ 值總和 (Sum of values)：資料值的總和。

○ 平均數 (Mean of values)：資料值的平均數。

○ 最小值 (Minimum of values)：資料值的最小值。

○ 最大值 (Maximum of values)：資料值的最大值。

○ 觀察值個數 (Number of cases)：資料值的個數。

○ 標準差 (Standard deviation)：資料值的標準差。

○ 變異數 (Variance)：資料值的變異數。

○ 偏態 (Skewness)：資料值的偏度。

○ 峰度 (Kurtosis)：資料值的峰度。

○ 上百分比 (Percentage above)：超過指定值之觀測體的百分比。若選定此項，則須在文字盒中輸入一值。

○ 下百分比 (Percentage below)：低於指定值之觀測體的百分比。若選定此項，則須在文字盒中輸入一值。

○ 內百分比 (Percentage inside)：介於指定值之間的觀測體百分比。若選定此項，則須在低 (Low) 與高 (High) 的文字盒分別輸入最低值與最高值。

---

(2) 　插入總和　(Insert Total) 按鈕：可在目前選定欄之後插入一欄以彙總其它欄。必須配合 摘要… (Summary…) 按鈕，以界定彙總的型式，可開啟如圖③所示的次對話盒。

圖③　組合之彙總欄的次對話盒

組合之彙總欄次對話盒的說明

◆ 資料行 (Data Columns) 方塊：顯示目前在 Report Summaries in Columns 對話盒中選定的清 單中的變數名稱及彙總統計量。

◆ 摘要行 (Summary Column)：顯示總計欄的變數名稱及彙總統計量。可從清單中選取一或多個變數。當選定兩個以上變數時，即可選取下列其中之一的彙總函數。

◆ 摘要函數 (Summary function) 下拉式清單：可選取其中之一的彙總函數。

行總和 (Sum of columns)：在總計欄顯示各選定欄的加總。

行平均數 (Mean of columns)：在總計欄顯示各選定欄的平均數。

行最小值 (Minimum of columns)：在總計欄顯示各選定欄的最小值。

行最大值 (Maximum of columns)：在總計欄顯示各選定欄的最大值。

第一行 - 第二行 (1st column - 2nd column)：在總計欄顯示第一欄減第二欄所得的差值。

第一行 / 第二行 (1st column / 2nd column)：在總計欄顯示第二欄除第一欄所得的比值。

% 第一行 / 第二行 (% 1st column / 2nd column)：在總計欄顯示第二欄除第一欄所得的百分比值。

行結果 (Product of Columns)：在總計欄顯示各選定欄的相乘值。

(3) 格式… (Format…) 按鈕：用以修改資料欄標題、欄寬、標題與資料的位置，以及控制值標註的顯示。可從清單中選取一報告變數，再按此鈕，以開啟如圖④的次對話盒。

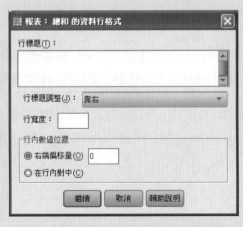

圖④　資料欄及分斷欄格式的次對話盒

資料欄及分斷欄格式次對話盒的說明

◆ 行標題 (Column Title) 方塊：顯示在選定的報告變數之欄位頂端的標題。如果未指定標題，則預設為使用變數標註，若無變數標註，則使用變數名稱，可輸入多行的標題，系統會自動依欄寬加以分斷。

◆ 行標題調整 (Column title justification) 下拉式清單：欄標題的位置，可選取下列其中之一的方式。

　靠左 (Left)：欄標題靠左。此為文字變數的預設設定。

　置中 (Center)：欄標題置中。

　靠右 (Right)：欄標題靠右。此為數值變數的預設設定。

◆ 行寬度 (Column Width) 文字方格：輸入整數位的欄位寬度。若未加指定，則系統會自動調整所需的最大欄寬。

◆ 行內數值位置 (Value Position Within Column) 方塊：用以調整在欄位中資料的位置，可選取下列其中之一的方式。

　○ 右端偏移量 (Offset from left/Offset amount)：調整偏移量。預設值為零。若顯示的資料值是數值，則以欄的右邊算偏移量；若顯示的資料值是文字，則以欄的左邊算偏移量。偏移量不可超過已定義的欄寬。

　○ 在行內對中 (Centered with Column)：將資料值或值標註置於欄位中央。

◆ 行內容 (Column Content) 方塊：欄的內容，可選取下列其中之一的選項。

　○ 數值 (Values)：顯示資料值。此為資料欄變數的預設設定。

　○ 數值標記 (Values labels)：顯示值標註。此為分斷欄變數的預設設定。

ⓒ 分割欄 (Break Columns) 方塊：可將報告分成群組的分斷變數清單。可從來源變數清單中，選取一或多個變數，按第二個 ▶ 鈕，以進入此清單中。

(1) 排序順序 (Sort Sequence)：分斷變數之類別的排列次序，是以資料值為排序的基準。可選取下列其中之一的選項。

　○ 遞增 (Ascending)：以遞增方式排列次序。

　○ 遞減 (Descending)：以遞減方式排列次序。

(2) □資料已經排序 (Data are already sorted)：分斷變數的資料值已經完成排序。如果資料已事先經過排序，則選取此選項，將可節省很多處理時間。

(3) 選項… (Options…) 按鈕：用以修改分斷類別或在分斷標題與彙總統計量之間的行間距，以及顯示每一分斷類別在個別的頁碼上。可從分割欄 (Break Column) 的清單中選取一 分斷變數，再按此鈕，以開啟如圖⑤的次對話盒。

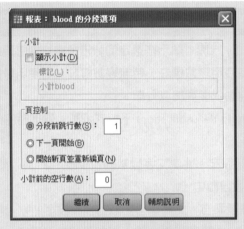

圖⑤ 在縱欄彙總之分斷選項的次對話盒

在縱欄彙總之分斷選項次對話盒的說明

◆ 小計 (Subtotal) 方塊：可用以選擇是否顯示橫列的次總計。

☐ 顯示小計 (Display subtotal)：在每一分斷的群組類別顯示一橫列的次總計。

標記 (Label) 文字盒：可編修預設的橫列次總計之標註。

◆ 頁控制 (Page Control) 方塊：報告頁的控制。可選取下列其中之一的選項。

○ 分段前跳行數 (Skip lines before break)：在分斷類別之間的空白行數目。預設值為 7，可指定 0 至 22 之間的整數值。

○ 下一頁開始 (Begin next page)：每一個分斷類別起始於新頁。

○ 開始新頁並重新編碼 (Begin new page & reset page number)：每一個分斷類別起始於新頁，並重新編號。

◆ 小計前的空行數 (Blank Lines before Subtotal)：在分斷類別的標題與彙總統計量之間的空白行數目。預設值為 0，可指定 0 至 20 之間的整數值。

(4) 格式… (Format…) 按鈕：用以修改分斷欄標題、欄寬、標題與資料的位置，以及控制值標註的顯示。可從分割欄 (Break Column) 的清單中選取一分斷變數，再按此鈕，以開啟如圖④的次對話盒。

ⓓ 用以控制顯示彙總統計量的總值、缺漏值處理、頁面的鋪排與編碼，以及報告的抬頭與註腳等。

(1) 選項… (Options…) 按鈕：用以顯示每一欄彙總統計量之總值，以及改變缺漏值的處理，並控制報告的頁碼等，可開啟如圖⑥的次對話盒。

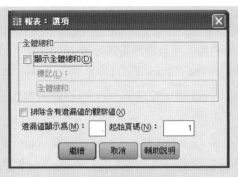

圖⑥　報告選項的次對話盒

報告選項次對話盒的說明

◆ 全體總和 (Grand Total) 方塊：可用以選擇是否在每一欄的最底端顯示一橫列總計，
並設定其標註。

　　□ 顯示全體總和 (Display grand total)：在每一欄的最底端顯示一橫列總計。

　　標記 (Label) 文字盒：可編修預設的橫列總計之標註。

◆ □ 排除含有遺漏值的觀察值 (Exclude cases with missing values listwise)：在報告中
的任一變數具有缺漏值的觀測體，將被排除於分析之外。預設設定為具有缺
漏值之觀測體在任一報告變數中具有效值時，將被納入報告中。

◆ 遺漏值顯示為 (Missing values appear as)：缺漏值預設以 ．來顯示，亦可自訂顯示
的符號。

◆ 起始頁碼 (Number pages from)：報告的起始頁號碼。預設為 1，起始頁號碼可以
設定 0 至 99999 的任一整數。

---

(2) 配置… (Layout…) 按鈕：用以修改每一報告頁的長與寬或控制報告的位置、插
入空白行、分斷欄的對齊，以及欄位標題的配置等。可開啟如圖⑦的次對話盒。

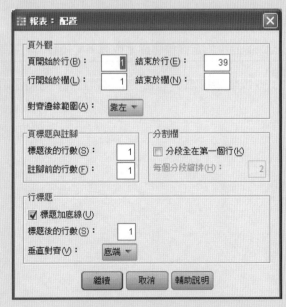

圖⑦　報告鋪排的次對話盒

報告配置次對話盒的說明

◆ 頁外觀 (Page Layout) 方塊：用以控制報告在頁中的位置。

頁開始於行 / 結束於行 (Page begins on line/End on line)：預設值為每一報告頁起始於該頁的第一行及終止於最後一行。(頁的長度可在 Preference 對話盒中加以設定)。

行開始於欄 / 結束於欄 (Line begins in column/End in column)：報告頁的左右邊界。預設值為報告起始於第一欄，而終止於 Preference 對話盒中指定的頁寬值。最高可輸入至 255。

對齊邊緣範圍 (Alignment within margins)：報告可以靠左、置中、靠右顯示。預設值為靠左。若未 設定起始欄與終止欄的位置 (即左、右邊界)，則置中與靠右的選項將無效。

◆ 頁標題與註腳 (Page Titles and Footers) 方塊：用以控制頁面抬頭與註腳的位置。

標題後的行數 (Lines after title(s))：指定在報告抬頭與報告起始行之間的空行數目，預設值為 1。

註腳前的行數 (Lines before footer(s))：指定在報告註腳與報告底端之間的空白行數目，預設值為 1。

◆ 分割欄 (Break Columns) 方塊：若有多個分斷變數，則可設定其分斷欄的位置。預設值為每一分斷變數有個別的欄位，亦可做如下的設定。

□ 分段全在第一個行 (All break in first column)：所有分斷變數均顯示在第一欄中。

□ 每個分段縮排 (Indent at each break)：預設值為每一分斷變數內凹 2 個字元。可輸入其它數值，加以設定其間距。

◆ 行標題 (Column Titles) 方塊：用以設定欄標題。

□ 標題加底線 (Underscore titles)：在每一欄標題劃底線，此為預設設定。

標題後的行數 (Lines after title(s))：指定在欄標題與第一行資料值之間的空白行數目，預設值為 7。

垂直對齊 (Vertically align)：指定欄標題靠上或靠下。預設值為靠下。

---

(3) 標題… (Titles…) 按鈕：用以加入報告的抬頭與註腳。可開啓如圖⑧的次對話盒。

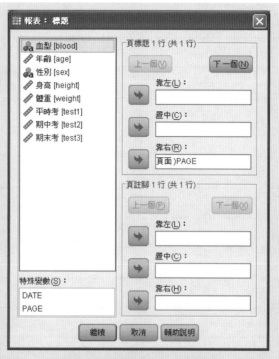

圖⑧　抬頭與註腳的次對話盒

抬頭與註腳次對話盒的說明

◆ 頁標題 (Page Titles) 方塊：抬頭的文字會顯示在每一頁的報告上方。可以設定左、右、中央抬頭的任何組合。若要設定多行的抬頭，可按 下一個 (Next) 鈕以設定下一行。最多可達 10 行的抬頭。預設設定目前頁碼在右抬頭。

◆ 頁註腳 (Page Footer) 方塊：註腳的文字會顯示在每一頁的報告下方。可以設定左、右、中央註腳的任何組合。若要設定多行的註腳，可按 下一個 (Next) 鈕以設定下一行。最多可達 10 行的註腳。

◆ 來源清單 (Source List) 方塊：所有資料檔中的變數均會顯示在此來源變數清單中，另外在特殊變數 (Special Variables) 方塊中，亦包含有 Date(日期) 與 Page(頁碼) 兩個特殊變項。若要使用資料檔中的變數或特殊變數在抬頭或註腳，則可以選取變數，在相關的方塊或方塊中按 ▶ 鈕，以選入標題 (Title) 或註腳 (Footer) 方格中，此時在方格中會顯示所選定的變數，並在其前加一右括弧。

ⓔ □預覽 (Preview)：僅顯示報告的第一頁。此選項可用以預覽報告格式而不需處理全部的報告。

Chapter 12

複選題（多重反應）的分析

❓ 12-1　如何分析多類別變數的複選題資料集？

操作程序

→ 分析 (Analyze) > 複選題分析 (Multiple Response) > 定義變數集…(Define Sets…)

→ 分析 (Analyze) > 複選題分析 (Multiple Response) > 次數分配表…(Frequencies…)

→ 分析 (Analyze) > 複選題分析 (Multiple Response) > 交叉表…(Crosstabs…)

統計原理

所謂多重反應變數 (multiple response variables) 係指對單一問題加以記錄的多重反應或量測，通常有兩種資料蒐集的情況，例如詢問受試者在過去半年中曾經搭乘過那些航空公司？或者曾經訂閱過的雜誌名稱？在量測顧客意度時，也會詢問他們最喜歡與最不喜歡的產品或服務有那些？通常對於多重反應 (複選) 的題項會轉成單一問項而執行次數分配表及交叉表的分析，因此多重反應的程序即是將量測同樣事情的多個變數結合在單一的表單上。

▌ 範例12-1　多重反應資料(多類別變數)的分析

試對 PASW 資料檔 1991 U.S. General Social Survey.sav 下列的複選題進行分析。

複選題：個人或家庭成員在過去一年中曾面臨的最重要問題有那些？最多請列舉出四個。

1.＿＿＿＿＿　　2.＿＿＿＿＿　　3.＿＿＿＿＿　　4.＿＿＿＿＿

面臨的問題：

1. 健康 (Health)
2. 財務 (Finances)
3. 缺乏基本服務 (Lack of Basic Services)
4. 家庭 (Family)
5. 個人 (Personal)
6. 法律 (Legal)
7. 其他 (Miscellaneous)

註：這些反應值編碼成四個變數 (prob1,prob2,prob3,prob4)，而每一個變數值的範圍是 1 ～ 7。

一、分析步驟

(一) 定義多重反應資料集(多類別變數)

0. 開啟 1991 U.S. General Social Survey.sav 料檔，並從功能表中選擇分析 (Analyze) > 複選題分析 (Multiple Response) > 定義變數集…(Define Sets…)。

1. 如圖 12-1-1 對話盒所示，從左邊的來源變數清單中，選擇 probl~prob4 等變數進入右邊的變數集內的變數 (Variables in set) 方塊中。

2. 在變數編碼為 (Variables Are Coded As) 的方塊中，點選類別 (Catagories) 選項，並分別輸入範圍 (Range)l 到 7。

3. 在名稱 (Name) 方格中輸入變數名稱 problems，在標記 (Label) 方格中輸入變數標註 [去年面臨的問題]。

4. 按 新增 (Add) 鈕，即可在複選題分析集 (Mult Response Sets) 方塊中顯示多重反應變數 $problems。

5. 按 關閉 (Close) 鈕，即可完成多重反應資料集的定義。

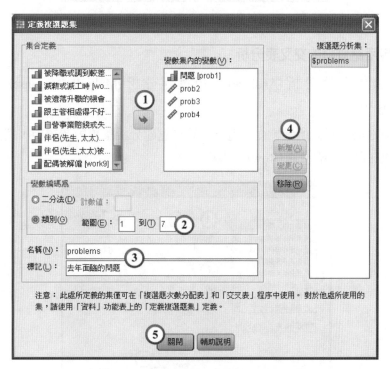

圖12-1-1　定義多重反應資料集的對話盒

(二) 執行多重反應資料的次數表分析

0. 從功能表中選擇分析 (Analyze) > 複選題分析 (Multiple Response)> 次數分配表…(Frequencies…)。

1. 如圖 12-1-2 的對話盒所示，從左邊的來源變數清單中，選擇 $problems 多重反應變數進 入右邊的表格 (Tables for) 方塊中。

2. 按 確定 (OK) 鈕，即可完成多重反應資料的次數表分析。

圖12-1-2　多重反應次數表分析的對話盒

(三) 執行多重反應資料的交叉表分析

0. 從功能表中選擇分析 (Analyze) > 複選題分析 (Multiple Response)> 交叉表…(Crosstabs…)。

1. 如圖 12-1-3 的對話盒所示，從左邊下方的複選題分析集變數清單中，選擇 $problems 變數進入右邊上方的橫列 (Row) 方塊中。

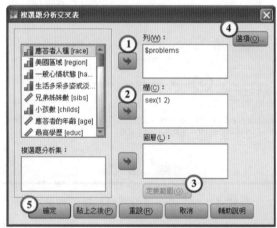

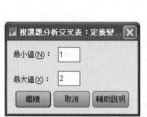

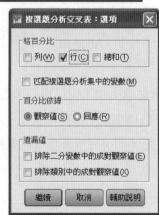

圖12-1-3　多重反應交叉表分析的對話盒

2. 從左邊上方的來源變數清單中，選擇 sex 變數進入右邊中間的縱欄 (Coloum) 方塊中。

3. 按 定義範圍… (Define Ranges…) 鈕，開啓次對話盒，分別設定範圍值最小為 1、最大為 2，按 繼續 (Continue) 鈕，回到主對話盒。

4. 按 選項… (Options…) 鈕，開啓次對話盒，在格百分比 (Cell Percentages) 區塊中點選行 (Column)，按 繼續 (Continue) 鈕，回到主對話盒。

5. 按 確定 (OK) 鈕，即可完成多重反應資料的交叉表分析。

二、報表及說明

(一) 次數分析

1. 顯示以財務 (Finances) 問題為最多，共個數 (Count) 為 208。

2. 反應值百分比 (Pct of Responses)，以健康 (Health) 問題為例，反應值百分比為 138/543=25.4%。

3. 觀察值百分比 (Pct of Cases)，以健康 (Health) 問題為例，觀察值百分比為 138/336=41.1%。

4. 總反應次數 (Total responses) 為 543 人次。

5. 有效觀察值 (cases) 為 336 人。

觀察值摘要

	觀察值					
	有效的		遺漏值		總數	
⑤	個數	百分比	個數	百分比	個數	百分比
$problems*sex	336	22.1%	1181	77.9%	1517	100.0%

$problems 次數

		反應值		觀察值百分比
		① 個數	② 百分比	③
$problems 去年面臨的問題 a	1.00 健康	138	25.4%	41.1%
	2.00 財務	208	38.3%	61.9%
	3.00 缺乏基本服務	7	1.3%	2.1%
	4.00 家庭	76	14.0%	22.6%
	5.00 個人	41	7.6%	12.2%
	6.00 法律	2	.4%	.6%
	7.00 雜項	71	13.1%	21.1%
總數		543	100.0%	161.6%

a. 群組

(二) 交叉列聯表分析

1. 總數 (totals) 及百比分 (percents) 的計算係以有效填答者 (respondents) 共 336 人為基準。

2. 每一細格代表個數 (Count) 及欄百分比 (Col pct)，例如男性在健康 (Health) 問題中共有 48 人，佔男性總人數 (132 人) 的 48/132=36.4%；而女性在健康問題中共有 90 人，佔女性總人數 (204 人) 的 90/204=44.1%。由此顯示女性在健康問題的百分比高於男性。

3. 橫列總數及百分比，顯示以財務 (Finances) 問題最多共 208 人，佔總人數 336 人的 208/336=61.9%，其次則為健康 (Health) 問題共 138 人，佔總人數的 138/336=41.1%。

$problems*sex 交叉表列

| | | | sex 應答者的性別 | | |
			1 男性	2 女性	總數
$problems 去年面臨的問題 ª	1.00 健康	個數	48	90	138
		sex 中的 %	36.4%	44.1%	
	2.00 財務	個數	83	125	208
		sex 中的 %	62.9%	61.3%	
	3.00 缺乏基本服務	個數	4	3	7
		sex 中的 %	3.0%	1.5%	
	4.00 家庭	個數	23	53	76
		sex 中的 %	17.4%	26.0%	
	5.00 個人	個數	15	26	41
		sex 中的 %	11.4%	12.7%	
	6.00 法律	個數	1	1	2
		sex 中的 %	.8%	.5%	
	7.00 雜項	個數	23	48	71
		sex 中的 %	17.4%	23.5%	
總數		個數	132	204	336

百分比及總數是根據應答者而來的。

a. 群組

三、撰寫程式

程序語法：多重反應資料的分析(多類別)(ex12-1.sps)

(1) 多重反應資料的次數表分析：
```
MULT RESPONSE
  GROUPS=$problems '去年面臨的問題' (prob1 prob2 prob3 prob4 (1,7))
    /FREQUENCIES=$problems .
```
(2) 多重反應資料的交叉表分析：
```
MULT RESPONSE
  GROUPS=$problems '去年面臨的問題' (prob1 prob2 prob3 prob4 (1,7))
    /VARIABLES=sex(1 2)
    /TABLES=$problems BY sex
    /CELLS=COLUMN
    /BASE=CASES.
```

A12-1對話盒指引　Define Multiple Response Sets程序

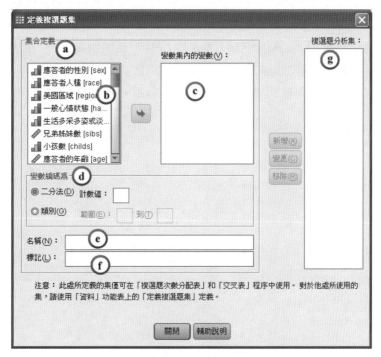

圖①　定義複選(多重反應)資料集的對話盒

Define Multiple Response Sets 話盒的說明

　　定義複選題變數集 (Define Multiple Response Sets) 程序會將基本變數組成多重二元與多重類別的資料組，並用以產生次數分配表以及交叉表。最基本的規格要求是二個或以上的數值變數、計次值、以及多重反應資料組的名稱等。可從功能表選擇分析 (Analyze) > 複選數分析 (Multiple Response) > 定義變數集⋯(Define sets⋯) 以開啟如圖①的對話盒。

ⓐ 集合定義 (set Definition) 方塊：用以定義資料組。

ⓑ 來源清單 (source List) 塊：資料檔中的數值變數會顯示在此來源變數清單中。

ⓒ 變數集內的變數 (Variable in set) 方塊：多重反應資料組所包含的變數清單。可從來源變數清單中選取兩個或以上的變數，按 ▶ 鈕，以進入此清單。

ⓓ 變數編碼為 (Variable Are Coded As) 方塊：可選取下列其中之一的選項。

　　○　二分法 (Dichotomies)：基本變數的值分成兩類，此為預設選項。可產生一多重二元的資料組。在文字盒中輸入一整數值。

　　○　類別 (Categories)：基本變數的值有超過兩個以上的值。可產生一多重類別的資料組。在範圍 (Range) 文字盒中，分別輸入類別範圍的最小值與最大值。

ⓔ 名稱 (Name) 方格：定義多重反應資料組的名稱。PASW 會自動在指定名稱之前加上 "＄" 的符號。不可使用下列系統保留的名稱：casenum，sysmin，jdate，date，time length，以及 width 等。

ⓕ 標記 (Label) 方格：可輸入多重反應資料組的描述性變數標註。最多可達 40 個字元。

ⓖ 複選題分析集 (Mult Response sets) 方塊：多重反應資料組清單，最多可達 20 組，而每一資料組均有 單一名稱。可從集合定義 (set Definition) 設定好資料組 (包括資料組所含變數、變數值種類 以及資料組名稱及標註等) 再按 新增 (Add) 鈕，即可加入此清單中。若要刪除資料組可在此清單中，選取 (反白) 該資料組，再按 移除 (Remove) 鈕，若要修改資料組，可在此清單中，選取該資料組，並重新設定定義，再按 變更 (Change) 鈕即可。

A12-2對話盒指引　Multiple Response Frequencies程序

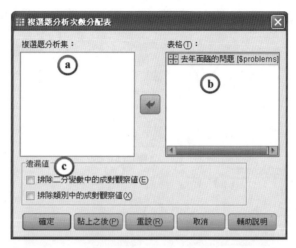

圖①　執行複選(多重反應)次數表分析的對話盒

Multiple Response Freqencies對話盒的說明

　　複選題次數表分析 (Multiple Response Frequencies) 程序用以對多重反應資料組產生次數分配表。最基本規格要求是一或多個已定義的多重資料組。可從功能表選擇分析 (Analyze)> 複選題分析 (Multiple Response) > 次數表分析 (Frequencies)，以開啓如圖①的對話盒。

ⓐ 複選題分析 (Mult Response sets) 方塊：多重反應資料組清單。所有在定義複選題 (Define Multiple Response) 程序中定義完成的多重資料組均會顯示在此清單中。

ⓑ 表格 (Table(s) for) 方塊：產生次數分配表的資料清單。可從複選題分析集 (Mult Response sets) 清單中選取一或多個資料組，按 ▶ 鈕，以進入此清單。

ⓒ 遺漏值 (Missing Values) 方塊：缺漏值處理的設定，可選取下列一或兩個選項。

　　☐ 排除二分變數中的成對觀察值 (Exclude cases listwise within dichotomies)：對於多重二元資料組中的任何變數，將 含有缺漏值的觀測體予以剔除。

　　☐ 排除類別中的成對觀察值 (Exclude cases listwise within categories)：對於多重類別資料組中的任何變數，將含有缺漏值的觀測體予以剔除。

A12-3對話盒指引 Multiple Response Crosstabs程序

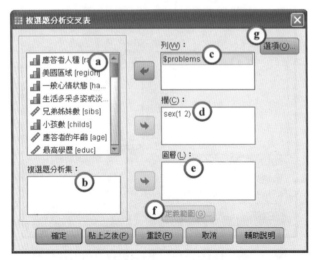

圖① 執行複選(多重反應)交叉表分析的主對話盒

Multiple Response Crosstabs對話盒的說明

複選題交叉表分析 (Multiple Response Crosstabs) 程序可產生多重反應資料集與基本變數間的交叉分析表。最基本的規格要求是一個數值變數或多重反應資料集以做為交叉分析表的各個維度。同時必須對任一基本變數定義類別範圍。可從功能表選擇分析 (Analyze) > 複選題分析 (Multiple Response) > 交叉表…(Crosstabs…)，以開啟如圖①的主對話盒。

ⓐ 來源清單 (source List) 方塊：資料檔中的基本變數會顯示在來源變數清單中，而目前已定義的多重反應資料集會顯示在複選題分析集 (Mult Reponse sets) 清單中。

ⓑ 複選題分析集 (Mult Reponse sets) 方塊：顯示設定好之多重反應的資料集名稱清單。

ⓒ 列 (Row(s)) 方塊：交叉分析表的橫列變數清單。可從來源清單 (source List) 方塊中選取基本變數或多重反應資料集，按第一個 ▶ 鈕，以進入此清單中。

ⓓ 欄 (Column(s)) 方塊：交叉分析的縱欄變數清單。可從來源清單 (source List) 方塊中選取基本變數或多重反應資料集，按第二個 ▶ 鈕，以進入此清單中。

ⓔ 圖層 (Layer(s)) 方塊：交叉分析表的分層變數清單。可從來源清單 (source List) 方塊中選取基本變數或多重反應資料集，按第三個 ▶ 鈕，以進入此清單中。

ⓕ 定義範圍… (Define Ranges…) 按鈕：用以定義任一基本變數的值範圍，可開啟如圖②的次對話盒。從列 (Row(s)) 方塊或欄 (Column(s)) 方塊，或圖層 (Layer(s)) 方塊中選定 (反白) 基本變項，再按此鈕，以開啟次對話盒。在最小值 (Minimum) 及最大值 (Maximum) 文字盒中，分別輸入選定基本變數的最小值與最大值。

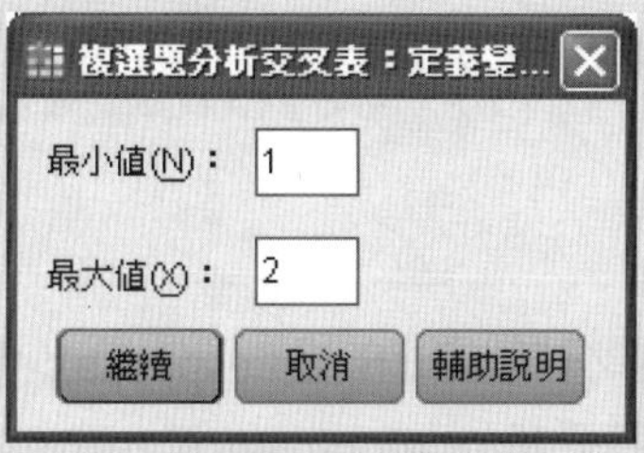

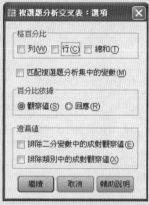

圖② 定義變數範圍的次對話盒

⑧ 選項… (Options…) 按鈕：用以產生細格百分比、控制百分比的計算、修改缺漏值處理等。可開啟如圖③的次對話盒。

圖③ 選項的次對話盒

選項次對話盒的說明

格百分比 (Cell Percentages) 方塊：顯示細格百分比，並可選取下列一或多個細格百分比。

□ 列 (Row)：顯示橫列百分比。

□ 行 (Column)：顯示縱欄百分比。

□ 總和 (Total)：顯示總百分比。

□ 匹配複選題分析集中的變數 (Match variable across response sets)：將第一群組的第一個變數與第二群組的第一個變數配對，第一群組的第二個變數與第二群組的第二個變數配對，依此類推。在多重二元資料集或基本變數是無法使用配對方式。

百分比依據 (Percentages Based on) 方塊：可選取下列其中之一的方式計算百分比。

○ 觀察值 (Case)：依觀測體或反應者來計算細格百分比，此為預設選項。若在多重類別資料集中選取配對變數的方式，則此一選項將無法使用。

○ 回應 (Responses)：依反應值來計算細格內百分比。

遺漏值 (Missing Values) 方塊：缺漏值處理的設定，可選取下列一或兩個選項。

□ 排除二分變數中的成對觀察值 (Exclude cases listwise within dichotomies)：對於多重二元資料集中的任何變數，將含有缺漏值的觀測體予以剔除。

□ 排除類別中的成對觀察值 (Exclude cases listwise within categories)：對於多重類別資料集中的任何變數，將含有缺漏值的觀測體予以剔除。

12-2 如何分析二分變數的複選題資料集？

操作程序

→ 分析 (Analyze) > 複選題分析 (Multiple Response)> 定義變數集…(Define sets…)

→ 分析 (Analyze) > 複選題分析 (Multiple Response)> 次數分配表…(Frequencies…)

→ 分析 (Analyze) > 複選題分析 (Multiple Response)> 交叉表 (Crosstabs…)

範例12-2 多重反應資料(二分變數)的分析

試對 PASW 資料檔 1991 U.S. General Social Survey.sav 下列的複選題進行分析。

複選題：去年一年中你曾經歷下列那些健康上的問題，請在空白處打勾。

因生病而去就醫 (Ill Enough to Go to a Doctor)	_____
因精神問題而去諮商 (Counseling for Mental Problems)	_____
無法生育而沒有小孩 (Infertility, Unable to Have a Baby)	_____
酗酒問題 (Drinking Problem)	_____
非法嗑藥 (Illegal Drugs (Marijuana, Cocaine))	_____
同伴 (丈夫、妻子) 住院 (Partner (Husband, Wife) in Hospital)	_____
子女住院 (Child in Hospital)	_____
子女嗑藥、酗酒問題 (Child on Drugs, Drinking Problem)	_____
親密朋友過世 (Death of a Close Friend)	_____

註：這些反應值編碼成九個變數 (hlth1 ～ hlth9)，而每一個變數被勾選者，其值為 1(表示 yes)，未被勾選者為 2(表示 no)，其他編碼值 0 表示不適用 (not applicable)、8 表示不知道 (don't know)、9 表示未回答 (no answer)。

一、分析步驟

(一) 定義多重反應資料集(二分變數)

0. 開啟 1991 U.S. General Social Survey.sav 資料檔，並從功能表中選擇分析 (Analyze) > 複選題分析 (Multiple Response)> 定義變數集…(Define Sets…)。

1. 如圖 12-2-1 的對話盒所示，從左邊的來源變數清單中，選擇 hlth1~hlth9 等變數進入右邊的變數集內的變數 (Variables in Set) 方塊中。

2. 在變數編碼為 (Variables Are Coded As) 方塊中，點選二分法 (Dichotomies) 選項，並輸入計數值 (Counted value) 為1。

3. 在名稱 (Name) 方格中輸入變數名稱 health，在標記 (Label) 方格中輸入變數標註 [去年面臨的健康問題]。

4. 按 新增 (Add) 鈕，即可在複選題分析集 (Mult Response Sets) 方塊中顯示多重反應
   變數 $health。

5. 按 關閉 (Close) 鈕，即可完成多重反應資料集的定義。

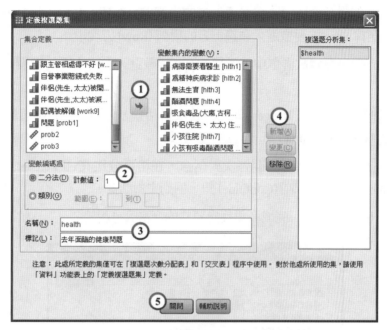

圖12-2-1　定義多重反應資料集的對話盒

(二) 執行多重反應資料的次數表分析

0. 從功能表中選擇分析 (Analyze) > 複選題分析 (Multiple Response)> 次數分配表…
   (Frequencies…)。

1. 如圖 12-2-2 的對話盒所示，從左邊的來源變數清單中，選擇 $health 多重反應變數進
   入右邊的表格 (Tables for) 方塊中。

2. 按 確定 (OK) 鈕，即可完成多重反應資料的次數表分析。

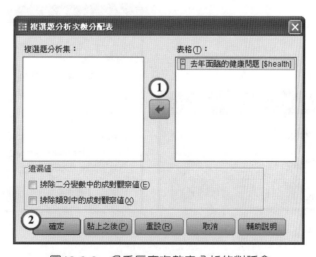

圖12-2-2　多重反應次數表分析的對話盒

(三) 執行多重反應資料的交叉表分析

0. 從功能表中選擇分析 (Analyze) > 複選題分析 (Multiple Response)> 交叉表… (Crosstabs…)。

1. 如圖 12-2-3 的對話盒所示，從左邊下方的複選題分析集 (Multiple Response Set) 變數清單中，選擇 $health 變數進入右邊上方的橫列 (Row) 方塊中。

2. 從左邊上方的來源變數清單中，選擇 happy 變數進入右邊中間的縱欄 (Coloum) 方塊中。

3. 按 定義範圍… (Define Ranges) 鈕，開啓次對話盒，分別設定範圍值最小為 1、最大為 3，按 繼續 (Continue) 鈕，回到主對話盒。

4. 按 選項… (Options…) 鈕，開啓次對話盒，在格百分比 (Cell Percentages) 區塊中點選行 (Column)，按 繼續 (Continue) 鈕，回到主對話盒。

5. 按 確定 (OK) 鈕，即可完成多重反應資料的交叉表分析。

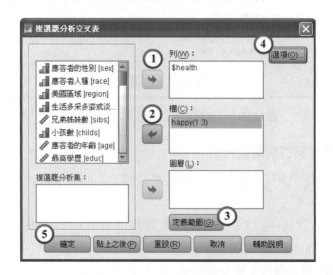

圖12-2-3　多重反應交叉表分析的對話盒

二、報表及說明

(一) 次數分析

1. 顯示以生病去看醫生問題為最多，共個數 (Count) 為 559。

2. 反應值百分比 (Pct of Responses)，以生病去看醫生問題最多，反應值百分比為 559/1108=50.5%，超過一半的填答反應有此問題。

3. 觀察值百分比 (Pct of Cases)，以生病去看醫生問題最多為例，觀察值百分比為 559/714=78.3%，將近有八成的人有此問題。

4. 總反應次數 (Total responses) 為 1108 人次。

5. 有效觀察值 (cases) 為 714 人。

觀察值摘要

	觀察值					
	有效的		遺漏值		總數	
	個數	百分比	個數	百分比	個數	百分比
$health[a] ⑤	714	47.1%	803	52.9%	1517	100.0%

a. 二分法群組表列於值 1。

$health 次數

		反應值 ②		觀察值百分比 ③
		個數	百分比	
$health 去年面臨的健康問題[a]	hlth1 病得需要看醫生 ①	559	50.5%	78.3%
	hlth2 為精神疾病求診	58	5.2%	8.1%
	hlth3 無法生育	35	3.2%	4.9%
	hlth4 酗酒問題	17	1.5%	2.4%
	hlth5 吸食毒品(大麻,古柯鹼)	30	2.7%	4.2%
	hlth6 伴侶(先生、太太)住院	73	6.6%	10.2%
	hlth7 小孩住院	78	7.0%	10.9%
	hlth8 小孩有吸毒酗酒問題	28	2.5%	3.9%
	hlth9 親密朋友過世	230	20.8%	32.2%
總數	④	1108	100.0%	155.2%

a. 二分法群組表列於值 1。

(二) 交叉列聯表分析

1. 總數 (totals) 及百分比 (percents) 的計算係以有效填答者 (respondents) 共 707 人為基準。

2. 每一細格代表個數 (Count) 及欄百分比 (Col pct)，例如非常快樂者在去看醫生問題中共有 171 人，佔非常快樂者總人數 (218 人) 的 171/218 = 78.4%；而快樂者為 316/397=79.6%、不快樂者為 68/92=73.9%。由此顯示三者在生病看醫生的問題之百分比均高於七成。

3. 橫列總數及百分比，顯示以生病看醫生的問題最多共 555 人，佔總人數 555/707=78.5%。

$health*happy 交叉表列

			happy 一般心情狀態			總數
			1 非常快樂的	2 蠻快樂的	3 不怎麼快樂	
$health 去年面臨的健康問題[a]	hlth1 病得需要看醫生	個數	171	316	68	555
		happy 中的 % ①	78.4%	79.6%	73.9% ②	
	hlth2 為精神疾病求診	個數	9	39	10	58
		happy 中的 %	4.1%	9.8%	10.9%	
	hlth3 無法生育	個數	9	24	2	35
		happy 中的 %	4.1%	6.0%	2.2%	
	hlth4 酗酒問題	個數	2	9	6	17
		happy 中的 %	.9%	2.3%	6.5%	
	hlth5 吸食毒品(大麻,古柯鹼)	個數	4	13	13	30
		happy 中的 %	1.8%	3.3%	14.1%	
	hlth6 伴侶(先生、太太)住院	個數	21	36	15	72
		happy 中的 %	9.6%	9.1%	16.3%	
	hlth7 小孩住院	個數	23	37	16	76
		happy 中的 %	10.6%	9.3%	17.4%	
	hlth8 小孩有吸毒酗酒問題	個數	5	17	6	28
		happy 中的 %	2.3%	4.3%	6.5%	
	hlth9 親密朋友過世	個數	77	124	27	228
		happy 中的 %	35.3%	31.2%	29.3% ③	
總數		個數	218	397	92	707

百分比及總數是根據應答者而來的。

a. 二分法群組表列於值 1。

三、撰寫程式

程序語法：多重反應資料的分析(二類別)(ex12-2.sps)

(1) 多重反應資料的次數表分析：

```
MULT RESPONSE
  GROUPS=$health '去年面臨的健康問題' (hlth1 TO hlth9 (1))
    /FREQUENCIES=$health.
```

(2) 多重反應資料的交叉表分析：

```
MULT RESPONSE
  GROUPS=$health '去年面臨的健康問題' (hlth1 TO hlth9 (1))
    /VARIABLES=happy(1 3)
    /TABLES=$health BY happy
    /CELLS=COLUMN
    /BASE=CASES.
```

牛刀小試　Try for yourself

TFY 12-2-1　・試對 PASW 資料檔 1991 U.S. General Social Survey.sav，進行不同性別對工作相關問題 (Work Related Problems) 的複選題分析並加以解釋結果。

工作相關問題共有九大類分別如下：

work1	失業且找尋工作超過一個月以上
work2	職務被降級或轉到較差的職務上
work3	減薪或工作時數減少
work4	錯過晉升機會
work5	與公司老闆相處困難
work6	自營企業虧損或倒閉
work7	丈夫、妻子、同夥人被解雇
work8	丈夫、妻子、同夥人被減薪
work9	配偶失業

精 益 求 精 | Do your best

DYB 12-1 · 下列兩題複選題 (資料名稱：Multiple_Response.sav)，請分別分析次數分配表、與性別之間的交叉分配表，並加以說明。

(1) 請勾選您日常使用 (至少一個月二至三次) 下列那些應用軟體？(可複選)

□文書處理軟體 (MS Word)　　□試算表軟體 (MS Excel)

□簡報軟體 (MS Powerpoint)　□信件軟體 (MS Outlook)

□排版軟體 (MS Publisher)　　□專案軟體 (MS Project)

□資料庫軟體 (MS Access)　　□瀏覽器軟體 (Netscape Navigator)

□瀏覽器軟體 (Internet Explorer)　□閱讀軟體 (Adobe Reader)

□書目管理軟體 (EndNote)　　□統計軟體 (SPSS)

(2) 您認為一位電腦訓練師應具備那些能力品質，請在空格中填入下列能力清單中的代號：

A._____　　B._____　　C._____

D._____　　E._____　　F._____

1. 能提供實際範例。	2. 能正面回答問題。
3. 能清楚解釋概念。	4. 能以合適的速度進行教學。
5. 軟體的專業知識。	6. 幽默感。
7. 其它：(請說明)。	

推論應用統計重點不僅要熟悉如何運算，更重要的是要瞭解邏輯思考及使用適當的統計方法，通常好的資料會因為使用不適當的統計方法而變得沒有價值。因此統計方法只有適不適用，沒有好或不好，研究者在研究架構中提出自變數、依變數、控制變數的關係時，應當分辨變數的型態為名義、次序、等距、或比率量尺，因不同量尺資料的變數應使用不同的統計方法，分析的準確性才會提高。目前較為廣泛使用的資料衡量尺度可分為四類，而其適用的各種統計方法亦有所不同，茲分別說明如下：

1.名義量尺(nominal scale)或類別量尺。

此種量尺是根據被調查對象的性質而分類，如根據消費者答案可分為「喜歡」與「不喜歡」或「是」與「否」兩類。類別量尺的平均量度值不能使用算數平均數 (arithmetic mean) 或中位數 (median) 表示，而應使用眾數 (mode)。應用在類別量尺的統計檢定方法則為卡方檢定 (chi-square test)。

2.次序量尺(ordinal scale)

較類別量尺多一特性，可以表示各類別之間的順序關係。如要求消費者根據其心中偏好，將五種飲料品牌依最喜歡到最不喜歡的順序排列，最喜歡給 5 分、最不喜歡給 1 分。不過代表順序的數字還是不能用來做運算，只能看出高低次序，卻無法確定順序之間的差異大小，用順序量尺來分析平均量度值時，是用中位數表示，在統計檢定方面則需採用無母數統計檢定 (nonparametric test)，如符號檢定 (sign test)。

3.等距量尺(interval scale)

較次序量尺再推進一步，不單能表示順序關係，尚能測量各順序之間的差距，可確定地指出 5 分與 4 分之差距等於 4 分與 3 分的差距。等距量尺的分數可用來做加減乘除的運算，此為其中之一大優點，但是不能說明 6 分為 3 分的兩倍，因為等距量尺並沒有一個真正零點（真零）。等距量尺的平均量度值計算可用算數平均數，統計檢定方法用 t-test 或 F-test。

4.比率量尺(ratio scale)

比率量尺除了具有等距量尺的全部特色外，再加上「真零」這個特性。例如身高、年齡、體重等變數的測量都是用比率量尺，故可說身高 180 公分的人是 90 公分的人高兩倍

。比率量尺的平均值計算可用幾何平均數 (geometric mean)，統計檢定可運用母數統計檢定 (parametric test)。

通常研究者欲解決的問題可簡易分為如圖 D-1 所示的分類，首先是描述單一母群的特性，可依資料型態的不同而分為集中量數、分散量數的描述及次數、百分比的描述，如圖 D-2 所示，此類分析已於第三篇各章加以說明過。

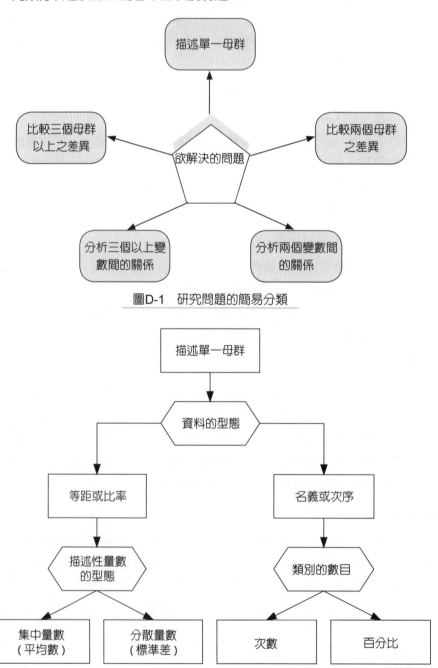

圖D-1　研究問題的簡易分類

圖D-2　描述單一母群的統計分析

其次是差異分析可分為比較兩個母群差異的 t 檢定與比較三個母群以上之差異的 F 檢定，又可分為如圖 D-3 所示的母數 (Parametric) 之差異檢定及如圖 D-4 所示的無母數 (Nonparametric) 之差異檢定兩種。

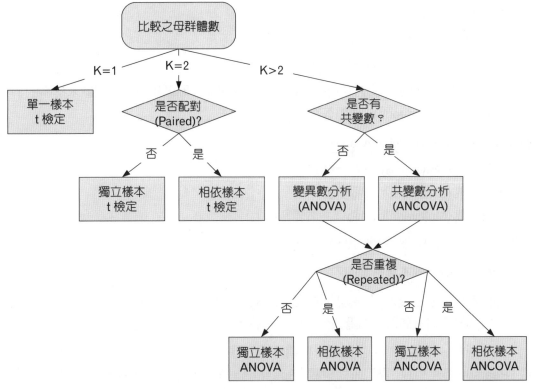

圖D-3　母數(Parametric)之差異檢定

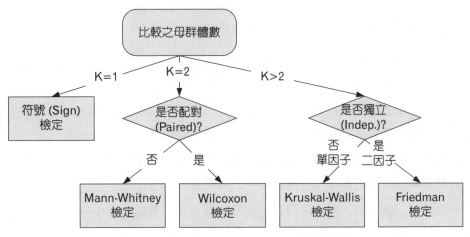

圖D-4　無母數(Nonparametric)之差異檢定

統計分析方法的架構如圖 D-5 所示，其選擇可遵循下列的步驟：

步驟 1：<u>識別變數 (Identify your Variables)</u>

- 依變數 (Dependent)
- 自變數 (Independents)
- 控制變數 (Controls)

步驟 2：<u>測量水準 (Measurement Levels)</u>

- 間斷的 (Discrete) (例如類別的、名義的、次序的、間斷排序的、間斷未排序的)
- 連續的 (Continuous) (例如等距的、比率的)

步驟 3：<u>分析水準 (Level of Analysis)</u>

- 單變數 (Univariate)：單一變數
- 雙變數 (Bivariate)：兩個變數
- 多變數 (Multivariate)：超過兩個變數以上

步驟 4：<u>選擇 PASW 程序 (從 PASW 功能表)</u>

詳細說明請參閱本篇各章的內容。

因此為使讀者由淺入深地瞭解和快速掌握基礎的推論應用統計之原理，並靈活運用於資料分析和解決研究問題，本篇共分十章，茲將各章的內容簡要說明如下：

第十三章、相關分析：包括瞭解相關分析的意義及種類、如何執行 φ 相關、列聯相關、Pearson 積差相關、點二系列相關、Spearman 等級相關、Kendall 和諧相關、淨相關、部份相關、複相關及非線性相關等分析。

第十四章、t 考驗分析：包括瞭解 t 考驗分析的意義及種類、如何執行單一樣本、二獨立樣本、二相依樣本等之平均數差的 t 考驗分析。

第十五章、卡方 (x^2) 考驗分析：包括瞭解卡方考驗分析的意義及種類、如何執行適合度、獨立性、同質性以及相依樣本等之卡方考驗分析。

第十六章、單因子變異數分析：包括瞭解變異數分析的意義及種類、如何執行單因子獨立樣本、相依樣本等之變異數分析及事前與事後比較考驗。

第十七章、單因子共變數分析 (ANCOVA)：包括能瞭解單因子共變數分析的意義及種類、如何執行單因子獨立樣本、重複量數等之共變數分析。

第十八章、迴歸分析：包括如何執行簡單迴歸、多元迴歸、逐步多元迴歸、迴歸殘差等之分析以及徑路分析。

第十九章、項目分析與試題分析：包括如何執行態度量表的項目分析及成就量表的試題分析等。

第二十章、信度分析：包括瞭解信度分析的意義、種類及功用、如何執行再測信度、複本信度、及內部一致性信度等分析。

第二十一章、探索性因素分析：包括瞭解因素分析的主要概念及功能，因素萃取、因素轉軸的原理，如何執行探索性因素分析，以及以矩陣資料進行探索性因素分析等。

第二十二章、二因子變異數分析：包括如何執行獨立樣本二因子變異數分析、混合設計二因子變異數分析、重複量數二因子變異數分析，以及二因子交互作用之追蹤分析等。

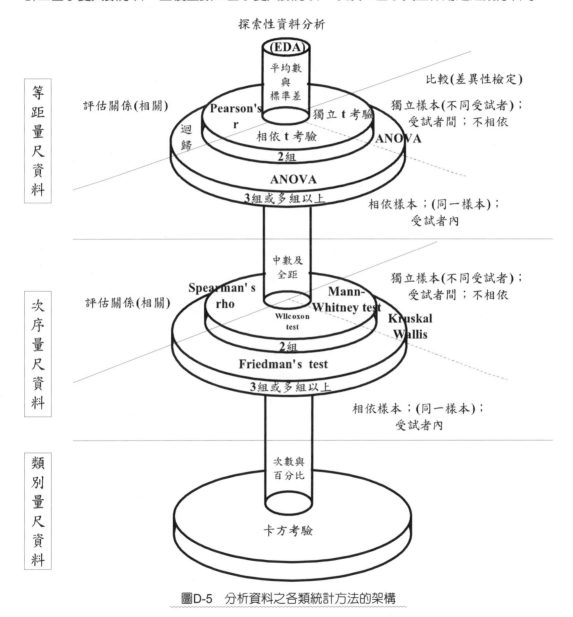

圖D-5　分析資料之各類統計方法的架構

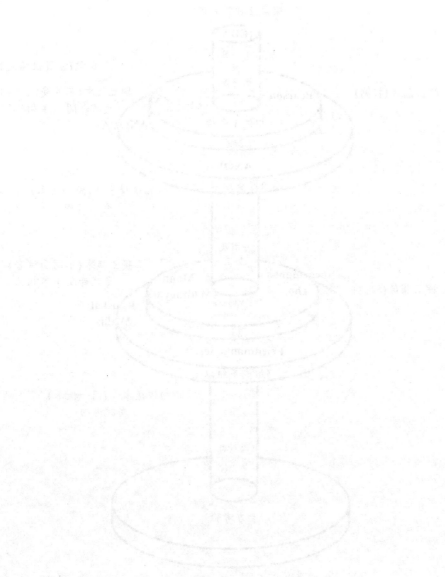

Chapter 13

相關分析

❓ 13-1　何謂相關分析？

利用雙變數資料 (bivariate data)，通常可以研究相關的問題。所謂相關是指兩變數 (X、Y) 之間相互發生之關聯，因此，瞭解相關，通常有二種方式，一為繪製資料散佈圖，另為計算相關係數 (亦即表示相關程度強弱、相關方向異同之量數)。相關分析即試圖利用相關係數衡量兩變數之間的關係。

相關分析的種類如表 13-1-1 所示，是較常用的相關統計法。

表 13-1-1　兩變數之性質及其適用的相關係數

X ＼ Y	名義變數	次序變數	等距或比率變數
名義變數	ψ 相關		
次序變數	列聯相關 (C)	Spearman 等級相關 (r_s) Kendall 和諧係數 (W) Kendall τ 係數	相關比 (η)
等距或比率變數	點二系列相關 (r_{pb})	Spearman 等級相關 (r_s) Kendall 和諧係數 (W) Kendall τ 係數	Pearson 積差相關 (r)

13-2　如何執行 ϕ (phi)相關分析？

操作程序

 ➜ 分析 (Analyze) > 敘述統計 (Descriptive Statistics) > 交叉表 (Crosstabs…)

統計原理

ϕ 相關係數 (phi-coefficient) 用於兩個變數均為二分名義變數。2×2 列聯表如下所示。

X ＼ Y	1	2
1	A	B
2	C	D

計算公式：$\phi = \dfrac{|BC - AD|}{\sqrt{(A+B)(A+C)(B+D)(C+D)}}$

顯著性考驗：$x^2 = N\phi^2$，df=1 （通常 x^2 顯著時，則 ϕ 值也顯著）

範例13-2　　ϕ (phi)相關及其考驗

　　某研究者想研究抽煙與性別的關係。下表是隨機抽樣以問卷調查所得的結果，試分析抽煙習慣與性別之間的相關？（ α =0.05）

X(性別)：	1 0 0 1 1 0 1 1 0 1 0 1 0 1 0 1 1 1 0 0 1 0 0 1 1 0
Y(抽煙)：	1 0 1 0 1 0 0 1 0 1 0 1 0 1 0 1 0 0 0 1 1 0 1 1 1 0

註：　X(性別)：　　0= 女性　　　　1= 男性
　　　Y(抽煙)：　　0= 無抽煙習慣　1= 有抽煙習慣

一、分析步驟

0. 開啓資料檔 (phi.sav)，並從功能表中選擇分析 (Analyze) > 敘述統計 (Descriptive Statistics) > 交叉表 (Crosstabs…)。

1. 如圖 13-2-1 主對話盒所示，從左邊的來源變數清單中，選擇性別 (x) 變數進入右邊之列 (Row) 變數清單的方塊中，選擇抽煙 (y) 數進入欄 (Column) 變數清單的方塊中。

2. 點按 統計量… (Statistics…) 鈕，開啓如圖 13-2-2 所示的次對話盒，並點選卡方分配 (Chi-square) 及 Phi and Cramer's V 選項，再點按 繼續 (Continue) 鈕，回到主對話盒。

3. 點按 確定 (OK) 鈕，即可完成 ϕ 相關分析。

圖13-2-1 交叉列聯表的主對話盒

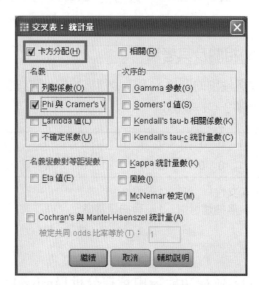

圖13-2-2 設定 φ(phi)相關統計量的次對話盒

二、報表及說明

1. 由報表中顯示 A=8，B=3，C=4，D=9，A+B=11，A+C=12，B+D=12，C+D=13。

2. ϕ 相關係數的計算如下：

$$\phi = \frac{|BC - AD|}{\sqrt{(A + B)(A + C)(B + D)(C + D)}} = \frac{|3 \times 4 - 8 \times 9|}{\sqrt{11 \times 12 \times 12 \times 13}} = 0.4181$$

漸近顯著性 (Approx Sig) 為 0.041，達顯著水準 (P＜0.05)。

3. x^2 值的計算如下：

$$x^2 = N\phi^2 = 24 \times (0.4181)^2 = 4.196$$

x 性別 * y 抽煙 交叉表

個數

		y 抽煙		總和
		0 無抽煙習慣	1 有抽煙習慣	
x 性別	0 女性	8	3	11
	1 男性	4	9	13
總和		12	12	24

卡方檢定

	數值	自由度	漸近顯著性(雙尾)	精確顯著性(雙尾)	精確顯著性(單尾)
Pearson卡方	4.196[a]	1	.041		
連續性校正[b]	2.685	1	.101		
概似比	4.332	1	.037		
Fisher's精確檢定				.100	.050
線性對線性的關連	4.021	1	.045		
有效觀察值的個數	24				

a. 0格 (.0%) 的預期個數少於 5。最小的預期個數為 5.50。

b. 只能計算 2x2 表格

對稱性量數

		數值	顯著性近似值
以名義量數為主	Phi值	.418	.041
	Cramer's V 值	.418	.041
有效觀察值的個數		24	

三、分析結果及解釋

ϕ 相關分析結果顯示性別與抽煙之間有顯著的相關存在 (ϕ=0.418，顯著性考驗：x^2=4.196，$p < 0.05$)。

四、撰寫程式

程序語法：ψ(phi)相關及其考驗(ex13-2.sps)

(1) 在 Crosstabs 主對話盒中按 貼上之後 (Paste) 鈕，即可貼出語法如下：

```
CROSSTABS
   /TABLES=x BY y            /*列變數 BY 欄變數
   /FORMAT=AVALUE TABLES
   /STATISTIC=CHISQ PHI      /*設定卡方考驗及ψ(phi)相關
   /COUNT ROUND  CELL.
```

牛刀小試 | Try for yourself

TFY **13-2-1** · 下表的資料係針對兩所科技大學幼兒保育系畢業生所進行的就業調查，試計算卡方值為何？在信賴水準為 95% 時 (α =0.05)，請問二者之間有無關聯？

	科大 A	科大 B	總數
幼保人員	30	10	40
非幼保人員	25	35	60
總數	55	45	100

❓ 13-3　如何執行列聯相關分析？

操作程序

→ 分析 (Analyze) > 敘述統計 (Descriptive Statistics) > 交叉表 (Crosstabs…)

統計原理

列聯係數 (contingency-coefficient) 適用於兩個變數不只分為兩個類別時的名義變數。

計算公式：$C = \sqrt{\dfrac{x^2}{N + x^2}}$

顯著性考驗：x^2 值，df=(R-1)(C-1)

(R 表列數，C 表行數)

範例13-3　列聯相關及其考驗

下列資料是調查 161 位高中一、二年級的學生對「高中聯考是否應予改革？」的看法，試分析高中學生對此一問卷項目的反應與年級之間是否有相關存在？（α =0.01）

	是	?	否
高一	19	34	16
高二	48	22	22

一、分析步驟

0. 開啟資料檔 (contingency.sav)，並從功能表中選擇分析 (Analyze) > 敘述統計 (Descriptive Statistics) > 交叉表…(Crosstabs…)。

1. 如圖 13-3-1 的主對話盒所示，從左邊的來源變數清單中，選擇年級 (x) 變數進入右邊之列 (Row) 變數清單的方塊中，選擇聯考 (y) 變數進入欄 (Column) 變數清單的方塊中。

2. 點選隱藏表格 (Suppress tables)，抑制交叉列聯表的呈現。

3. 點按 統計量… (Statistics…) 鈕，開啟如圖 13-3-2 的次對話盒，點選卡方分配 (Chi-square) 及列聯係數 (Contingency coefficient) 選項，再點按 繼續 (Continue) 鈕，回到主對話盒。

4. 點按 確定 (OK) 鈕，即可完成列聯相關分析。

圖13-3-1 交叉列聯表的主對話盒

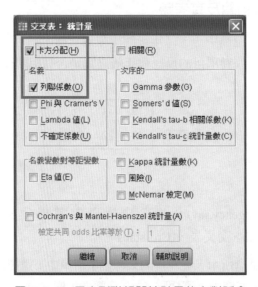

圖13-3-2 界定列聯相關統計量的次對話盒

二、報表及說明

1. 由報表中顯示 x^2 值為 13.052，因此列聯係數的計算如下：

$$C = \sqrt{\frac{x^2}{N + x^2}} = \sqrt{\frac{13.052}{161 + 13.052}} = 0.274$$

漸近顯著性 (Approx. Sig.) 為 0.001，達顯著水準 (P < 0.01)。

卡方檢定

	數值	自由度	漸近顯著性 (雙尾)
Pearson卡方	13.052[a]	2	.001
概似比	13.223	2	.001
線性對線性的關連	3.616	1	.057
有效觀察值的個數	161		

a. 0格 (.0%) 的預期個數少於 5。 最小的預期個數為
16.20。

對稱性量數

		數值	顯著性近似值
以名義量數為主	列聯係數	.274	.001
有效觀察值的個數		161	

三、分析結果及解釋

　　列聯相關分析結果顯示高中學生對此一問題的反應與年級之間有顯著的相關存在 (列聯係數 =0.274，顯著性考驗：$x^2 = 13.052$，p ＜ 0.01)。

四、撰寫程式

程序語法：列聯相關及其考驗(ex13-3.sps)
---

(1) 在 Crosstabs 主對話盒中按 [貼上之後] (Paste) 鈕，即可貼出語法如下：

```
CROSSTABS
    /TABLES=x BY y              /*列變數 BY 欄變數
    /FORMAT=NOTABLES            /*抑制列聯表的輸出
    /STATISTIC=CHISQ CC         /*設定卡方考驗及列聯相關
    /COUNT ROUND  CELL.
```

牛刀小試　Try for yourself

TFY **13-3-1** · 台南縣某地區於 2000 年總統大選時，不同省籍選民投票的交叉列聯
表如下，試分析選民對該次投票的反應與省籍之間是否有關聯存在？
(α =0.01)

選民省籍	支持對象		
	宋楚瑜	連 戰	陳水扁
本省客家	47	33	38
本省閩南	224	183	383
大陸各省	98	29	22

❓ 13-4　如何執行Pearson積差相關分析？

操作程序

 ➔ 分析 (Analyze) > 相關 Correlate > 雙變數…(Bivariate…)

統計原理

 皮爾遜積差相關 (Pearson product-moment correlation)用於兩個變數都是等距或比率變數的資料，是一種最重要且最常用的統計方法。

一、相關分析的意義

　　相關分析 (correlation analysis) 係探討數值變數間線性關係的程度與方向的方法，通常共變異數 (covariance) 與相關係數是用來瞭解兩變數間線性關係的工具。如果變數間無法區分出所謂的依變數 (dependent variable) 與自變數 (independent variable) 時，則使用相關分析來探討變數間的線性關係；如果變數是可以區分的話，則使用線性迴歸分析來探討變數間的線性關係。

二、共變異數的意義及性質

　　共變異數 (covariance) 係測量兩個數值變數間的線性關係。亦即當一個變數變動時，另一變數則呈現相同方向或相反方向變動。

計算公式：$S_{XY} = \dfrac{\sum\limits_{i=1}^{n}(X_i - \overline{X})(Y_i - \overline{Y})}{n-1}$

通常共變異數有如下的性質：

1. 共變異數的值介於 - ∞到∞之間。

2. X 與 Y 的共變異數大於零時，表示 X 與 Y 同方向變動。

3. X 與 Y 的共變異數小於零時，表示 X 與 Y 反方向變動。

4. X 與 Y 的共變異數等於零時，表示兩變數間沒有「線性」關係，但並不表示兩者之間沒有其他關係存在。

　　如圖 13-4-1 所示為共變異數所代表之資料分布的關係：(1) 左上圖所示，當兩變數的共變異數大於零時，可以看出大部分落於第一與第三象限，也就是兩者移動的方向是一致亦即正的線性關係。(2) 右上圖所示，當兩變數的共變異數小於零時，可以看出大部分落於第二與第四象限，也就是兩者移動的方向是相反的，亦即負的線性關係。(3)(4) 下方二圖所示，當兩變數的共變異數等於零時，可以看出均勻落於所有四個象限，而看不出兩者間線性移動的關係，但卻可能存在其他非線性關係。

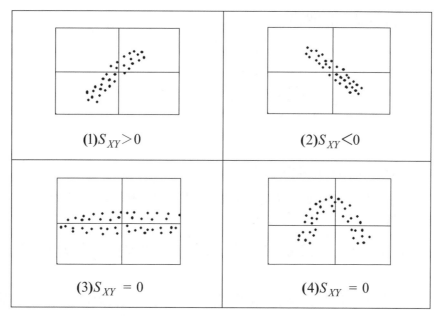

圖13-4-1　資料分布與共變異數的關係

三、積差相關係數的計算及其性質

積差相關係數的計算有下列三種方法：

1. 以 z 分數來計算積差相關係數，係將兩個變項的原始分數化爲 z 分數，然後將兩兩相對 z 分數相乘。

   計算公式：$\gamma = \dfrac{\sum Z_x Z_y}{N}$

   Z_X 表 X 變數的 Z 分數，即 $Z_x = \dfrac{X - \overline{X}}{S_x}$

   Z_Y 表 Y 變數的 Z 分數，即 $Z_y = \dfrac{Y - \overline{Y}}{S_y}$

   N 表總人數

   顯著性考驗：$t = \dfrac{r}{\sqrt{\dfrac{1 - r^2}{N - 2}}}$，df=N-2

2. 以共變異數來計算積差相關係數

   兩個變數共同的變異量除以兩個變數個別的變異量所得的值就是積差相關係數。因爲 S_x 和 S_y 不會小於零，所以 S_{xy} 和 r_{xy} 的正負號會是一致的。亦即當共變異數爲負值時積差相關係數也是負的；而共變異數爲正值時，積差相關係數則爲正值；當共變異數爲零時，積差相關係數當然也是零。

   計算公式：$r = \dfrac{S_{xy}}{S_x S_y}$

   S_{xy} 表共變異數，S_x 表 X 的標準差，S_y 表 Y 的標準差。

3. 以運算公式來計算積差相關係數

計算公式：$r = \dfrac{\sum XY - \dfrac{\sum X \sum Y}{N}}{\sqrt{\sum X^2 - \dfrac{(\sum X)^2}{N}}\sqrt{\sum Y^2 - \dfrac{(\sum Y)^2}{N}}}$

相關係數有如下的性質：

(1) 相關係數 (r) 的值介於 -1 與 1 之間。

(2) 當 r=1 時，表示 X 與 Y 為完全正相關，亦即當 X 變動時，Y 亦以相同方向變動；反之亦然。

(3) 當 r=-1，表示 X 與 Y 為完全負相關，亦即當 X 變動時，Y 則以相反方向來變動；反之亦然。

(4) 當 r=0，代表 X 與 Y 完全沒有線性關係，不過並不代表兩者之間沒有其他型態關係 (如拋物線關係) 存在。

四、相關的初步分析

　　繪製散佈圖 (scatterplot)，其功用在於檢查線性 (linearity) 及等分散性 (homoscedasticity) 的假設，以及瞭解變數之間關係的性質。通常散佈圖輸出報表的解釋如下：

步驟一：檢查界外值 (outliers)。

　　是否有太高或太低，或偏離資料點的主群。極端的界外值是否因資料輸入錯誤，界外值會嚴重的影響相關分析。

步驟二：檢查資料點的分布，如圖 13-4-2 所示。

1. 資料點是否散佈在各處：代表非常低的相關。

2. 資料點是否呈狹窄的香煙狀：代表非常高的相關。

3. 是否可在資料點的主群繪製一條直線或以曲線較能呈現資料？如果是曲線關係，則 Pearson 相關將不適用。

4. 群體資料點的形狀為何？是否從一端至另一端？或開始端狹窄而結束端寬平？如果是後者則表示違反等分散性的假定。

步驟三：決定變數之間關係的方向。

　　資料點從左至右是向上或向下，如果是向上趨勢，則顯示正相關，亦即 X 愈高則 Y 亦愈高。如果是向下趨勢，則顯示負相關。

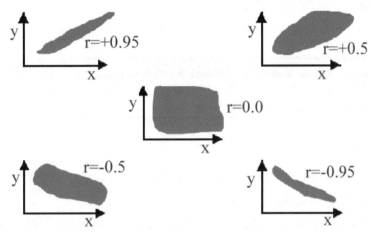

圖13-4-2　各類散佈圖及相關係數之間的關係

五、相關分析輸出報表的解釋

步驟一：檢查樣本的資訊，個數是否正確。

步驟二：決定關係的方向 (direction)，報表呈現每一配對變數的 r 值、顯著水準、個數。要注意檢查問卷，記得要考慮許多量表的某些題目是反向題，因此要反向計分。

步驟三：決定關係的強度 (strength)，Cohen(1988) 建議下列的規準 (guidelines) 如表 13-4-1 示。

表 13-4-1　相關係數的強度

r 值的範圍	強度
r=0.10 ～ 0.29 或 r=-0.10 ～ -0.29	小 (small) 或弱 (weak)
r=0.30 ～ 0.49 或 r=-0.30 ～ -0.49	中 (medium)
r=0.50 ～ 1.00 或 r=-0.50 ～ -1.00	大 (large) 或強 (strong)

步驟四：計算決定係數 (coefficient of determination)，將 r 值平方後再乘以 100，顯示有多少變異數的百分比為兩個變數所共有，亦即由 X 變數可解釋 Y 變數之變異數的百分比。

步驟五：評估是否達到顯著水準 (significance level)。通常準則為當 P < 0.05 時，以 * 表示之，當 P < 0.01 時，以 ** 表示之，當 P < 0.001 時，則以 *** 表示之。

下表是 10 位學生期中考與期末考的成績，試繪製資料的散佈圖？

學生	A	B	C	D	E	F	G	H	I	J
期中考	79	55	82	84	91	68	75	86	58	42
期末考	89	57	76	78	85	68	56	83	52	45

一、分析步驟

0. 開啓資料檔 (pearson.sav)，並從功能表中選擇統計圖 (Graphs) > 歷史對話記錄 (Legacy Dialogs) > 散佈圖…(Scatter…)。

1. 如圖 13-4-3 的對話盒所示，選取簡單散佈圖 (Simple)，並點按 定義 (Define) 鈕。

2. 開啓如圖 13-4-4 的主對話盒，從左邊的來源變數清單中，選擇期末考 (y) 進入右邊的 Y 軸方格中，選擇期中考 (x) 進入右邊的 X 軸方格中。

3. 點按 確定 (OK) 鈕，即可完成散佈圖的繪製。

圖13-4-3　散佈圖種類的對話盒

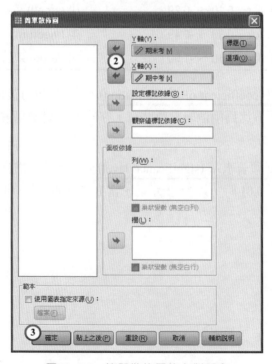

圖13-4-4　簡單散佈圖的主對話盒

二、報表及解釋

1. 由報表中的散佈圖顯示資料的分佈呈現往右上分布。

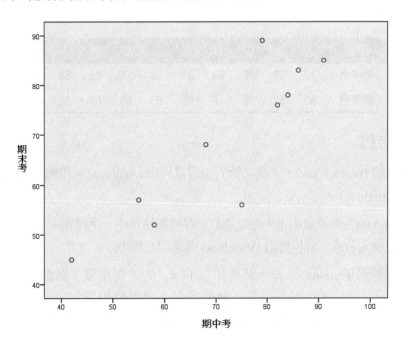

三、分析結果及說明

　　散佈圖結果顯示期中考與期末考之間具有正向的直線關係，因此可以計算 Pearson 積差相關係數。

四、撰寫程式

程序語法：繪製散佈圖(ex13-4-1.sps)

(1) 在 Simple Scatterplot 對話盒中按 貼上之後 (Paste) 鈕，即可貼出語法如下：

```
GRAPH
  /SCATTERPLOT(BIVAR)=x WITH y
  /MISSING=LISTWISE.
```

範例13-4-2　Pearson積差相關及其考驗

下表是 10 位學生期中考與期末考的成績，試分析學生期中考成績與期末考成績的相關係數？（α=0.01）

學生	A	B	C	D	E	F	G	H	I	J
期中考	79	55	82	84	91	68	75	86	58	42
期末考	89	57	76	78	85	68	56	83	52	45

一、分析步驟

0. 開啟資料檔 (pearson.sav)，並從功能表中選擇分析 (Analyze) > 相關 (Correlate) > 雙變數…(Bivariate…)。

1. 如圖 13-4-5 的主對話盒所示，從左邊的來源變數清單中，選擇期中考 (x) 與期末考 (y) 等二變數進入右邊之分析變數 (Variables) 清單的方塊中。

2. 點按 選項… (Options…) 鈕，開啟如圖 13-4-6 的次對話盒。點選平均數與標準差 (Means and standard deviations)、叉積離差與共變異數矩陣 (Cross-product deviations and covariances) 等選項。點按 繼續 (Continue) 鈕，回到主對話盒。

3. 點按 確定 (OK) 鈕，即可完成 Pearson 積差相關分析。

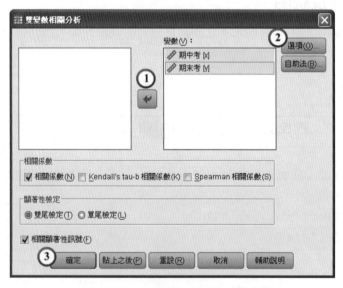

圖13-4-5　兩變數相關的主對話盒

圖13-4-6　兩變數相關之選項的次對話盒

二、報表及說明

1. 由報表中顯示期中考的標準差(Std. Deviation)S_x=15.846，期末考的標準差S_Y=15.495。

2. 叉積平方和(Sum of Squares and Cross-Products)顯示期中考 vs 期中考的細格代表期中考的離均差平方和S_{XX}=2260，期末考 vs 期末考的細格代表期末考的離均差平方和S_{YY}=2160.9，而期中考 vs 期末考的細格代表期中考與期末考的交乘離均差平方和S_{XY}=1945。

3. 共變異數(Covariance)顯示期中考 vs 期中考的細格即代表期中考的變異數S_X^2=251.111 其計算如下：

   變異數 $S_X^2 = \dfrac{SS_{XX}}{n-1} = \dfrac{2260}{10-1} = 251.111$

   標準差 $S_X = \sqrt{\dfrac{SS_{XX}}{n-1}} = \sqrt{\dfrac{2260}{10-1}} = 15.846$

   期末考 vs 期末考的細格即代表期末考的變異數S_Y^2=240.1，其計算如下：

   變異數 $S_Y^2 = \dfrac{SS_{YY}}{n-1} = \dfrac{2160.9}{10-1} = 240.1$

   標準差 $S_Y = \sqrt{\dfrac{SS_{YY}}{n-1}} = \sqrt{\dfrac{2160.9}{10-1}} = 15.495$

   期中考 vs 期末考的細格則代表兩者間的共變異數 S_{XY}=216.111，其計算如下：

   共變異數 $S_{XY} = \sqrt{\dfrac{SS_{XY}}{n-1}} = \sqrt{\dfrac{1945}{10-1}} = 216.111$

4. 相關係數(Pearson Correlation)的計算如下，雙尾顯著性(Sig.)為 0.001。

   $r = \dfrac{S_{XY}}{S_X S_Y} = \dfrac{216.111}{15.846 \times 15.495} = 0.880$

描述性統計量

	平均數	標準差	個數
x 期中考	72.00	15.846	10
y 期末考	68.90	15.495	10

① (圈於標準差欄)

相關

		x 期中考	y 期末考
x 期中考	Pearson 相關	1	.880** ④
	顯著性 (雙尾)		.001
	叉積平方和 ②	2260.000	1945.000
	共變異數 ③	251.111	216.111
	個數	10	10
y 期末考	Pearson 相關	.880**	1
	顯著性 (雙尾)	.001	
	叉積平方和	1945.000	2160.900
	共變異數	216.111	240.100
	個數	10	10

**. 在顯著水準為0.01時 (雙尾)，相關顯著。

三、分析結果及解釋

Pearson 積差相關分析結果顯示相關係數 r=0.880，達到顯著水準 ($p < 0.01$)，亦即表示學生期中考成績與期末考成績有顯著的相關存在。相關係數為正，表示期中考成績愈好的同學，期末考的成績也愈佳。

四、撰寫程式

程序語法：Pearson積差相關及其考驗(ex13-4-2.sps)

(1) 在 Bivariate Correlations 對話盒中按 貼上之後 (Paste) 鈕，即可貼出語法如下：

```
CORRELATIONS
  /VARIABLES=x y   /*界定相關分析的變數
  /PRINT=TWOTAIL NOSIG   /*顯示雙尾顯著性及星號
  /STATISTICS DESCRIPTIVES XPROD   /*輸出描述性統計及交乘矩陣
  /MISSING=PAIRWISE.
```

牛刀小試 | Try for yourself

TFY 13-4-1 · 某製造廠設計一套訓練課程以提昇員工的生產力，人力資源經理決定對該課程的訓練結果進行評估，下表是從 20 位員工參與該訓練後的結果，試繪製散佈圖，並計算積差相關係數。

員工編號	生產力 (X)	生產力提昇的百分比 (Y) %
1	47	4.2
2	71	8.1
3	64	6.8
4	35	4.3
5	43	5.0
6	60	7.5
7	38	4.7
8	59	5.9
9	67	6.9
10	56	5.7
11	67	5.7
12	57	5.4
13	69	7.5
14	38	3.8
15	54	5.9
16	76	6.3
17	53	5.7
18	40	4.0
19	47	5.2
20	23	2.2

TFY 13-4-2 · 某研究者想探討分析兒童的認知發展歷程，記錄 21 位兒童講第一個字時的年齡 (以月計)，以及完成兒童發展的 Gesell 適應量表 (愈高分顯示愈高度的發展)。獲得資料如下：

兒童編號	年齡（以月計）	適應分數
1	15	95
2	26	83
3	10	83
4	9	91
5	15	102
6	20	87
7	18	93
8	11	100
9	8	104
10	20	94
11	7	113
12	9	96
13	10	83
14	11	84
15	11	102
16	10	100
17	12	105
18	42	24
19	17	121
20	11	86
21	10	100

(1) 找出講第一個字的年齡與 Gesell 適應量表得分之相關，此二者之間的相關係數所代表的意義如何？

(2) 繪製資料的散佈圖，由該圖可瞭解此二者之間的相關所代表的意義為何？

A13-1對話盒指引　Bivariate Correlations程序

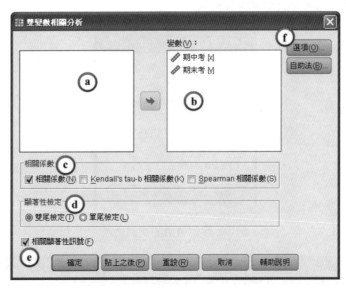

圖①　兩變數相關的主對話盒

Bivariate Correlations對話盒的說明

　　雙變數相關 (Bivariate Correlations) 程序可計算 Pearson 積差相關係數、Spearman 等級相關係數、Kendall 的 Tau-b 係數及其顯著水準等。另外，亦可獲取單變量統計量數、共變異數、以及交乘差等。最基本的規格要求是兩個或以上的數值變數。可從功能表選擇分析 (Analyze) > 相關 (Correlate) > 雙變數 (Bivariate…)，以開啟如圖①的主對話盒。

ⓐ 來源清單 (Source List) 方塊：在資料檔中的數值變數將會顯示在此來源變數清單中。

ⓑ 變數 (Variables) 方塊：分析變數清單，可從來源變數清單中選取兩個或以上的變數，按 ▶ 鈕，以進入此清單中。

ⓒ 相關變數 (Correlation Coemcients) 方塊：可選取下列一或多個相關係數。

　　☑ 相關係數 (Pearson)：此為預設設定。系統將會顯示相關矩陣。

　　☐ Kendall's tau-b：顯示 Kendall 等級相關矩陣，此矩陣為一下三角矩陣，變數本身的相關係數並不顯現。

　　☐ Spearman：顯示 Spearman 等級相關的下三角矩陣。

ⓓ 顯著性檢定 (Test of Signihcance) 方塊：可選取下列其中之一的顯著性。

　　◉ 雙尾檢定 (Two-tailed)：顯示雙尾檢定，此為預設設定。

　　○ 單尾檢定 (One-tailed)：顯示單尾檢定。

ⓔ ☑ 相關顯著性訊號 (Flag signihcant correlations)：預設狀態為顯示顯著水準的符號，當相關係數達 0.05 顯著水準時，系統會以一個星號 (*) 代表之，而達 0.01 顯著水準時，則以二個星號 (**) 代表之。若要取消星號代表顯著水準，則可取消此選項的設定。

ⓕ 選項… (Options…) 按鈕：用以獲取 Pearson 相關的其它統計量數，或改變缺漏值的處理。 可開啟如圖②的次對話盒。

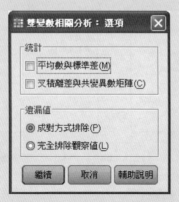

圖② 界定選項的次對話盒

選項次對話盒的說明

(1) 統計 (Statistics) 方塊：可選取下列一或多個統計量數。

☐ 平均數與標準差 (Means and standard deviations)：顯示平均數與標準差。

☐ 叉積離差與共變異數矩陣 (Cross-product deviations and covariances)：顯示交乘差與共變異數。

(2) 遺漏值 (Missing Values) 方塊：可選取下列其中之一的方式處理缺漏值。

○ 成對排除觀察值 (Exclude cases pairwise)：在成對變數中之一或同時有缺漏值的觀測體，將被排除 於此分析之外，此為預設選項。

○ 完全排除觀察值 (Exclude cases listwise)：在任一變數中有缺漏值的觀測體，將被排除於所有分析之外。

13-5　如何執行點二系列相關分析？

操作程序

 → 分析 (Analyze) > 相關 (Correlate) > 雙變數…(Bivariate…)

統計原理

 點二系列相關 (point-biserial correlation) 適用於一個變數為二分名義變數，而另一變數為等距或比率變數。

計算公式：$r_{pb} = \dfrac{\bar{x}_p - \bar{x}_q}{S_t} \sqrt{pq}$

　　$\bar{x}_p$ 表類別 1 的平均數

　　$\bar{x}_q$ 表類別 2 的平均數

　　S_t 表全體的標準差

　　p 表類別 1 所佔的百分比

　　q 表類別 2 所佔的百分比

顯著性考驗：$t = \dfrac{r_{pb}}{\sqrt{\dfrac{(1 - r_{pb}^2)}{N - 2}}}$，$df = N - 2$

範例13-5　點二系列相關及其考驗

下表是 20 位國中一年級學生的英文成績和目前是否補習英文的資料，試分析是否補習英文與英文成績有相關？（α =0.05）

X	1	1	1	1	1	1	1	1	1	1	0	0	0	0	0	0	0	0	0	0
Y	82	90	84	90	75	78	83	78	89	85	74	75	79	71	85	75	63	74	82	81

註：X(補習英文)：1 是 0 否；Y(英文成績)

一、分析步驟

0. 開啟資料檔 (point.sav)，並從功能表中選擇分析 (Analyze) > 相關 (Correlate) > 雙變數…(Bivariate…)

1. 如圖 13-5-1 的主對話盒所示，從左邊的來源變數清單中，選擇補習英文 (x) 與英文成績 (y) 等二變數進入右邊之分析變數清單的方塊中。

2. 點按 確定 (OK) 鈕，即可完成點二系列相關分析。

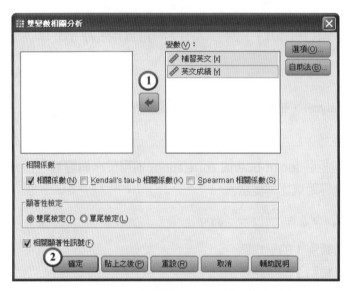

圖13-5-1　兩變數相關的主對話盒

二、報表及說明

1. 由報表顯示，當有二分變數時，Pearson 相關係數即為點二系列相關係數 r_{pb}=0.563。

相關

		x補習英文	y英文成績
x補習英文	Pearson 相關	1	.563**
	顯著性 (雙尾)		.010
	個數	20	20
y英文成績	Pearson 相關	.563**	1
	顯著性 (雙尾)	.010	
	個數	20	20

**.在顯著水準為0.01時 (雙尾)，相關顯著。

三、分析結果及解釋

　　點二系列相關分析結果顯示國一學生的英文成績與是否補習英文之間有顯著相關存在 (r_{pb}=0.563，$p < 0.05$)，而正相關表示補習英文的學生之英文成績較好。

四、撰寫程式

程序語法：點二系相關及其考驗(ex13-5.sps)

(1) 在 Bivariate Correlations 對話盒中按 貼上之後 (Paste) 鈕，即可貼出語法如下

```
CORRELATIONS
  /VARIABLES=x y
  /PRINT=TWOTAIL NOSIG
  /MISSING=PAIRWISE.
```

❓ 13-6　如何執行Spearman等級相關分析？

操作程序

 → 分析 (Analyze) > 相關 (Correlate) > 雙變數…(Bivariate…)

統計原理

 斯皮爾曼等級相關 (Spearman rank-order correlation) 適用於兩個變數都是次序變數的資料，通常使用在計算兩組等級之間一致的程度，如兩個評分者評 N 件作品，或同一個人先後兩次評 N 件作品等。

計算公式：$r_s = \dfrac{6\sum D^2}{N(N^2-1)}$

D 表所得等第之差

顯著性考驗：$t = \dfrac{r_s}{\sqrt{\dfrac{(1-r_s^2)}{N-2}}}$，$df = N-2$

註：肯德爾 τ 係數 (Kendall's tau coemcient) 亦適用於計算兩個次序變數的相關，適用情況同斯皮爾曼等級相關。

▌ 範例13-6　Spearman等級相關及其考驗

下表資料是 10 位學生數學與物理的成績，試分析學生數學成績等第與物理成績等第的相關係數？ (α =0.01)

學生	A	B	C	D	E	F	G	H	I	J
數學	79	55	82	84	91	68	55	86	68	42
物理	89	57	78	78	85	68	56	83	56	45

一、分析步驟

0. 開啓資料檔 (spearman.sav)，並從功能表中選擇分析 (Analyze) > 相關 (Correlate) > 雙變數…(Bivariate…)。

1. 如圖 13-6-1 的主對話盒所示，從左邊的來源變數清單中，選擇數學 (x) 與物理 (y) 等二變數進入右邊之分析變數清單的方塊中。

2. 取消相關係數 (Pearson) 選項並點選 Spearman 選項。

3. 點按 確定 (OK) 鈕，即可完成 Spearman 等級相關分析。

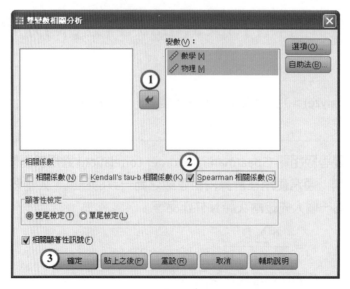

圖13-6-1　兩變數相關的主對話盒

二、報表及說明

1. 由報表顯示，Spearman 等級相關係數為 $r_s=0.834$，考驗之雙尾顯著性為 0.003。

相關

			x 數學	y 物理
Spearman's rho 係數	x 數學	相關係數	1.000	.834**
		顯著性 (雙尾)	.	.003
		個數	10	10
	y 物理	相關係數	.834**	1.000
		顯著性 (雙尾)	.003	.
		個數	10	10

**. 相關的顯著水準為 0.01 (雙尾)。

三、分析結果及解釋

　　先將原始分數轉換為等級，執行 Spearman 等級相關分析結果發現學生數學成績與物理成績均有二個相同的等級，而計算其等級相關為 0.834 ($p < 0.01$)，達到顯著水準，亦即表示學生數學成績等第與物理成績等第的結果甚為接近。

四、撰寫程式

程序語法：Spearman等級相關及其考驗(ex13-6.sps)

(1) 在 Bivariate Correlations 對話盒中按 貼上之後 (Paste) 鈕，即可貼出語法如下：

```
NONPAR CORR
  /VARIABLES=x y
  /PRINT=SPEARMAN TWOTAIL NOSIG    /*輸出Spearman等級相關
  /MISSING=PAIRWISE.
```

牛刀小試 Try for yourself

TFY 13-6-1・下列資料是 10 位學生在數學及統計作業的得分：

數學	89	73	57	53	51	49	47	44	42	38
統計	51	53	49	50	48	21	46	19	43	43

(1) 計算這兩科目的 Pearson 積差相關係數。

(2) 將得分依大小排等級並計算這兩科目的 Spearman 等級相關係數。

(3) 請對分析結果做出結論。

13-7 如何執行Kendall和諧係數相關分析？

操作程序

 ➔ 分析 (Analyze) > 無母數檢定 (Nonparametric Tests) > 歷史對話記錄 (Legacy Dialogs) > K 個相關樣本…(K Related Samples…)

統計原理

 肯德爾和諧係數 (Kendall's coefficient of concordance) 適用於兩個次序變數的相關。通常用以計算兩組以上等級之間一致的程度。如要討論 k 個評分者評 N 件作品的等第是否一致。

計算公式：
$$W = \frac{12 \sum R_i^2 - 3k^2 N(N+1)^2}{K^2(N^3 - N)}$$

k 是評分者人數

N 是作品數

R_i 是每件作品 k 個等級的總和

顯著性考驗：$x^2 = k(N-1)W$，$df = N-1$

範例13-7 Kendall和諧係數及其考驗

下表資料是七位評審委員評定十件創造發明作品的等第成績，試分析這七位評審委員評定結果之一致性如何？（$\alpha = 0.01$）

評審 \ 作品	A	B	C	D	E	F	G	H	I	J
1	2	7	1	8	9	4	10	5	3	6
2	3	10	1	8	5	7	9	6	2	4
3	1	7	2	6	8	4	9	10	3	5
4	2	6	1	8	10	5	9	7	3	4
5	2	10	4	5	7	3	9	8	1	6
6	4	9	2	5	8	3	10	7	1	6
7	4	8	3	7	6	2	10	5	1	9

一、分析步驟

0. 開啟資料檔 (kendall.sav)，並從功能表中選擇分析 (Analyze) > 無母數檢定 (Nonparametric Tests) > 歷史對話記錄 (Legacy Dialogs) > K 個相關樣本…(K Related Samples…)。

1. 如圖 13-7-1 的主對話盒所示，從左邊的來源變數清單中，選擇作品 a～j 等十個變數進入右邊之檢定變數 (Test Variable) 清單的方塊中。

2. 取消 Fridman 選項，並點選 Kendall's W 選項。

3. 點按 確定 (OK) 鈕，即可完成 Kendall 和諧係數相關分析。

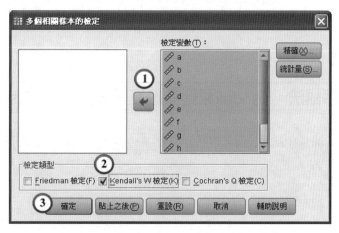

圖13-7-1　K個相依樣本無母數統計的主對話盒

二、報表及說明

1. 由報表顯示，首先計算出 l0 件作品的平均等級。

2. 其次是計算肯德爾和諧係數 (Kendall's W) 為 0.793，考驗結果卡方值 (Chi-square) 為 49.94，顯著性 (Asymp. Sig.) 為 0.000。

等級

	等級平均數
a	① 2.57
b	8.14
c	2.00
d	6.71
e	7.57
f	4.00
g	9.43
h	6.86
i	2.00
j	5.71

檢定統計量

個數	7
Kendall's W 檢定[a]	.793
卡方	49.940
自由度	9
漸近顯著性	.000

a. Kendall 和諧係數

三、分析結果及解釋

相關分析結果可以瞭解十件作品的平均等級，其中以第七件作品的評價最好。而其肯德爾和諧係數為 0.793 達到顯著水準 (x^2 =49.94，p < 0.01)，亦即表示這七位評審委員評定結果頗為一致。

四、撰寫程式

程序語法：Kendall和諧係數及其考驗(ex13-7.sps)

(1) 在 Test for Several Related Samples 對話盒中按 貼上之後 (Paste) 鈕，即可貼出語法如下：

```
NPAR TESTS
  /KENDALL = a b c d e f g h i j
  /MISSING LISTWISE.
```

[A13-2對話盒指引] Test for Several Related Samples程序

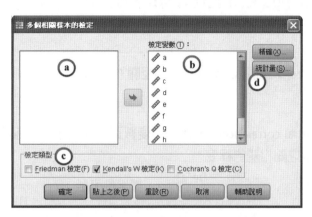

圖① K個相依樣本無母數統計的主對話盒

Test for Several Related Samples對話盒的說明

　　多個相關樣本的檢定 (Test for Several Related Samples) 程序是用以比較兩個或更多變數的分配，與母數檢定中的相依樣本單因子變異數分析的功能相同。最基本的規格要求是兩個或以上的數值變數。可從功能表選擇分析 (Analyze) > 無母數檢定 (Nonparmetric Text) > 歷史對話記錄 (Legacy Dialogs) > K 個相關樣本…(K Related Samples…)。

ⓐ 來源清單 (Source List) 方塊：資料檔中的數值變數將會顯示在此來源變數清單中。

ⓑ 檢定變數 (Test Variables) 方塊：分析變數清單。可從來源變數清單中選定兩個或多個變數，按 ▶ 鈕，以進入此清單中。

ⓒ 檢定類型 (Test Type) 方塊：至少必須選取一種檢定型式，可選取下列一或多個選項。

　□ Friedman：費里曼檢定。

　□ Kendall's W：肯德爾和諧係數檢定。

　□ Cochran's Q：寇克蘭 Q 檢定。

ⓓ 統計量… (Statistics…) 按鈕：用以取得彙總統計量，可開啟如圖②的次對話盒。

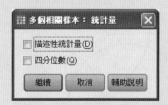

圖② 界定統計量的次對話盒

統計量次對話盒的說明

可選取下列一或多個彙總統計量。

□ 描述性統計量 (Descriptive)：顯示平均數、最小值、最大值、標準差、以及非缺漏值的觀測體數目。

□ 四分位數 (Quartiles)：顯示第 25、50、75 的百分位數。

❓ 13-8　如何執行淨相關分析？

操作程序

 ➔ 分析 (Analyze) > 相關 (Correlate) > 偏相關 (Partial…)。

統計原理

 淨相關 (partial correlations) 適用於多變數資料的相關，係指除去其它變數的影響後，兩變數之間相關的程度。

計算公式：$r_{12.3} = \dfrac{r_{12} - r_{12}r_{23}}{(1-r_{13}^2)(1-r_{23}^2)}$，顯著性考驗：$t = \dfrac{r_{12.3}}{\sqrt{\dfrac{1-r_{12.3}^2}{N-3}}}$，$df = N - 3$

二階淨相關 (second-order partial correlation)

計算公式：$r_{12.34} = \dfrac{r_{12.4} - r_{13.4}r_{23.4}}{\sqrt{(1-r_{13.4}^2)(1-r_{23.4}^2)}}$，顯著性考驗：$t = \dfrac{r_{12.34}}{\sqrt{\dfrac{1-r_{12.34}^2}{N-4}}}$，$df = N - 4$

如圖 13-8-1 所示，二個自變數 (Independent Variable, IV)、一個依變數 (Dependent Variable, DV) 之間的關係：

a　是第一個自變數 (IV1) 與依變數 (DV) 所共有變異數。

c　是第二個自變數 (IV2) 與依變數 (DV) 所共有變異數。

b　是兩個自變數 (IV1 及 IV2) 與依變數 (DV) 所共有變異數。

e　是誤差 (error)，即以兩個自變數 (IV1 及 IV2) 來預測依變數 (DV) 時無法預測的變異數比例。

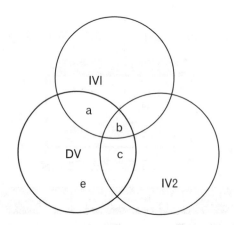

圖13-8-1　二個自變數與一個依變數之關係

表 13-8-1 分別顯示零階相關 (zero-order correlation, r)，部份或半淨相關 (part or semipartial correlations, sr)，以及淨相關 (partial correlations, pr) 的變異數比例。

表 13-8-1　零階相關、部份相關、淨相關之變異數比例的關係

相關係數	自變數	解釋變異數的比例
r_i^2	IV1	$\dfrac{a+b}{a+b+c+e}$
零階相關	IV2	$\dfrac{c+b}{a+b+c+e}$
sr_i^2	IV1	$\dfrac{a}{a+b+c+e}$
部份或半淨相關	IV2	$\dfrac{c}{a+b+c+e}$
pr_i^2	IV1	$\dfrac{a}{a+e}$
淨相關	IV2	$\dfrac{c}{c+e}$

範例13-8　淨相關係數及其考驗

　　下表資料是 6 位受試者在三項測驗的得分結果，試分析排除智力測驗成績 (z) 後，數學測驗成績 (x) 與英文測驗成績 (y) 的淨相關？（$\alpha =0.05$）

受試者	A	B	C	D	E	F
數學 (x)	15	8	9	5	8	10
英文 (y)	6	7	12	11	13	9
智力 (z)	12	7	6	8	10	13

一、分析步驟

0. 開啟資料檔 (partial.sav)，並從功能表中選擇分析 (Analyze) > 相關 (Correlate) > 偏相關 …(Partial…)。

1. 如圖 13-8-2 的主對話盒所示，從左邊的來源變數清單中，選擇數學測驗 (x) 與英文測驗 (y) 等二個變數進入右邊之分析變數清單的方塊中，而選擇智力測驗 (z) 變數進入控制 (Controlling for) 變數清單的方塊中。

2. 點按 選項… (Options…) 鈕，進入如圖 13-8-3 的次對話盒，點選 zero-order correlations (零階相關) 選項，再點按 繼續 (Continue) 鈕，回到主對話盒。

3. 點按 確定 (OK) 鈕，即可完成淨相關分析。

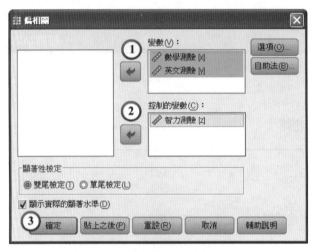

圖13-8-2　淨相關分析的主對話盒

圖13-8-3　淨相關分析選項的次對話盒

二、報表及說明

1. 由報表顯示，首先計算顯示三項測驗的相關矩陣（此即為零階相關）。

   數學與英文的相關 $r_{12}=-.617$

   數學與智力的相關 $r_{13}=.574$

   英文與智力的相關 $r_{23}=-.339$。

2. 其次是控制智力測驗 (z 變數)，再計算顯示 x 變數與 y 變數的淨相關矩陣。

$$r_{12.3} = \frac{r_{12} - r_{13}r_{23}}{(1-r_{13}^2)(1-r_{23}^2)} = \frac{(-.617)-(.574)\times(-.339)}{\sqrt{(1-.574^2)\times(1-.339^2)}} = 0.549$$

相關

控制變數			x 數學測驗	y 英文測驗	z 智力測驗
-無-[a]	x 數學測驗	相關	1.000	-.617	.574
		顯著性 (雙尾)	.	.192	.233
		df	0	4	4
①	y 英文測驗	相關	-.617	1.000	-.339
		顯著性 (雙尾)	.192	.	.511
		df	4	0	4
	z 智力測驗	相關	.574	-.339	1.000
		顯著性 (雙尾)	.233	.511	.
		df	4	4	0
z 智力測驗	x 數學測驗	相關	1.000	-.549	
②		顯著性 (雙尾)	.	.338	
		df	0	3	
	y 英文測驗	相關	-.549	1.000	
		顯著性 (雙尾)	.338	.	
		df	3	0	

a. 細格含有零階 (Pearson 相關係數) 相關

三、分析結果及解釋

　　淨相關分析結果顯示在排除智力測驗的影響後，計算數學成績與英文成績的淨相關 $r_{12·3} = -0.5487$ 未達顯著水準 (t= − 1.137，p > 0.05)。而在智力因素的影響力未去除時，數學與英文之間的相關則為 $r_{12} = -0.6173$。

四、撰寫程式

程序語法：淨相關及其考驗(ex13-8.sps)

(1) 在 Partial Correlations 對話盒中按 貼上之後 (Paste) 鈕，即可貼出語法如下：

```
PARTIAL CORR
  /VARIABLES= x y BY z              /*相關變數 BY 控制變數
  /SIGNIFICANCE=TWOTAIL      /*設定雙尾顯著性
  /STATISTICS=CORR            /*設定輸出零階相關係數
  /MISSING=LISTWISE.
```

Try for yourself

TFY **13-8-1**：試對下列資料進行淨相關分析，在排除 X2 的影響，請計算 Y 與 X1 的淨相關係數。

Y	X1	X2
4	2	4
3	4	1
6	6	5
1	1	2
5	3	3

A13-3對話盒指引　Partial Correlations程序

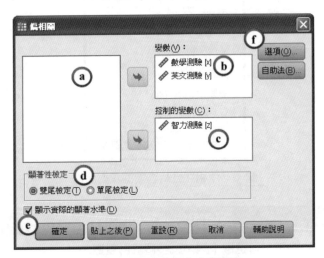

圖①　淨相關分析的主對話盒

Partial Correlations對話盒的說明

　　偏相關 (Partial Correlations) 程序計算淨相關係數 (Partial Correlation Coemcients)，是用以描述在其他變數的控制下，兩變數間的線性關係。最基本的規格要求是兩個或以上用以計算淨相關的數值變數，以及一或多個數值的控制變數。可從功能表選擇分析 (Analyze) > 相關 (Correlate) > 偏相關…(Partial…)，以開啟如圖①的主對話盒。

ⓐ 來源清單 (Source List) 方塊：資料檔中的數值變數會顯示在此來源變數清單中。

ⓑ 變數 (Variables) 方塊：分析變數清單。可從來源變數清單中選取兩個或以上的數值變數，按第一個 ▶ 鈕，以進入此清單中。

ⓒ 控制的變數 (Controlling for) 方塊：控制變數清單。可從來源變數清單中選取一或多個數值變數，按第二個 ▶ 鈕，以進入此清單中。

ⓓ 顯著性檢定 (Test signihcance) 方塊：可選取下列其中之一的檢定顯著性。

　⊙ 雙尾檢定 (Two-tailed)：顯示雙尾的顯著性，此為預設設定。

　○ 單尾檢定 (One-tailed)：顯示單尾的顯著性。

ⓔ ☑ 顯示實際的顯著水準 (Display actual signihcance level)：預設狀態為顯示顯著水準的符號，當相關係數達 0.05 顯著水準時，系統會以一個星號 (*) 代表之，而達 0.01 顯著水準時，則以二個星號 (**) 代表之。若要取消星號代表顯著水準，則可取消此選項的設定。

ⓕ 選項… (Options…) 按鈕：用以取得單變數彙總統計量或零階相關係數，或改變缺漏值的處理。可開啟如圖②的次對話盒。

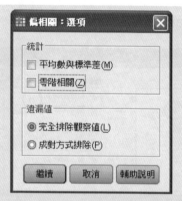

圖②　淨相關分析選項的次對話盒

選項次對話盒的說明

(1) 統計 (Statistics) 方塊：可選取下列一或多個統計量數。

　□ 平均數與標準差 (Means and Standard deviations)：顯示每一變數的平均數與標準差。

　□ 零階相關 (Zero-order correlations)：顯示所有變數 (包括控制變數) 的簡單相關矩陣。

(2) 遺漏值 (Missing Values) 方塊：可選取下列其中之一的方式處理缺漏值。

　○ 完全排除觀察值 (Exclude cases listwise)：在任一變數中有缺漏值的觀測體，將被排除於所有分析之外。此為預設選項。

　○ 成對方式排除 (Exclude cases pairwise)：在成對變數中之一或同時有缺漏值的觀測體，將被排除於此分析之外。

❓ 13-9　如何執行部份相關(或半淨相關)分析？

操作程序

 → 分析 (Analyze) > 迴歸 (Regression) > 線性…(Linear…)

統計原理

　淨相關 $r_{12.3}$ 是指變數 $X_{(1.3)}$ 與變數 $X_{(2.3)}$ 之相關，亦即變數 X_1 與 X_2 均同時除去變數 X_3 的影響後，所得 X_1 與 X_2 的相關。而部份相關或半淨相關（part or semi partial correlations）$X_{1(2.3)}$ 則是指變數 X_1 與變數 $X_{(2.3)}$ 之相關，亦即僅變數 X_2 除去變數 X_3 的影響後，所得之 X_1 與 X_2 的相關。通常部份相關的絕對值小於淨相關。

計算公式：$r_{1(2.3)} = \dfrac{r_{12} - r_{13}r_{23}}{(1 - r_{32}^2)}$

二階部份相關 (second-order part correlation)

計算公式：$r_{1(2.34)} = (r_{12.3} - r_{14.3}r_{24.3})\sqrt{(1 - r_{13}^2)(1 - r_{24.3}^2)} = r_{12.34}\sqrt{(1 - r_{13}^2)(1 - r_{14.3}^2)}$

範例13-9　部分相關(或半淨相關)及其考驗

　　下表資料是 8 位學生在四個測驗的成績，試分析 (1) 測驗一與測驗二的二階淨相關 $r_{12.34}$ ？ (2) 測驗一與測驗四的二階部分相關 $r_{1(4.23)}$ ？（$\alpha = 0.01$）

學生	A	B	C	D	E	F	G	H
測驗一 (X1)	71	74	75	68	74	72	76	73
測驗二 (X2)	77	74	81	75	70	74	81	76
測驗三 (X3)	83	77	80	76	86	79	86	82
測驗四 (X4)	76	69	64	76	73	72	68	71

一、分析步驟

0. 開啟資料檔 (part.sav)，並從功能表中選擇分析 (Analyze) > 迴歸 (Regression) > 線性… (Linear…)。

1. 如圖 13-9-1 的主對話盒所示，從左邊的來源變數清單中，選擇測驗一 (x1) 變數進入右邊之依變數 (dependent) 清單的方塊中，而選擇測驗二～測驗四 (x2、x3、x4) 等三個變數進入自變數 (independents) 清單的方塊中。

2. 點按 統計量… (Statistics…) 鈕，開啟如圖 13-9-2 所示的次對話盒，取消模式適合度 (modle fit) 選項，點選部份與偏相關 (Part and partial correlations) 選項，再點按 繼續 (Continue) 鈕，回到主對話盒。

3. 點按 確定 (OK) 鈕，即可完成部份 (或半淨) 相關分析。

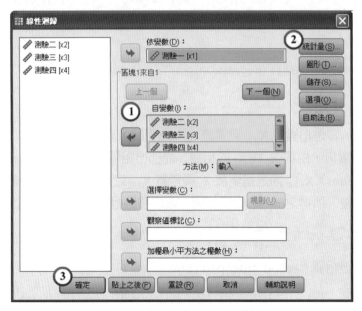

圖13-9-1 迴歸分析的主對話盒

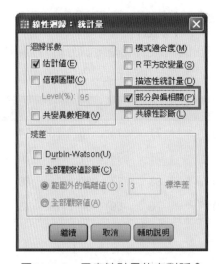

圖13-9-2 界定統計量的次對話盒

二、報表及說明

1. 由報表顯示，依變數爲測驗一 (x1)，自變數爲測驗二 (x2)、測驗三 (x3)、測驗四 (x4)。測驗一與測驗二的零階相關 (Zero-Order) 爲 r_{12}=0.335，同理 r_{13}=0.552，r_{14}=-0.813。

2. 排除測驗三與測驗四的影響後，計算測驗一與測驗二的淨相關 (Partial) 爲 $r_{12.34}$=-0.620 顯著性考驗的 t 值爲 -1.579，其計算如下所示，顯著性 (Sig.) 爲 0.190，未達顯著水準，同理 $r_{13.24}$=0.908，$r_{14.23}$=-0.954。

$$t = \frac{r_{12.34}}{\sqrt{\dfrac{1 - r_{12.34}^2}{N - 4}}} = \frac{-0.620}{\sqrt{\dfrac{1 - (-0.620)^2}{8 - 4}}} = -1.579$$

3. 測驗二排除測驗三與測驗四的影響後與測驗一的部份相關 (Part) 為 $r_{1(2.34)}=-0.185$，同理 $r_{1(3.24)}=0.511$，$r_{1(4.23)}=-0.747$。

係數[a]

模式		未標準化係數		標準化係數			相關		
		B 之估計值	標準誤差	Beta 分配	t	顯著性	零階 ①	偏 ②	部分 ③
1	(常數)	96.816	13.532		7.155	.002			
	x2 測驗二	-.154	.098	-.226	-1.579	.190	.335	-.620	-.185
	x3 測驗三	.342	.079	.513	4.347	.012	.552	.908	.511
	x4 測驗四	-.562	.088	-.907	-6.362	.003	-.813	-.954	-.747

a. 依變數：x1 測驗一

三、分析結果及解釋

分析結果顯示 (1) 在排除測驗三與測驗四的影響後，計算測驗一與測驗二的淨相關 (Partial) 為 $r_{12.34}=-0.620$，未達顯著水準 (t=-1.579，p > 0.05)。(2) 測驗四排除測驗二與測驗三的影響後與測驗一的部份相關 (Part) 為 $r_{1(4.23)}=-0.747$，達顯著水準 (t=-6.362，p < 0.01)，亦即測驗四排除測驗二與測驗三的影響後，其成績愈高，則測驗一的成績就愈低。

四、撰寫程式

程序語法：部份(或半淨)相關及其考驗(ex13-9.sps)

(1) 在 Linear Regression 對話盒中按 貼上之後 (Paste) 鈕，即可貼出語法如下：

```
REGRESSION
    /STATISTICS COEFF OUTS ZPP      /*ZPP為設定輸出部份及淨相關係數
    /DEPENDENT x1                   /*定義依變數
    /METHOD=ENTER x2 x3 x4 .        /*定義自變數
```

牛刀小試　Try for yourself

TFY 13-9-1 · 某實驗研究測驗 16 位受試者所得的分數結果如下表所示，試分析 (1)X1 與 X2 部分相關 $r_{1(2.3)}$？ (2)X1 與 X3 的部分相關 $r_{1(3.2)}$？ (3)X3 與 X1 的部分相關 $r_{3(1.2)}$？（α =0.05）

受試者	A	B	C	D	E	F	G	H	I	J	K	L	M	N	O	P
X1	10	12	8	14	10	16	15	13	8	10	7	9	12	5	8	7
X2	16	16	11	17	15	19	14	16	14	10	10	9	17	8	9	8
X3	18	18	17	18	19	24	22	20	12	18	14	8	19	10	13	12

❓ 13-10　　　如何執行複相關分析？

操作程序

 ➔ 分析 (Analyze) > 迴歸 (Regression) > 線性…(Linear…)。

統計原理

 複相關 (multiple correlation) 係指變數 Y 與變數 $\hat{y}$ 的相關，亦即根據多個變數 (X_1 ，……，X_k) 所預測的分數 $\hat{y}$ 與實際分數 (Y) 之間的相關。

計算公式： $R_{12.3} = \sqrt{\dfrac{r_{12}(r_{12} - r_{13}r_{23}) + r_{13}(r_{13} - r_{12}r_{23})}{1 - r_{23}^2}}$

顯著性考驗： $F = \dfrac{R^2 / k}{(1 - R^2)/(N - k - 1)}$, $df = (k, N - k - 1)$

複相關係數的減縮 (shrinkage)：校正後的 R 平方 (adjusted R Square)

計算公式： $R'^2 = 1 - \dfrac{N - 1}{N - k - 1}(1 - R^2)$

範例13-10　　複相關係數及其考驗

　　下表資料是 8 位學生在四個測驗的成績，試分析三次月考成績的預測值與期末考成績的複相關係數？（α =0.01）

學生	A	B	C	D	E	F	G	H
期末考 (y)	71	74	75	68	74	72	76	73
第一次月考 (x1)	77	74	81	75	70	74	81	76
第二次月考 (x2)	83	77	80	76	86	79	86	82
第三次月考 (x3)	76	69	64	76	73	72	68	71

一、分析步驟

0. 開啟資料檔 (mreg.sav)，並從功能表中選擇分析 (Analyze) > 迴歸 (Regression) > 線性…(Linear…)。

1. 如圖 13-10-1 的主對話盒所示，從左邊的來源變數清單中，選擇期末考 (y) 變數進入右邊之依變數 (Dependent) 清單的方塊中，而選擇第一次～第三次月考 (x1、x2、x3) 等三個變數進入自變數 (Independents) 清單的方塊中。

2. 點按 統計量… (Statistics…) 鈕，開啟如圖 13-10-2 所示的次對話盒，取消估計值 (Estimates) 選項，再點按 繼續 (Continue) 鈕，回到主對話盒。

3. 點按 確定 (OK) 鈕，即可完成複相關分析。

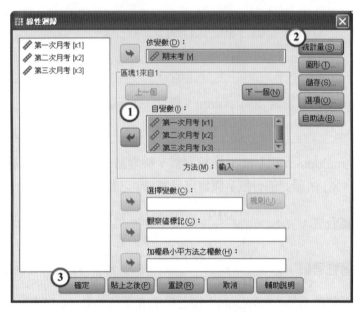

圖13-10-1　迴歸分析的主對話盒

圖13-10-2　界定統計量的次對話盒

二、報表及說明

1. 由報表顯示，複相關係數 R=0.972，校正後的 R 平方 (Adjusted R Square) 爲 R'^2 =0.903
其計算如下：

$$R'^2 = 1 - \frac{N-1}{N-k-1}(1-R^2) = 1 - \frac{8-1}{8-3-1}(1-0.972^2) = 0.903$$

2. 顯著性考驗結果 F=22.824，其計算如下，顯著性 (Sig.) 爲 0.006。

$$F = \frac{R^2 / K}{(1-R^2)/(N-k-1)} = \frac{0.972^2 / 3}{(1-0.972^2)/(8-3-1)} = 22.824$$

模式摘要

模式	R	R 平方	調過後的 R 平方	估計的標準誤
1	①.972[a]	.945	.903	.787

a. 預測變數:(常數), x3 第三次月考, x2 第二次月考, x1 第一次月考

Anova[b]

模式		平方和	df	平均平方和	F	顯著性
1	迴歸	42.398	3	14.133	22.824	②.006[a]
	殘差	2.477	4	.619		
	總數	44.875	7			

a. 預測變數:(常數), x3 第三次月考, x2 第二次月考, x1 第一次月考

b. 依變數: y 期末考

三、分析結果及解釋

分析結果顯示複相關係數 R=0.972,達到顯著水準 (F=22.82,p < 0.01),亦即表示三次月考成績的預測值與期末考成績有顯著相關存在。

四、撰寫程式

程序語法：複相關及其考驗(ex13-10.sps)

(1) 在 Linear Regression 對話盒中按 貼上之後 (Paste) 鈕,即可貼出語法如下:

```
REGRESSION
  /STATISTICS R ANOVA          /*設定複相關係數及其考驗
  /DEPENDENT y
  /METHOD=ENTER x1 x2 x3 .
```

牛刀小試 | Try for yourself

TFY **13-10-1** · 某實驗研究測驗 16 位受試者所得的分數結果如下表所示,試分析 X1、X2 的預測值與 Y 的複相關係數? (α =0.01)

受試者	A	B	C	D	E	F	G	H	I	J	K	L	M	N	O	P
Y	16	16	11	17	15	19	14	16	14	10	10	9	17	8	9	8
X1	10	12	8	14	10	16	15	13	8	10	7	9	12	5	8	7
X2	18	18	17	18	19	24	22	20	12	18	14	8	19	10	13	12

13-11　如何執行非線性相關分析？

操作程序

 → 分析 (Analyze) > 比較平均數法 (Compare Means) > 平均數…(Means…)

統計原理

相關比 (η，eta，correlation ratio)，適用於非線性關聯 (nonlinear association) 的情形，亦即隨著 X 變數的增加，Y 變數最初可能先增加，而增加到某一程度後，可能反而減少。

計算公式：　$\eta = \sqrt{\dfrac{SS_b}{SS_t}}$

SS_b 表處理間的離均差平方和

SS_t 表全體樣本的離均差平方和

顯著性考驗：$F = \dfrac{\eta^2 / (k-1)}{(1-\eta^2)/(N-k)}$，$df = (k-2，N-k)$

曲線迴歸的顯著性考驗：$F = \dfrac{(\eta^2 - r^2)/(k-2)}{(1-\eta^2)/(N-k)}$，$df = (k-2，N-k)$

▎範例13-11　相關比及其考驗

　　下表資料是 32 位國小學生在電腦方面的學習成績，試分析學生在電腦的學習成績是否與年級有曲線相關存在？(α=0.01)

	年級			
	一	二	三	四
電腦學習成績	71	77	83	76
	74	74	77	69
	75	81	80	64
	68	75	76	76
	74	70	86	73
	72	74	79	72
	76	81	86	68
	73	76	82	71

一、分析步驟

0. 開啟資料檔 (eta.sav)，並從功能表中選擇分析 (Analyze) > 比較平均數法 (Compare Means) > 平均數…(Means…)。

1. 如圖 13-11-1 的主對話盒所示，從左邊的來源變數清單中，選擇電腦學習成績 (score) 變數進入右邊之依變數清單 (Dependent list) 的方塊中。

2. 選擇年級 (grade) 變數進入自變數清單 (Independents List) 的方塊中。

3. 點按 選項… (Options…) 鈕，開啟如圖 13-11-2 所示的次對話盒，在第一層統計量 (Statistics for First Layer) 方塊中，點選變異數分析摘要表及相關比 (ANVOA table and eta)、線性檢定 (Test for linearity) 等選項，再點按 繼續 (Continue) 鈕，回到主對話盒。

4. 點按 確定 (OK) 鈕，即可完成曲線相關分析。

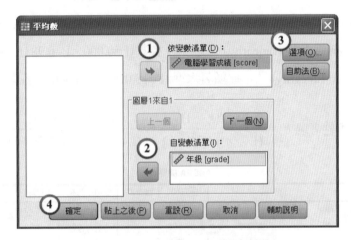

圖13-11-1　平均數分析的主對話盒

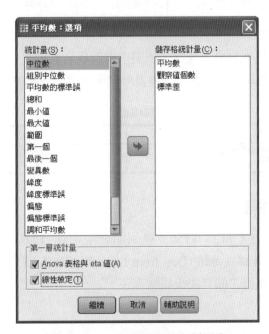

圖13-11-2　界定選項的次對話盒

二、報表及說明

1. 首先報表顯示各年級 (自變數) 在電腦學習成績 (依變數) 的平均數、個數及標準差，顯示電腦學習成績的平均數由一年級至三年級有逐漸增高的趨勢，但至四年級卻反而有下降的情形。

報表

score 電腦學習成績

grade 年級	平均數	個數	標準差
1 一年級	72.88	8	2.532
2 二年級	76.00	8	3.703
3 三年級	81.13	8	3.796
4 四年級	71.13	8	4.086
總和	75.28	32	5.145

2. 其次是變異數分析摘要表中顯示各年級平均數的差異分析達顯著水準 (F=12.02，P=0.000)，而線性考驗 (Linearity) 未達顯著水準 (F=0.000，P=0.983)，偏離線性考驗。

(Deviation from Linearity) 顯示達顯著水準 (F=18.029，P=0.000)。各顯著性考驗的計算如下：

相關比的顯著性考驗 $F = \dfrac{\eta^2/(k-1)}{(1-\eta^2)/(N-k)} = \dfrac{0.7503^2/(4-1)}{(1-0.7503^2)/(32-4)} = 12.02$

ANOVA 摘要表

			平方和	自由度	平均平方和	F檢定	Sig.
score 電腦學習成績 * grade 年級	組間	(Combined)	461.844	3	153.948	12.020	.000
		直線性	.006	1	.006	.000	.983
		直線性離差	461.838	2	230.919	18.029	.000
	組內		358.625	28	12.808		
	總和		820.469	31			

3. 最後是顯示相關比為 0.7503。通常，如果自變數為名義變數，例如不是年級而是科系時，則 η^2 就不能表示曲線相關，而是表示自變數與依變數的關聯程度。

關聯量數

	R	R平方	Eta	Eta平方
score 電腦學習成績 * grade 年級	-.003	.000	.750	.563

三、分析結果及解釋

分析結果顯示相關比 (η) 為 0.750，達到顯著水準 (F=12.02，p < 0.01)，線性考驗 (F=0.0005，p > 0.01)，非線性考驗 (Dev. from Linearity)(F=18.03，p < 0.01)，亦即表示學生在電腦的學習成績與年級之間有曲線相關存在。

四、撰寫程式

程序語法：相關比及其考驗(ex13-11.sps)

(1) 在 Means 對話盒中按 [貼上之後] (Paste) 鈕，即可貼出語法如下：

```
MEANS TABLES=score  BY grade
   /CELLS MEAN COUNT STDDEV
   /STATISTICS ANOVA LINEARITY.   /*界定相關比及線性考驗.
```

 Try for yourself

TFY **13-11-1** · 某研究者想瞭解分心 (distraction) 對心算問題的解題是否有關聯，
將受試者依其分心程度分為低、中、高三組，下表是受試者心算
問題的解題數，試分析分心程度與心算問題解題的關聯為何？
(α =0.01)

分心程度	心算問題的解題數				
低	3	4	2	4	4
中	5	6	3	4	5
高	3	2	2	3	2

 Do your best

DYB **13-1** · 試對 PASW 的範例資料檔 (Employee data.sav)，分析起薪 (salbegin)
與教育水準 (educ) 的相關係數，並求其平均數與標準差。

DYB **13-2** · 試對 PASW 的範例資料檔 (Employee data.sav)，分析工作年資 (
jobtime)、目前薪資 (salary)、教育水準 (educ) 等的相關係數，並以星
號顯示其顯著水準，且計算其平均數與標準差。

DYB **13-3** · 試對 PASW 範例資料 (Employee data.sav)，分析在排除起薪
(salbegin)、工作年資 (jobtime)、及工作經驗 (prevexp) 等影響因素，
目前薪資 (salary) 與教育水準 (educ) 的淨相關係數，同時亦顯示此五
個變數之間的相關係數。

DYB **13-4** · 試對本書範例資料 (job.sav)，分析在排除年齡 (age) 的影響因素後，
收入 (income) 與工作年資 (years) 的淨相關係數，同時亦顯示此三個
變數之間的相關係數。

Chapter 14

t考驗分析

❓ 14-1　何謂t考驗分析？

　　由抽出的少數樣本的資訊對整個母群體（或參數）做決策，這種方式在統計學領域上稱之為統計推論。統計推論一般分成區間估計與假設考驗兩大領域。

一、區間估計的意義

　　根據樣本資料所求出的點估計值，然後藉由點估計量抽樣分配之性質，求出兩個數值構成之一區間，稱為區間估計值 (interval estimate)，並利用此一區間推估未知母群體參數的範圍。所謂信賴區間 (confidence interval)，指欲估計之參數在某區間內可信賴之程度，其實它與誤差界限有密切關係；可信賴程度其實就是誤差事件發生的機率即$(1-\alpha)$。

1. 單一樣本平均數μ的$(1-\alpha)100\%$信賴區間為$\bar{x}-e < \mu < \bar{x}+e$，亦即為$[\bar{x}-e , \bar{x}+e]$

   母群體標準差 σ 已知時，誤差界限$e = \dfrac{Z_{\alpha/2} \times \sigma}{\sqrt{n}}$

   母群體標準差 σ 未知時，誤差界限$e = \dfrac{t_{n-1,\,\alpha/2} \times s}{\sqrt{n}}$

2. 二樣本平均數 $\mu_1 - \mu_2$的$(1-\alpha)100\%$信賴區間為$(\bar{x}_1 - \bar{x}_2)-e < \mu < (\bar{x}_1 - \bar{x}_2)+e$，亦即為$[(\bar{x}_1 - \bar{x}_2)-e, (\bar{x}_1 - \bar{x}_2)+e]$

   母群體標準差 σ 已知時，誤差界限$e = Z_{\alpha/2} \times \sqrt{\dfrac{\sigma_1^2}{n_1} + \dfrac{\sigma_2^2}{n_2}}$

   母群體標準差 σ 未知 ($\sigma 1 = \sigma 2 = \sigma$) 時，誤差界限$e = t_{n_1+n_2-2,\,\alpha/2} \times S_P \sqrt{\dfrac{n_1+n_2}{n_1 n_2}}$

   $S_P^2 = \dfrac{(n_1-1)S_1^2 + (n_2-1)S_2^2}{n_1+n_2-2}$

二、假設考驗的意義

　　統計假設考驗的基本精神在於除非具有足夠的證據可以拒絕，否則我們只好接受；但是接受並不表示為真，僅表示我們沒有充分的證據可以拒絕；相對的，拒絕時乃表示我們具有充分的事實證據可以拒絕，此時此檢定稱為具顯著性 (significance)，因此統計假設考驗有時亦稱為顯著性考驗 (significant testing)。換句話說，具顯著性的考驗，其考驗的結論乃是拒絕。

1. **假設考驗** (hypotheses test)：對有關母群體參數的假設，利用樣本的訊息，決定接受（不拒絕）該假設或拒絕該假設的統計方法。

2. **虛無假設** (null hypothesis)：對母群體參數的某一假設或主張假定其為真實的（除非證明其為非真）一個假設稱為虛無假設。

3. **對立假設** (alternative hypothesis)：對立假設是相對於虛無假設而對母群體參數提出的另一個不同的假設或主張。

4. **顯著性** (significance)：有足夠的證據推翻虛無假設時，稱此考驗具顯著性。

	雙尾考驗	左尾考驗	右尾考驗
虛無假設 H_0 的符號	=	≥	≤
對立假設 H_1 的符號	≠	<	>
α值	$\alpha/2$	α	α
拒絕區圖示	如圖 14-1-1	如圖 14-1-2	如圖 14-1-3

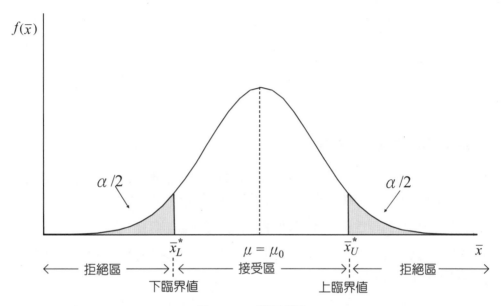

圖14-1-1　雙尾考驗

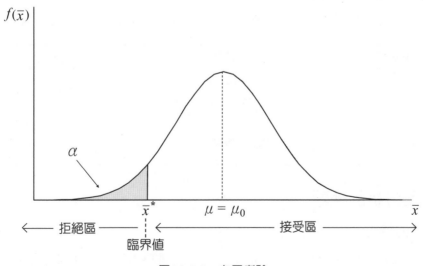

圖14-1-2　左尾考驗

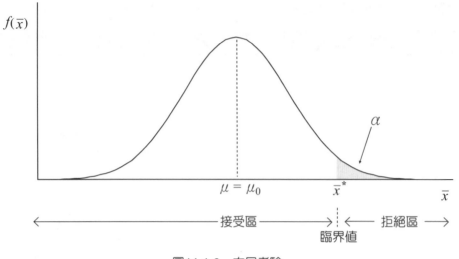

圖14-1-3　右尾考驗

三、假設考驗的決策法則

　　在進行假設考驗時，可依決策（接受虛無假設或拒絕虛無假設）及真實的狀況（虛無假設為真或虛無假設為假）的不同而交叉出四種不同的結果如下：

1. 真實情況是虛無假設為真，而所採取的決策是接受虛無假設，此時是正確的決策。

2. 真實情況是虛無假設為真，而所採取的決策卻是拒絕虛無假設，此時是錯誤的決策，此種錯誤稱為「型 I 錯誤」。

3. 真實情況是虛無假設為假，而所採取的決策卻是接受虛無假設，此時是錯誤的決策，此種錯誤稱為「型 II 錯誤」。

4. 真實情況是虛無假設為假，而所採取的決策是拒絕虛無假設，此時是正確的決策。

兩個錯誤	H_0 為真	H_0 為假
拒絕 H_0	α（型 I 錯誤） $\alpha = P($ 拒絕 $H_0 \mid H_0$ 為真)	$1\text{-}\beta$（為正確機率 = 檢定力）
接受 H_0	$1\text{-}\alpha$（正確機率）	β（型 II 錯誤） $\beta = P($ 接受 $H_0 \mid H_0$ 為假)

四、t考驗分析的種類

(一) 依樣本的特性

1. 單樣本考驗：一個連續變數的得分可以計算出一個平均數，如果研究者僅對單一變數的平均數加以檢驗，不考慮其他變數的影響，稱為單樣本的平均數考驗。

2. 二樣本考驗：如果研究者想同時考慮不同情況之下的平均數是否有所差異，例如男生與女生之平均數的比較，此時即牽涉到二個平均數的考驗。

(二) 依考驗的方向

平均數差異考驗在檢驗兩個平均數大於、小於與不等於等不同形式的研究假設。形成有特定方向的考驗或無方向性的考驗兩種不同模式。

1. 單尾考驗 (one-tailed test)：當研究者只關心單一方向的比較關係時 (例如男生的數學成績 X1 優於女生 X2)，平均數的考驗僅有一個拒絕區。

    $H_0：\mu_{x1} \leq \mu_{x2}$

    $H_1：\mu_{x1} > \mu_{x2}$

    μ_{x1} 與 μ_{x2} 分別表示男生與女生數學成績的平均數。

2. 雙尾考驗 (two-tailed test)：當研究者並未有特定方向的設定 (例如男生的智商與女生的智商有所不同)，假設考驗在兩個極端的情況皆有可能發生，而必須設定兩個拒絕區。

    $H_0：\mu_{x1} = \mu_{x2}$

    $H_1：\mu_{x1} \neq \mu_{x2}$

(三) 依樣本的設計

不同的平均數可能計算自不同的樣本，亦有可能計算自同一個樣本的同一群人，或是具有配對關係的不同樣本。

1. 獨立樣本設計：不同平均數來自於獨立沒有關聯的不同樣本。根據機率原理，當不同的平均數來自於不同的獨立樣本，兩個樣本的抽樣機率亦相互獨立。

2. 相依樣本設計

    (1) 重複量數設計 (repeated measure design)：不同的平均數來自於同一個樣本的同一群人 (例如某班學生的期中考與期末考成績) 重複測量的結果。

    (2) 配對樣本設計 (matched sample design)：不同的平均數來自具有配對關係的不同樣本 (例如夫妻兩人的薪資多寡) 樣本抽取的機率為非獨立、相依的情況。因此必須特別考量到重複計數或相配對的機率，以供不同的公式。

五、t考驗分析的基本假設

1. 常態性 (normality)：二樣本平均數考驗中，兩個平均數來自於兩個樣本，除了樣本本身的抽樣分配需為常態化之外，兩個平均數差的抽樣分配也必須符合常態分配的假設。

2. 變異數同質性 (homogeneity of variance)：平均數差異檢定中，每一個常態化樣本的平均數要能夠相互比較，除了需符合常態分配假設外，必須具有相似的離散狀況，也就是樣本的變異數必須具有同質性。如果樣本的變異數不同質，表示兩個樣本在平均數差異之外，另外存有差異的來源，致使變異數呈現不同質的情況。變異數同質性假設

若不能成立，會使得平均數的比較存有混淆因素。兩個獨立樣本變異數同質性假設是否違反，可以利用 Levene's 考驗，以變異數分析 (F 檢定) 的概念，計算兩個樣本變異數的比值。若 F 檢定達到顯著水準，表示兩個樣本的變異數不同質，此時需使用校正公式來計算 t 值。

六、t考驗分析的PASW之操作方式

1. 單一樣本 t 檢定：是用來檢定單一變數的平均數，是否跟指定的常數不一樣。例如研究人員可能想檢定某一群學生的平均 IQ 是否不同於一般學生。或者，統一麵包店老闆想看看熱狗的重量，是否為原訂的 50 克。

2. 獨立樣本 t 檢定：是用來比較兩組不同樣本測量值的平均數。

3. 配對樣本 t 檢定：是用來比較單一樣本或配對樣本在兩個變數的平均數。其原理是計算每個觀察者在兩個變數值之間的差異，以及檢定平均是否為 0。通常用於具有前測 (pre-test) 與後測 (post-test) 的研究設計中。

七、t考驗分析的效果大小

組別間的差異是否達到統計的顯著性 (statistically significant) 是研究者所關切的問題，所謂顯著性意謂著不是由機遇 (chance) 所造成的機率。多數的研究者或學生發現研究結果達到統計顯著性時，感到非常的興奮。然而除了獲得顯著性以外，尚有更多需要加以研究注意的事項，通常顯著差異的機率值並未告訴我們兩個變數之間的關聯性如何？對於大樣本而言，組別間即使非常小的差異亦容易造成統計的顯著性，但這並不意味著差異具有任何實際的或理論的顯著。

因此要評估研究發現的重要性尚須計算效果大小 (effect size)，亦稱為關聯強度 (strength of association)，係一組統計量以指出平均數差異的相對大小，換言之，係用以描述由自變數 (independent variable) 的水準預測依變數 (dependent variable) 時能解釋的總變異量 (Tabachnick & Fidell, 1996)。效果大小的統計量有許多種，而最常用的包括有 η^2(eta square)、Cohen's d 以及 Cohen's f 等，PASW 在變異數分析 (ANOVA) 有提供淨 eta square 為部份的輸出，但在 t 考驗的部份則未提供，因此必須自行運用公式計算之。

η^2(eta square) 代表自變數能解釋依變數變異量的比例，其值是界於 0 ～ 1 之間。Cohen(1988) 提供下列準則以解釋 η^2 的強度：0.01 ＝小效果、0.06 ＝中效果、0.14 ＝大效果。

14-2　如何執行單一樣本的平均數考驗？

操作程序

 → 分析 (Analyze) > 比較平均數法 (Compare Means) > 單一樣本 T 檢定⋯(One-Sample T Test⋯)

統計原理

單樣本平均數的考驗係根據樣本平均數 ($\bar{X}$) 以考驗假設之母群平均數 (H_0：$\mu=\mu_0$) 是否可被接受。而當母群 σ 未知時，其考驗統計量為 t。

計算公式：$t = \dfrac{\bar{x} - \mu_0}{S / \sqrt{N}}$，$df = n-1$

單一樣本 t 考驗的效果大小計算公式：$\eta^2 = \dfrac{t^2}{t^2 + df}$

範例14-2　單一樣本平均數考驗

若隨機樣本 12 位學生，參加學校舉辦英文新式教學法後，英文學習成績進步的分數為 10.1、9.9、11.4、10.3、8.9、11.1、10.4、10.1、10.2、9.9、12.4、11.3。 試 以 α=0.05 的顯著水準，考驗學生的英文進步成績是否顯著高於 10 分？

一、分析步驟

0. 開啟資料檔 (1ttest.sav)，並從功能表中選擇分析 (Analyze) > 比較平均數法 (Compare Means) > 單一樣本 T 檢定⋯(One Sample T Test⋯)。

1. 如圖 14-2-1 對話盒所示，從左邊的來源變數清單中，選擇 score 變數進入右邊的檢定變數 (Test Variable) 清單方塊中。

2. 設定檢定值 (Test Value) 為 10。

3. 點按 確定 (OK) 鈕，即可完成單一樣本的 t 考驗。

圖14-2-1　單一樣本t考驗的主對話盒

二、報表及說明

1. 由報表顯示，平均數 (Mean) 為 10.5，標準差 (Std. Deviation)0.9125，標準誤 (Std. Error Mean) 為 0.2634，其計算如下：

$$Std.Error = \frac{S}{\sqrt{N}} = \frac{0.9125}{\sqrt{12}} = 0.2634$$

2. t 考驗結果顯示 t 值為 1.898，雙尾顯著性為 0.084，而單尾考驗的顯著性係將雙尾顯著機率除以 2 以求得，亦即 P=0.084/2=0.042，達顯著差異的水準 (P ＜ 0.05)。t 值計算如下：

$$t = \frac{\bar{x} - \mu_0}{S / \sqrt{N}} = \frac{10.5 - 10}{0.2634} = 1.898$$

3. 平均數差異 95%CI(信賴區間，Confidence Interval) 之下界 (Lower) 為 -0.08，上界 (Upper) 為 1.08，其計算如下：

$$95\%CI= (\bar{x} - \mu_0) \pm (t_{1-\alpha/2,df} \times \frac{S}{\sqrt{N}}) = 0.5 \pm (2.20 \times 0.2634) = (-0.08, 1.08)$$

t 臨界值：$t_{1-\alpha/2,df} = t_{0.975,11} = 2.20$

單一樣本統計量 ①

	個數	平均數	標準差	平均數的標準誤
score 英文成績	12	10.500	.9125	.2634

單一樣本檢定

	檢定值 = 10 ③					
					差異的 95% 信賴區間	
	t ②	自由度	顯著性 (雙尾)	平均差異	下界	上界
score 英文成績	1.898	11	.084	.5000	-.080	1.080

三、分析結果及解釋

由 t 考驗分析結果顯示，學生的英文進步成績顯著高於 10 分 (t=1.90，p=0.084/2=0.042 ＜ 0.05)。由於單尾測驗，故其雙尾顯著機率應除以 2 以求得單尾顯著機率，而其效果大小的計算如下，顯示其解釋變異量達 24.67%。

$$\eta^2 = \frac{t^2}{t^2 + df} = \frac{(1.898)^2}{(1.898)^2 + 11} = 0.2467$$

四、撰寫程式

程序語法：單一樣本t考驗分析(ex14-2.sps)

(1) 在 One-Sample T Test 對話盒中按 貼上之後 (Paste) 鈕，即可貼出語法如下：

```
T-TEST
  /TESTVAL = 10        /*界定考驗的臨界值
  /MISSING = ANALYSIS
  /VARIABLES = score   /*指定欲分析的變數
  /CRITERIA = CI(.95).        /*界定信賴區間的界限，預設為95% .
```

(2) 計算 95%CI 時，求算 t 臨界值的語法如下：

```
COMPUTE t=IDF.T(0.975, 11).
EXECUTE.
```

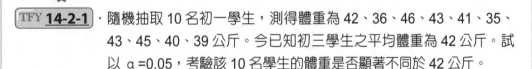

牛刀小試 Try for yourself

TFY 14-2-1 · 隨機抽取 10 名初一學生，測得體重為 42、36、46、43、41、35、43、45、40、39 公斤。今已知初三學生之平均體重為 42 公斤。試以 α =0.05，考驗該 10 名學生的體重是否顯著不同於 42 公斤。

TFY 14-2-2 · 保特瓶礦泉水標示重量 100 公克，某消費者挑選 10 瓶礦泉水，測得重量如下表，該品牌礦泉水重量是否標示不實？

編號	1	2	3	4	5	6	7	8	9	10
重量	98.5	92.8	95	101	94.5	98.9	96.5	100.5	96.8	101.5

TFY 14-2-3 · 某公司由先前的小型試驗得到 10 個電池壽命為 (單位：小時)：393、395、402、375、364、389、368、408、366、400，試估計生產之電池平均壽命的 95% 之信賴區間。

TFY 14-2-4 · 在某一次全校英文模擬考中，隨機抽樣 16 位學生們的英文成績如下，試估算英文成績平均數的 95% 之信賴區間。

65 50 58 85 70 30 89 35

66 58 68 59 96 78 25 68

TFY 14-2-5 · 隨機抽出某廠牌零件 10 個，在固定的環境下測試，測得此零件的壽命資料如下 (單位：小時)，試求此種零件平均數的 99% 之信賴區間。

562 661 589 785 459 605 594 609 658 598

A14-1對話盒指引　One-Sample T Test程序

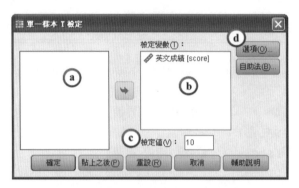

圖①　單一樣本t考驗的主對話盒

One Sample T Test對話盒的說明

　　單一樣本 T 檢定 (One-Sample T Test) 程序會計算單一樣本平均數差的顯著性檢定之 Student's t 統計量。最基本的規格需求是一或多個數值的檢定變數，並界定其檢定值，可從功能表中選擇分析 (Analyze) > 比較平均數法 (Compare Means) > 單一樣本 T 檢定…(One Sample T Test…)，以開啓如圖①所示的主對話盒。

ⓐ 來源清單 (Source list) 方塊：資料檔中之數值變數將會顯示在此來源變數清單中。

ⓑ 檢定變數 (Test Variable(s)) 方塊：檢定變數清單，可從來源變數清單中選取一或多個數值變數，按 ▶ 鈕，以進入此清單中。

ⓒ 檢定值 (Test Value)：界定一數值的檢定值，預設值為 0。

ⓓ 選項… (Options…) 按鈕：用以改變信賴區間的界限或控制缺漏值的處理，可開啓如圖②的 次對話盒。

圖②　選項次對話盒

選項次對話盒的說明

信賴區間 (Confidence Interval)：預設狀態是產生 95% 的信賴區間，亦可輸入介於 1 與 99 間的數值，以獲取所需的信賴區間。

遺漏值 (Missing Values) 方塊：可選取下列其中之一的選項以處理缺漏值。

○ 依分析排除觀察値 (Exclude cases analysis by analysis)：在分組變數或是檢定變數中有缺漏值的觀測體，將被排除於該變數的分析之外，此為預設選項。

○ 完全排除觀察値 (Exclude cases listwise)：在分組變數或是檢定變數中有缺漏值的觀測體，將被排除於所有分析之外。

14-3　如何執行二獨立樣本的平均數考驗？

操作程序

 → 分析 (Analyze) > 比較平均數法 (Compare Means) > 獨立樣本 T 檢定…(Independent-Samples T Test…)

統計原理

兩樣本平均數的 t 考驗分析，旨在比較變異數相同的兩個母群之間平均數的差異，或比較來自同一母群之兩個樣本之間的不同。其分析方法，依樣本的特性不同可分為：獨立樣本 t 考驗及相依樣本 t 考驗兩種。所謂獨立樣本 t 考驗是利用隨機抽樣分派的方式使不同受試者接受不同的實驗處理 (treatment)，又稱為組間法。

首先需運用 F 統計量 (Levene 檢定) 以考驗兩母群變異數是否相等的假設：

1. 當 F 檢定未達顯著水準 (P>0.05)，即兩母群變異數相等時 ($\sigma 1 = \sigma 2$)，則採用綜合 變異數 t 檢定 (pooled-variance t test)。

   計算公式：$t = \dfrac{\overline{X}_1 - \overline{X}_2}{\sqrt{\dfrac{S_P^2}{N_1} + \dfrac{S_P^2}{N_2}}}$, $df = N1 + N2 - 2$

   $\therefore S_P^2$ 是綜合變異數，即個別變異數的加權平均

   $$S_P^2 = \frac{(N_1 - 1)S_1^2 + (N_2 - 1)S_2^2}{N_1 + N_2 - 2}$$

2. 當 F 檢定達顯著水準 (P<0.05)，即兩母群變異數不相等時 ($\sigma 1 \neq \sigma 2$)，則將用個別變異數的 t 統計量 (Cochran & Cox 法，1950，校正臨界值) 及近似 df 值 (Satterthwaite & Welch 法，1946，校正自由度)。

   計算公式：$t = \dfrac{\overline{X}_1 - \overline{X}_2}{\sqrt{\dfrac{S_1^2}{N_1} + \dfrac{S_2^2}{N_2}}}$, $df = \dfrac{\left(\dfrac{S_1^2}{N_1} + \dfrac{S_2^2}{N_2}\right)^2}{\dfrac{\left(\dfrac{S_1^2}{N_1}\right)^2}{(N_1 - 1)} + \dfrac{\left(\dfrac{S_2^2}{N_2}\right)^2}{(N_2 - 1)}}$

二獨立樣本 t 考驗的效果大小 (effect size)

計算公式：$\eta^2 = \dfrac{t^2}{t^2 + (N_1 + N_2 - 2)}$

範例14-3	二獨立樣本t考驗

下列資料是在兩個不同觀測站所測得汽車排放物 HC 的濃度（單位：ppm），試分析兩個觀測站所測得 HC 濃度是否有顯著的差異？（α =0.05）

A 觀測站	B 觀測站
5	40
4	21
6	63
18	26
13	54
10	30
15	

一、分析步驟

0. 開啓資料檔 (2ttest.sav)，並從功能表中選擇分析 (Analyze) > 比較平均數法 (Compare Means) > 獨立樣本 T 檢定…(Independent Samples T Test…)。

1. 如圖 14-3-1 對話盒所示，從左邊的來源變數清單中，選擇 score 變數進入右邊之檢定變數 (Test Variable) 清單的方塊中。

2. 選擇 station 變數進入右邊之分組變數 (Grouping Variable) 的方格中。

3. 點按 定義組別… (Define Groups…) 鈕，開啓如圖 14-3-2 所示的次對話盒。分別設定分組變數的值爲 1、2，再點按 繼續 (Continue) 鈕，回到主對話盒。

4. 點按 確定 (OK) 鈕，即可完成二獨立樣本的 t 考驗。

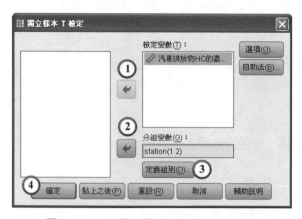

圖14-3-1　二獨立樣本t考驗的主對話盒

圖14-3-2　選項的次對話盒

二、報表及說明

1. 由報表顯示，A 觀測站平均數 (Mean) 為 10.14，標準差 (Std. Deviation) 為 5.398，平均數的標準誤 (Std. Error Mean) 為 2.040，B 觀測站平均數為 39.00，標準差 16.589，標準誤 (Std. Error Mean) 為 6.772，其計算如下：

A 觀測站的 Std. Error$= \dfrac{S_1}{\sqrt{N_1}} = \dfrac{5.398}{\sqrt{7}} = 2.040$

B 觀測站的 Std. Error$= \dfrac{S_2}{\sqrt{N_2}} = \dfrac{16.598}{\sqrt{6}} = 6.772$

2. 首先執行變異數同質性考驗 (Levene's Test for Equality of Variance) 結果顯示 F 值為 8.116，顯著性為 0.016，達顯著差異的水準 (p＜0.05)，亦即無法符合變異數同質性 (Equal variance not assumed) 的假定，因此須取用第二列的 t 值進行考驗。

3. 二獨立樣本 t 考驗結果顯示 t 值為 -4.08，df 值為 5.908，顯著性 (Sig.) 為 0.007，達顯著差 異的水準 (P＜0.05)。

$$t = \frac{\overline{X}_1 - \overline{X}_2}{\sqrt{\dfrac{S_1^2}{N_1} + \dfrac{S_2^2}{N_2}}} = \frac{10.14 - 39}{\sqrt{\dfrac{5.398^2}{7} + \dfrac{16.589^2}{6}}} = -4.08$$

$$df = \frac{\left(\dfrac{S_1^2}{N_1} + \dfrac{S_2^2}{N_2}\right)^2}{\dfrac{\left(\dfrac{S_1^2}{N_1}\right)^2}{(N_1 - 1)} + \dfrac{\left(\dfrac{S_2^2}{N_2}\right)^2}{(N_2 - 1)}} = \frac{\left(\dfrac{5.398^2}{7} + \dfrac{16.589^2}{6}\right)^2}{\dfrac{\left(\dfrac{5.398^2}{7}\right)^2}{(7 - 1)} + \dfrac{\left(\dfrac{16.589^2}{6}\right)^2}{(6 - 1)}} = 5.908$$

4. 平均數差異的 95%CI(信賴區間，Confidence Interval) 之下界 (Lower) 為 -46.230，上界 (Upper) 為 -11.484，其計算如下：

$95\%\mathrm{CI} = (\overline{x}_1 - \overline{x}_2) \pm (t_{1-\alpha/2,\,df} \times Std.Error)$

$= -28.857 \pm (2.456 \times 7.073) = (46.230, -11.484)$

t 臨界值：$t_{1-\alpha/2,\,df} = t_{0.975,\,5.908} = 2.456$

組別統計量

	station 觀測站	個數	平均數	標準差	平均數的標準誤
score 汽車排放物HC的濃度	1 A觀測站	7	10.14	5.398	2.040
	2 B觀測站	6	39.00	16.589	6.772

①

獨立樣本檢定

		變異數相等的 Levene 檢定		平均數相等的 t 檢定						
		②							差異的 95% 信賴區間	
		F 檢定	顯著性	t	自由度	顯著性(雙尾)	平均差異	標準誤差異	下界	上界
score 汽車排放物HC的濃度	假設變異數相等	8.116	.016	-4.368	11	.001	-28.857	6.606	-43.397	-14.318
	不假設變異數相等			-4.080	5.908	.007	-28.857	7.073	-46.230	-11.484

③

三、分析結果及解釋

1. t 考驗分析結果顯示，由於兩組之變異數相差太大 (F=8.116，p < 0.05)。因此使用 Cochran & Cox (1950) 的方法計算 t 值與 Satterthwaite & Welch (1946) 的方法計算近似自由度 df 之顯著機率，結果發現 t=-4.08，df=5.908，p < 0.05，亦即兩觀測站所測得的 HC 濃度有顯著的差異。而由平均數加以比較，B 觀測站所測得的 HC 濃度 (M=39.00) 顯然高於 A 觀測站 (M=10.14)。

2. 獨立樣本 t 考驗的效果大小 (effect size) 為 0.6021，依照 Cohen(1988) 的準則，效果大小超過 0.14 即具有大的效果量，將 $\eta^2 \times 100\% = 0.6021 \times 100\% = 60.21\%$，亦即兩個觀測站可解釋汽車排放物 HC 濃度之 60% 的變異。

$$\eta^2 = \frac{t^2}{t^2 + (N_1 + N_2 - 2)} = \frac{(4.08)^2}{(-4.08)^2 + (7 + 6 - 2)} = 0.6021$$

四、撰寫程式

程序語法：二獨立樣本t考驗分析(ex14-3.sps)

(1) 在 Independent Sample T Test 對話盒中按 貼上之後 (Paste) 鈕，即可貼出語法如下：

```
T-TEST
GROUPS = station(1 2)        /*界定分組變數及其範圍值
  /MISSING = ANALYSIS
  /VARIABLES = score     /*指定欲分析的變數
  /CRITERIA = CI(.95).       /*界定信賴區間及信賴水準 .
```

(2) 計算 95% CI 時，求算 t 臨界值的語法如下：

```
COMPUTE t=IDF.T(0.975, 5.908).
EXECUTE.
```

牛刀小試　Try for yourself

TFY 14-3-1・某汽車廠利用兩種品牌各用 10 個輪胎進行實驗，輪胎磨耗量的結果（單位：mm) 如下表所示，試分析 A 品牌與 B 品牌的磨耗量是否有顯著的差異？（α =0.05)

A 品牌	B 品牌
5.4	8.8
6.2	9.5
6.4	7.4
9.1	10.6
7.5	6.5
4.5	6.5
5.5	8.3
5.8	6.9
8.9	10.5
6.2	9.8

A14-2對話盒指引 Independent-Sample T Test程序

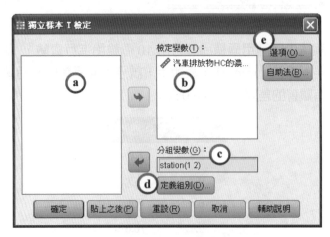

圖① 二獨立樣本t考驗的主對話盒

Independent Sample T Test對話盒的說明

　　獨立樣本 T 檢定 (Independent-Sample T Test) 程序計算二獨立樣本平均數差的顯著性檢定之 Student's t 統計量。同時亦提供變異數同質性的 Levene's 檢定。最基本的規格需求是一或多個數值的檢定變數，以及一個數值的或短字串的分組變數，並界定其分組的變數值。可從功能表選擇分析 (Analyze) > 比較平均數法 (Compare Means) > 獨立樣本 T 檢定… (Independent-Samples T Test…)，以開啟如圖①所示的主對話盒。

ⓐ 來源清單 (Source list) 方塊：資料檔中之數值與短字串變數將會顯示在此來源變數清單中。

ⓑ 檢定變數 (Test Variable(s)) 方塊：檢定變數清單，可從來源變數清單中選取一或多個數值變數，按第一個 ▶ 鈕，以進入此清單中。

ⓒ 分組變數 (Grouping Variable) 方格：分組變數，可從來源變數清單中選取一個數值或字串變數，按第二個 ▶ 鈕，以進入此方格中。

ⓓ 定義組別… (Define Groups…) 按鈕：用以界定分組變數的分組值，可開啟如圖②的次對話盒。

圖② 定義組別的次對話盒

定義組別次對話盒的說明

○ 使用指定的數值 (Use specified values)：使用者自訂的分組值，此為預設選項。使用者必須對應於分組變數中的兩個類別，分別輸入組別 1(Group1) 與組別 2(Group2) 的值，而其他的觀測值則會被排除於分析之外。

註：若為字串變數，則可自行輸入使用者自訂的分組值，必須對應於分組變數中的兩個類別，分別輸入組別 1(Group1) 與組別 2(Group2) 的字串，而其它的觀測值會被排除於分析之外。

○ 分割點 (Cut point)：使用者自訂的分割點。亦即所有大於或等於分割點的觀測值將分成一 組，而其他的觀測值則分到另一組中。

ⓔ 選項… (Options…) 按鈕：用以改變信賴區間的界限或控制缺漏值的處理，可開啟如圖③的次對話盒。

圖③　選項的次對話盒

選項次對話盒的說明

信賴區間 (Confidence Interval)：預設狀態是產生 95% 的信賴區間，亦可輸入介於 1 與 99 間的數值，以獲取所需的信賴區間。

遺漏值 (Missing Values) 方塊：可選取下列其中之一的選項以處理缺漏值。

○ 依分析排除觀察值 (Exclude cases analysis by analysis)：在分組變數或是檢定變數中有缺漏值的觀測體，將被排除於該變數的分析之外，此為預設選項。

○ 完全排除觀察值 (Exclude cases listwise)：在分組變數或是檢定變數中有缺漏值的觀測體，將被排除 於所有分析之外。

14-4 : 如何執行二獨立樣本的無母數考驗？

操作程序

 → 分析 (Analyze) > 無母數檢定 (Nonparametric Tests) > 歷史對話記錄 (Legacy Dialogs) > 二個獨立樣本…(2 Independent Samples…)

統計原理

無母數統計考驗 (nonparametric statistical test) 又稱自由分配統計考驗 (distribution-free statistical test)，是一種無須考慮樣本所來自於母群之分配條件的統計考驗法： 或稱為次序統計學 (order statistics)，常依數值大小或順序排列 (rank) 進行資料分析，且適用於名義變數或次序變數的資料。近年來，無母數統計考驗逐漸受到重視的原因，是其具有下列幾點特色：

(1) 不受母群分配假定之限制。

(2) 計算過程簡單容易。

(3) 特別適用於分析名義變數和次序變數的資料。

(4) 特別適用於小樣本的情境。

　　而無母數統計考驗的主要缺點是：不能利用由樣本所提供的全部資訊，而造成資料的浪費，使得「考驗力 (power of test)」效率減弱。尤其當無母數考驗和母數考驗皆適用時，將使得無母數考驗比母數考驗更缺乏效率；一般而言以二獨立樣本考驗為例，中數考驗 (median test) 的考驗力僅僅大約是 t 考驗 (t test) 的 64%，而為曼惠特尼考驗 (Mann-Whitney test) 的 67%(Mood,1954)。亦即用母數統計法 (t 考驗) 時的樣本人數只須無母數統計法 (中數考驗) 時的樣本人數之 64%，便可得到同樣的效果，此時如果使用無母數統計法即等於是浪費了 36% 的資料。

　　魏可遜等級和考驗 (Wilcoxon rank sum test)，亦稱曼惠特尼 U 考驗 (Mann-Whitney U test)，為二樣本等級考驗 (two-sample rank test)，最早是由 Wilcoxon 於 1945 年所提出，而由 Mann 與 Whitney 於 1947 年加以擴大應用，因此，此一考驗亦可稱為 Wilcoxon-Mann-Whitney 考驗。其分析方法是將資料依值的大小加以排序成等級，並計算出 Mann-Whitney 的 U 統計量及 Wilcoxon 的 W 統計量：

$$U_1 = n_1 n_2 + \frac{n_1(n_1+1)}{2} - R_1$$

$$U_2 = n_1 n_2 + \frac{n_2(n_2+1)}{2} - R_2 (或 U_2 = n_1 n_2 - U_1)$$

U_1 或 U_2 取值小者為 Mann-Whitney 的 U 統計量

R_1 或 R_2 取值小者為 Wilcoxon 的 W 統計量

n_1：樣本一的觀測值數目

n_2：樣本二的觀測值數目

R_1：樣本一的等級和 (rank sum)

R_2：樣本二的等級和

Mann-Whitney 考驗在無母數考驗中是最具考驗力 (powerful)，其分析相當於母數統計法的獨立樣本 t 考驗，而其考驗力一般高達至 t 考驗的 95%(Mood,1954)，且當 t 考驗嚴重違反常態及變異數同質性的假設時，則此時應用 Mann-Whitney 考驗，將更具考驗力。此外，Mann-Whitney 考驗的常態化 (normal approximation)，是當樣本數目 n1 及 n2 均大於 10 時，則可將 U 統計量分配常態成：

考驗統計量：$Z = \dfrac{(W - \mu_U) \pm 0.5}{\sigma_U}$

(註：如果是左尾，則 +0.5；如果是右尾，則 -0.5；如果是雙尾，則 0)

平均數：$\mu_U = \dfrac{n_1(N+1)}{2}, N = n1 + n2$

標準差：$\sigma_U = \sqrt{\dfrac{n_1 n_2 (N+1)}{12}}, N = n1 + n2$

▌ 範例14-4　曼惠特尼U考驗(Mann-Whitney U test)

某一研究對兩班學生進行語文測驗，所得結果如下表所示 (2ttest_n.sav)，試分析國 一、國二兩年級的語文測驗成績有無差異？(α =0.05)

年級																	語文測驗成績	
國一	64	82	67	72	80	82	68	74	42	72	52	42	72	65	62	56	70	61	54
國二	78	70	81	85	68	84	85	60	87	79	73	91	63	75	91	63	76		

一、分析步驟

0. 開啓資料檔 (2ttest_n.sav)，並從功能表中選擇分析 (Analyze)> 無母數檢定 (Nonparametric Tests) > 歷史對話記錄 (Legacy Dialogs) > 二個獨立樣本…(2 Independent Samples…)。

1. 如圖 14-4-1 對話盒所示，從左邊的來源變數清單中，選擇 y 變數進入右邊之檢定變數清單 (Test Variable List) 方塊中。

2. 選擇 group 變數進入右邊之分組變數 (Grouping Variable) 方格中。

3. 點按 定義組別… (Define Groups…) 鈕，開啓如圖 14-4-2 所示的次對話盒。並分別設定分組變數的值為 1、2，點按 繼續 (Continue) 鈕，回到主對話盒。

4. 點按 確定 (OK) 鈕，即可完成二獨立樣本的無母數考驗。

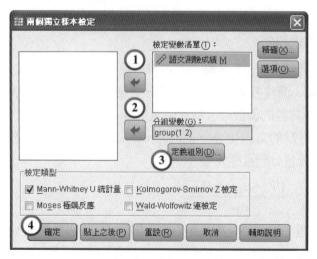

圖14-4-1 二獨立樣本無母數考驗的主對話盒

圖14-4-2 定義組別的次對話盒

二、報表及說明

1. 如報表顯示，依等級平均數 (Mean Rank)，國二的語言測驗成績 (MR=23.76) 顯然較高。

2. Mann-Whitney U 統計量為 72，其計算如下：

$$U_1 = n_1 n_2 + \frac{n_1(n_1+1)}{2} - R_1 = 19 \times 17 + \frac{19(19+1)}{2} - 262 = 251$$

$$U_2 = n_1 n_2 + \frac{n_2(n_2+1)}{2} - R_2 = 19 \times 17 + \frac{17(17+1)}{2} - 404 = 72$$

比較 U1 及 U2 取較小者為 Mann-Whitney 的 U 值 =72，而比較二者的等級和 (Sum of Ranks) 取較小者為 Wilcoxon 的 W 值 =262。考驗統計量為 Z 值 =-2.838，其計算如下，雙尾顯著性 (Asymp. Sig) 為 0.005，達顯著差異的水準 (P < 0.05)。

平均數：$\mu_U = \frac{n_1(N+1)}{2} = \frac{19 \times (19+17+1)}{2} = 351.5$

標準差：$\sigma_U = \sqrt{\frac{n_1 n_2 (N+1)}{12}} = \sqrt{\frac{19 \times 17 \times (19+17+1)}{12}} = 31.558$

考驗統計量：$Z = \frac{W - \mu_U}{\sigma_U} = \frac{262 - 351.5}{31.558} = -2.836$

等級

	group 年級	個數	等級平均數	等級總和
y 語文測驗成績	1 國一	19	13.79	262.00
	2 國二	17	23.76	404.00
	總和	36		

① (circled, pointing to 等級總和 column)

檢定統計量[b]

	y 語文測驗成績
Mann-Whitney U 統計量	72.000
Wilcoxon W 統計量	262.000
Z 檢定	-2.838
漸近顯著性 (雙尾)	.005
精確顯著性 [2*(單尾顯著性)]	.004[a]

② (circled, pointing to Wilcoxon W 統計量 row)

a. 未對等值結做修正。

b. 分組變數：group 年級

三、分析結果及解釋

由 Mann-Whitney U 考驗結果，發現國一、國二的語文測驗有顯著的差異 (U=72，$P<0.05$)，而由等級平均數來看，顯然國二的語文能力 (MR=23.76) 較國一 (MR=13.79) 為佳。

四、撰寫程式

程序語法：二獨立樣本無母數分析(ex14-1.sps)

(1) 在 Independent Sample T Test 對話盒中按 貼上之後 (Paste) 鈕，即可貼出語法如下：

```
NPAR TESTS
  /M-W= y BY group(1 2).   /*檢定變數 BY 分組變數.
```

牛刀小試 | Try for yourself

TFY **14-4-1** · 某汽車廠利用兩種品牌各 10 個輪胎進行實驗，輪胎磨耗量的結果如下表所示（單位為 mm），試分析 A 品牌與 B 品牌的磨耗量是否有顯著的差異？（α =0.05）

A 品牌	5.4	6.2	6.4	9.1	7.5	4.5	5.5	5.8	8.9	6.2
B 品牌	8.8	9.5	7.4	10.6	6.5	6.5	8.3	6.9	10.5	9.8

TFY **14-4-2** · 某研究者想瞭解漢字直寫與橫寫是否在速度方面有所差異。下表是兩組各 10 名學生每個人在單位時間內所寫成的字數。試分析直寫與橫寫的速度是否不同？（α =0.05）

直寫	12	14	10	7	13	12	10	9	10	8
橫寫	10	12	9	6	12	10	9	7	9	7

A14-3對話盒指引 Two-Independent-Samples Tests程序

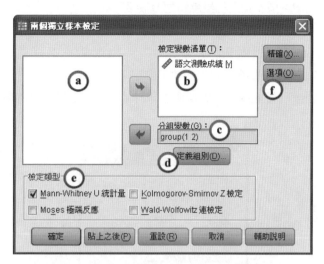

圖① 二獨立樣本無母數考驗的主對話盒

Two Independent-Samples Tests無母數考驗對話盒的說明

　　二個獨立樣本檢定 (Two Independent-Sample Tests) 程序是用以比較一變數中，兩群組的觀測值差異，與母數檢定中的兩獨立樣本 t 檢定功能相同。最基本的規格要求是一或多個檢定變數，以及一個分組變數及其分組值。可從功能表選擇分析 (Analyze) > 無母數檢定 (Nonparametric Tests) > 歷史對話記錄 (Legacy Dialog) > 二個獨立樣本…(2 Independent Sample…)，開啟如圖①的主對話盒。

ⓐ 來源清單 (Source List) 方塊：資料檔中的數值變數與短字串變數會顯示在此來源變數清單中。

ⓑ 檢定變數清單 (Test Variable List) 方塊：分析變數清單。可從來源變數清單中選定一或多個變數，按第一個 ▶ 鈕，進入此清單中。

ⓒ 分組變數 (Grouping Variable) 方格：分組變數。可從來源變數清單中選定一類別變數，按第二個 ▶ 鈕，進入此方格中。

ⓓ 定義組別… (Define Groups…) 按鈕：用以界定分組變數的分組值，可開啟如圖②的次對話盒。在組別 1(Group1) 與組別 2(Group2) 文字格中分別輸入第一組與第二組的組值。

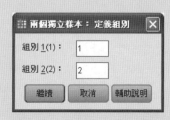

圖② 定義組別的次對話盒

ⓔ 檢定類型 (Test Type) 方塊：至少必須選定一種檢定型式。可選取下列一或多個選項。

　　☐ Mann-Whitney U：預設設定為曼惠特尼 U 檢定。

　　☐ Moses extreme reactions：莫斯的極端反應檢定。

　　☐ Kolmogorov-Smirnov Z：柯史的 Z 檢定。

　　☐ Wald-Wolfowitz runs：華德－渥夫的連串檢定。

ⓕ 選項… (Options…) 按鈕：用以取得彙總統計量，或控制缺漏值的處理，可開啟如圖③的次對話盒。

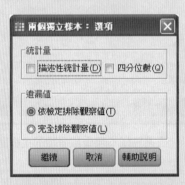

圖③　選項的次對話盒

選項次對話盒的說明

(1) 統計量 (Statistics) 方塊：可選取下列一或多個彙總統計量。

　　☐ 描述性統計量 (Descriptive)：顯示平均數、最小值、最大值、標準差以及非缺漏值的觀測體數目。

　　☐ 四分位數 (Quartiles)：顯示第 25、50、75 的百分位數。

(2) 遺漏值 (Missing Values) 方塊：可選取下列其中之一的選項。

　　○ 依檢定排除觀察值 (Exclude cases test-by-test)：對分析用之變數中有缺漏值的觀測體，將被排除於個別的檢定分析之外。此為預設選項。

　　○ 完全排除觀察值 (Exclude cases listwise)：對變數中有任一缺漏值的觀測體，將被排除於所有檢定分析之外。

14-5　如何執行二相依樣本的平均數考驗？

操作程序

 → 分析 (Analyze) > 比較平均數法 (Compare Means) > 成對樣本 T 檢定…(Paired-Samples T test…)

統計原理

相依樣本 t 考驗係利用同樣的受試者參加不同實驗之處理，又稱為組內法，此法所得量數又稱為「重複量數」(repeated measures)。另有「配對組法」(matched-group method)，亦即以隨機方式找到成對的個體 (如雙胞胎)，然後給予每對成員不同的處理。其考驗統計量為：

1. 配對組法
   計算公式：

$$t = \frac{\overline{D}}{S_D / \sqrt{N}}, \ df = N - 1$$

$\overline{D}$：成對觀測值差之平均數

S_D：成對觀測值差之標準差

N：成對數目

2. 重複量數
   計算公式：$t = \dfrac{\overline{X}_1 - \overline{X}_2}{\sqrt{\dfrac{S_1^2 + S_2^2 - 2rS_1S_2}{N}}}, \ df = N - 1$

   r：兩組觀測值的相關係數

   相依樣本 t 考驗的效果大小 (effect Size)

   計算公式：$\eta^2 = \dfrac{t^2}{t^2 + (N-1)}$

範例14-5　相依樣本t考驗

下列資料 (2r-ttest.sav) 是十對夫妻接受某性向測驗所得的成績結果，試分析夫、妻在性向成績是否有顯著差異？ (α =0.05)

配對	A	B	C	D	E	F	G	H	I	J
夫	62	95	94	64	92	74	86	65	88	90
妻	55	75	84	70	75	76	75	70	68	70

一、分析步驟

0. 開啟資料檔 (2r-ttest.sav)，並從功能表中選擇分析 (Analyze) > 比較平均數法 (Compare Means) > 成對樣本 T 檢定…(Paired- Samples T Test…)。

1. 如圖 14-5-1 的主對話盒所示，從左邊的來源變數清單中，同時點選 hs 及 ws 二變數進入右邊之配對變數 (Paired Variables) 清單的方塊中。

2. 點按 [確定] (OK) 鈕，即可完成二配對樣本的 t 考驗。

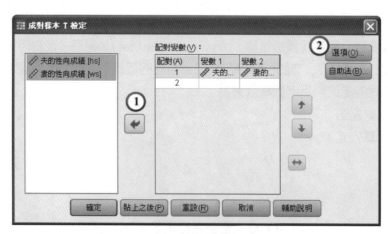

圖14-5-1　二配對樣本t考驗的主對話盒

二、報表及說明

1. 由報表顯示，夫的性向成績之平均數 (Mean) 為 81，標準差 (Std. Deviation)13.317，標準誤 (Std. Error Mean) 為 4.211，妻的性向成績之平均數為 71.8，標準差 7.48，標準誤 (Std. Error Mean) 為 2.365，其計算如下：

夫性向成績的 Std. Error$= \dfrac{S}{\sqrt{N}} = \dfrac{13.317}{\sqrt{10}} = 4.211$

妻性向成績的 Std. Error$= \dfrac{S}{\sqrt{N}} = \dfrac{7.48}{\sqrt{10}} = 2.365$

2. 顯示配對樣本的相關性達 0.626。

3. 二配對樣本 t 考驗結果顯示 t 值為 2.791，其計算如下，雙尾顯著性 (Sig.) 為 0.021，達顯著差異的水準 (p < 0.05)。

$$t = \frac{\overline{D}}{S_D / \sqrt{N}} = \frac{9.2}{10.422 / \sqrt{10}} = 2.791$$

$$t = \frac{\overline{X}_1 - \overline{X}_2}{\sqrt{\dfrac{S_1^2 + S_2^2 - 2rS_1S_2}{N}}} = \frac{81 - 71.8}{\sqrt{\dfrac{13.317^2 + 7.48^2 - 2 \times 0.626 \times 13.317 \times 7.48}{10}}} = 2.791$$

4. 平均數差異的 95%CI(信賴區間，Confidence Interval) 之下界 (Lower) 為 1.744，上界 (Upper) 為 16.656，其計算如下：

$$95\%CI = \bar{x}_d \pm (t_{1-\alpha/2,df} \times Std.Error)$$

$$= 9.2 \pm (2.262 \times 3.296) = (1.744,\ 16.656)$$

t 臨界值：$t_{1-\alpha/2,df} = t_{0.975,9} = 2.262$

成對樣本統計量

		平均數 ①	個數	標準差	平均數的標準誤
成對 1	hs 夫的性向成績	81.00	10	13.317	4.211
	ws 妻的性向成績	71.80	10	7.480	2.365

成對樣本相關

		個數	相關 ②	顯著性
成對 1	hs 夫的性向成績 和 ws 妻的性向成績	10	.626	.053

成對樣本檢定

		成對變數差異					t	自由度 ④	顯著性（雙尾）
		平均數	標準差	平均數的標準誤	差異的 95% 信賴區間 下界 ③	上界			
成對 1	hs 夫的性向成績 - ws 妻的性向成績	9.200	10.422	3.296	1.744	16.656	2.791	9	.021

三、分析結果及解釋

1. 由 t 考驗分析結果顯示，夫妻配對組之差異達顯著水準 (t =2.79，p ＜ 0.05)。亦即夫、妻在性向成績方面有顯著的不同。

2. 相依樣本 t 考驗的效果大小 (effect size) 為 0.4640，依照 Cohen(1988) 的準則，效果大小超過 0.14 即具有大的效果量，將 $\eta^2 \times 100\% = 0.4640 \times 100\% = 46.40\%$，亦即夫妻配對可解釋性向成績 46.4% 的變異。

$$\eta^2 = \frac{t^2}{t^2 + (N-1)} = \frac{(2.791)^2}{(2.791)^2 + (10-1)} = 0.4640$$

四、撰寫程式

程序語法：二相依樣本t考驗分析(ex14-5.sps)

(1) 在 Paired-Samples T Test 對話盒中按 貼上之後 (Paste) 鈕，即可貼出語法如下：

```
T-TEST
  PAIRS = hs WITH ws (PAIRED)        /*界定配對或相依變數
  /CRITERIA = CI(.95)
  /MISSING = ANALYSIS.
```

(2) 計算 95%CI 時，求算 t 臨界值的語法如下：

```
COMPUTE t=IDF.T(0.975,9).
EXECUTE.
```

牛刀小試 Try for yourself

TFY 14-5-1 · 下列資料是十名受試者參加某一疲勞實驗所得的結果，試分析受試者在疲勞前後所得的成績是否有顯著差異？(α =0.01)

受試者	疲勞前	疲勞後
1	48.2	41.5
2	44.6	40.1
3	49.7	44.0
4	40.5	41.2
5	54.6	49.8
6	47.1	41.7
7	51.4	46.8
8	57.9	46.5
9	52.4	49.6
10	50.6	48.4

TFY 14-5-2 · 一個座談調查要求參與者對公司產品在包裝改變前後進行外觀的評等，評量的尺度介於 0～100 之間，試以 5% 顯著水準執行 t 考驗，以顯示新包裝對消費者是否有更受歡迎的反應。(α =0.05)

參與者	前	後	參與者	前	後
A	80	85	K	37	40
B	75	82	L	55	68
C	90	91	M	80	88
D	65	68	N	85	95
E	40	34	O	17	5
F	72	79	P	12	5
G	41	30	Q	15	14
H	10	0	R	23	25
I	16	12	S	34	45
J	22	16	T	61	80

TFY 14-5-3 · 一個地區性的銀行擬以較佳的新方法來考驗是否可以降低員工的失誤率，隨機抽選 10 位員工，在採用新方法前後，量測其在一週內所犯的失誤次數有多少，結果如下表所示，試對新方法採行前後在犯失誤的事件上沒有顯著差異的假設進行考驗。(α =0.05)

方法	人員									
	1	2	3	4	5	6	7	8	9	10
舊	40	38	37	34	39	37	42	33	39	40
新	37	37	32	30	37	35	39	32	37	38

A14-4對話盒指引 Paired-Samples T Test程序

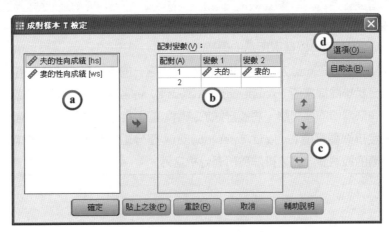

圖① 二配對樣本t考驗的主對話盒

Paired-Samples T Test對話盒的說明

　　成對樣本 T 檢定 (Paired-Sample T Test) 程序會計算配對樣本平均數差的顯著性檢定之 Student's t 統計量。最基本的規格要求是一對數值變數。可從功能表中選擇分析 (Analyze) > 比較平均數法 (Compare Means) > 成對樣本 T 檢定…(Paired-Samples T Test…)，以開啟如圖①的主對話盒。

ⓐ 來源清單 (Source list) 方塊：資料檔中之數值變數將會顯示於此來源變數清單中。

ⓑ 配對變數 (Paired Vairables) 方塊：配對變數清單，可從來源變數清單中選取成對變數，按 ▶ 鈕，將此配對變數移入此清單中。

ⓒ ←→左右箭頭：可用以調整變數 1 及變數 2 的前後位置
　↑↓上下箭頭：可用以調整每一成對變數的↑↓上下次序。

ⓓ 選項… (Options…) 按鈕：用以改變信賴區間的界限或控制缺漏值的處理，可開啟如圖②的次對話盒。

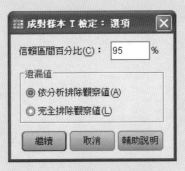

圖② 選項的次對話盒

選項次對話盒的說明

(1) 信賴區間 (Confidence Interval)：預設狀態是產生 95% 的信賴區間，亦可輸入介於 1 與 99 間的數值，以獲取所需的信賴區間。

(2) 遺漏值 (Missing Values) 方塊：可選取下列其中之一的選項以處理缺漏值。

　○ 依分析排除觀察值 (Exclude cases analysis by analysis)：在分組變數或檢定變數中有缺漏值的觀測體，將被排除於該變數的分析之外，此為預設選項。

　○ 完全排除觀察值 (Exclude cases listwise)：在分組變數或檢定變數中有任一缺漏值的觀測體，將被排除於所有分析之外。

🅠 14-6　如何執行二相依樣本的無母數考驗？

操作程序

 ➔ 分析 (Analyze) > 無母數檢定 (Nonparametric Tests) > 歷史對話記錄 (Legacy Dialog) > 二個相關樣本…(2 Related Samples…)

統計原理

 魏氏符號等級考驗 (Wilcoxon Signed-rank test) 係用以考驗兩相依樣本的差異。通常符號考驗 (Sign test)，僅利用成對觀測值間差異的正號或負號，並未考量其差異的大小。而魏氏符號等級考驗則同時利用方向和大小的檢定。此一方法亦相當於母數統計法中的配對樣本 t 考驗。

▌範例14-6　Wilcoxon配對符號考驗

下列資料 (2rttest_n.sav) 是十對夫妻接受某性向測驗所得的成績結果，試以無母數統計分析夫、妻在性向成績是否有顯著差異？(α =0.05)

配對	A	B	C	D	E	F	G	H	I	J
夫	62	95	94	64	92	74	86	65	88	90
妻	55	75	84	70	75	76	75	70	68	70

一、分析步驟

0. 開啓資料檔 (2rttest_n.sav)，並從功能表中選擇分析 (Analyze) > 無母數檢定 (Nonparametric Tests) > 歷史對話記錄 (Legacy Dialog) > 二個相關樣本…(2 Related Samples…)。

1. 如圖 14-6-1 的主對話盒所示，從左邊的來源變數清單中，選擇 hs 與 ws 配對變數進入右邊之成對檢定 (Test Pairs) 的方塊中。

2. 點按 確定 (OK) 鈕，即可完成二相依樣本的無母數考驗。

圖14-6-1　二相依樣本無母數考驗的主對話盒

二、報表及說明

1. 如報表所示，由於配對組的差異為 (妻－夫)，因此妻＜夫時的符號為負的等級，其等級平均數 (Mean Rank) 為 7，等級總和 (Sum of Ranks) 則為 49，而妻＞夫時的符號為正的等級，其等級平均數 (Mean Rank) 為 2，等級總和 (Sum of Ranks) 則為 6。

2. 以 Z 值考驗結果，其值為 -2.197，雙尾顯著性 (Asymp. Sig.) 為 0.028，達顯著差異的水準 (p ＜ 0.05)。

等級

		個數	等級平均數	等級總和
ws 妻的性向成績 - hs 夫的性向成績	負等級	7ᵃ	7.00	49.00
	正等級	3ᵇ	2.00	6.00
	等值結	0ᶜ		
	總和	10		

a. ws 妻的性向成績 < hs 夫的性向成績

b. ws 妻的性向成績 > hs 夫的性向成績

c. ws 妻的性向成績 = hs 夫的性向成績

檢定統計量ᵇ

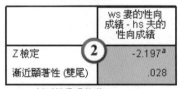

	ws 妻的性向成績 - hs 夫的性向成績
Z 檢定	-2.197ᵃ
漸近顯著性 (雙尾)	.028

a. 以正等級為基礎。

b. Wilcoxon 符號等級檢定

三、分析結果及解釋

　　由 Wilcoxon 配對符號考驗結果顯示夫妻配對組之差異達顯著水準 (Z=-2.197，p ＜ 0.05)。亦即夫、妻在性向成績方面有顯著的不同。

四、撰寫程式

程序語法：二相依樣本無母數分析(ex14-6.sps)

(1) 在 Independent Sample T Test 對話盒中按 貼上之後 (Paste) 鈕，即可貼出語法如下：

```
NPAR TESTS
  /WILCOXON=hS WITH ws (PAIRED).
```

牛刀小試　Try for yourself

TFY **14-6-1**・某一研究者聲稱某一低卡洛里的飲食在 10 日內能顯著減少體重。隨機抽樣 10 位受試者，在飲食前及飲食後 10 日各量測其體重，結果如下表所示，試以無母數分析其研究結果。(α =0.05)

飲食前	140	128	123	115	102	98	96	103	100	82
飲食後	142	126.1	123.2	113	101.1	97.4	91.2	101.6	100	82.1

A14-5對話盒指引　Two-Related-Samples Tests程序

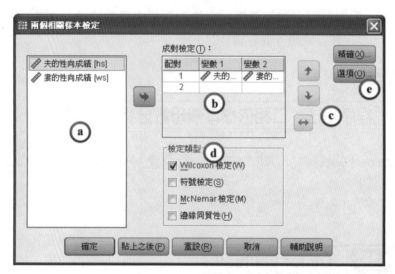

圖①　二相依樣本無母數考驗的主對話盒

Two-Related Samples Tests無母數考驗對話盒的說明

　　兩個相關樣本檢定 (Two-Related Samples Tests) 程序是用以比較兩變數的分布，與母數檢定中的配對樣本 t 檢定的功能相同。最基本的規格要求是一或多個配對變數。可從功能表中選擇分析 (Analyze) > 無母數檢定 (Nonparametric Tests) > 歷史對話記錄 (Legacy Dialogs) > 二個相關樣本…(2 Related Sample…)，以開啟如圖①的主對話盒。

ⓐ 來源清單 (Source List) 方塊：資料檔中的數值變數會顯示在此來源變數清單中。

ⓑ 成對檢定 (Test Pair) 方塊：配對變數清單。可從來源變數清單中選定成對變數，按 ▶ 鈕，將此配對變數移入此清單中。

ⓒ ←→左右箭頭：可用以調整變數 1 及變數 2 的前後位置

　　↑↓上下箭頭：可用以調整每一成對變數的 ↑↓上下次序。

ⓓ 檢定類型 (Test Type) 方塊：至少必須選定一種檢定型式。可選取下列一或多個選項。

　　☐ Wilcoxon：魏可遜檢定。

　　☐ Sign：符號檢定。

　　☐ McNemar：麥內碼檢定。

　　☐ Marginal Homogeneity：邊緣同質性檢定。

ⓔ 選項… (Options…) 按鈕：用以取得彙總統計量，或控制缺漏值的處理，可開啟如圖②的次對話盒。

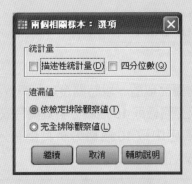

圖②　選項的次對話盒

選項次對話盒的說明

(1) 統計量 (Statistics) 方塊：可選取下列一或多個彙總統計量。

　　□ 描述統計量 (Descriptive)：顯示平均數、最小值、最大值、標準差、以及非缺漏值的觀測體數目。

　　□ 四分位數 (Quartiles)：顯示第 25、50、70 的百分位數。

(2) 遺漏值 (Missing Values) 方塊：可選取下列其中之一的選項。

　　○ 依檢定排除觀察值 (Exclude cases test-by-test)：對分析用之變數中有缺漏值的觀測體，將被排除於個別的檢定分析之外。此為預設選項。

　　○ 完全排除觀察值 (Exclude cases listwise)：對變數中有任一缺漏值的觀測體，將被排除於所有檢定分析之外。

精益求精 Do your best

DYB **14-1** · 某研究人員對藥品放置一段時間後之藥有效期是否有顯響發生興趣，於是由生產線上隨機取 10 瓶藥分析其藥有效期，在一般保存狀態下，一年之後於商店中取 10 瓶藥分析其藥有效期限，得數據如下，求 $\mu 1 - \mu 2$ 之 95% 的信賴區間。

樣本一	10.2	10.5	10.3	10.8	9.8	10.6	10.7	10.2	10.6	10.0
樣本二	9.8	9.6	10.1	10.2	10.1	9.6	9.8	9.7	9.5	9.9

DYB **14-2** · 比較兩種由摩托車釋放 NO_2 的裝置實驗，各選 10 台於其中一裝置測其在一小時中所釋放之 NO_2 量，試問兩裝置是否有差異？（$\alpha = 0.05$）

裝置一	1.35	1.16	1.23	1.20	1.32	1.28	1.21	1.25	1.17	1.19
裝置二	1.01	0.98	0.95	1.02	1.05	0.96	0.99	0.98	1.01	1.02

DYB **14-3** · 試對本書範例資料 (job.sav)，分析不同性別 (gender) 之收入 (income) 是否有顯著差異？

DYB **14-4** · 試對本書範例資料 (job.sav)，分析年齡 (age) 低於 30 歲與等於或高於 30 歲年齡者，在收入 (income) 是否有顯著差異？

DYB **14-5** · 試對 PASW 範例資料 (Employee data.sav)，分析不同員工性別 (gender) 之起薪 (salbegin) 是否有顯著差異？

DYB **14-6** · 試對 PASW 範例資料 (Employee data.sav)，分析工作年資 (jobtime) 低於 80 個月與等於或高於 80 個月者，在目前薪資 (salary) 是否有顯著差異？

DYB **14-7** · 某一工廠水整治工程前後排水道上七處之懸浮固體量 (mg/l) 之變化情形如下。請問此整治工程是否已見效果 (懸浮固體量是否降低)？（$\alpha = 0.05$）

取樣點	A	F	D	B	E	C	G
整治後	41.5	41.7	41.2	40.2	49.2	44.0	46.8
整治前	48.2	47.1	40.5	44.6	54.6	49.7	51.4

DYB **14-8** · 十二位參加某節食活動者，尿中 Cholesterol 量在參加活動前後之值如下所示。請問此節食活動是否有降低 Cholesterol 量的效果？（$\alpha = 0.05$）

參加者	1	2	3	4	5	6	7	8	9	10	11	12
活動前	221	260	228	237	326	235	240	267	201	231	284	201
活動後	216	233	224	216	296	195	207	247	200	236	210	209

Chapter 15

卡方(x^2)考驗分析

學習目標

☞ 能瞭解卡方考驗分析的意義及種類

☞ 能執行適合度的卡方考驗

☞ 能執行獨立性、同質性的卡方考驗

☞ 能執行相依樣本的卡方考驗

❓ 15-1 　何謂卡方考驗分析？

　　卡方考驗 (chi-square test) 為統計學家皮爾遜所導出，主要解答的問題是：從樣本觀察而得的次數資料和理論或母群體的次數資料，是否有顯著的差異？卡方考驗是最常被用於處理類別型資料的統計方法，例如每個人的性別及血型皆屬類別型資料，類別型資料多以次數多寡的方式呈現。

一、卡方考驗分析的類型

　　通常依資料的特性與分析目的之不同，卡方考驗可分為下列三種類型：

(一) 適合度考驗(goodness of fit test)

　　乃實際觀測次數分配與某種理論次數分配是否適宜符合之檢定。其研究問題、虛無假設、對立假設如下所示：

　　研究問題：實驗室中，發芽次數表是否與二項分配理論次數相適合？

　　H_0：實際觀測的次數與理論次數並無差異。

　　H_1：實際觀測的次數與理論次數有顯著差異存在。

(二) 獨立性考驗(test of independence)

　　自一母群體抽取樣本，而考驗其統計事項 A 與 B 兩變數間是否互相獨立 (無相關) 之檢定。

　　研究問題：年齡中 (A 變數) 與收看電視時間長短 (B 變數) 是否有關係 ？

　　H_0：A、B 二變數間獨立無關。

　　H_1：A、B 二變數間有關係。

(三) 同質性考驗(test for homogeneity)

　　自若干母群體分別抽取隨機樣本，依據各樣本之觀測值，以判斷此若干母群體是否為同質之檢定。

　　研究問題：三個政黨對二種總統選舉方案的支持態度是否相同？

　　H_0：三個政黨對二種總統選舉方案的支持態度相同。

　　H_1：三個政黨對二種總統選舉方案的支持態度不同。

二、卡方考驗分析應注意事項

　　運用卡方考驗分析時，應注意下列事項：

1. 卡方考驗僅適用於類別資料。

2. 各細格之期望次數 (或理論次數) 最好不應少於 5。通常要有 80% 以上的期望次數大

於等於 5(即 fe ≧ 5)，否則會影響其卡方考驗的效果。若有一格或數格的期望次數小於 5 時，在配合研究目的下，可將此數格予以合併。

3. 在 2×2 的列聯表 (contigency table) 或交叉表 (crosstabulation) 中，當期望次數介於 5 和 10 之間 (5 ≦ fe ≦ 10)，即應該運用耶慈氏校正 (Yate's Correction for Continuity)。

4. 在 2×2 的列聯表中，若期望次數小於 5 (fe < 5)，或樣本數小於 20 時，則應使用費雪正確機率考驗 (Fisher's exact probability test)。

5. 對於同一群受試者前後進行兩次觀測的重複量數卡方考驗時，應使用麥內瑪考驗 (McNemar test)。

三、卡方考驗的計算公式

茲將卡方考驗的計算公式整理歸納如下：

1. 適合度考驗、獨立性考驗、同質性考驗

計算公式：$x^2 = \sum \dfrac{(f_0 - f_e)^2}{f_e}$

- 適合度檢定 df=k-1
- 獨立性檢定 df=(r-1)(c-1)
- 同性質檢定 df=(r-1)(c-1)

f_0= 觀測次數 (observed frequency)
f_e= 期望次數 (expected frequency)
k：單因子分類的水準 (level) 數
r：因子分類，列的水準數
c：因子分類，行的水準數

2. 耶慈校正考驗 (Yate's correction for continuity)

計算公式：$x^2_{(adj)} = \sum \dfrac{(|f_0 - f_e| - 0.5)^2}{f_e}$

3. 費雪正確機率考驗 (Fisher's exact probability test)

a	b	a+b
c	d	c+d
a+c	b+d	N

a、b、c、d：四個細格之觀察值
N：樣本數

$p = \dfrac{(a+b)!\,(c+d)!\,(b+d)!}{N!\,a!\,b!\,c!\,d!}$ ，p：該種特定排列組合之機率

4. McNemar's 考驗

前後不一致情形	觀察值
+ → −	r
− → +	s
總數	r + s

r：前測「喜歡」，而後測卻變為「不喜歡」
s：前測「不喜歡」，而後測卻變為「喜歡」

計算公式（未校正）：$x^2_{MC} = \dfrac{(r-s)^2}{r+s}$，$df = 1$

計算公式（校正法）：$x^2_{MC(adj)} = \dfrac{(|r-s|-1)^2}{r+s}$，$df = 1$

四、關係度量(measures of association)

關係度量係列聯表內兩變數間關聯數量化的一種測量指標，亦即在於指出兩變數間相依的程度與性質。以下茲就類別度量與次序度量分別加以說明。另有等距或比例度量的 η^2 與 Pearson's r 相關係數請參考第十三章相關分析的說明。

(一) 類別度量：用以表示二類別變數之間的關聯強度。

1. 以卡方 x^2 為基礎的度量

關係度量	計算公式	用途
1.phi(ψ) 關係係數	$\phi = \sqrt{\dfrac{\chi^2}{n}}$	使用 2×2 列聯表
2. 列聯係數 (coefficient of contingency)	$C = \dfrac{\chi^2}{\chi^2 + n}$	使用在大於 2×2 以上的列聯表，其值介於 0 與 1 之間
3. 克瑞瑪 V 係數 (Cramer's V)	$V = \sqrt{\dfrac{\chi^2}{n(k-1)}}$	在任何列聯表中最大值均可達到 1。在 2×2 列聯表中，V 及 ψ 值相等

2. 誤差比例遞減的度量 (proportionate reduction in error, PRE) 係將列聯表中的兩變數，列變數稱為 X，行變數稱為 Y，若 X 與 Y 的關係越強，則預測的誤差將會減少。通常 PRE 的度量有兩種型式：

   (1) 對稱型式 (symmetrical)：指 X 和 Y 變數互相預測，而不分自、依變數。

   (2) 不對稱型式 (asymmetrical)：可分為下列兩種。

   　　a. 指利用 X(列變數) 為預測基準，計算預測時發生誤差的比率。

   　　b. 指利用 Y(行變數) 為預測基準，計算預測時發生誤差的比率。

   計算公式 λ 值 (lambda, Goodman & Kruskal,1954)

   $$\lambda = \dfrac{P(1) - P(2)}{P(1)}$$

(二) 次序度量

主要係對兩個次序變數間的關聯型態，導出其關係的強度與方向。通常若某一觀測值的兩個變數值皆大於或皆小於另一觀測值時，則稱此對觀測值為「一致」(concordant)。反之，若一觀測值的第一變數值大於另一觀測值，而第二變數值小於另一觀測值時，則稱此對觀測值為「不一致」(discordant)。若兩觀測值的一個變數或兩個變數值相等時，則稱此對觀察值同等 (tied)。

關係度量	計算公式	說明
1. Kendall 的 τ_b	$\tau_b = \dfrac{P-Q}{\sqrt{(P+Q+T_X)(P+Q+T_Y)}}$	P：一致的配對組總數 Q：不一致的配對組總數 T_X：變項 X 之配對組相等數
2. Kendall 的 τ_c	$\tau_c = \dfrac{2m(P-Q)}{N^2(m-1)}$	T_Y：變項 Y 之配對組相等數 m：行或列數較小者 N：樣本數
3. Goodman &Kruskal 的 γ(gamma)	$\gamma = \dfrac{P-Q}{P+Q}$	
4. Sommer 的 d	$d = \dfrac{P-Q}{P+Q+T_Y}$	

❓ 15-2　如何執行適合度的卡方考驗？

操作程序

 → 分析 (Analyze) > 無母數檢定 (Nonparametric Tests) > 歷史對話記錄 (Legacy Dialog) > 卡方…(Chi- Square…)

統計原理

 適合度考驗 (goodness of tit test) 乃實際觀測次數分配與某種理論次數分配是否相當適宜符合之檢定。其研究問題、虛無假設、對立假設、計算公式如下所示：

研究問題：實驗室中，發芽次數表是否與二項分配理論次數相適合？

虛無假設 (H_0)：實際觀測的次數與理論次數並無差異。

對立假設 (H_1)：實際觀測的次數與理論次數有顯著差異存在。

計算公式：$x^2 = \sum \dfrac{(f_o - f_e)^2}{f_e}$，$df = k - 1$

f_o= 觀測次數 (observed frequency)

f_e= 期望次數 (expected frequency)

k：單因子分類的水準 (level) 數

範例15-2　適合度的卡方考驗

　　某市場研究想了解民眾對香水的喜好是否不同，乃進行調查 2000 位民眾對甲乙丙丁四種香水喜好的情形所得結果如下表，試分析民眾對於香水的喜好是否有所不同？（ $\alpha = 0.05$ ）

香水	甲	乙	丙	丁
人數	560	500	490	450

（註：資料輸入 PASW 後，必須對人數 (freq) 進行加權處理，始能進行統計分析）

一、分析步驟

0. 開啓資料檔 (chi1.sav)，並從功能表中選擇分析 (Analyze) > 無母數檢定 (Nonparametric Tests) > 歷史對話記錄 (Legacy Dialog) > 卡方…(Chi- Square…)。

1. 如圖 15-2-1 的對話盒所示，從左邊的來源變數清單中，選擇 y 變數進入右邊之檢定變數清單 (Test Variable List) 的方塊中。

2. 點按 確定 (OK) 鈕，即可完成適合度的卡方考驗。

圖15-2-1　適合度卡方考驗的主對話盒

二、報表及說明

1. 如報表所示，甲的觀測個數 (Observed N) 為 560，期望個數 (Expected N) 為 2000/4=500，兩者間的差距，即殘差 (Residual) 為 560-500=60。

2. 卡方考驗統計量為 12.4，其計算如下，而自由度為 df=k-1=4-1=3，漸近顯著性 (Asymp. Sig.) 為 0.006，達顯著差異的水準 (p < 0.05)。

$$\chi^2 = \sum \frac{(f_o - f_e)^2}{f_e} = \frac{60^2}{500} + \frac{0}{500} + \frac{(-10)^2}{500} + \frac{(-50)^2}{500} = 12.4$$

y 香水品牌 ①

	觀察個數	期望個數	殘差
1 甲	560	500.0	60.0
2 乙	500	500.0	.0
3 丙	490	500.0	-10.0
4 丁	450	500.0	-50.0
總和	2000		

檢定統計量

	y 香水品牌
卡方	12.400[a]
自由度	3
漸近顯著性	.006

a. 0 個格 (.0%) 的期望次數少於 5。最小的期望格次數為 500.0。

三、分析結果及解釋

卡方考驗分析結果顯示民眾對四種香水的喜好情形有顯著的不同(x^2=12.40，p＜0.05)，而由其次數分配顯示喜好甲香水的民眾最多，共560人。

四、撰寫程式

程序語法：適合度卡方考驗分析(ex15-2.sps)

---

(1) 在 Chi-Square Test 對話盒中按 貼上之後 (Paste) 鈕，即可貼出語法如下：

```
*資料加權.
WEIGHT
  BY freq.
*執行適合度卡方考驗.
NPAR TEST
  /CHISQUARE=y      /*界定欲檢定的變數
  /EXPECTED=EQUAL
  /MISSING ANALYSIS.
```

 牛 刀 小 試 Try for yourself

TFY 15-2-1 · 孟德爾（Mendel）的豌豆實驗得 315 個圓而黃的，108 個圓而綠的，101 個皺而黃的，32 個皺而綠的。依其遺傳理論比例應為 9：3：3：1，試分析此豌豆實驗是否符合遺傳理論？(α =0.05)

豌豆	樣本分佈	遺傳理論比	樣本預期值
圓而黃	315	9	312.75
圓而綠	108	3	104.45
皺而黃	101	3	104.25
皺而綠	32	1	34.75

TFY 15-2-2 · 通常以收入來將家戶分類。在台南縣永康市中隨機抽取 200 戶人家之人口統計資料顯示家庭收入有下列的分佈，試分析此調查結果是否符合預期戶數？(α =0.05)

收入	戶數	預期戶數
4 萬元以下	55	40
4 萬～ 7 萬元	65	60
7 萬～ 10 萬元	72	80
10 萬元以上	8	20

A15-1對話盒指引　Chi-Square程序

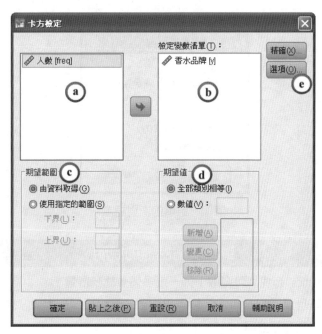

圖① 卡方無母數分析之主對話盒

Chi-Square對話盒的說明

　　卡方 (Chi-Square) 程序是將一變數做成列表,並計算觀測次數與期望次數所產生的卡方統計量。最基本的規格要求是一或多個數值變數。可從功能表選擇分析 (Analyze) > 無母數檢定 (Nonparametric Tests) > 歷史對話記錄 (Legacy Dialog) > 卡方…(Chi-Square…),以開啟如圖①的主對話盒。

ⓐ 來源清單 (Source List) 方塊:會顯示資料集的所有數值變數。

ⓑ 檢定變數清單 (Test Variable List) 方塊:可從來源變數清單中選取一個或多個變數, 按 ▶ 鈕,以進入此清單中。

ⓒ 期望範圍 (Expected Range) 方塊:可選取下列其中之一的期望範圍。

　　○ 由資料取得 (Get from data):以個別值定義為一個類別,此為預設選項。

　　○ 使用指定的範圍 (Use specified range):輸入整數的上下界值,且利用此上下界來產生分析所需的類別,超過界線的觀測值則排除於分析之外。下界值必須小於上界值,而且兩個數值都必須指定。

ⓓ 期望值 (Expected Values) 方塊:可選取下列其中之一的期望值設定。

　　○ 全部類 (All categories equal):所有類別的期望次數均相等,此為預設選項。

　　○ 數值 (Values):使用者可自行設定期望比率。對每一檢定變數的類別輸入一個大於 0 的值,並按 新增 (Add) 鈕,會顯示在下方的期望值清單中。要刪除一個數值,先在清單中選定 (反白) 該值,再按 移除 (Remove) 鈕;而要更改數值,先在清單中選定該值,並在數值 (Values) 文字盒中輸入新值,再按 變更 (Change) 鈕。

ⓔ 選項… (Options…) 按鈕：用以取得彙總統計量，或控制缺漏值的處理，可開啓如圖 ②的次對話盒。

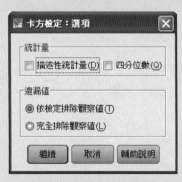

圖② 選項的次對話盒

選項次對話盒的說明

(1) 統計量 (Statistics) 方塊：可選取下列一或多個彙總統計量。

　　☐ 描述性統計量 (Descriptive)：顯示平均數、最小值、最大值、標準差，以及非缺漏值的觀測體數目。

　　☐ 四分位數 (Quartiles)：顯示第 25、50、及 75 的百分位數。

(2) 遺漏值 (Missing Values) 方塊：可選取下列其中之一的選項。

　　○ 依檢定排除觀察值 (Exclude cases test-by-test)：對分析用之變數中有缺漏值的觀測體，將被排除於個別檢定分析之外。此為預設選項。

　　○ 完全排除觀察值 (Exclude cases listwise)：對變數中有缺漏值的觀測體，將被排除於所有檢定分析之外。

❓ 15-3　如何執行獨立性、同質性的卡方考驗？

操作程序

 ➔ 分析 (Analyze) > 敘述統計 (Descriptive Statistics) > 交叉表 Crosstabs⋯

統計原理

　獨立性考驗 (test of independence) 係自一母群體抽取樣本，而考驗其統計事項 A 與 B 兩變數間是否互相獨立 (無相關) 之檢定。

　　研究問題：年齡 (A 變數) 與收看電視時間長短 (B 變數) 是否有關係？

　　虛擬假設 (H_0)：A、B 二變數間獨立無關。

　　對立假設 (H_1)：A、B 二變數間有關係。

同質性考驗 (test for homogeneity) 係自若干母群體分別抽取隨機樣本，依據各樣本之觀測值，以判斷此若干母群體是否為同質之檢定。

　　研究問題：三個政黨對二種總統選舉方案的支持態度是否相同？

　　虛擬假設 (H_0)：三個政黨對二種總統選舉方案的支持態度相同。

　　對立假設 (H_1)：三個政黨對二種總統選舉方案的支持態度不同。

計算公式：$\chi^2 = \sum \dfrac{(f_o - f_e)^2}{f_e}$，$df = (r-1)c-1)$

f_0 = 觀測次數 (observed frequency)

f_e = 期望次數 (expected frequency)

r：因子分類，列的水準數

c：因子分類，行的水準數

▍範例15-3　獨立性的卡方考驗

　　醫院以某種方法對病人做治療，各不同血型病人之治療情形如下表所示，試分析血型與治療結果是否相關？（α =0.05）

血型	病情改善	病情惡化
A	25 人	25 人
B	35 人	40 人
O	30 人	35 人
AB	60 人	45 人

（註：資料輸入 PASW 後，必須對人數 (freq) 進行加權處理，始能進行統計分析）

一、分析步驟

0. 開啓資料檔 (weight.sav)，並從功能表中選擇分析 (Analyze) > 敘述統計 (Descriptive Statistics) > 交叉表…(Crosstabs…)。

1. 如圖 15-3-1 的主對話盒所示，從左邊的來源變數清單中，選擇 blood 變數進入右邊之橫列 (Row) 變數清單的方塊中，並選擇 sick 變數進入縱欄 (Column) 變數清單的方塊中。

2. 點按 統計量… (Statistics…) 鈕，開啓圖 15-3-2 的次對話盒，並選取卡方分配 (Chi-square) 及列聯係數 (Contigency coefficient) 的選項，再點按 繼續 (Continue) 鈕，回到主對話盒。

3. 點按 儲存格… (Cells…) 鈕，開啓圖 15-3-3 的次對話盒，並分別選取個數 (Counts) 及百分比 (Percentages) 方塊中的所有選項，以及未標準化殘差 (Unstandardized Residuals) 的選項，再點按 繼續 (Continue) 鈕，回到主對話盒。

4. 點按 確定 (OK) 鈕，即可完成卡方考驗。

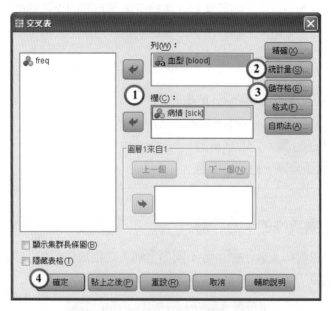

圖15-3-1　卡方考驗的主對話盒

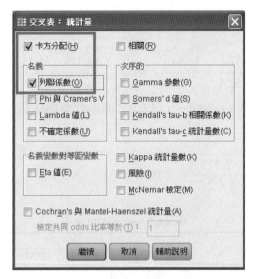

圖15-3-2　卡方及關聯係數統計量的次對話盒

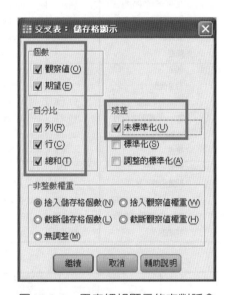

圖15-3-3　界定細格顯示的次對話盒

二、報表及說明

1. 如報表所示，以 A 型病情改善的細格為例，病人共有 25 人次 (count)，期望次數 (expected count) 為 (該細格橫列的總數 × 該細格縱欄的總數) / 表格的總數，亦即 $\frac{50 \times 150}{295} = 25.4$。佔 A 血型總數的比例為 25 / 50 = 50%，佔病情改善總數的比例為 25/150=16.7%，佔全體總數的比例為 25/295=8.5%。而其殘差值 (Residual) 為觀測次數與期望次數的差值為 25-25.4=-0.4。

2. 卡方考驗統計量為 2.777，其計算如下，而自由度為 df=(r-1)(c-1)=1×3=3，顯著性 (Asymp. Sig.) 為 0.427，未達顯著差異的水準 (p > 0.05)。

$$x^2 = \sum \frac{(f_o - f_e)^2}{f_e}$$

$$= \frac{(-0.4)^2}{25.4} + \frac{0.4^2}{24.6} + \frac{6.6^2}{53.4} + \frac{(-6.6)^2}{51.6} + \cdots + \frac{(-3.1)^2}{33.1} + \frac{3.1^2}{31.9} = 2.777$$

3. 列聯係數 (Contingency Coefficient) 爲 0.097顯示血型與病情之間的關聯性很低，其計算如下：

$$C = \sqrt{\frac{x^2}{N + x^2}} = \sqrt{\frac{2.777}{295 + 2.777}} = 0.097$$

blood 血型 * sick 病情 交叉表

			①	sick 病情		總和
				1 病情改善	2 病情惡化	
blood 血型	A A型	個數		25	25	50
		期望個數		25.4	24.6	50.0
		在 blood 血型 之內的		50.0%	50.0%	100.0%
		在 sick 病情 之內的		16.7%	17.2%	16.9%
		整體的 %		8.5%	8.5%	16.9%
		殘差		-.4	.4	
	AB AB型	個數		60	45	105
		期望個數		53.4	51.6	105.0
		在 blood 血型 之內的		57.1%	42.9%	100.0%
		在 sick 病情 之內的		40.0%	31.0%	35.6%
		整體的 %		20.3%	15.3%	35.6%
		殘差		6.6	-6.6	
總和		個數		150	145	295
		期望個數		150.0	145.0	295.0
		在 blood 血型 之內的		50.8%	49.2%	100.0%
		在 sick 病情 之內的		100.0%	100.0%	100.0%
		整體的 %		50.8%	49.2%	100.0%

卡方檢定

	數值	自由度	漸近顯著性 (雙尾)
Pearson卡方 ②	2.777[a]	3	.427
概似比	2.784	3	.426
有效觀察值的個數	295		

a. 0格 (.0%) 的預期個數少於 5。 最小的預期個數爲 24.58。

對稱性量數

		數值	顯著性近似值
以名義量數爲主	列聯係數 ③	.097	.427
有效觀察值的個數		295	

三、分析結果及解釋

卡方考驗分析結果顯示血型與治療結果並無關聯（x^2=2.777，p > 0.05），而其列聯係數（CC）很低，僅達 0.097。

四、撰寫程式

程序語法：獨立性卡方考驗分析(ex15-3.sps)

(1) 在 Crosstabs 對話盒中按 〔貼上之後〕(Paste) 鈕，即可貼出語法如下：

```
CROSSTABS
  /TABLES=blood  BY  sick  /*界定橫列變數 BY 縱欄變數
  /FORMAT= AVALUE TABLES
  /STATISTIC=CHISQ CC    /*顯示卡方值及列聯係數的統計量
  /CELLS= COUNT EXPECTED ROW COLUMN TOTAL RESID
  /COUNT ROUND CELL.        /*↑顯示細格的次數及各類百分比
```

 牛刀小試 Try for yourself

TFY **15-3-1**・下表的資料是某研究者對兩性的戴眼鏡人數所做的小範圍抽樣調查的結果。試分析兩性的戴眼鏡人數是否有顯著的差異？（α=0.05）(Yate's 校正考驗)

		性別	
		男	女
眼	＋	19	9
鏡	－	3	8

TFY **15-3-2**・某體育教師調查 16 名男女學生喜不喜歡游泳，得如下表結果，試分析男女生喜歡游泳的比例是否有顯著的差異？（α=0.05）(Fisher's exact 考驗)

	喜歡	不喜歡
男	8	3
女	0	5

TFY **15-3-3**・某社會學家，調查三大都市民眾的婚姻狀況，所得結果如下表，試分析三大都市民眾的婚姻狀況是否有顯著的差異？（α=0.01)(同質性考驗，獨立樣本)

	台北市	台中市	高雄市
單身	18	4	3
已婚	8	12	5
離婚	10	7	8
喪偶	6	15	4

A15-2對話盒指引　Crosstabs程序

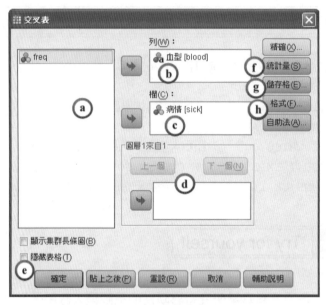

圖① 交叉表的主對話盒

Crosstabs對話盒的說明

　　交叉表 (Crosstabs) 程序會對數值變數與短字串變數產生二維到 n 維的交叉表，以及相關的統計量。除了細格計次外，亦可取得細格的百分比、期望值、以及殘差等。最基本的規格要求是一個數值或短字串的列變數與欄變數。可從功能表選擇分析 (Analyze) > 敘述統計 (Descriptive Statistics) > 交叉表…(Crosstabs…)，以開啓如圖①的主對話盒。

ⓐ 來源清單 (Source list) 方塊：資料檔中的數值與短字串變數會顯示於此來源變數清單中。

ⓑ 列 (Row(s)) 方塊：橫列變數清單，可從來源變數清單中選取一或多個變數，按第一個 ▶ 鈕，以進入此清單中。

ⓒ 欄 (Columu(s)) 方塊：縱欄變數清單，可從來源變數清單中選取一或多個變數，按第二個 ▶ 鈕，以進入此清單中。例如，橫列清單中有四個變數，而縱欄清單中有三個變數，則系統會產生 12 個交叉表。

ⓓ 圖層 (Layer) 方塊：控制變項清單，可從來源變數清單中選取一或多個類別變數，按第三個 ▶ 鈕，以進入此清單中。按 下一個 (Next) 鈕，可再選入另一層的控制變數。最多僅可加入八層控制變數，使用 下一個 (Next) 鈕與 上一個 (Previous) 鈕便可移動不同層內的控制變數。每選入一層控制變數，系統將會針對每一控制變數的類別來產生個別的 交叉表。

ⓔ □顯示集群長條圖 (Display clustered bar charts)：繪製群集式條狀圖。
　　□隱藏表格 (Suppress tables)：抑制交叉表的顯示。

ⓕ 統計量… (Statistics…) 按鈕：以獲取關聯量數的統計量，可開啓如圖②的次對話盒。

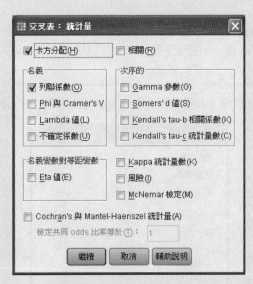

圖② 統計量的次對話盒

統計量次對話盒的說明

(1) ☐ 卡方分配 (Chi-Square)：Pearson 卡方值，概似比卡方值，以及 Mantel-Haenszel 線性關聯卡方值。對 2*2 交叉表而言，當細格內的期望次數小於 5 時，將會計算 Fisher 的精確檢定。而 Yates 的校正卡方值則會在所有的 2*2 交叉表中被計算。

(2) ☐ 相關 (Correlations)：Pearson 與 Spearman 的相關係數。這些僅提供於數值資料。

(3) ☐ 統計量數 (Kappa)：Cohen 的 Kappa 係數，僅適於縱欄與橫列具相同值的方形交叉表中。

(4) ☐ 風險 (Risk)：相對風險比。僅在 2*2 交叉表中才會計算。

(5) ☐ McNemar 檢定：是一種無母數統計，適合於相依的兩個二分變數。尤其是在前 - 後設計的實驗介入。對於較大的方形表格，則會報導 McNemar-Bowker 的對稱性檢定。

(6) ☐ Cochran's 與 Mantel-Haenszel 統計量：Cochran's & Mantel-Haenszel 統計量係用於在共變數 (控制變數或分層變數) 的條件下檢定二分的因素變數與二分的反應變數之間的獨立性。

(7) 名義 (Nominal) 方塊：適於名義資料的關聯量數，可選擇下列一或多個關聯量數。
☐ 列聯係數 (Contingency coefficient)：列聯係數。
☐ Phi and Crammer's V：ψ 係數與 Crammer 的 V 係數。
☐ Lambda：對稱與近似對稱係數，以及 Goodman 與 Kruskal 的 gamma 係數。
☐ 不確定係數 (Uncertainty coefficient)：對稱與近似對稱的不確定係數。

(8) 名義變數對等距變數 (Nominal by Interval) 方塊：一個變數為名義變數，而其它的變數為等距變數時的關聯係數。
☐ Eta 值：在短字串變數是無法使用。名義變數必須以數值加以編碼。PASW 會計算兩個 eta 值，一為將欄變數視為名義變數，而另一為將列變數視為名義變數。

(9) 次序 (Ordinal) 方塊：適於次序變數的關聯量數，可選擇下列其中一或多個關聯量數：
☐ Gamma：在 2 維交叉表中會顯示零階 gamma 值；而在 3 維至 10 維的交叉表中，則會顯示條件性的 gamma 值。

☐ Somers'd：對稱與近似對稱之 Somers 的 d 係數。

☐ Kendall's tau-b：Kendall 的 τ_b 係數。

☐ Kendall's tau-c：Kendall 的 τ_c 係數。

ⓖ 儲存格… (Cells…) 按鈕：以獲取交叉表細格的顯示內容，可開啟如圖③的次對話盒。

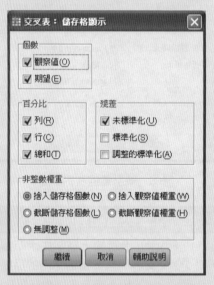

圖③　細格顯示的次對話盒

細格次對話盒的說明

(1) 個數 (Counts) 方塊：次數。可選取下列其中一或多個選項。

　　☐ 觀察值 (Observed)：觀測次數，此為預設狀態。要抑制觀測次數的顯示，則取消該項的選定。

　　☐ 期望值 (Expected)：期望次數。

(2) 百分比 (Percentages) 方塊：百分比。可選取下列其中一或多個選項。

　　☐ 列 (Row)：每一細格中觀測值數目以其在該列所佔的百分比來顯示。

　　☐ 行 (Column)：每一細格中觀測值數目以其在該欄所佔的百分比來顯示。

　　☐ 總和 (Total)：每一細格中觀測值數目以其在全部所佔的百分比來顯示。

(3) 殘差 (Residuals) 方塊：殘差。可選取下列一或多個選項。

　　☐ 未標準化 (Unstanderized)：細格的觀測次數減期望次數。

　　☐ 標準化 (Standardized)：標準化殘差值。

　　☐ 調整的標準化 (Adjusted standardized)：調整後的標準化殘差值。

(4) 非整數權重 (Noninteger Weights) 方塊：非整數加權，僅可選取下列其中之一選項。

　　⊙ 捨入儲存格個數 (Round cell counts)：四捨五入小數以求得細格的次數。此為預設。

　　○ 捨入觀察值權重 (Round case weights)：四捨五入小數以求得個案的加權值。

　　○ 截斷儲存格個數 (Truncate cell counts)：捨去小數以求得細格的次數。

　　○ 截斷觀察值權重 (Truncate case counts)：捨去小數以求得個案的加權值。

　　○ 無調整 (No adjustments)：未做調整。

ⓗ 格式··· (Format···) 按鈕：用以修改交叉表的格式，可開啓如圖④的次對話盒。

圖④　格式的次對話盒

格式次對話盒的說明

(1) 列順序 (Row Order) 方塊：可選取下列其中一的列次序。

○ 遞增 (Ascending)：依列變數的遞增次序來顯示，此為預設選項。

○ 遞減 (Descending)：依列變數的遞減次序來顯示。

15-4 如何執行相依樣本的卡方考驗？

操作程序

 → 分析 (Analyze) > 無母數檢定 (Nonparametric Tests) > 歷史對話記錄 (Legacy Dialog) > 二個相關樣本…(2 Related Samples…)

統計原理

McNemar's 考驗又稱非獨立樣本比率數的卡方考驗,或稱為相依樣本的卡方考驗。主要探討實驗前後由『是』變為『否』與由『否』變為『是』的個數是否相等,因此被稱為『改變的顯著性考驗』。

虛無假設 (H_0):實驗前後,選擇『是』的百分比沒有改變。

對立假設 (H_1):實驗前後,選擇『是』的百分比會有改變。

前後不一致情形	觀測體	
+ → −	r	r:前測「是」,而後測卻變為「否」
− → +	s	s:前測「否」,而後測卻變為「是」
總數	r + s	

計算公式 (未校正): $x^2_{MC} = \dfrac{(r-s)^2}{r+s}$,$df = 1$

計算公式 (校正法): $x^2_{MC(adj)} = \dfrac{(|r-s|-1)^2}{r+s}$,$df = 1$

範例15-4 McNemar's考驗,相依樣本卡方考驗

六十名學生在學期初和學期末均被問喜不喜歡數學課,其反應結果如下表所示,試分析學期前後學生喜不喜歡數學課的情形有無顯著改變?(α =0.05)

		學期末	
		不喜歡	喜歡
學期初	喜歡	8	17
	不喜歡	13	22

一、分析步驟

0. 開啟資料檔 (McNemar.sav),並從功能表中選擇分析 (Analyze) > 無母數檢定 (Nonparametric Tests) > 歷史對話記錄 (Legacy Dialog) > 二個相關樣本…> (2 Related Samples…)。

1. 如圖 15-4-1 的對話盒所示，從左邊的來源變數清單中，選擇 start 與 final 變數進入右邊之成對檢定 (Test Pairs) 的方塊中。

2. 在檢定類型 (test type) 方塊中，取消 Wilcoxon 檢定選項，選取 McNemar 檢定選項。

3. 點按 確定 (OK) 鈕，即可完成相依樣本的卡方考驗。

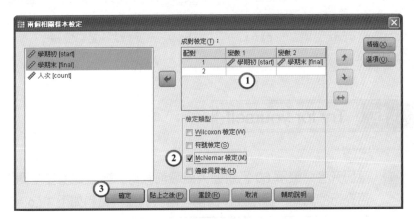

圖15-4-1　相依樣本卡方考驗的主對話盒

二、報表及說明

1. 如報表所示，卡方考驗統計量為 5.633，其計算如下，顯著性 (Asymp. Sig.) 為 0.018 達顯著差異的水準 ($p < 0.05$)。

$$x^2_{MC(adj)} = \frac{(|r - s| - 1)^2}{r + s} = \frac{(|8 - 22| - 1)^2}{8 + 2} = 5.633$$

檢定統計量[b]

	start 學期初 & final 學期末
個數	60
卡方[a]	5.633
漸近顯著性	.018

a. 連續修正

b. McNemar 檢定

三、分析結果及解釋

　　卡方考驗分析結果顯示在學期前後學生喜歡不喜歡數學的情形有顯著的改變 (p<0.05)。而由列聯表可以看出由不喜歡變喜歡者 (22 個人) 較由喜歡改變為不喜歡者 (8 個人) 為多。整體而言到學期末時，這 60 名學生改變得較喜歡數學課。

四、撰寫程式

程序語法：相依樣本的卡方考驗分析(ex15-4.sps)
---

(1) 在 Two-Reated Sampes Tests 對話盒中按 [貼上之後] (Paste) 鈕，即可貼出語法如下：

```
NPAR TEST
  /MCNEMAR= start WITH final- (PAIRED)   /*界定配對變數
  /MISSING ANALYSIS.
```

牛刀小試 | Try for yourself

TFY 15-4-1 · 某研究者想瞭解 80 名新進人員職前教育，對公司的安全衛生政策是否充份的認知，採用在授課前後兩次測量其資料如下：(α =0.05)

		上課後		合計
		是	否	
上課前	是	11	2	13
	否	47	20	67
合計		58	22	80

A15-3對話盒指引　Two-Related-Samples Tests程序

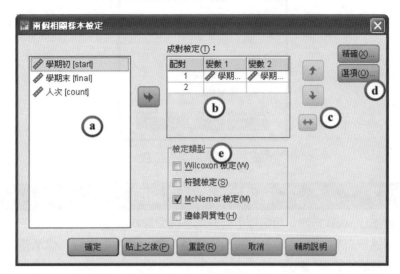

圖① 　二相依樣本無母數考驗的主對話盒

Two-Related Samples Tests無母數考驗對話盒的說明

　　兩個相關樣本檢定 (Two-Related Samples Tests) 程序是用以比較兩變數的分布，與母數檢定中的配對樣本 t 檢定的功能相同。最基本的規格要求是一或多個配對變數。可從功能表選擇分析 (Analyze) > 無母數檢定 (Nonparametric Tests) > 歷史對話記錄 (Legacy Dialog) > 二個相關樣本… > (2 Related Samples…)，以開啓如圖①所示的主對話盒。

ⓐ 來源清單 (Source List) 方塊：資料檔中的數值變數會顯示在此來源變數清單中。

ⓑ 成對檢定 (Test Pair(s) List) 方塊：配對變數清單。可從來源變數清單中選定成對變數，按 ▶ 鈕，將此配對變數移入此清單中。

ⓒ ←→左右箭頭：可用以調整變數 1 及變數 2 的前後位置

　　↑↓上下箭頭：可用以調整每一成對變數的↑↓上下次序。

ⓓ 檢定類型 (Test Type) 方塊：至少必須選定一種檢定類型。可選下列一或多個選項。

　□ Wilcoxon：魏可遜檢定。

　□ Sign：符號檢定。

　□ McNemar：麥内碼檢定。

　□ Margina- Homogeneity：邊緣同質性檢定。

ⓔ 選項… (Options…) 按鈕：用以取得彙總統計量，或控制缺漏值的處理，可開啓如圖②的次對話盒。

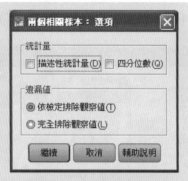

圖②　選項的次對話盒

選項次對話盒的說明

(1) 統計量 (Statistics) 方塊：可選取下列一或多個彙總統計量。

　　□　描述統計量 (Descriptive)：顯示平均數、最小值、最大值、標準差、以及非
　　　　缺漏值的觀測體數目。

　　□　四分位數 (Quartiles)：顯示第 25、50、70 的百分位數。

(2) 遺漏值 (Missing Values) 方塊：可選取下列其中之一的選項。

　　○　依檢定排除觀察值 (Exclude cases test-by-test)：對分析用之變數中有缺漏值的
　　　　觀測體，將被排除於個別的檢定分析之外。此為預設選項。

　　○　完全排除觀察值 (Exclude cases listwise)：對變數中有缺漏值的觀測體，將被排
　　　　除於所有檢定分析之外。

精益求精 Do your best

DYB **15-1** · 某研究者想瞭解病人使用導尿管而得泌尿道感染的比例，隨機抽取某家醫院共 117 位病人的資料如下，試分析使用導尿管與得泌尿道感染是否有關聯？(α =0.05)

		使用導尿管		合計
		是	否	
得泌尿道感染	是	3	16	19
	否	40	58	98
	合計	43	74	117

DYB **15-2** · 某研究者想瞭解病人使用心導管而得心內膜炎的比例，隨機抽取某家醫院共 26 位病人的資料如下，試分析使用心導管與得心內膜炎是否有關聯？(α =0.05)

		使用心導管		合計
		是	否	
得心內膜炎	是	13	1	14
	否	5	7	12
	合計	18	8	26

提示：使用 Yate's correct test

DYB **15-3** · 某研究者想瞭解病人使用呼吸器而得肺炎的比例，隨機抽取某家醫院共 17 位病人的資料如下，試分析使用呼吸器與得肺炎是否有關聯？(α =0.05)

		使用呼吸器		合計
		是	否	
得肺炎	是	4	1	5
	否	6	6	12
	合計	10	7	17

提示：使用 Fisher's exact test

DYB **15-4** · 某研究者想瞭解教育程度對「婚前同居行為」問題的看法是否有顯著的差異,問卷調查結果如下所示:(α =0.05)

反應意見	教育程度			
	國中 (含) 以下	高中、職	專科 & 學院	大學 (含) 以上
反對	258	150	1040	595
贊成	40	22	109	111
中立	68	57	11	75

DYB **15-5** · 某廣告公司想要了解觀眾的所得收入與電視節目收視是否有關聯,該公司抽取 500 戶為樣本,先用收入將樣本區分成高、中、低三類,再以收看電視的種類分成「運動」、「電影」、「新聞」三類,調查資料如下所示。(α =0.05)

收　　入	節目型態			總數
	運動	電影	新聞	
低	143	70	37	250
中	90	67	43	200
高	17	13	20	50
總數	250	150	100	500

Chapter 16

單因子變異數分析

❓ 16-1　何謂變異數分析(ANOVA)？

一、變異數分析的定義

變異數分析 (Analysis-of-Variance)，簡稱 (ANOVA) 為統計學家費雪 (Fisher，R.A.) 首創，最初應用於農業實驗結果之考驗，現則被廣泛推廣適用於各種實驗領域，因此變異數分析法已經成為實驗設計之重要工具，其理論基礎是基於各類觀測體 (observations) 常因受某些因素之影響，以致其特性常發生不同之差異。而此種差異在統計學中則以變異（離差平方和，SS，Sum-of-Squares) 表示之；通常可分為兩方面來說明變異產生的原因：一為已知原因之變異，另一為抽樣誤差及未知原因之變異（或稱為實驗誤差）。亦即以下列關係式表示之：

總變異 = 組間變異 + 誤差變異

$$SS_{total}=SS_{between}+SS_{error}$$

變異數分析之目的主要在於考驗若干母群體之平均數是否相等。亦即兩組資料比較平均數的差異時，是使用 t 考驗，而比較二組以上的平均數等，就需使用到變異數分析。因此，當比較兩組樣本時，F 值就等於 t 值的平方 $(F=t^2)$。

二、變異數分析的基本假設

1. 常態性 (normality)：各樣本之母群體為常態分配。

2. 獨立性 (independence)：各樣本之母群體為獨立性。

3. 變異數同質性 (homogeneity-of-variance)：各組樣本之母群體變異數相同。

   * 變異數同質性的考驗，是在變異數分析時各組的變異數須假定相等，通常使用於樣本大小不等或母群體變異數不等時。

   * 資料的轉換：當違反變異數分析的假定時，通常可依研究目的採用轉換的過程把原有的資料加以轉換，再進行變異數分析。

三、變異數分析的類型

變異數分析的類型，依實驗設計自變數的不同，有單因子 (one-way)、多因子 (factorial) 之分，而依觀測體的不同，有獨立樣本、重複量數 (repeated-measures) 之分，另有依研究目的而特別設計者，茲將常用的類型歸納如圖 16-1-1 所示。

四、單因子變異數分析的流程

單因子變異數分析流程如圖 16-1-2 所示，首先是檢定變異數同質性以決定是否需要修正變異數分析的 F 檢定及事後比較的方法。

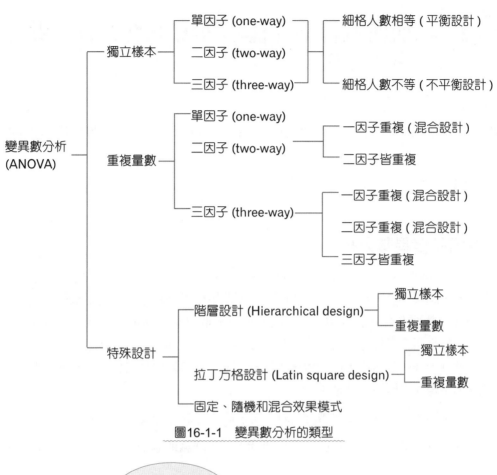

圖16-1-1 變異數分析的類型

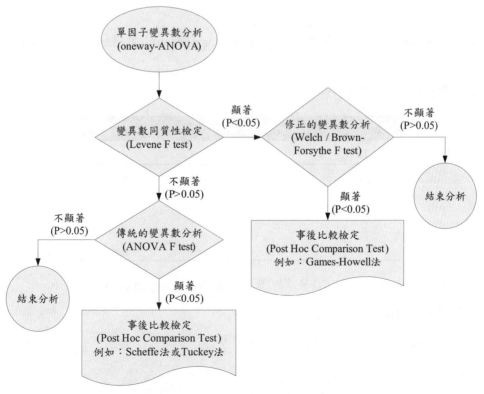

圖16-1-2 單因子變異數分析之流程

❓ 16-2 如何執行獨立樣本單因子變異數分析及事後比較？

操作程序

 → 分析 (Analyze) > 比較平均數法 (Compare Means) > 單因子變異數分析…(One-Way ANOVA…)

統計原理

一、單因子變異數分析

單因子變異數分析旨在比較一個自變數的不同處理方式對某依變數的影響。此種實驗設計愈簡易，結果則愈有意義，且易於解釋，因此單因子實驗設計可說是最簡單且最有力的統計方法。然而在實驗設計中，當資料收集容易取得時，通常會包括許多的實驗與變數，因此，如果研究者興趣從資料中作有意義的推論時，則此一方法並不是一種很好的研究設計。此外，在研究當中，研究者應該注意的是：資料的解釋要依所探討之問題的本質與文獻，而不是完全留待統計結果。

在進行單因子獨立樣本變異數分析時，可依研究目的而分成二大步驟的分析：

1. 事前比較 (planned-comparison)：此即研究者基於理論或過去的研究以支持其假設的分析。

2. 整體考驗 (overall-test) ＆事後比較 (post-hoc-comparison)：通常研究者想做探索性的分析。

    ※ k 組隨機樣本的資料型態

處理 (A)			
1	2 ·····················		k
y_{11}	y_{21}	:	y_{k1}
y_{12}	y_{22}	:	y_{k2}
:	:	:	:
y_{1n}	y_{2n}	:	y_{kn}

※ 虛無假設 (null hypothesis) ＆ 對立假設 (alternative hypothesis)

虛無假設 (H_0)：$\mu_1 = \mu_2 = \mu_3 = \cdots\cdots = \mu_k$

對立假設 (H_1)：至少有兩個平均數不相等

※ 變異數分析摘要表 (ANOVA table)

變異來源	平方和 (SS)	自由度 (df)	均方 (MS)	F 值
處理	SSA	k − 1	MSA=SSA/k-1	MSA/MSE
誤差	SSE	k(n − 1)	MSE=SSE/k(n − 1)	
總和	SST	N − 1		

註：k 表組數、n 表細格之樣本人數、N 表總樣本人數

※各組之間樣本之大小不等：在實驗設計的工作中，常會損失一些所需的觀測值，而造成所謂的缺漏資料 (missing data)。

※樣本大小相等之優點

1. 當樣本大小相等時，F 值對 k 組母群體有變異數同質性假設的少許偏離，不甚敏感。

2. 選擇相等樣本大小可減少發生 type II 誤差。

3. 若樣本大小相等，則可簡化 SSA 之計算。

二、事後比較的定義及原理

事後比較 (post-hoc comparisons)：通常研究者想進行探索性的分析，亦即當變異數分析達到顯著水準的 F 值時，才決定要比較各組間平均數相互差異的情形。其考驗統計量可分為 Q 統計法或 F 統計法。茲將幾種主要的方法簡介如下：

1. 薛費法 (Scheffe' method)：

係 H・Scheffe' 於 1959 年所發展而成，無論各組樣本數相等或不相等均可適用。

* 考驗統計量：$F = \dfrac{(\overline{X}_i - \overline{X}_j)^2}{MS_W\left(\dfrac{1}{n_i} + \dfrac{1}{n_j}\right)(k-1)}$ ，$df = (k-1),(N-k)$

$\overline{X}_i$ 與 $\overline{X}_j$ 為兩組不同平均數

n_i 與 n_j 為兩組的樣本數

k 為組數

MS_w 為誤差均方和

* 平均數差異範圍（Ranges）$S = \sqrt{F_{a,k-1,N-K}\, MS_W\left(\dfrac{1}{n_i} + \dfrac{1}{n_j}\right)(k-1)}$

2. 杜凱氏 HSD 法 (Tukey's Honestly Significant Difference)

HSD 法係由 J. W. Tukey 於 1953 年發展而成，此法適用於當各組樣本數相等時，比較兩組平均數相互之間的差異。

* 考驗統計量 $q = \dfrac{\overline{X}_L - \overline{X}_S}{\sqrt{\dfrac{MS_W}{n}}}$ ，$df = k, N - k$

    $\overline{X}_L$ 為較大的平均數

    $\overline{X}_S$ 為較小的平均數

    MS_w 為誤差均方和

* 平均數差異範圍 (Ranges) $W = q_{\alpha, k, N-K} \sqrt{\dfrac{MS_W}{n}}$

* 當各組次數不相等時，則其考驗統計量為

$q = \dfrac{\overline{X}_L - \overline{X}_S}{\sqrt{\dfrac{MS_W}{2}\left(\dfrac{1}{n_L} + \dfrac{1}{n_S}\right)}}$ ，$df = k, N - k$

* 平均數差異範圍 (Ranges) $W = q_{\alpha, k, N-K} \sqrt{\dfrac{MS_W}{2}\left(\dfrac{1}{n_i} + \dfrac{1}{n_j}\right)}$

3. **紐曼－柯爾氏法** (Newman-Keuls method)

此法同 HSD 法，適用於當各組樣本數相等時的差距考驗，而其最大特色，係依平均數之大小次序使用不同的臨界 Q 值，而 HSD 法，則不管平均數之大小次序，都使用同一個臨界 Q 值。

* 考驗統計量：$q_r = \dfrac{\overline{X}_L - \overline{X}_S}{\sqrt{\dfrac{MS_W}{n}}}$，$df = r, N - k$

    r 為平均數排列次序中相差的等級數。

* 平均數差異範圍 (Ranges) $W = q_{\alpha, r, N-K} \sqrt{\dfrac{MS_W}{n}}$

4. **鄧肯氏法** (Duncan's method)

此法與 Newman-Keuls 法的系列檢定程序類似，惟須採用特別的臨界值。

* 考驗統計量：$q'_r = \dfrac{\overline{X}_L - \overline{X}_S}{\sqrt{\dfrac{MS_W}{n}}}$，$df = r, N - k$

* 平均數差異範圍（Ranges）$W'_r = q'_{\alpha, r, N-K} \sqrt{\dfrac{MS_W}{n}}$

5. **費雪爾氏 LSD 法** (Fisher's Least Significant Difference)

　　LSD 法係由 R. A Fisher 於 1949 年發展而成，此法適用於一組 k 個平均數間的成對比較。

* 考驗統計量：$t = \dfrac{\overline{X}_i - \overline{X}_j}{\sqrt{MS_W\left(\dfrac{1}{n_i} + \dfrac{1}{n_j}\right)}}$ ，$df = N - k$

* 平均數差異範圍 (Ranges) $LSD = t_{\alpha/2, N-K}\sqrt{MS_W\left(\dfrac{1}{n_i} + \dfrac{1}{n_j}\right)}$

6. **龐費洛尼 t 考驗法** (Bonferronl t procedure)

　　此法亦稱之為杜恩氏多重比較法 (Dunn's multiple comparison procedure)，係利用 LSD 法加以修正而成，故又稱為修正的 LSD 法 (modified LSD)，其特色是將 α 依比較數 (c) 加以分割。

* 考驗統計量：$t = \dfrac{\overline{X}_i - \overline{X}_j}{\sqrt{MS_W\left(\dfrac{1}{n_i} + \dfrac{1}{n_j}\right)}}$ ，$df = N - k$

* 平均數差異範圍 (Ranges) $MLSD = t_{(\alpha/2)/c, N-K}\sqrt{MS_W\left(\dfrac{1}{n_i} + \dfrac{1}{n_j}\right)}$

三、單因子變異數分析的關聯強度(或效果大小)

　　變異數分析的結果，如果 F 值達到顯著水準時，亦即自變數與依變數之間有關聯性存在。關聯強度 (strength of association) 是用以說明依變數的總變異可由自變數解釋的百分比。

　　關聯強度的估計有兩種不同的方法，茲分別介紹如下：

1. η^2 (eta square)

　　計算公式：$\eta^2 = \dfrac{SS_b}{SS_t}$

2. ω^2 (omega square)

　　計算公式：$\omega^2 = \dfrac{SS_b - (k-1)MS_W}{SS_t + MS_W}$

範例16-2-1　獨立樣本單因子變異數分析及事後比較

某研究者將 25 位受試者，隨機分派至五個小組進行實驗教學，量測其學習成效之結果如下表所示，試分析不同組別之平均數是否有差異？（ α =0.05）

	組別				
	1	2	3	4	5
學習成效	18	20	6	15	12
	20	25	9	10	11
	21	23	8	9	8
	16	27	6	12	13
	15	25	11	14	11

一、分析步驟

0. 開啟資料檔 (1anova.sav)，從功能表中選擇分析 (Analyze) > 比較平均數法 (Compare Means) > 單因子變異數分析…(One-Way ANOVA…)。

1. 如圖 16-2-1 的主對話盒所示，從左邊的來源變數清單中，選擇 y 變數進入右邊的依變數清單 (Dependent List) 的方塊中。

2. 選擇 a 變數進入右邊的因子 (Factor) 清單的方塊中。

3. 點按 Post Hoc檢定… (PostHoc…) 鈕，開啟如圖 16-2-2 所示的次對話盒，點選 Scheffe(事後比較法) 選項，再點按 繼續 (Continue) 鈕，回到主對話盒。

4. 點按 選項… (Options…) 鈕，開啟如圖 16-2-3 所示的次對話盒，點選描述性統計量 (Descriptive)、變異數同質性檢定 (Homogeneity of variance test)、平均數圖 (Means plot) 等統計量的選項，再點按 繼續 (Continue) 鈕，回到主對話盒。

5. 點按 確定 (OK) 鈕，即可完成單一樣本的 ANOVA 考驗。

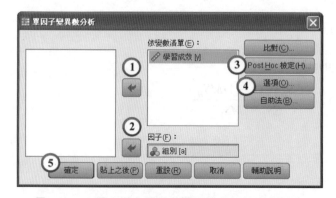

圖16-2-1　獨立樣本單因子變異數分析的主對話盒

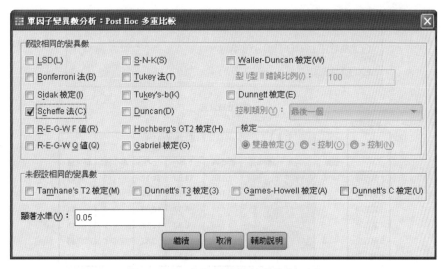

圖16-2-2　事後多重比較的次對話盒

圖16-2-3　選項的次對話盒

二、報表及說明

1. 描述性統計包括個數 (N)、平均數(Mean)、標準差(Std.Deviation)、標準誤(Std. Error)、95%信賴區間(Confidence Interval)、最小值(Minimum)、最大值(Maximum) 等。以組別1為例，個數為(N=5)、平均數($\overline{X}$= 18)、標準誤(S_e = 1.14)，95%信賴區間 為(14.83, 21.17)，其計算如下：

$$95\% \text{ 信賴區間} = (\overline{X} - t_{1-\frac{\alpha}{2},df} \times S_e, \overline{X} + t_{1-\frac{\alpha}{2},df} \times S_e)$$

$$=(18-2.776 \times 1.14, 18+2.776 \times 1.14)$$

$$=(14.83, 21.17)$$

臨界值 $t_{1-\frac{\alpha}{2},df} = t_{0.975,4} = 2.776$

```
SPSS 計算 95％信賴區間的臨界值語法
COMPUTE t = IDF.T(0.975,4) .
EXECUTE .
```

描述性統計量

y 學習成效

	個數	平均數	標準差	標準誤	平均數的 95%信賴區間 下界	上界	最小值	最大值
1 第一組	5	18.00	2.550	1.140	14.83	21.17	15	21
2 第二組	5	24.00	2.646	1.183	20.71	27.29	20	27
3 第三組	5	8.00	2.121	.949	5.37	10.63	6	11
4 第四組	5	12.00	2.550	1.140	8.83	15.17	9	15
5 第五組	5	11.00	1.871	.837	8.68	13.32	8	13
總和	25	14.60	6.218	1.244	12.03	17.17	6	27

2. 變異數同質性考驗 (Test of Homogeneity of Variances) 結果顯示 F 統計量 (Levene Statistic) 為 0.400，顯著性 (Sig.) 為 0.806，未達顯著差異的水準 ($p > 0.05$)，符合變異數同質性的假定，因此可執行傳統的變異數分析。

變異數同質性檢定

y 學習成效

Levene 統計量	分子自由度	分母自由度	顯著性
.400	4	20	.806

3. 單因子 ANOVA 考驗結果 F 統計量為 36.429，顯著性 (Sig.) 為 0.000，達顯著差異的水準 ($p < 0.05$)。因此需要進一步執行事後比較以確定那些組別造成的顯著差異。

ANOVA

y 學習成效

	平方和	自由度	平均平方和	F	顯著性
組間	816.000	4	204.000	36.429	.000
組內	112.000	20	5.600		
總和	928.000	24			

4. 事後比較顯示兩組間的平均數差異 (Mean Difference)、標準誤 (Std. Error)、顯著性 (Sig.)、以及 95％信賴區間 (Confidence Interval) 的下界 (Lower Bound) 及上界 (Upper Bound) 等。以組別 1 ⇔ 組別 2 為例，平均數差異為 -6.0，顯著性 (Sig.) 為 0.015，達顯著差異的水準 ($p < 0.05$)，亦即組別 2 的平均數大於組別 1 的平均數，而其 95％信賴區間 (-11.07，-0.93)，其計算如下：

$$95\% \text{ 信賴區間} = [(\overline{X}_1 - \overline{X}_2) - t_{cri} \times S_e, (\overline{X}_1 - \overline{X}_2) + t_{cri} \times S_e]$$
$$= (-6 - 3.3859 \times 1.497, -6 + 3.3859 \times 1.497)$$
$$= (-11.07, -0.93)$$

$$\text{臨界值 } t_{cri} = \sqrt{(a-1)F_{1-\alpha,a-1,N-a}} = \sqrt{(5-1)F_{0.95,4,20}} = 3.3859$$

> SPSS 計算 95% 信賴區間的臨界值語法
> COMPUTE Fcri = IDF.F(0.95,4,20) .
> COMPUTE tcri = SQRT(4*Fcri) .
> EXECUTE .

同理，可分別比較如下配對組之間的平均數差異 [總計配對比較的組數 =k(k-1)/2=5(5-1)/2=10 組] 如下：

組別 1⇔ 組別 2、組別 1⇔ 組別 3、組別 1⇔ 組別 4、組別 1⇔ 組別 5。

組別 2⇔ 組別 3、組別 2⇔ 組別 4、組別 2⇔ 組別 5。

組別 3⇔ 組別 4、組別 3⇔ 組別 5。

組別 4⇔ 組別 5。

Scheffe 事後比較結果有顯著差異者共有 7 組如下：

組別 1 ＜組別 2、組別 1 ＞組別 3、組別 1 ＞組別 4、組別 1 ＞組別 5。

組別 2 ＞組別 3、組別 2 ＞組別 4、組別 2 ＞組別 5。

多重比較

y 學習成效
Scheffe 法 ④

(I) a 組別	(J) a 組別	平均差異 (I-J)	標準誤	顯著性	95% 信賴區間 下界	上界
1 第一組	2 第二組	-6.000*	1.497	.015	-11.07	-.93
	3 第三組	10.000*	1.497	.000	4.93	15.07
	4 第四組	6.000*	1.497	.015	.93	11.07
	5 第五組	7.000*	1.497	.004	1.93	12.07
2 第二組	1 第一組	6.000*	1.497	.015	.93	11.07
	3 第三組	16.000*	1.497	.000	10.93	21.07
	4 第四組	12.000*	1.497	.000	6.93	17.07
	5 第五組	13.000*	1.497	.000	7.93	18.07
3 第三組	1 第一組	-10.000*	1.497	.000	-15.07	-4.93
	2 第二組	-16.000*	1.497	.000	-21.07	-10.93
	4 第四組	-4.000	1.497	.171	-9.07	1.07
	5 第五組	-3.000	1.497	.428	-8.07	2.07
4 第四組	1 第一組	-6.000*	1.497	.015	-11.07	-.93
	2 第二組	-12.000*	1.497	.000	-17.07	-6.93
	3 第三組	4.000	1.497	.171	-1.07	9.07
	5 第五組	1.000	1.497	.977	-4.07	6.07
5 第五組	1 第一組	-7.000*	1.497	.004	-12.07	-1.93
	2 第二組	-13.000*	1.497	.000	-18.07	-7.93
	3 第三組	3.000	1.497	.428	-2.07	8.07
	4 第四組	-1.000	1.497	.977	-6.07	4.07

*. 平均差異在 0.05 水準是顯著的。

5. 如報表所示，依平均數大小由上而下排列各組別，並分成同質組如下

   (1) 組別 3、組別 4、組別 5 為同組，即三者之間無差異。

   (2) 上述 3 組與組別 2、組別 1 不同組，因此結果顯示

   ❶ 組別 1 ＞組別 3、組別 4、組別 5

   ❷ 組別 2 ＞組別 3、組別 4、組別 5

   ❸ 組別 2 ＞組別 1

y 學習成效

Scheffe 法[a] ⑤

a 組別	個數	alpha = 0.05 的子集		
		1	2	3
3 第三組	5	8.00		
5 第五組	5	11.00		
4 第四組	5	12.00		
1 第一組	5		18.00	
2 第二組	5			24.00
顯著性		.171	1.000	1.000

顯示的是同質子集中組別的平均數。

a. 使用調和平均數樣本大小 = 5.000。

6. 將各組的平均數加以繪圖如報表所示，顯示組 2 最高、其次是組 1，而較低者則為組 3、組 4、及組 5。

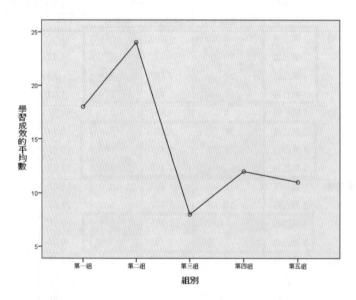

三、分析結果及解釋

1. 由變異數分析摘要表中，顯示出這五組之間的學習效果有顯著之差異 ($F=36.43$，$p < 0.05$)。而進一步以 Scheffe 法執行事後考驗結果及由描述性統計摘要表之平均數顯示組一 (M=18.00) 分別顯著優於組三 (M=8.00)、組四 (M=12.00) 及組五 (M=11.00)，而組二 (M=24.00) 則分別顯著優於組一、組三、組四、組五等。

2. 獨立樣本單因子 ANOVA 考驗的關聯強度 (或效果大小) 為 0.8793，依照 Cohen(1988) 的準則，效果大小超過 0.14 即具有大的效果量，將 $\eta^2 \times 100\% = 0.8793 \times 100\% = 87.93\%$ ，亦即組別間可解釋學習效果之 88% 的變異。

$$\eta^2 = \frac{SS_b}{SS_t} = \frac{816.00}{928.00} = 0.8793$$

描述性統計摘要表

組別	個數 (N)	平均數 (M)	標準差 (SD)	最小值 (Min)	最大值 (Max)
組 1	5	18.00	2.55	15	21
組 2	5	24.00	2.65	20	27
組 3	5	8.00	2.12	6	11
組 4	5	12.00	2.55	9	15
組 5	5	11.00	1.87	8	13
合　計	25	14.60	6.22	6	27

變異數分析摘要表

變異來源 (Source)	平方和 (SS)	自由度 (df)	均方和 (MS)	F 值	事後比較 (Scheffe 法)
組間	816.00	4	204.00	36.43**	組 1 ＞組 3、組 4、組 5
組內誤差	112.00	20	5.60		組 2 ＞組 3、組 4、組 5
總和	928.00	24			組 2 ＞組 1

**P<0.01

四、撰寫程式

程序語法：獨立樣本單因子變異數分析(ex16-2-1.sps)

(1) 在 One-way ANOVA 對話盒中按 貼上之後 (Paste) 鈕，即可貼出語法如下：

```
ONEWAY y BY a          /*依變數 BY 自變數
  /STATISTICS DESCRIPTIVES HOMOGENEITY    /*描述性&同質性考驗
  /PLOT MEANS          /*繪製平均圖
  /MISSING ANALYSIS
  /POSTHOC = SCHEFFE ALPHA(.05).   /*事後比較方法及設定α值.
```

 牛 刀 小 試 | Try for yourself

TFY **16-2-1** ‧某研究者想瞭解降低血壓方法的療效，將受試者分派到四組：藥物療法 (drug)、生物反饋療法 (biofeedback)、飲食療法 (diet)、以及綜合處理法等。以下資料是在實驗處理後兩週所量測之心臟收縮壓 (systolicblood pressures，SBP)，研究假設為綜合處理法較其它三種方法更為有效的降低血壓。(α =0.01)

實驗處理			
藥物療法	生物反饋療法	飲食療法	綜合處理法
84	81	98	91
95	84	95	78
93	92	86	85
104	101	87	80
80	108	94	81

TFY **16-2-2**・某公司想調查擁有汽車之車主年齡對購買中古汽車 (價錢) 的影響，從某地區隨機抽樣 36 位車主購買車齡 6 年的中古車之價錢，調查結果如下表所示 (價錢以美金千元計)：(α =0.05)

年輕人		中年人		老年人	
23	20	28	27	23	21
25	23	27	30	20	20
21	19	27	38	25	19
22	22	29	27	21	20
21	19	26	26	22	22
22	21	29	29	23	21

TFY **16-2-3**・某研究者想設計一套教學以最大化催眠的敏感性，將 36 位受試者隨機分派到下列四組：(α =0.05)

　　組別 1：程序化主動資訊 (programmed active information)、

　　組別 2：主動資訊 (active information)、

　　組別 3：被動資訊 (passive information)、

　　組別 4：無資訊 (no information)，此為控制組。

下列資料是實驗處理後，所有受試者完成催眠敏感性量表的調查結果：

組別 1	組別 2	組別 3	組別 4
4	10	4	4
7	6	6	2
5	3	5	5
6	4	2	7
10	7	10	5
11	8	9	1
9	5	7	3
7	9	6	6
8	7	7	4

■ 範例16-2-2   獨立樣本單因子變異數分析(違反變異數同質性)

　　某研究者將 15 位受試者，隨機分派至三個小組進行實驗教學，量測其學習成效之結果如下表所示，試分析不同組別之平均數是否有差異？（α=0.05）

		組別	
	1	2	3
學習成效	5	6	4
	5	7	7
	3	5	2
	4	6	8
	3	6	9

一、分析步驟

0. 開啓資料檔 (1anovax.sav)，從功能表中選擇分析 (Analyze) > 比較平均數法 (Compare Means) > 單因子變異數分析…(One-Way ANOVA…)。

1. 如圖 16-2-4 的主對話盒所示，從左邊的來源變數清單中，選擇 y 變數進入右邊的依變數清單 (Dependent List) 的方塊中，並選擇 group 變數進入右邊的因子 (Factor) 清單的方塊中。

2. 點按 Post Hoc檢定… (Post Hoc…) 鈕，開啓如圖 16-2-5 所示的次對話盒，點選未假設相同的變異數 (Equal Variances Not Assumed) 方塊中的 Games-Howell 檢定選項，再點按 繼續 (Continue) 鈕，回到主對話盒。

3. 點按 選項… (Options…) 鈕，開啓如圖 16-2-6 所示的次對話盒，點選描述性統計量 (Descriptive)、變異數同質性檢定 (Homogeneity of variance test)、Brown-Forsythe、Welch 等統計量的選項，再點按 繼續 (Continue) 鈕，回到主對話盒。

4. 點按 確定 (OK) 鈕，即可完成單因子獨立樣本的 ANOVA 考驗。

圖16-2-4　單因子變異數分析的主對話盒

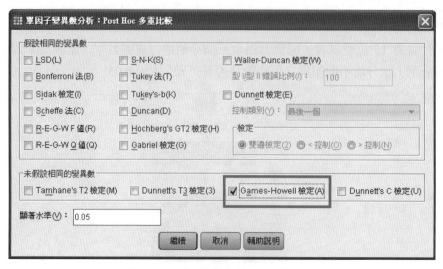

圖16-2-5　事後多重比較的次對話盒

圖16-2-6　選項的次對話盒

二、報表及說明

1. 描述性統計包括個數 (N)、平均數 (Mean)、標準差 (Std.Deviation)、標準誤 (Std.Error)、95％信賴區間 (Confidence Interval)、最小值 (Minimum)、最大值 (Maximum) 等。

描述性統計量

y 學習成效

	個數	平均數 ①	標準差	標準誤	平均數的 95% 信賴區間 下界	平均數的 95% 信賴區間 上界	最小值	最大值
1	5	4.00	1.000	.447	2.76	5.24	3	5
2	5	6.00	.707	.316	5.12	6.88	5	7
3	5	6.00	2.915	1.304	2.38	9.62	2	9
總和	15	5.33	1.952	.504	4.25	6.41	2	9

2. 變異數同質性考驗 (Homogeneity of variance test) 結果顯示 F 統計量 (Levene Statistic) 為 9.333，顯著性 (Sig.) 為 0.004，達顯著差異的水準 (p < 0.05)。因此需要採行不同於傳統的 ANOVA 之 F 分析，而使用 Brown-Forsythe 或 Welch 之 F 分析。

變異數同質性檢定

y 學習成效

Levene 統計量	分子自由度	分母自由度	顯著性
9.333	2	12	.004

3. 單因子 ANOVA 考驗結果 F 統計量為 2.000，顯著性 (Sig.) 為 0.178，未達顯著差異的水準 (p > 0.05)。但因未符合變異數同質性的假定，因此應參考 Brown-Forsythe 或 Welch 之分析結果。

ANOVA

y 學習成效

	平方和	自由度	平均平方和	F	顯著性
組間	13.333	2	6.667	2.000	.178
組內	40.000	12	3.333		
總和	53.333	14			

4. Welch 考驗結果 F 統計量為 6.205，顯著性 (Sig.) 為 0.028，達顯著差異的水準 (p < 0.05)。然而 Brown-Forsythe 考驗結果 F 統計量則為 2.000，顯著性 (Sig.) 為 0.223，未達顯著差異的水準 (p > 0.05)。

均等平均數的 Robust 檢定

y 學習成效

	統計量[a]	分子自由度	分母自由度	Sig.
Welch	6.205	2	7.037	.028
Brown-Forsythe	2.000	2	5.442	.223

a. 漸近的 F 分配。

5. 事後多重比較 (multiple comparisons) 顯示兩組間的平均數差異 (Mean Difference)、標準誤 (Std. Error)、顯著性 (Sig.)、以及 95％信賴區間 (Confidence Interval) 的下界 (Lower Bound) 及上界 (Upper Bound) 等。可比較配對組之間的平均數差異 [總計配對比較的組數 =k(k-1)/2=3(3-1)/2=3 組] 為組別 1⇔ 組別 2、組別 1⇔ 組別 3、組別 2⇔ 組別 3。而 Games-Howell 事後比較分析結果顯示有顯著差異者僅組別 2 >組別 1。

多重比較

y 學習成效
Games-Howell 檢定

(I) group 組別	(J) group 組別	平均差異 (I-J)	標準誤	顯著性	95% 信賴區間 下界	上界
1	2	-2.000*	.548	.019	-3.60	-.40
	3	-2.000	1.378	.388	-6.51	2.51
2	1	2.000*	.548	.019	.40	3.60
	3	.000	1.342	1.000	-4.56	4.56
3	1	2.000	1.378	.388	-2.51	6.51
	2	.000	1.342	1.000	-4.56	4.56

*. 平均差異在 0.05 水準是顯著的。

三、分析結果及解釋

　　首先執行變異數同質性考驗，結果顯示不符合同質性的假定 (F=9.333，p ＜ 0.05)。因此使用 Welch 法進行變異數分析考驗結果，顯示出這三組之間的學習效果有顯著差異 (F=6.205，p ＜ 0.05)。而進一步以 Games-Howell 法進行事後考驗，結果如描述性統計摘要表之平均數，顯示組二 (M=6.00) 顯著優於組一 (M=4.00)。

描述性統計摘要表

組　別	個數 (N)	平均數 (M)	標準差 (SD)	最小值 (Min)	最大值 (Max)
組 1	5	4.00	1.00	3	5
組 2	5	6.00	0.71	5	7
組 3	5	6.00	2.92	2	9
合　計	15	5.33	1.95	2	9

變異數分析摘要表

變異來源 (Source)	平方和 (SS)	自由度 (df)	均方和 (MS)	F 值 [a]	事後比較 (Games-Howell 法)
組間	13.33	2	6.67	2.00	組 2 ＞組 1
組內誤差	40.00	12	3.33	(6.205)*	
總和	53.33	14			

*p ＜ 0.05
註 a：因違反變異數同質性的假定，因此採用 Welch 法 F=6.205

四、撰寫程式

程序語法：獨立樣本單因子變異數分析(ex16-2-2.sps)

(1) 在 One-way ANOVA 對話盒中按 貼上之後 (Paste) 鈕，即可貼出語法如下：

```
ONEWAY y BY group      /*依變數 BY 自變數
   /STATISTICS DESCRIPTIVES HOMOGENEITY    /*描述性&同質性
            BROWNFORSYTHE WELCH      /*BF法及W法的F考驗
   /MISSING ANALYSIS
   /POSTHOC = GH ALPHA(.05).    /*事後比較方法及設定α值.
```

牛刀小試 Try for yourself

TFY 16-2-4 · 假設某飲料公司計畫購買新機器，以便將飲料裝入瓶子。該公司正考慮 3 種品牌裝填機。在決定之前，該公司針對每種機器各隨機抽取 5 部，測試 1 小時的裝填量，結果如下，試分析三種裝填機之平均裝填量是否相等？(α =0.05)

品牌 A	品牌 B	品牌 C
106	107	100
80	112	104
104	115	95
110	104	100
90	117	106

TFY 16-2-5 · 某研究者使用 3 種不同教學方法教學，欲評估三種教學方法的效果，得到學生期末成績如下：(α =0.05)

方法 A	方法 B	方法 C
11	18	32
15	28	17
13	16	20
14	27	13
15	11	20
12	23	17
13	14	14
11	12	21
15	29	10
13	28	21

1. 求三個樣本的平均數及標準差。從這些描述性統計結果是否預期哪種教學方法較佳？

2. 執行變異數分析，並與預期結果做比較。

A16-1對話盒指引 │ One-way ANOVA程序

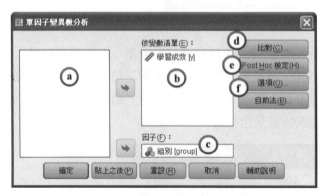

圖① 單因子變異數分析之主對話盒

One-Way ANOVA對話盒的說明

單因子變異數分析 (One-Way ANOVA) 程序會產生等距 (依) 變數與單一因子 (自) 變數的單因子變異數分析，同時亦可執行趨勢分析、事前及事後比較分析。最基本的規格要求是一個數值的依變數 (必須是等距)，一個數值的因子變數 (變數值須為整數) 及界定其變數範圍。可從功能表選擇分析 (Analyze) > 比較平均數法 (Compare Means) > 單因子變異數分析…(One-Way ANOVA…)，以開啟如圖①的主對話盒。

ⓐ 來源清單 (Source List) 方塊：在資料檔中的數值變數將會顯示在此來源變數清單中。

ⓑ 依變數清單 (Dependent List) 方塊：依變數 (即分析變數) 清單，可從來源變數清單中選取一或多個數值變數，按第一個 ▶ 鈕，以進入此清單中。

ⓒ 因子 (Factor) 方格：因子變數。可從來源變數清單中選取一個整數的數值變數，按第二個 ▶ 鈕，以進入此方格中。

ⓓ 比對… (Contrasts…) 按鈕：用以界定趨勢分析與事前比較分析的係數，可開啟如圖②的次對話盒。

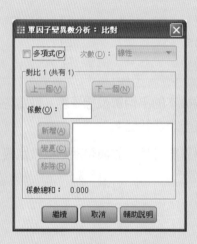

圖② 事前比較次對話盒

事前比較次對話盒的說明

(1) 多項式 (Polynomial)：將組間平方和分解成趨勢成份，以執行趨勢分析。次數 (Degree) 下拉式清單可選取下列其中之一的多項式冪次。

Linear：一次 (線性) 多項式

Quadratic：二次多項式

Cubic：三次多項式

4th：四次多項式

5th：五次多項式

(2) 係數 (Coefficients) 方塊：使用者自訂用 t 統計量來檢定的事前比較。輸入因子變數每一組 (類別) 的係數值，按 新增 (Add) 鈕，將每一係數值加入下方的係數清單中；要更改清單中的係數值，先選定 (反白) 該係數，再於係數 (Coefficients) 方格中輸入新的係數，按 變更 (Change) 鈕；要刪除清單中的係數先選定 (反白) 該係數，按 移除 (Remove) 鈕即可。按 下一個 (Next) 鈕可以輸入另一組比較係數，最多可指定 10 組比較，而每組比較最多 50 個係數，可使用 下一個 (Next) 鈕與 上一個 (Previous) 鈕來進行比較組之間的移動。

(3) 係數總和 (Coefficient Total) 訊息：係數總和應為零，表示為正交比較，若是加總不為零的係數 亦可使用，但系統會出現警告訊息。

(e) Post Hoc檢定… (Post Hoc…)按鈕：用以產生事後多重比較檢定，可開啟如圖③的次對話盒。

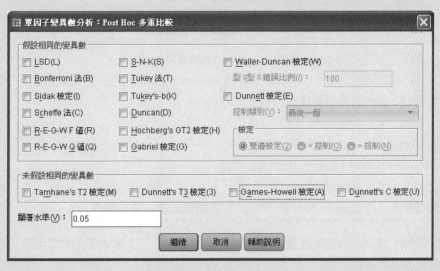

圖③　事後多重比較次對話盒

事後多重比較次對話盒的說明

(1) 假設相同的變異數 (Equal Variances Assumed) 方塊：適用於各組變異數相等時，可選取下列一或多個事後比較檢定的方法。(所有的事後比較預設均以 0.05 的顯著水準加以執行)。

☐ LSD：最小顯著差異 (Least significance difference) 檢定，即對所有群組的配對進行多重 t 檢定。

☐ Bonferroni：Bonferroni 檢定，即是修正後的最小顯著差異檢定。

☐ Sidak：Sidak 的檢定。

☐ Scheffe：Scheffe' 的檢定。

☐ R-E-G-W F：Ryan-Einot-Gabriel-Welsch 多重降步式 (multiple stepdown procedure) 的 F 檢定。

☐ R-E-G-W Q：Ryan-Einot-Gabriel-Welsch 多重降步式 (multiple stepdown procedure) 的 Q 檢定。

☐ S-N-K：Student-Newman-Keuls 檢定。

☐ Tukey：Tukey 的 HSD(honestly significant difference) 檢定。

☐ Tukey's-b：Tukey 的另一種檢定。

☐ Duncan：Duncan 的多重範圍檢定 (multiple range test)。

☐ Hochberg's GT2：Hochberg 的檢定。

☐ Gabriel：Gabriel 的檢定。

☐ Waller-Duncan：Waller-Duncan 的檢定。可設定第一類型錯誤 (Type Ⅰ) 與第二類型錯誤 (Type Ⅱ) 的比率 (Rates)，預設值為 100。

☐ Dunnett：Dunnett 的檢定。可設定控制組類別 (Control Category) 為最後 (Last，為預設選項) 水準或最先 (First) 水準、以及檢定 (Test) 的方向是雙尾 (2-sided) 或是大於 (> Control)、小於 (< Control) 的單尾。

(2) 未假設相同的變異數(Equal Variance Not Assumed)方塊：適用於各組變異數不等時，可選取下列一或多個事後比較檢定的方法。

☐ Tamhane's T2：Tamhane 的 T2 檢定。

☐ Dunnett's T3：Dunnett 的 T3 檢定。

☐ Games-Howell：Games-Howell 的檢定。

☐ Dunnett's C：Dunnett 的 C 檢定。

(3) 顯著水準 (Significance level)：界定檢定的顯著水準，預設值為 0.05。

ⓕ 選項… (Options…) 按鈕：用以獲取其他統計量數，及改變缺漏值的處理方式等。可開啟如圖④的次對話盒。

圖④ 選項次對話盒

選項次對話盒的說明

(1) 統計 (Statistics) 方塊：可選取下列一或多個統計量的選項。

□ 描述性統計量 (Descriptive)：計算觀測體數目、平均數、標準差、標準誤、最小值、最大值以及 95% 的信賴區間。

□ 固定和隨機效果 (Fixed and random effects)：產生固定及隨機效果的統計量。

□ 變異數同質性檢定 (Homogeneity of variance test)：產生變異數同質性檢定的統計量。

□ Brown-Forsythe：當違反變異數同質性時的 Brown-Forsythe F 檢定的變異數分析。

□ Welch：違反變異數同質性時的 Welch 檢定的變異數分析。

(2) □ 平均數圖 (Means plot)：繪製平均數的剖面圖。

(3) 遺漏值 (Missing Values) 方塊：可選取下列其中之一的選項以處理缺漏值。

○ 依分析排除觀察值 (Exclude cases analysis by analysis)：若分析用的因子變數或依變數中有缺漏值的觀測體，則在個別分析過程中將不被採用，此為預設選項。

○ 完全排除觀察值 (Exclude cases listwise)：在因子變數或依變數中有遺漏值的觀測體，將被排除於所有分析之外。

❓ 16-3   如何執行單因子變異數分析的事前比較？

操作程序

 → 分析 (Analyze) > 比較平均數 (Compare Means) > 單因子變異數分析 (One-Way ANOVA…)

統計原理

一、整體考驗

當變異數分析 F 考驗值達顯著水準，即推翻了平均數相等的虛無假設，亦即表示至少有兩組平均數之間有顯著差異存在。多個平均數整體效果 (overall effect) 達顯著水準。

二、多重比較

當整體考驗顯著後，必須檢驗哪幾個平均數間顯著有所不同，即進行多重比較 (multiple comparison) 來檢驗。在進行 F 考驗之前進行，稱爲事前比較 (priori comparisons)，在獲得顯著 F 值後所進行者，稱爲事後比較 (posteriori comparisons)。

三、事前比較

基於理論或研究者的特定需求所進行的平均數考驗，又稱計畫性比較 (planned comparisons)。亦即研究者常事先根據其假設選擇好要比較某幾對特定的平均數之間的差異，用以考驗他所提出的假設。要考驗某種假設而在還沒看到實際觀察資料之前就事先已經計劃好的多重比較，就叫做事前比較。

1. 正交比較：指彼此之間互爲獨立或不重疊的比較。其須滿足每次比較中，各組的比較係數之和等於 0，且相對應之比較係數之交乘積和也等於 0。

2. 非正交比較：指彼此之間不互爲獨立事件，亦互有重疊的比較。其須滿足每次比較中，相對應之比較係數之交乘積和不等於 0。

範例16-3   事前比較與單因子變異數分析

某研究者將 25 位受試者，隨機分派至五個小組進行實驗教學，量測其學習成效之結果如下表所示，試進行如下的事前比較及單因子變異數分析？ (α =0.05)

	組別				
	1	2	3	4	5
學習成效	18	20	6	15	12
	20	25	9	10	11
	21	23	8	9	8
	16	27	6	12	13
	15	25	11	14	11

研究者想進行如下的事前比較：

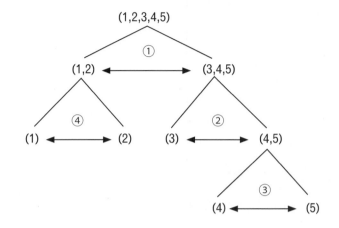

比較係數				
組別				
1	2	3	4	5
比較 1	3	3	-2	-2	-2
比較 2	0	0	2	-1	-1
比較 3	0	0	0	1	-1
比較 4	1	-1	0	0	0

一、分析步驟

0. 開啟資料檔 (1anova.sav)，從功能表中選擇分析 (Analyze) > 比較平均數法 (Compare Means) > 單因子變異數分析…(One-Way ANOVA…)。

1. 如圖 16-3-1 的主對話盒所示，從左邊的來源變數清單中，選擇 y 變數進入右邊的依變數清單 (Dependent List) 的方塊中，並選擇 a 變數進入右邊的因子 (Factor) 清單的方塊中。

2. 點按 比對… (Contrasts…) 鈕，開啟如圖 16-3-2 所示的次對話盒，在對比 (Contrast) 方塊中之係數 (Coefficients) 方格中輸入 3，再點按 新增 (Add) 鈕，加入比較係數清單中，並依序輸入 3、-2、-2、-2 等值加入比較係數清單中，點按 下一個 (Next) 鈕，分別輸入另外三組比較係 數 0、0、2、-1、-1，0、0、0、1、-1，1、-1、0、0、0，最後再點按 繼續 (Continue) 鈕，回到主對話盒。

3. 點按 選項… (Options…) 鈕，開啟如圖 16-3-3 所示的次對話盒，點選 Descriptive(描述性) 統計量的選項，再點按 繼續 Continue) 鈕，回到主對話盒。

4. 點按 確定 (OK) 鈕，即可完成單因子獨立樣本的事前比較及 ANOVA 考驗。

圖16-3-1　單因子變異數分析的主對話盒

圖16-3-2　事前比較的次對話盒

圖16-3-3　選項的次對話盒

二、報表及說明

1. 描述性統計包括個數 (N)、平均數 (Mean)、標準差 (Std.Deviation)、標準誤 (Std.Error)、95％信賴區間 (Confidence Interval)、最小值 (Minimum)、最大值 (Maximum) 等。

描述性統計量

y 學習成效

	個數	平均數 ①	標準差	標準誤	平均數的 95% 信賴區間 下界	上界	最小值	最大值
1 第一組	5	18.00	2.550	1.140	14.83	21.17	15	21
2 第二組	5	24.00	2.646	1.183	20.71	27.29	20	27
3 第三組	5	8.00	2.121	.949	5.37	10.63	6	11
4 第四組	5	12.00	2.550	1.140	8.83	15.17	9	15
5 第五組	5	11.00	1.871	.837	8.68	13.32	8	13
總和	25	14.60	6.218	1.244	12.03	17.17	6	27

2. 單因子 ANOVA 考驗結果 F 統計量為 36.429，顯著性 (Sig.) 為 0.000，達顯著差異的水準 (p < 0.05)。

ANOVA

y 學習成效

	平方和	自由度	平均平方和	F	顯著性
組間	816.000	4	204.000	36.429	.000
組內	112.000	20	5.600		
總和	928.000	24			

3. 顯示界定的四組比較係數 (Contrast Coefficients)。

對比係數

對比	a 組別				
	1 第一組	2 第二組	3 第三組	4 第四組	5 第五組
1	3	3	-2	-2	-2
2	0	0	2	-1	-1
3	0	0	0	1	-1
4	1	-1	0	0	0

4. 四組係數比較顯示 t 統計量的顯著性 (Sig.) 均達顯著差異的水準 (p < 0.05)。如何求得每一組事前比較的 SS、MS 以及 F 值以建構事前比較的變異數分析摘要表，茲以第一組事前比較為例，MSW=5.6，因此第一組事前比較的 F、MS、SS 之計算如下：

$$F_1 = t_1^2 = (11.041)^2 = 121.90$$

$$MS = F_1 \times MSW = 121.90 \times 5.6 = 686.67$$

$$SS = MS$$

對比檢定

	對比	對比值	標準誤	t	自由度	顯著性(雙尾)
y 學習成效　假設變異數相等	1	64.00	5.797	11.041	20	.000
	2	-7.00	2.592	-2.700	20	.014
	3	1.00	1.497	.668	20	.512
	4	-6.00	1.497	-4.009	20	.001
未假設變異數相等	1	64.00	5.992	10.682	15.008	.000
	2	-7.00	2.366	-2.958	8.285	.018
	3	1.00	1.414	.707	7.339	.501
	4	-6.00	1.643	-3.651	7.989	.006

三、分析結果及解釋

由事前比較的變異數分析摘要表結果所示 (1) 組一和組二的平均值顯然不同於其他三組的平均值 (F=121.90，p < 0.01)。(2) 組一顯然不同於組四、組五的平均值 (F=7.29，p < 0.05)。(3) 組四並無優於組五 (F=0.45，p > 0.05)。(4) 組二顯然優於組一 (F=16.07，p < 0.01)。

事前比較變異數分析摘要表

變異來源	SS	df	MS	F
組間（A）	816.00	4	204.00	36.43**
1、2 VS 3、4、5	682.67	1	682.67	121.90**
3 VS4、5	40.83	1	40.83	7.29*
4 VS 5	2.50	1	2.50	0.45
1 VS 2	90.00	1	90.00	16.07**
誤差	112.00	20	5.60	
總和	928.00	24		

$*P<0.05$, $**P<0.01$

四、撰寫程式

程序語法：事前比較&獨立樣本單因子變異數分析(ex16-3.sps)

(1) 在 One-way ANOVA 對話盒中按 貼上之後 (Paste) 鈕，即可貼出語法如下：

```
ONEWAY y BY a   /*依變數 BY 自變數
  /CONTRAST= 3 3 -2 -2 -2   /*界定比較係數
  /CONTRAST= 0 0 2 -1 -1
  /CONTRAST= 0 0 0 1 -1
  /CONTRAST= 1 -1 0 0 0
  /STATISTICS DESCRIPTIVES   /*顯示描述性統計
  /MISSING ANALYSIS.
```

牛刀小試　Try for yourself

TFY **16-3-1** · 某研究進行不同處理對老鼠學習行為影響的實驗，假設實驗分成控制組與實驗組，控制組又含有兩種處理，分別為處理 1 與處理 2。實驗組則包括三種處理，分別為處理 3、處理 4、處理 5。假設在進行實驗之前，我們決定 (1) 比較合併的控制組和合併的實驗組。(2) 比較控制組的兩個處理。(3) 比較處理 3、處理 4 的合併值與處理 5，(4) 比較處理 3 與處理 4。下表為實驗結果蒐集的資料。

控制組		實驗組		
處理 1	處理 2	處理 3	處理 4	處理 5
18	20	6	15	12
20	25	9	10	11
21	23	8	9	8
16	27	6	12	13
15	25	11	14	11

根據上述可寫出下面幾個比較：

　　1. (處理 1，處理 2) 對 (處理 3，處理 4，處理 5)

　　2. (處理 1) 對 (處理 2)

　　3. (處理 3，處理 4) 對 (處理 5)

　　4. (處理 3) 對 (處理 4)

試進行事前比較及單因子變異數分析。($\alpha = 0.05$)

16-4   如何執行相依樣本(或重複量數)的單因子變異數分析？

SPSS程序

 ➔ 分析 (Analyze) > 一般線性模式 (General Linear Model) > 重複量數…(Repeated measures…)

統計原理

重複量數實驗設計，是指同一群 n 個受試者都必須重複接受 k 個實驗處理。通常，此種實驗設計裡，可以把由於「個別差異造成的誤差」自組內變異數中扣除，使 F 值較易達到顯著水準。

通常其變異數的分割 (partition) 如下所示：

$$\underset{\text{(SST)}}{總變異} = \underset{\text{(SSA)}}{組間變異} + \underset{\text{(SSE)}}{組內變異}$$

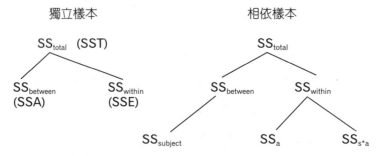

※重複量數的資料型態

受試者	處理 (A)			
	1	2	……	k
1	y_{l1}	y_{l2}	:	y_{lk}
2	y_{21}	y_{22}	:	y_{2k}
:	:	:	:	:
:	:	:	:	:
n	y_{n1}	y_{n2}	……	y_{nk}

※變異數分析摘要表

變異來源	平方和 (SS)	自由度 (df)	均方 (MS)	F 值
受試者間 (S)	SSS	N-1		
處理 (A)	SSA	k-1	$MSA = \dfrac{SSA}{k-1}$	MSA/MSE
殘餘誤差 (S*A)	SSE	(n-1)(k-1)	$MSE = \dfrac{SSE}{(n-1)(k-1)}$	
總和	SST	nk-1		

■ 範例16-4　重複量數單因子變異數分析

下表資料是 5 名受試者參加四種速算測驗的結果，試分析受試者在四種測驗的成績是否有顯著差異？（α=0.05）

（S）受試者	測驗 (A)			
	A1	A2	A3	A4
1	16.6	15.8	14.7	14.4
2	16.9	15.6	15.1	13.8
3	17.1	16.1	14.8	13.9
4	17.2	16.3	15.2	14.1
5	16.8	15.7	15.3	14.3

一、分析步驟

0. 開啓資料檔 (1anovar.sav)，從功能表中選擇分析 (Analyze) > 一般線性模式 (General Linear Model) > 重複量數…(Repeated measures…)。

1. 如圖 16-4-1 對話盒所示，在受試者內因子名稱 (Within-Subject Factor Name) 方格中輸入 a，在水準個數 (Number of Levels) 方格中輸入 4。

2. 點按 新增 (Add) 鈕，以加入重複因子的清單中。

3. 點按 定義 (Define) 鈕，以開啓重複量數的主對話盒。

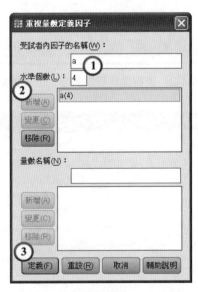

圖16-4-1　定義重複量數因子的對話盒

4. 如圖 16-4-2 的主對話盒所示，從左邊的來源變數清單中選取 a1 ～ a4 的變數，進入右邊的受試者內變數 (Within-Subjects Variables) 清單的方塊中。

5. 點按 圖形… (Plots…) 鈕，開啓如圖 16-4-3 的次對話盒，從左邊的因子 (Factors) 清單中選取 a 變數進入右邊的水平軸 (Horizontal Axis) 方格中，點按 新增 (Add) 鈕，以加入繪圖 (Plots) 的清單中，再點按 繼續 (Continue) 鈕，回到主對話盒。

6. 點按 選項… (Options…) 鈕，開啓如圖 16-4-4 的次對話盒，在邊際平均數估計 (Estimated Marginal Means) 方塊中，從左邊的因子 (Factors) 清單中選取 a 因子進入右邊的顯示平均數 (Display Means for) 清單中，並勾選比較主效果 (Compare main effects) 的選項，從信賴區間調整 (Confidence interval adjustment) 的下拉式選單中選取 Bonferroni 法。同時從顯示 (Display) 方塊中勾選敘述統計 (Descriptive statistics)。最後再點按 繼續 (Continue) 鈕，回到主對話盒。

7. 點按 確定 (OK) 鈕，即可完成單因子重複量數的 ANOVA 考驗。

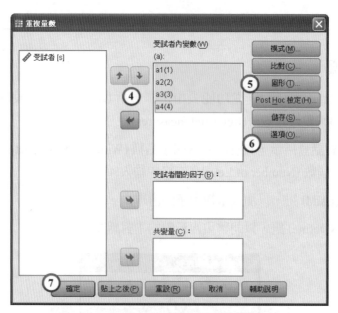

圖16-4-2　重複量數變異數分析的主對話盒

圖16-4-3　繪製剖面圖的次對話盒

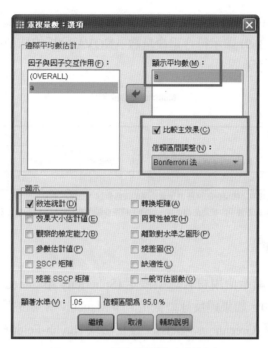

圖16-4-4 界定選項的次對話盒

二、報表及說明

1. 首先報表顯示參與四項測驗之受試者的平均數 (Mean)、標準差 (Std. Deviation)、個數 (N) 等。

敘述統計

	平均數	標準離差	個數
a1 測驗一	16.920	.2387	5
a2 測驗二	15.900	.2915	5
a3 測驗三	15.020	.2588	5
a4 測驗四	14.100	.2550	5

2. 多變量考驗的 λ 值為 0.994 及顯著性 (Sig.) 為 P=0.009，達顯著水準。

多變量檢定[b]

效果		數值	F	假設自由度	誤差自由度	顯著性
a	Pillai's Trace	.994	113.522[a]	3.000	2.000	.009
	Wilks' Lambda 變數選擇法	.006	113.522[a]	3.000	2.000	.009
	多變量顯著性檢定	170.283	113.522[a]	3.000	2.000	.009
	Roy 的最大平方根	170.283	113.522[a]	3.000	2.000	.009

a. 精確的統計量

b. Design:截距
受試者內設計: a

3. 球型檢定 (Test of Sphericity) 結果顯示 Mauchly 的 W 值爲 0.126，顯著性考驗 (x^2=0.126，P =0.369) 顯示符合重複量數 ANOVA 分析的球型假定，亦即各組之間的變異數 / 共變異數矩陣同質。

Mauchly 球形檢定[b]

測量:MEASURE_1

受試者內效應項					Epsilon[a]		
	Mauchly's W	近似卡方分配	df	顯著性	Greenhouse-Geisser	Huynh-Feldt	下限
a	.126	5.649	5	.369	.667	1.000	.333

檢定正交化變數轉換之依變數的誤差 共變量矩陣的虛無假設，是識別矩陣 的一部份。

a. 可用來調整顯著性平均檢定的自由度。改過的檢定會顯示在 "Within-Subjects Effects" 表檢定中。

b. Design:截距
受試者內設計: a

4. ANOVA 分析結果顯示使用符合球型假定 (Sphericity Assumed) 的 F 值爲 111.517，顯著性 (Sig.) 爲 0.000。如果違反球型檢定 (即 Mauchly W 值的顯著性小於 0.05) 時，則需使用校正的 F 值 (Greenhouse-Geisser 校正法或 Huynh-Feldt 法或 Lower-bound 法)。

受試者內效應項的檢定

測量:MEASURE_1

來源		型 III 平方和	df	平均平方和	F	顯著性
a	假設爲球形	21.830	3	7.277	111.517	.000
	Greenhouse-Geisser	21.830	2.001	10.911	111.517	.000
	Huynh-Feldt	21.830	3.000	7.277	111.517	.000
	下限	21.830	1.000	21.830	111.517	.000
誤差 (a)	假設爲球形	.783	12	.065		
	Greenhouse-Geisser	.783	8.002	.098		
	Huynh-Feldt	.783	12.000	.065		
	下限	.783	4.000	.196		

5. 報表顯示四個測驗的平均數 (Mean)、標準誤 (Std. Error) 及 95％信賴區間 (Confidence Interval)。

估計值

測量:MEASURE_1

a	平均數	標準誤差	95% 信賴區間	
			下界	上界
1	16.920	.107	16.624	17.216
2	15.900	.130	15.538	16.262
3	15.020	.116	14.699	15.341
4	14.100	.114	13.783	14.417

6. 繪製四個測驗的平均數 (Mean) 剖面圖 (Profile Plot) 顯示測驗分數依序降低。

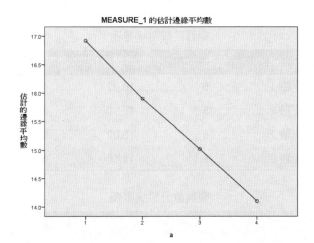

MEASURE_1 的估計邊緣平均數

7. 以 Bonferroni 法進行多重比較顯示測驗一＞測驗二、測驗三、測驗四，測驗二＞測驗三、測驗四，測驗三＞測驗四。

成對比較

測量:MEASURE_1

(I) a	(J) a	平均差異 (I-J)	標準誤差	顯著性[a]	差異的 95% 信賴區間[a] 下界	上界
1	2	1.020[*]	.086	.002	.603	1.437
	3	1.900[*]	.130	.001	1.268	2.532
	4	2.820[*]	.198	.001	1.857	3.783
2	1	-1.020[*]	.086	.002	-1.437	-.603
	3	.880[*]	.180	.049	.007	1.753
	4	1.800[*]	.179	.003	.932	2.668
3	1	-1.900[*]	.130	.001	-2.532	-1.268
	2	-.880[*]	.180	.049	-1.753	-.007
	4	.920[*]	.169	.033	.102	1.738
4	1	-2.820[*]	.198	.001	-3.783	-1.857
	2	-1.800[*]	.179	.003	-2.668	-.932
	3	-.920[*]	.169	.033	-1.738	-.102

根據估計的邊緣平均數而定

*. 平均差異在 .05 水準是顯著的。

a. 調整多重比較：Bonferroni。

三、分析結果及解釋

1. 由變異數分析摘要表中，顯示出受試者在四種不同測驗的成績有顯著的不同 (F=115.52，p＜0.05)。而進一步事後考驗結果，如事後比較摘要表所示，四組測驗之間，相互均有差異存在。且 $\mu_{A1} > \mu_{A2} > \mu_{A3} > \mu_{A4}$。

2. 相依樣本單因子 ANOVA 考驗的關聯強度 (或效果大小) 為 0.9654，依照 Cohen(1988) 的準則，效果大小超過 0.14 即具有大的效果量，將 $\eta^2 \times 100\% = 0.9654 \times 100\% = 96.54\%$，亦即測驗間可解釋學習效果之 96.54% 的變異。

$$\eta^2 = \frac{SS_a}{SS_a + SS_{s*a}} = \frac{21.83}{21.83 + 0.78} = 0.9654$$

描述性統計摘要表

組　別	個數 (N)	平均數 (M)	標準差 (SD)
測驗 1	5	16.92	0.24
測驗 2	5	15.90	0.29
測驗 2	5	15.02	0.26
測驗 3	5	14.10	0.26

變異數分析摘要表

變異來源 (Source)	平方和 (SS)	自由度 (df)	均方和 (MS)	F 值	事後比較 (Bonferroni 法)
S(受試者內)	0.31	4	0.08	115.52*	組 1 ＞組 2 ＞組 3 ＞組 4
A(測驗)	21.83	3	7.28		
S*A(殘餘誤差)	0.78	12	0.07		
總和	22.92	19			

*$p < 0.05$

四、撰寫程式

程序語法：重複量數單因子變異數分析(ex16-4.sps)

(1) 在 Repeated Measures 對話盒中按 貼上之後 (Paste) 鈕，即可貼出語法如下：

```
GLM  a1 a2 a3 a4
  /WSFACTOR = a 4      /*界定重複量數因子的名稱及水準數
  /METHOD = SSTYPE(3)
  /PLOT = PROFILE( a )       /*繪製平均數的剖面圖
  /EMMEANS = TABLES(a) COMPARE ADJ(BONFERRONI)
  /PRINT = DESCRIPTIVE     /*顯示描述性統計量
  /CRITERIA = ALPHA(.05)    /*界定顯著性水準
  /WSDESIGN = a .
```

牛刀小試 | Try for yourself

TFY 16-4-1 · 某心理學家想探討是否經過五週的課程後,以順勢療法的藥物 (homeopathic drug) 治療頭痛的效果會更加明顯,參與者的症狀是採用 Stirk-Robinson 頭痛問卷 (Stirk-Robinson Headache Questionnaire,SQQH) 加以量測,所得資料如下表所示,試進行重複量數的單因子 ANOVA 分析。(α =0.01)

受試者	第一週 W1	第二週 W2	第三週 W3	第四週 W4	第五週 W5
1	21	22	8	6	6
2	20	19	10	4	9
3	7	5	5	4	5
4	25	30	13	12	4
5	30	33	10	8	6
6	19	27	8	7	4
7	26	16	5	2	5
8	13	4	8	1	5
9	26	24	14	8	17

TFY 16-4-2 · 某公司擁有 4 種不同廠牌之機器,為檢定生產之平均速度是否有差異,特請了 6 位技術人員來操作,所需時間如下表所示,試在 α =0.05 下,檢定生產之平均速度是否相同。

機器	操作人員					
	A	B	C	D	E	F
1	47.5	44.3	44.6	44.9	47.9	48.6
2	44.8	45.1	45.5	47.3	47.5	48.1
3	45.2	45.5	46.3	48.4	49.5	50.1
4	46.3	47.5	48.5	49.2	50.9	47.3

A16-2對話盒指引 GLM Repeated Measures程序

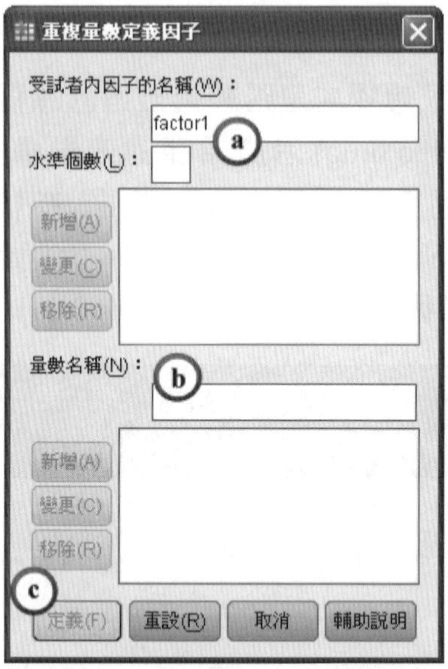

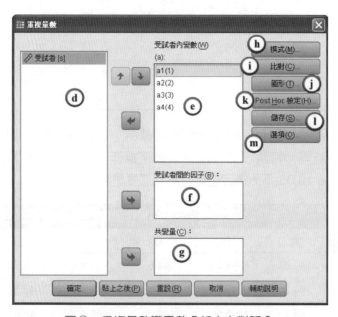

圖① 重複量數因子定義之對話盒

圖② 重複量數變異數分析之主對話盒

GLM Repeated Measures對話盒的說明

重複量數 (Repeated Measures) 程序提供單變量 (univariate) 及多變量 (multivariate) 重複量數的變異數分析 (ANOVA)，使用一般線性模式的程序，可以檢定受試者間以及受試者內的因子，以及兩者之間的交互作用，另外，亦可進行重複量數共變數分析 (ANCOVA)。可從功能表選擇分析 (Analyze) > 一般線性模式 (General Linear Model) > 重複量數…(Repeated measures…)，以開啟如圖①的對話盒。

ⓐ 受試者內因子的名稱 (Within-Subject Factor Name)：輸入受試者內的因子名稱。

水準個數 (Number of Levels)：輸入因子的水準數。

按 新增 (Add) 鈕，將定義好之重複量數的因子名稱及水準數加入清單中。若要刪除某重複量數的因子，則在清單中選定 (反白) 該因子，再按 移除 (Remove) 鈕。若要修改某因子，則在清單中加以選定，更正新值後，再按 變更 (Change) 鈕。

ⓑ 量數名稱 (Measure Name)：輸入量數 (即多依變數時) 的名稱。

按 新增 (Add) 鈕，將定義好的多依變數之量數名稱加入清單中。若要刪除某量數名稱，則在清單中選定 (反白) 該名稱，再按 移除 (Remove) 鈕。若要修改某量數名稱，則在清單中加以選定，更正新名稱後，再按 變更 (Change) 鈕。

ⓒ 定義 (Define) 按鈕：定義好重複量數的因子後，可開啟如圖②的主對話盒。

ⓓ 來源清單 (Source List) 方塊：來源變數清單，會顯示資料集的所有變數。

ⓔ 受試者內變數 (Within-Subjects Variables) 方塊：受試者內變數清單，可從來源變數清單中選取一或多個變數，按第一個 ▶ 鈕，以進入此清單中，亦可使用 ▲ 或 ▼ 移動受試者內變數的次序。

ⓕ 受試者間的因子 (Between-Subjects Factor(s)) 方塊：受試者間變數清單，可從來源變數清單中選取一或多個變數，按第二個 ▶ 鈕，以進入此清單中。

ⓖ 共變量 (Covariates) 方塊：共變數清單，可從來源變數清單中選取一或多個變數，按第三個 ▶ 鈕，以進入此清單中。

ⓗ 模式… (Model…) 按鈕：用以界定分析的模式及設定離均差平方和的類型，可開啟如圖③的次對話盒。

圖③　分析模式之次對話盒

分析模式次對話盒的說明

(1) 指定模式 (Specify Model) 方塊：界定分析模式，可選取下列其中之一的選項。

　　○ 完全因子設計 (Full factorial)：完整的因子模式。

　　○ 自訂 (Custom)：自訂模式。

　　　受試者內 (Within-Subjects) 清單：顯示受試者內變數的來源清單。

　　　受試者間 (Between-Subjects) 清單：顯示受試者間變數的來源清單。

　　　建立項目 (Build Terms) 下拉式清單：建立模式考驗的項次，可選取下列其中之一的選項。

　　　交互作用 (Interaction)：交互作用。此為預設值。

　　　主作用 (Main effects)：主要效果。

　　　完全二因子 (All 2-way)：所有二因子的主要效果及交互作用。

　　　完全三因子 (All 3-way)：所有三因子的主要效果及交互作用。

　　　完全四因子 (All 4-way)：所有四因子的主要效果及交互作用。

　　　完全五因子 (All 5-way)：所有五因子的主要效果及交互作用。

　　　受試者內模式 (Within-Subjects Model) 清單：顯示已選定之受試者內模式清單。

　　　受試者間模式 (Between-Subjects Model) 清單：顯示已選定之受試者間模式清單。

(2) 平方和 (Sum of squares) 下拉式清單：設定離均差平方和計算的類型，可選取下列其中之一的選項。

　　型 I (Type I)：第一類型 SS，即階層法 (Hierarchical　approach)，A 因子先進入模式中。

　　型 II (Type II)：第二類型 SS，即古典實驗設計法 (Classic experimental design approach)。

　　型 III (Type III)：第三類型 SS，即古典迴歸法 (Classic regression approach)，此為預設選項。

　　型 IV (Type IV)：第四類型 SS，即階層法 (Hierarchical　approach)，B 因子先進入模式中。

ⓘ 比對… (Contrasts…) 按鈕：用以界定事前比較的方式，可開啓如圖④的次對話盒。

圖④　事前比較之次對話盒

事前比較次對話盒的說明

(1) 因子 (Factors) 清單：顯示事前比較因子及其比較方式的清單。

(2) 變更比對 (Change Contrast) 方塊：改變事前比較的方式。

　　比對 (Contrast) 下拉式選單：可選取下列其中之一的事前比較方式。

　　　　無 (None)：不進行事前比較。

　　　　離差 (Deviation)：離差比較，各類組與其它類組之平均值的比較，預設以最
　　　　　　後水準為參照類組。

　　　　簡單 (Simple)：簡單比較，各類組與設定的參照類組之比較，預設以最後水
　　　　　　準為參照類組。

　　　　差異 (Difference)：差異比較，與其前面的各水準之平均值進行比較。

　　　　Helmert：赫爾默特比較，與其後面的各水準之平均值進行比較。

　　　　重複 (Repeated)：重複比較，與其前的相鄰水準之比較。

　　　　多項式 (Polynomial)：多項式的正交比較。

　　參考類別 (Reference Category)：可設定下列其中之一的參照類組。

　　　　　　○ 最後一個 (Last)：參照類組為最後水準。

　　　　　　○ 第一個 (First)：參照類組為最先水準。

ⓘ 圖形… (Plots…) 按鈕：用以繪製平均數的剖面圖，可開啟如圖⑤的次對話盒。

圖⑤　平均數繪圖之次對話盒

平均數繪圖次對話盒的說明

(1) 因子 (Factors) 清單：來源因子變數清單，顯示分析模式中的所有因子變數。

(2) 水平軸 (Horizontal Axis)：設定水平軸的因子。可從來源因子變數清單中選取一個
變數，按第一個 ▶ 鈕，以進入此方格中。

(3) 個別線 (Separate Lines)：設定個別線條的因子。可從來源因子變數清單中選取一
個變數，按第二個 ▶ 鈕，以進入此方格中。

(4) 個別圖形 (Separate Plots)：設定個別繪圖的因子。可從來源因子變數清單中選取
一個變數，按第三個 ▶ 鈕，以進入此方格中。

(5) 圖形 (Plots) 清單：繪製剖面圖的清單，可按 新增 (Add) 鈕，將設定好的平均數
繪圖加入清單中。若要刪除某平均數繪圖，則在清單中選定 (反白) 該名稱，再
按 移除 (Remove) 鈕。若要修改某平均數繪圖，則在清單中加以選定，更正新
設定後，再按 變更 (Change) 鈕。

ⓚ PostHoc檢定… 按鈕：用以界定事後比較的方法，可開啟如圖⑥的次對話盒。

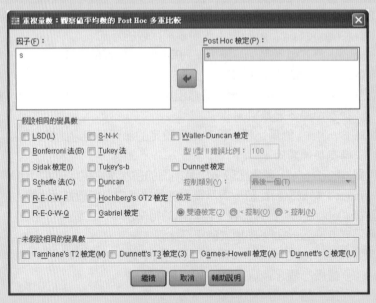

圖⑥ 事後比較之次對話盒

事後比較次對話盒的說明

(1) 因子 (Factor) 清單：來源因子變數清單，顯示分析模式中的所有因子變數。

(2) Post Hoc 檢定 (Post Hoc Tests for) 清單：事後比較清單，可從來源因子變數清單中選取一個或多個 因子，按 ▶ 鈕，以進入此清單中。

(3) 假設相同的變異數 (Equal Variances Assumed) 方塊：適用於各組變異數相等時，可選取下列一或多個事後比較檢定的方法。(所有的事後比較預設均以 0.05 的顯著水準加以執行)。

☐ LSD：最小顯著差異 (Least significance difference) 檢定，即對所有群組的配對進行多重 t 檢定。

☐ Bonferroni：Bonferroni 檢定，即是修正後的最小顯著差異檢定。

☐ Sidak：Sidak 的檢定。

☐ Scheffe：Scheffe' 的檢定。

☐ R-E-G-W F： Ryan-Einot-Gabriel-Welsch 多重降步式 (multiple stepdown procedure) 的 F 檢定。

☐ R-E-G-W Q：Ryan-Einot-Gabriel-Welsch 多重降步式 (multiple stepdown procedure) 的 Q 檢定。

☐ S-N-K：Student-Newman-Keuls 檢定。

☐ Tukey：Tukey 的 HSD(honestly significant difference) 檢定。

☐ Tukey's-b：Tukey 的另一種檢定。

☐ Duncan：Duncan 的多重範圍檢定 (multiple range test)。

☐ Hochberg's GT2：Hochberg 的檢定。

　　□ Gabriel：Gabriel 的檢定。

　　□ Waller-Duncan：Waller-Duncan 的檢定。可設定第一類型錯誤 (Type Ⅰ) 與第二類 型錯誤 (Type Ⅱ) 的比率 (Rates)，預設值為 100。

　　□ Dunnett：Dunnett 的檢定。可設定控制組類別 (Control Category) 為最後 (Last，為 預設選項) 水準或最先 (First) 水準、以及檢定 (Test) 的方向是雙尾 (2-sided) 或是大於 (> Control)、小於 (< Control) 的單尾。

(4) 未假設相同的變異數 (Equal Variances Not Assumed) 方塊：適用於各組變異數不等時，可選取下列一或多個事後比較檢定的方法。

　　□ Tamhane's T2：Tamhane 的 T2 檢定。

　　□ Dunnett's T3：Dunnett 的 T3 檢定。

　　□ Games-Howell：Games-Howell 的檢定。

　　□ Dunnett's C：Dunnett 的 C 檢定。

⑩ [儲存⋯] (Save⋯) 按鈕：用以設定欲儲存的分析資訊，可開啓如圖⑦的次對話盒。

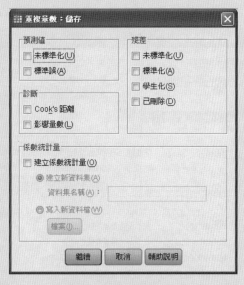

圖⑦　儲存之次對話盒

儲存次對話盒的說明

(1) 預測值 (Predicted Values) 方塊：可選取下列其中之一或多個預測值的選項。

　　□ 未標準化 (Unstandardized)：未標準化的預測值。

　　□ 標準誤 (Standard error)：預測值的標準誤。

(2) 診斷 (Diagnostics) 方塊：可選取下列其中之一或多個診斷值的選項。

　　□ Cook's distance：Cook 距離的診斷值

　　□ 影響量數 (Leverage values)：中央的 Leverage 診斷值。

(3) 殘差 (Residuals) 方塊：可選取下列其中之一或多個殘差值的選項。

　　□ 未標準化 (Unstandardized)：未標準化的殘差值。

　　□ 標準化 (Standardized)：標準化的殘差值。

　　□ 學生化 (Studentized)：t 值化的殘差值。

　　□ 已刪除 (Deleted)：刪除化的殘差值。

(4) 係數統計量 (Coefficient Statistics) 方塊：可選取下列儲存至新檔案的方式

　　□ 建立係數統計量 (Create Coefficient statistics：將係數統計量加以儲存至新的檔案中。

　　○ 建立新資料集 (Create a new dataset)
　　　　資料集名稱 (Dataset name)

　　○ 寫入新資料檔 (Write a new data file)：可按 檔案… (File…) 按鈕，以設定檔案的路徑位置及檔案名稱。

ⓜ 選項… (Options…) 按鈕：用以設定各種重複量數分析時的選項，可開啟如圖⑧的次對話盒。

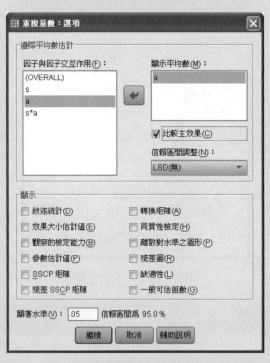

圖⑧　選項之次對話盒

選項次對話盒的說明

(1) 邊際平均數估計 (Estimated Marginal Means) 方塊：設定估計邊緣平均數。

因子與因子交互作用 (Factor(s) and Factor Interactions) 清單：因子與交互作用的來源變數清單。

顯示平均數 (Diplay Means for) 清單：顯示平均數的因子或交互作用的分析清單，可從來源變數清單中選取一或多個因子變數，按 (▶) 鈕，以進入此清單中，可選取下列的選項。

☐ 比較主效果 (Compare main effects)：比較主要效果

信賴區間調整 (Confidence interval adjustment) 下拉式清單：信賴區間的調整方法，用於設定重複量數因子的事後比較，可選取下列其中之一的方法。

LSD(none)：最小顯著差異 (Least significance difference) 檢定，即對所有群組的配對進行多重 t 檢定。

Bonferroni：Bonferroni 檢定，即是修正後的最小顯著差異檢定。

Sidak：Sidak 的檢定。

(2) 顯示 (Display) 方塊：顯示分析的各項統計量數，可選取下列其中一或多個選項。

☐ 敘述統計 (Descriptive statistics)：描述性統計，包括平均數、標準差、個數、標準誤、95% 信賴區間。

☐ 效果大小估計值 (Estimates of effect size)：效果大小的估計。

☐ 觀察的檢定能力 (Observed power)：觀測的統計力。

☐ 參數估計值 (Parameter estimates)：參數估計值。

☐ SSCP 矩陣 (SSCP matrices)：平方和與交叉相乘矩陣。

☐ 殘差 SSCP 矩陣 (Residual SSCP matrix)：殘餘的平方和與交叉相乘矩陣。

☐ 轉換矩陣 (Transformation matrix)：轉換矩陣。

☐ 同質性檢定 (Homogeneity tests)：變異數同質性考驗。

☐ 離散對水準之圖形 (Spread vs. level plots)：分布對水準圖。

☐ 殘差圖 (Residual plots)：殘差圖。

☐ 缺適性 (Lack of fit test)：缺適性檢定。

☐ 一般可估函數 (General estimable function)：一般估計函數。

(3) 顯著水準 (Significance level)：界定檢定的顯著水準，預設值為 0.05。即信賴區間 (Confidence interval) 是 95%。

16-5　如何執行獨立樣本單因子變異數分析的無母數考驗？

操作程序

 ➔ 分析 (Analyze) > 無母數檢定 (Nonparametric Tests) > 歷史對話記錄 (Legacy Dialogs) > k 個獨立樣本…(K Independent Samples…)

統計原理

Kruskal-wallis 考驗是由 Kruskal 與 Wallis 於 1952 年所提出，亦稱為單因子等級變異數分析 (oneway analysis of variance by ranks)，係用以考驗 k 組獨立樣本是否來自同一母群，故其用途相當於母數統計法中的單因子 ANOVA 考驗。一般而言，Kruskal-Wallis 考驗的考驗力是單因子變異數分析 F 考驗的 3/π =95%(Andrews,1954)，因此，當 k 組獨立樣本不是來自於常態分配且 (或)k 組樣本的變異數具異質性 (heterogeneous) 時，則適用無母數的 Kruskal-Wallis 考驗。而其考驗統計量 H 的計算公式如下：

計算公式：$H = \dfrac{12}{N(N+1)}\left[\sum_{i=1}^{k} \dfrac{R_i^2}{n_i}\right] - 3(N+1)$

　　N 表總樣本數

　　n_i 表各組的樣本數

　　R_i 表各組的等級和 (rank sum)

- 當大樣本 ($n_i>5$) 時，即 H 分配近似於自由度 (k-1) 的 x^2 分配。
- 當有相同等級 (tied ranks) 時，H 的計算須加以校正

校正因素：$C = 1 - \dfrac{\sum T}{N^3 - N}$，$\sum T = \sum (t_i^3 - t_i)$

　　t_i 表各相同等級的數目

計算公式：$H_C = \dfrac{H}{C}$

範例16-5　獨立樣本單因子變異數分析的無母數考驗

　　某研究者將 25 位受試者，隨機分派至五個小組進行實驗教學，量測其學習成效之結果如下表所示，試以無母數統計分析不同組別之平均數是否有差異？ (α =0.05)

組別				
1	2	3	4	5
18	20	6	15	12
20	25	9	10	11
21	23	8	9	8
16	27	6	12	13
15	25	11	14	11

一、分析步驟

0. 開啓資料檔 (1anova.sav)，並從功能表中選擇分析 (Analyze) > 無母數檢定 (Nonparametric Tests) > 歷史對話記錄 (Legacy Dialogs) > k 個獨立樣本…(K Independent Samples…)。

1. 如圖 16-5-1 的主對話盒示，從左邊的來源變數清單中，選擇 y 變數進入右邊的檢定變數清單 (Test Variable List) 方塊中。

2. 選擇 a 變數進入右邊的分組變數 (Grouping Variable) 方格中。

3. 點按 定義範圍… (Define Ranges…) 鈕，開啓如圖 16-5-2 所示的次對話盒，在最小值 (Minimum) 方格中輸入 1，在最大值 (Maximum) 方格中輸入 5，再點按 繼續 (Continue) 鈕，回到主對話盒。

4. 點按 選項… (Options…) 鈕，開啓如圖 16-5-3 所示的次對話盒，選取統計量 (Statistics) 方塊中的描敘性統計量 (Descriptive) 選項，再點按 繼續 (Continue) 鈕，回到主對話盒。

5. 點按 確定 (OK) 鈕，即可完成獨立樣本單因子 ANOVA 的無母數考驗。

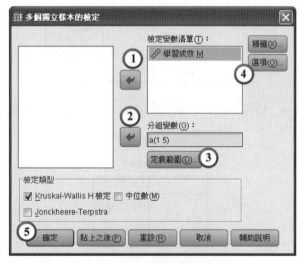

圖16-5-1　多獨立樣本無母數考驗的主對話盒

圖16-5-2　界定範圍的次對話盒

圖16-5-3　界定選項的次對話盒

二、報表及說明

1. 由報表顯示各組之個數 (N)、等級平均數 (Mean Rank)，其中以第二組最高 (MR=22.7)，
   而第三組最低 (MR=4.2)。

等級

	a 組別	個數	等級平均數
y 學習成效	1 第一組	5	18.20
	2 第二組	5	22.70
	3 第三組	5	4.20
	4 第四組	5	10.70
	5 第五組	5	9.20
	總和	25	

2. 顯著性考驗結果 x^2 值為 20.236，漸近顯著性 (Asymp. Sig.) 為 0.000，達顯著差異的
   水準 (P<0.05)。

檢定統計量[a,b]

	y 學習成效
卡方	20.236
自由度	4
漸近顯著性	.000

a. Kruskal Wallis 檢定

b. 分組變數：a 組別

三、分析結果及解釋

　　由 Kruskal-Wallis 單因子 ANOVA 無母數考驗分析結果，顯示各組之間有顯著的差異
(x^2=20.24, P<0.05)。此一結果，與範例 16-2-1 單因子變數分析 (oneway-ANOVA) 的結果
相同。由平均等級可以看出以第二組最高 (MR=22.70)，而第三組最低 (MR=4.20)。

四、撰寫程式

程序語法：獨立樣本單因子變異數分析的無母數考驗(ex16-5.sps)

(1) 在 Tests for Several Independent Samples 對話盒中按 貼上之後 (Paste) 鈕，即可貼出語法：

```
NPAR TESTS
  /K-W=y BY a(1 5).
```

TFY 16-5-1：茲由都市、城鎮、鄉村的國中生中各隨機抽取若干名學生參加體能測驗，設得下列數據，試據此資料進行無母數的變異數分析。(α =0.05)

地區	體能測驗			
都市	1.2	0.9	2.3	2.9
城鎮	3.6	3.2	1.7	2.7
鄉村	3.6	1.9	3.5	2.5

A16-3對話盒指引 Tests for Several Independent Samples程序

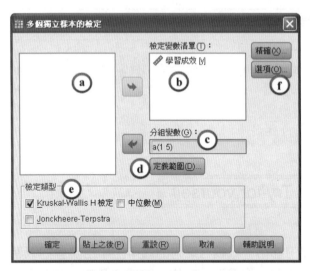

圖① 多獨立樣本無母數分析之主對話盒

Tests for Several Independent Samples對話盒的說明

多個獨立樣本的檢定 (Tests for Several Independent Samples) 程序是用以比較一變數中二個或多個群組的觀測值差異，與母數檢定中的單因子變異數分析的功能相同。最基本的規格要求是一或多個檢定變數，以及一個分組變數及其分組值。可從功能表選擇分析 (Analyze) > 無母數檢定 (Nonparametric Tests) > 歷史對話記錄 (Legacy Dialogs) > k 個獨立樣本…(K Independent Samples…)，開啓如圖①的主對話盒。

ⓐ 來源清單 (Source List) 方塊：來源變數清單，會顯示資料集的所有數值變數。

ⓑ 檢定變數清單 (Test Variable List) 方塊：檢定變數清單，可從來源變數清單中選取一或多個變數，按 第一個 ▶ 鈕，以進入此清單中。

ⓒ 分組變數 (Grouping Variable) 方格：分組變數。可從來源變數清單中選定類別變數，按第二個 ▶ 鈕，以進入此方格中。

ⓓ 定義範圍… (Define Ranges…) 按鈕：用以界定分組變數的分組值，可開啓如圖②的次對話盒。

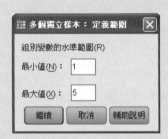

圖② 定義分組變數範圍之次對話盒

> ### 定義分組範圍次對話盒的說明
>
> 　　組別變數的水準範圍 (Range for Grouping Variable)：在最小值 (Minimum) 及最大值 (Maximum) 文字方格中分別輸入分組變項的最小值與最大值。

ⓔ 檢定類型 (Test Type) 方塊：至少必須選定一種檢定模式。可選取下列一或多個選項。

　　☐ Kruskal-Wallis H：克—瓦二氏 H 檢定。

　　☐ 中位數 (Median)：中數檢定。

　　☐ Jonckheere-Terpstra：多個獨立樣本位置的 Jonckheere-Terpstra 檢定。

ⓕ 選項… (Options…) 按鈕：用以取得彙總統計量，或控制缺漏值的處理，可開啟如圖③的次對話盒。

圖③　選項的次對話盒

> ### 選項次對話盒的說明
>
> (1) 統計量 (Statistics) 方塊：可選取下列一或多個彙總統計量。
>
> 　　☐ 描述性統計量 (Descriptive)：顯示平均數、最小值、最大值、標準差，以及非缺漏值的觀測體數目。
>
> 　　☐ 四分位數 (Quartiles)：顯示第 25、50、及 75 的百分位數。
>
> (2) 遺漏值 (Missing Values) 方塊：可選取下列其中之一的選項。
>
> 　　◯ 依檢定排除觀察值 (Exclude cases test-by-test)：對分析用之變數中有缺漏值的觀測體，將被排除於個別檢定分析之外。此為預設選項。
>
> 　　◯ 完全排除觀察值 (Exclude cases listwise)：對變數中有缺漏值的觀測體，將被排除於所有檢定分析之外。

16-6　如何執行相依樣本單因子變異數分析的無母數考驗？

操作程序

 ➔ 分析 (Analyze) > 無母數檢定 (Nonparametric Tests) > 歷史對話記錄 (Legacy Dialogs) > k 個相關樣本…(K Dependent Samples…)

統計原理

Friedman 考驗可用於檢定 K 組有關樣本所來自母群體的中位數是否有顯著差異，與其相對應的是母數統計方法的相依樣本單因子 ANOVA，但 Friedman 是使用變數的等級平均數而不是使用原始數據的平均數與標準差，且 Friedman 是利用卡方分析比較等級值和期望值，而不是算出 F 值。

範例16-6　重複量數單因子變異數分析的無母數考驗

下表資料是 5 名受試者參加四種速算測驗的結果，試以無母數考驗分析受測者在四種測驗的成績是否有顯著差異？ (α=0.05)

受試者	測驗 (A)			
(S)	A1	A2	A3	A4
1	16.6	15.8	14.7	14.4
2	16.9	15.6	15.1	13.8
3	17.1	16.1	14.8	13.9
4	17.2	16.3	15.2	14.1
5	16.8	15.7	15.3	14.3

一、分析步驟

0. 開啓資料檔 (1anovar.sav)，從功能表中選擇分析 (Analyze) > 無母數檢定 (Nonparametric Tests) > 歷史對話記錄 (Legacy Dialogs) > k 個相關樣本…(K Dependent Samples…)。

1. 如圖 16-6-1 的主對話盒所示，從左邊的來源變數清單中，選擇 a1 ～ a4 變數進入右邊的檢定變數 (Test Variables) 方塊中。

2. 在檢定類型 (Test Type) 的方塊中，選取 Friedman 檢定選項。

3. 點按 統計量… (Statistics…) 鈕，開啓如圖 16-6-2 所示的次對話盒，選取描述性統計量 (Descriptive) 選項，再點按 繼續 (Continue) 鈕，回到主對話盒。

4. 點按 繼續 (OK) 鈕，即可完成多相依樣本平均數的無母數考驗。

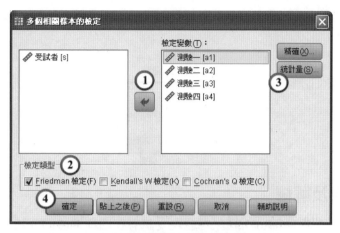

圖16-6-1　多相依樣本無母數考驗的主對話盒

圖16-6-2　界定統計量的次對話盒

二、報表及說明

1. 報表首先顯示四個測驗的個數 (N)、平均數 (Mean)、標準差 (Std. Deviation)、最小值 (Minimum)、最大值 (Maximum) 等。

描述性統計量

	個數	平均數	標準差	最小值	最大值
a1 測驗一	5	16.920	.2387	16.6	17.2
a2 測驗二	5	15.900	.2915	15.6	16.3
a3 測驗三	5	15.020	.2588	14.7	15.3
a4 測驗四	5	14.100	.2550	13.8	14.4

2. 顯示四個測驗的等級平均數。

等級

	等級平均數
a1 測驗一	4.00
a2 測驗二	3.00
a3 測驗三	2.00
a4 測驗四	1.00

3. 顯著性考驗結果 x^2 值為 15.0，顯著性 (Asymp Sig.) 為 0.002，達顯著差異的水準 (P<0.05)。

檢定統計量ª

個數	5
卡方	15.000
自由度	3
漸近顯著性	.002

a. Friedman 檢定

三、分析結果及解釋

由 Friedman 無母數考驗分析結果，發現受試者在四種測驗的成績有顯著差異 (x^2 = 15.00,P<0.05)。此一結果，與範例 16-4 重複量數單因子變異數分析結果相同。再由平均等級來看，顯示受試者在測驗一的成績最高 (MR=4.00)，而以測驗四的成績最低 (MR=1.00)。

四、撰寫程式

程序語法：相依樣本單因子變異數分析的無母數考驗(ex16-6.sps)

(1) 在 Tests for Several Related Samples 對話盒中按 貼上之後 (Paste) 鈕，即可貼出語法：

```
NPAR TESTS
  /FRIEDMAN = a1 a2 a3 a4
  /STATISTICS DESCRIPTIVES .
```

 牛刀小試 Try for yourself

TFY **16-6-1** · 下表資料是五名學生參與三種不同實驗處理後的測驗成績，試以無母數統計法分析其平均數的差異？(α =0.05)

受試者	處理 A	處理 B	處理 C
1	14	2	26
2	3	14	8
3	21	9	14
4	5	12	19
5	16	5	20

A16-4對話盒指引　Test for Several Related Samples程序

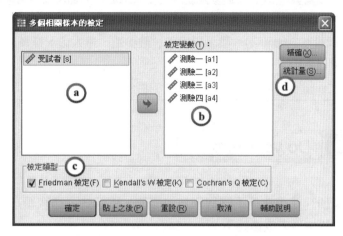

圖① K個相依樣本無母數考驗的主對話盒

Test for Several Related Samples對話盒的說明

　　多個相關樣本的檢定 (Test for Several Related Samples) 程序是用以比較兩個或更多變數的分配，與母數檢定中的相依樣本單因子變異數分析的功能相同。最基本的規格要求是兩個或以上的數值變數。可從功能表選擇分析 (Analyze) > 無母數檢定 (Nonparametric Tests) > 歷史對話記錄 (Legacy Dialogs) > k 個相關樣本⋯(K Dependent Samples⋯)，開啟如圖①的主對話盒。

ⓐ 來源清單 (Source List) 方塊：資料檔中的數值變數將會顯示在此來源變數清單中。

ⓑ 檢定變數 (Test Variables) 方塊：分析變數清單。可從來源變數清單中選定兩個或多個變數，按 ▶ 鈕，以進入此清單中。

ⓒ 檢定類型 (Test Type) 方塊：至少必須選取一種檢定類型，可選取下列一或多個選項。

　□ Friedman：費里曼檢定。

　□ Kendall's W：肯德爾和諧係數檢定。

　□ Cochran's Q：寇克蘭 Q 檢定。

ⓓ 統計量⋯ (Statistics⋯) 按鈕：用以取得彙總統計量，可開啟如圖②的次對話盒。

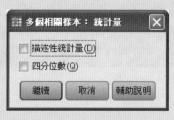

圖② 界定統計量的次對話盒

統計量次對話盒的說明

可選取下列一或多個彙總統計量。

☐ 描述性統計量 (Descriptive)：顯示平均數、最小值、最大值、標準差、以及非缺漏值的觀測體數目。

☐ 四分位數 (Quartiles)：顯示第 25、50、75 的百分位數。

精益求精 Do your best

DYB 16-1 · 某研究使用 3 種不同教學方法教學，欲評估三種教學方法的成效，得到學生期末成績如下：

方法 A	方法 B	方法 C
21	28	19
19	28	17
21	23	20
24	27	23
25	31	20
20	38	17
27	34	20
19	32	21
23	29	22
25	28	21
26	30	23

1. 求三個樣本的平均數及標準差。從這些描述性統計結果是否預期哪種教學方法較佳？

2. 執行變異數分析，並與預期結果做比較。

DYB 16-2 · 某科技大學隨機抽樣調查教師對四個行政單位 (教務處、學務處、總務處、研發處) 服務品質之滿意程度，得其結果如下表所示，請以 α = 0.05 檢定教師對此四個行政單位服務品質之滿意程度是否有顯著差異？

行政單位			
教務處	學務處	總務處	研發處
59	63	70	49
56	49	68	55
47	60	62	48
46	54	69	49
55	56	65	50
54	55	65	45
48	50	72	47

DYB **16-3** · 某研究想瞭解不同家庭父母的子女教養態度是否有差異，於是在某地區的單親 (父) 家庭、單親 (母) 家庭及雙親家庭中各抽出了 20 戶，請其家長填答「教養態度量表」(分數愈高代表教養態度愈嚴格，反之愈開放)。其結果如下表所示 (部分家長未將量表寄回)。請以 α =0.05 進行變異數分析並解釋其結果，若顯著亦請進行適切之事後比較。

單親 (父) 家庭	單親 (母) 家庭	雙親家庭
58	68	69
60	78	65
65	68	63
49	80	59
41	84	57
63	76	74
73	85	72
59	71	67
47	73	73
36	72	62
37	68	60
41	62	71
70	65	60
63	77	57
59	77	67
45	78	63
56		73
37		68
		66

DYB **16-4**．某教學實驗為檢定 4 種教學法的學習效果，為考慮學生的個別差異，可能會影響教學法的成效。因此隨機抽取 7 個學生，接受 4 種教學法的實驗。實驗後的學生成績如下表，在 α = 0.05 下，試分析這 4 種教學法的學習效果是否一樣？

受試者	教學法 A	教學法 B	教學法 C	教學法 D
學生 1	80	79	65	78
學生 2	80	76	73	75
學生 3	81	73	69	80
學生 4	81	67	78	77
學生 5	87	78	76	71
學生 6	79	72	79	86
學生 7	82	80	83	75

Chapter 17

單因子共變數分析 (ANCOVA)

學習目標

☞ 能瞭解單因子共變數分析的意義及種類

☞ 能執行獨立樣本單因子共變數分析

☞ 能執行重複量數單因子共變數分析

❓ 17-1　何謂共變數分析(ANCOVA)？

一、共變數分析的定義

　　共變數分析是經過調整後的變異數分析，係利用統計控制的方法，將足以影響實驗結果，卻無法以實驗方法控制的有關因素，利用直線迴歸法，將這些因素從變異數中剔除。因此，共變數分析乃簡單迴歸分析與變異數分析之延伸，亦即將 k 組迴歸資料合併以變異數分析之方法。

二、共變數分析的基本假定

1. 常態性 (normality)：依變數的觀察值應符合常態分配。

2. 獨立性 (independence)：共變量應不受實驗處理的影響。

3. 變異數同質性 (homogeneity of variance)：各實驗處理間 (各組間) 的變異數須符合相同的假定。亦即等分散性 (homoscedasticity)。

4. 各組組內迴歸係數同質 (homogeneity of regression coefficients)。

5. 共變量 (X) 與依變數 (Y) 為直線關係 (linear relationship)。

　　※違反變異數同質性時，可利用資料轉換的方式，以得到各組變異數較接近的結果。

　　※違反迴歸係數同質性時，可採用詹森 - 內曼法 (Johnson Neyman technique) 分析在不同共變量下，調整平均數差異的情形。

三、迴歸係數同質性考驗

　　為 k 組迴歸資料所對應之 k 個母群體迴歸係數相等之假設檢定。其虛無假設為

$$H_0: \beta_1 = \beta_2 = \cdots\cdots = \beta_k$$

四、共變數分析的類型

　　共變數分析除了應用在單因子獨立樣本外，亦可應用在重複量數、多因子的情形。此外可以有二個或二個以上的共變量，以增加實驗的精確性，以下各節次將就其各類型的分析，從迴歸係數同質性考驗、共變數分析摘要表、調節平均數等加以整理說明。

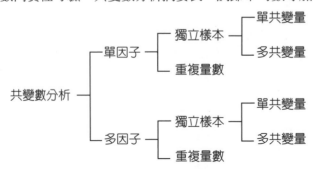

17-2　如何執行獨立樣本單因子共變數分析？

操作程序

→ 分析 (Analyze) > 一般線性模式 (General Linear Model) > 單變量…(Univariate…)

統計原理

一、單因子獨立樣本單共變量共變數分析

X：共變量，Y：依變數，A：自變數 (實驗處理或組別)。

1. 迴歸係數同質性考驗

變異來源	SS	df	MS	F
迴歸係數同質 (Parallelism)	SSP	k-1	SSP/(k-1)	MSP/MSE'
誤差 (Error)	SSE'	N-2k	SSE'/(N-2k)	

註：分析模式 Y=X，A，X*A。

　　SSP 為 X*A 的組間平方和。

　　SSE' 為模式的組內誤差平方和。

2. 共變數分析 (ANCOVA) 摘要表

變異來源	SS'	df	MS'	F
共變量 (X)	SSX	1	SS'X/1	MS'X/MS'E
實驗處理 (A)	SSA	k-1	SS'A/(k-1)	MS'A/MS'E
誤差 (Error)	SSE	N-k-1	SS'E/(N-k-1)	

註：分析模式 Y=X，A

　　SSX 為共變量的迴歸平方和。

　　SSA 為實驗處理的組間平方和。

　　SSE 為模式的組內誤差平方和。

3. 調節平均數 (adjusted mean)

計算公式：$\overline{Y}_{adj} = \overline{Y} - b(\overline{X} - GM)$

　　$\overline{Y}_{adj}$ 表調節平均數

　　$\overline{Y}$ 表依變數的觀察平均數

　　b 表迴歸係數

　　$\overline{X}$ 表共變量的平均數

　　GM 表共變量未加權的總平均數

二、單因子獨立樣本二共變量共變數分析

X_1，X_2：共變量，Y：依變數，A：自變數（實驗處理或組別）

1. 迴歸係數同質性考驗

變異來源	SS	df	MS	F
迴歸係數同質 (Parallelism)	SSP	2(k-1)	SSP/2(k-1)	MSP/MSE'
誤差 (Error)	SSE'	N-3k	SSE'/(N-3k)	

註：分析模式 $Y=X_1$，X_2，A，(X_1*A+X_2*A)
　　SSP 為 (X_1*A+X_2*A) 的綜合組間平方和。
　　SSE' 為模式的組內誤差平方和。

2. 共變數分析 (ANCOVA) 摘要表

變異來源	SS'	df	MS'	F
共變量 (X)	SSX	2	SS'X/2	MS'X/MS'E
實驗處理 (A)	SSA	k-1	SS'A/(k-1)	MS'A/MS'E
誤差 (Error)	SSE	N-k-2	SS'E/(N-k-2)	

註：分析模式 $Y=X_1$，X_2，A
　　SSX 為共變量的迴歸平方和。
　　SSA 為實驗處理的組間平方和。
　　SSE 為模式的組內誤差平方和。

範例17-2-1　獨立樣本單因子共變數分析(單共變量)

　　某研究者想瞭解三種不同教學方法對學生在 PASW 課程的學習成績是否有影響。唯考慮學生的電腦常識，可能影響其對 PASW 的學習，故在實驗前對每一位學生進行"計算機概論"的測驗。下表是 15 位學生計算機概論分數 (X)，與實驗一學期後 PASW 的測驗成績 (Y)。在排除計算機概論的影響後，三種教學方法之間有無優劣的差異？(α=0.01)

方法一		方法二		方法三	
X	Y	X	Y	X	Y
58	75	60	70	75	80
25	40	30	25	60	55
50	68	55	65	70	73
40	62	50	50	60	61
55	67	45	55	55	65

一、迴歸同質性考驗

(一) 分析步驟

0. 開啟資料檔 (1ancova1.sav)，從功能表中選擇分析 (Analyze) > 一般線性模式 (General Linear Model) > 單變量…(Univariate…)。

1. 如圖 17-2-1 的主對話盒所示，從左邊的來源變數清單中，選擇 y 變數 (PASW 成績) 進入右邊的依變數 (Dependent Variable) 清單的方格中。

2. 選擇 a 變數 (教學方法) 進入右邊的固定因子 (Fixed Factors) 清單的方塊中。

3. 選擇 x 變數 (計算機概論成績) 進入右邊的共變量 (Covariates) 清單的方塊中。

4. 點按 模式… (Model…) 鈕，開啟如圖 17-2-2 所示的次對話盒，從左邊的因子與共變量清單 (Factors & Covariates) 中，同時選擇 a 及 x 變數，從建立項目 (Build Terms) 的下拉式選單選取主要效果 (Main Effects) 的選項，按 ▶ 鈕，將 a 及 x 的主要效果選入右邊的模式 (Model) 清單中；其次是同時選擇 a 及 x 變數，從建立項目 (Build Terms) 的下拉式選單選取交互作用 (Interaction) 的選項，按 ▶ 鈕，將 a 及 x 的交互作用選入右邊的模式 (Model) 清單中，最後再點按 繼續 (Continue) 鈕，回到主對話盒。

5. 點按 確定 (OK) 鈕，即可完成獨立樣本單因子共變數分析的迴歸同質性考驗。

圖17-2-1　獨立樣本單因子共變數分析的主對話盒

圖17-2-2　界定分析模式的次對話盒

(二) 報表及說明

1. 迴歸同質性考驗結果顯示組間迴歸 (a*x) 的 F 值為 1.533，顯著性為 0.267，未達顯著水準 (P>0.05)，亦即迴歸係數具同質性。

受試者間效應項的檢定

依變數:y PASW成績

來源	型 III 平方和	df	平均平方和	F	顯著性
校正後的模式	2572.467ᵃ	5	514.493	18.055	.000
截距	.718	1	.718	.025	.877
a	172.478	2	86.239	3.026	.099
x	1681.412	1	1681.412	59.005	.000
a＊x	87.348	2	43.674	1.533	.267
誤差	256.467	9	28.496		
總數	58157.000	15			
校正後的總數	2828.933	14			

a. R 平方 = .909 (調過後的 R 平方 = .859)

二、共變數分析

(一) 分析步驟

0. 從功能表中選擇分析 (Analyze) > 一般線性模式 (General Linear Model) > 單變量… (Univariate…)。

1. 如圖 17-2-3 的主對話盒所示，從左邊的來源變數清單中，選擇 y 變數 (PASW 成績) 進入右邊的依變數 (Dependent Variable) 清單的方格中。

2. 選擇 a 變數 (教學方法) 進入右邊的固定因子 (Fixed Factors) 清單的方塊中。

3. 選擇 x 變數 (計算機概論成績) 進入右邊的共變量 (Covariates) 清單的方塊中。

4. 點按 選項… (Options…) 鈕，開啟如圖 17-2-4 所示的次對話盒，從左邊的因子與因子交互作用 (Factors & Interactions) 清單中，選擇 a 變數，按 ▶ 鈕，選入右邊的顯示平均數 (Display Means) 清單中，其次是勾選比較主效果 (Compare main effects) 的選項，並從信賴區間調整 (Confidence interval adjustment) 的下拉式選單選取 Bonferroni 的選項，同時點選顯示 (Display) 方塊中的描述性統計 (Descriptive statistics)，而在次對話盒最下方的顯著水準 (Significance level) 方格中輸入 0.01，此時信賴區間 (Confidence Interval) 顯示的是 99%，最後則是點按 繼續 (Continue) 鈕，回到主對話盒。

5. 點按 確定 (OK) 鈕，即可完成獨立樣本單因子共變數分析。

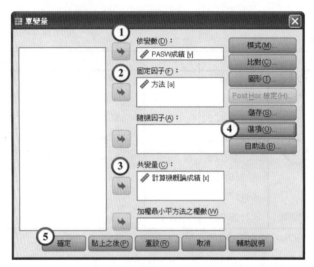

圖17-2-3 獨立樣本單因子共變數分析的主對話盒

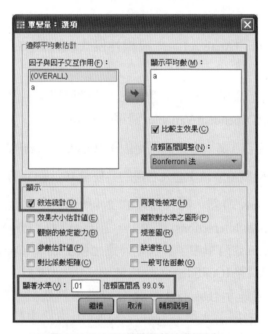

圖17-2-4 界定選項的次對話盒

(二) 報表及說明

1. 描述性統計顯示平均數 (Mean)、標準差 (Std. Deviation)、個數 (N)。

敘述統計

依變數:y PASW成績

a 方法	平均數	標準離差	個數
1 方法一	62.40	13.353	5
2 方法二	53.00	17.536	5
3 方法三	66.80	9.859	5
總數	60.73	14.215	15

2. 共變數分析結果顯示組間 (a) 的 F 值為 8.943，顯著性 (Sig.) 為 0.005，達顯著差異的水準 (P<0.01)。

受試者間效應項的檢定

依變數:y PASW成績

來源	型 III 平方和	df	平均平方和	F	顯著性
校正後的模式	2485.118[a]	3	828.373	26.503	.000
截距	.189	1	.189	.006	.939
x	1988.185	1	1988.185	63.610	.000
a	559.024	2	279.512	8.943	.005
誤差	343.815	11	31.256		
總數	58157.000	15			
校正後的總數	2828.933	14			

a. R 平方 = .878 (調過後的 R 平方 = .845)

3. 估計值顯示調節平均數 (Mean)、標準誤 (Std. Error)、以及 99% 信賴區間 (Confidence Interval)。

估計值

依變數:y PASW成績

方法	平均數	標準誤差	99% 信賴區間	
			下界	上界
1 方法一	70.337[a]	2.691	61.979	78.695
2 方法二	58.189[a]	2.584	50.166	66.213
3 方法三	53.674[a]	2.993	44.377	62.970

a. 使用下列值估計出現在模式的共變量:x 計算機概論成績 = 52.53。

4. 事後比較分析顯示僅方法一與方法三之差異的顯著性為 0.009，達顯著水準 (P<0.01)，亦即方法一的調節平均數顯著大於方法三。

成對比較

依變數:y PASW成績

(I) 方法	(J) 方法	平均差異 (I-J)	標準誤差	顯著性[a]	差異的 99% 信賴區間[a]	
					下界	上界
1 方法一	2 方法二	12.147	3.553	.017	-1.098	25.393
	3 方法三	16.663[*]	4.413	.009	.209	33.117
2 方法二	1 方法一	-12.147	3.553	.017	-25.393	1.098
	3 方法三	4.516	4.216	.921	-11.203	20.235
3 方法三	1 方法一	-16.663[*]	4.413	.009	-33.117	-.209
	2 方法二	-4.516	4.216	.921	-20.235	11.203

根據估計的邊緣平均數而定

a. 調整多重比較：Bonferroni。

*. 平均差異在 .01 水準是顯著的。

三、分析結果及解釋

1. 由迴歸同質性考驗摘要表中，發現迴歸係數具同質性 (F=1.53，P ＞ 0.01)。因此，可進行共變數分析，結果顯示在排除計算機概論成績的影響後，三種教學方法之間有顯著的優劣差異 (F=8.94，P ＜ 0.01)，再進一步進行 Bonferroni 法事後考驗結果，發現僅方法一 (M'=70.34) 優於方法三 (M'=53.67)。

表 17-2-1　迴歸同質性考驗摘要表

SOURCE	SS	df	MS	F
組間 (迴歸係數)	87.35	2	43.67	1.53 n.s
組內 (誤差)	256.47	9	28.50	

表 17-2-2　共變數分析摘要表

SOURCE	SS'	df	MS'	F	事後比較
共變數	1988.19	1	1988.19		
組間 (教學方法)	559.02	2	279.51	8.94**	方法一＞方法三
組內 (誤差)	343.82	11	31.26		

**P ＜ 0.01

表 17-2-3　平均數、標準差及調節平均數摘要表

組別	人數	平均數	標準差	調節平均數
方法一	5	62.40	13.35	70.34
方法二	5	53.00	17.54	58.19
方法三	5	66.80	9.86	53.67

2. 將淨 (partial) $\eta^2 \times 100\% = 0.619 \times 100\% = 61.9\%$，亦即在排除計算機概論成績的影響後，教學方法仍可解釋 PASW 學習成績之 61.9% 的變異。

$$\text{淨 } \eta^2 = \frac{SS_a}{SS_a + SS_{error}} = \frac{559.02}{559.02 + 343.82} = 0.619$$

四、撰寫程式

程序語法：獨立樣本單因子共變數分析(ex17-2-1.sps)

(1) 迴歸同質性考驗：

```
UNIANOVA  y BY a WITH x   /*依變數 BY 自變數 WITH 共變數
  /DESIGN = a x a*x .       /*界定迴歸同質性考驗的效果a*x
```

(2) 獨立樣本單因子共變數分析：

```
UNIANOVA  y BY a WITH x
  /METHOD = SSTYPE(3)
  /INTERCEPT = INCLUDE
  /EMMEANS = TABLES(a) WITH(x=MEAN)   /*計算調節平均數
            COMPARE ADJ(BONFERRONI)   /*主要效果事後比較
  /PRINT = DESCRIPTIVE
  /CRITERIA = ALPHA(.01)   /*界定顯著水準
  /DESIGN =xa.
```

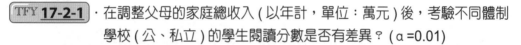

牛刀小試 Try for yourself

TFY **17-2-1** · 在調整父母的家庭總收入 (以年計，單位：萬元) 後，考驗不同體制學校 (公、私立) 的學生閱讀分數是否有差異？ (α =0.01)

學校型態 (A)	閱讀分數 (Y)	家庭收入 (X)	學校型態 (A)	閱讀分數 (Y)	家庭收入 (X)
公立	39	108	私立	76	200
公立	50	112	私立	50	160
公立	47	120	私立	49	188
公立	46	112	私立	48	148
公立	28	88	私立	37	176
公立	29	132	私立	73	204
公立	46	132	私立	41	140
公立	39	108	私立	76	200
公立	50	112	私立	50	160
公立	47	120	私立	49	188
公立	46	112	私立	48	148
公立	28	88	私立	37	176
公立	29	132	私立	73	204
公立	46	132	私立	41	140
公立	46	132	私立	76	200

TFY **17-2-2**・在調整父母的教育水準 (以年計) 後，考驗不同學校類型 (綜合高中、
高中、高職) 學生的數學成績是否有差異？ (α =0.05)

學校類型	數學	教育水準	學校類型	數學	教育水準	學校類型	數學	教育水準
綜合高中	39	14	高中	57	9	高職	90	22
綜合高中	65	14	高中	49	20	高職	79	25
綜合高中	42	6	高中	82	23	高職	80	17
綜合高中	55	14	高中	58	21	高職	93	22
綜合高中	43	14	高中	59	13	高職	60	22
綜合高中	57	20	高中	72	29	高職	57	17
綜合高中	52	11	高中	53	18	高職	87	20
綜合高中	57	12	高中	81	20	高職	72	21
綜合高中	53	14	高中	80	22	高職	86	26
綜合高中	39	19	高中	59	22	高職	61	26
綜合高中	84	18	高中	56	14	高職	78	19
綜合高中	43	21	高中	69	17	高職	63	25
綜合高中	49	15	高中	62	28	高職	72	20
綜合高中	40	19	高中	44	15	高職	49	20
綜合高中	45	21	高中	66	17	高職	50	25

A17-1對話盒指引 GLM Univariate程序

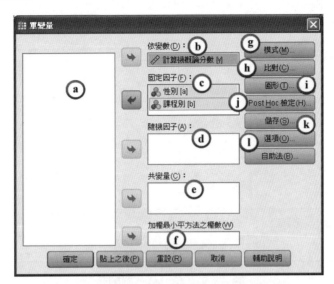

圖① 獨立樣本多因子變異數分析的主對話盒

GLM Univariate對話盒的說明

　　一般線性模式單變量 (GLM Univariate) 程序提供一或多個自變數對單依變數的變異數分析 (ANOVA) 與共變數分析 (ANCOVA)。最基本的規格要求是單一數值的依變數，以及一或多個數值或短字串的自變數。可從功能表選擇分析 (Analyze) > 一般線性模式 (General Linear Model) > 單變量…(Univariate…)，開啟如圖①的主對話盒。

ⓐ 來源清單 (Source list) 方塊：資料檔中之數值與短字串變數將會顯示在此來源變數清單中。

ⓑ 依變數 (Dependent Variable) 方塊：依變數清單，可從來源變數清單中選取一個數值變數，按第一個 ▶ 鈕，以進入此清單中。

ⓒ 固定因子 (Fixed Factor(s)) 方塊：固定因子自變數清單，可從來源變數清單中選取一或多個數值變數，按第二個 ▶ 鈕，以進入此清單中。

ⓓ 亂數因子 (Random Factor (s)) 方塊：隨機因子自變數清單，可從來源變數清單中選取一或多個數值變數，按第三個 ▶ 鈕，以進入此清單中。

ⓔ 共變量 (Covariate(s)) 方塊：共變數清單，可從來源變數清單中選取一或多個數值變數，按第四個 ▶ 鈕，以進入此清單中。

ⓕ 加權最小平均之權數 (WLS Weight) 方塊：加權最小平方法 (weighted least-squares) 分析的加權變數清單，可從來源變數清單中選取一或多個數值變數，按第五個 ▶ 鈕，以進入此清單中。

ⓖ 模式… (Model…) 按鈕：用以界定分析的模式及設定離均差平方和的類型，可開啟如圖②的次對話盒。

圖② 分析模式之次對話盒

分析模式次對話盒的說明

(1) 指定模式 (Specify Model) 方塊：界定分析模式，可選取下列其中之一的選項。

○ 完全因子設計 (Full factorial)：完整的因子模式。

○ 自訂 (Custom)：自訂模式。

　因子與共變量 (Factors & Covariates) 方塊：顯示自變數及共變數的來源清單。

　建立項目 (Build Term(s)) 下拉式清單：建立模式考驗的項次，可選取下列其中之一的選項。

　　交互作用 (Interaction)：交互作用。此為預設值。

　　主效果 (Main effects)：主要效果。

　　完全二因子 (All 2-way)：所有二因子的主要效果及交互作用。

　　完全三因子 (All 3-way)：所有三因子的主要效果及交互作用。

　　完全四因子 (All 4-way)：所有四因子的主要效果及交互作用。

　　完全五因子 (All 5-way)：所有五因子的主要效果及交互作用。

　模式 (Model) 方塊：顯示已選定之分析模式清單。

(2) 平方和 (Sum of squares) 下拉式清單：設定離均差平方和計算的類型，可選取下列其中之一的選項。

　型 I (Type I)：第一類型 SS，即階層法 (Hierarchical approach)，A 因子先進入模式中。

　型 II (Type II)：第二類型 SS，即古典實驗設計法 (Classic experimental design approach)。

　型 III (Type III)：第三類型 SS，即古典迴歸法 (Classic regression approach)，此為預設選項。

　型 IV (Type IV)：第四類型 SS，即階層法 (Hierarchical approach)，B 因子先進入模式中。

(3) ☑ 模式中包括截距 (Include intercept in model)：預設為包含截矩在分析模式中。

ⓗ 對比… (Contrasts…) 按鈕：用以界定事前比較的方式，可開啟如圖③的次對話盒。

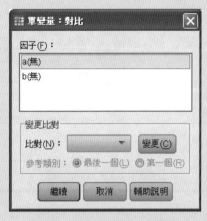

圖③　事前比較之次對話盒

事前比較次對話盒的說明

(1) 因子 (Factors) 方塊：顯示事前比較因子及其比較方式的清單。

(2) 變更比對 (Change Contrast) 方塊：改變事前比較的方式。

　　比對 (Contrast) 下拉式選單：可選取下列其中之一的事前比較方式。

　　　　無 (None)：不進行事前比較。

　　　　離差 (Deviation)：離差比較，各類組與其它類組之平均值的比較，預設以最　　　　　　後水準為參照類組。

　　　　簡單 (Simple)：簡單比較，各類組與設定的參照類組之比較，預設以最後水　　　　　　準為參照類 組。

　　　　差異 (Difference)：差異比較，與其前面的各水準之平均值進行比較。

　　　　Helmert：赫爾默特比較，與其後面各水準之平均值進行比較。

　　　　重複 (Repeated)：重複比較，與其前面的相鄰水準之比較。

　　　　多項式 (Polynomial)：多項式的正交比較。

　　參考類別 (Reference Category)：可設定下列其中之一的參照類組。

　　　　○ 最後一個 (Last)：參照類組為最後水準。

　　　　○ 第一個 (First)：參照類組為最先水準。

ⓘ 圖形… (Plots…) 按鈕：用以繪製平均數的剖面圖，可開啟如圖④的次對話盒。

圖④ 平均數繪圖之次對話盒

平均數繪圖次對話盒的說明

(1) 因子 (Factors) 方塊:來源因子變數清單,顯示分析模式中的所有因子變數。

(2) 水平軸 (Horizontal Axis) 方格:設定水平軸的因子。可從來源因子變數清單中選取一個變數,按第一個 ▶ 鈕,以進入此方格中。

(3) 個別線 (Separate Lines) 方格:設定個別線條的因子。可從來源因子變數清單中選取一個變數,按第二個 ▶ 鈕,以進入此方格中。

(4) 個別圖形 (Separate Plots) 方格:設定個別繪圖的因子。可從來源因子變數清單中選取一個變數,按第三個 ▶ 鈕,以進入此方格中。

(5) 圖形 (Plots) 方塊:繪製剖面圖的清單,可按 新增 (Add) 鈕,將設定好的平均數繪圖加入清單中。若要刪除某平均數繪圖,則在清單中選定 (反白) 該名稱,再按 移除 (Remove) 鈕。若要修改某平均數繪圖,則在清單中加以選定,更正新設定後,再按 變更 (Change) 鈕。

ⓙ Post Hoc… 按鈕:用以界定事後比較的方法,可開啟如圖⑤的次對話盒。

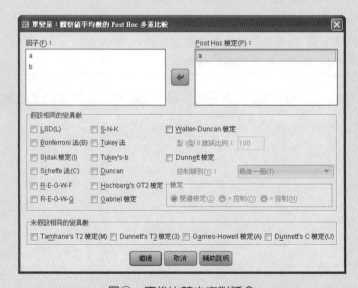

圖⑤ 事後比較之次對話盒

事後比較次對話盒的說明

(1) 因子 (Factors) 方塊：來源因子變數清單，顯示分析模式中的所有因子變數。

(2) Post Hoc 檢定 (Post Hoc Tests for) 方塊：事後比較清單，可從來源因子變數清單中選取一個或多個因子，按 ▶ 鈕，以進入此清單中。

(3) 假設相同的變異數 (Equal Variance Assumed) 方塊：適用於各組變異數相等時，可選取下列一或多個事後比較檢定的方法。(所有的事後比較預設均以 0.05 的顯著水準加以執行)。

  ☐ LSD：最小顯著差異 (Least significance difference) 檢定，即對所有群組的配對進行多重 t 檢定。

  ☐ Bonferroni：Bonferroni 檢定，即是修正後的最小顯著差異檢定。

  ☐ Sidak：Sidak 的檢定。

  ☐ Scheffe：Scheffe' 的檢定。

  ☐ R-E-G-W F：Ryan-Einot-Gabriel-Welsch 多重降步式 (multiple stepdown procedure) 的 F 檢定。

  ☐ R-E-G-W Q：Ryan-Einot-Gabriel-Welsch 多重降步式 (multiple stepdown procedure) 的 Q 檢定。

  ☐ S-N-K：Student-Newman-Keuls 檢定。

  ☐ Tukey：Tukey 的 HSD(honestly significant difference) 檢定。

  ☐ Tukey's-b：Tukey 的另一種檢定。

  ☐ Duncan：Duncan 的多重範圍檢定 (multiple range test)。

  ☐ Hochberg's GT2：Hochberg 的檢定。

  ☐ Gabriel：Gabriel 的檢定。

  ☐ Waller-Duncan：Waller-Duncan 的檢定。可設定第一類型錯誤 (Type Ⅰ) 與第二類型錯誤 (Type Ⅱ) 的比率 (Rates)，預設值為 100。

  ☐ Dunnett：Dunnett 的檢定。可設定控制組類別 (Control Category) 為最後 (Last，為預設選項) 水準或最先 (First) 水準、以及檢定 (Test) 的方向是雙尾 (2-sided) 或是大於 (> Control)、小於 (< Control) 的單尾。

(4) 未假設相同的變異數 (Equal Variances Not Assumed) 方塊：適用於各組變異數不等時，可選取下列一或多個事後比較檢定的方法。

  ☐ Tamhane's T2：Tamhane 的 T2 檢定。

  ☐ Dunnett's T3：Dunnett 的 T3 檢定。

  ☐ Games-Howell：Games-Howell 的檢定。

  ☐ Dunnett's C：Dunnett 的 C 檢定。

ⓚ 儲存… (Save…) 按鈕：用以設定欲儲存的分析資訊，可開啓如圖⑥的次對話盒。

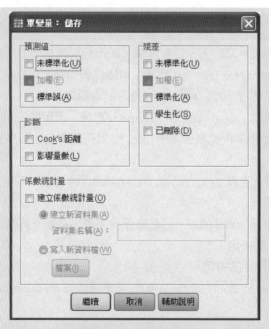

圖⑥　儲存次對話盒

儲存次對話盒的說明

(1) 預測值 (Predicted Values) 方塊：可選取下列其中之一或多個預測值的選項。

　　☐ 未標準化 (Unstandardized)：未標準化的預測值。

　　☐ 加權 (Weighted)：加權化的預測值。

　　☐ 標準誤 (Standard error)：預測值的標準誤。

(2) 診斷 (Diagnostics) 方塊：可選取下列其中之一或多個診斷值的選項。

　　☐ Cook's 距離 (Cook's distance)：Cook 距離的診斷值

　　☐ 影響量數 (Leverage values)：中央的 Leverage 診斷值。

(3) 殘差 (Residuals) 方塊：可選取下列其中之一或多個殘差值的選項。

　　☐ 未標準化 (Unstandardized)：未標準化的殘差值。

　　☐ 加權 (Weighted)：加權化的殘差值。

　　☐ 標準化 (Standardized)：標準化的殘差值。

　　☐ 學生化 (Studentized)：t 值化的殘差值。

　　☐ 已刪除 (Deleted)：刪除化的殘差值。

(4) 寫入新資料檔 (Save to New File) 方塊：可選取下列儲存至新檔案的方式

　　☐ 係數統計量 (Coefficient statistics)：將係數統計量加以儲存至新的檔案中，可按
　　　 檔案… (File…) 按鈕，以設定檔案的路徑位置及檔案名稱。

① 選項… (Options…) 按鈕：用以設定分析時的各種選項，可開啟如圖⑦的次對話盒。

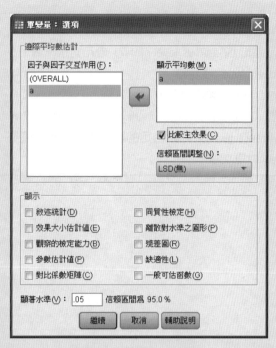

圖⑦ 選項次對話盒

選項次對話盒的說明

(1) 邊緣平均數估計 (Estimated Marginal Means) 方塊：設定估計邊緣平均數。

因子與因子交互作用 (Factor(s) and Factor Interactions) 方塊：因子與交互作用的來源變數清單。

顯示平均數 (Diplay Means for) 方塊：顯示平均數的因子或交互作用的分析清單，可從來源變數清單中選取一或多個因子變數，按 ▶ 鈕，以進入此清單中。可選取下列的選項。

☐ 比較主效果 (Compare main effects)：比較主要效果

信賴區間調整 (Confidence interval adjustment) 下拉式清單：信賴區間的調整方法，用於設定重複量數因子的事後比較，可選取下列其中之一的方法。

　　LSD(none)：最小顯著差異 (Least significance difference) 檢定，即對所有群組的配對進行多重 t 檢定。

　　Bonferroni：Bonferroni 檢定，即是修正後的最小顯著差異檢定。

　　Sidak：Sidak 的檢定。

(2) 顯示 (Display) 方塊：顯示分析的各項統計量數，可選取下列其中一或多個選項。

☐ 敘述統計 (Descriptive statistics)：描述性統計，包括平均數、標準差、個數、標準誤、95% 信賴區間。

☐ 效果大小估計值 (Estimates of effect size)：效果大小的估計。

☐ 觀察的檢定能力 (Observed power)：觀測的統計力。

☐ 參數估計值 (Parameter estimates)：參數估計值。

☐ 對比係數矩陣 (Contrast coefficient matrix)：比較係數矩陣。

☐ 同質性檢定 (Homogeneity tests)：變異數同質性考驗。

☐ 離散對水準之圖形 (Spread vs. level plots)：分布對水準圖。

☐ 殘差圖 (Residual plot)：殘差圖。

☐ 缺適性 (Lack of fit)：缺適性檢定。

☐ 一般可估函數 (General estimable function)：一般估計函數。

(3) 顯著水準 (Significance level)：界定檢定的顯著水準，預設值為 0.05。即信賴區間 (Confidence interval) 是 95%。

範例17-2-2　　獨立樣本單因子共變數分析(二共變量)

　　某研究者想瞭解三種不同教學方法對學生在 PASW 課程的學習成績是否有影響。唯考慮學生的電腦常識以及統計概念，可能影響其對 PASW 的學習，故在實驗前對每一位學生，進行"計算機概論"以及"統計學概論"的測驗。下表是 15 位學生計算機概論成績(X1)、統計學概論成績(X2)，以及實驗一學期後 PASW 的測驗成績(Y)。(α =0.05)

方法一			方法二			方法三		
X1	X2	Y	X1	X2	Y	X1	X2	Y
58	50	75	60	55	70	75	65	80
25	60	40	30	40	25	60	70	55
50	40	68	55	75	65	70	50	73
40	40	62	50	80	50	60	35	61
55	30	67	45	60	55	55	25	65

一、迴歸同質性考驗

(一) 撰寫程式

程序語法：ANCOVA(二共變量)的迴歸同質性考驗(ex17-2-2.sps)

```
(1) 迴歸同質性考驗：
MANOVA  y BY a(1,3)  WITH x1 x2
  /ANALYSIS=y
  /DESIGN = x1, x2, a, POOL(x1,x2) BY a.   /*界定迴歸同質性考驗的效果.
```

(二) 報表及說明

1. 迴歸同質性考驗結果顯示 POOL(X1 X2) BY A 項次的 F 值為 1.40，顯著性為 0.340，未達顯著水準 (P>0.05)，亦即符合迴歸同質性的假定，故可進行共變數分析。

```
Tests of Significance for y using UNIQUE sums of squares
Source of Variation        SS      DF       MS         F  Sig of F

WITHIN+RESIDUAL          172.67       6    28.78
X1                      1388.79       1  1388.79     48.26     .000
X2                        25.47       1    25.47       .88     .383
A                         52.10       2    26.05       .91     .453
POOL(X1 X2) BY A         160.61       4    40.15      1.40     .340

(Model)                 2656.27       8   332.03     11.54     .004
(Total)                 2828.93      14   202.07

R-Squared =          .939
Adjusted R-Squared =  .858
```

二、共變數分析

(一) 分析步驟

0. 開啟資料檔 (1ancova2.sav)，從功能表中選擇分析 (Analyze) > 一般線性模式 (General Linear Model) > 單變量…(Univariate…)。

1. 如圖 17-2-5 的主對話盒所示，從左邊的來源變數清單中，選擇 y 變數 (PASW 成績) 進入右邊的依變數 (Dependent Variable) 清單的方格中。

2. 選擇 a 變數 (方法) 進入右邊的固定因子 (Fixed Factors) 清單的方塊中。

3. 選擇 x1 變數 (計算機概論成績) 及 x2 變數 (統計學成績) 進入右邊的共變量 (Covariates) 清單的方塊中。

4. 點按 選項… (Options…) 鈕，開啟如圖 17-2-6 所示的次對話盒，從左邊的因子與因子交互作用 (Factors & Factors Interactions) 清單中，選擇 a 變數，按 ▶ 鈕，選入右邊的顯示平均數 (Display Means for) 清單中，其次是勾選比較主效果 (Compare main effects) 的選項，並從信賴區間調整 (Confidence interval adjustment) 的下拉式選單選取 Bonferroni 的選項，同時點選顯示 (Display) 方塊中的描述性統計 (Descriptive statistics)，及效果大小的估算 (Estimates of effect size)，最後則是點按 繼續 (Continue) 鈕，回到主對話盒。

5. 點按 確定 (OK) 鈕，即可完成獨立樣本單因子共變數分析 (二共變量)。

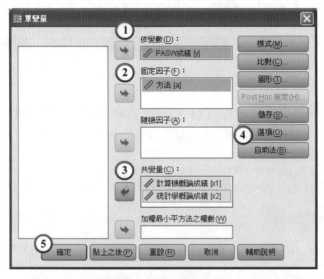

圖17-2-5　獨立樣本二因子變異數分析的主對話盒

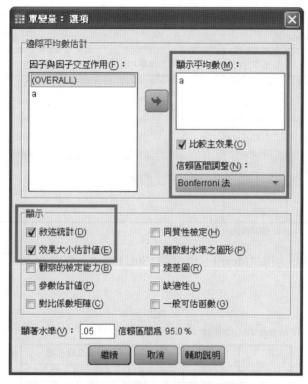

圖17-2-6 界定選項的次對話盒

(二) 報表及說明

1. 描述性統計顯示平均數 (Mean)、標準差 (Std. Deviation)、個數 (N)。

敘述統計

依變數:y PASW成績

a 方法	平均數	標準離差	個數
1 方法一	62.40	13.353	5
2 方法二	53.00	17.536	5
3 方法三	66.80	9.859	5
總數	60.73	14.215	15

2. 共變數分析結果顯示組間 (a) 的 F 值為 7.585，顯著性 (Sig.) 為 0.01，達顯著差異的水準 (P<0.05)。將淨 (partial) $\eta^2 \times 100\% = 0.603 \times 100\% = 60.3\%$，亦即教學方法可解釋 PASW 學習成績之 60.3% 的變異。

$$\text{淨 } \eta^2 = \frac{SS_a}{SS_a + SS_{error}} = \frac{505.588}{505.588 + 333.281} = 0.603$$

受試者間效應項的檢定

依變數:y PASW成績

來源	型 III 平方和	df	平均平方和	F	顯著性	淨相關 Eta 平方
校正後的模式	2495.652[a]	4	623.913	18.720	.000	.882
截距	3.355	1	3.355	.101	.758	.010
x1	1964.599	1	1964.599	58.947	.000	.855
x2	10.534	1	10.534	.316	.586	.031
a	505.588	2	252.794	7.585	.010	.603
誤差	333.281	10	33.328			
總數	58157.000	15				
校正後的總數	2828.933	14				

a. R 平方 = .882 (調過後的 R 平方 = .835)

3. 估計值顯示調節平均數 (Mean)、標準誤 (Std. Error)、以及 95% 信賴區間 (Confidence Interval)。

方法

依變數:y PASW成績

方法	平均數	標準誤差	95% 信賴區間	
			下界	上界
1 方法一	69.994[a]	2.845	63.655	76.333
2 方法二	58.891[a]	2.945	52.329	65.452
3 方法三	53.315[a]	3.156	46.284	60.347

a. 使用下列值估計出現在模式的共變量:x1 計算機概論成績 = 52.53, x2 統計學概論成績 = 51.67.

4. 事後比較分析顯示僅方法一與方法三的差異之顯著性為 0.009，達顯著差異的水準 (P<0.05)，亦即方法一的調節平均數顯著大於方法三。

成對比較

依變數:y PASW成績

(I) 方法	(J) 方法	平均差異 (I-J)	標準誤差	顯著性[a]	差異的 95% 信賴區間[a]	
					下界	上界
1 方法一	2 方法二	11.103	4.112	.067	-.698	22.905
	3 方法三	16.678[*]	4.557	.013	3.599	29.758
2 方法二	1 方法一	-11.103	4.112	.067	-22.905	.698
	3 方法三	5.575	4.744	.801	-8.040	19.191
3 方法三	1 方法一	-16.678[*]	4.557	.013	-29.758	-3.599
	2 方法二	-5.575	4.744	.801	-19.191	8.040

根據估計的邊緣平均數而定

a. 調整多重比較：Bonferroni。

*. 平均差異在 .05 水準是顯著的。

三、分析結果及解釋

1. 由迴歸同質性考驗摘要表，發現迴歸係數具同質性 (F=1.40，P＞0.05)。因此，進行共變數分析結果，顯示在排除計算機概論、統計學概論等成績的影響後，三種教學方法對學生在 PASW 的學習上有優劣的差異 (F=7.59，P＜0.05)。再進一步進行 Bonferroni 法事後考驗結果，發現僅方法一 (M'=69.99) 優於方法三 (M'=53.32)。

表 17-2-4　迴歸同質性考驗摘要表

SOURCE	SS	df	MS	F
組間 (迴歸係數)	160.61	4	40.15	1.40 n.s
組內 (誤差)	172.67	6	28.78	

表 17-2-5　共變數分析摘要表

SOURCE	SS'	df	MS'	F	事後比較
共變數 (x1)	1964.60	1	1964.60		
共變數 (x2)	10.53	1	10.53		
組間 (教學方法)	505.59	2	252.79	7.59**	方法一＞方法三
組內 (誤差)	333.28	10	33.33		

**P＜0.01

表 17-2-6　平均數、標準差及調節平均數摘要表

組別	人數	平均數	標準差	調節平均數
方法一	5	62.40	13.35	69.99
方法二	5	53.00	17.54	58.89
方法三	5	66.80	9.86	53.32

2. 將淨 (partial) $\eta^2 \times 100\%=0.603\times100\%=60.3\%$，亦即在排除計算機概論、統計學概論等成績的影響後，教學方法仍可解釋 PASW 學習成績之 60.3% 的變異。

四、撰寫程式

程序語法：獨立樣本單因子變異數分析(二共變量)(ex17-2-2.sps)

```
(1) 迴歸同質性考驗
    MANOVA y BY a(1,3) WITH x1 x2   /*依變數 BY 自變數 WIYH 共變數
      /ANALYSIS=y
      /DESIGN = x1, x2, a, POOL(x1,x2) BY a.  /*界定迴歸同質性考驗的效果
(2) 共變數分析
    UNIANOVA y BY a WITH x1 x2
      /METHOD = SSTYPE(3)
      /INTERCEPT = INCLUDE
      /EMMEANS = TABLES(a) WITH(x1=MEAN x2=MEAN)
                  COMPARE ADJ(BONFERRONI)  /*主要效果之事後比較
      /PRINT = DESCRIPTIVE
      /CRITERIA = ALPHA(.05)  /*界定顯著水準
      /DESIGN = x1 x2 a.
```

牛刀小試 Try for yourself

TFY **17-2-3** · 某研究想瞭解不同激勵方式對員工的訓練績效 (Y) 是否有影響。唯考慮員工的自我效能 (X1) 及學習動機 (X2)，可能影響其訓練績效，故在實驗前先加以量測。下表是 30 名員工參與實驗所得的資料，試分析在排除自我效能及學習動機的影響後，三種激勵方式對員工的訓練績效是否有顯著的差異。（α=0.05）

方式一			方式二			方式三		
X1	X2	Y	X1	X2	Y	X1	X2	Y
6	5	75	6	6	70	7	6	80
3	6	40	3	4	25	6	7	55
5	4	68	5	7	65	7	5	73
4	4	62	5	8	50	6	3	61
6	3	67	4	6	55	5	2	65
2	8	42	4	6	55	5	7	56
4	3	64	7	6	52	6	7	74
5	4	70	6	5	68	5	3	60
5	3	67	8	6	30	5	4	68
6	3	75	5	4	72	7	4	76

TFY **17-2-4** · 某研究進行實驗測得之資料如下表，在排除年齡 (age，以月計) 與體重 (weight，以克計) 等兩項因素後，兩組 (group，1= 有、2= 無) 糖尿病 (diabetic) 的老鼠對於該項實驗的反應時間 (time，以秒計) 是否有差異？（α=0.01）。

group	age	weight	time	group	age	eight	time	group	age	weight	time
1	12	48.1	15.30	1	16	32.3	15.15	2	5	31.7	20.60
1	11	71.8	16.40	1	14	58.2	15.55	2	7	34.1	21.60
1	9	50.1	22.60	1	14	59.7	11.75	2	6	32.7	22.80
1	9	59.2	28.95	1	14	52.7	19.85	2	14	34.8	20.00
1	8	57.9	19.45	1	12	72.7	19.15	2	14	36.4	15.45
1	8	58.4	13.60	1	12	63.5	19.70	2	14	36.8	16.70
1	4	29.6	20.00	1	11	33.0	19.55	2	14	28.7	23.35
1	2	28.5	7.40	1	11	41.6	21.45	2	13	32.3	21.45
1	3	56.0	14.80	1	8	58.1	21.15	2	8	32.7	20.50
1	3	49.0	10.40	1	8	52.3	10.80	2	8	30.7	19.60
1	2	25.5	12.75	2	11	38.3	16.20	2	6	34.0	22.25
1	3	49.8	11.60	2	8	29.9	20.90	2	6	33.1	21.30
1	18	66.6	20.20	2	8	33.0	25.05	2	5	34.5	21.15

17-3 ：如何執行重複量數單因子共變數分析？

操作程序

 ➡ 分析 (Analyze) > 一般線性模式 (General Linear Model) > 重複量數 (Repeated measures…)

統計原理

一、單因子重複量數共變數分析

S：受試者，X：共變量，Y：依變數，A：自變數 (實驗處理或組別)

1. 迴歸係數同質性考驗

變異來源	SS	df	MS	F
迴歸係數同質 (Parallelism)	SSP	k-1	SSP/(k-1)	MSP/MSE'
誤差 (Error)	SSE'	(k-1)(n-1)-k	SSE'/[(k-1)(n-1)-k]	

註：分析模式 Y=S，X，A，X*A。
　　SSP 為 X*A 的組間平方和。
　　SSE' 為模式的組內誤差平方和。

2. 共變數分析 (ANCOVA) 摘要表

變異來源	SS'	df	MS'	F
受試者間 (S)	SSS	n-1		
共變量 (X)	SSX	1	SS'X/1	MS'X/MS'E
實驗處理 (A)	SSA	k-1	SS'A/(k-1)	MS'A/MS'E
誤差 (Error)	SSE	(k-1)(n-1)-1	SS'E/[(k-1)(n-1)-1]	

註：分析模式 Y=S，X，A。
　　SSS 為受試者間的平方和。
　　SSX 為共變量的迴歸平方和。
　　SSA 為實驗處理的平方和。
　　SSE 為模式的殘餘誤差平方和。

██ 範例17-3 重複量數單因子共變數分析

　　六位受試者同時參與三項測驗，每次每人均先記錄體能狀況 (X)，作為該次測驗之共變量，下表即是測驗所得的結果，在排除體能狀況的影響後，三種測驗之間有無差異？(α=0.01)

受試者	測驗一		測驗二		測驗三	
	X	Y	X	Y	X	Y
1	2	11	5	15	2	12
2	1	8	3	12	2	9
3	4	8	1	16	5	8
4	1	9	3	19	1	11
5	3	7	3	16	3	7
6	5	9	5	20	1	7

一、資料輸入及轉換

(一) 分析步驟

0. 開啟資料檔 (1ancovar.sav)，從功能表中選擇資料 (Data) > 重新架構 (Restructure…)。

1. 如圖 17-3-1 對話盒所示，預設為選取由直欄的變數 (Variables) 轉置為橫列觀察值 (Case) 之選項，並點按 下一步 鈕，開始執行資料重新架構的精靈。

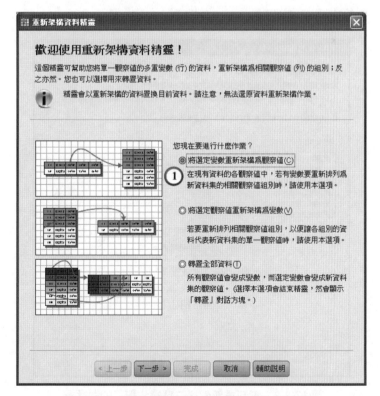

圖17-3-1 資料重新架構之精靈步驟一的對話盒

2.　如圖 17-3-2 對話盒所示，選取大於一個變數 (More than one) 需要重新架構之選項，並點按 下一步 鈕。

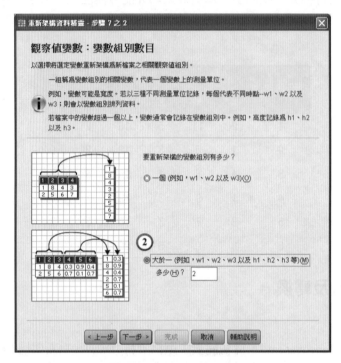

圖17-3-2　資料重新架構之精靈步驟二的對話盒

3.　如圖 17-3-3 的對話盒所示，在觀察值組別識別 (Case Group Identification) 方塊中的名稱 (Name) 方格中將 id 更名為 s。

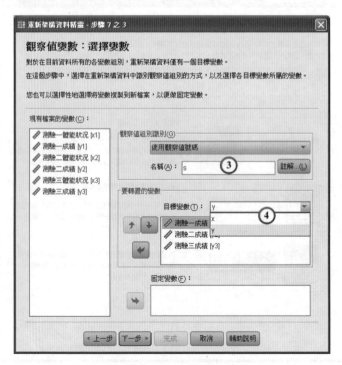

圖17-3-3　資料重新架構之精靈步驟三的對話盒

4. 在要轉置的變數 (Variable to be Transposed) 方塊的目標變數 (Target Variable) 下拉式選單中點選 trans1 變數，更名為 x，並從左邊的來源變數清單中選擇 x1、x2、x3 等三個變數進入右邊的轉置變數清單中，同理，在目標變數 (Target Variable) 下拉式選單中點選 trans2 變數，更名為 y，並從左邊的來源變數清單中選擇 y1、y2、y3 等三個變數進入右邊的轉置變數清單中，最後再點按 下一步 鈕。

5. 如圖 17-3-4 的對話盒所示，預設為選取一個指標變數 (index variable) 之選項，並點按 下一步 鈕。

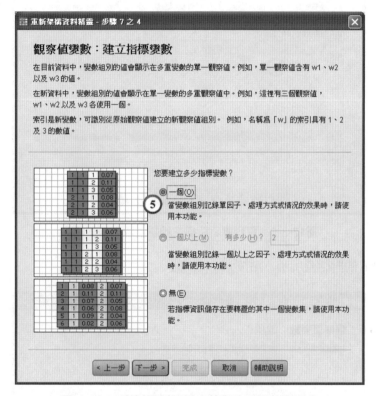

圖17-3-4　資料重新架構之精靈步驟四的對話盒

6. 如圖 17-3-5 的對話盒所示，在指標變數 (index variable) 的名稱 (Name) 細格中將指標1(Index1) 更名為 a，標記 (Label) 細格中輸入 [測驗]，並點按 下一步 鈕。

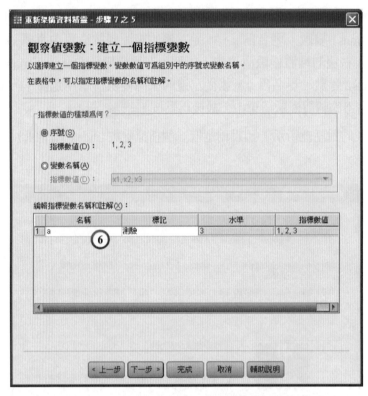

圖17-3-5　資料重新架構之精靈步驟五的對話盒

7. 如圖 17-3-6 的對話盒所示，點按 下一步 鈕。

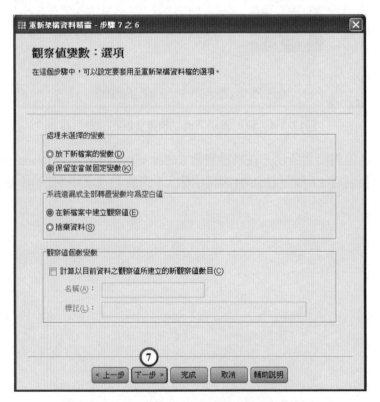

圖17-3-6　資料重新架構之精靈步驟六的對話盒

8. 如圖 17-3-7 對話盒所示，點按 [完成] 鈕

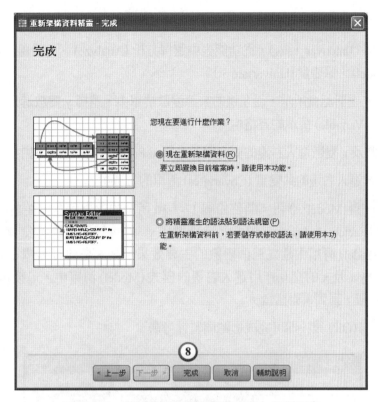

圖17-3-7 資料重新架構之精靈步驟七的對話盒

9. 如圖 17-3-8 對話盒所示，即可將資料由左邊所示的資料架構轉置成如右邊所示的資料架構。最後則將轉置後的資料檔加以儲存 (1ancovar_t.sav)

	x1	y1	x2	y2	x3	y3
1	2	11	5	15	2	12
2	1	8	3	12	2	9
3	4	8	1	16	5	8
4	1	9	3	19	1	11
5	3	7	3	16	3	7
6	5	9	5	20	1	7

	s	a	x	y
1	1	1	2	11
2	1	2	5	15
3	1	3	2	12
4	2	1	1	8
5	2	2	3	12
6	2	3	2	9
7	3	1	4	8
8	3	2	1	16
9	3	3	5	8
10	4	1	1	9
11	4	2	3	19
12	4	3	1	11
13	5	1	3	7
14	5	2	3	16
15	5	3	3	7
16	6	1	5	9
17	6	2	5	20
18	6	3	1	7

圖17-3-8 完成資料的重新架構

二、迴歸同質性考驗

(一) 分析步驟

0.　開啓資料檔 (1ancovar_t.sav)，從功能表中選擇分析 (Analyze) > 一般線性模式 (General Linear Model) > 單變量 (Univariate…)。

1.　如圖 17-3-9 主對話盒所示，從左邊的來源變數清單中，選擇 y 變數進入右邊的依變數 (Dependent Variable) 清單的方格中。

2.　選擇 s 變數及 a 變數進入右邊的固定因子 (Fixed Factors) 清單的方塊中。

3.　選擇 x 變數進入右邊的共變量 (Covariates) 清單的方塊中。

4.　點按 模式… (Model…) 鈕，開啓如圖 17-3-10 所示的次對話盒，從左邊的因子與共變量清單 (Factors & Covariates) 中，分別選擇 x、s、a 等三變數，按 ▶ 鈕，在右邊的模式 (Model) 清單中建立三個變數的主要效果，其次是同時選擇 a 及 x 變數，按 ▶ 鈕，將 a 及 x 的交互作用選入右邊的模式 (Model) 清單中，最後再點按 繼續 (Continue) 鈕，回到主對話盒。

5.　點按 確定 (OK) 鈕，即可完成迴歸同質性考驗。

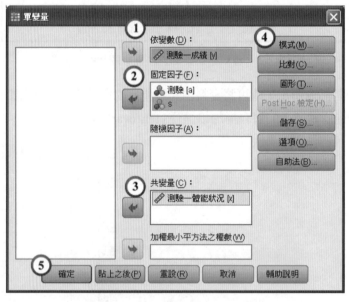

圖17-3-9　共變數分析的主對話盒

圖17-3-10　界定迴歸同質性考驗模式的次對話盒

(二) 報表及說明

1. 迴歸同質性考驗結果顯示組間迴歸 (a*x) 的 F 值為 0.013，顯著性為 0.987，未達顯著水準 (P>0.05)，亦即迴歸係數具同質性。

受試者間效應項的檢定

依變數:y 測驗一成績

來源	型 III 平方和	df	平均平方和	F	顯著性
校正後的模式	255.492[a]	10	25.549	4.207	.035
截距	371.383	1	371.383	61.157	.000
x	.008	1	.008	.001	.972
s	25.235	5	5.047	.831	.566
a	20.008	2	10.004	1.647	.259
a*x	.154	2	.077	.013	.987
誤差	42.508	7	6.073		
總數	2610.000	18			
校正後的總數	298.000	17			

a. R 平方 = .857 (調過後的 R 平方 = .654)

三、共變數分析

(一) 分析步驟

0. 從功能表中選擇分析 (Analyze) > 一般線性模式 (General Linear Model) > 單變量 (Univariate…)。

1. 如圖 17-3-11 主對話盒所示，從左邊的來源變數清單中，選擇 y 變數進入右邊的依變數 (Dependent Variable) 清單的方格中。

2. 選擇 s 變數及 a 變數進入右邊的固定因子 (Fixed Factors) 清單的方塊中。

3. 選擇 x 變數進入右邊的共變量 (Covariates) 清單的方塊中。

4. 點按 模式… (Model…) 鈕，開啟如圖 17-3-12 所示的次對話盒，從左邊的因子與共變量清單 (Factors & Covariates) 中，分別選擇 x、s、a 等三變數，按 ▶ 鈕，在右邊的模式 (Model) 清單中建立三個變數的主要效果，最後再點按 繼續 (Continue) 鈕，回到主對話盒。

5. 點按 選項… (Options…) 鈕，開啟如圖 17-3-13 所示的次對話盒，從左邊的因子與交互作用 (Factors & Interactions) 清單中，選擇 a 變數，按 ▶ 鈕，選入右邊的顯示平均數 (Display Means) 清單中，其次是勾選比較主效果 (Compare main effects) 的選項，並從信賴區間調整 (Confidence interval adjustment) 的下拉式選單選取 Bonferroni 的選項，同時點選顯示 (Display) 方塊中的描述性統計 (Descriptive statistics) 及效果大小的估計 (Estimates of effect size)，最後則是點按 繼續 (Continue) 鈕，回到主對話盒。

6. 點按 確定 (OK) 鈕，即可完成重複量數單因子共變數分析。

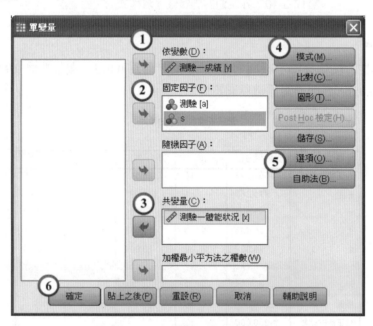

圖17-3-11　共變數分析的主對話盒

圖17-3-12　界定重複量數單因子共變數分析模式的次對話盒

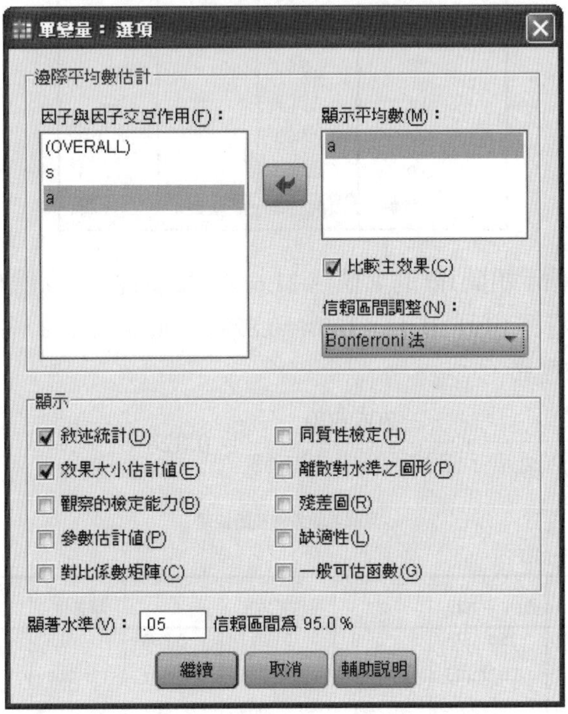

圖17-3-13　界定共變數分析選項的次對話盒

(二) 報表及說明

1. 描述性統計顯示平均數 (Mean)、標準差 (Std. Deviation)、個數 (N)。

敘述統計

依變數:y 測驗一成績

a 測驗	s	平均數	標準離差	個數
1	1	11.00	.	1
	2	8.00	.	1
	3	8.00	.	1
	4	9.00	.	1
	5	7.00	.	1
	6	9.00	.	1
	總數	8.67	1.366	6
2	1	15.00	.	1
	2	12.00	.	1
	3	16.00	.	1
	4	19.00	.	1
	5	16.00	.	1
	6	20.00	.	1
	總數	16.33	2.875	6
3	1	12.00	.	1
	2	9.00	.	1
	3	8.00	.	1
	4	11.00	.	1
	5	7.00	.	1
	6	7.00	.	1
	總數	9.00	2.098	6

2. 共變數分析結果顯示組間 (a) 的 F 值為 21.687，顯著性 (Sig.) 為 0.000，達顯著差異的水準 (P<0.05)。將淨 (partial) $\eta^2 \times 100\% = 0.828 \times 100\% = 82.8\%$，亦即三種測驗可解釋成績 之 82.8% 的變異。

$$淨\ \eta^2 = \frac{SS_a}{SS_a + SS_{error}} = \frac{205.600}{205.600 + 42.663} = 0.828$$

受試者間效應項的檢定

依變數:y 測驗一成績

來源	型 III 平方和	df	平均平方和	F	顯著性	淨相關 Eta 平方
校正後的模式	255.337[a]	8	31.917	6.733	.005	.857
截距	377.285	1	377.285	79.591	.000	.898
x	.004	1	.004	.001	.977	.000
s	29.955	5	5.991	1.264	.357	.413
a	205.600	2	102.800	21.687	.000	.828
誤差	42.663	9	4.740			
總數	2610.000	18				
校正後的總數	298.000	17				

a. R 平方 = .857 (調過後的 R 平方 = .730)

3. 估計值顯示調節平均數 (Mean)、標準誤 (Std. Error)、以及 95% 信賴區間 (Confidence Interval)。

估計值

依變數:y 測驗一成績

測驗	平均數	標準誤差	95% 信賴區間	
			下界	上界
1	8.665[a]	.890	6.652	10.679
2	16.340[a]	.919	14.261	18.419
3	8.994[a]	.908	6.940	11.049

a. 使用下列值估計出現在模式的共變量: x 測驗一體能狀況 = 2.78.

4. 事後比較分析顯示測驗一與測驗二、測驗二與測驗三之間的差異達顯著水準 (P<0.05)，亦即測驗二的調節平均數分別顯著大於測驗一、測驗三。

成對比較

依變數:y 測驗一成績

(I) 測驗	(J) 測驗	平均差異 (I-J)	標準誤差	顯著性[a]	差異的 95% 信賴區間[a]	
					下界	上界
1	2	-7.675*	1.288	.001	-11.452	-3.897
	3	-.329	1.265	1.000	-4.039	3.381
2	1	7.675*	1.288	.001	3.897	11.452
	3	7.346*	1.325	.001	3.458	11.233
3	1	.329	1.265	1.000	-3.381	4.039
	2	-7.346*	1.325	.001	-11.233	-3.458

根據估計的邊緣平均數而定

*. 平均差異在 .05 水準是顯著的。

a. 調整多重比較：Bonferroni。

三、分析結果及解釋

1. 在迴歸同質性考驗摘要表中，顯示迴歸係數具同質性 (F=0.01，P > 0.01) 因此，可進行共變數分析，結果顯示在排除體能狀況的影響後，三種測驗之間有顯著的差異 (F=21.69，P < 0.01)。再進一步執行 Bonferroni 法事後考驗結果，發現測驗二成績 (M'=16.34) 顯著高於測驗一成績 (M'=8.67) 及測驗三成績 (M'=8.99)。

表 17-3-1　迴歸同質性考驗摘要表

SOURCE	SS	df	MS	F
組間 (迴歸係數)	0.15	2	0.08	0.01 n.s
組內 (誤差)	42.51	7	6.07	

表 17-3-2　共變數分析摘要表

SOURCE	SS'	df	MS'	F	事後比較 Scheffe 法
受試者間 (S)	29.95	5	5.99		測驗二 > 測驗一
實驗處理 (A)	205.60	2	102.80	21.69**	測驗二 > 測驗三
殘餘誤差 (E)	42.66	9	4.74		

**P $<$ 0.01

表 17-3-3　平均數、標準差及調節平均數摘要表 (N=6)

組別	平均數	標準差	調節平均數
測驗一	8.67	1.37	8.67
測驗二	16.33	2.88	16.34
測驗三	9.00	2.10	8.99

2. 將淨 (partial) $\eta^2 \times 100\% = 0.828 \times 100\% = 82.8\%$，亦即在排除體能狀況的影響後，三種測驗仍可解釋成績之 82.8% 的變異。

四、撰寫程式

程序語法：重複量數單因子共變數分析(ex17-3.sps)

```
(1) 進行資料轉置：
VARSTOCASES
  /ID = s "受試者"
  /MAKE x FROM x1 x2 x3
  /MAKE y FROM y1 y2 y3
  /INDEX = a "測驗" (3).
(2) 迴歸同質性考驗：
UNIANOVA
  y BY a s WITH x
  /METHOD = SSTYPE(3)
  /INTERCEPT = INCLUDE
  /CRITERIA = ALPHA(.05)
  /DESIGN = x s a a*x.
(3) 共變數分析：
UNIANOVA
  y BY a s WITH x
  /METHOD = SSTYPE(3)
  /INTERCEPT = INCLUDE
  /EMMEANS = TABLES(a) WITH(x=MEAN) COMPARE ADJ(BONFERRONI)
  /PRINT = DESCRIPTIVE ETASQ
  /CRITERIA = ALPHA(.05)
  /DESIGN = x s a.
```

精益求精 Do your best

DYB 17-1 · 某研究者想探討酒精攝取量 (A 因子) 對學習材料的記憶 (Y) 之影響，並以智力 (X1) 及體重 (X2) 為共變數進行實驗分析。實驗所得資料如下，試分析在排除智力及體重的影響後，不同酒精攝取量對記憶學習材料的成績是否會有所差異？(α =0.01)

| | A1 | | | A2 | | | A3 | | | A4 | |
X1*	X2**	Y	X1	X2	Y	X1	X2	Y	X1	X2	Y
11	13	8	-3	31	17	2	36	21	7	17	19
5	15	11	7	29	12	6	34	17	4	26	31
-4	19	9	21	12	19	8	18	18	4	35	15
6	25	7	-15	25	13	12	28	22	6	43	24
18	26	10	6	17	29	-4	26	33	-8	36	27
-2	23	6	8	16	24	2	51	14	10	22	23
5	33	14	11	42	14	-6	30	26	14	19	21
-3	18	12	-2	30	23	5	23	25	-6	21	20
4	25	13	-8	26	16	11	20	23	4	20	25
9	38	17	13	35	20	12	15	21	5	11	27

註：*X1＝（IQ-120）
　　**X2＝（Weight in Pounds-125）

DYB 17-2 · 某研究要求 9 名學生參與二種測驗，每次每人均記錄其體能狀況 (X)，作為該次測驗之共變量，下表是測驗所得的結果，在排除體能狀況的影響後，測驗之間的分數有無差異？(α =0.05)

| 受試者 | 測驗一 | | 測驗二 | |
	X	Y	X	Y
1	3	8	4	14
2	5	11	9	18
3	11	16	14	22
4	14	19	16	25
5	2	6	1	8
6	8	12	9	14
7	10	9	9	10
8	10	10	12	16
9	7	10	4	10
10	8	14	10	18
11	9	15	12	22
12	12	18	14	20

DYB 17-3 · 利用 PASW 所提供的範例資料 Employee data.sav，以 ANCOVA 來進行性別 (gender) 差異在目前薪資 (salary) 的 F 檢定，並以教育 (educ) 為共變數。

Chapter 18

迴歸分析

❓ 18-1 如何執行簡單迴歸分析(simple regression analysis)？

操作程序

 ➜ 分析 (Analyze) > 迴歸 (Regression) > 線性…(Linear…)

統計原理

 利用雙變數資料 (bivariate data) 通常可以研究相關 (correlation) 和預測 (prediction) 的問題。相關是指兩個變數之間關聯的強度，瞭解相關，通常有二種方式，一為繪製資料散佈圖，另為計算相關係數。而當兩變數有相關存在時，則可進行簡單迴歸分析，通常可由一個自變數 (預測變數，X) 來預測一個依變數 (被預測變數，或效標變數 (criterion variable，Y) 。以下茲就在簡單迴歸分析中，常見的基本名稱加以說明如下 ：

1. 原始迴歸方程式：$\hat{Y} = a + bX$
2. 標準化迴歸方程式：$\hat{Z}_y = \beta Z_x$
3. 迴歸模式的考驗：

Source	SS	df	MS	F	R^2
迴歸模式	SSREG	1	SSREG/1	MSREG/MSE	SSREG/SSTotal
誤差	SSE	n-2	SSE/(n-2)		
全體	SSTotal	n-1			

4. 迴歸係數的考驗 ：

虛無假設 H_0： $\beta = 0$

考驗統計量：$t = \dfrac{\beta - 0}{\sqrt{\dfrac{S_{Y.X}^2}{\sum (X - \overline{X})^2}}}$

5. 決定係數 (R^2)：表示由 X 變數能正確預測 Y 變數之變異數的百分比。

範例18-1　相關與簡單迴歸分析

下表是六十二名學生的普通分類測驗分數 (X) 與數學成績 (Y)，試求其相關係數，並進行簡單迴歸分析 (效標變數為數學成績)。

X	Y	X	Y	X	Y	X	Y	X	Y	X	Y
62	42	98	79	103	72	94	64	112	58	56	48
50	49	137	86	88	76	106	66	86	61	60	52
92	52	68	43	122	80	96	69	98	63	66	56
87	57	73	49	127	88	117	72	89	65	90	59
93	59	78	53	44	45	112	77	107	66	82	62
90	62	80	57	58	50	125	82	114	70	84	64
86	64	75	60	65	64	113	78	123	74	93	67
92	65	104	63	78	58	72	46	116	77	109	67
95	68	102	64	78	60	80	51	132	83	76	71
105	71	93	65	95	63	77	56	120	84	106	74
108	75	114	68								

一、分析步驟

0. 開啓資料檔 (sreg.sav)，從功能表中選擇分析 (Analyze) > 迴歸 (Regression) > 線性…(Linear…)。

1. 如圖 18-1-1 話盒所示，從左邊的來源變數清單中，選擇 y 變數進入右邊之依變數 (Dependent) 方格中。

2. 選擇 x 變數進入右邊之自變數 (Independent) 清單的方塊中。

3. 點按 統計量… (Statistics…) 鈕，開啓如圖 18-1-2 的次對話盒，點選描述性統計量 (Descriptives) 的選項，再點按 繼續 (Continue) 鈕，回到主對話盒。

4. 點按 圖形… (Plots…) 鈕，開啓如圖 18-1-3 的次對話盒，從左邊的來源變數清單中，選擇依變數 (DEPENDENT) 進入右邊之 Y 方格中，選擇標準化預測值 (*ZPRED) 進入 X 的方格中，再點按 繼續 (Continue) 鈕，回到主對話盒。

5. 點按 確定 (OK) 鈕，即可完成簡單迴歸分析。

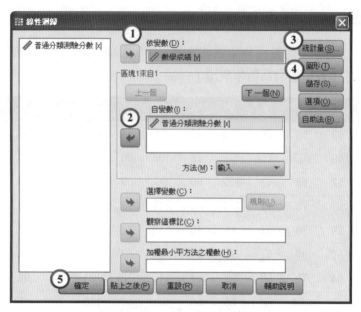

圖18-1-1　迴歸分析的主對話盒

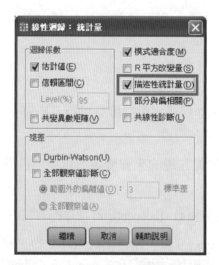

圖18-1-2　迴歸分析統計量的次對話盒

圖18-1-3　迴歸分析繪圖的次對話盒

二、報表及說明

1. 由報表中顯示 X 變數與 Y 變數之相關係數 (r) 為 0.849。

相關

		y 數學成績	x 普通分類測驗分數
Pearson 相關	y 數學成績	1.000	.849
	x 普通分類測驗分數	.849	1.000
顯著性(單尾)	y 數學成績	.	.000
	x 普通分類測驗分數	.000	.
個數	y 數學成績	62	62
	x 普通分類測驗分數	62	62

2. 多元相關係數 (R) 為 0.849，因係簡單迴歸，故 R=r，決定係數 (R^2) 為 0.722。

模式摘要b

模式	R	R 平方	調過後的 R 平方	估計的標準誤
1	.849a	.722	.717	5.881

a. 預測變數:(常數), x 普通分類測驗分數

b. 依變數: y 數學成績

3. 變異數分析摘要表 (ANOVA) 係用於考驗整體迴歸模式，結果顯示 F 值為 155.548，顯著 性 (Sig.) 為 0.000，達顯著水準 (P<0.05)。

Anovab

模式		平方和	df	平均平方和	F	顯著性
1	迴歸	5380.463	1	5380.463	155.548	.000a
	殘差	2075.424	60	34.590		
	總數	7455.887	61			

a. 預測變數:(常數), x 普通分類測驗分數

b. 依變數: y 數學成績

4. 報表分別顯示未標準化係數 (Unstandardized Coefficients，B 值，包括常數項)、標準化係數 (Standardized Coefficients，Beta 值)，以及迴歸係數的考驗 t 值及其顯著性 (Sig.)。

係數a

模式		未標準化係數		標準化係數	t	顯著性
		B 之估計值	標準誤差	Beta 分配		
1	(常數)	22.849	3.409		6.702	.000
	x 普通分類測驗分數	.447	.036	.849	12.472	.000

a. 依變數: y 數學成績

5. 繪製散佈圖，PASW 迴歸分析中繪製的散佈圖，可由依變數 (Y 軸) 與標準化預測值 (X 軸) 來加以繪製，若要繪製依變數 (Y 軸) 與自變數 (X 軸) 的散佈圖，則可從 Regression 的對話盒中貼出語法，再將次指令 /SCATTERPLOT=(y ,*ZPRED) 更改成 /SCATTERPLOT=(y ,x)，即可繪製如下的散佈圖，PASW 預設繪製的散佈圖是未包含迴歸線，因此在輸出報表中快點兩下該散佈圖，進入圖形編輯器 (Chart Editor) 中，點

選散佈圖中的資料點，並從圖示軸點選加入適配線 (Add Fit Line)，即可完成散佈圖的繪製。

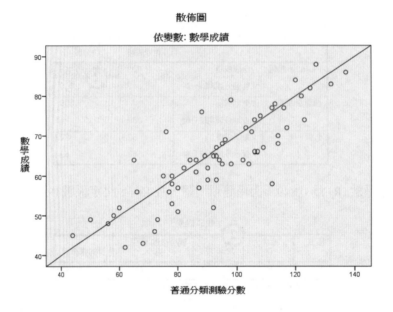

散佈圖
依變數: 數學成績

三、分析結果及解釋

由相關分析發現學生的普通分類測驗與數學成績有顯著的相關存在 (r = 0.849，P ＜ 0.01)。而由迴歸分析結果得知此迴歸模式能適配於資料 (F=155.55，P ＜ 0.01)，且由普通分類測驗分數 (X) 預測數學成績 (Y) 的變異數之解釋量達 72.16% (R^2= 0.7216)。

原始迴歸方程式 $\hat{Y} = 0.447X + 22.849$

標準化迴歸方程式 $\hat{Z}_Y = 0.849Z_X$

四、撰寫程式

程序語法：相關與簡單迴歸分析(ex18-1.sps)

(1) 在 Linear Regression 主對話盒中按 貼上之後 (Paste) 鈕，即可貼出語法如下：

```
REGRESSION
  /DESCRIPTIVES MEAN STDDEV CORR SIG N   /*顯示相關矩陣
  /MISSING LISTWISE
 /STATISTICS COEFF OUTS R ANOVA    /*迴歸模式考驗、迴歸係數
  /CRITERIA=PIN(.05) POUT(.10)
  /NOORIGIN
  /DEPENDENT y      /*依變數
  /METHOD=ENTER x      /*自變數
  /SCATTERPLOT=(y ,*ZPRED).   /*繪製散佈圖.
```

(2) 若要繪製依變數 Y(Y 軸) 與自變數 X(X 軸) 的散佈圖，可將次指令

```
  /SCATTERPLOT=(y ,*ZPRED) 更改成 /SCATTERPLOT=(y,x).
```

牛刀小試　Try for yourself

TFY **18-1-1** ‧ 下列 12 組數據是依不同交通流量下，測得之一氧化碳之含量 (PPM)，請分別計算：(1) 迴歸方程式、(2) 相關係數、(3) 標準化迴歸方程式？

交通流量（車次／ hr）(X)	一氧化碳濃度 (Y)
110	9.0
100	8.8
125	9.5
175	10.0
190	10.5
200	10.5
225	10.6
250	11.0
275	12.1
300	12.1
325	12.5

A18-1對話盒指引　Linear Regression程序

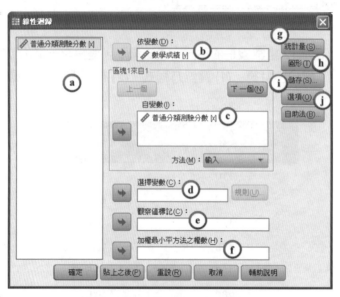

圖①　線性迴歸分析的主對話盒

Linear Regression對話盒的說明

　　線性迴歸 (Linear Regression) 程序提供五種建立迴歸方程式的方法：順向選擇法、反向淘汰法、逐步迴歸法、強制進入法以及強制剔除法等。同時可產生殘差分析，有助於偵測出具影響力的資料點、界外值、以及違反迴歸模式的假定等，亦可儲存預測值、殘差、以及相關統計量數。最基本的規格要求是一個數值的依變數，以及一或多個數值的自變數。可從功能表選擇分析 (Analyze) > 迴歸 (Regression) > 線性…(Linear…)，開啟如圖①的主對話盒。

(a) 來源清單 (Source List) 方塊：資料檔中的數值變數會顯示在此來源變數清單中。

(b) 依變數 (Dependent) 方格：依變數清單。可從來源變數清單中選取一個數值變數，按第一個 ▶ 鈕，以進入此清單中。

(c) 自變數 (Independents) 方塊：自變數清單。可從來源變數清單中選取一或多個數值變數，按第二個 ▶ 鈕，以進入此清單中。按 下一個 (Next) 鈕，則可再選入另一區組的自變數，使用 下一個 (Next) 鈕與 上一個 (Previous) 鈕，即可移動不同區組內的自變數。

　　方法 (Method) 下拉式清單：可選取下列其中之一的方法以建立迴歸模式。

　　(1) 輸入 (Enter)：強制進入法，此為預設方法。

　　(2) 逐步迴歸分析法 (Stepwise)：逐步迴歸法。

　　(3) 移除 (Remove)：強制剔除法。

　　(4) 向後法 (Backward)：反向淘汰法。

　　(5) 向前法 (Forward)：順向選擇法。

(d) 選擇變數 (Selection Variable) 方格：篩選變數條件的觀測體以進行迴歸分析。可點選 規則… (Rule…) 鈕，開啟如圖②的次對話盒，進行變數條件的設定。

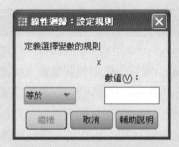

圖② 設定規則的次對話盒

設定規則次對話盒的說明

(1) 下拉式選單：可選擇下列其中之一的規則選項。

等於 (equal to)：等於 (＝)。

不等於 (not equal to)：不等於 (≠)。

小於 (less than)：小於 (＜)。

小於等於 (less than or equal to)：小於或等於 (≦)。

大於 (greater than)：大於 (＞)。

大於等於 (greater than or equal to)：大於或等於 (≧)。

(2) 數值 (Value) 方格：輸入一變數值。

ⓔ 觀察值標記 (Case Labels) 方格：指定一變數做為繪製圖形資料點的標註。可從來源變數清單中選取一個數值變數，按第四個 ▶ 鈕，以進入此方格中。

ⓕ 加權最小平方法之權數 (WLS Weight) 方格：提供加權最小平方模式，WLS 的加權變數，可從來源變數清單中選取一個數值變數，按第五個 ▶ 鈕，以進入此方格中。自變數或依變數均不可做為加權變數，如果加權變數中的觀測值為零、負值、或缺漏值時，則該觀測體會被排除於分析之外。

ⓖ 統計量… (Statistics…) 按鈕：線性迴歸的統計量數、控制統計輸出的顯示，可開啟如圖③的次對話盒。

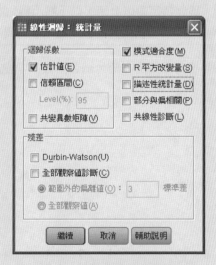

圖③ 統計量的次對話盒

統計量次對話盒的說明

(1) 迴歸係數 (Regression Coefficients) 方塊：迴歸係數，可從下列選取一或多個選項。

☐ 估計值 (Estimates)：顯示迴歸係數與相關量數，此為預設狀態。對於方程式中的變數，所顯示的統計量包括迴歸係數 B、B 的標準誤、標準化迴歸係數 beta、迴歸係數檢定的 t 值以及 t 的雙尾顯著機率。對於未在方程式中的自變數，所顯示的統計量則包括 beta 值、beta 的 t 值及其機率以及與依變數的淨相關值，最小容忍度等。

☐ 信賴區間 (Confidence intervals)：顯示未標準化迴歸係數的 95% 信賴區間。

☐ 共變異數矩陣 (Covariance matrix)：顯示未標準化迴歸係數的變異數－共變數矩陣。變異數在主對角線，共變數顯示在下三角，而相關係數顯示在上三角。

(2) 可選取下列一或多個統計量數。

☐ 模式適合度 (Model fit)：此為預設選項，包括 R、R^2，R^2 的調整以及標準誤，同時亦顯示 ANOVA 表。

☐ R 平方改變量 (R squared change)：顯示每一步驟或每一區組之 R^2 的改變量。

☐ 描述性統計量 (Descriptives)：描述性統計量，包括平均數、標準差以及一個單尾機率的相關矩陣。

☐ 部份與偏相關 (Part and partial correlations)：顯示部份相關及淨相關。

☐ 共線性診斷 (Collinearity diagnostics)：顯示迴歸共線性診斷的統計結果。

(3) 殘差 (Residuals) 方塊

☐ Durbin-Watson：Durbin-Watson 檢定統計量。亦顯示標準化與未標準化殘差與預測值的彙總統計量。

☐ 全部觀察值診斷 (Casewise diagnostics)：觀測體的診斷，繪製標準化殘差的觀測圖，即列示依變數的觀測值、未標準化預測值 (*PRED)、以及殘差值 (*RESID)。可選取下列其中之一的選項。

　○ 範圍外的偏離值 (Outliers outside n standard deviations)：限制繪製的觀測體之標準化殘差絕對值在某特定值以上，預設值為 3。若沒有觀測體之標準化殘差絕對值大於此特定值以上時，則不顯示觀測圖。

　○ 全部觀察值 (All cases)：包含所有的觀測體在觀測圖中。

ⓗ 圖形… (Plots…) 按鈕：線性迴歸的繪圖，繪製方程式中變數的散佈圖，可開啟如圖④的次對話盒。

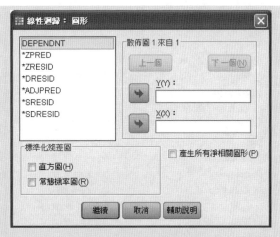

圖④　繪圖的次對話盒

繪圖次對話盒的說明

(1) 來源清單 (Source list) 方塊：依變數及以下的預測與殘差變數顯示在此來源清單中。

DEPENDNT：依變數。

*ZPRED：標準化預測值

*ZRESID：標準化殘差。

*DRESID：刪除後的殘差。

*ADJPRED：調整的預測值。

*SRESID：Student 化的殘差。

*SDRESID：Student 化之刪除後的殘差。

(2) 散佈圖 (Scatter) 方塊：繪製散佈圖，可從來源清單中選取一個變數，按第一個 ▶ 鈕，進入 Y 的方格中，以做為縱軸的變數；選取另一個變數，按第二個 ▶ 鈕，進入 X 的方格中，以做為橫軸的變數。若要繪製其它的散佈圖，可按 下一個 (Next) 鈕，再分別選取 Y、X 的變數，最多可指定 9 個散佈圖，使用 下一個 (Next) 鈕與 上一個 (Previous) 鈕，即可移動不同的散佈圖。所有的圖形均為標準化。

(3) □產生所有淨相關圖形 (Produce all partial plots)：產生所有的淨殘差圖。

(4) 標準化殘差圖 (Standardized Residual plots) 方塊：可選取下列一或多個標準化殘差圖。

　　□ 直方圖 (Histogram)：標準化殘差的直方圖，而其上會加上一常態線。

　　□ 常態機率圖 (Normal probability plot)：標準化殘差的常態機率圖。

ⓘ 儲存… (Save…) 按鈕：線性迴歸的儲存設定，將殘差、預設值或相關量數儲存至新變數中，可開啟如圖⑤的次對話盒。

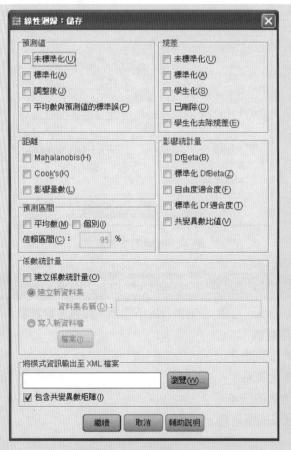

圖⑤　儲存的次對話盒

儲存次對話盒的說明

(1) 預測值 (Predicted Values) 方塊：可選取下列一或多個預測值型式。

　　☐ 未標準化 (Unstandardized)：未標準化的預測值。

　　☐ 標準化 (Standardized)：標準化的預測值。

　　☐ 調整 (Adjusted)：調整的預測值。

　　☐ 平均數與預測值的標準誤 (S.E. of mean predictions)：預測值平均的標準誤。

(2) 距離 (Distances) 方塊：可選取下列一或多個距離選項。

　　☐ Mahalanobis：Mahalanobis 距離。

　　☐ Cook's：Cook 距離。

　　☐ 影響量數 (Leverage Values)：中央的槓桿量。

(3) 預測區間 (Prediction Intervals) 方塊：可選取下列一或多個預測區間的選項。

　　☐ 平均數 (Mean)：平均預測之預測區間的上界與下界。

　　☐ 個別 (Individual)：單一觀測體之預測區間的上界與下界。

　　信賴區間 (Confidence Interval)：預設為 95% 信賴區間，可自行輸入介於 1 與 99
　　　　之間的數值，以更改信賴區間。

(4) 殘差 (Residuals) 方塊：可選取下列一或多個殘差型態。

☐ 未標準化 (Unstandardized)：未標準化殘差

☐ 標準化 (Standardized)：標準化殘差

☐ 學生化 (Studentized)：t 化殘差

☐ 已刪除 (Deleted)：刪除後殘差

☐ 學生化去除殘差 (Studentized deleted)：刪除後的 t 化殘差

(5) 影響統計量 (Influence Statistics) 方塊：可選取下列一或多個影響統計量。

  ☐ DfBeta(s)：Beta 的改變值，即在特定觀測體刪除後，對標準化迴歸係數所產生的變動。

  ☐ 標準化 DfBeta(Standardized DfBeta(s))：標準化之 Beta 改變值。

  ☐ 自由度適合度 (DfFit)：預測值的改變，即在特定觀測體刪除後，對預測值所產生的變動。

  ☐ 標準化 Df 適合度 (Standardized Df Fit)：標準化之預測值的改變。

  ☐ 共變異數比值 (Covariance ratio)：共變異率值。即特定觀測體刪除後的共變數矩陣行列值與所有觀測值均包含在內的共變數矩陣行列值之比率。

(6) 係數統計量 (Coefficient satatistics) 方塊：可選取是否建立係數統計量。

  ☐ 建立係數統計量 (Create Coefficient Statistics)：可選取下列之一的選項：

    ○ 建立新資料集 (Create a new dataset)：可於資料集名稱 (Dataset name) 的文字方塊中輸入。

    ○ 寫入新資料檔 (Write a new data file)：可按 檔案… (File…)，按鈕，以設定檔案的路徑位置及檔案名稱。

(7) 將模式資訊輸出至 XML 檔案 (Export model information to XML file) 方塊：將迴歸模式的資訊匯出成 XML 的檔案格式。

ⓘ 選項… (Options…) 按鈕：線性迴歸的選項，用以控制變數進出迴歸模式的基準、或抑制常數項、或控制缺漏值的處理，可開啟如圖⑥的次對話盒。

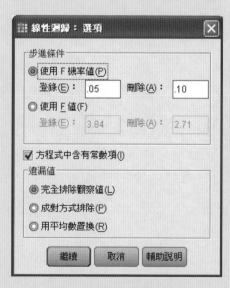

圖⑥　選項的次對話盒

選項次對話盒的說明

(1) 逐步條件 (Stepping Method Criteria) 方塊：逐步方法的基準將應用到順向、反向、及逐步選擇的方法中，可選取下列其中之一的基準。

　○ 使用 F 機率值 (Use probability of F)：使用 F 的機率來做為登錄 (PIN) 與刪除 (POUT) 的基準，此為預設選項，預設登錄的機率值為 0.05，而預設刪除的機率值則為 0.10。要改變這些設定，可輸入新值，但兩數值必須在 0 與 1 之間，且登錄的機率須小於刪除的機 率。

　○ 使用 F 值 (Use F Value)：使用 F 值來做為登錄 (FIN) 與刪除 (FOUT) 的基準，預設登錄的 F 值為 3.84，而預設刪除的 F 值為 2.71。要改變這些設定，可輸入新值，但兩個數值必須大於 0，且登錄的 F 值必須大於刪除的 F 值。

(2) □ 方程式中含有常數項 (Include Constant in equation)：預設狀態是將常數項納入迴歸方程式中。要抑制常數項以取得通過原點的迴歸線，可取消此一選項。

(3) 遺漏值 (Missing Values) 方塊：可選取下列其中之一的方法處理缺漏值。

　○ 完全排除觀察值 (Exclude cases listwise)：所有變數中，具有效值的觀測體才能納入分析中，此為預設選項。

　○ 成對方式排除 (Exclude cases pairwise)：在成對變數中之一或同時有缺漏值的觀測體，將被排除於此分析之外。

　○ 用平均數置換 (Replace with mean)：缺漏值以變數的平均數來取代，所有的觀測體均納入分析。

❓ 18-2　　如何執行多元迴歸分析 (Multiple Regression)？

操作程序

 ➜ 分析 (Analyze) > 迴歸 (Regression) > 線性…(Linear…)

統計原理

一、多元迴歸分析的意義

　　多元迴歸分析 (multiple regression analysis) 或稱複迴歸分析，是簡單迴歸的一種延伸應用，用以瞭解一組預測變數和一個效標變數的直線關係；而每個預測變數的預測能力，是研究者重要的參考指標。例如：

　　Y_i 聯考成績 (效標變數，criterion)，X_i 模擬考成績 (預測變數，predictors)

＊ 當效標變數僅一個，而預測變數僅一個時，稱為簡單迴歸 $\hat{Y} = a + bX$

＊ 當效標變數僅一個，而預測變數有二個以上時，則稱為多元迴歸

　　$\hat{Y} = a + b_1X_1 + b_2X_2 + \cdots + b_iX_i$

　　通常，我們利用多元迴歸分析，可以解決下列的問題：

1. 能否找出一個線性組合，用以簡潔地說明一組預測變數 (X_i) 與一個效標變數 (Y) 的關係？

2. 如果能的話，此種關係的強度有多大？亦即利用預測變數的線性結合來預測效標變項能力如何？

3. 整體關係是否具有統計上的顯著性？

4. 在解釋效標變數的變異方面，那些預測變數最為重要；特別是在原始模式中的變數數目能否予以減少而仍具有足夠的預測能力？

二、迴歸係數(regression coefficient)

1. 原始迴歸係數：適於預測之用。當資料為原始分數時，則預測方程式如下：

　　$\hat{Y} = a + b_1X_1 + b_2X_2 + \cdots + b_iX_i$ (a：截矩　b：斜率)

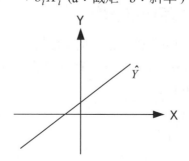

2. 標準化迴標係數：通常用以比較各預測變數的重要性。當資料爲標準化分數時 ，則預測方程式如下：

$$Z_Y = \beta_1 Z_1 + \beta_2 Z_2 + \cdots + b_i Z_i$$

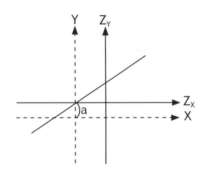

3. 迴歸係數的考驗：t 檢定用以考驗每一個自變數的個別斜率 (亦即個別的迴歸係數) 是否顯著，也就是用以決定效標變數 Y 與每一個預測變數 X_i 之間是否有顯著的直線關係存在。

虛無假設 H_0：$\beta_i = 0$

對立假設 H_1：$\beta_i \neq 0$

考驗統計量 $t = \dfrac{\beta_i - 0}{\sqrt{\dfrac{S_{Y.X}^2}{\sum (X - \bar{X})^2}}}$

三、多元迴歸模式的考驗

迴歸分析摘要表

Source	SS	df	MS	F	R^2
迴歸係數	SSR	k	SSR/K	MSR/MSE	SSR/SST
殘餘誤差	SSE	N-k-1	SSE/(N-k-1)		
全體	SST	N-1			

　　F 檢定是將所有預測變數視爲一整體，而測定效標變數 Y 與所有的預測變數 X 之間是否具有顯著統計關係存在，亦即考驗全體迴歸模式的建立。

四、複相關係數(R)，決定係數(R^2)

　　決定係數 (R^2)，通常用以衡量效標變數 Y 的總變異可由所有預測變數 X_i(i=1,2,3…) 解釋的程度。然而事實上，由於多元迴歸本身，在每增加一個預測變數時，一般都會使 R^2 增大，因此 R^2 必須加以調整如下：

$$\hat{R}^2 = 1 - \left(1 - R^2\right) \frac{N-1}{N-K-1}$$

　　茲將複相關係數、決定係數與變異數的關係闡釋如下：假如有一迴歸分析中，迴歸係數的變異數 SSR = 43.7652，而全體的變異數 SST = 67.6 時，則

$$決定係數\ R^2 = \frac{SSR}{SST} = \frac{43.6752}{67.6} = \frac{0.6474}{1}$$

　　亦即將決定係數表示為一比值關係，當 SST = 1 時，則 SSR = 0.6474 如下圖所示，SST = SSR + SSE = 67.6。

$$a^2 = b = R^2 = 0.6474$$

$$c^2 = d = 1 - R^2 = 0.3526$$

$$R = \sqrt{0.6474} = 0.8046 = a$$

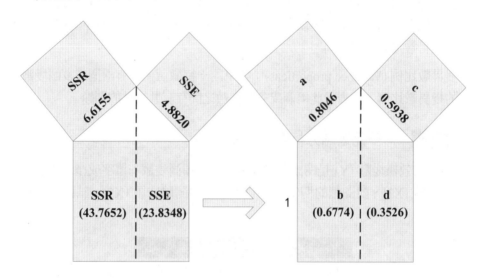

五、共線性診斷(Collinarity diagnosis)

　　所謂共線性是表示一個預測變數是其他預測變數的線性組合，共線性的問題係預測變數 (自變數) 之間的相關性太高所致，通常可由下列指標來加以判斷：

(1) 容忍度 (Tolerance)：或稱為「允差」，如果變數的容忍度愈小 (愈趨近於 0 時)，則表示該變數與其它自變數之間有高的線性相關。

　　計算公式：$(Tol)_i = 1 - R_i^2$

　　其中 R_i^2 是此自變數與其他自變數間之多元相關係數的平方，若 R_i^2 值太大，代表模式中其他自變數可以有效解釋此自變數。容忍度的值界於 0 與 1 間，若一個自變數的容忍度太小，表示此變數與其他自變數間有共線性問題；其值若接近 0，表示此變數幾乎是其他變數的線性組合，此種情況下迴歸係數的估算值不夠穩定，而迴歸係數的計算值也會有很大的誤差。

(2) 變異數膨脹因素 (Variance Inflation Factor, VIF)：變異數膨脹因素為容忍度的倒數，VIF 的值愈大，表示自變數的容忍度愈小，一般而言，當 VIF 值超過 10 以上時，即顯示有共線性的問題。

計算公式：$(VIF)_i = \dfrac{1}{1 - R_i^2}$

(3) 特徵值 (Eigenvalues，λ) 與條件指標 (Condition Index，CI)：在自變數相關矩陣之因素分析中，特徵值可作為變數間有多少層面 (Dimension) 的指標，若特徵值接近 0，表示原始變數間有高的內在相關存在，此組自變數間的相關矩陣就是一個「不佳的條件」(ill condition)，資料數值若稍微變動，即可能導致迴歸係數的估計有大的波動。

計算公式：$CI_i = \sqrt{\dfrac{\lambda_{max}}{\lambda_i}}$

條件指標 (CI 值) 為最大特徵值與個別特徵值比例的平方根，CI 值愈大，愈有共線性問題，若 CI 值在 15 以上，表示可能有共線性問題；若 CI 值在 30 以上，則表示有嚴重的共線性問題。

(4) 變異數比例 (Variance proportions)：如果同一特徵值中，有兩個或多個變數具有高的變異數比例，則表示此兩個或多個變數之間存有共線性的問題。

範例18-2-1　多元迴歸分析與共線性診斷

下表資料的效標變數 (Y) 是閱讀測驗成績，五個預測變數：單字成績 (X1)、片語成績 (X2)、文法成績 (X3)、對閱讀的期望成績 (X4)、智力測驗成績 (X5)。試執行迴歸分析及共線性診斷。

Y	X1	X2	X3	X4	X5
70	16	19	29	88	108
63	10	30	23	71	113
51	9	35	27	78	103
71	19	20	40	75	109
79	22	42	25	85	114
81	21	42	38	92	116
80	14	22	16	86	125
44	20	30	22	50	101
59	18	48	20	65	92
61	17	31	10	73	108
60	21	35	27	71	111
69	13	43	33	79	112
70	17	39	40	76	120
74	11	50	32	84	125
50	8	48	29	43	96
62	12	50	33	80	105

一、分析步驟

0. 開啓資料檔 (multreg.sav)，從功能表中選擇分析 (Analyze) > 迴歸 (Regression) > 線性…
   (Linear…)。
1. 如圖 18-2-1 對話盒所示，從左邊的來源變數清單中，選擇 y 變數進入右邊之依變數
   (Dependent) 的方格中。
2. 選擇 x1 ～ x5 的變數進入右邊之自變數 (Independent) 清單的方塊中。
3. 點按 統計量… (Statistics…) 鈕，開啓如圖 18-2-2 所示的次對話盒，點選描述性
   統計 (Descriptives) 以及共線性診斷 (Collinearity diagnostics) 的選項，再點按 繼續
   (Continue) 鈕，回到主話盒。
4. 點按 確定 (OK) 鈕，即可完成多元迴歸分析及共線性診斷。

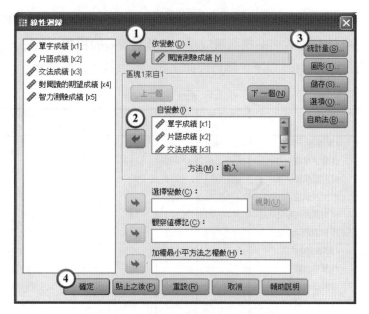

圖18-2-1　多元迴歸分析的主對話盒

圖18-2-2　迴歸分析統計量的次對話盒

二、報表及說明

1. 由報表中顯示效標變數(Y)與所有預測變數(X)之平均數(Mean)與標準差(Std .Deviation)。

敘述統計

	平均數	標準離差	個數
y 閱讀測驗成績	65.25	10.988	16
x1 單字成績	15.50	4.590	16
x2 片語成績	36.50	10.475	16
x3 文法成績	27.75	8.402	16
x4 對閱讀的期望成績	74.75	13.153	16
x5 智力測驗成績	109.88	9.309	16

2. 效標變數(Y)與所有預測變數(X)之相關矩陣,其中,以對閱讀的期望成績 X4、智力測驗驗成績 (X5) 二者與閱讀測驗成績 (Y) 具有較高的相關,至於 X1 至 X5 預測變數之間的相關均低於 0.7 以下,顯然彼此之間並無共線性的問題。

相關

		y 閱讀測驗成績	x1 單字成績	x2 片語成績	x3 文法成績	x4 對閱讀的期望成績	x5 智力測驗成績
Pearson 相關	y 閱讀測驗成績	1.000	.289	-.093	.272	.825	.764
	x1 單字成績	.289	1.000	-.218	.022	.179	.067
	x2 片語成績	-.093	-.218	1.000	.208	-.147	-.169
	x3 文法成績	.272	.022	.208	1.000	.222	.196
	x4 對閱讀的期望成績	.825	.179	-.147	.222	1.000	.669
	x5 智力測驗成績	.764	.067	-.169	.196	.669	1.000
顯著性(單尾)	y 閱讀測驗成績	.	.138	.366	.154	.000	.000
	x1 單字成績	.138	.	.209	.467	.254	.402
	x2 片語成績	.366	.209	.	.220	.294	.266
	x3 文法成績	.154	.467	.220	.	.204	.234
	x4 對閱讀的期望成績	.000	.254	.294	.204	.	.002
	x5 智力測驗成績	.000	.402	.266	.234	.002	.
個數	y 閱讀測驗成績	16	16	16	16	16	16
	x1 單字成績	16	16	16	16	16	16
	x2 片語成績	16	16	16	16	16	16
	x3 文法成績	16	16	16	16	16	16
	x4 對閱讀的期望成績	16	16	16	16	16	16
	x5 智力測驗成績	16	16	16	16	16	16

3. 多元相關係數 (R) 為 0.895,決定係數 (R^2) 為 0.800。

模式摘要

模式	R	R 平方	調過後的 R 平方	估計的標準誤
1	.895[a]	.800	.701	6.011

a. 預測變數:(常數), x5 智力測驗成績, x1 單字成績, x3 文法成績, x2 片語成績, x4 對閱讀的期望成績

4. 變異數分析摘要表 (ANOVA) 係用於考驗整體迴歸模式，結果顯示 F 值為 8.024，顯著性 (Sig.) 為 0.003，達顯著水準 (P<0.05)。

Anova^b

模式		平方和	df	平均平方和	F ④	顯著性
1	迴歸	1449.674	5	289.935	8.024	.003^a
	殘差	361.326	10	36.133		
	總數	1811.000	15			

a. 預測變數:(常數), x5 智力測驗成績, x1 單字成績, x3 文法成績, x2 片語成績,
x4 對閱讀的期望成績

b. 依變數: y 閱讀測驗成績

5. 報表分別顯示未標準化係數 (Unstandardized Coefficients，B 值，包括常數項)、標準化係數 (Standardized Coefficients，Beta 值)，以及迴歸係數的考驗 t 值及其顯著性 (Sig.)，結果顯示以閱讀的期望成績 (X4) 對閱讀測驗成績 (Y) 最具有顯著的預測力 (Beta 值為 0.520，P<0.05)。

6. 共線性統計量 (Collinearity Statistics) 顯示所有預測變數 (xl～x5) 的允差 (Tolerance，即容忍度) 均大於 0.5 以上 (未趨近於 0)，顯示各變數之間並無共線性的問題。

係數^a

模式		未標準化係數		標準化係數	t	顯著性	共線性統計量 ⑥	
		B 之估計值	標準誤差	Beta 分配			允差	VIF
1	(常數)	-31.857	21.83		-1.459	.175		
	x1 單字成績	.444	.352	.185	1.260	.236	.921	1.086
	x2 片語成績	.084	.159	.080	.528	.609	.866	1.155
	x3 文法成績	.074	.197	.057	.377	.714	.883	1.133
	x4 對閱讀的期望成績	.434	.163	.520 ⑤	2.666	.024	.525	1.904
	x5 智力測驗成績	.479	.227	.406	2.107	.061	.538	1.860

a. 依變數: y 閱讀測驗成績

7. 共線性診斷量數 (Collinearity Diagnostics) 包括有條件指標 (Condition Index) 發現最後一個向度的 CI 值大於 30 以上可能有共線性問題，而進一步檢視變異數比例 (Variance Proportions) 則未發現有兩個變數之間同時有很高的值，因此顯示各變數之間並無共線性的問題。

共線性診斷^a

模式	維度	特徵值	條件指標 ⑦	變異數比例					
				(常數)	x1 單字成績	x2 片語成績	x3 文法成績	x4 對閱讀的期望成績	x5 智力測驗成績
1	1	5.789	1.000	.00	.00	.00	.00	.00	.00
	2	.095	7.808	.00	.36	.26	.06	.00	.00
	3	.059	9.894	.00	.03	.31	.78	.00	.00
	4	.042	11.682	.01	.53	.14	.15	.10	.01
	5	.012	21.963	.15	.04	.22	.01	.59	.03
	6	.002	51.997	.85	.04	.07	.00	.31	.96

a. 依變數: y 閱讀測驗成績

三、分析結果及解釋

迴歸分析結果得知此迴歸模式能適配於資料 (F=8.02，P ＜ 0.01)，且由五個預測變數閱讀測驗成績 (Y) 的變異數之解釋量達 80% ($R^2 = 0.800$)。

原始迴歸方程式：

$$\hat{Y} = -31.857 + 0.444\,X_1 + 0.084\,X_2 + 0.074\,X_3 + 0.434\,X_4 + 0.479\,X_5$$

標準化迴歸方程式：

$$\hat{Z}_Y = 0.185Z_{X_1} + 0.080Z_{X_2} + 0.057Z_{X_3} + 0.520Z_{X_4} + 0.406Z_{X_5}$$

四、撰寫程式

程序語法：多元迴歸分析與共線性診斷(ex18-2-1.sps)

---

(1) 在 Linear Regression 主對話盒中按 貼上之後 (Paste) 鈕，即可貼出語法如下：

```
REGRESSION
    /DESCRIPTIVES MEAN STDDEV CORR SIG N  /*顯示相關矩陣
    /MISSING LISTWISE
    /STATISTICS COEFF OUTS R ANOVA COLLIN TOL   /*共線性診斷
    /CRITERIA=PIN(.05) POUT(.10)
    /NOORIGIN
    /DEPENDENT y /*效標變數
    /METHOD=ENTER x1 x2 x3 x4 x5.   /*預測變數
    /SCATTERPLOT=(y,*ZPRED).  /*繪製散佈圖.
```

牛刀小試 Try for yourself

TFY **18-2-1**・某研究想瞭解大學男生之身高與體重的關係，抽取大學男生共 19 人，調查其身高 (height)、體重 (weight)、父親身高 (fh)、父親體重 (fw)、母親身高 (mh)、母親體重 (mw) 等資料，試以身高為效標變數，其餘變數為預測變數，進行多元迴歸分析及共線性診斷分析。

Height	Weight	FH	FW	MH	MW
168	71	155	60	158	50
181	60	169	77	157	55
174	65	170	69	157	46
171	61	170	72	165	60
170	63	163	52	157	65
169	63	162	75	153	65
173	70	171	61	165	55
182	69	176	80	160	50
179	62	172	68	158	58
182	60	176	75	165	50
177	61	168	75	155	45
178	71	167	74	161	70
173	50	161	60	153	54
164	58	165	60	160	60
161	50	168	58	150	45
174	63	169	73	150	45
180	67	168	85	152	53
173	63	162	75	160	57
175	63	175	70	158	55

❓ 18-3　如何執行逐步((Stepwise)多元迴歸分析？

操作程序

 ➜ 分析 (Analyze) > 迴歸 (Regression) > 線性…(Linear…)

統計原理

 選取預測變數的方法

　　建立迴歸模式時，一方面希望包含較多的預測變數，以求得較準確之預測；另一方面，基於經費及控制程度的考慮，希望模式中的預測變數之數目能儘量減少。基於這二方面的考慮，我們希望能以較少的預測變數，達到足以解釋整個模式的變異程度。通常選取預測變數的方法可分成兩大類：一為直接法，一為逐步選取法。

一、直接法：

1. 強制進入法 (ENTER)：依界定的標準 (包括 PIN、POUT、FIN、FOUT 等)，直接強制變數進入迴歸模式中。

2. 強制剔除法 (REMOVE)：依界定的標準 (包括 PIN、POUT、FIN、FOUT 等)，直接從迴歸模式中強制剔除變數。

二、逐步選取法：

1. 順向選擇法 (FORWARD)：在每一次選擇的步驟中，選出一個變數，對模式的貢獻最大者，進入迴歸方程式中，並對尚未進入迴歸方程式的預測變數加以考驗，以決定某一個預測變數是否有資格被納入迴歸模式中。而進入的標準是否具有最小 F 機率值通常 PASW 的內設值為 P=0.05，F=3.84。若預測變數的 F 值小於此者，將被選取進入。

2. 反向淘汰法 (BACKWARD)：首先將所有預測變數放入迴歸方程式中，而後在每一次淘汰的步驟中，剔出一個對模式貢獻最小者之變數，並對留在迴歸方程式中的預測變數加以考驗，以決定某一個預測變數是否應繼續被保留在迴歸模式中。而剔除的標準是否具有最大 F 機率值，通常 PASW 內設值為 P=0.10，F=2.71。若預測變數的 F 值大於此者，將被選取剔除。

3. 逐步迴歸法 (STEPWISE)：是順向選擇法與反向淘汰法的綜合。首先模式中不包含任何預測變數。然後採順向選擇法，根據對模式的貢獻最大者，挑選預測變數進入迴歸模式中。而在每一步驟中，已被納入模式的預測變數則必須再經過反向淘汰法的考驗，以決定該變數要被淘汰亦或留下。通常在 PASW 中，逐步迴歸法的進入標準 (F 機率值) 為 0.05，剔除標準 (F 機率值) 則為 0.10。

　　逐步多元迴歸分析

下表資料的效標變數 (Y) 是聯考成績，五個預測變數分別為國文成績 (Xl)、英文成績 (X2)、數學成績 (X3)、自我期望成績 (X4)、智力測驗成績 (X5) 等。試進行逐步多元迴歸分析。

Y	X1	X2	X3	X4	X5
70	16	19	29	88	108
63	10	30	23	71	113
51	9	35	27	78	92
71	19	20	40	75	109
79	22	42	25	85	114
81	21	42	38	92	116
80	14	22	16	86	125
44	20	30	22	50	101
59	18	48	20	65	103
61	17	31	10	73	108
60	21	35	27	71	111
69	13	43	33	79	112
70	17	39	40	76	120
74	11	50	32	84	125
50	8	48	29	43	96
62	12	50	33	80	105

一、分析步驟

0. 開啓資料檔 (multreg2.sav)，從功能表中選擇分析 (Analyze) > 迴歸 (Regression) > 線性 …(Linear…)。

1. 如圖 18-3-1 的話盒所示，從左邊的來源變數清單中，選擇 y 變數進入右邊之依變數 (Dependent) 方格中。

2. 選擇 x1 ～ x5 的變數進入右邊之自變數 (Independent) 清單的方塊中。

3. 從方法 (Method) 的下拉式選單中，點選逐步迴歸分析法 (Stepwise) 選項。

4. 點按 統計量… (Statistics…) 鈕，開啓如圖 18-3-2 的次對話盒，點選 R 平方的改變量 (R square change) 之選項，再點按 繼續 (Continue) 鈕，回到主對話盒。

5. 點按 確定 (OK) 鈕，即可完成逐步多元迴歸分析。

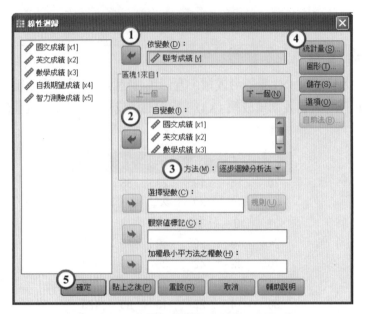

圖18-3-1　逐步多元迴歸分析的主對話盒

圖18-3-2　迴歸分析統計量的次對話盒

二、報表及說明

1. 報表顯示逐步多元迴歸的方法，迴歸模式選入變數的準則 (Criteria) 是 F 機率值 ≦ 0.05
而從迴歸模式中剔除變數的標準則為 F 機率值 ≧ 0.10，因此五個預測變數中，僅自我
期望成績 (X4) 及智力測驗成績 (X5) 二個預測變數選入迴歸模式中。

選入/刪除的變數[a]

模式	選入的變數	刪除的變數	方法
1	x4 自我期望成績	.	逐步迴歸分析法 (準則:F-選入的機率 <= .050，F-刪除的機率 >= .100)。
2	x5 智力測驗成績	.	逐步迴歸分析法 (準則:F-選入的機率 <= .050，F-刪除的機率 >= .100)。

a. 依變數: y 聯考成績

2. 模式 1 僅選入 X4 變數時之多元相關係數 (R) 為 0.825，決定係數 (R^2) 為 0.681，而模式 2 則是選入 X4 及 X5 兩個變數，因此多元相關係數 (R) 提昇至 0.923，決定係數 (R^2) 則為 0.852。顯示自我期望成績 (X4)、智力測驗成績 (X5) 對聯考成績預測的解釋變異量達 85.2%。

3. 由於模式 2 加入 X5 變數，決定係數 (R^2) 由 0.681 提昇至 0.852，其改變量達 0.171，經考驗結果 F 改變 (F Change) 為 14.947，顯著性 (Sig. F Change) 為 0.002，達顯著水準 (P<0.05)。

模式摘要

模式	R	R 平方	調過後的 R 平方	估計的標準誤	R 平方改變量	F 改變	df1	df2	顯著性 F 改變
1	.825[a]	.681	.658	6.423	.681	29.891	1	14	.000
2	.923[b]	.852	.829	4.546	.171	14.947	1	13	.002

a. 預測變數:(常數), x4 自我期望成績

b. 預測變數:(常數), x4 自我期望成績, x5 智力測驗成績

4. 變異數分析摘要表 (ANOVA) 係用於考驗整體迴歸模式，結果顯示模式 2 的 F 值為 37.309，顯著性 (Sig.) 為 0.000，達顯著水準 (P<0.05)。

Anova[c]

模式		平方和	df	平均平方和	F	顯著性
1	迴歸	1233.341	1	1233.341	29.891	.000[a]
	殘差	577.659	14	41.261		
	總數	1811.000	15			
2	迴歸	1542.297	2	771.149	37.309	.000[b]
	殘差	268.703	13	20.669		
	總數	1811.000	15			

a. 預測變數:(常數), x4 自我期望成績

b. 預測變數:(常數), x4 自我期望成績, x5 智力測驗成績

c. 依變數: y 聯考成績

5. 報表分別顯示未標準化係數 (Unstandardized Coefficients，B 值，包括常數項)、標準化係數 (Standardized Coefficients，Beta 值)，以及迴歸係數的考驗 t 值及其顯著性 (Sig.) 結果顯示在模式 2 中，自我期望成績 (X4) 及智力測驗成績 (X5) 對聯考成績 (Y) 具有顯著的預測力。

係數[a]

模式		未標準化係數		標準化係數	t	顯著性
		B 之估計值	標準誤差	Beta 分配		
1	(常數)	13.717	9.562		1.435	.173
	x4 自我期望成績	.689	.126	.825	5.467	.000
2	(常數)	-33.795	14.029		-2.409	.032
	x4 自我期望成績	.437	.111	.523	3.946	.002
	x5 智力測驗成績	.604	.156	.512	3.866	.002

a. 依變數：y 聯考成績

6. 報表顯示各模式中未被選入的變數之資訊，由模式 1 中，可發現 X5 的偏相關 (Partial Correlation) 為 0.731，顯著性 (Sig.) 為 0.002，達選入變數的標準 (P ≤ 0.05)，因此模式 2 時，未被選入的模式僅剩 X1、X2、X3 等三個變數。

排除的變數[c]

模式		Beta 進	t	顯著性	偏相關	共線性統計量
						允差
1	x1 國文成績	.147[a]	.952	.358	.255	.968
	x2 英文成績	.028[a]	.179	.861	.050	.979
	x3 數學成績	.094[a]	.591	.565	.162	.951
	x5 智力測驗成績	.512[a]	3.866	.002	.731	.651
2	x1 國文成績	.087[b]	.782	.449	.220	.947
	x2 英文成績	.020[b]	.180	.860	.052	.978
	x3 數學成績	.094[b]	.852	.411	.239	.951

a. 模式中的預測變數:(常數), x4 自我期望成績

b. 模式中的預測變數:(常數), x4 自我期望成績, x5 智力測驗成績

c. 依變數：y 聯考成績

三、分析結果及解釋

由逐步迴歸分析摘要表及迴歸模式之變異數分析摘要表中，顯示在五個預測變數中，投入自我期望成績 (X4) 及智力測驗成績 (X5) 兩變數，即能使迴歸模式達顯著水準 (F=37.31, P<0.05)。其中以自我期望成績的 Beta 值最大 (Beta=0.523)，顯示自我期望對「聯考成績」有較大的預測力，可解釋全部變異的 68.10%。Beta 值為正數，可以看出自我期望愈高，則聯考成績亦愈高。從表列中，顯示自我期望及智力兩種變數，可以解釋「聯，考成績」總變異的 85.16%。

迴歸模式之變異數分析摘要表

SOURCE	SS	df	MS	F	R^2
迴歸係數	1542.30	2	771.15	37.31	0.8516
殘餘誤差	268.70	13	20.67		
總和	1811.00	15			

*p<0.05

逐步迴歸分析摘要表

步驟	投入變項	R^2	R^2 增加量	F 值	原始迴歸係數 (B)	標準化迴歸係數 (Beta)	t 值
	常數				− 33.795		
1	閱讀期望 (X4)	0.6810	0.6810	29.89**	0.4366	0.5226	3.95**
2	智力成績 (X5)	0.8516	0.1706	14.95**	0.6044	0.5121	3.87**

** P < 0.01

原始迴歸方程式：$\hat{Y} = -33.795+.437X_4+.604X_5$

標準化迴歸方程式：$\hat{Z}_y = .523Z_{X4}+.5127_{X5}$

四、撰寫程式

程序語法：逐步多元迴歸分析(ex18-3-1.sps)

(1) 在 Linear Regression 主對話盒中按 貼上之後 (Paste) 鈕，即可貼出語法如下：

```
REGRESSION
  /MISSING LISTWISE
  /STATISTICS COEFF OUTS R ANOVA CHANGE    /*決定係數的改變量
  /CRITERIA=PIN(.05) POUT(.10)
  /NOORIGIN
  /DEPENDENT y    /*效標變數
  /METHOD=STEPWISE x1 x2 x3 x4 x5.    /*預測變數，逐步法
```

牛刀小試 | Try for yourself

TFY 18-3-1・下列資料是 30 名受試者在五項測驗的成績，分別是依變數的 GPA 及自變數的 GREQ、GREV、MAT、AR 等，試利用逐步迴歸法對此項資料進行迴歸分析？

受試者	GPA	GREQ	GREV	MAT	AR
1	3.2	625	540	65	2.7
2	4.1	575	680	75	4.5
3	3.0	520	480	65	2.5
4	2.6	545	520	55	3.1
5	3.7	520	490	75	3.6
6	4.0	655	535	65	4.3
7	4.3	630	720	75	4.6
8	2.7	500	500	75	3.0
9	3.6	605	575	65	4.7
10	4.1	555	690	75	3.4
11	2.7	505	545	55	3.7
12	2.9	540	515	55	2.6
13	2.5	520	520	55	3.1
14	3.0	585	710	65	2.7
15	3.3	600	610	85	5.0
16	3.2	625	540	65	2.7
17	4.1	575	680	75	4.5
18	3.0	520	480	65	2.5
19	2.6	545	520	55	3.1
20	3.7	520	490	75	3.6
21	4.0	655	535	65	4.3
22	4.3	630	720	75	4.6
23	2.7	500	500	75	3.0
24	3.6	605	575	65	4.7
25	4.1	555	690	75	3.4
26	2.7	505	545	55	3.7
27	2.9	540	515	55	2.6
28	2.5	520	520	55	3.1
29	3.0	585	710	65	2.7
30	3.3	600	610	85	5.0

🔘 18-4　如何執行迴歸殘差分析(Residual Analysis)？

操作程序

 → 分析 (Analyze) > 迴歸 (Regression) > 線性…(Linear…)

統計原理

 殘差分析可協助決定迴歸分析所做之假設是否適切，迴歸關係中的假設檢定建立在迴歸模式的假設下，若假設不成立，則迴歸模式不能用，所以利用殘差來檢驗迴歸假設。

一、檢驗極端量數(outliers)的統計量

1. 標準化殘差 (standardized residual)：$Z_i = \dfrac{e_i}{S}$

2. t 標準化殘差 (studentized residual)：$Z_i = \dfrac{e_i}{S\sqrt{1-h_i}}$　　　h：leverage

   以 t 分配加以標準化的殘差

3. 刪除觀測體後的殘差 (deleted residual)：$Y_i - \hat{Y}_i^{(i)}$，亦即爲效標變數值與刪除觀測體後之預測值的差異。

4. Mahalanobis 距離：D 值愈大，表示該觀測值爲極端量數。

$$D_i = \frac{(X_i - \overline{X})^2}{S_X}$$

5. Cook's 距離：C 值愈大，表示該觀測值爲具有影響力的點 (influential point)。

$$C_i = \frac{\sum_{j=1}^{N}(\hat{Y}_j^{(i)} - \hat{Y}_j)^2}{(P+1)S^2}　　　P：預測變數的數目$$

二、檢驗具影響力之觀察值的統計量

1. Leverage(槓桿量，h)：其範圍介於 $\dfrac{-1}{N}$ 至 $\dfrac{(N-1)}{N}$，N 爲觀測體個數，當 h_i 接近於 $\dfrac{-1}{N}$ 時，則顯示該觀測值不具影響力，當 h_i 接近於 $\dfrac{(N-1)}{N}$ 時，則表示該觀測值極具影響力，理想上我們希望每一觀測值對模式的影響均相當且接近於 P/N，通常 h_i 如果超過 2P/N 時，則需加以檢驗之。

   $\hat{Y} = HY$　　H：hat matrix 中主對角元素，即爲 leverage，h。

2. 當刪除某一觀測值後，每一迴歸係數的改變，包括：

   DFBETA －截距、迴歸係數的改變。

   SDBETA －標準化迴歸係數的改變。

   通常 SDBETA 值大於 $\dfrac{2}{\sqrt{N}}$ 時，則該刪除之觀測體需加以檢驗。

3. 當刪除某一觀測值後，每一預測值的改變，包括：

DFFIT －預測值的改變 $Y_i - \hat{Y}_i^{(i)}$。

SDFIT －標準化預測值的改變。

通常 SDFIT 值大於 $\dfrac{2}{\sqrt{N}}$ 時，則該刪除之觀測體需加以檢驗。

4. 共變異率 (Covariance ratio，COVRATIO)：通常 | COVRATIO－1 | 如果大於 3P/N 時，則需檢驗該觀測體。

$b_{(i)}$：刪除觀測體之後，所得的迴歸係數估計值。

S_i：刪除觀測體之後，所得的樣本標準差。

X_i：刪除觀測體之後，所得的預測變數矩陣。

Y_i：刪除觀測體之後，所得之該個體在 Y 的預測值。

$e_i = Y_i - \hat{Y}_i^{(i)}$ 觀測體 i 的預測誤差

$H_i = X_i (X'X)^{-1} X_i$ 即稱 Hat matrix

t 標準化差殘 (Studentized deleted residuals) $= \dfrac{e_i}{S_i \sqrt{1 - h_i}}$

COVRATIO$=\det\left[S_i^2 (X_i X_i^{-1})\right] / \det\left[S^2 (X'X)^{-1}\right]$　det：行列式值

三、檢驗殘差之獨立性的統計量

Durbin-Waston 考驗統計量：考驗相鄰兩殘差項之相關程度的大小。

$$DW = \dfrac{\sum\limits_{i=2}^{N}(e_i - e_{i-1})^2}{\sum\limits_{i=1}^{N} e_i^2}$$

■ 當殘差之間完全沒有線性相關時，DW 值應該接近於 2。

■ 當 DW 值接近於 0 時，則殘差之間有負的線性相關。

■ 當 DW 值接近於 4 時，則殘差之間有正的線性相關。

| 範例18-4-1 | 迴歸殘差分析 |

下表資料的效標變數為 Y，三個預測變數分別是 Xl、X2、X3。試進行殘差分析，以找出極端值 (Ourliers)

ID	Y	X1	X2	X3	ID	Y	X1	X2	X3
1	62	42	72	16	11	152	48	56	29
2	50	49	76	10	12	86	52	60	23
3	92	52	80	29	13	98	56	66	37
4	87	57	88	19	14	89	59	90	20
5	93	59	45	22	15	107	92	82	35
6	90	62	50	21	16	114	94	84	38
7	86	64	64	14	17	123	97	93	36
8	92	65	58	20	18	116	97	79	32
9	95	68	60	28	19	132	91	76	40
10	105	71	63	37	20	120	94	90	30

壹、進行殘差分析

一、分析步驟

0. 開啓資料檔 (residual.sav)，從功能表中選擇分析 (Analyze) > 迴歸 (Regression) > 線性… (Linear…)。

1. 如圖 18-4-1 對話盒所示，從左邊的來源變數清單中，選擇 y 變數進入右邊之依變數 (Dependent) 的方格中。

2. 選擇 x1 ～ x3 的變數進入右邊之自變數 (Independent) 清單的方塊中。

3. 點按 統計量… (Statistics…) 鈕，開啓如圖 18-4-2 的次對話盒，點選殘差 (Residuals) 方塊中 Durbin-Watson 以及全部觀察值診斷 (Casewise diagnostics) 選項，並點選全部 觀測體 (All cases) 後，再點按 繼續 (Continue) 鈕，回到主對話盒。

4. 點按 儲存… (Save…) 鈕，開啓如圖 18-4-3 所示的次對話盒，點選殘差 (Residuals) 方塊 、距離 (Distances) 方塊、影響量數 (Influence Statistics) 方塊中，所有選項，再點 按 繼續 (Continue) 鈕，回到主對話盒。

5. 點按 確定 (OK) 鈕，即可完成迴歸殘差分析。

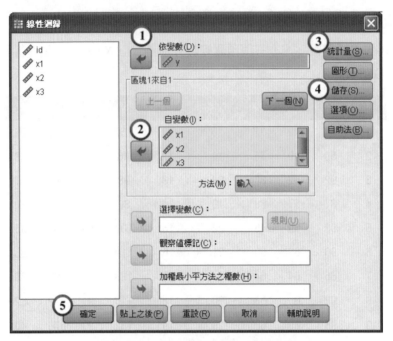

圖18-4-1　多元迴歸分析的主對話盒

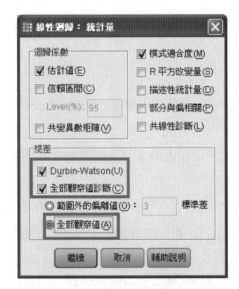

圖18-4-2　統計量的次對話盒

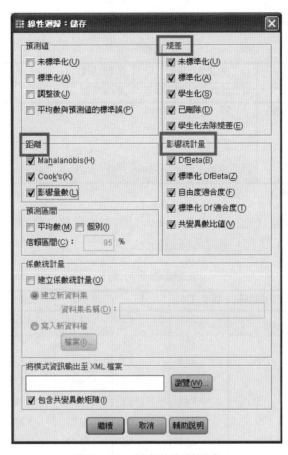

圖18-4-3　儲存的次對話盒

二、報表及說明

1. 報表顯示多元相關係數 (R) 為 0.769，決定係數 (R^2) 為 0.591，而 Durbin-Waston 考驗統計量 (DW=2.251) 接近於 2，顯示殘差之間完全沒有線性相關。

模式摘要[b]

模式	R	R 平方	調過後的 R 平方	估計的標準誤	Durbin-Watson 檢定
1	.769[a]	.591	.514	16.073	2.251

a. 預測變數:(常數), x3, x2, x1

b. 依變數: y

2. 變異數分析摘要表 (ANOVA) 係用於考驗整體迴歸模式，結果顯示 F 值為 7.710，顯著性 (Sig.) 為 0.002，達顯著水準 (P<0.05)。

Anova[b]

模式		平方和	df	平均平方和	F	顯著性
1	迴歸	5975.480	3	1991.827	7.710	.002[a]
	殘差	4133.470	16	258.342		
	總數	10108.950	19			

a. 預測變數:(常數), x3, x2, x1

b. 依變數: y

3. 迴歸係數，檢定發現僅變數 x3 達顯著水準 (t=2.991, P<0.05)。

係數³

模式		未標準化係數		標準化係數		
		B 之估計值	標準誤差	Beta 分配	t	顯著性
1	(常數)	53.550	20.162		2.656	.017
	x1	.267	.295	.215	.905	.379
	x2	-.240	.296	-.148	-.811	.429
	x3	1.673	.559	.643	2.991	.009

a. 依變數: y

4. 依觀察值順序診斷 (Casewise Diagnostics) 顯示編號 11 的觀測體之標準化殘差 (Std .Residual) 值超過 3 以上，應視爲極端值。

依觀察值順序診斷³

觀察值號碼	標準殘差	y	預測值	殘差
1	-.761	62	74.24	-12.236
2	-.940	50	65.10	-15.104
3	-.294	92	96.73	-4.731
4	.472	87	79.41	7.586
5	-.142	93	95.28	-2.283
6	-.200	90	93.21	-3.210
7	.456	86	78.67	7.327
8	.098	92	90.42	1.583
9	-.567	95	104.12	-9.121
10	-.887	105	119.26	-14.258
11	3.147	152	101.42	50.576
12	-.342	86	91.49	-5.492
13	-1.029	98	114.54	-16.541
14	.489	89	81.14	7.860
15	-.619	107	116.95	-9.950
16	-.499	114	122.02	-8.022
17	.354	123	117.32	5.684
18	.125	116	113.98	2.017
19	.343	132	126.49	5.512
20	.796	120	107.20	12.802

a. 依變數: y

5. 報表顯示各種殘差的統計量 (Residuals Statistics)。

殘差統計量[a]

	最小值	最大值	平均數	標準離差	個數
預測值	65.10	126.49	99.45	17.734	20
標準預測值	-1.937	1.525	.000	1.000	20
預測值的標準誤	4.931	8.999	7.120	1.010	20
調整預測值	70.69	125.33	99.44	18.155	20
殘差	-16.541	50.576	.000	14.750	20
標準殘差	-1.029	3.147	.000	.918	20
Studentized 殘差	-1.242	3.553	.001	1.038	20
去除後殘差	-24.093	64.485	.015	18.886	20
Studentized 去除殘差	-1.265	7.490	.196	1.822	20
Mahalanobis 距離	.838	5.006	2.850	1.025	20
Cook's 距離	.001	.868	.072	.192	20
中心迴歸適合度的影響量數	.044	.263	.150	.054	20

a. 依變數: y

貳、列示殘差分析的各項統計量

一、分析步驟

0. 從功能表中選擇分析 (Analyze) > 報表 (Report) > 觀察值摘要…(Case Summaries…)。

1. 如圖 18-4-4 的話盒所示，從左邊的來源變數清單中，選擇 RES_1、DRE_1、ZRE_1、SRE_1、SDR_1 等變數進入右邊之變數 (Variables) 清單的方塊中。

2. 點按 確定 (OK) 鈕，即可完成列示殘差統計量數。

3. 同步驟 1、2，列示距離統計量數 (MAH_1、COO_1、LEV_1)。

4. 同步驟 1、2，列示影響統計量數 (COV_1 ～ SDB3_1)。

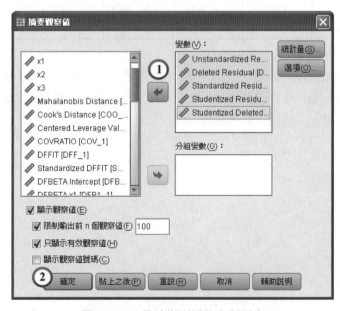

圖18-4-4　彙總觀測體的次對話盒

二、報表及說明

1. 報表包含各種殘差值，如原始殘差 (Unstandardized Residual)、刪除觀測體後殘差 (Deleted Residual)、標準化殘差 (Standardized Residual)、t 化殘差 (Studentized Residual)、t 化刪除觀測體後殘差 (Studentized Deleted Residual) 等，同時顯示編號 11 觀測體在各種殘差值均較其它觀測體高出許多。

觀察值摘要[a]

	RES_1 Unstandardized Residual	DRE_1 Deleted Residual	ZRE_1 Standardized Residual	SRE_1 Studentized Residual	SDR_1 Studentized Deleted Residual
1	-12.23603	-15.17406	-.76128	-.84776	-.83992
2	-15.10362	-20.69195	-.93969	-1.09988	-1.10765
3	-4.73103	-6.26239	-.29435	-.33865	-.32908
4	7.58632	9.73484	.47199	.53467	.52238
5	-2.28343	-3.07028	-.14207	-.16473	-.15964
6	-3.21020	-4.06776	-.19973	-.22483	-.21803
7	7.32724	9.55751	.45587	.52065	.50844
8	1.58285	1.87164	.09848	.10709	.10372
9	-9.12107	-10.06860	-.56748	-.59622	-.58381
10	-14.25808	-17.26886	-.88708	-.97626	-.97474
11	50.57634	64.48522	3.14666	3.55309	7.48998
12	-5.49172	-6.12191	-.34167	-.36074	-.35072
13	-16.54058	-24.09337	-1.02909	-1.24201	-1.26511
14	7.86015	10.20167	.48903	.55713	.54474
15	-9.94980	-11.52064	-.61904	-.66611	-.65409
16	-8.02204	-9.61771	-.49910	-.54649	-.53414
17	5.68400	7.24477	.35364	.39925	.38851
18	2.01692	2.50967	.12548	.13998	.13561
19	5.51187	6.66647	.34293	.37714	.36680
20	12.80191	15.98237	.79648	.88994	.88383
總和　個數	20	20	20	20	20

a. 限於前 100 個觀察值。

2. 報表顯示 Mahalanobis 距離、Cook 距離、槓桿量 (Leverage Level) 等，發現共有 2 個觀測體的 Mahalanobis 距離超過 4.0 以上，宜加以注意，但槓桿量未超過 2P / N = 2×5/16=0.625，因此，無須檢驗觀測體。

觀察值摘要ᵃ

	MAH_1 Mahalanobis Distance	COO_1 Cook's Distance	LEV_1 Centered Leverage Value
1	2.72882	.04314	.14362
2	4.18139	.11190	.22007
3	3.69611	.00928	.19453
4	3.24338	.02024	.17070
5	3.91933	.00234	.20628
6	3.05556	.00338	.16082
7	3.48370	.02063	.18335
8	1.98159	.00052	.10429
9	.83804	.00923	.04411
10	2.36260	.05031	.12435
11	3.14813	.86796	.16569
12	1.00588	.00373	.05294
13	5.00612	.17610	.26348
14	3.41095	.02312	.17952
15	1.64065	.01751	.08635
16	2.20229	.01485	.11591
17	3.14326	.01094	.16543
18	2.78053	.00120	.14634
19	2.34072	.00745	.12320
20	2.83097	.04919	.14900
總和　個數	20	20	20

a. 限於前 100 個觀察值。

3. 報表顯示共變異率 (COVRATIO)、以及刪除某觀測體後，預測值的改變 (DFFIT)、預測值標準化的改變 (Standardized DFFIT) 等。其中 SDFIT 值均未超過 $2/\sqrt{P/N} = 2/\sqrt{5/16} = 3.578$，因此，無須檢驗觀測體。

觀察值摘要ᵃ

	COV_1 COVRATIO	DFF_1 DFFIT	SDF_1 Standardized DFFIT
1	1.33579	-2.93803	-.41157
2	1.29497	-5.58834	-.67376
3	1.66495	-1.53135	-.18722
4	1.54559	2.14852	.27800
5	1.72885	-.78685	-.09371
6	1.61973	-.85756	-.11269
7	1.57701	2.23027	.28051
8	1.52634	.28878	.04430
9	1.30619	-.94753	-.18817
10	1.22639	-3.01078	-.44792
11	.00327	13.90888	3.92783
12	1.39671	-.63020	-.11881
13	1.25702	-7.55279	-.85488
14	1.55355	2.34153	.29732
15	1.33944	-1.57084	-.25990
16	1.43936	-1.59567	-.23823
17	1.58523	1.56077	.20358
18	1.60293	.49276	.06703
19	1.51078	1.15460	.16788
20	1.31914	3.18046	.44053
總和　個數	20	20	20

a. 限於前 100 個觀察值。

4. 報表顯示刪除某觀測體後，各變數迴歸係數及常數項的改變 (DFBETA)。

觀察值摘要[a]

	DFB0_1 DFBETA Intercept	DFB1_1 DFBETA x1	DFB2_1 DFBETA x2	DFB3_1 DFBETA x3
1	-2.83459	.06828	-.04855	.03278
2	-3.57056	.00561	-.06281	.24811
3	.54331	.04810	-.03424	-.06332
4	-1.20053	-.02990	.06461	-.03330
5	-1.66757	-.00845	.02457	.01245
6	-1.90316	-.01395	.02779	.02482
7	2.94067	.04687	-.02811	-.13651
8	.64350	.00685	-.00869	-.01480
9	-2.28749	-.01085	.03797	-.00715
10	-1.45555	.03568	.04279	-.18336
11	19.91214	-.35210	-.13389	.63432
12	-1.82755	.01371	.01099	-.00760
13	-1.33571	.18195	-.01849	-.41043
14	-1.71914	-.03171	.07242	-.02931
15	2.67872	-.03447	-.00790	-.01232
16	2.86355	-.02050	-.01257	-.03886
17	-3.10097	.01902	.02719	.00799
18	-.40238	.01594	-.00330	-.01221
19	-1.22467	.00992	-.00533	.04705
20	-5.03719	.07247	.04317	-.08264
總和　個數	20	20	20	20

a. 限於前 100 個觀察值。

5. 報表顯示刪除某觀測體後，各變數標準化迴歸係數的改變 (SDBETA)，發現 SDBETA 值超過 $2/\sqrt{N} = 2/\sqrt{16} = 0.5$ 的觀察體僅有編號第 11。

觀察值摘要[a]

	SDB0_1 Standardized DFBETA Intercept	SDB1_1 Standardized DFBETA x1	SDB2_1 Standardized DFBETA x2	SDB3_1 Standardized DFBETA x3
1	-.13929	.22960	-.16251	.05805
2	-.17834	.01916	-.21371	.44664
3	.02619	.15865	-.11243	-.10999
4	-.05818	-.09915	.21329	-.05816
5	-.08015	-.02780	.08043	.02156
6	-.09154	-.04592	.09105	.04302
7	.14243	.15537	-.09276	-.23829
8	.03091	.02253	-.02844	-.02562
9	-.11109	-.03606	.12560	-.01251
10	-.07208	.12090	.14436	-.32725
11	2.08188	-2.51921	-.95358	2.39019
12	-.08812	.04524	.03609	-.01320
13	-.06748	.62903	-.06362	-.74729
14	-.08337	-.10523	.23923	-.05122
15	.13046	-.11487	-.02620	-.02163
16	.13882	-.06800	-.04151	-.06789
17	-.14967	.06283	.08939	.01390
18	-.01934	.05243	-.01080	-.02114
19	-.05908	.03274	-.01753	.08180
20	-.24812	.24428	.14484	-.14671
總和　個數	20	20	20	20

a. 限於前 100 個觀察值。

參、剔除極端值後，重新進行迴歸分析

一、分析步驟

0. 從功能表中選擇分析 (Analyze) > 迴歸 (Regression) > 線性…(Linear…)。

1. 如圖 18-4-5 對話盒所示，從左邊的來源變數清單中，選擇 y 變數進入右邊之依變數 (Dependent) 的方格中。

2. 選擇 x1 ～ x3 的變數進入右邊之自變數 (Independent) 清單的方塊中。

3. 選擇 id 變數進入右邊之選擇變數 (Selection Variable) 的方格中。

4. 點按 規則… (Rule…) 鈕，開啟如圖 18-4-6 的次對話盒，從下拉式清單中點選 not equal to(不等於) 選項，並在數值 (Value) 方格中輸入 [11]，最後再點按 繼續 (Continue) 鈕，回到主對話盒。

5. 點按 確定 (OK) 鈕，即可完成剔除極端值後，重新進行迴歸分析。

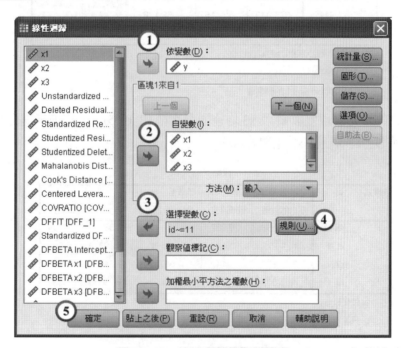

圖18-4-5　線性迴歸的主對話盒

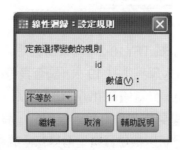

圖18-4-6　設定篩選規則的次對話盒

二、報表及說明

1. 報表顯示多元相關係數 (R) 為 0.938，決定係數 (R^2) 為 0.897，與之前未進行殘差分析排除極端值影響的 R^2=0.591 相比較，明顯改善很多。

模式摘要

模式	R id ~= 11 (被選的)	R 平方	調過後的 R 平方	估計的標準誤
1	.938[a]	.879	.855	7.625

a. 預測變數:(常數), x3, x2, x1

2. 變異數分析摘要表 (ANOVA) 係用於考驗整體迴歸模式，結果顯示 F 值為 36.294，顯著性 (Sig.) 為 0.000，達顯著水準 (P<0.05)。

Anova[b,c]

模式		平方和	df	平均平方和	F	顯著性
1	迴歸	6330.062	3	2110.021	36.294	.000[a]
	殘差	872.043	15	58.136		
	總數	7202.105	18			

a. 預測變數:(常數), x3, x2, x1

b. 依變數: y

c. 只選取 id ~= 11 的觀察值

3. 迴歸係數的檢定發現變數 x1 及 x3 均達顯著水準 (P<0.05)，而之前未進行殘差分析排除極端值影響時僅變數 x3 達顯著水準。

係數[a,b]

模式		未標準化係數		標準化係數		
		B 之估計值	標準誤差	Beta 分配	t	顯著性
1	(常數)	33.638	9.927		3.388	.004
	x1	.619	.147	.571	4.195	.001
	x2	-.106	.142	-.075	-.749	.465
	x3	1.039	.279	.472	3.729	.002

a. 依變數: y

b. 只選取 id ~= 11 的觀察值

牛刀小試　Try for yourself

> **TFY 18-4-1** · 資料同牛刀小試 TFY18-2-1，某研究想瞭解大學男生之身高與體重的關係，抽取大學男生共 19 人，調查其身高 (height)、體重 (weight)、父親身高 (fh)、父親體重 (fw)、母親身高 (mh)、母親體重 (mw) 等資料，試以大學男生之身高為效標變數，其餘變數為預測變數，試進行迴歸殘差分析以檢驗資料是否具有極端值？

18-5 如何執行徑路分析(Path Analysis)？

操作程序

 ➜ 分析 (Analyze) > 迴歸 (Regression) > 線性…(Linear…)

統計原理

一、徑路分析的意義

　　徑路分析可用來研究在時間方面有前後次序的幾個變數之中，較先發生的變數經由什麼途徑來影響其後發生的那些變數，通常研究者首先要根據理論提出「因果模式」，並畫出「徑路圖」以說明各變數間的可能因果關係。

二、徑路分析的基本假定

　　在進行徑路分析時，研究者需注意下列的基本假定：

1. 在模式中，變數之間的關係必需是線性且具因果。

2. 後發生的變數之殘餘誤差應與先發生的那些變數無相關存在。如圖 18-5-1 所示，亦即 e3 應與變數 1、2 無相關存在，而 e4 應與變數 1、2、3 無相關存在。

3. 模式中的因果關係都是單向的 (one-way)。

三、徑路圖的繪製

　　茲以圖 18-5-1 來說明徑路係數的意義及關係。

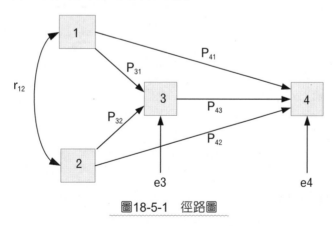

圖18-5-1　徑路圖

因果模式：(標準化分數，Z 分數)

$$Z_3 = P_{31}Z_1 + P_{32}Z_2 + e_3$$
$$Z_4 = P_{41}Z_1 + P_{42}Z_2 + P_{43}Z_3 + e_4$$

(徑路係數：亦即是每一迴歸方程式中，迴歸係數)

範例18-5-1	徑路分析

下列資料包括一個效標變數是語言成就 (Y) 及五個預測變數為種族 (X_1)、智力 (X_2)、學校品質 (X_3)、自我概念(X_4)、期望水準 (X_5) 等,試就此項資料進行徑路分析 (充足模式),而各變數之影響順序為 (X1, X2, X3) → X4 → X5 → Y,若將 $X_1 \rightarrow Y$、$X_4 \rightarrow Y$、$X_2 \rightarrow X_5$ 及 $X_3 \rightarrow X_4$ 等四條路徑去除,則限制模式的路徑係數將變為如何? (N=300)

	X_1	X_2	X_3	X_4	X_5	Y
X_1	1.00					
X_2	0.33	1.00				
X_3	0.25	0.22	1.00			
X_4	0.30	0.26	0.20	1.00		
X_5	0.35	0.28	0.30	0.42	1.00	
Y	0.25	0.60	0.30	0.32	0.45	1.00

一、撰寫程式

程序語法:徑路分析(ex18-5-1.sps)

```
* 讀取矩陣資料.
MATRIX DATA VARIABLES=x1 TO x5 y
  /CONTENTS=MEAN SD CORR
  /N=300.
BEGIN DATA.
  1  1     1     1     1     1
  1  1     1     1     1     1
  1.00
  0.33     1.00
  0.25     0.22  1.00
  0.30     0.26  0.20  1.00
  0.35     0.28  0.30  0.42  1.00
  0.25     0.60  0.30  0.32  0.45  1.00
  END DATA.
*儲存成PASW矩陣資料檔.
SAVE OUTFILE='C:\StepPASW\path_matrix.sav'.
*充足模式的徑路分析.
REGRESSION MATRIX=IN(*)
  /STATISTICS COEFF
  /DEPENDENT y
  /METHOD=ENTER x1 x2 x3 x4 x5.
REGRESSION MATRIX=IN(*)
```

```
 /STATISTICS COEFF
 /DEPENDENT x5
 /METHOD=ENTER x1 x2 x3 x4.
REGRESSION MATRIX=IN(*)
 /STATISTICS COEFF
 /DEPENDENT x4
 /METHOD=ENTER x1 x2 x3.
*限制模式的徑路分析.
REGRESSION MATRIX=IN(*)
 /STATISTICS COEFF
 /DEPENDENT y
 /METHOD=ENTER x2 x3 x5.
REGRESSION MATRIX=IN(*)
 /STATISTICS COEFF
 /DEPENDENT x5
 /METHOD=ENTER x1 x3 x4.
REGRESSION MATRIX=IN(*)
 /STATISTICS COEFF
 /DEPENDENT x4
 /METHOD=ENTER x1 x2.
```

二、報表及說明

1. 充足模式的徑路分析，顯示在第一個迴歸模式 (以 y 為效標變數)，x1 及 x4 兩個變數 的迴歸係數未達顯著水準 (P>0.05)，將被排除於限制模式的徑路分析。

模式摘要

模式	R	R 平方	調過後的 R 平方	估計的標準誤
1	.680[a]	.463	.453	.7393489

a. 預測變數:(常數), x5, x2, x3, x1, x4

係數[a]

模式		未標準化係數		標準化係數		
		B 之估計值	標準誤差	Beta 分配	t	顯著性
1	(常數)	.107	.078		1.376	.170
	x1	-.058	.048	-.058	-1.207	.228
	x2	.501	.047	.501	10.734	.000
	x3	.110	.046	.110	2.397	.017
	x4	.073	.048	.073	1.517	.130
	x5	.266	.050	.266	5.314	.000

a. 依變數: y

2. 在第二個迴歸模式 (以 x5 為效標變數)，僅 x2 變數的迴歸係數未達顯著水準 (P>0.05)，將被排除於限制模式的徑路分析。

模式摘要

模式	R	R平方	調過後的 R 平方	估計的標準誤
1	.521ᵃ	.272	.262	.8591745

a. 預測變數:(常數), x4, x3, x2, x1

係數ᵃ

模式		未標準化係數		標準化係數		
		B 之估計值	標準誤差	Beta 分配	t	顯著性
1	(常數)	.240	.090		2.673	.008
	x1	.182	.055	.182	3.313	.001
	x2	.103	.054	.103	1.913	.057
	x3	.171	.052	.171	3.273	.001
	x4	.304	.053	.304	5.714	.000

a. 依變數: x5

3. 在第三個迴歸模式 (以 x4 為效標變數)，僅 x3 變數的迴歸係數未達顯著水準 (P>0.05)，將被排除於限制模式的徑路分析。

模式摘要

模式	R	R平方	調過後的 R 平方	估計的標準誤
1	.361ᵃ	.130	.121	.9374329

a. 預測變數:(常數), x3, x2, x1

係數ᵃ

模式		未標準化係數		標準化係數		
		B 之估計值	標準誤差	Beta 分配	t	顯著性
1	(常數)	.508	.093		5.452	.000
	x1	.219	.059	.219	3.735	.000
	x2	.164	.058	.164	2.820	.005
	x3	.109	.057	.109	1.930	.055

a. 依變數: x4

4. 限制模式的徑路分析，顯示在第一個迴歸模式 (以 y 為效標變數)，三個預測變數中，以 x2 變數的 Beta 值最大，對 y 變數最具有預測力。

模式摘要

模式	R	R平方	調過後的 R 平方	估計的標準誤
1	.676ᵃ	.456	.451	.7409910

a. 預測變數:(常數), x5, x2, x3

係數^a

模式		未標準化係數		標準化係數	t	顯著性
		B 之估計值	標準誤差	Beta 分配		
1	(常數)	.116	.074		1.578	.116
	x2	.499	.045	.499	11.045	.000
	x3	.107	.045	.107	2.351	.019
	x5	.278	.046	.278	6.030	.000

a. 依變數: y

5. 在第二個迴歸模式 (以 x5 為效標變數)，三個預測變數中，以 x4 變數的 Beta 值最大，對 x5 變數最具有預測力。

模式摘要

模式	R	R 平方	調過後的 R 平方	估計的標準誤
1	.513^a	.263	.255	.8630274

a. 預測變數:(常數), x4, x3, x1

係數^a

模式		未標準化係數		標準化係數	t	顯著性
		B 之估計值	標準誤差	Beta 分配		
1	(常數)	.287	.086		3.326	.001
	x1	.208	.053	.208	3.888	.000
	x3	.184	.052	.184	3.534	.000
	x4	.321	.053	.321	6.077	.000

a. 依變數: x5

6. 在第三個迴歸模式 (以 x4 為效標變數)，二個預測變數中，以 x1 變數的 Beta 值最大，對 x4 變數最具有預測力。

模式摘要

模式	R	R 平方	調過後的 R 平方	估計的標準誤
1	.345^a	.119	.113	.9417236

a. 預測變數:(常數), x2, x1

係數^a

模式		未標準化係數		標準化係數	t	顯著性
		B 之估計值	標準誤差	Beta 分配		
1	(常數)	.579	.086		6.723	.000
	x1	.240	.058	.240	4.166	.000
	x2	.181	.058	.181	3.132	.002

a. 依變數: x4

三、分析結果及解釋

由限制模式的徑路圖可以看出幾個現象：

1. 由變數 X_1(種族) 出發的兩個徑路來看，一為 $X_1 \rightarrow X_4 \rightarrow X_5 \rightarrow Y$，種族 ($X_1$) 透過自我概念 ($X_4$) 及期望水準 ($X_5$) 而影響語言成就 (Y)。另一為 $X_1 \rightarrow X_5 \rightarrow Y$，種族 ($X_1$) 亦可直接透過期望水準 ($X_5$) 而影響語言成就 (Y)。

2. 由變數 X_2(智力) 出發的兩個徑路來看，一為 $X_2 \rightarrow X_4 \rightarrow X_5 \rightarrow Y$，顯示學校品質 ($X_3$) 經由期望水準 ($X_5$) 而影響語言成就 (Y)。另一為 $X_2 \rightarrow Y$，亦及智力 (X_2) 可直接影響語言成就 (Y)。

3. 由變數 X_3(學校品質) 出發的兩個徑路來看，一為 $X_3 \rightarrow X_5 \rightarrow Y$，顯示學校品質 ($X_3$) 經由期望水準 ($X_5$) 而影響語言成就 (Y)。另一為 $X_3 \rightarrow Y$，亦即學校品質 (X_3) 可直接影響語言成就 (Y)。

4. 由所有的徑路來看，其中以智力 (X2) 對語言成就 (Y) 的影響最大 (Beta=0.4986)。

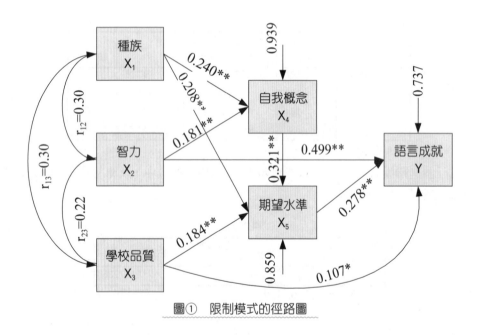

圖① 限制模式的徑路圖

牛刀小試 Try for yourself

TFY 18-5-1・某研究者想探討母親的教育 (X1) 和職業 (X2) 地位透過什麼途徑影響子女的教育 (X3) 和職業 (X4) 地位？下表是調查五個變數的結果所得的相關係數矩陣 (N=150)，各變數之影響順序為 X1 → X2 → X3 → X4 → X5，試就此項資料進行徑路分析。

	X_1	X_2	X_3	X_4	X_5
X_1	1.000				
X_2	0.645	1.000			
X_3	0.450	0.594	1.000		
X_4	0.324	0.404	0.556	1.000	
X_5	0.347	0.456	0.567	0.629	1.000

精益求精 | Do your best

DYB 18-1 · 下表是調查五個變數的結果所得的相關係數矩陣 (N=100)，各變數之影響順序為 (X1, X2, X3) → Y1 → Y2 → Y3，試就此項資料進行徑路分析。

	X_1	X_2	X_3	Y_1	Y_2	Y_3
X_1	1.0000					
X_2	0.5300	1.0000				
X_3	-.2871	-.2476	1.0000			
Y_1	0.4048	0.4341	-.3311	1.0000		
Y_2	0.3194	0.3899	-.2751	0.6426	1.0000	
Y_3	0.2332	0.2587	-.1752	0.3759	0.4418	1.000

DYB 18-2 · 下列資料 (N=1,000) 共有兩個效標變數是 Y1(閱讀測驗)、Y2(聽力測驗)，以及七個預測變數為 X1(教師的外語能力)、X2(教學過程)、X3(教學份量)、X4(學生的能力)、X5(學生對外國語言的態度)、X6(學生對聽力的期望)、X7(學生對閱讀的期望)。試利用逐步迴歸法分別對 Y1 及 Y2 執行迴歸分析。

	X_1	X_2	X_3	X_4	X_5	X_6	X_7	Y_1	Y_2
X_1	1.000								
X_2	0.076	1.000							
X_3	0.269	0.014	1.000						
X_4	-.004	0.095	0.181	1.000					
X_5	-.017	0.107	0.107	0.108	1.000				
X_6	0.077	0.205	0.180	0.185	0.376	1.000			
X_7	0.050	0.174	0.188	0.198	0.383	0.762	1.000		
Y_1	0.207	0.092	0.633	0.281	0.277	0.344	0.385	1.000	.
Y_2	0.299	0.179	0.632	0.210	0.235	0.337	0.322	.	1.000

Chapter 19

項目分析與
試題分析

學習目標

☞ 能執行態度量表的項目分析

☞ 能執行成就量表的試題分析

19-1 如何執行態度量表的項目分析？

操作程序

➔ 分析 (Analyze) > 尺度 (Scale) > 信度分析…(Reliability Analysis…)

統計原理

　　一般在從事調查或研究時最常用的一種評量工具就是總和評定量表 (summated rating scales)，其基本的假定是每一項目 (item) 具有同等的量值。依據受試者的反應給予分數，以所有項目分數之和，表示受試者在量表上的位置，此即代表受試者在量表上感受的程度。此種量表最典型者即為李克特式量表 (Likert scales)，即所謂的五點量表，依受試者對問題的反應分為五類，並依序分配數值為 1 ～ 5 分。初擬總加量表之項目後，如何從所有的項目中挑選適當的項目，研究者必需選出代表性的樣本 (樣本數至少有 100 人) 來實施預試，並依據預試所獲資料進行項目分析 (item analysis) 與信度分析 (reliability analysis)。

　　項目分析之主要目的是針對預試的題目加以分析，以做為正式選題的參考。經由項目分析，可以提升量表題目的品質，進而提高量表的信度與效度。進行項目分析時，通常有三種方法可以使用，第一種是信度檢核 (α 係數) 分析法、第二種是內部一致性 (相關) 分析法、第三種則是決斷值檢核 (t 考驗) 分析法，這三種方法均是以單題為單位來進行分析，其中前二者使用所有樣本進行檢測，而最後一種方法僅使用一半 (高低分組) 的樣本進行檢測。茲分別說明如下：

一、信度檢核(α 係數)分析法

　　通常 Cronbach α 係數值係對同一構面下的題項進行內部一致性的分析，衡量其是否符合一般的信度檢驗要求 α 係數值應大於 0.7 以上。因此篩選題目的標準係首先檢視「校正後題項與總分的相關值」部份，若該題與總分之相關偏低或呈負值 (一般以小於 0.3 為其標準)，則考慮刪除或修改之。其次是檢視「刪除該題後可提升 α 係數值」部份，若刪除該題項能夠幫助提升 α 係數值，也就是能夠提升量表信度時，則應考慮刪除或修改之。當以上二者皆成立時，則將該題項予以刪除。

二、內部一致性(相關)分析法

　　在進行相關分析法時，有兩種方式，一種是含本題在內所得的相關，另一種是不含本題在內的相關。進行第一種相關分析法時，首先將每個受試者分量表的總分算出來，然後以題為單位，計算每一題與總分的相關，而進行第二種相關分析法時，則以每一題和該題所在的分量表的總分 (不含該題) 求相關。通常零相關或相關係數較低時，即表示該題未能區分受試者反應的程度，亦即可確定該題目不明，應予刪除，一般選擇項目的標準是項目與總分的相關需達 0.3 以上，且達顯著水準 (0.05 或 0.01) 時才算是具有內部一致性的效標 (criterion of internal consistency)。

三、決斷值檢核(t考驗)分析法

是將所有受試者在預試量表的得分總和依高低分排序，然後得分高者約前 25% 為高分組，得分低者約後 25% 為低分組，最後以高分組受試者在某一項目得分之平均數，減低分組受試者在某一項目得分之平均數，其差即代表該題的鑑別力 (discriminatory power)：

$$DP = \overline{X}_H - \overline{X}_L$$

$\overline{X}_H$：高分組在某題項得分之平均數

$\overline{X}_L$：低分組在某題項得分之平均數

一般來說，此方法雖然分析簡單，唯應以多大的鑑別力數值來選擇題目，並無有力的依據。因此，此法後經改良為目前常用的決斷值 (critical ratio)，其計算即為上述高、低分組在某題得分之平均數差異顯著性檢定：

$$CR = \frac{\overline{X}_H - \overline{X}_L}{\sqrt{\dfrac{S_H^2}{N_H} + \dfrac{S_L^2}{N_L}}}$$

S_H^2：高分組在某題得分之變異數

S_L^2：低分組在某題得分之變異數

N_H：高分組人數

N_L：低分組人數

通常，CR 值至少應達 3 以上者且達顯著差異水準 (α =0.05 或 0.01) 時，即表示該題能鑑別不同受試者的反應程度，此即為選題的依據，反之則應予以刪除題目。

▌ 範例19-1　　態度量表的項目分析

研究者想建構一份父母幼兒事故傷害預防的安全態度量表如下所示，隨機抽樣 108 位受試者以問卷調查所得的結果 (attitude.sav)，試進行項目分析以瞭解該份量表各題項的適切度？

向度	題　項
安全知識	我瞭解照顧嬰幼兒安全所應盡的責任。 我瞭解嬰幼兒安全所面臨的危害風險。 我熟悉嬰幼兒安全的各項防範措施。
安全技能	當嬰幼兒意外事故傷害發生時，我清楚知道該如何處理。 我能識別出嬰幼兒不安全的冒險行為。 我會留意嬰幼兒的居家安全。
安全情意	我覺得參與嬰幼兒安全相關訓練或活動是值得的。 我對於嬰幼兒意外事故傷害的預防充滿自信。 我相信堅持使用嬰幼兒安全座椅是重要的。 我覺得隨時保持安全警覺是重要的。

【壹、 α 係數檢核法】

一、分析步驟

0. 開啓資料檔 (attitude.sav) 從功能表中選擇分析 (Analyze) > 尺度 (Scale) > 信度分析…(Reliability Analysis…)。

1. 如圖 19-1-1 對話盒所示，從左邊的來源變數清單中，選擇量表所有題項 (sa1 ～ sa10) 數進入右邊之項目 (Items) 變數清單的方塊中。

2. 點按 統計量… (Statistics…) 鈕，開啓如圖 19-1-2 所示的次對話盒，點選刪除項目後之量尺摘要 (Scale if item deleted) 選項，再點按 繼續 (Continue) 鈕，回到主話盒。

3. 點按 確定 (OK) 鈕，即可完成量表的項目分析。

圖19-1-1　信度分析的主對話盒

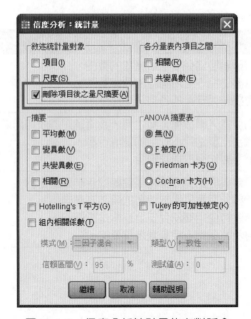

圖19-1-2　信度分析統計量的次對話盒

4. 同理，從功能表中選擇分析 (Analyze) > 尺度 (Scale) > 信度分析…(Reliability Analysis…)。如圖 19-1-1 的對話盒所示，右邊之項目 (Items) 變數清單的方塊中保留安全知識分量表的所有題項 (sal ～ sa3) 變數。

5. 點按 [確定] (OK) 鈕，即可完成安全知識分量表的項目分析。

6. 同步驟 4、5，分別完成安全技能 (sa4 ～ sa6) 及安全情意 (sa7 ～ sa10) 分量表的項目分析。

二、報表及說明

1. 由報表中顯示出整體量表的信度係數 (α=0.896)，符合一般的信度檢驗要求 Cronbach α 係數值應大於 0.7 以上。

2. 量表各題項在刪除該題後之整體量表的平均數 (Mean)、變異數 (Variance)。

3. 量表各題項在刪除該題後的校正後相關 (Corrected Correlation)，亦即各題項與總分之校正後相關值均達 0.3 以上且無負值，顯示各題項與總量表之間的內部一致性佳，因此均應予以保留。

4. 量表各題項在刪除該題後的信度係數 (α) 之變化，係檢視刪除該題後是否可提升 α 係數，報表結果顯示各題項在刪除該題後的 α 係數均比整體量表的 α 係數 (α=0.896) 低，顯示各題項均能對總量表的信度均有貢獻，因此均應予以保留。

(一) 整體量表的項目分析

可靠性統計量

Cronbach's Alpha 值	項目的個數
.896	10

項目整體統計量

	項目刪除時的尺度平均數	項目刪除時的尺度變異數	修正的項目總相關	項目刪除時的 Cronbach's Alpha 值
sa1 我瞭解照顧嬰幼兒安全所應盡的責任。	36.04	20.075	.632	.886
sa2 我瞭解嬰幼兒安全所面臨的危害風險。	36.11	19.892	.726	.882
sa3 我熟悉嬰幼兒安全的各項防範措施。	36.15	20.110	.630	.887
sa4 當嬰幼兒意外事故傷害發生時，我清楚知道該如何處理。	36.43	19.238	.591	.890
sa5 我能識別出嬰幼兒不安全的冒險行為。	36.29	19.237	.664	.884
sa6 我會留意嬰幼兒的居家安全。	36.28	19.557	.587	.889
sa7 我覺得參與嬰幼兒安全相關訓練或活動是值得的。	36.48	18.900	.658	.884
sa8 我對於嬰幼兒意外事故傷害的預防充滿自信。	36.47	18.994	.727	.880
sa9 我相信堅持使用嬰幼兒安全座椅是重要的。	36.61	19.592	.610	.888
sa10 我覺得隨時保持安全警覺是重要的。	36.77	19.148	.635	.886

(二) 安全知識分量表的項目分析

可靠性統計量

Cronbach's Alpha 值	項目的個數
.878	3

項目整體統計量

	項目刪除時的尺度平均數	項目刪除時的尺度變異數	修正的項目總相關	項目刪除時的Cronbach's Alpha 值
sa1 我瞭解照顧嬰幼兒安全所應盡的責任。	8.54	1.081	.783	.809
sa2 我瞭解嬰幼兒安全所面臨的危害風險。	8.62	1.125	.823	.777
sa3 我熟悉嬰幼兒安全的各項防範措施。	8.65	1.172	.691	.892

(三) 安全技能分量表的項目分析

可靠性統計量

Cronbach's Alpha 值	項目的個數
.841	3

項目整體統計量

	項目刪除時的尺度平均數	項目刪除時的尺度變異數	修正的項目總相關	項目刪除時的Cronbach's Alpha 值
sa4 當嬰幼兒意外事故傷害發生時，我清楚知道該如何處理。	8.24	1.586	.722	.764
sa5 我能識別出嬰幼兒不安全的冒險行為。	8.08	1.685	.768	.721
sa6 我會留意嬰幼兒的居家安全。	8.08	1.834	.634	.845

(四) 安全情意分量表的項目分析

可靠性統計量

Cronbach's Alpha 值	項目的個數
.870	4

項目整體統計量

	項目刪除時的尺度平均數	項目刪除時的尺度變異數	修正的項目總相關	項目刪除時的Cronbach's Alpha 值
sa7 我覺得參與嬰幼兒安全相關訓練或活動是值得的。	11.35	3.247	.758	.820
sa8 我對於嬰幼兒意外事故傷害的預防充滿自信。	11.34	3.395	.800	.805
sa9 我相信堅持使用嬰幼兒安全座椅是重要的。	11.47	3.610	.692	.847
sa10 我覺得隨時保持安全警覺是重要的。	11.64	3.536	.653	.863

三、分析結果及解釋

由表 19-1-1 的項目分析摘要表中，顯示各題項與總量表及分量表的校正後相關值均能達到 0.3 以上且刪題後 α 係數亦比整體量表低，顯示各題項均有良好的品質。

表 19-1-1　安全態度量表之項目分析摘要表 (信度檢核法)

題　　項	校正後與分量表總分之相關	刪題後分量表 α (*a)	校正後與整體量表之相關	刪題後整體量表 α (*b)
1. 瞭解照顧嬰幼兒安全所應盡的責任。	0.7835	0.8093	0.6315	0.8864
2. 瞭解嬰幼兒安全所面臨的危害風險。	0.8232	0.7766	0.7260	0.8817
3. 熟悉嬰幼兒安全的各項防範措施。	0.6912	0.8921	0.6297	0.8865
4. 清楚知道該如何處理幼兒意外事故傷害。	0.7218	0.7643	0.5910	0.8895
5. 能識別出嬰幼兒不安全的冒險行為。	0.7677	0.7208	0.6644	0.8838
6. 會留意嬰幼兒的居家安全。	0.6339	0.8455	0.5868	0.8893
7. 覺得參與嬰幼兒安全相關訓練是值得的。	0.7577	0.8205	0.6578	0.8845
8. 對於嬰幼兒意外事故傷害預防充滿自信。	0.8002	0.8049	0.7273	0.8795
9. 相信堅持使用嬰幼兒安全座椅是重要的。	0.6925	0.8465	0.6099	0.8875
10. 覺得隨時保持安全警覺是重要的。	0.6526	0.8631	0.6346	0.8861

註：*a 安全知識分量表 α =0.8777、安全技能分量表 α =0.8411、安全情意分量表 α =0.8705
　　*b 整體安全態度量表 α =0.8958

四、撰寫程式

程序語法：量表的項目分析(ex19-1.sps)

(1) 在 Reliability Analysis 主對話盒中按 貼上之後 (Paste) 鈕，即可貼出語法如下：

```
RELIABILITY
   /VARIABLES=sa1 TO sa10      /*整體量表的項目分析&信度分析
   /SCALE(ALPHA)=ALL
   /MODEL=ALPHA
   /SUMMARY=TOTAL.      /*顯示刪題後各題項之項目分析統計量.
```

(2) Copy 上述語法，並更改分析變數為各分量表的題項變數如下：

```
RELIABILITY
   /VARIABLES=sa1 TO sa3      /*安全知識分量表的項目分析&信度分析
   /SCALE(ALPHA)=ALL
   /MODEL=ALPHA
   /SUMMARY=TOTAL.
RELIABILITY
   /VARIABLES=sa4 TO sa6      /*安全技能分量表的項目分析&信度分析
```

```
      /SCALE(ALPHA)=ALL
      /MODEL=ALPHA
      /SUMMARY=TOTAL.
  RELIABILITY
      /VARIABLES=sa7 TO sa10       /*安全情意分量表的項目分析&信度分析
      /SCALE(ALPHA)=ALL
      /MODEL=ALPHA
      /SUMMARY=TOTAL.
```

【貳、內部一致性(相關)分析法】

一、分析步驟

(一) 加總分量表的計算

0. 開啓資料檔 (attitude.sav)，並從功能表中選擇轉換 (Transform) > 計算變數…(Compute…)。

1. 如圖 19-1-3 的主對話盒所示，在右邊的方格中輸入目標變數 (target Variable)(例如 sa_a)。

2. 點按 類型&標記… (Type & Label…) 鈕，開啓如圖 19-1-4 的次對話盒，點選標記 (Label) 選項，並在方格中輸入變數標註 (例如：安全知識)，再點按 繼續 (Continue) 鈕，回到主對話盒。

3. 選擇 SUM 函數並輸入運算式 SUM(sa1 TO sa3)。

4. 點按 確定 (OK) 鈕，即可完成分量表的加總計算。

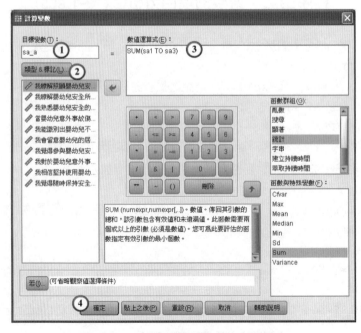

圖19-1-3　加總計算分量表的主對話盒

圖19-1-4　新變數之型態與標註的次對話盒

程序語法：加總計算分量表(ex19-1.sps)

(1) 在 Compute Variables 對話盒中按 貼上之後 (Paste) 鈕，即可貼出語法如下：

```
COMPUTE sa_a = SUM(sa1  TO sa3).
VARIABLE LABELS sa_a '安全知識'.
EXECUTE.
```

(2) Copy 上述語法，並更改各分量表的題項變數如下：

```
COMPUTE sa_b = SUM(sa4  TO sa6).
VARIABLE LABELS sa_b '安全技能'.
EXECUTE.
COMPUTE sa_c = SUM(sa7  TO sa10).
VARIABLE LABELS sa_c '安全情意'.
EXECUTE.
COMPUTE sa_t = SUM(sa1  TO sa10).
VARIABLE LABELS sa_t '整體安全態度'.
EXECUTE.
```

(二) 計算項目與分量表及總分的相關

0. 從功能表中選擇分析 (Analyze) > 相關 (Correlate) > 雙變數…(Bivariate…)。

1. 如圖 19-1-5 的對話盒所示，在左邊的來源變數清單中選取 sa1 ～ sa10 及 sa_t 等變數進入右邊的分析變數清單中。

2. 點按 貼上之後 (Paste) 鈕，貼出語法，並在 sa1 ～ sa10 及 sa_t 之間加入關鍵字 WITH。

3. 如圖 19-1-6 所示，在語法視窗中選取 PASW 程式區塊，點按 ▶ 鈕，即可完成分析。

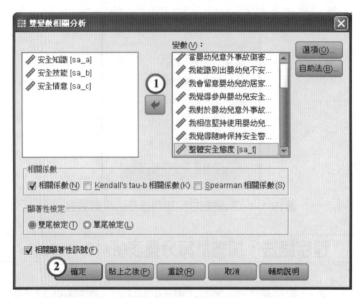

圖19-1-5　執行項目與總分相關分析的對話盒

圖19-1-6　在語法視窗中執行項目與分量表總分之相關分析

二、報表及說明

(一) 總量表各題項與總分之相關分析

1. 報表顯示十個題項與整體量表總分之積差相關 (Pearson Correlation) 係數均達 0.3 以上且顯著性 (Sig.) 亦均達顯著水準 (P<0.05)。

相關

		sa_t整體安全態度
sa1 我瞭解照顧嬰幼兒安全所應盡的責任。	Pearson 相關	.702**
	顯著性 (雙尾)	.000
	個數	108
sa2 我瞭解嬰幼兒安全所面臨的危害風險。	Pearson 相關	.777**
	顯著性 (雙尾)	.000
	個數	107
sa3 我熟悉嬰幼兒安全的各項防範措施。	Pearson 相關	.696**
	顯著性 (雙尾)	.000
	個數	108
sa4 當嬰幼兒意外事故傷害發生時,我清楚知道該如何處理。	Pearson 相關	.689**
	顯著性 (雙尾)	.000
	個數	108
sa8 我對於嬰幼兒意外事故傷害的預防充滿自信。	Pearson 相關	.794**
	顯著性 (雙尾)	.000
	個數	107
sa9 我相信堅持使用嬰幼兒安全座椅是重要的。	Pearson 相關	.681**
	顯著性 (雙尾)	.000
	個數	108
sa10 我覺得隨時保持安全警覺是重要的。	Pearson 相關	.712**
	顯著性 (雙尾)	.000
	個數	108

**. 在顯著水準為0.01時 (雙尾),相關顯著。

(二) 安全知識分量表各題項與分量表總分之相關分析

2. 報表顯示三個題項與安全知識分量表總分之積差相關 (Pearson Correlation) 係數均達 0.3 以上,且顯著性 (Sig.) 亦均達顯著水準 ($P<0.05$)。

相關

		sa_a安全知識
sa1 我瞭解照顧嬰幼兒安全所應盡的責任。	Pearson 相關	.884**
	顯著性 (雙尾)	.000
	個數	108
sa2 我瞭解嬰幼兒安全所面臨的危害風險。	Pearson 相關	.921**
	顯著性 (雙尾)	.000
	個數	107
sa3 我熟悉嬰幼兒安全的各項防範措施。	Pearson 相關	.836**
	顯著性 (雙尾)	.000
	個數	108

**. 在顯著水準為0.01時 (雙尾),相關顯著。

(三) 安全技能分量表各題項與分量表總分之相關分析

3. 報表顯示三個題項與安全技能分量表總分之積差相關 (Pearson Correlation) 係數均達 0.3 以上，且顯著性 (Sig.) 亦均達顯著水準 (P<0.05)。

相關

		sa_b 安全技能
sa4 當嬰幼兒意外事故傷害發生時，我清楚知道該如何處理。	Pearson 相關	.886**
	顯著性 (雙尾)	.000
	個數	108
sa5 我能識別出嬰幼兒不安全的冒險行為。	Pearson 相關	.897**
	顯著性 (雙尾)	.000
	個數	108
sa6 我會留意嬰幼兒的居家安全。	Pearson 相關	.831**
	顯著性 (雙尾)	.000
	個數	108

**. 在顯著水準為0.01時 (雙尾)，相關顯著。

(四) 安全情意分量表各題項與分量表總分之相關分析

4. 報表顯示四個題項與安全情意分量表總分之積差相關 (Pearson Correlation) 係數均達 0.3 以上，且顯著性 (Sig.) 亦均達顯著水準 (P<0.05)

相關

		sa_c 安全情意
sa7 我覺得參與嬰幼兒安全相關訓練或活動是值得的。	Pearson 相關	.853**
	顯著性 (雙尾)	.000
	個數	108
sa8 我對於嬰幼兒意外事故傷害的預防充滿自信。	Pearson 相關	.890**
	顯著性 (雙尾)	.000
	個數	107
sa9 我相信堅持使用嬰幼兒安全座椅是重要的。	Pearson 相關	.833**
	顯著性 (雙尾)	.000
	個數	108
sa10 我覺得隨時保持安全警覺是重要的。	Pearson 相關	.781**
	顯著性 (雙尾)	.000
	個數	108

**. 在顯著水準為0.01時 (雙尾)，相關顯著。

三、分析結果及解釋

由表 1 的項目分析摘要表中，顯示各題項與總量表及分量表的相關值均能達到 0.3 以上且達顯著水準 (P<0.05)，顯示各題項與總量表或分量表均有良好的內部一致性。

表 19-1-2　安全態度量表之項目分析摘要表 (內部一致性法)

題　　項	與分量表總分之相關	與整體量表之相關
1. 瞭解照顧嬰幼兒安全所應盡的責任。	0.8844**	0.7018**
2. 瞭解嬰幼兒安全所面臨的危害風險。	0.9209**	0.7773**
3. 熟悉嬰幼兒安全的各項防範措施。	0.8359**	0.6963**
4. 清楚知道該如何處理幼兒意外事故傷害。	0.8865**	0.6894**
5. 能識別出嬰幼兒不安全的冒險行為。	0.8972**	0.7102**
6. 會留意嬰幼兒的居家安全。	0.8311**	0.6699**
7. 覺得參與嬰幼兒安全相關訓練是值得的。	0.8535**	0.7399**
8. 對於嬰幼兒意外事故傷害預防充滿自信。	0.8900**	0.7938**
9. 相信堅持使用嬰幼兒安全座椅是重要的。	0.8329**	0.6809**
10. 覺得隨時保持安全警覺是重要的。	0.7807**	0.7118**

** $P < 0.01$

【參、決斷值檢核分析法】

一、分析步驟

(一) 求算量表總分：詳如上所述

(二) 依總分進行高低分組

方法一：Visual Binning 程序

0. 從功能表中選擇轉換 (Transform) > Visual Binning…。

1. 如圖 19-1-7 對話盒所示，從左邊的來源變數清單中，選擇量表總分 (sa_t) 之變數進入右邊之分段變數 (Variables to Bin) 清單的方塊中。

2. 點按 繼續 (Continue) 鈕，開啟如圖 19-1-8 的主對話盒。

3. 如圖 19-1-8 的主對話盒所示，在左邊的變數清單中點選 sa_t 變數。

4. 在已 Bin 的變數 (Binned Variable) 的名稱 (Name) 方格中輸入 [group]，在標記 (Label) 方格中輸入 [高低分組]。

5. 點按 製作分割點… (Make Cutpoints) 鈕，開啟如圖 19-1-9 的次對話盒，點選相等百分比位數 (Equal Percentiles) 的選項，在分割點數目 (Number of Cutpoints) 的方格中輸入 [3]，而寬度 (Width) 的 方格中自動會顯示 [25%]。

6. 點按 製作標記 (Make Labels) 鈕，即可在左邊的標記 (Label) 細格中顯示各變數值的標註結果。

7. 在最上及最下的標註細格中分別將標記更改為 [低分組]、[高分組]。

8. 點按 確定 (OK) 鈕，即可完成量表總分的高低分組。

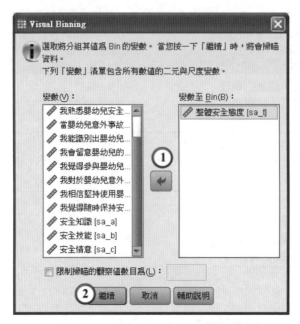

圖19-1-7　視覺化分段器的對話盒

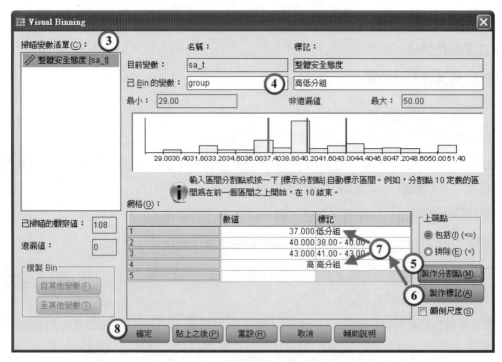

圖19-1-8　Visual Binning程序進行高低分組(25%)的主對話盒

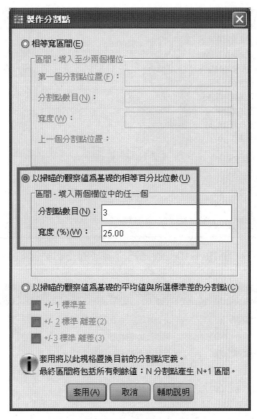

圖19-1-9　製作切點的次對話盒

方法二：Rank Cases 程序

0. 從功能表中選擇轉換 (Transform) > 等級觀察值…(Rank Cases…)。

1. 如圖 19-1-10 的對話盒所示，從左邊的來源變數清單中，選擇量表總分 (sa_t) 之變數進入右邊之變數 (Variables) 清單的方塊中。

2. 取消顯示摘要表 (Display summary tables) 的選項。

3. 點按 等級類型… (Rank Types) 鈕，開啟如圖 l9-1-ll 的次對話盒。

4. 如圖 19-1-11 的次對話盒所示取消等級 (Rank) 的選項。

5. 點選自訂 N 個等分 (Ntiles) 選項，並在方格中輸入 [4]。

6. 點按 繼續 (Continue) 鈕，回到如圖 19-1-10 的主對話盒。

7. 點按 確定 (OK) 鈕，即可完成量表總分的高低分組。

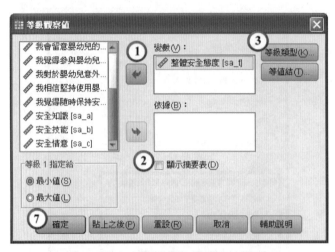

圖19-1-10 觀測體排等級的主對話盒

圖19-1-11 進行高低分組(25%)的等級類型之次對話盒

8. 分組結果會自動產生 Nsa_t 的分組變數，可運用 PASW 語法程式將變數名稱更改為 group，並加入變數標註及值標註。

程序語法：Rank Cases高低分組(ex19-1.sps)

(1) 在 Rank Cases 對話盒中按 貼上之後 (Paste) 鈕，即可貼出語法如下：

```
RANK VARIABLES=sa_t (A)    /*指定變數依遞增方式排等級
 /NTILES (4)   /*指定以四分法等級化變數
 /PRINT=NO
 /TIES=MEAN.
```

(2) 更改分組變數名稱及進行標註

```
RENAME VARIABLES Nsa_t=group.    /*更改分組變數名稱
VARIABLE LABELS group '高低分組'.  /*設定變數標註
VALUE LABELS group 1 '低分組' 4 '高分組'.    /*設定變數的值標註.
```

(三) 執行高低分組差異性檢定

0. 從功能表中選擇分析 (Analyze) > 比較平均數法 (Compare Means) > 獨立樣本 T 檢定…
(Independent-Samples T Test…)。

1. 如圖 19-1-12 對話盒所示，從左邊的來源變數清單中，選擇量表所有題項 (sa1 ～
sa10) 數進入右邊之檢定變數 (Test Variables) 清單的方塊中。

2. 點按 定義組別… (Define Group) 鈕，開啟如圖 19-1-13 的次對話盒，在第一組 (Group
1) 的方格中輸入 [4]，在第二組 (Group 2) 的方格中輸入 [1]，再點按 繼續 (Continue)
鈕，回到主對話盒。

3. 點按 確定 (OK) 鈕，即可完成各題項鑑別力之項目分析。

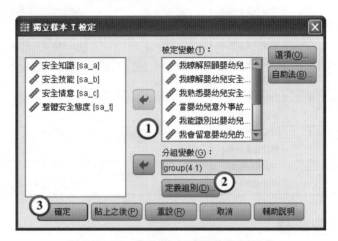

圖19-1-12　獨立樣本t考驗的主對話盒

圖19-1-13　定義分組的次對話盒

二、報表及說明

1. 報表顯示各題項之高低分組的差異性考驗之顯著性 (Sig.)，均達顯著水準 (P<0.05)。

獨立樣本檢定

		變異數相等的 Levene 檢定		平均數相等的 t 檢定		
		F 檢定	顯著性	t	自由度	顯著性 (雙尾)
sa1 我瞭解照顧嬰幼兒安全所應盡的責任。	假設變異數相等	7.793	.007	9.351	53	.000
	不假設變異數相等			9.754	36.261	.000
sa2 我瞭解嬰幼兒安全所面臨的危害風險。	假設變異數相等	10.426	.002	11.568	52	.000
	不假設變異數相等			11.868	37.549	.000
sa3 我熟悉嬰幼兒安全的各項防範措施。	假設變異數相等	8.289	.006	8.709	53	.000
	不假設變異數相等			8.951	45.851	.000
sa4 當嬰幼兒意外事故傷害發生時，我清楚知道該如何處理。	假設變異數相等	.027	.871	6.890	53	.000
	不假設變異數相等			6.866	51.455	.000
sa5 我能識別出嬰幼兒不安全的冒險行為。	假設變異數相等	18.652	.000	9.145	53	.000
	不假設變異數相等			9.399	45.849	.000
sa6 我會留意嬰幼兒的居家安全。	假設變異數相等	8.753	.005	8.944	53	.000
	不假設變異數相等			9.044	52.574	.000
sa7 我覺得參與嬰幼兒安全相關訓練或活動是值得的。	假設變異數相等	.849	.361	8.584	53	.000
	不假設變異數相等			8.486	48.215	.000
sa8 我對於嬰幼兒意外事故傷害的預防充滿自信。	假設變異數相等	.002	.969	10.679	52	.000
	不假設變異數相等			10.717	51.978	.000
sa9 我相信堅持使用嬰幼兒安全座椅是重要的。	假設變異數相等	2.918	.093	6.186	53	.000
	不假設變異數相等			6.124	48.851	.000
sa10 我覺得隨時保持安全警覺是重要的。	假設變異數相等	8.841	.004	7.479	53	.000
	不假設變異數相等			7.379	47.221	.000

三、分析結果及解釋

由表 19-1-3 的項目分析摘要表中，顯示各題項在高低分組的差異性考驗之決斷值 (CR 值，即 t 值) 均超過 3 以上且達顯著差異水準 (P<0.05)，顯示各題項均具有良好的鑑別力。

表 19-1-3　安全態度量表之項目分析摘要表 (決斷值檢核法)

題　項	決斷值 (CR)
1. 瞭解照顧嬰幼兒安全所應盡的責任。	9.75**
2. 瞭解嬰幼兒安全所面臨的危害風險。	11.87**
3. 熟悉嬰幼兒安全的各項防範措施。	8.95**
4. 清楚知道該如何處理幼兒意外事故傷害。	6.89**
5. 能識別出嬰幼兒不安全的冒險行為。	9.40**
6. 會留意嬰幼兒的居家安全。	9.04**
7. 覺得參與嬰幼兒安全相關訓練是值得的。	8.58**
8. 對於嬰幼兒意外事故傷害預防充滿自信。	10.68**
9. 相信堅持使用嬰幼兒安全座椅是重要的。	6.19**
10. 覺得隨時保持安全警覺是重要的。	7.38**

**P<0.01

四、撰寫程式

程序語法：鑑別力檢核法之項目分析(ex19-1.sps)

---

(1) 在 Independent-Sample T Test 對話盒中按 貼上之後 (Paste) 鈕，即可貼出語法如下：

```
T-TEST GROUPS = group(4 1)    /*界定分組變數及其範圍值
   /VARIABLES = sa1 TO sa10     /*指定欲分析的變數
   /CRITERIA = CI(.95).
```

牛 刀 小 試　Try for yourself

TFY **19-1-1** · 某研究資料 (iawork.sav) 共蒐集 40 位中學生包含有 26 個變數，前四個變數分別為 (id, sex, exp, school) 背景變數，sex 有兩個水準值 (M= 男生、F= 女生)、exp 有三個水準值 (1= 少於一年、2= 一～二年、3= 超過二年以上)、school 有 三個水準值 (1= 鄉村學校、2= 城鎮學校、3= 都會學校)。接下來的二十個變數 (c1 ～ c10、m1 ～ m10) 是李克特式 (Likert type) 量表，分別各有十題量測學生的電腦焦慮及數學焦慮的情形。其餘兩個變數 (mathscor, compscor) 分別是數學成績及電腦成績。試分別對電腦焦慮量表及數學焦慮量表進行項目分析。

(註：c3 c5 c6 c10 m3 m7 m8 m9 為反向題)

A19-1對話盒指引 Reliability Analysis程序

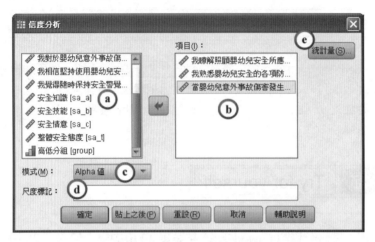

圖① 信度分析之主對話盒

Reliability Analysis對話盒的說明

信度分析 (Reliability Analysis) 程序旨在研究量表及其題項的性質，計算量表信度的係數以及提供個別題項關係的資訊，而級組內相關係數 (intraclass correlation coefficients) 用於計算評分者間的信度。最基本的規格要求是至少選擇兩個或以上的數值變數。可從功能表選擇分析 (Analyze) > 尺度 (Scale) > 信度分析…(Reliability Analysis…)，開啓如圖①的主對話盒。

ⓐ 來源清單 (Source List) 方塊：來源變數清單，顯示資料集的數值變數。

ⓑ 項目 (Items) 方塊：量表題項變數清單，可從來源變數清單中選取兩個或以上變數，按 ▶ 鈕，以進入此清單中。

ⓒ 模式 (Model) 下拉清單：計算信度係數的模式，可選擇下列其中之一的模式。

(1) Alpha：Cronbach α，即內部一致性，係題項間相關的平均值。

(2) 折半信度 (Split-half)：折半信度，係將量表分割成二部分後再計算此二分量表的相關。

(3) Guttman：計算 Guttman 的下界真實信度 (lower bound5 for true reliability)。

(4) 平行模式檢定 (Parallel)：複本信度，係假定複本的所有題項的變異數及誤差變異數均相等。

(5) 嚴密平行模式檢定 (Strict parallel)：嚴格的複本信度，係假定複本的所有題項的變異數、誤差變異數及平均數均相等。

ⓓ □尺度標記 (scale item labels)：量表的標註，直接於方格中輸入。

ⓔ 統計量… (Statistics…) 鈕：獲取量表及題項的其餘統計量，可開啓如圖②的次對話盒。

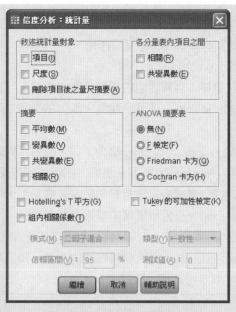

<u>圖②　統計量的次對話盒</u>

統計量次對話盒的說明

(1) 敘述統計量對象 (Descriptive for) 方塊：產生量表或題項的描述性統計，可選取下列其中一或多個選 項。

　　☐ 項目 (Item)：顯示題項的平均數、標準差。

　　☐ 尺度 (Scale)：顯示量表的彙總統計量。

　　☐ 刪除項目後之量尺摘要 (Scale if item deleted)：顯示刪題後之量表的彙總統計量。

(2) 各分量表內項目之間 (Inter-Item) 方塊：產生項目之間的下列矩陣。

　　☐ 相關 (Correlations)：顯示各項目間的相關矩陣。

　　☐ 共變異數 (Covariances)：顯示各項目間的共變數矩陣。

(3) 摘要 (Summaries) 方塊：提供項目的描述性統計量，可選取下列其中一或多個選項。

　　☐ 平均數 (Means)：項目的平均數。

　　☐ 變異數 (Variances)：項目的變異數。

　　☐ 共變異數 (Covariances)：項目的共變數。

　　☐ 相關 (Correlations)：項目間的相關係數。

(4) ANOVA 摘要表 (ANOVA table) 方塊：

　　○ 無 (None)：抑制 ANOVA 表格的顯示。

　　○ F 檢定 (F test)：提供重複量數的 ANOVA 表格。

　　○ Friedman 卡方 (Friedman chi-square)：適於等級資料的分析，顯示 Friedman 卡方及肯德爾和諧係數。

　　○ Cochran 卡方 (Cochran chi-square)：適於二分變數資料的分析，顯示 Cochran 的 Q 檢定。

(5) Hotelling's T 平方 (Hotelling's T-square)：量表的所有題項有相同平均數之虛無假設的多變項檢定。

(6) Tukey 的可加性檢定 (Tukey's test of additivity)：Tukey 的可加性檢定。係檢定在題項之間是否有可乘性 (multiplicative) 交互作用。

(7) 組內相關係數 (Intraclass correlation coefficient)：

模式 (Model) 下拉式選單：計算級組內相關係數的模式，可選擇下列其中之一。

二因子混合 (Two-Way Mixed)：二因子混合，即人的效果為隨機，而題項的效果為固定。

二因子隨機 (Two-Way Random)：二因子隨機，即人的效果與題項的效果均為隨機。

單因子隨機 (One-Way Random)：單因子隨機，即僅人的效果為隨機。

類型 (Type) 下拉式選單：選擇級組內相關係數定義的類型，可選擇下列其中之一。

　　一致性 (Consistency)：在分母變異中排除測量變異。

　　絕對協定 (Absolute Agreement)：在分母變異中未排除測量變異。

信賴區間 (Confidence interval)：界定信賴區間的水準，預設為 95%。

測試值 (Test Value)：界定檢定值，預設為 0。

❓ 19-2 　如何執行成就量表(測驗)的試題分析？

操作程序

 → 分析 (Analyze) > 尺度 (Scale) > 信度分析…(Reliability Analysis…)

統計原理

 試題經過質的分析後，僅可確定試題是否符合測驗的基本原則。然而為避免測驗中出現過難或鑑別度過低等問題的試題，所有的試題均須經過預試，並根據施測結果進行測驗統計分析，以確定各個試題的各項有關量的分析數值。因此，成就量表 (測驗) 的項目 (試題) 分析係指試題經測試後，分析其試題難易度 (item difficulty)、試題鑑別度 (item discrimination) 與選項誘答力 (distraction)。

一、難易度分析

難易度指標是指測驗試題答對人數佔總人數之百分比，也就是試題正確反應的機率 (probability of item correct)。難易度值愈大 (小)，表示答對的人數愈多 (少)，試題愈簡單 (困難)。

試題的難易度與測驗的效率有關，難易度適當的試題是構成優良測驗的必要條件。通常以 P 代表試題難易度，N 表示全體受試者人數，R 為答對該題的人數，P_H 表示高分組 (全體受試者當中分數最高的 25%) 答對該題的百分比，P_L 表示低分組 (全體受試者當中分數最低的 25%) 答對該題的百分比。難易度的計算方式有二種方式 (簡茂發，民 80)：

1. $P = \dfrac{R}{N}$

   例如：有一個測驗總共有 100 名受試者，其中某一題答對的人數為 25 人，則此題的難易度為 $P = \dfrac{25}{100} \times 100\% = 0.25$

2. $P = \dfrac{P_H + P_L}{2}$

   例如：有一個測驗總共有 100 名受試者，其中某一題之高分組答對百分比為 75%，低分組答對的百分比為 25%，因此可算得難易度為

   $$P = \dfrac{0.75 + 0.25}{2} = 0.5 \ 。$$

P 值為介於 0 與 1 之間的一個值，P 值愈大表示試題愈容易，相反的 P 值愈靠近 0 表示試題愈難。美國的測驗學者 Ebel & Frisbie(1991) 將試題的難易度分為五個等級，如表 19-2-1 所示：

表 19-2-1　試題難易度等級表

難易度 (P)	難易度等級
P ≧ 0.80	極容易
0.80 ＞ P ≧ 0.60	容易
0.60 ＞ P ≧ 0.40	難易適中
0.40 ＞ P ≧ 0.20	困難
0.20 ＞ P	極困難

一般測驗專家均建議挑選難易度約為 0.5 的試題，也就是難易適中的試題，因為這樣的試題鑑別度可以達到最大，不過在實際的選題上，要使每一題的難易度都接近 0.5 是有些困難的。因此有學者便主張以 0.4 到 0.8 之間的難易度範圍作為選擇題項的挑選標準 (Chase, 1978)，但平均而言，整份測驗的平均難度值還是以接近 0.5 為佳。

二、鑑別度分析

鑑別度指標是指試題能夠區別答對和答錯人數之百分比，亦即試題具有區別高低不同能力族群的功能。鑑別度值愈大 (小)，表示試題區別高低不同能力族群之答對者與答錯者功能愈好 (差)。

構成測驗的試題必須具有鑑別某種心理特質的作用，才能使測驗成為可靠又正確的測量工具，也就是說試題的鑑別度高低與測驗的信度和效度有著密切的關係，欲增進測驗預測與診斷的功能，必須要很仔細的分析試題的鑑別度，分析鑑別度的方式主要有兩方面。

1. **內部一致性 (internal consistency) 的分析**

此項鑑別度分析主要目的，在檢查個別試題與整份測驗之間的一致性分析，分析的方法主要有兩種 (余民寧，民 92)：

(1) 探求試題反應與測驗總分之間的關聯性：受試者對某一試題的作答反應可分為答錯或答對兩種情形，屬於二分變數 (dichotomous variable)；而對整份測驗有一個總分，屬於連續變數，兩者之間的關聯性可以使用二系列相關係數 (r_{bis}) 或點二系列相關係數 (r_{pb}) 來表示其內部一致性的高低，亦可具有此一測驗題目鑑別能力高低功用 (林清山，民 82)。

(2) 鑑別指數 (index of discrimination)：D 為鑑別指數，其公式為 $D = P_H - P_L$，其中 P_H、P_L 的定義如同難易度所述。例如：某一試題的 $P_H = 0.96$，$P_L = 0.25$，則此試題的鑑別指數 D=0.96 － 0.25=0.71，鑑別指數為介於 -1 與 1 之間的數值，愈靠近 1 表示個別試題反應與測驗總分之間的一致性愈高

由鑑別度的定義，可以知道鑑別度高的試題，應該可以清楚地將能力高與能力低的受試者分辨得很仔細，但到底鑑別度要高到什麼程度才能算是一個好的試題呢？根據 Noll, Scannell, & Craig(1976) 等人的看法，可接受的最低標準至少要 0.25 以上，低於此標準者，即可視為鑑別度不佳或品質不良的試題。美國的測驗學者 Ebel(1979) 亦曾提出如表 19-2-2

鑑別度的判斷標準，供試題命題者作爲選題的參考。

表 19-2-2　鑑別度評鑑標準表

鑑別度 (D)	試題評鑑
D ≧ 0.40	非常優良
0.40 > D ≧ 0.30	優良，但需小幅度修改
0.30 > D ≧ 0.20	尚可，但需部分修改
0.20 > D	劣，需要大幅度修改或刪除

2. **外在效度 (external validity) 的分析**

此即試題的效度分析，也就是在檢驗每一個試題是否具有預定的某種鑑別作用，受試者在每個試題上的反應與在效標上的表現所具有的相關情形爲何，其分析過程與內部一致性分析方法大致相同，唯一不同處在於外在效度分析是依據外在效標的分數來分爲高、低分兩組。

三、選項誘答力分析

選項誘答力可明瞭哪個不正確選項是否具有良好的誘答力，能誘使學習不完全或具備部分知識的學生去選擇它，以充分發揮多選一的辨識功能。

選擇題的選項包括正確選項與誘答選項，正確選項必須明確且不會引起任何爭議，而誘答選項則必須具有誘答的功能，要知道這些性質是否成立則需透過選項分析。選項分析可以讓施測者清楚知道每一試題的所有選項是否符合命題的原則，選項分析是透過比較高分組與低分組對正確與誘答選項的選答率，如果分析的結果符合下面兩項要求，則表示該試題的所有選項是合理有效的 (郭生玉，民 79)：

1. 正確選項的選答率，高分組必須高於低分組。

2. 每一個誘答選項均有低分組的受試者選答，且低分組的選答率高於高分組。

如果不符合第一個要求，表示此試題具有負向的鑑別度，不能清楚區別高分組與低分組；至於第二個要求，又有兩個方面需要討論，首先是如果一個選項沒有任何低分組或高分組受試者選答，表示該選項不具任何誘答率，應該在修改題目時將此選項更換；而如果是該誘答選項高分組的選答率高於低分組，則表示該誘答選向的敘述可能有不清楚或錯誤誘導的地方，使得高分組的受試者有較多誤選的情形，因此在修改試題時應特別注意這些選項。

範例19-2-1　　成就量表的試題分析

　　某研究者想建構一份統計素養的測驗卷 20 題如下所示，隨機抽樣 125 位受試者參與測驗所填答的原始資料 (exam.sav)，試進行試題分析以瞭解該份成就量表各題項的適切度？

統計素養測驗卷

(B) 1. 一群數值的算術平均數，不具有下列何種特性？ (A) 易受極端值的影響　(B) 適用於群內數值差異較大時　(C) 各數值具有相等的重要性　(D) 群內各項數值與其算術平均數之差的總和為零。

(C) 2. 全部資料中，最大和最小的二數之差，稱為：(A) 組距　(B) 組差　(C) 全距　(D) 組中點。

(A) 3. 對於統計圖形，下列何者正確？ (A) 在圓形圖中，扇形面積表示各類 (組) 資料分布百分比　(B) 長條圖是以長方形的面積來表示資料的分布情形　(C) 直方圖是以長方形的長度來表示次數的分布情形　(D) 折線圖中，線段之斜率愈小表示次數愈少。

(D) 4. 在 ANOVA 過程中，如果在 k 個實驗處理組中包括一組控制組，則事後比較最適宜採用那一種方法？ (A) 薛費法 (Scheffe` method)　(B) 鄧恩法 (Dunn method)　(C) 杜基法 (Tukey method)　(D) 鄧奈特法 (Dunnet method)。

(B) 5. 在統計學上用來表示倍數之平均值的統計量數是那一種？ (A) 算術平均數　(B) 幾何平均數　(C) 假設平均數　(D) 調和平均數。

(A) 6. 根據 X 變數預測 Y 變數時，其預測的準確性是何種？ (A) 決定係數　(B) 離間係數　(C) 效標係數　(D) 可靠係數。

(B) 7. 編製態度量表最常用的信度是　(A) 盧隆 (Rulon) 信度　(B) 克隆貝克 (Cronbach) 信度　(C) 庫－李 (KudCr-RiChardson) 信度　(D) 佛蘭那根 (Flanagan) 信度。

(C) 8. 當 X 變數是連續變數，而 Y 變數是真正二分變數時，則用以表示兩變數的相關係數應採用　(A) 積差相關　(B) 等級差異相關　(C) 點二系列相關　(D) 四分相關。

(B) 9. 採用因素分析法來驗證建構效度時，用來決定因素數目的標準是什麼？ (A) 因素負荷量　(B) 特徵值　(C) 共同性　(D) 輻合效度係數。

(A) 10. 根據雙向細目表所編製的成就測驗，具備了何種效度？ (A) 內容效度　(B) 預測效度　(C) 建構效度　(D) 同時效度。

(B) 11. 下列有關 t 考驗與變異數分析 (ANOVA) 的比較，何者錯誤？ (A) 獨立樣本 t 考驗通常來比較兩組的平均數差異，而獨立樣本變異數分析通常用來比較兩組

以上的平均數差異　(B) 獨立樣本 t 考驗的 t 值與獨立樣本變異數分析的 F 值具有下列的關係：t=F² 　(C) 實施獨立樣本 t 考驗與獨立樣本變異數分析都需要計算變異數　(D) 可以使用獨立樣本 t 考驗的情境，就可以使用獨立樣本變異數分析。

(B) 12. 如果你獲得班上 35 位學生跑 400 公尺的名次和跳高之名次資料，你想知道學生速度和彈性的關係，應計算下列那一種相關？ (A) 積差相關　(B) 等級差異相關　(C) 二系列相關　(D) 點二系列相關。

(D) 13. 下列何者是成就測驗項目中最重要的特點？ (A) 項目難度的 P 值介於 0.5 和 0.8 之間　(B) 項目鑑別度的 D 值在 0.35 以上　(C) 完美的客觀性 (評分者間的一致)　(D) 項目好壞取決於內容效度。

(B) 14. 下列相關係數中何者顯示出最密切的關係？ (A) 0.55　(B) -0.77　(C) 0.10　(D) -0.01。

(A) 15. 數學焦慮與數學表現的相關為 -0.30，下列有關這兩個變數關係的推論，那一項是適切的？ (A) 數學焦慮會降低數學表現水準　(B) 數學焦慮可正確預測數學表現的 30%　(C) 小明的數學焦慮較小華高，所以數學成績比小華低　(D) 數學焦慮 Z 分數提昇一個標準差，數學表現 Z 分數的預測值將下降 0.3 個標準差。

(B) 16. 在假設檢定中，當我們說研究資料在顯著水準 α 為 0.05 以下，達統計上的顯著差異而拒絕虛無假設，是指下列何種情形？ (A) α 值要等於 P 值　(B) P 值要小於 0.05　(C) α 值要小於 0.05　(D) P 值要大於 0.05。

(C) 17. 試題的難易度值是多少，試題的鑑別力最大？ (A) 0　(B) 0.25　(C) 0.50　(D) 1.0。

(B) 18. 有關兩個變數的積差相關，以下敘述何者有誤？ (A) 是介於 -1.0 與 +1.0 的無單位係數　(B) 兩個相關係數的比較可以有倍數的關係　(C) 相關係數與樣本數成反比　(D) 兩變數的離均差乘積和是計算積差相關的基本量。

(B) 19. 下列何種情況適用無母數統計考驗 (nonparametric statistical test)：(A) 樣本數超過 100 以上的情況下　(B) 對母群分配的形態並不清楚的情況下　(C) 處理變數之間「交互作用」(interaction effect) 的情況下　(D) 處理等距 (interval) 與比率 (ratio) 數資料的情況下。

(A) 20. 若研究者想瞭解某一測量工具是否能夠測到變數和概念所代表之真意，則該研究者考慮的是何種問題？ (A) 效度　(B) 信度　(C) 誤差　(D) 鑑別力。

壹、試題改分

一、分析步驟

0. 開啓資料檔 (exam.sav)，從功能表中選擇轉換 (Transform) > 重新編碼成同一變數… (Recode Into Same Variables…)。

1. 如圖 19-2-1 對話盒所示，從左邊的來源變數清單中，選擇測驗題第 3 題、第 6 題、第 10 題、第 15 題、第 20 題 (i3、i6、i10、i15、i20) 等變數進入右邊之數值變數 (Numeric Variables) 清單的方塊中。

2. 點按 舊值與新值⋯ (Old and New Values⋯) 鈕，開啟如圖 19-2-2 的次對話盒，在舊值 (Old Value) 方塊中點選數值 (Value) 選項，並在其後的方格中輸入 [1]，而在新值 (New Value) 方塊中點選數值 (Value) 選項，並在其後的方格中輸入 [1]，接著點按 新增 (Add) 鈕，將新舊值加入清單中。其次是在舊值 (Old Value) 方塊中點選全部其他值 (All other values) 選項，而在新值 (New Value) 方塊中點選數值 (Value) 選項，並在其後的方格中輸入 [0]，接著點按 新增 (Add) 鈕，將新舊值加入清單中。最後則是點按 繼續 (Continue) 鈕，回到主對話盒。

3. 點按 確定 (OK) 鈕，即可完成測驗題項答案 A 的改分，至於答案 B、C、D 的題項改分，較簡易的方法是運用 PASW 語法程式來加以執行。

4. 試題改分結果如圖 19-2-3 所示，在資料編器視窗中可顯現資料由原先各題的 1 ～ 4 更改成 0 與 1 的資料，並將改分結果加以儲存成 item.sav 資料檔。

圖19-2-1　重新編碼至同一變數的主對話盒

圖19-2-2　新舊值的次對話盒

程序語法：試題改分(ex19-2-1.sps)

(1) 在 Recode Into Same Variables 對話盒中按 貼上之後 (Paste) 鈕，即可貼出語法如下：

```
RECODE i3 i6 i10 i15 i20  (1=1) (ELSE=0).
EXECUTE.
```

(2) 試題改分並另存新資料檔之完整語法如下：

```
*讀取資料檔.
GET FILE='C:\StepPASW\exam.sav'.
*試題改分.
RECODE i3 i6 i10 i15 i20  (1=1) (ELSE=0).
RECODE i1 i5 i7 i9 i11 i12 i14 i16 i18 i19  (2=1)  (ELSE=0).
RECODE i2 i8 i17  (3=1) (ELSE=0).
RECODE i4 i13  (4=1) (ELSE=0).
EXECUTE.
*儲存成外部檔案.
SAVE OUTFILE='C:\StepPASW\item.sav'
  /COMPRESSED.
```

	i1	i2	i3	i4	i5
1	2	3	1	4	2
2	2	3	1	4	1
3	4	3	3	4	3
4	2	3	1	4	2
5	2	3	1	4	2
6	2	3	1	4	2
7	2	3	4	4	3
8	2	2	1	4	3
9	2	2	1	4	3
10	2	3	1	1	1

	i1	i2	i3	i4	i5
1	1	1	1	1	1
2	1	1	1	1	0
3	0	1	0	1	0
4	1	1	1	1	1
5	1	1	1	1	1
6	1	1	1	1	1
7	1	1	0	1	0
8	1	0	1	1	0
9	1	0	1	1	0
10	1	1	1	0	0

圖19-2-3　在資料編輯器視窗中顯示試題改分的結果

貳、試題項目分析與信度分析：點二系列相關係數與KR20係數

0. 開啓資料檔 (item.sav)，並從功能表中選擇分析 (Analyze) > 尺度 (Scale) > 信度分析… (Reliability Analysis…)。
1. 如圖 19-2-4 對話盒所示，從左邊的來源變數清單中，選擇成就量表的所有題項 (i1 ～ i20) 變數進入右邊之題目 (Items) 變數清單的方塊中。
2. 點按 統計量… (Statistics…) 鈕，開啓如圖 19-2-5 的次對話盒，點選刪除項目後之量尺摘要 (Scale if item deleted) 選項，點按 繼續 (Continue) 鈕，回到主對話盒。
3. 點按 確定 (OK) 鈕，即可完成成就量表的項目分析與信度分析。

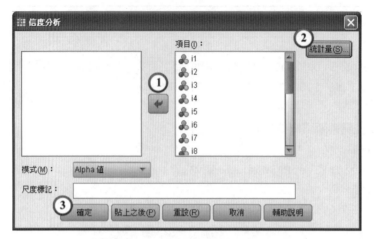

圖19-2-4　信度分析的主對話盒

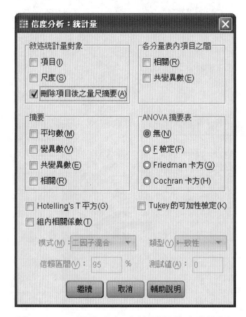

圖19-2-5　信度分析之統計量的次對話盒

二、撰寫程式

程序語法：點二系列相關係數與KR20係數(ex19-2-1.sps)

(1) 在 Reliability Analysis 對話盒中按 貼上之後 (Paste) 鈕，即可貼出語法如下：

```
RELIABILITY
  /VARIABLES=i1 TO i20        /*項目分析的變數
  /FORMAT=NOLABELS
  /SCALE(ALPHA)=ALL
  /MODEL=ALPHA      /* α 係數法分析模式
  /SUMMARY=TOTAL.
```

三、報表及說明

1. 報表顯示整體成就量表之信度係數 (KR20) 為 0.869，符合一般的信度檢驗要求 Cronbach α 係數值應大於 0.7 以上。

可靠性統計量

Cronbach's Alpha 值	項目的個數
①　.869	20

2. 量表各題項在刪除該題後之整體量表的平均數 (Mean)、變異數 (Variance)。

3. 量表各題項在刪除該題後的校正後相關 (Corrected Corelation)，即為點二系列相關，顯示第 9 題及第 16 題與總分之校正後相關值未達 0.3 以上，顯示該二題項與總量表之間內部一致性不佳，因此應予以修正或刪除。

4. 量表各題項在刪除該題後的信度係數 (Cronbach's α) 之變化，結果亦顯示第 9 題及第 16 題在刪除該題後的 α 係數均比整體量表的 α 係數 (α=0.869) 高，顯示該二題項刪除後能使總量表的信度有所提昇，因此應予以修正或刪除。

項目整體統計量

	項目刪除時的尺度平均數 ②	項目刪除時的尺度變異數	修正的項目總相關 ③	項目刪除時的 Cronbach's Alpha 值
i1	11.51	20.945	.563	④　.860
i2	11.67	20.448	.578	.858
i3	11.87	20.435	.563	.859
i4	11.60	20.532	.595	.858
i5	11.94	20.964	.455	.863
i6	11.74	21.337	.354	.867
i7	12.02	20.782	.542	.860
i8	11.53	21.171	.485	.862
i9	11.71	22.513	.098	.877
i10	11.95	21.240	.395	.865
i11	11.48	21.252	.515	.861
i12	11.64	20.748	.518	.861
i13	11.58	20.535	.606	.857
i14	11.86	20.731	.492	.862
i15	11.54	21.186	.474	.862
i16	12.05	22.062	.233	.871
i17	11.50	21.139	.518	.861
i18	11.55	21.233	.448	.863
i19	11.45	21.959	.342	.867
i20	11.57	20.683	.580	.859

參、試題項目分析：鑑別力、難易度

一、計算總分

0. 讀取資料檔 (item.sav)，並從功能表中選擇轉換 (Transform) > 計算變數…(Compute…)。

1. 如圖 19-2-6 的主對話盒所示，在目標變數 (Target Variable) 方格中輸入 exam_t。

2. 在數值運算式 (Numeric Expression) 的方塊中輸入 SUM(i1 TO i20)。

3. 點按 確定 (OK) 鈕，即可完成成就量表的計算總分。

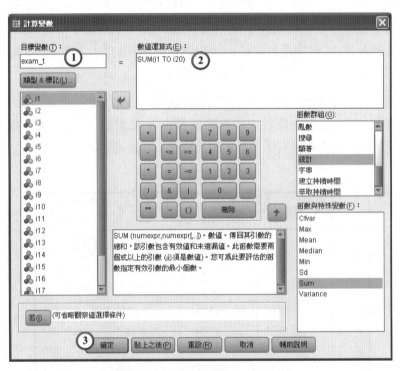

圖19-2-6　計算變數的主對話盒

程序語法：Compute計算總分(ex19-2-1.sps)

---

(1) 在 Compute Variable 對話盒中按 貼上之後 (Paste) 鈕，即可貼出語法如下：

```
COMPUTE exam_t = SUM(i1 TO i20).
EXECUTE.
```

二、高低分組

0. 從功能表中選擇轉換 (Transform) > 等級觀察值…(Rank Cases…)。

1. 如圖 19-2-7 對話盒所示，從左邊的來源變數清單中，選擇成就量表總分 (exam_t) 之變數進入右邊之變數 (Variables) 清單的方塊中。

2. 取消顯示摘要表 (Display summary tables) 的選項。

3. 點按 等級類型… (Rank Types…) 鈕，開啟如圖 19-2-8 的次對話盒。

4. 如圖 19-2-8 的次對話盒所示，取消等級 (Rank) 的選項。

5. 點選自訂 N 個等分數 (Ntiles) 選項，並在方格中輸入 [4]。

6. 點按 繼續 (Continue) 鈕，回到如圖 19-2-7 的主對話盒。

7. 點按 確定 (OK) 鈕，即可完成量表總分的高低分組。分組結果會自動產生 Nexam_t 的分組數，可運用 PASW 語法程式將變數名稱更改為 group，並加入變數標註及值標註。

8. 將高低分組的結果儲存成 itemanalysis.sav 資料檔。

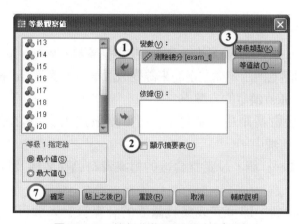

圖19-2-7　等級化觀測體的主對話盒

圖19-2-8　Rank Cases程序進行高低分組(25%)的次對話盒

程序語法：Rank Cases高低分組(ex19-2-1.sps)

(1) 在 Rank Cases 對話盒中按 貼上之後 (Paste) 鈕，即可貼出語法如下：

```
*高低分組(25%).
RANK VARIABLES=exam_t (A)
   /NTILES (4)
   /PRINT=NO
   /TIES=MEAN.
```

(2) 更改變數名稱及加入標註，語法如下：

```
*更改變數名稱及加入標註.
```

```
RENAME VARIABLES Nexam_t =group.
VARIABLES LABELS group '高低分組'.
VALUE LABELS group 1 '低分組' 4 '高分組'.
```
(3) 儲存資料檔，語法如下：
```
*儲存為項目分析資料檔.
SAVE OUTFILE='C:\StepPASW\itemanalysis.sav'
  /COMPRESSED.
```

三、計算答對人數百分比

0. 開啓資料檔 (itemanalysis.sav)，並從功能表中選擇資料 (Data) > 整合 (Aggregate…)。

1. 如圖 19-2-9 的對話盒所示，從左邊的來源變數清單中，選擇 group 數進入右邊之分斷變數 (Break Variables) 清單的方塊中。

2. 從左邊的來源變數清單中，選擇 i1 ～ i20 變數進入右邊之整合變數 (Aggregate Variables) 清單的方塊中。

3. 點按 檔案… (File…) 鈕，設定整合後的檔案資料儲存名稱及位置為 C:\StepPASW\ aggr.sav。

4. 點按 確定 (OK) 鈕，即可完成成就量表的計算答對人數百分比，資料顯示如圖 19-2-10 所示。

圖19-2-9　整合資料的主對話盒

group	i1_mean	i2_mean	i3_mean	i4_mean	i5_mean	i6_mean	i7_mean	i8_mean	i9_mean	i10_mean
1	.37	.13	.03	.20	.07	.33	.0	.40	.50	.07
2	.83	.63	.29	.69	.23	.40	.11	.74	.51	.34
3	.96	.81	.56	1.00	.37	.52	.19	.96	.70	.15
4	1.00	.94	.85	.94	.79	.97	.79	1.00	.67	.79

圖19-2-10　完成成就量表的計算答對人數百分比

程序語法：Aggregate計算答對人數百分比(ex19-2-1.sps)

---

(1) 在 Aggregate Data 對話盒中按 貼上之後 (Paste) 鈕，即可貼出語法如下：

```
AGGREGATE
  /OUTFILE='C:\StepPASW\aggr.sav'
  /BREAK=group
  /i1 = MEAN(i1) /i2 = MEAN(i2) /i3 = MEAN(i3) /i4 = MEAN(i4)
  /i5 = MEAN(i5) /i6 = MEAN(i6) /i7 = MEAN(i7) /i8 = MEAN(i8)
  /i9 = MEAN(i9) /i10 = MEAN(i10) /i11 = MEAN(i11) /i12 = MEAN(i12)
  /i13 = MEAN(i13) /i14 = MEAN(i14) /i15 = MEAN(i15)/i16 = MEAN(i16)
  /i17 = MEAN(i17)/i18 = MEAN(i18)/i19 = MEAN(i19)/i20 = MEAN(i20).
```

四、資料轉置

0. 開啟資料檔 (aggr.sav)，並從功能表中選擇資料 (Data) > 轉置…(Transpose…)。

1. 如圖 19-1-11 對話盒所示，從左邊的來源變數清單中，選擇量表所有題項 (i1_mean ～ i20_mean) 變數進入右邊之轉置變數 (Variables) 清單的方塊中。

2. 從左邊的來源變數清單中，選擇 group 變數進入右邊之命名變數 (Name Variable) 的方格中。

3. 點按 確定 (OK) 鈕，即可完成資料的轉置，最後結果如圖 19-2-12 的左圖所示。

4. 轉置後的資料，可運用 PASW 語法程式更改變數名稱、計算鑑別力及難易度，並將結 果儲存成 itemresult.sav 資料檔，如圖 19-2-12 的右圖所示。

圖19-2-11　轉置資料的主對話盒

程序語法：資料轉置(ex19-2-1.sps)

(1) 在 Transpose 對話盒中按 貼上之後 (Paste) 鈕，即可貼出語法如下：

```
*資料轉置.
FLIP VARIABLES=i1_mean TO i20_mean /NEWNAMES=group.
```

(2) 變數重新更名，其語法如下：

```
*變數重新更名.
RENAME VARIABLES
    (CASE_LBL=item)(K_1=low)(K_2=middle1)(K_3=middle2)(K_4=high).
```

(3) 計算鑑別力及難易度，其語法如下：

```
*計算鑑別力及難易度.
COMPUTE discrim=high - low.            /*鑑別力.
COMPUTE diff=(high + low)/2.       /* 難易度.
FORMATS high TO diff (F6.4).
EXECUTE.



VARIABLE LABELS discrim '鑑別力'
   /diff '難度'
   /high '高分組'
   /low '低分組'.
```

(4) 儲存資料檔，其語法如下：

```
*儲存為項目分析結果檔.
SAVE OUTFILE='C:\StepPASW\itemresult.sav'
   /COMPRESSED.
```

CASE_LBL	K_1	K_2	K_3	K_4
i1	.37	.83	.96	1.00
i2	.13	.63	.81	.94
i3	.03	.29	.56	.85
i4	.20	.69	1.00	.94
i5	.07	.23	.37	.79
i6	.33	.40	.52	.97
i7	.00	.11	.19	.79
i8	.40	.74	.96	1.00
i9	.50	.51	.70	.67
i10	.07	.34	.15	.79
i11	.47	.83	1.00	1.00
i12	.27	.51	.96	.94
i13	.27	.66	.96	1.00
i14	.10	.29	.44	.91
i15	.40	.74	.96	.97
i16	.17	.11	.22	.52
i17	.33	.94	.89	1.00
i18	.43	.69	.96	.94
i19	.63	.89	.93	.97
i20	.27	.77	.89	1.00

→

item	low	middle1	middle2	high	discrim	diff
i1	.37	.83	.96	1.0000	.6333	.6833
i2	.13	.63	.81	.9394	.8061	.5364
i3	.03	.29	.56	.8485	.8152	.4409
i4	.20	.69	1.00	.9394	.7394	.5697
i5	.07	.23	.37	.7879	.7212	.4273
i6	.33	.40	.52	.9697	.6364	.6515
i7	.00	.11	.19	.7879	.7879	.3939
i8	.40	.74	.96	1.0000	.6000	.7000
i9	.50	.51	.70	.6667	.1667	.5833
i10	.07	.34	.15	.7879	.7212	.4273
i11	.47	.83	1.00	1.0000	.5333	.7333
i12	.27	.51	.96	.9394	.6727	.6030
i13	.27	.66	.96	1.0000	.7333	.6333
i14	.10	.29	.44	.9091	.8091	.5045
i15	.40	.74	.96	.9697	.5697	.6848
i16	.17	.11	.22	.5152	.3485	.3409
i17	.33	.94	.89	1.0000	.6667	.6667
i18	.43	.69	.96	.9394	.5061	.6864
i19	.63	.89	.93	.9697	.3364	.8015
i20	.27	.77	.89	1.0000	.7333	.6333

圖19-2-12 資料轉置後重新更名並計算鑑別力與難易度

五、輸出試題分析結果的資料

0. 開啟資料檔 (itemresult.sav)，從功能表中選擇分析 (Analyze) > 報表 (Reports) > 觀察值摘要…(Case Summaries…)。

1. 如圖 19-2-13 對話盒所示，從左邊的來源變數清單中，選擇 item、low、high、discrim、diff 等變數進入右邊之彙總變數 (Variable) 清單的方塊中。

2. 點按 確定 (OK) 鈕，即可完成試題分析結果資料的彙總輸出。

圖19-2-13　彙總觀測體的主對話盒

程序語法：資料輸出(ex19-2-1.sps)

(1) 在 Summarize Cases 對話盒中按 貼上之後 (Paste) 鈕，即可貼出語法如下：

```
SUMMARIZE
  /TABLES=item high low discrim diff
  /FORMAT=VALIDLIST NOCASENUM TOTAL LIMIT=100
  /TITLE='Case Summaries'
  /MISSING=VARIABLE
  /CELLS=NONE．
```

六、報表及說明

1. 報表顯示第 9 題的鑑別力小於 0.2，需要大幅度修改或刪除，而第 16 題的鑑別度低於 0.4，需要小幅度修改，且其難易度未達 0.4，顯示題目稍具難度，此二題與之前的信度分析檢核法有相同的結果，顯示該二題應可予以修改或刪除。

觀察值摘要[a]

	item	low 低分組	high 高分組	discrim 鑑別力	diff 難度
1	i1	.37	1.0000	.6333	.6833
2	i2	.13	.9394	.8061	.5364
3	i3	.03	.8485	.8152	.4409
4	i4	.20	.9394	.7394	.5697
5	i5	.07	.7879	.7212	.4273
6	i6	.33	.9697	.6364	.6515
7	i7	.00	.7879	.7879	.3939
8	i8	.40	1.0000	.6000	.7000
9	i9	.50	.6667	.1667	.5833
10	i10	.07	.7879	.7212	.4273
11	i11	.47	1.0000	.5333	.7333
12	i12	.27	.9394	.6727	.6030
13	i13	.27	1.0000	.7333	.6333
14	i14	.10	.9091	.8091	.5045
15	i15	.40	.9697	.5697	.6848
16	i16	.17	.5152	.3485	.3409
17	i17	.33	1.0000	.6667	.6667
18	i18	.43	.9394	.5061	.6864
19	i19	.63	.9697	.3364	.8015
20	i20	.27	1.0000	.7333	.6333
總和　個數	20	20	20	20	20

a. 限於前 100 個觀察值。

肆、選項誘答力分析

一、在原始填答的資料檔(exam.sav)加入項目分析檔(itemanalysis. sav)的高低分組資料

0. 開啓資料檔 (exam.sav)，從功能表中選擇資料 (Data) > 合併檔案 (Merge Files) > 新增變數…(Add Variables…)。

1. 如圖 19-2-14 對話盒所示，點選 itemanalysis.sav 資料檔 (C:\StepPASW)。

2. 點按 開啓 (Open) 鈕，即可開啓如圖 19-2-15 加入變數對話盒。

3. 點按 確定 (OK) 鈕，即可將總分 (exam_t) 及高低分組 (group) 加入原始填答的資料集。如圖 19-2-15 對話盒所示，在新資料集 (New Working Data File) 的清單中 i1 ～ i20 之後有 (*) 號，表示為原有資料檔變數，而 exam_t 及 group 之後有 (+) 號，表示為其它檔案新加入之變數。

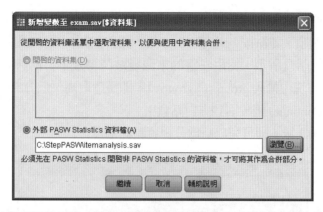

圖19-2-14　加入變數之讀取檔案的對話盒

圖19-2-15　加入變數的對話盒

二、篩選高低分組的資料

0. 從功能表中選擇資料 (Data) > 選擇觀察值…(Select Cases…)。

1. 如圖 19-2-16 對話盒所示，在選取 (Select) 方塊中點選如果滿足設定條件 (If condition is satisfied) 的選項，並點按 ⌊若…⌋ (If…) 鈕，開啓如圖 19-2-17 對話盒。

2. 如圖 19-2-17 對話盒所示，使用左邊的來源變數清單及下方的計算盤 (calculator pad) 在條件運算式方塊中輸入 group=1 | group=4，即僅選取高、低分二組的資料。

3. 點按 ⌊繼續⌋ (Continue) 鈕，回到主對話盒。

4. 點按 ⌊確定⌋ (OK) 鈕，即可完成高低分組資料的選擇。

圖19-2-16　選擇觀測體的主對話盒

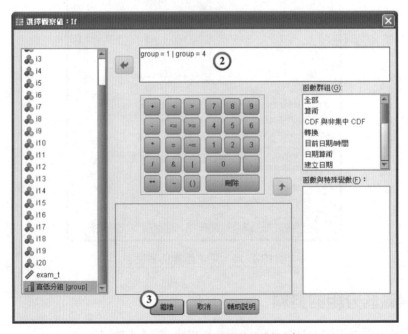

圖19-2-17　條件式選擇的次對話盒

三、產生選項誘答力分析的表格

0. 從功能表中選擇分析 (Analyze) > 敘述統計 (Descriptive Statistics) > 交叉表⋯ (Crosstabs⋯)。

1. 如圖 19-2-18 對話盒所示,從左邊的來源變數清單中,選擇 group 變數進入右邊的橫列 (Rows) 變數清單中。

2. 從左邊的來源變數清單中,選擇 i1 ～ i20 變數進入右邊的直欄 (Columns) 變數清單中。

3. 點按 儲存格⋯ (Cells⋯) 鈕,開啟如圖 19-2-19 對話盒。

4. 如圖 19-2-19 對話盒所示,取消個數 (Counts) 方塊中,觀察值 (Oberved) 次數的選項。

5. 點選百分比 (Percentages) 方塊中的橫列 (Row) 百分比。

6. 點按 繼續 (Continue) 鈕,回到主對話盒。

7. 點按 確定 (OK) 鈕,即可完成選項的誘答力分析。

圖19-2-18 交叉列聯表的主對話盒

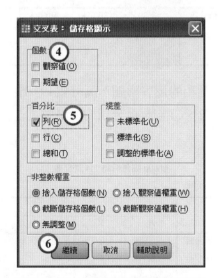

圖19-2-19 列聯表細格的次對話盒

四、報表及說明

1. 此題的答案為 B，正確選項的選答率顯示高分組 (100%) 高於低分組 (36.7%)。而其它每一 個誘答選項 (A、C、D) 均有低分組的受試者選答。

group 高低分組 * i1 交叉表

在 group 高低分組 之內的

		i1				總和
		A	B	C	D	
group 高低分組	低分組	13.3%	36.7%	20.0%	30.0%	100.0%
	高分組		100.0%			100.0%
總和		6.3%	69.8%	9.5%	14.3%	100.0%

2. 此題的答案為 C，正確選項的選答率顯示高分組 (93.9%) 高於低分組 (13.3%)。而其它每一個誘答選項 (A、B、D) 均有低分組的受試者選答，且低分組的選答率高於高分組。

group 高低分組 * i2 交叉表

在 group 高低分組 之內的

		i2				總和
		A	B	C	D	
group 高低分組	低分組	20.0%	60.0%	13.3%	6.7%	100.0%
	高分組	6.1%		93.9%		100.0%
總和		12.7%	28.6%	55.6%	3.2%	100.0%

3. 此題的答案為 A，正確選項的選答率顯示高分組 (84.8%) 高於低分組 (3.3%)。而其它每一個誘答選項 (B、C、D) 均有低分組的受試者選答，且低分組的選答率高於高分組。

group 高低分組 * i3 交叉表

在 group 高低分組 之內的

		i3				總和
		A	B	C	D	
group 高低分組	低分組	3.3%	30.0%	60.0%	6.7%	100.0%
	高分組	84.8%	3.0%	9.1%	3.0%	100.0%
總和		46.0%	15.9%	33.3%	4.8%	100.0%

4. 此題的答案為 D，正確選項的選答率顯示高分組 (93.9%) 高於低分組 (20.0%)。而其它每一個誘答選項 (A、B、C) 均有低分組的受試者選答，且低分組的選答率高於高分組。

group 高低分組 * i4 交叉表

在 group 高低分組 之內的

		i4				總和
		A	B	C	D	
group 高低分組	低分組	70.0%	3.3%	6.7%	20.0%	100.0%
	高分組	6.1%			93.9%	100.0%
總和		36.5%	1.6%	3.2%	58.7%	100.0%

5. 此題的答案為 B，正確選項的選答率顯示高分組 (78.8%) 高於低分組 (6.7%)。而其它每一個誘答選項 (A、C、D) 均有低分組的受試者選答，且低分組的選答率高於高分組。

group 高低分組 * i5 交叉表

在 group 高低分組 之內的

		i5				總和
		A	B	C	D	
group 高低分組	低分組	83.3%	6.7%	6.7%	3.3%	100.0%
	高分組	9.1%	78.8%	12.1%		100.0%
總和		44.4%	44.4%	9.5%	1.6%	100.0%

6. 此題的答案為 A，正確選項的選答率顯示高分組 (97.0%) 高於低分組 (33.3%)。而其它每一個誘答選項 (B、C、D) 均有低分組的受試者選答，且低分組的選答率高於高分組。

group 高低分組 * i6 交叉表

在 group 高低分組 之內的

		i6				總和
		A	B	C	D	
group 高低分組	低分組	33.3%	20.0%	36.7%	10.0%	100.0%
	高分組	97.0%		3.0%		100.0%
總和		66.7%	9.5%	19.0%	4.8%	100.0%

7. 此題的答案為 B，正確選項的選答率顯示高分組 (78.8%) 高於低分組 (0%)。而其它每一個誘答選項 (A、C、D) 均有低分組的受試者選答，且低分組的選答率高於高分組。

group 高低分組 * i7 交叉表

在 group 高低分組 之內的

		i7				總和
		A	B	C	D	
group 高低分組	低分組	33.3%		16.7%	50.0%	100.0%
	高分組	3.0%	78.8%	3.0%	15.2%	100.0%
總和		17.5%	41.3%	9.5%	31.7%	100.0%

8. 此題的答案為 C，正確選項的選答率顯示高分組 (100%) 高於低分組 (40%)。而其它每一個誘答選項 (A、B、D) 均有低分組的受試者選答。

group 高低分組 * i8 交叉表

在 group 高低分組 之內的

		i8				總和
		A	B	C	D	
group 高低分組	低分組	10.0%	43.3%	40.0%	6.7%	100.0%
	高分組			100.0%		100.0%
總和		4.8%	20.6%	71.4%	3.2%	100.0%

9. 此題的答案爲 B，正確選項的選答率顯示高分組 (66.7%) 雖然高於低分組 (50.0%)。但其它誘答選項 (A) 有高分組的選答率高於低分組。顯然此一問題「採用因素分析法來驗證建構效度時，用來決定因素數目的標準是什麼？ (A) 因素負荷量 (B) 共同性 (C) 特徵值 (D) 輻合效度係數。」造成填答者選項誘答力不佳，宜予以刪除。

group 高低分組 * i9 交叉表

在 group 高低分組 之內的

		i9				
		A	B	C	D	總和
group 高低分組	低分組	13.3%	50.0%	30.0%	6.7%	100.0%
	高分組	15.2%	66.7%	12.1%	6.1%	100.0%
總和		14.3%	58.7%	20.6%	6.3%	100.0%

10. 此題的答案爲 A，正確選項的選答率顯示高分組 (78.8%) 高於低分組 (6.7%)。而其它每一個誘答選項 (B、C、D) 均有低分組的受試者選答，且低分組的選答率高於高分組。

group 高低分組 * i10 交叉表

在 group 高低分組 之內的

		i10				
		A	B	C	D	總和
group 高低分組	低分組	6.7%	40.0%	20.0%	33.3%	100.0%
	高分組	78.8%	6.1%	12.1%	3.0%	100.0%
總和		44.4%	22.2%	15.9%	17.5%	100.0%

11. 此題的答案爲 B，正確選項的選答率顯示高分組 (100%) 高於低分組 (46.7%)。而其它每一個誘答選項 (A、C、D) 均有低分組的受試者選答。

group 高低分組 * i11 交叉表

在 group 高低分組 之內的

		i11				
		A	B	C	D	總和
group 高低分組	低分組	16.7%	46.7%	20.0%	16.7%	100.0%
	高分組		100.0%			100.0%
總和		7.9%	74.6%	9.5%	7.9%	100.0%

12. 此題的答案爲 B，正確選項的選答率顯示高分組 (93.9%) 高於低分組 (26.7%)。而其它每一個誘答選項 (A、C、D) 均有低分組的受試者選答，且低分組的選答率高於高分組。

group 高低分組 * i12 交叉表

在 group 高低分組 之內的

		i12				
		A	B	C	D	總和
group 高低分組	低分組	20.0%	26.7%	33.3%	20.0%	100.0%
	高分組		93.9%		6.1%	100.0%
總和		9.5%	61.9%	15.9%	12.7%	100.0%

13. 此題的答案爲 D，正確選項的選答率顯示高分組 (100%) 高於低分組 (26.7%)。而其它每一個誘答選項 (A、B、C) 均有低分組的受試者選答。

group 高低分組 * i13 交叉表

在 group 高低分組 之內的

		i13				總和
		A	B	C	D	
group 高低分組	低分組	13.3%	40.0%	20.0%	26.7%	100.0%
	高分組				100.0%	100.0%
總和		6.3%	19.0%	9.5%	65.1%	100.0%

14. 此題的答案爲 B，正確選項的選答率顯示高分組 (90.9%) 高於低分組 (10.0%)。而其它每一個誘答選項 (A、C、D) 均有低分組的受試者選答，且低分組的選答率高於高分組。

group 高低分組 * i14 交叉表

在 group 高低分組 之內的

		i14				總和
		A	B	C	D	
group 高低分組	低分組	20.0%	10.0%	46.7%	23.3%	100.0%
	高分組	9.1%	90.9%			100.0%
總和		14.3%	52.4%	22.2%	11.1%	100.0%

15. 此題的答案爲 A，正確選項的選答率顯示高分組 (97.0%) 高於低分組 (40.0%)。而其它每一個誘答選項 (B、C、D) 均有低分組的受試者選答，且低分組的選答率高於高分組。

group 高低分組 * i15 交叉表

在 group 高低分組 之內的

		i15				總和
		A	B	C	D	
group 高低分組	低分組	40.0%	10.0%	26.7%	23.3%	100.0%
	高分組	97.0%			3.0%	100.0%
總和		69.8%	4.8%	12.7%	12.7%	100.0%

16. 此題的答案爲 B，正確選項的選答率顯示高分組 (51.5%) 雖然高於低分組 (16.7%)。但誘答選項 C 有高分組的選答率高於低分組。顯然此一問題「在假設檢定中，當我們說研究資料在顯著水準 α 爲 0.05 下，達統計上的顯著差異而拒絕虛無假設，是指下列何種情形？ (A)α 值要等於 P 值 (B)P 值要小於 0.05 (C)α 值要小於 0.05 (D)P 值要大於 0.05。」，其中 C 選項造成塡答者選項誘答力不佳，宜予以修改選項或刪除題項。

group 高低分組 * i16 交叉表

在 group 高低分組 之內的

		i16				總和
		A	B	C	D	
group 高低分組	低分組	36.7%	16.7%	26.7%	20.0%	100.0%
	高分組		51.5%	42.4%	6.1%	100.0%
總和		17.5%	34.9%	34.9%	12.7%	100.0%

17. 此題的答案為 C，正確選項的選答率顯示高分組 (100%) 高於低分組 (33.3%)。而其它每一個誘答選項 (A、B、D) 均有低分組受試者選答。

group 高低分組 * i17 交叉表

在 group 高低分組 之內的

		i17				總和
		A	B	C	D	
group 高低分組	低分組	16.7%	30.0%	33.3%	20.0%	100.0%
	高分組			100.0%		100.0%
總和		7.9%	14.3%	68.3%	9.5%	100.0%

18. 此題的答案為 B，正確選項的選答率顯示高分組 (96.9%) 高於低分組 (43.3%)。而其它每一個誘答選項 (A、C、D) 均有低分組的受試者選答，且低分組的選答率高於高分組。

group 高低分組 * i18 交叉表

在 group 高低分組 之內的

		i18				總和
		A	B	C	D	
group 高低分組	低分組	10.0%	43.3%	13.3%	33.3%	100.0%
	高分組		96.9%	3.1%		100.0%
總和		4.8%	71.0%	8.1%	16.1%	100.0%

19. 此題的答案為 B，正確選項的選答率顯示高分組 (97.0%) 高於低分組 (63.3%)。而其它每一個誘答選項 (A、C、D) 均有低分組的受試者選答，且低分組的選答率高於高分組。

group 高低分組 * i19 交叉表

在 group 高低分組 之內的

		i19				總和
		A	B	C	D	
group 高低分組	低分組	3.3%	63.3%	13.3%	20.0%	100.0%
	高分組		97.0%		3.0%	100.0%
總和		1.6%	81.0%	6.3%	11.1%	100.0%

20. 此題的答案為 A，正確選項的選答率顯示高分組 (100%) 高於低分組 (26.7%)。而其它每一個誘答選項 (B、C、D) 均有低分組的受試者選答。

group 高低分組 * i20 交叉表

在 group 高低分組 之內的

		i20				總和
		A	B	C	D	
group 高低分組	低分組	26.7%	23.3%	26.7%	23.3%	100.0%
	高分組	100.0%				100.0%
總和		65.1%	11.1%	12.7%	11.1%	100.0%

五、撰寫程式

程序語法：選項誘答力分析(ex19-2-1.sps)

(1) 選項誘答力分析作法一

```
*1‧開啟試題作答原始檔‧
GET FILE='c:\stepPASW\exam.sav'.
*2‧加入項目分析檔的高低分組資料‧
  MATCH FILES
  /FILE=*
  /FILE='c:\stepPASW\itemanalysis.sav'
  /KEEP=i1 TO i20 exam_t group.
EXECUTE‧
*3‧篩選高低分組資料. USE ALL.
COMPUTE filter_$=(group = 1 | group = 4)‧
VARIABLE LABEL filter_$ 'group = | - group = 4 (FILTER)'.
VALUE LABELS filter_$ 0 'Not Selected' 1 'Selected'.
FORMAT filter_$ (f1.0).
FILTER BY filter_$.
EXECUTE.
*4‧產生表格.
CROSSTABS
  /TABLES=group BY i1 TO i20
  /FORMAT= AVALUE TABLES
  /CELLS= ROW
  /COUNT ROUND CELL.
*5‧關閉篩選.
FILTER OFF.
USE ALL.
EXECUTE.
```

(2) 選項誘答力分析作法二

```
*1‧開啟試題作答原始檔‧
GET FILE='c:\stepPASW\exam.sav'.
*2‧加入項目分析檔的高低分組資料‧
MATCH FILES
  /FILE=*
  /FILE='c:\stepPASW\itemanalysis.sav'
  /KEEP=i1 TO i20 exam_t group‧
EXECUTE‧
*3‧篩選高低分組資料‧
TEMPORARY.
SELECT IF(group = | - group = 4).
```

```
*4．產生表格.
CROSSTABS
  /TABLES=group BY i1 TO i20
  /FORMAT= AVALUE TABLES
  /CELLS= ROW
  /COUNT ROUND CELL.
```

牛刀小試 Try for yourself

TFY 19-2-1・某研究者設計一測驗卷 (如下所示)，用以瞭解員工工作安全素養的知識面，隨機抽樣 100 個受試者進行測試，結果如資料檔 (test. sav)，試對此成就量表 (測驗) 之鑑別度、難易度、選項誘答力等分別進行分析。

電氣安全測驗題

(C) 1. 下列敘述何者為誤？(A) 電流通過人體所受到的衝擊現象謂之感電　(B) 電熱器發熱體靠近易燃物易發生電氣火災　(C) 避雷器是一種過電流的保護裝置　(D) 導線或電氣設備絕緣不良易造成漏電。

(D) 2. 換裝保險絲時，應注意下列那一個事項？(A) 所使用的保險絲，其電流流量不要過小，以免經常更換　(B) 以鐵絲或銅絲取代保險絲，以防再斷　(C) 使用電流容量約等於安全電流 3 到 4 倍的保險絲　(D) 遵照電路電流容量，選用適宜的保險絲。

(B) 3. 下列何者可做為線路過電流保護用？(A) 電阻器　(B) 熔絲　(C) 避雷器　(D) 變壓器。

(B) 4. 電路中電流未經過負載而直接回到電源，稱為　(A) 電路　(B) 短路　(C) 開路　(D) 閉路。

(C) 5. 直接觸電事故為人體某部位碰觸到　(A) 用電設備之金屬外殼　(B) 用電設備之非帶電金屬部分　(C) 用電設備之帶電金屬部分　(D) 用電設備之非金屬外殼。

(B) 6. 人員遇觸電因而受傷失去知覺時，應移開帶電體後　(A) 等醫生指示方可施行人工呼吸　(B) 儘速施行人工呼吸　(C) 先予灌入少量開水　(D) 潑冷水。

(B) 7. 電氣設備或線路故障，應由何人修理？(A) 設備使用者　(B) 專業電氣人員　(C) 設備負責人　(D) 一般人員。

(C) 8. 通電中電氣設備所引起的電氣火災屬於　(A)A 類　(B)B 類　(C)C 類　(D)D 類。

(B) 9. 電氣設備有使人感電的危險，故電源插座應遠離　(A) 工作台　(B) 水源　(C) 牆壁　(D) 工作區域。

(A) 10. 電器設備失火時，應使用下列何種滅火最恰當？(A) 二氧化碳滅火器　(B) 砂　(C) 水　(D) 氯化鈉。

Chapter 20

信度分析

學習目標

☞ 能瞭解信度分析的意義、種類及功用
☞ 能計算再測信度係數
☞ 能計算複本信度係數
☞ 能計算內部一致性信度係數

❓ 20-1 何謂信度分析？

一、信度的意義

　　設計好測量工具（量表）並進行問卷調查後，接下來則是要進一步考驗測量工具的可靠性（信度，reliability）與有效性（效度，validity）。信度分析的功用在於檢驗測量本身是否穩定一致，而效度分析的功用則在於檢驗測量所得結果是否正確無誤，兩者之間的關係如圖 20-1-1 所示。

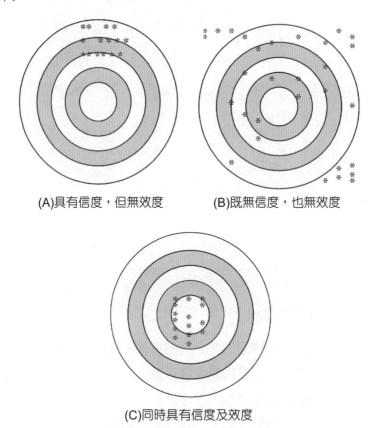

(A)具有信度，但無效度　　　　(B)既無信度，也無效度

(C)同時具有信度及效度

圖20-1-1　測量工具信度、效度之關係

　　因此測量工具（量表）的信度係指量表具有一致性或穩定性，信度好的指標在同樣或類似的條件下重複操作，可以得到一致或穩定的結果。所謂一致性高的測量工具便是同一群人接受性質相同、題型相同、目的相同之各種量表測量後，在各衡量結果間顯示出強烈的正相關，而穩定性高的測量工具則是指一群人在不同時空下接受同樣的衡量工具時，結果的差異很小。

　　一般信度在測量時容易產生誤差的原因，其中來自研究者的因素包括：測量內容（遣詞用句、問題形式等）不當、情境（時間長短、氣氛、前言說明等）以及研究者本身的疏忽（聽錯、記錯等）；而來自受訪者的因素則可能是由於其個性、年齡、教育程度、社會階層及其他心理因素等，而影響其答題的正確性。

二、信度的種類

研究者透過信度的檢驗，可以瞭解測量工具 (量表) 本身是否優良適當 以作爲改善修正的根據，並可避免做出錯誤的判斷。檢視信度的方法有很多種，其中，最常用的是第三種的 Cronbach α 數，茲分別簡介以下三種：

1. 重測信度 (test-retest reliability) 係使用同一份問卷，對同一群受測者，在不同的時間前後測試兩次，以求算兩次分數的相關係數。

2. 複本信度 (alternative form reliability) 係以內容相似、難易度相當的兩份測驗，對同一群受測者，第一次使用甲份測試，第二次使用乙份測試，再求算兩份測驗分數的相關係數。

3. 內部一致性信度 (internal consistency reliability)，又稱內在信度 (internal reliability)。又可分爲折半信度 (split-half reliability) 係將同一量表中測驗題目 (項目內容相似)，折成兩半 (單數題、偶數題)，再求這兩個各半測驗總分之相關係數。另一爲 Cronbach's α 信度，算出所有折半信度的平均數，若調查的資料是二元化資料，就用庫李係數 (Kuder-Richardson coefficient, KR-20) 計算；如果是連續性資料，就用 α 係數 (Cronbach's alpha coefficient) 計算。

三、信度的標準

1. 相關係數愈高，內部一致性愈高，即信度愈高，通常積差相關係數達 0.05 顯著水準時，相關係數旁以一個 * 表示；積差相關係數達 0.01 顯著水準時，相關係數旁以兩個 ** 表示。

2. Cronbach's α 係數的範圍爲 0～1，其值愈高，代表信度愈高，Nunnally(1978) 在其著作「Psychometric Theory」中表示，α 係數值在一般研究中，至少要大於 0.70；而 George et al.(2003) 亦提供一個 α 係數的評鑑標準如表 20-1-1 所示。

3. α 值與量表的題數有關，當量表的題數太少 (少於 10 題) 時，α 值也會隨之變小，此時可以計算報導各題之題項間相關的平均數，Briggs& Cheek(1986) 建議該相關值的最佳範圍是 0.2～0.4。

表 20-1-1　Cronbach's α 信度係數的評鑑標準

α 值範圍	意　義
1.0 ＞ α ≧ 0.9	優良的 (Excellent)
0.9 ＞ α ≧ 0.8	良好的 (Good)
0.8 ＞ α ≧ 0.7	可接受的 (Acceptable)
0.7 ＞ α ≧ 0.6	可疑的 (Questionable)
0.6 ＞ α ≧ 0.5	不良的 (Poor)
0.5 ＞ α ≧ 0.0	不可接受的 (Unacceptable)

20-2 : 如何計算再測信度(Test-Retest Reliability)？

操作程序

 → 分析 (Analyze) > 相關 (Correlate) > 雙變數…(Bivariate…)

統計原理

再測信度 (test-retest reliability) 的計算係使用同一份問卷，對同一群受測者，在不同的時間，前後測試兩次，再求算兩次分數的相關係數，此係數又稱為穩定係數 (coeffcient of stability)，相關係數愈高，表示此測驗的信度愈高。需注意的是前後兩次測驗間隔的時間要適當，間隔的期間通常是兩周左右。若兩次測驗間隔太短，受測者記憶猶新通常分數會提高，不過如果題數夠多則可避免這種影響；但若兩次測驗間隔太長，受測者心智成長影響，穩定係數也可能會降低。

計算公式：
$$r_{TR} = \left| \frac{S_{X_1 X_2}}{S_{X_1} S_{X_2}} \right| = \left| \frac{\sum X_1 X_2 - \frac{\sum X_1 \sum X_2}{n}}{\sqrt{\sum X_1^2 - \frac{(\sum X_1)^2}{n}} \sqrt{\sum X_2^2 - \frac{(\sum X_2)^2}{n}}} \right|$$

範例20-2 再測信度(Test-Retest Reliability)

　　某研究者想建構一份空間能力量表，內容共有 50 題單選題，分別在第七週與第九週施測同一組 10 名學生，以下是測驗所得結果，試分析該量表的信度。

學生	A	B	C	D	E	F	G	H	I	J
第七週	45	40	13	33	38	40	30	13	20	25
第九週	45	45	15	40	43	40	35	13	18	28

一、分析步驟

0. 開啟資料檔 (retest.sav)，並從功能表中選擇分析 (Analyze) > 相關 (Correlate) > 雙變數…(Bivariate…)。

1. 如圖 20-2-1 的對話盒所示，從左邊的來源變數清單中，選取兩次測驗 (test1、test2) 變數進入右邊之變數 (Variables) 清單的方塊中。

2. 點按 選項… (Options…) 鈕，開啟如圖 20-2-2 的次對話盒。

3. 選取平均數與標準差 (Means and standard deviations) 選項，再點按 繼續 (Continue) 鈕，回到主對話盒。

4. 點按 確定 (OK) 鈕，即可完成量表的再測信度分析。

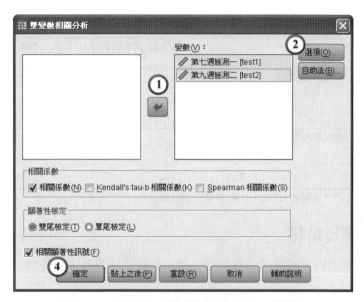

圖20-2-1　相關分析(計算再測信度)的主對話盒

圖20-2-2　選項的次對話盒

二、報表及說明

1. 報表顯示兩次施測的平均數、標準差、個數。

描述性統計量

	平均數	標準差	個數
test1 第七週施測一	29.70	11.547	10
test2 第九週施測二	32.20	12.726	10

2. 以相關分析計算再測信度係數為 0.975，達顯著水準 (P<0.05)。通常積差相關係數達 0.05 顯著水準時，相關係數旁以一個 * 表示；積差相關係數達 0.01 顯著水準時，相關數旁以兩個 ** 表示。

相關

		test1 第七週施測一	test2 第九週施測二
test1 第七週施測一	Pearson 相關	1	.975**
	顯著性 (雙尾)		.000
	個數	10	10
test2 第九週施測二	Pearson 相關	.975**	1
	顯著性 (雙尾)	.000	
	個數	10	10

**.在顯著水準為0.01時 (雙尾)，相關顯著。

三、分析結果及解釋

該空間能力量表的再測信度達 0.9751，顯示具有良好的信度。若以公式計算，其運算方式及結果如下：

受試者	A	B	C	D	E	F	G	H	I	J	$\overline{X}$	σ
第七週 (X1)	45	40	13	33	38	40	30	13	20	25	29.7	10.9549
第九週 (X2)	45	45	15	40	43	40	35	13	18	28	32.2	12.0731
X1X2	2025	1800	195	1320	1634	1600	1050	169	360	700	$\sum X_1 X_2 = 10853$	

N=10

$$r_{X_1 X_2} = \frac{(10853/10) - (29.7)(32.2)}{(10.9549)(12.0731)} = \frac{128.96}{132.2598} = .9751$$

四、撰寫程式

程序語法：再測信度(ex20-2.sps)

(1) 在 Bivariate Correlations 對話盒中按 貼上之後 (Paste) 鈕，即可貼出語法如下：

```
CORRELATIONS
  /VARIABLES=test1 test2    /*設定前後二次測驗的變數
  /PRINT=TWOTAIL NOSIG
  /STATISTICS DESCRIPTIVES
  /MISSING=PAIRWISE.
```

牛刀小試　Try for yourself

TFY **20-2-1**　·　某一研究為瞭解國一語文測驗的信度，對 17 名國一學生進行施測二次，所得結果如下表所示，試分析該語文測驗的再測信度？

受試者	1	2	3	4	5	6	7	8	9	10	11	12	13	14	15	16	17
施測一	64	70	67	72	68	72	68	60	72	72	62	71	62	65	62	56	70
施測二	78	82	81	85	80	84	85	74	87	79	73	91	63	75	91	63	76

❓ 20-3 如何計算複本信度 (Alternate-form Reliability)？

操作程序

 ➜ 分析 (Analyze) > 相關 (Correlate) > 雙變數…(Bivariate…)

統計原理

 複本信度 (alternative form reliability) 的計算是複本內容相似，難易度相當的兩份測驗，對同一群受測者，第一次使用甲份測試，第二次使用乙份測試，兩份測驗分數的相關係數為複本係數 (coefficient of forms) 或等值係數 (coefficient of equivalence)。若兩份測驗不是同時實施，亦可相距一段時間再施測，這樣算出的相關係數為穩定和等值係數。

複本信度是測驗信度量測的一種最好方法，但是要編製複本測驗相當困難。然而複本相關法並不受記憶效用的影響，對測量誤差的相關性也比再測法低。

計算公式：

$$r_{AF} = \left| \frac{S_{XY}}{S_X S_Y} \right| = \left| \frac{\sum XY - \frac{\sum X \sum Y}{n}}{\sqrt{\sum X^2 - \frac{(\sum X)^2}{n}} \sqrt{Y^2 - \frac{(\sum Y)^2}{n}}} \right|$$

範例20-3 複本信度(Alternate-form Reliability)

某研究者想建構一份安全 IQ 量表，內容共有 50 題是非題，分別製作二份複本，並施測同一組 10 名學生，分數愈高表示愈具有正向的安全概念，以下是測驗所得結果，試分析該量表的信度。

受試者	A	B	C	D	E	F	G	H	I	J
複本 A	40	30	35	25	23	28	33	23	40	30
複本 B	38	30	38	25	25	30	35	23	40	33

一、分析步驟

0. 開啟資料檔 (patest.sav)，並從功能表中選擇分析 (Analyze) > 相關 (Correlate) > 雙變數…(Bivariate…)。

1. 如圖 20-3-1 的對話盒所示，從左邊的來源變數清單中，選取兩次測驗 (form_a、form_b) 變數進入右邊之變數 (Variables) 清單的方塊中。

2. 點按 選項… (Options…) 鈕，開啟如圖 20-3-2 的次對話盒。

3. 選取平均數與標準差(Means and standard deviations)選項，再點按 繼續 (Continue)鈕，回到主對話盒。

4. 點按 確定 (OK)鈕，即可完成量表的再測信度分析。

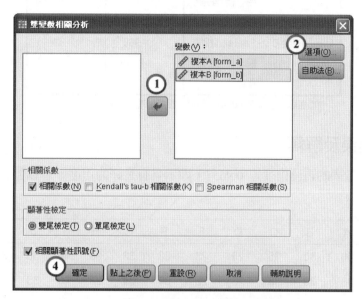

圖20-3-1　相關分析(計算複本信度)的主對話盒

圖20-3-2　選項的次對話盒

二、報表及說明

1. 報表顯示兩個測驗複本的平均數、標準差、個數。

描述性統計量

	平均數	標準差	個數
form_a 複本A	30.70	6.290	10
form_b 複本B	31.70	6.075	10

2. 以相關分析計算複本信度係數為 0.966，達顯著水準 (P<0.05)。通常積差相關係數達 0.05 顯著水準時，相關係數旁以一個 * 表示；積差相關係數達 0.01 顯著水準時，相關係數旁以兩個 ** 表示。

相關

		form_a 複本A	form_b 複本B
form_a 複本A	Pearson 相關	1	.966**
	顯著性 (雙尾)		.000
	個數	10	10
form_b 複本B	Pearson 相關	.966**	1
	顯著性 (雙尾)	.000	
	個數	10	10

**. 在顯著水準為0.01時 (雙尾)，相關顯著。

三、分析結果及解釋

該安全 IQ 量表的再測信度達 0.9657，顯示具有良好的信度。若以公式計算，其運算方式及結果如下：

受試者	A	B	C	D	E	F	G	H	I	J	$\overline{X}$	σ
複本 A(X)	40	30	35	25	23	28	33	23	40	30	30.7	5.9674
複本 B(Y)	38	30	38	25	25	30	35	23	40	33	31.7	5.7628
XY	1520	900	1330	625	575	840	1155	529	1600	990	$\sum XY = 10064$	

N=10

$$r_{XY} = \frac{(10064/10) - (30.7)(31.7)}{(5.9674)(5.7628)} = \frac{33.21}{34.3891} = .9657$$

四、撰寫程式

程序語法：複本信度(ex20-3.sps)

(1) 在 Bivariate Correlations 對話盒中按 貼上之後 (Paste) 鈕，即可貼出語法如下：

```
CORRELATIONS
  /VARIABLES=form_a form_b  /*複本A及複本B的變數
  /PRINT=TWOTAIL NOSIG
  /STATISTICS DESCRIPTIVES
  /MISSING=PAIRWISE.
```

牛刀小試　Try for yourself

TFY **20-3-1**　·下列資料係針對 10 位受試者進行性向測驗所得的成績結果，分別施測二種複本，試分析該性向測驗的複本信度？

受試者	A	B	C	D	E	F	G	H	I	J
複本 A	62	95	94	64	92	74	86	65	88	90
複本 B	55	75	84	70	85	76	75	70	70	70

❓ 20-4　如何計算內部一致性信度 (Internal Consistency Reliability)？

操作程序

 ➔ 分析 (Analyze) > 尺度 (Scale) > 信度分析…(Reliability Analysis…)

統計原理

 內部一致性信度 (internal consistency reliability)，又稱內在信度 (internal reliability)。可計算如下的各種信度係數：

一、折半係數(split-half coefficient)

與複本信度係數很類似，折半係數是在同一時間施測，最好能對兩半問題的內容性質、難易度加以考慮，使兩半的問題盡可能有一致性。通常是將同一量表中測驗題目（項目內容相似），折成兩半（單數題、偶數題），再求這兩個各半測驗總分之相關係數。

1. **折半係數**（split-half reliability）

計算公式：
$$r_{SH} = \left| \frac{S_{xy}}{S_x S_y} \right| = \left| \frac{\sum xy - \dfrac{\sum x \sum y}{n}}{\sqrt{\sum x^2 - \dfrac{(\sum x)^2}{n}} \sqrt{\sum y^2 - \dfrac{(\sum y)^2}{n}}} \right|$$

2. **Spearman-Brown 校正公式**

計算公式：$r_{SB} = \dfrac{2r_{SH}}{1 + r_{SH}}$

3. **Guttman 校正公式**

計算公式：$r_{Guttman} = 2\left[1 - \dfrac{(S_a^2 + S_b^2)}{S_t^2} \right]$

二、Cronbach的 α 係數(Cronbach's alpha coefficient)

由於依單、雙數折半，缺乏嚴謹的理論，因為不同的折半方式，會產生不同的信度係數。因此解決的方法就是算出所有折半信度的平均數，若調查的資料是二元化資料，就用庫李係數 (Kuder-Richardson coefficient, KR-20) 計算；如果是連續性資料，就用 α 係數計算。

Cronbach 於 1951 年提出 α 係數，克服部分折半法的缺點，為目前社會科學研究最常使用的信度。其意義在於量測一組同義或平行測驗總和的信度，如果尺度中的所有項目都反映相同的特質，則各項目之間應具有真實的相關存在。若某一項目和尺度中其他項目之間並無相關存在，就表示該項目不屬於該尺度，而應將之剔除。

1. Kuder-Richardson 係數

   庫李 20 號計算公式：$r_{KR20} = (\dfrac{K}{K-1})(1 - \dfrac{\sum PQ}{S^2})$

   庫李 21 號計算公式：$r_{KR21} = \dfrac{KS^2 - \overline{X}(K - \overline{X})}{(K-1)S^2}$

2. Cronbach's α 係數

   計算公式：$\alpha = \dfrac{I}{I-1}\Big(1 - \dfrac{\sum S_i^2}{S^2}\Big)$

   I 表尺度中項目的數量。

   $\sum S_i^2$ 表所有受訪者在項目 i 之分數的變異數 (i=1,2,…,I) 的總和。

   S^2 表所有受訪者總分的變異數，每一位受訪者的總分是指該受訪者在各項目之分數的總和。

範例20-4-1　　計算折半信度(Split-half Reliability)

　　某研究者想建構一份社區居民的安全行為量表，內容共有 12 題，隨機抽樣台南市某社區居民共 206 人，所得調查資料為 safety.sav，試分析該量表的折半信度為多少？

一、分析步驟

0. 開啟資料檔 (safety.sav)，並從功能表中選擇分析 (Analyze) > 尺度 (Scale) > 信度分析…(Reliability Analysis…)。

1. 如圖 20-4-1 的主對話盒所示，從左邊的來源變數清單中，首先選擇單數題 (sb1、sb3、 sb5、sb7、sb9、sb11) 進入右邊之項目 (Items) 變數清單方塊中，其次再選擇偶數題 (sb2、sb4、sb6、sb8、sb10、sb12) 進入右邊之項目 (Items) 變數清單方塊中。

2. 點按模式 (Model) 的下拉式選單，並從中點選折半法 (Split-half)。

3. 點按 確定 (OK) 鈕，即可完成量表的折半信度分析。

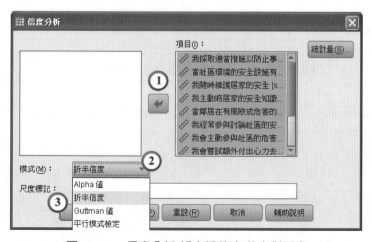

圖20-4-1　信度分析(折半係數法)的主對話盒

二、報表及說明

1. 報表首先分別顯示單數題共 6 題的 α 值為 0.838，而雙數題共 6 題的 α 值為 0.819。

2. 其次是顯示兩形式 (forms) 之間的相關值，即折半係數為 0.896。

3. 接著是顯示 Spearman-Brown 校正值為 0.945，其計算如下：

$$r_{SB} = \frac{2r_{SH}}{1 + r_{SH}} = \frac{2 \times 0.896}{1 + 0.896} = 0.945$$

4. 最後則是顯示 Guttman 校正值為 0.945

可靠性統計量

Cronbach's Alpha 值	第 1 部分	數值	.838
		項目的個數	6ª
	第 2 部分	數值	.819
		項目的個數	6ᵇ
	項目的總個數		12
形式間相關			.896
Spearman-Brown 係數	等長		.945
	不等長		.945
Guttman Split-Half 係數			.945

a. 項目為\：sb1 我採取適當措施以防止事故傷害的再發生, sb3 我隨時維護居家的安全, sb5 當鄰居在有風險或危害的情況下, 我會予以協助, sb7 我會主動參與社區的危害因素之識別與消除, sb9 我會協助他人以確保社區能更安全, sb11 我會公開提出並鼓勵他人參與安全議題的討論.

b. 項目為\：sb2 當社區環境的安全設施有問題時, 我主動向里(鄰)長反應, sb4 我主動將居家的安全知識或訊息, 告知家人, sb6 我經常參與討論社區的安全議題, sb8 我會嘗試額外付出心力去維護社區的安全, sb10 我會提出社區安全與居家安全相關的建議, sb12 我會留意並告知其他居民遵守社區安全.

三、分析結果及解釋

　　該安全行為量表的折半信度達 0.896，而 Spearman-Brown 校正值、Guttman 校正值均達 0.945，顯示具有良好的信度。

四、撰寫程式

程序語法：折半信度(ex20-4-1.sps)

(1) 在 Reliability Analysis 對話盒中按 貼上之後 (Paste) 鈕，即可貼出語法如下：

```
RELIABILITY
  /VARIABLES=sb3 sb5 sb7 sb9 sb11 sb2 sb4 sb6 sb8 sb10 sb12
  /FORMAT=NOLABELS
  /SCALE(SPLIT)=ALL
  /MODEL=SPLIT.          /*設定計算折半信度.
```

範例20-4-2　計算 α 信度(Cronbach's α Reliability)

　　某研究者想建構一份社區居民的安全行為量表，內容共有 12 題，隨機抽樣台南市某社區居民共 206 人，得到調查資料為 safety.sav，試分析該量表整體的 α 信度為何？

一、分析步驟

0. 開啟資料檔 (safety.sav)，從功能表中選擇分析 (Analyze) > 尺度 (Scale) > 信度分析…(Reliability Analysis…)。
1. 如圖 20-4-2 的對話盒所示，從左邊的來源變數清單中，選擇所有題項 (sb1 ～ sb12) 變數進入右邊之項目 (Items) 變數清單的方塊中。
2. 點按 統計量… (Statistics…) 鈕，開啟如圖 20-4-3 的次對話盒。
3. 摘要 (Summaries) 的方塊中，點選相關 (Correlations) 選項，再點按 繼續 (Continue) 鈕，回到主對話盒。
4. 點按 確定 (OK) 鈕，即可完成量表之 α 係數的信度分析。

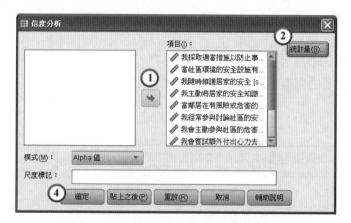

圖20-4-2　信度分析(α係數法)的主對話盒

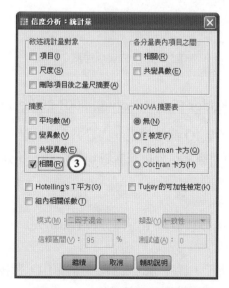

圖20-4-3　統計量的次對話盒

二、報表及解釋

1. 報表首先顯示整體量表共 12 題，其 α 係數值為 0.913。

可靠性統計量

Cronbach's Alpha 值 ①	以標準化項目為準的 Cronbach's Alpha 值	項目的個數
.913	.913	12

2. 項目間相關 (Inter-Item Correlations) 的平均值為 0.465。此值的主要功能係當 α 係數未達 Nunnally(1978) 的基本要求 0.7 以上時，可用以作為另一種信度參考的指標，通常 Briggs & Cheek(1986) 建議該相關係數的平均值之最佳範圍是 0.2 ～ 0.4。

摘要項目統計量

	平均數 ②	最小值	最大值	範圍	最大值/最小值	變異數	項目的個數
項目間相關	.465	.258	.686	.427	2.654	.010	12

三、分析結果及解釋

該安全行為量表的信度 (α 值) 達 0.913，顯示具有良好的信度。

四、撰寫程式

程序語法：ALPHA信度(ex20-4-2.sps)

(1) 在 Reliability Analysis 對話盒中按 貼上之後 (Paste) 鈕，即可貼出語法如下：

```
RELIABILITY
  /VARIABLES=sb1 TO sb12
  /FORMAT=NOLABELS
  /SCALE(SPLIT)=ALL
  /MODEL=ALPHA.          /*設定計算ALPHA信度.
```

範例20-4-3　計算Kuder-Richardson信度(KR-20 Reliability)

　　某研究者想建構一份安全 IQ 測驗量表，內容共有 20 題選擇題，共施測 125 名學生測驗所得結果為 kr20.sav 資料檔，試分析該測驗 (成就) 量表的信度。

一、分析步驟

0. 開啟資料檔 (kr20.sav)，從功能表中選擇分析 (Analyze) > 尺度 (Scale) > 信度分析…
   (Reliability Analysis…)。

1. 如圖 20-4-4 的對話盒所示，從左邊的來源變數清單中，選擇所有題項 (i1 ～ i20) 變數進入右邊之項目 (Items) 變數清單的方塊中。

2. 點按 統計量… (Statistics…) 鈕，開啓如圖 20-4-5 的次對話盒。

3. 摘要 (Summaries) 的方塊中，點選相關 (Correlations) 選項，再點按 繼續 (Continue) 鈕，回到主對話盒。

4. 點按 確定 (OK) 鈕，即可完成量表之 KR20 係數的信度分析。

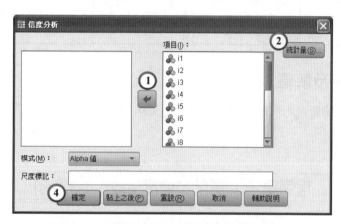

圖20-4-4　信度分析(KR20係數法)的主對話盒

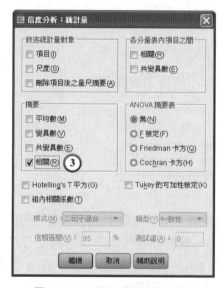

圖20-4-5　統計量的次對話盒

二、報表及解釋

1. 報表首先顯示整體量表共 20 題，因各題項是屬於二元資料，故 α 係數等同於 KR20 數，其值爲 0.869。

可靠性統計量

① Cronbach's Alpha 值	以標準化項目 爲準的 Cronbach's Alpha 值	項目的個數
.869	.871	20

2. 項目間相關 (Inter-Item Correlations) 的平均值為 0.252，此值的主要功能係當 α 係數未達 Nunnally(1978) 的基本要求 0.7 以上時，可用以作為另一種信度參考的指標，通常 Briggs & Cheek(1986) 建議該相關係數的平均值之最佳範圍是 0.2 ～ 0.4。

摘要項目統計量

	②平均數	最小值	最大值	範圍	最大值 / 最小值	變異數	項目的個數
項目間相關	.252	-.109	.531	.640	-4.860	.017	20

三、分析結果及解釋

該安全 IQ 測驗量表的信度 (KR20 值) 達 0.869，顯示具有良好的信度。

四、撰寫程式

程序語法：庫李20信度(ex20-4-3.sps)

(1) 在 Reliability Analysis 對話盒中按 貼上之後 (Paste) 鈕，即可貼出語法如下：

```
RELIABILITY
  /VARIABLES=i1 TO i20
  /FORMAT=NOLABELS
  /SCALE(SPLIT )=ALL
  /MODEL=ALPHA.        /*設定計算庫李信度.
```

牛刀小試　Try for yourself

TFY **20-4-1**・研究者想建構一份父母對幼兒事故傷害預防的安全態度量表，內容共有 10 題，隨機抽樣台南市某社區父母共 108 人，所得調查資料為 attitude.sav，試分析該整體量表的 α 信度為何？折半信度為何？又若該量表有三個向度，分別為安全知識 (1 ～ 3 題)、安全技能 (4 ～ 6 題)、安全情意 (6 ～ 10 題)，則該三分量表的 α 信度又為何？

精益求精 Do your best

DYB **20-1** · 某研究為檢驗英國健康安全局 (HSE, 2004) 的工作壓力量表在國內量測的信度為何？故針對 240 位勞工進行調查，結果如 stresssurvey.sav 資料檔，該工作壓力量表的向度及包含的題項如下表所示，其中需求向度及關係向度的題項為反向題，試對整體量表及各分量表進行信度分析？

工作壓力向度	PASW 名稱	題項
* 需求 (Demands)	Demands	ws14 ws17 ws20 ws23 ws27 ws29 ws31 ws33
控制 (Control)	Control	ws02 ws07 ws13 ws21ws26 ws30
管理支持 (Managers' Support)	M_Supp	ws06 ws10 ws11 ws19 ws34
同事支持 (Peer Support)	P_Supp	ws01 ws04 ws08 ws18
* 關係 (Relationships)	Relation	ws16 ws25 ws32 ws35
角色 (Role)	Role	ws12 ws15 ws22 ws24 ws28
變革 (Change)	Change	ws03 ws05 ws09

* 表整個向度的題項為反向題

DYB **20-2** · 某研究為檢驗以色列學者 Shirom(2003) 的工作活力量表在國內量測的信度為何？故針對 150 位勞工進行調查，結果如 vigorsurvey.sav 資料檔，該工作活力量表的向度及包含的題項如下表所示，試分析整體量表的 α 信度及折半信度，以及各分量表的 α 信度為何？

活力向度	SPSS 名稱	題項
身體強健 (Physical Strength)	vigor_phy	vigor01~vigor~05
認知活躍 (Cognitive Liveliness)	vigor_cog	vigor06~vigor~08
情緒能量 (Emotional Energy)	vigor_emo	vigor09~vigor~12

DYB **20-3** · 某研究為檢驗所建構的大學生安全素養量表 (共 25 題選擇題) 之信度為何？故抽樣某科技大學 150 位學生進行調查，結果如 safetylit.sav 資料檔，試分析該成就量表的信度及折半信度為何？

Chapter 21

探索性因素分析

學習目標

☞ 能瞭解因素分析的主要概念及功能

☞ 瞭解因素萃取的概念

☞ 瞭解因素轉軸的概念

☞ 能執行探索性因素分析

☞ 能以矩陣資料進行探索性因素分析

❓ 21-1　何謂探索性因素分析？

操作程序

 → 分析 (Analyze) > 維度縮減 (Dimension Reduction) > 因子…(Factor…)

統計原理

一、因素分析的意義及目的

　　因素分析 (factor analysis) 屬於多變量分析方法中相依分析方法 (analysis of interdependence) 的其中一種技術，其主要目的是將許多彼此相關的變數，轉化成為少數有概念化意義的因素，而又能保存住原有資料結構所提供的大部份資訊。亦即因素分析是想以少數幾個因素來解釋一群相互之間有關係存在的變數，為了要證實研究者所設計的量表的確可測量某一潛在特質，並釐清潛在特質的內在結構，而能夠將一群具有共同特性的測量分數，萃取出其潛在構念 (construct) 的統計分析技術。因素分析的兩個主要目的：一為縮減變數 (data reduction)、一為歸納變數 (summarization)。

二、因素分析的功能

　　因素分析主要的功能包含如下：

1. 進行效度的驗證，探討潛在特質的因素結構與存在的形式，建立量表的因素效度（factorial validity）。

2. 簡化測量的內容。研究者可以根據每一個因素的主要概念，選用最具有代表性的題目來測量特質，以最少的題項，進行最直接適切的測量，減少受測者作答時間，則可減少疲勞效果與填答抗拒。

3. 用來協助測驗編製，進行項目分析，檢驗試題的優劣好壞。同時可以針對每一個題目的獨特性進行精密的測量，比對其重要性。

三、因素分析的主要概念

　　一般而言，實體特徵（例如：長度或重量…等）是可被明確衡量 (measure)，但是，有些潛在特性或無法觀察之特性（例如：態度、信念、知覺、滿意度、忠誠度…等）卻是無法直接衡量。因此，所謂概念 (concept) 或構念 (construct) 係指無法直接觀察的研究變數，通常須要透過許多的問項（可觀察的變數）來間接的測量而得。例如：研究者可能有興趣在一些特性上（例如：顧客滿意度），並探討此種特性如何被企業的營運活動所影響。僅僅使用單一問項，去準確測量顧客滿意度是有困難的，故研究者會設計數個問項，每一問項都僅能捕捉顧客滿意度的部份特性。

　　因素分析之基本假設，是構念或「因素」（factor）隱含在許多現實可觀察的事物背後，雖然難以直接測量，但是可以從複雜的外在現象中計算、估計、或抽取得到。其數學原理是共變 (covariance) 的抽取。也就是說，受到同一個構念影響的測量分數，共同相關的部份，就是構念所在的部份。構念則是由被稱爲「因素」的共同相關的部份的得分來表示。

　　因素分析理論假定個體在變數上的反應 (即觀察值或分數)，係由二個部分所組成，一是各變數共有的成分，即共同因素 (common factor, f_i)，另一則是各變數所獨有的成分，即獨特因素 (unique factor, ε_i)。

1. 因素模式 (factor model)：

$$x_1 = \mu_1 + l_{11}f_1 + l_{12}f_2 + \cdots\cdots + l_{1q}f_q + \varepsilon_1$$
$$x_2 = \mu_2 + l_{21}f_1 + l_{22}f_2 + \cdots\cdots + l_{2q}f_q + \varepsilon_2$$
$$\cdots\cdots$$
$$x_p = \mu_p + l_{p1}f_1 + l_{p2}f_2 + \cdots\cdots + l_{pq}f_q + \varepsilon_p$$

x_p 爲觀察變數；f_q 爲共同因素；l_{pq} 爲因素負荷量 (factor loadings)；ε_p 爲獨特因素，即估計 x_p 時的量測誤差 (measurement error)。

2. 因素分析的基本條件：

■ 因素分析的變數都必須是連續變數，符合線性關係的假設。

■ 順序與類別變數不得使用因素分析簡化結構。

■ 抽樣的過程必須具有隨機性，並具有一定的規模。

3. 因素分析的基本假定：

■ 獨特因素互相獨立且爲多變數常態分配。

■ 共同因素間互相獨立且變異數爲 1。

■ 共同因素與獨特因素互相獨立。

■ X 變數間有線性關係。

4. 因素分析的主要類型：

■ 探索性因素分析 (Exploratory Factor Analysis, EFA)：研究者對於觀察變數因素結構 (如因素之抽取、因素之數目、因素之內容以及變數之分類等) 的找尋，並未有任何事前的預設假定，而可依某些萃取準則，以決定萃取因素數目所進行之因素分析。

■ 驗證性因素分析 (Confirmatory Factor Analysis, CFA)：研究者依理論，指定因素結構，獨特因素間亦可指定相關，在觀察變數與所萃取之潛在因素有一定理論架構之前提下，爲驗證理論架構與實際資料之相容性，所進行之因素分析。

　　例如：由六個變數 x1、x2、x3、x4、x5、x6 找到二個共同因素 f1 及 f2，則其路徑圖如圖 21-1-1 及圖 21-1-2 所示，其中方形符號□的變數表可觀測的，圓形符號○的變數則表不可觀測的。

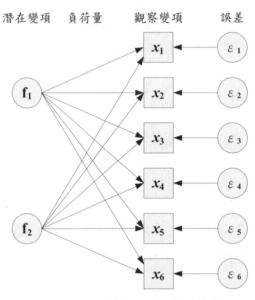

潜在變項　　負荷量　　觀察變項　　誤差

圖21-1-1　探索性因素分析路徑圖

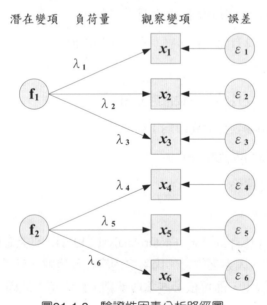

潜在變項　　負荷量　　觀察變項　　誤差

圖21-1-2　驗證性因素分析路徑圖

四、因素分析的步驟

　　研究者經由共變關係的分解，找出最低限度的主要成份 (principal component) 或共同因素 (common factor)，探討這些主成份或共同因素與個別變數的關係，找出觀察變數與其相對應因素之間的強度 (即因素負荷量)，以說明因素與所屬的觀察變數的關係與強度。

最後則是決定因素的內容，並為因素取一個合適的名字。因此，探索性因素分析主要分為下列六個步驟：

(一) 評估因素分析的適合性

(二) 萃取共同因素

(三) 決定需要萃取之共同因素的數目

(四) 因素轉軸

(五) 解釋共同因素所代表的意義或分析結果

(六) 因素分析結果的進一步應用，計算因素分數以做為後續的統計分析。

(一) 評估因素分析的適合性

評估資料進行因素分析的適合性，主要考量的是樣本數 (sample size) 以及變數 (或題項) 間的關係強度 (strength of the relationship)。

1. 樣本數的考量：因素分析樣本數的考量有三種方式，分別是最小的樣本數 (N)、最小的樣本數對變數之比值 (N:p)、以及考量因素負荷量所需的樣本數。

(1) 最小的樣本數 (N)：一般而言，樣本數愈大愈好。小樣本時，相關係數會顯得較不穩定，且會隨著不同樣本而有差異，因此從小樣本資料所獲致的結果將無法推導至大樣本。

■ Guilford (1954) 建議樣本數 (N) 為 200。

■ Comrey and Lee (1992) 建議樣本數 (N) 如表 21-1-2 所示。

■ Stevens(2002) 則建議當該主題的研究愈多時，則樣本數的要求可隨而減少。

■ Tabachnick and Fidell(2007) 建議樣本數至少達 300 個以上較適合於因素分析；同時亦認為如果有強而可信度高的相關，且僅有少數不同的因素，則較少量的樣本數亦是足夠的。

■ Pallant (2007) 認為當樣本數少於 150，或有許多的變數時，建議應做更多該主題的文獻回顧。

表 21-1-2　執行因素分析所需樣本數的評鑑準則

樣本數	評鑑準則
100	不良的 (poor)
200	普通的 (fair)
300	不錯的 (good)
500	很棒的 (very good)
1000 或以上	超優的 (excellent)

資料來源：Comrey and Lee, 1992.

(2) 最小的樣本數對變數比值 (N:p)：

- Everitt (1975) 建議 N:p 為 10:1。

- Cattell (1978) 建議 N:p 為 6:1、N 為 250。

- Nunnally(1978) 建議題項與填答者的比率是 10 比 1，亦即進行因素分析的每一題項有 10 位填答者。

- Gorsuch (1983) 建議是每一題項有 5 位填答者，最少樣本為 100 位。

- Tabachnick & Fidell(2007) 建議通常每一題項要有 5 位填答者即足夠。

(3) 考量因素負荷量所需的樣本數 (N)：

- Hair et al. (1998) 認為進行因素分析所需的樣本數不能少於 50 個，應該要超過 100 個以上，至少要為 X 觀察變數數目的 5 倍量或 10 倍量。如表 21-1-3 所示，樣本數亦取決於負荷量大小。

表 21-1-3　因素分析所需樣本數與因素負荷量之關係

因素負荷量的選取	所需樣本數
0.30	350
0.35	250
0.40	200
0.45	150
0.50	120
0.55	100
0.60	85
0.65	70
0.70	60
0.75	50

資料來源：Hair et al, 1998.

2. 變數間關係強度的考量：因素分析的基礎是變數之間的相關。因此應先計算題項的兩兩相關，詳細檢視該相關矩陣所代表的意義。檢驗關係強度是否適當的方法有五種方式，分別為檢視相關係數、淨相關係數 (partial correlation)、共同性 (communality)、Bartlett 的球型檢定 (Bartlett's test of sphericity)、以及取樣適當性量數 (KMO；Kaiser-Meyer-Olkin measure of sampling adequacy) 等。

(1) 相關係數：檢視資料的相關係數矩陣，相關係數須顯著的大於 0.3。

- 變數之間需具有一定程度的相關，一群相關太高或太低的變數，皆會造成執行因素分析的困難。

- 相關太低的變數，難以抽取一組穩定的因素，不適於進行因素分析。(通常相關係數絕對值小於 0.3 不適於進行因素分析)

■ 相關太高的變數，多元共線性 (multi-collinearity) 明顯，有區辨效度不足的疑慮，所獲得的因素結構價值不高。

(2) 淨相關係數：變數之間是否具有高度關聯，可以從偏低的淨相關來判斷。因素分析計算過程中，可以得到一個反映像 (anti-image) 矩陣，呈現出淨相關的大小，該矩陣中，若有多數係數偏高，則應放棄使用因素分析。

(3) 共同性指數：共同性係指某一變數的變異量可被共同因素解釋的比例，其計算方式為在一變數上各因素負荷量平方值的總和。通常變數的共同性愈高，因素分析的結果就愈理想。

(4) Bartlett 球型檢定：Bartlett (1951) 所提出針對變數間相關矩陣之 Bartlett 球形檢定 (Bartlett's Test of Sphericity)，該檢定法是以 x^2 為檢定統計量，用來檢驗相關係數是否不同且大於零，顯著的球形考驗表示相關係數足以作為因素分析抽取因素之用。它假設變數間的淨相關矩陣是單位矩陣，即是變數間沒有相關，因此若檢定結果拒絕了虛無假設，則表示樣本資料的相關矩陣間存在共變異，故適合進行因素分析。

(5) 取樣適當性量數 (KMO)：取樣適當性量數係代表與該變數之有關的所有相關係數與淨相關係數之比較值，其值介於 0 到 1 之間，KMO 值愈大時，代表相關情形良好，愈適合進行因素分析，其評選準則如表 21-1-4 所示。

表 21-1-4　KMO 統計量之評選準則

KMO 統計量	因素分析適合性
> 0.90 以上	極佳的 (marvelous)
> 0.80 以上	良好的 (meritorious)
> 0.70 以上	中度的 (middling)
> 0.60 以上	平庸的 (mediocre)
> 0.50 以上	可悲的 (miserable)
< 0.50 以下	無法接受的 (unacceptable)

資料來源：Kaiser, 1974.

(二) 萃取共同因素

因素萃取 (factor extraction) 之目的在於決定測量變數中，存在著多少個潛在的成分或因素。常用萃取因素之方法如下：

1. 主成份分析法 (principle component analysis)：

■ 以線性方程式將所有變數加以線性組合 (linear combination)，計算所有變數共同解釋的變異量，該線性組合稱為主要成份。

■ 第一次線性組合建立後，計算出的第一個主成份估計，可以解釋全體變異量的最大部份。其所解釋的變異量即屬第一個主成份所有。

- 分離後所剩餘的變異量，經第二個方程式的線性合併，再抽離出第二個主成份，依此類推，所剩餘的共同變異越來越小，每一成份的解釋量依次遞減，直到無法抽取共同變異量為止。

- 通常只保留解釋量較大的幾個成份來代表所有的變數。

- 主成份分析法適用狀況於單純為簡化大量變數為較少數的成份時，以及作為因素分析的預備工作。

2. 主軸因素法 (principal axis factors)

- 與主成份分析法的不同，在於主軸因素法是分析變數間的共同變異量而非全體變異量。

- 其計算方式是將相關矩陣中的對角線，由原來的 1.00 改用共同性 (communalities) 來取代。

- 目的在抽出一系列互相獨立的因素。第一個因素解釋最多的原來變數間共同變異量；第二個因素解釋除去第一個因素解釋後，剩餘共同變異量的最大變異；其餘因素依序解釋剩餘的變異量中最大部分，直到所有的共同變異被分割完畢為止。

3. 最小平方法 (least squares method)

- 利用最小差距原理，針對特定個數的因素，計算出一個因素型態矩陣 (factor pattern matrix) 後，使原始相關矩陣與新的因素負荷量矩陣係數相減平方後數值最小，稱為未加權最小平方法 (unweighted least squares method)，表示所抽離的因素與原始相關模式最接近。

4. 最大概率法 (maximum-likelihood method)

- 相關係數經變數的殘差 (uniqueness) 加權後，利用參數估計 (parameter estimation) 原理，估計出最可能出現的相關矩陣的方法。

(三) 決定需要萃取之共同因素的數目

萃取的因素愈少愈好，而萃取出之因素能解釋各變數之變異數則愈大愈好。決定共同因素之數目，可以參考理論架構及過去有關文獻來決定萃取共同因素之數目。或以變異數的百分比來決定，亦即萃取出之因素所能解釋的累積變異數已達某一預先設定的百分比後就中止繼續萃取 (例如：在 75% 之變異數已能被抽取出之因素加以解釋後，繼續抽取之因素對變異數之解釋如少於 5% 則不予選取)，而目前較常用的方法有下列二種方式：

1. Kaiser(1961) 的特徵值 (eigenvalue) 準則：

- 特徵值是指每一行因素負荷量平方加總後之總和，表示該因素能解釋全體變異的能力，特徵值越大，代表該因素的解釋力越強。

- 一般而言，特徵值需大於 1，才可被視為一個因素。

- 特徵值低於 1 時，代表該因素的變異數少於單一變數的變異數 1，因此無法以因素

的形式存在。

2. Cattell(1966) 的陡坡圖 (scree plot) 準則：

- 陡坡圖是將每一個因素所能解釋之變異數 (即特徵值) 依其大小遞減排列，畫在同一圖形中，並將各點連線，如圖 21-1-3 所示。

- 當因素的特徵值逐漸接近沒有變化之時，代表此類因素所能解釋的變異數較小，通常將陡降後曲線走勢趨於平坦之因素捨棄不用。

- 當特徵值急遽增加之時，即代表有重要因素出現，也就是特徵值曲線變陡之時，即是決定因素個數之時。

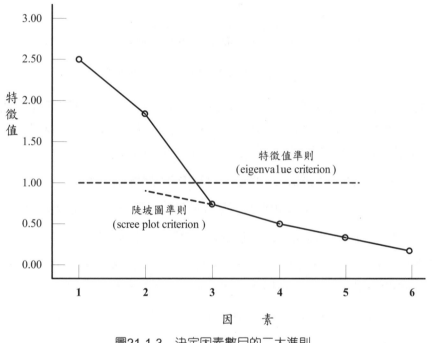

圖21-1-3　決定因素數目的二大準則

(四) 因素轉軸

　　為了方便因素的解釋或命名，必須旋轉因素軸，以使各個因素的意義變得比較清晰明顯。在因素分析中，研究者最關切的是各變數間的關係在因素空間中之型態。旋轉因素座標軸並不會改變各變數間的關係型態，適當的旋轉因素軸反而能使此種型態更清楚地顯現出來，而使各因素解更為清晰明瞭，以提供較充份的資訊。

　　將所萃取的因素，經過數學轉換，使因素或成份具有清楚的區隔，能夠反映出特定的意義，稱為轉軸。目的是在釐清因素與因素之間的關係，以確立因素間最簡單的結構。轉軸的進行係使用三角函數的概念，如圖 21-1-4 所示，將因素之間的相對關係，以轉軸矩陣 (transformation matrix) 所計算出的因素負荷矩陣的參數，將原來的共變結構所抽離出來的項目係數進行數學轉換，形成新的轉軸後因素負荷矩陣 (經正交轉軸) 或結構矩陣 (經斜交轉軸)，使結果更易解釋。

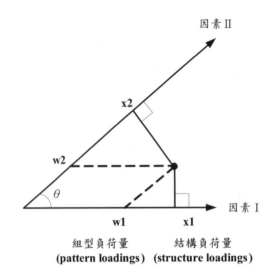

圖21-1-4　組型負荷量與結構負荷量之差異的圖示

- 複相關係數平方 (Squared Multiple Correlation, SMC)：是一個變數可被其他變數解釋的能力。例如：我們希望使用 SMC 作為 X_1 的初步共同性估計，則我們拿 X_1 與其他剩餘的變數 $X_2 \sim X_5$ 作迴歸，並使用 R^2 當作共同性的值。

- 共同性 (communality)：係指某一個變數可被潛在因素解釋的部分。

- 因素負荷量 (factor loading)：組型負荷量或結構負荷量一般均稱為因素負荷量。

- 結構負荷量 (structure loading)：各共同因素和變數間之相關係數。

- 組型負荷量 (pattern loading)：又稱為因素權重，如同迴歸分析的偏相關係數，各共同因素之間相關係數為零時，結構負荷量會等於因素上之組型負荷量。

　　Comrey & Lee (1992) 建議因素分析的因素負荷量 (factor loadings) 之選定規準如表21-1-5 所示。

表 21-1-5　探索性因素分析之因素負荷量的評選準則

因素分負荷量	解釋變異數重疊量	準則說明
> 0.71	50%	優良 (Excellent)
> 0.63	40%	很好 (Very good)
> 0.55	30%	良好 (Good)
> 0.45	20%	普通 (Fair)
> 0.32	10%	不良 (Poor)

1. 轉軸的準則

　　藉由轉軸以簡化因素負荷量 (factor loadings) 矩陣，使能更清楚的解釋共同因素。最受歡迎的轉軸準則是基於 Thurstone(1947) 簡單結構 (simple structure) 的原理，係假設任何單一可觀察之變數將只與一個或少數不可觀察之因素相關；且任何單一因素將只與

一些變數相關。一般而言，我們希望每一共同因素有幾個相對較高的因素負荷量（無論正或負），而與大部分其他的因素之因素負荷量則趨近於零。

2. 轉軸的方法

(1) 直交轉軸（orthogonal rotation）：係指轉軸過程當中，因素之間的軸線夾角爲 90 度，即因素之間的相關設定爲 0，如圖 21-1-5 所示。如最大變異法 (varimax)、四次方最大法 (quartimax)、均等最大法 (equamax rotation)。

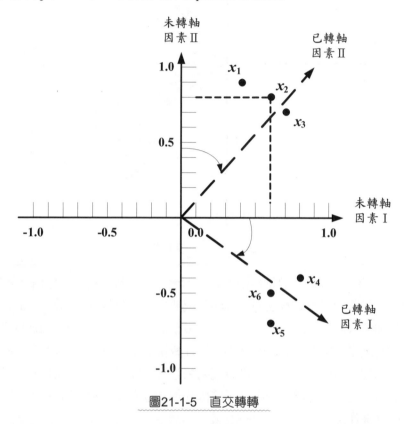

圖21-1-5　直交轉轉

(2) 斜交轉軸 (oblique rotation)：容許因素與因素之間，具有一定的共變（或相關），在轉軸的過程當中，同時對於因素的關聯情形進行估計，如圖 21-1-6 所示。例如直接斜交法 (direct oblimin)、最大斜交法 (promax) 等。

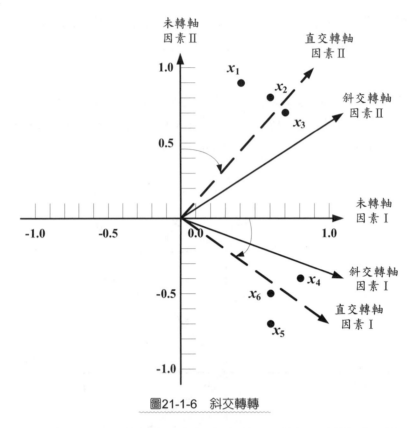

圖21-1-6　斜交轉轉

如圖 21-1-7 所示，以直交轉軸轉換得到的新參數，是基於因素間是相互獨立的前提，在數學原理上，是將所有的變數在同一個因素或成份的負荷量平方的變異量達到最大，如此最能夠達到簡單因素結構的目的，且對於因素結構的解釋較為容易，概念較為清晰。然而，直交轉軸將因素之間進行最大的區隔，往往會扭曲了潛在特質在現實生活中的真實關係，容易造成偏誤，因此一般進行實徵研究的驗證時，除非研究者有其特定的理論做為支持，或有強而有力的實證證據，否則為了精確的估計變數與因素之關係，使用斜交轉軸是較貼近真實的一種作法。

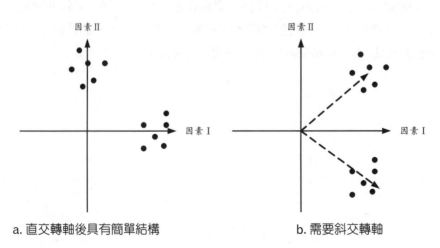

a. 直交轉軸後具有簡單結構　　　　　　　　b. 需要斜交轉軸

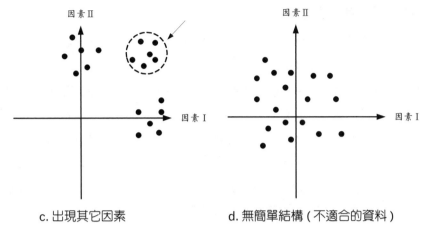

圖21-1-7　因素分析轉軸後所出現的狀況

(五) 解釋共同因素

轉軸完成後的結果使因素更易於解釋。藉此，進一步協助研究者進行因素的命名。

1. 因素的解釋

因素與變數的關係可用三種方式表示：

-- 因素權重（因素組型）

-- 因素和變數之相關係數（因素結構）

-- 因素和變數的部份相關（part correlation）

在直交轉軸後，因各因素間之相關爲零，故此三者皆相同；在斜交轉軸後，三者之數值均不同，在解釋結果時，通常係以因素結構爲主，由因素和變數間相關係數之大小，可以知道某個因素與那些變數具有較高的關聯，與那些變數有較小或沒有關聯，進而可了解該因素之意義，並賦予適當的名稱。

2. 因素的命名

以因素負荷量最大的作爲優先命名，即因素負荷量最大的變數，其內容必須包含在該因素之內。因素命名將考驗研究者對原始變數的瞭解與中文造詣，通常因素命名有下列處理原則：

■ 能涵括其所代表所有原始變數的名稱。

■ 命名不能偏離其代表的原始變數意義。

■ 因素重新命名。

■ 名稱必須達意。

■ 名稱不宜太長：不宜超過 6 個中文字，最好在 4 個字內。

■ 不同因素名稱間要有排他性。

■ 不同因素名稱間要有一貫性。

(六) 因素分析結果的進一步應用

因素分析的用途有二項限制：因素分析最大限制爲它是一高度主觀的分析過程。在因素分析過程中，並無統計檢定方法可供有規律的使用。

基於應用因素分析的目的，若研究者的目標只是要想要取得變數間所具有的隱含結構，以瞭解這些變數間的關係，則因素分析可能已滿足其研究所需。但若其目的是要從很多研究變數中萃取出適當的因素，以進行其他統計分析，如複迴歸分析、區別分析、集群分析或 MANOVA 等等，則因素分析的結果可做進一步的應用，這些應用包括：

1. 代理變數 (surrogate variable)：在直交轉軸法下，檢視因素負荷矩陣，從中挑選出因素負荷量最高的變數，做爲該特定因素的代理變數。

2. 合成指標 (summated scales)：產生合成指標或合成變數取代原始變數。

3. 因素分數 (factor scores)：針對每一筆資料，可以估算其個別因素之得點分數，因素得點之計算係透過因素權重所形成的迴歸式來完成，所計算出來的因素得點是經過標準化而成。

● 如何評估因素結構之信度？

在因素分析完後，爲進一步了解問卷 (量表) 的可靠性與有效性，要繼續進行信度檢驗分析，常用的信度檢驗方法爲「Cronbach α」係數。α 係數是內部一致性之函數，也是題項間相互關連程度的函數，一組題項之間或許有相當的關連性且是多向度的，測驗或量表之內部一致性是表示題項間的關連性 (interrelatedness)，但不必然是指題項所包括的向度 (dimensionality)。

● 如何評估因素結構的效度？

回答此問題的一個方法是使用測試組樣本 (holdout sample)。在樣本是足夠大的情況下，我們可以簡單的將資料分爲兩群 (使用隨機分配)，一爲發展組樣本 (development sample)，另一爲測試組樣本 (holdout sample)，然後將這兩群分別作因素分析並比較得到的因素負荷量 (factor loading)，以便看出結果是否相近。

亦即在模式建立的最後步驟，必須以測試組樣本作驗證 (validation)，除可避免研究者選樣的偏誤 (bias) 或忽略了某些重要的因子，造成模式在實際應用時產生落差，亦可檢視模式過度配適 (over-fitting) 的問題。若模式運用發展組樣本的預測力非常好，但用另一組資料預測力卻顯著下降時，顯然模式不夠穩健 (robust)，未來實際運用時，會因資料不同而產生不一致的預測結果。

❓ 21-2　**如何執行探索性因素分析(計算簡例)？**

操作程序

 ➔ 分析 (Analyze) > 維度縮減 (Dimension Reduction) >因子…(Factor…)

範例21-2-1　　因素分析的簡例

　　根據研究指出，運動員的體能可分為兩部份，一為與健康有關的體能 (包括：心肺耐力、肌力與肌耐力、柔軟度、身體組成)，另一為與運動技術有關的體能 (包括：速度、協調性、敏捷性、平衡感、爆發力、反應時間)。以 10 名游泳選手為受試者，就「氣力」、「耐力」、「恢復力」、「速度」、「協調」和「反應」等共六項測驗方面進行觀察。下表是實驗結果的成績：

選手	氣力	耐力	恢復力	速度	協調	反應
1	11	9	10	7	4	5
2	9	8	10	11	13	14
3	9	11	12	5	4	6
4	8	13	11	15	14	13
5	6	5	4	6	11	10
6	2	6	3	9	9	8
7	5	7	6	4	8	7
8	12	11	10	4	5	6
9	15	12	13	11	13	15
10	1	6	3	4	6	8

一、分析步驟

0. 開啟資料檔 (facor1.sav)，從功能表選擇分析 (Analyze) > 維度縮減 (Dimension Reduction) >因子…(Factor…)。

1. 如圖 21-2-1 的對話盒所示，從左邊的來源變數清單中，選擇所有分析變數進入右邊之變數 (Variables) 的方塊中。

圖21-2-1　因素分析的主對話盒

2. 點按描述性統計量…(Descriptives…)，開啟如圖 21-2-2 所示的次對話盒，點選相關 矩陣 (Correlation Matrix) 區塊中的係數 (Coefficients)、行列式 (Determinant)、反映 像 (Anti-image)、及 KMO 與 Bartlett 的球形檢定 (Test of sphericity) 等選項，再點按 [繼續] (Continue) 鈕，回到主對話盒。

圖21-2-2　描述性統計量的次對話盒

3. 點按[萃取…] (Extraction…) 鈕，開啟如圖 21-2-3 所示的次對話盒，點選顯示 (Display) 區塊中的陡坡圖 (Scree plot) 選項，再點按[繼續] (Continue) 鈕，回到主對話盒。

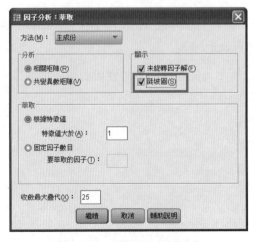

圖21-2-3　萃取的次對話盒

4. 點按 轉軸法… (Rotation…) 鈕，開啟如圖 21-2-4 所示的次對話盒，點選方法 (Method) 區塊中的最大變異法 (Varimax) 選項以及顯示 (Display) 區塊中的因子負荷圖 (Loading plot) 選項，再點按 繼續 (Continue) 鈕，回到主對話盒。

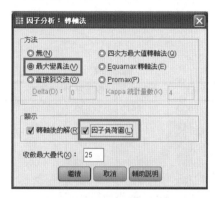

圖21-2-4　轉抽法的次對話盒

5. 點按 分數… (Scores…) 鈕，開啟如圖 21-2-5 所示的次對話盒，點選因素儲存成變數 (Save as variables) 以及顯示因素分數係數矩陣 (Display factor score coefficient matrix) 等選項，再點按 繼續 (Continue) 鈕，回到主對話盒。

圖21-2-5　產生因素分數的次對話盒

6. 點按 選項… (Options…) 鈕，開啟如圖 21-2-6 所示的次對話盒，點選係數顯示格式 (Coefficient Display Format) 區塊中的依據因素負荷排序 (Sorted by size) 選項以及隱藏較小的係數 (Suppress small coefficients) 選項，並於其下方的絕對值低於 (Absolute value below) 的文字方格中輸入 0.3，最後再點按 繼續 (Continue) 鈕，回到主對話盒。

圖21-2-6　選項的次對話盒

二、報表及說明

1. 首先檢視相關矩陣中超過 0.3 的係數有 8 個，佔 15 個 (6×5÷2) 係數的 53.3%，顯示此資料矩陣適合於進行因素分析。變項間的多元共線性 (multicollinearity) 問題可由相關矩陣的行列式 (determinent) 值來判斷，通常該值大於 0.00001 時，即沒有多元共線性問題。

相關矩陣[a]

		a 氣力	b 耐力	c 恢復力	d 速度	e 協調	f 反應
相關	a 氣力	1.000	.741	.889	.263	.100	.262
	b 耐力	.741	1.000	.900	.461	.126	.255
	c 恢復力	.889	.900	1.000	.398	.109	.286
	d 速度	.263	.461	.398	1.000	.800	.780
	e 協調	.100	.126	.109	.800	1.000	.937
	f 反應	.262	.255	.286	.780	.937	1.000

a. 行列式 = .001

2. KMO 量數僅達 0.60 以上，屬平庸的 (mediocre) 程度，主要係受到小樣本數的影響。而 Bartlett 的球形檢定結果，x^2 值為 45.95 達顯著水準 (P<0.05)，顯示適合進行因素分析。

KMO與Bartlett檢定

Kaiser-Meyer-Olkin 取樣適切性量數。		.645
Bartlett 的球形檢定	近似卡方分配	45.950
	df	15
	顯著性	.000

3. 反映像相關矩陣顯示淨相關係數的負值，通常多數的非對角線元素的係數若愈小，顯示因素模式愈佳。而反映像相關矩陣的對角線係數則為各變項的取樣適當性 (MSA) 值，均大於 0.5 以上，顯示適合於因素分析。

反映像矩陣

		a 氣力	b 耐力	c 恢復力	d 速度	e 協調	f 反應
反映像共變數	a 氣力	.169	.031	-.080	.061	-.022	.009
	b 耐力	.031	.153	-.070	-.043	-.005	.019
	c 恢復力	-.080	-.070	.067	-.029	.025	-.025
	d 速度	.061	-.043	-.029	.198	-.060	.018
	e 協調	-.022	-.005	.025	-.060	.063	-.062
	f 反應	.009	.019	-.025	.018	-.062	.081
反映像相關	a 氣力	.660[a]	.191	-.750	.337	-.215	.080
	b 耐力	.191	.734[a]	-.685	-.249	-.051	.173
	c 恢復力	-.750	-.685	.576[a]	-.249	.391	-.343
	d 速度	.337	-.249	-.249	.754[a]	-.541	.141
	e 協調	-.215	-.051	.391	-.541	.554[a]	-.870
	f 反應	.080	.173	-.343	.141	-.870	.646[a]

a. 取樣適切性量數 (MSA)

4. 共同性 (communality) 係指某一個變數可被潛在因素所解釋的部分。一般建議每變項 (或題項) 能達 0.5 以上較佳。其如何計算請參見如下的成份矩陣部份。

共同性

	初始	萃取
a 氣力	1.000	.848
b 耐力	1.000	.874
c 恢復力	1.000	.968
d 速度	1.000	.845
e 協調	1.000	.964
f 反應	1.000	.924

萃取法：主成份分析。

5. 解說總變異量的表格中會顯示初始特徵值，通常投入因素分析的變數有多少就會有多少的元件 (即成份)，而累積變異數的解釋量會達 100%。萃取因素係以特徵值 (即總數) 大於 1 的因素，顯示在六個變數中僅能萃取出前二個元件 (即成份)，而累積變異數的的解釋量即可達 90.37%，至於轉軸後係將各成份的特徵值 (總數) 與變異數解釋量加以重新分配，但累積 % 仍維持 90.37%，顯見轉軸後的解仍不變。特徵值是指每一行因素負荷量平方加總後之總和，表示該因素能解釋全體變異的能力，特徵值越大，代表該因素的解釋力越強。其如何計算請參見如下的成份矩陣部份。

解說總變異量

元件	初始特徵值			平方和負荷量萃取			轉軸平方和負荷量		
	總數	變異數的%	累積%	總數	變異數的%	累積%	總數	變異數的%	累積%
1	3.450	57.498	57.498	3.450	57.498	57.498	2.745	45.746	45.746
2	1.973	32.876	90.373	1.973	32.876	90.373	2.678	44.627	90.373
3	.358	5.964	96.338						
4	.128	2.132	98.469						
5	.062	1.026	99.495						
6	.030	.505	100.000						

萃取法：主成份分析。

6. 陡坡圖是將每一個因素所能解釋之變異數 (即特徵值) 依其大小遞減排列所繪製的圖形。由下圖顯示線條的彎肘 (elbow) 點在成份 3，因此決定因素分析中的因素個數係選取彎肘點 (不含) 以上的成份，由此顯見共保留二個成份。

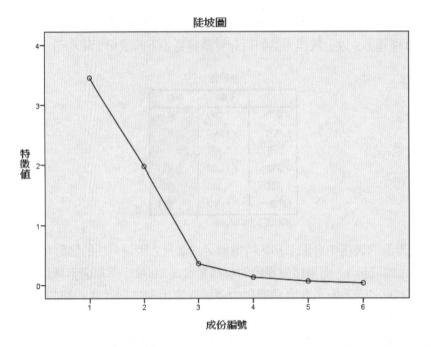

7. 成份矩陣顯示因素分析初始萃取二個元件(成份)的因素負荷量,其與共同性及特徵值的關係如下的計算:

成份矩陣ª

	元件	
	1	2
d 速度	.814	.428
c 恢復力	.799	-.574
b 耐力	.778	-.518
f 反應	.764	.583
a 氣力	.721	-.572
e 協調	.663	.724

萃取方法:主成分分析。
a. 萃取了 2 個成份。

變數	因素負荷量			因素負荷量平方和		
	因素一	因素二		因素一	因素二	共同性
氣力	0.721	-0.572	⟶	0.520	0.327	0.848
耐力	0.778	-0.518	|	0.606	0.268	0.874
恢復力	0.799	-0.574	|	0.638	0.329	0.968
速度	0.814	0.428	|	0.662	0.183	0.845
協調	0.663	0.724	|	0.440	0.525	0.964
反應	0.764	0.583	↓	0.584	0.340	0.924
			特徵值	3.450	1.973	
			解釋量 %	57.498	32.876	

(1) 因素負荷量平方和的橫向總和即是共同性。

例如「氣力」共同性的計算如下：

因素一之因素負荷量平方和為 $0.721 \times 0.721 = 0.520$

因素二之因素負荷量平方和為 $-0.572 \times -0.572 = 0.327$

「氣力」的共同性 $= 0.520 + 0.327 = 0.848$（因小數四捨五入會有些許計算的差異）

(2) 因素負荷量平方和的縱向總和即是特徵值。

例如「因素一」特徵值的計算如下：

氣力之因素負荷量平方和為 $0.721 \times 0.721 = 0.520$

耐力之因素負荷量平方和為 $0.778 \times 0.778 = 0.606$

恢復力之因素負荷量平方和為 $0.799 \times 0.799 = 0.638$

速度之因素負荷量平方和為 $0.814 \times 0.814 = 0.662$

協調之因素負荷量平方和為 $0.663 \times 0.663 = 0.440$

反應之因素負荷量平方和為 $0.764 \times 0.764 = 0.584$

「因素一」的特徵值 $= 0.520 + 0.606 + 0.638 + 0.662 + 0.440 + 0.584 = 3.450$

(3) 各因素解釋量的計算係特徵值除以變數的個數再乘以 100%。

「因素一」的解釋量 $= 3.450 \div 6 \times 100\% = 57.498\%$

8. 為使變數（題項）與因素之間的關係能更加清楚、易於瞭解，故進行軸軸。結果顯示恢復力、耐力、氣力三者屬於成份一，可將該因素命名為強健因素；而協調、反應、速度三者則屬於成份二，則可將該因素命名為敏捷因素。

轉軸後的成份矩陣ª

	元件	
	1	2
c 恢復力	.974	
b 耐力	.920	
a 氣力	.917	
e 協調		.982
f 反應		.949
d 速度		.872

萃取方法：主成分分析。
旋轉方法：旋轉方法：含 Kaiser
常態化的 Varimax 法。

a. 轉軸收斂於 3 個疊代。

9. 轉軸後的因素分荷量成份圖顯示各變數明顯分屬於二個成份。

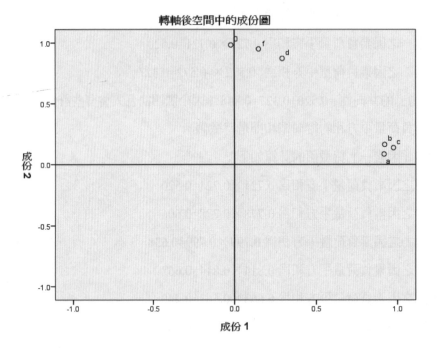

10. 成份分數係數矩陣係用以產生因素分數時所用。

成份分數係數矩陣

	元件	
	1	2
a 氣力	.352	-.065
b 耐力	.344	-.034
c 恢復力	.368	-.050
d 速度	.020	.320
e 協調	-.115	.398
f 反應	-.044	.367

萃取方法：主成分分析。
旋轉方法：旋轉方法：含 Kaiser
常態化的 Varimax 法。
成分分數。

11. 成份分數共變數矩陣顯示，二個成份係使用直交轉軸法，再次確認二個成份之間是相互獨立的因素而沒有相關的存在。

成份分數共變數矩陣

元件	1	2
1	1.000	.000
2	.000	1.000

萃取方法：主成分分析。
旋轉方法：旋轉方法：含
Kaiser 常態化的 Varimax 法。
成分分數。

12. 因素分數的計算

(1) 原始分數

受試者	氣力 (a)	耐力 (b)	恢復力 (c)	速度 (d)	協調 (e)	反應 (f)
1	11	9	10	7	4	5
2	9	8	10	11	13	14
3	9	11	12	5	4	6
4	8	13	11	15	14	13
5	6	5	4	6	11	10
6	2	6	3	9	9	8
7	5	7	6	4	8	7
8	12	11	10	4	5	6
9	15	12	13	11	13	15
10	1	6	3	4	6	8
平均數	7.800	8.800	8.200	7.600	8.700	9.200
標準差	4.392	2.821	3.824	3.777	3.889	3.615

(2) 轉換成標準化分數 (Z 值)

$$Z_{a1} = \frac{X - 平均數}{標準差} = \frac{X_{a1} - \overline{X}_a}{S_a} = \frac{11 - 7.800}{4.392} = 0.729$$

受試者	Z_a	Z_b	Z_c	Z_d	Z_e	Z_f
1	0.729	0.071	0.471	-0.159	-1.209	-1.162
2	0.273	-0.284	0.471	0.900	1.106	1.328
3	0.273	0.780	0.994	-0.688	-1.209	-0.885
4	0.046	1.489	0.732	1.959	1.363	1.051
5	-0.410	-1.347	-1.098	-0.424	0.591	0.221
6	-1.321	-0.993	-1.360	0.371	0.077	-0.332
7	-0.638	-0.638	-0.575	-0.953	-0.180	-0.609
8	0.956	0.780	0.471	-0.953	-0.951	-0.885
9	1.639	1.135	1.255	0.900	1.106	1.605
10	-1.548	-0.993	-1.360	-0.953	-0.694	-0.332

(3) 計算因素分數

成份分數係數矩陣

因素	f_a	f_b	f_c	f_d	f_e	f_f
1	0.352	0.344	0.368	0.020	-0.115	-0.044
2	-0.065	-0.034	-0.050	0.320	0.398	0.367

計算因素分數：

$FS_{a1}=Z_{a1}\times f_{a1}+Z_{b1}\times f_{b1}+Z_{c1}\times f_{c1}+Z_{d1}\times f_{d1}+Z_{e1}\times f_{e1}+Z_{f1}\times f_{f1}$

$=0.729\times0.352+0.071\times0.344+0.471\times0.368+(-0.159)\times0.020+(-1.209)\times(-0.115)+(-1.162)\times(-0.044)$

$=0.641$

因素分數

受試者	因素一 (FS_a)	因素二 (FS_b)
1	0.641	-1.032
2	0.005	1.183
3	0.894	-1.120
4	0.636	1.465
5	-1.099	0.309
6	-1.294	0.216
7	-0.628	-0.508
8	0.907	-1.121
9	1.250	1.108
10	-1.312	-0.500

三、分析結果及解釋

　　探索性因素分析係以主成份 (principal component) 法進行因素萃取，並使用最大變異數 (Varimax) 法進行直交轉軸。結果如表 1 所示，經轉軸後，第一個因素可獲致 57.50％的解釋變異量，而第二個因素則可獲致 32.88％的解釋變異量，同時為清楚呈現各題項分屬於不同的因素，茲將因素負荷量低於 0.3 者予以省略。

　　第一個因素為強健因素，包含有恢復力、耐力、氣力等三個變數，各變數的因素負荷量呈現於第一欄，其值介於 0.917 ～ 0.974 之間。第二個因素為敏捷因素，則包含有協調、反應、速度等三個變數，其各變數的因素負荷量則呈現於第二欄，其值介於 0.872 ～ 0982 之間。

表 1　因素分析摘要表

因素 變數	因素 I 強健	因素 II 敏捷	共同性
1. 恢復力	0.974		.968
2. 耐力	0.920		.874
3. 氣力	0.917		.848
4. 協調		0.982	.964
5. 反應		0.949	.924
6. 速度		0.872	.845
特徵值	3.450	1.973	
解釋變異量 (%)	57.498	32.876	
累積解釋變異量 (%)	57.498	90.373	

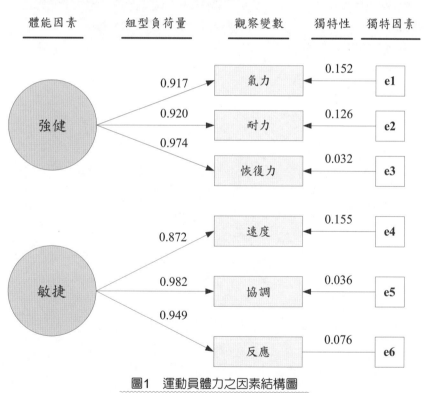

圖1　運動員體力之因素結構圖

四、撰寫分析程式

```
FACTOR
  /VARIABLES a b c d e f
  /MISSING LISTWISE
  /ANALYSIS a b c d e f
  /PRINT INITIAL CORRELATION DET KMO    /*顯示相關矩陣及KMO量數
         AIC EXTRACTION ROTATION              /*顯示因素萃取及轉軸結果
         FSCORE                        /*顯示計算因素分數的成份分數係數矩陣
  /FORMAT SORT BLANK(.30)      /*依因素負荷量大小排序並隱藏較小的係數
  /PLOT EIGEN ROTATION            /*繪製陡坡圖及轉軸後的因素負荷圖
  /CRITERIA MINEIGEN(1) ITERATE(25)      /*設定萃取特徵值>1的因素
  /EXTRACTION PC                 /*設定萃取因素的方法為主成份法
  /CRITERIA ITERATE(25)
  /ROTATION VARIMAX            /*設定因素轉軸的方法為直交的最大變異數法
  /SAVE REG(ALL)                /*計算因素分數存放於資料檔中
  /METHOD=CORRELATION.
```

| Try for yourself

TFY **21-1-1** · 下表是 20 名 7 歲兒童接受魏氏兒童智力量表 (WISC) 測驗的成績，該量表包含有語文分量表：T1. 常識、T2. 類同、T3. 算術、T4. 詞彙、T5. 理解、T6. 記憶廣度；以及作業分量表：T7. 圖形補充、T8. 連環圖系、T9. 圖形設計、T10. 物件配置、T11. 符號替代、T12. 迷津等。試就這項資料進行因素分析。

魏氏兒童智力量表											
受試者	T1	T2	T3	T4	T5	T6	T7	T8	T9	T10	T11	T12
1	20	19	15	20	18	14	3	8	7	6	8	7
2	9	11	9	10	12	10	6	6	8	7	6	8
3	14	11	12	13	13	11	8	7	10	10	7	10
4	17	18	14	16	14	15	6	6	5	4	6	5
5	5	4	7	8	6	6	2	1	5	4	1	5
6	12	9	7	7	9	5	2	8	7	6	8	7
7	13	12	8	9	10	8	9	8	11	12	8	11
8	8	11	12	12	13	11	7	1	5	4	1	5
9	11	12	13	13	7	12	7	5	9	8	5	9
10	10	11	13	14	12	11	8	6	11	10	6	11
11	19	18	15	19	17	15	2	1	5	4	1	5
12	5	3	7	5	8	7	5	8	7	7	8	7
13	8	5	8	7	4	6	2	6	6	5	6	6
14	7	5	3	7	6	3	5	8	8	7	8	8
15	8	5	6	6	3	6	5	7	4	3	7	4
16	11	10	14	11	11	13	8	7	5	5	7	5
17	13	15	13	11	10	14	8	7	10	10	7	10
18	4	1	8	1	7	8	2	5	2	2	5	2
19	2	6	3	5	3	3	4	6	5	5	6	5
20	4	1	1	1	4	1	5	6	9	8	6	9

❓ 21-3　如何執行探索性因素分析(調查實例)？

操作程序

➜ 分析 (Analyze) > 維度縮減 (Dimension Reduction) > 因子…(Factor…)

範例21-3-1　調查實例的因素分析

Watson, Clark, & Tellegen (1988) 的正負面情感量表 (Positive and Negative Affect scale, PANAS) 指出衡量情感可由正面與負面情感兩方面來分析：

- 正面情感之變數包括：有趣的 (interested)、興奮的 (excited)、堅固的 (strong)、熱切的 (enthusiastic)、驕傲的 (proud)、機敏的 (alert)、美好的 (inspired)、堅決的 (determined)、體貼的 (attentive)、熱情的 (active)；

- 負面情感包括的變數則有：罪惡的 (guilty)、苦惱的 (distressed)、煩亂的 (upset)、嚇人的 (scared)、敵意的 (hostile)、羞愧的 (ashamed)、緊張的 (nervous)、過敏的 (jittery)、害怕的 (afraid)、急躁的 (irritable)。

針對 214 位研究生為對象進行如下問卷的調查研究：

問題：下列每一敘述詞是用以描述各種不同的情緒與感覺，請依您過去幾週的感受指出每一種狀態的程度，請以 1 ～ 5 分別給分：

1 很少　　2 少許　　3 中等　　4 許多　　5 很多

1. 有趣的	6. 煩亂的	11. 機敏的	16. 過敏的
2. 罪惡的	7. 熱切的	12. 羞愧的	17. 體貼的
3. 興奮的	8. 嚇人的	13. 美好的	18. 害怕的
4. 苦惱的	9. 驕傲的	14. 緊張的	19. 熱情的
5. 堅固的	10. 敵意的	15. 堅決的	20. 急躁的

一、進行初步的因素分析

(一) 分析步驟

0. 開啓資料檔 (panas.sav)，從功能表選擇分析 (Analyze) > 維度縮減 (Dimension Reduction) >因子…(Factor…)。

1. 如圖 21-3-1 的對話盒所示，從左邊的來源變數清單中，選擇所有分析變數 (pn1 ～ pn20) 進入右邊之變數 (Variables) 的方塊中。

圖21-3-1　因素分析的主對話盒

2. 點按 描述性統計量… (Descriptives…) 鈕，開啟如圖 21-3-2 所示的次對話盒，點選相關矩陣 (Correlation Matrix) 區塊中的係數 (Coefficients)、及 KMO 與 Bartlett 的球形檢定 (Test of sphericity) 等選項，再點按 繼續 (Continue) 鈕，回到主對話盒。

圖21-3-2　描述性統計量的次對話盒

3. 點按 萃取… (Extraction…) 鈕，開啟如圖 21-3-3 所示的次對話盒，點選顯示 (Display) 區塊中的陡坡圖 (Scree plot) 選項，再點按 繼續 (Continue) 鈕，回到主對話盒。

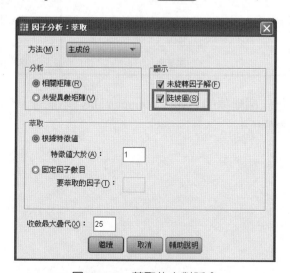

圖21-3-3　萃取的次對話盒

(二) 報表及說明

1. 首先檢視相關矩陣中超過 0.3 的係數有 88 個，佔 190 個 (20×19÷2) 係數的 46.32%，顯示此資料矩陣適合於進行因素分析。

		pn1 有趣的 (interested)	pn2 罪惡的 (guilty)	pn3 興奮的 (excited)	pn4 苦惱的 (distressed)	pn5 堅固的 (strong)
相關	pn1 有趣的(interested)	1.000	-.130	.440	-.237	.492
	pn2 罪惡的(guilty)	-.130	1.000	-.014	.406	-.194
	pn3 興奮的(excited)	.440	-.014	1.000	.046	.411
	pn4 苦惱的(distressed)	-.237	.406	.046	1.000	-.158
	pn5 堅固的(strong)	.492	-.194	.411	-.158	1.000
	pn6 煩亂的(upset)	-.190	.390	-.114	.660	-.223
	pn7 熱切的(enthusiastic)	.572	-.169	.633	-.166	.519
	pn8 嚇人的(scared)	-.115	.339	.014	.535	-.112
	pn9 驕傲的(proud)	.377	-.098	.376	-.131	.381
	pn10 敵意的(hostile)	-.074	.448	.018	.427	-.060
	pn11 機敏的(alert)	.522	-.199	.405	-.222	.523
	pn12 羞愧的(ashamed)	-.032	.663	-.054	.270	-.179
	pn13 美好的(inspired)	.528	-.059	.568	-.166	.466
	pn14 緊張的(nervous)	-.133	.431	.077	.529	-.151
	pn15 堅決的(determined)	.489	-.003	.303	.050	.475
	pn16 過敏的(jittery)	-.128	.347	-.031	.497	-.191
	pn17 體貼的(attentive)	.446	-.146	.361	-.134	.506
	pn18 害怕的(afraid)	-.114	.380	.013	.473	-.145
	pn19 熱情的(active)	.435	-.216	.336	-.185	.527
	pn20 急躁的(irritable)	-.247	.421	-.079	.506	-.187

2. KMO 量數達 0.80 以上，屬良好的 (meritorious) 程度。而 Bartlett 的球形檢定結果，x^2 值達顯著水準 (P<0.05)，亦顯示適合進行因素分析。

KMO與Bartlett檢定

Kaiser-Meyer-Olkin 取樣適切性量數。		.854
Bartlett 的球形檢定	近似卡方分配	2247.104
	df	190
	顯著性	.000

3. 除 pn9 變項外，每一個變項的共同性 (communality) 均能達 0.5 以上，顯示各變項會有較佳結果的因素分析。

共同性

	初始	萃取
pn1 有趣的(interested)	1.000	.572
pn2 罪惡的(guilty)	1.000	.749
pn3 興奮的(excited)	1.000	.501
pn4 苦惱的(distressed)	1.000	.658
pn5 堅固的(strong)	1.000	.568
pn6 煩亂的(upset)	1.000	.642
pn7 熱切的(enthusiastic)	1.000	.691
pn8 嚇人的(scared)	1.000	.798
pn9 驕傲的(proud)	1.000	.405
pn10 敵意的(hostile)	1.000	.702
pn11 機敏的(alert)	1.000	.611
pn12 羞愧的(ashamed)	1.000	.812
pn13 美好的(inspired)	1.000	.672
pn14 緊張的(nervous)	1.000	.691
pn15 堅決的(determined)	1.000	.510
pn16 過敏的(jittery)	1.000	.596
pn17 體貼的(attentive)	1.000	.533
pn18 害怕的(afraid)	1.000	.758
pn19 熱情的(active)	1.000	.521
pn20 急躁的(irritable)	1.000	.712

萃取法：主成份分析。

5. 解說總變異量的表格中顯示當萃取因素以特徵值(即總數)大於1為準則時，必須萃取出前4個元件(即成份)，顯然與先前理論的二因素的概念有所不同。

解說總變異量

元件	初始特徵值			平方和負荷量萃取		
	總數	變異數的 %	累積%	總數	變異數的 %	累積%
1	6.339	31.696	31.696	6.339	31.696	31.696
2	4.072	20.362	52.058	4.072	20.362	52.058
3	1.261	6.304	58.362	1.261	6.304	58.362
4	1.028	5.141	63.503	1.028	5.141	63.503
5	.855	4.275	67.778			
6	.792	3.962	71.740			
7	.699	3.494	75.234			
8	.631	3.157	78.391			
9	.623	3.114	81.505			
10	.579	2.894	84.399			
11	.519	2.593	86.993			
12	.458	2.290	89.283			
13	.397	1.986	91.268			
14	.333	1.663	92.931			
15	.309	1.546	94.477			
16	.281	1.404	95.881			
17	.267	1.334	97.215			
18	.209	1.047	98.262			
19	.206	1.029	99.292			
20	.142	.708	100.000			

萃取法：主成份分析。

6. 由陡坡圖顯示線條的彎肘 (elbow) 點在成份 3，因此決定因素分析中僅保留二個成份較能符合理論的建構。

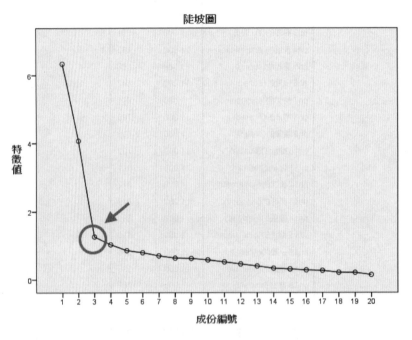

陡坡圖

(三) 撰寫分析程式

```
*初步的因素分析.
FACTOR
   /VARIABLES pn1 TO pn20
   /MISSING LISTWISE
   /ANALYSIS pn1 TO pn20
   /PRINT INITIAL CORRELATION KMO EXTRACTION
   /PLOT EIGEN       /*繪製陡坡圖
   /CRITERIA MINEIGEN(1) ITERATE(25)   /*設定萃取特徵值>1的因素
   /EXTRACTION PC          /*設定萃取因素的方法為主成份法
   /ROTATION NOROTATE   /*不進行轉軸
   /METHOD=CORRELATION.
```

二、進行正式的因素分析並進行轉軸

(一) 分析步驟

0. 重新叫回如圖 21-3-1 之因素分析的主對話盒。

1. 點按 萃取… (Extraction…) 鈕，開啟如圖 21-3-4 所示的次對話盒，點選顯示 (Display) 區塊中的陡坡圖 (Scree plot) 選項，在萃取的方塊中選取固定因子數目 (Fixed number of factors) 的選項，並於要萃取的因子 (Factors to extract) 方格中輸入 2，再點按 繼續 (Continue) 鈕，回到主對話盒。

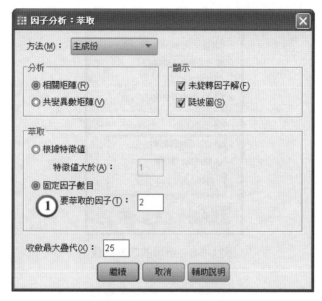

圖21-3-4　萃取的次對話盒

2. 點按 轉軸法⋯ (Rotation⋯) 鈕，開啓如圖 21-3-5 所示的次對話盒，點選方法 (Method) 區塊中的最大變異法 (Varimax) 選項以及顯示 (Display) 區塊中的因子負荷圖 (Loading plot) 選項，再點按 繼續 (Continue) 鈕，回到主對話盒。

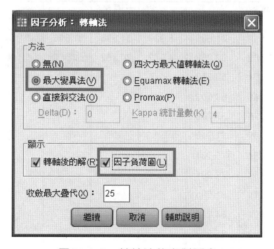

圖21-3-5　轉抽法的次對話盒

3. 點按 選項⋯ (Options⋯) 鈕，開啓如圖 21-3-6 所示的次對話盒，點選係數顯示格式 (Coefficient Display Format) 區塊中的依據因素負荷排序 (Sorted by size) 選項以及隱藏較小的係數 (Suppress small coefficients) 選項，並於其下方的絕對值低於 (Absolute value below) 的文字方格中輸入 0.3，最後再點按 繼續 (Continue) 鈕，回到主對話盒。

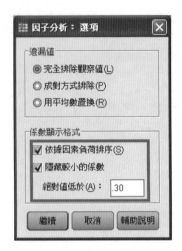

圖21-3-6　選項的次對話盒

(二) 報表及說明

1. 解說總變異量的表格中顯示若僅萃取二個因素時，累積變異數的的解釋量可達52.06%，顯然較能符合與先前理論的二因素的概念。

解說總變異量

元件	初始特徵值			平方和負荷量萃取			轉軸平方和負荷量		
	總數	變異數的 %	累積%	總數	變異數的 %	累積%	總數	變異數的 %	累積%
1	6.339	31.696	31.696	6.339	31.696	31.696	5.215	26.076	26.076
2	4.072	20.362	52.058	4.072	20.362	52.058	5.196	25.982	52.058
3	1.261	6.304	58.362						
4	1.028	5.141	63.503						
5	.855	4.275	67.778						
6	.792	3.962	71.740						
7	.699	3.494	75.234						
8	.631	3.157	78.391						
9	.623	3.114	81.505						
10	.579	2.894	84.399						
11	.519	2.593	86.993						
12	.458	2.290	89.283						
13	.397	1.986	91.268						
14	.333	1.663	92.931						
15	.309	1.546	94.477						
16	.281	1.404	95.881						
17	.267	1.334	97.215						
18	.209	1.047	98.262						
19	.206	1.029	99.292						
20	.142	.708	100.000						

萃取法：主成份分析。

2. 為使變數 (題項) 與因素之間的關係能更加清楚，易於瞭解，故進行軸軸，結果顯示 pn7 熱切的 (enthusiastic)、pn13 美好的 (inspired)、pn11 機敏的 (alert)、pn1 有趣的 (interested)、pn5 堅固的 (strong)、pn17 體貼的 (attentive)、pn3 興奮的 (excited)、pn15 堅決的 (determined)、pn19 熱情的 (active)、pn9 驕傲的 (proud) 等十個變數屬於成份一，依據包含變數的特性可將該因素命名為正面情感；而 pn14 緊張的 (nervous)、pn16 過敏的 (jittery)、pn4 苦惱的 (distressed)、pn8 嚇人的 (scared)、pn6 煩亂的 (upset) 、pn20 急躁的 (irritable)、pn10 敵意的 (hostile)、pn18 害怕的 (afraid)、pn2 罪惡的 (guilty)、pn12 羞愧的 (ashamed) 等十個變數則屬於成份二，依據包含變數的特性則可將該因素命名為負面情感。

轉軸後的成份矩陣[a]

	元件	
	1	2
pn7 熱切的(enthusiastic)	.820	
pn13 美好的(inspired)	.806	
pn11 機敏的(alert)	.766	
pn1 有趣的(interested)	.732	
pn5 堅固的(strong)	.722	
pn17 體貼的(attentive)	.721	
pn3 興奮的(excited)	.690	
pn15 堅決的(determined)	.661	
pn19 熱情的(active)	.635	
pn9 驕傲的(proud)	.564	
pn14 緊張的(nervous)		.807
pn16 過敏的(jittery)		.746
pn4 苦惱的(distressed)		.746
pn8 嚇人的(scared)		.722
pn6 煩亂的(upset)		.720
pn20 急躁的(irritable)		.702
pn10 敵意的(hostile)		.699
pn18 害怕的(afraid)		.687
pn2 罪惡的(guilty)		.655
pn12 羞愧的(ashamed)		.588

萃取方法：主成分分析。
旋轉方法：旋轉方法：含 Kaiser 常態化的 Varimax 法。

a. 轉軸收斂於 3 個疊代。

3. 轉軸後的因素分荷量成份圖亦顯示各變數明顯分屬於二個成份。

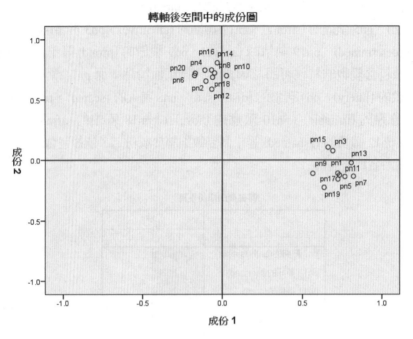

(三) 撰寫分析程式

```
*正式的因素分析並進行轉軸.
FACTOR
  /VARIABLES pn1 TO pn20
  /MISSING LISTWISE
  /ANALYSIS pn1 TO pn20
  /PRINT INITIAL CORRELATION KMO EXTRACTION ROTATION
  /FORMAT SORT BLANK(.30)    /*依因素分荷量大小排序並隱藏較小的係數
  /PLOT EIGEN ROTATION        /*繪製陡坡圖及轉軸後的因素負荷圖
  /CRITERIA FACTORS(2) ITERATE(25)     /*設定萃取2個因素
  /EXTRACTION PC          /*設定萃取因素的方法為主成份法
  /CRITERIA ITERATE(25)
  /ROTATION VARIMAX     /*進行直交變異數法的轉軸
  /METHOD=CORRELATION.
```

三、進行各因素的信度分析

(一) 分析步驟

0. 開啓資料檔 (panas.sav)，從功能表中選擇分析 (Analyze) > 尺度 (Scale) > 信度分析… (Reliability Analysis…)。

1. 如圖 21-3-7 的對話盒所示，從左邊的來源變數清單中，選擇正面情感分量表所有題項 (pn7、pn13、pn11、pn1、pn5、pn17、pn3、pn15、pn19、pn9) 進入右邊之題項 (Items) 變數清單的方塊中。

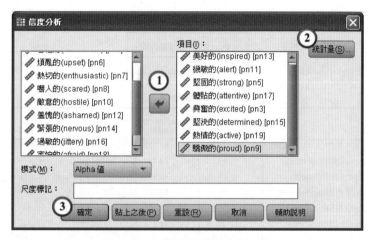

圖21-3-7　信度分析的主對話盒

2. 點按 統計量… (Statistics…) 鈕，開啓如圖 21-3-8 所示的次對話盒，點選刪除項目後之量尺摘要 (Scale if item deleted) 選項，再點按 繼續 (Continue) 鈕，回到主對話盒。

圖21-3-8　信度分析統計量的次對話盒

3. 點按 確定 (OK) 鈕，即可完成正面情感量表的信度分析。

4. 重新開啓如圖 21-3-7 的對話盒所示，從左邊的來源變數清單中，選擇負面情感分量表所有題項 (pn14、pn16、pn4、pn8、pn6、pn20、pn10、pn18、pn2、pn12) 進入右邊之題項 (Items) 變數清單的方塊中。

5. 重複步驟 2 及步驟 3，即可完成負面情感量表的信度分析。

(二) 報表及說明

1. 正面情感因素的信度分析顯示，包含 10 題，信度爲 0.894。

可靠性統計量

Cronbach's Alpha 值	項目的個數
.894	10

項目整體統計量

	項目刪除時的尺度平均數	項目刪除時的尺度變異數	修正的項目總相關	項目刪除時的Cronbach's Alpha 值
pn7 熱切的(enthusiastic)	30.35	46.220	.767	.874
pn13 美好的(inspired)	30.75	44.700	.729	.876
pn11 機敏的(alert)	30.27	46.975	.701	.879
pn1 有趣的(interested)	29.92	49.107	.664	.882
pn5 堅固的(strong)	30.41	47.551	.662	.881
pn17 體貼的(attentive)	30.39	48.276	.649	.882
pn3 興奮的(excited)	30.53	48.231	.590	.886
pn15 堅決的(determined)	29.90	49.525	.557	.888
pn19 熱情的(active)	30.08	48.302	.579	.887
pn9 驕傲的(proud)	30.64	48.914	.493	.894

2. 負面情感因素的信度分析顯示，包含 10 題，信度爲 0.893。

可靠性統計量

Cronbach's Alpha 值	項目的個數
.893	10

項目整體統計量

	項目刪除時的尺度平均數	項目刪除時的尺度變異數	修正的項目總相關	項目刪除時的Cronbach's Alpha 值
pn14 緊張的(nervous)	17.16	44.657	.734	.874
pn16 過敏的(jittery)	17.56	45.802	.671	.879
pn4 苦惱的(distressed)	17.16	45.251	.678	.879
pn8 嚇人的(scared)	17.59	47.910	.640	.882
pn6 煩亂的(upset)	16.84	45.007	.668	.880
pn20 急躁的(irritable)	16.91	46.816	.646	.881
pn10 敵意的(hostile)	17.46	46.837	.610	.884
pn18 害怕的(afraid)	17.70	48.780	.601	.884
pn2 罪惡的(guilty)	17.64	48.117	.576	.886
pn12 羞愧的(ashamed)	17.91	50.660	.509	.890

(三) 撰寫分析程式

```
*正面情緒因素的信度分析.
RELIABILITY
  /VARIABLES=pn7 pn13 pn11 pn1 pn5 pn17 pn3 pn15 pn19 pn9
  /SCALE('ALL VARIABLES') ALL
  /MODEL=ALPHA
  /SUMMARY=TOTAL.

*負面情緒因素的信度分析.
RELIABILITY
  /VARIABLES=pn14 pn16 pn4 pn8 pn6 pn20 pn10 pn18 pn2 pn12
  /SCALE('ALL VARIABLES') ALL
  /MODEL=ALPHA
  /SUMMARY=TOTAL.
```

四、因素分析的結果與解釋

　　使用主成份 (principal component) 因素法，並以最大變異數 (varimax) 法進行轉軸，從 20 個情感題項中萃取因素。特徵值準則及陡坡圖建議二因素解共有 52.06％的變異數解釋量。Kaiser-Meyer-Olkin(KMO) 的整體取樣適當性量數為 0.854，已達到良好的 (meritorious) 程度 (Kaiser, 1974; Hair, Anderson, Tatham & Black, 1998, p.99)。Bartlett 球型檢定的 x^2 值為 2247.104，顯示相關矩陣的整體顯著性達顯著 (p<0.001)，此意謂著此資料矩陣有足夠的相關強度進行因素分析。這些統計量數顯示這些變數對各因素 (或向度) 具有良好的預測力。所有的變數在一個因素具有強的負荷量，而在另一個因素則沒有，因此顯示這些向度之間有很小的重疊量，且此二向度是獨立的結構，高的負荷量係指變數與其所負荷的因素之間有高的相關。每一變數的共通性尚可，其值界於 0.3302 ～ 0.6897，此意謂由此二個因素可良好解釋原始變數資料的變異數。其次是以 Cronbach's α 係數考驗每一因素的信度，分析結果顯示此二個因素的 α 係數分別為 0.894 及 0.893，均達到至少 0.7 的準則 (Nunnally, 1967)。表 1 彙整因素分析結果，二個因素分別命名為 " 正面情感 " 及 " 負面情感 "。

表 1　情感量表因素分析結果之彙整

情感量表之因素	Cronbach α 係數	因素負荷量	共同性	特徵值	解釋變異量（%）	因素平均值
因素一：正面情感	0.8937			5.2151	26.076	3.369
熱切的 (enthusiastic)		0.8201	0.5505			
美好的 (inspired)		0.8064	0.4391			
機敏的 (alert)		0.7661	0.4821			
有趣的 (interested)		0.7319	0.5673			
堅固的 (strong)		0.7219	0.5452			
體貼的 (attentive)		0.7210	0.5462			
興奮的 (excited)		0.6902	0.6897			
堅決的 (determined)		0.6607	0.5239			
熱情的 (active)		0.6353	0.3302			
驕傲的 (proud)		0.5645	0.4901			
因素二：負面情感	0.8925			5.1964	25.982	1.933
緊張的 (nervous)		0.8066	0.6047			
過敏的 (jittery)		0.7464	0.3498			
苦惱的 (distressed)		0.7456	0.6509			
嚇人的 (scared)		0.7224	0.6514			
煩亂的 (upset)		0.7201	0.4477			
急躁的 (irritable)		0.7021	0.5612			
敵意的 (hostile)		0.6994	0.5310			
害怕的 (afraid)		0.6866	0.4748			
罪惡的 (guilty)		0.6550	0.4536			
羞愧的 (ashamed)		0.5880	0.5221			
整　　體				10.412	52.058	

牛刀小試 Try for yourself

TFY **21-3-1**・研究者隨機抽樣高職學生共 150 位，進行自尊量表的施測 (問卷題項如下)，所得之調查資料檔為 self-esteem.sav。試就這項資料進行因素分析。

1. 大致上來說，我對自己十分滿意。
2. 有時我會覺得自己一無是處。
3. 我覺得自己有許多優點。
4. 我自信我可以和別人表現得一樣好。
5. 我時常覺得自己沒有什麼值得驕傲的地方。
6. 有時候我覺得自己很沒用。
7. 我覺得自己和別人一樣有價值。
8. 我十分地看重自己。
9. 我常覺得自己是一個失敗者。
10. 我對我自己抱持積極的態度。

註：1. 評量尺度為 1 非常不同意、2 不同意、3 中立意見、4 同意、5 非常同意。

　　2. 反向題為：2、5、6、9 題。

21-4 如何執行矩陣資料的因素分析？

操作程序

→ 分析 (Analyze) > 維度縮減 (Dimension Reduction) > 因子…(Factor…)

範例21-4-1 因素分析(矩陣資料)

以下相關矩陣係來自於 220 位國小學童所進行的測驗所得的資料：

	geog	engl	hist	arith	alge	geom
geog	1.00					
engl	0.44	1.00				
hist	0.41	0.35	1.00			
arith	0.29	0.35	0.16	1.00		
alge	0.33	0.32	0.19	0.59	1.00	
geom	0.25	0.33	0.18	0.47	0.46	1.00

表格中各變數的意義如下：

geog：地理 (geography)　　engl：英語 (English)　　hist：歷史 (History)

arith：算術 (Arithmetic)　　alge：代數 (Algebra)　　geom：幾何 (Geometry)

一、撰寫分析程式

```
*讀入矩陣資料.
MATRIX DATA VARIABLES=geog engl hist arith alge geom
  /CONTENTS=CORR
  /N=220.
BEGIN DATA.
1.00
0.44 1.00
0.41 0.35 1.00
0.29 0.35 0.16 1.00
0.33 0.32 0.19 0.59 1.00
0.25 0.33 0.18 0.47 0.46 1.00
END DATA.

*進行變數標註.
VARIABLE LABELS geog '地理(geography)'
  /engl '英語(English)'
  /hist '歷史(History)'
```

```
     /arith '算術(Arithmetic)'
     /alge '代數(Algebra)'
     /geom '幾何(Geometry)' .

*執行因素分析一(主成份法、直交轉軸:最大變異數法).
FACTOR MATRIX=IN(COR=*)
     /PRINT=INITIAL CORRELATION KMO EXTRACTION ROTATION
     /FORMAT=SORT BLANK(.30)
     /PLOT=EIGEN ROTATION
     /CRITERIA=MINEIGEN(1) ITERATE(25)
     /EXTRACTION=PC
     /ROTATION=VARIMAX.

*執行因素分析二(主軸法、斜交轉軸:直接斜交法).
FACTOR MATRIX=IN(COR=*)
     /PRINT=INITIAL CORRELATION KMO EXTRACTION ROTATION
     /FORMAT=SORT BLANK(.30)
     /PLOT=EIGEN ROTATION
     /CRITERIA=MINEIGEN(1) ITERATE(25)
     /EXTRACTION=PAF
     /ROTATION=OBLIMIN.
```

二、報表及說明

1. KMO 量數達 0.70 以上，屬中度的 (middling) 程度。而 Bartlett 的球形檢定結果，x^2 值達顯著水準 (P<0.05)，亦顯示適合進行因素分析。

KMO與Bartlett檢定

Kaiser-Meyer-Olkin 取樣適切性量數。		.775
Bartlett 的球形檢定	近似卡方分配	308.573
	df	15
	顯著性	.000

2. 每一個變項的共同性 (communality) 均能達 0.5 以上，顯示各變項會有較佳結果的因素分析。

共同性

	初始	萃取
geog 地理(geography)	1.000	.634
engl 英語(English)	1.000	.558
hist 歷史(History)	1.000	.676
arith 算術(Arithmetic)	1.000	.715
alge 代數(Algebra)	1.000	.689
geom 幾何(Geometry)	1.000	.585

萃取法：主成份分析。

4. 解說總變異量的表格中顯示當萃取因素以特徵值（即總數）大於1為準則時，共萃取二個因素，累積變異數的的解釋量可達64.29%。

解說總變異量

元件	初始特徵值			平方和負荷量萃取			轉軸平方和負荷量		
	總數	變異數的 %	累積%	總數	變異數的 %	累積%	總數	變異數的 %	累積%
1	2.729	45.478	45.478	2.729	45.478	45.478	2.087	34.775	34.775
2	1.129	18.813	64.291	1.129	18.813	64.291	1.771	29.516	64.291
3	.615	10.255	74.546						
4	.603	10.047	84.593						
5	.523	8.709	93.302						
6	.402	6.698	100.000						

萃取法：主成份分析。

5. 由陡坡圖顯示線條的彎肘 (elbow) 點在成份3，因此決定因素分析中將保留二個成份。

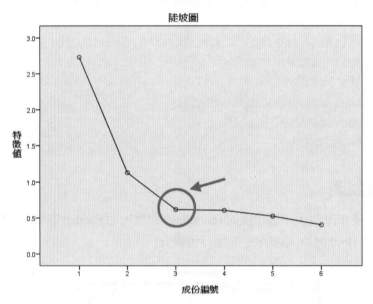

6. 成份矩陣顯示因素分析初始萃取二個元件（成份）的因素負荷量，顯然各變數歸屬於二個成份的關係並不明確，故需進一步執行轉軸。

成份矩陣ᵃ

	元件	
	1	2
alge 代數(Algebra)	.742	-.373
arith 算術(Arithmetic)	.736	-.417
engl 英語(English)	.688	
geom 幾何(Geometry)	.678	-.354
geog 地理(geography)	.661	.444
hist 歷史(History)	.516	.640

萃取方法：主成分分析。

a. 萃取了 2 個成份。

7. 為使變數 (題項) 與因素之間的關係能更加清楚，易於瞭解，故進行直交轉軸，結果顯示算術、代數、幾何三者屬於成份一，可將該因素命名為數學科目；而歷史、地理、英語三者則屬於成份二，則可將該因素命名為文史科目。

轉軸後的成份矩陣ᵃ

	元件	
	1	2
arith 算術(Arithmetic)	.833	
alge 代數(Algebra)	.810	
geom 幾何(Geometry)	.749	
hist 歷史(History)		.822
geog 地理(geography)		.763
engl 英語(English)	.349	.660

萃取方法：主成分分析。
旋轉方法：旋轉方法：含 Kaiser 常態化的 Varimax 法。
a. 轉軸收斂於 3 個疊代。

8. 運用主軸法進行因素的萃取時，顯示初始共同性係由各變數的複相關係數平方 (SMC) 來取代原有的 1.00。所謂複相關係數平方是一個變數可被其他變數解釋的能力。例如：我們希望使用 SMC 作為地理 (geography) 的初步共同性估計，則我們會以地理 (geog) 與其他剩餘的變數英語 (engl)、歷史 (hist)、算術 (arith)、代數 (alge)、幾何 (geom) 等作迴歸，並使用 R^2 當作共同性的值。

共同性

	初始	萃取
geog 地理(geography)	.302	.489
engl 英語(English)	.296	.408
hist 歷史(History)	.206	.356
arith 算術(Arithmetic)	.415	.618
alge 代數(Algebra)	.412	.560
geom 幾何(Geometry)	.295	.375

萃取法：主軸因子萃取法。

9. 解說總變異量的表格中顯示當萃取因素以特徵值 (即總數) 大於 1 為準則時，共萃取二個因素，累積變異數的的解釋量可達 46.76%。

解說總變異量

因子	初始特徵值			平方和負荷量萃取			轉軸平方和負荷量ᵃ
	總數	變異數的 %	累積%	總數	變異數的 %	累積%	總數
1	2.729	45.478	45.478	2.216	36.932	36.932	1.979
2	1.129	18.813	64.291	.590	9.826	46.758	1.640
3	.615	10.255	74.546				
4	.603	10.047	84.593				
5	.523	8.709	93.302				
6	.402	6.698	100.000				

萃取法：主軸因子萃取法。
a. 當因子產生相關時，無法加入平方和負荷量 以取得總變異數。

10. 因子矩陣顯示因素分析初始萃取二個因子(成份)的因素負荷量,顯然各變數歸屬於二個成份的關係並不明確,故需進一步執行轉軸。

因子矩陣ª

	因子	
	1	2
arith 算術(Arithmetic)	.709	-.339
alge 代數(Algebra)	.697	
engl 英語(English)	.594	
geog 地理(geography)	.590	.375
geom 幾何(Geometry)	.584	
hist 歷史(History)	.431	.413

萃取方法:主軸因子。

a. 萃取了 2 個因子。需要 11 個疊代。

11. 為使變數(題項)與因素之間的關係能更加清楚,易於瞭解,故進行斜交轉軸。一般而言,結構矩陣係顯示因素和變數間相關係數之大小,由此可以知道某個因素與那些變數具有較高的關聯,與那些變數有較小或沒有關聯,進而可了解該因素之意義,並賦予適當的名稱。由結構矩陣顯示算術、代數、幾何三者屬於成份一,可將該因素命名為數學科目;而歷史、地理、英語三者則屬於成份二,則可將該因素命名為文史科目。而兩個素之間的相關達 0.516。

樣式矩陣ª

	因子	
	1	2
arith 算術(Arithmetic)	.811	
alge 代數(Algebra)	.740	
geom 幾何(Geometry)	.579	
geog 地理(geography)		.667
hist 歷史(History)		.637
engl 英語(English)		.518

萃取方法:主軸因子。
旋轉方法:旋轉方法:含 Kaiser 常態化的
Oblimin 法。。

a. 轉軸收斂於 5 個疊代。

結構矩陣

	因子	
	1	2
arith 算術(Arithmetic)	.785	.368
alge 代數(Algebra)	.748	.398
geom 幾何(Geometry)	.610	.359
geog 地理(geography)	.402	.697
engl 英語(English)	.460	.617
hist 歷史(History)		.592

萃取方法:主軸因子。
旋轉方法:旋轉方法:含 Kaiser 常態化的
Oblimin 法。。

因子相關矩陣

因子	1	2
1	1.000	.516
2	.516	1.000

萃取方法：主軸因子。
旋轉方法：旋轉方法：含
Kaiser 常態化的 Oblimin
法。。

四、因素分析的結果與解釋

以主軸法 (principal axis) 進行因素分析，首先評估因素分析的資料適合性，相關矩陣的檢查，顯示有許多的係數達 0.3 以上，KMO 取樣適當性量數達 0.775，超過建議的標準值 0.6(Kaiser, 1970, 1974)，且 Barlett 的球形檢定 (Bartlett, 1954) 的 x^2=308.57，達到顯著水準 (P<0.001)，支持相關矩陣的可因素性 (factorability)。

因素分析結果顯示共有二個成份的特徵值超過 1，解釋的變異量分別是 45.48％、18.81％。而檢查圖 1 的陡坡圖，亦顯示在第 2 個成份以後有明顯的折斷點，因此，使用 Catell(1966) 的陡坡圖準則，決定保留二個因素，並執行直接斜交 (oblimin) 法的轉軸。轉軸後的結果如表 1 所示，符合 Thurstone(1947) 的簡單結構 (simple structure)，即二個因素顯示包含有許多強的因素負荷量之題項，且所有題項 (變數) 均僅歸屬於單一的因素。此二因素解的變異數解釋量共計達 46.76％。其中因素一為 36.93％，命名為數學科目，包含有算術 (Arithmetic)、代數 (Algebra)、幾何 (Geometry) 等科目；而因素二則為 9.83％，則命名為文史科目，包含有地理 (geography)、歷史 (History)、英語 (English) 等科目。

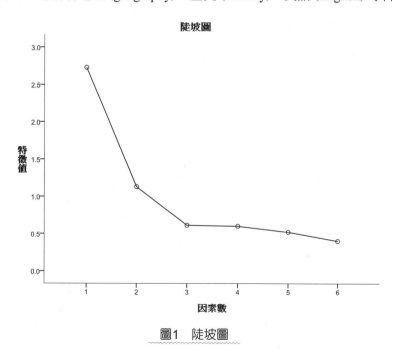

圖1　陡坡圖

表 1　轉軸後的因素負荷量及萃取因素之共同性

題項	因素負荷量 (factor loadings)		共同性 (community)
	因素一：數學科目	因素二：文史科目	
算術 (Arithmetic)	0.7847	0.3686	0.4886
代數 (Algebra)	0.7482	0.3986	0.4081
幾何 (Geometry)	0.6101	0.3594	0.3561
地理 (geography)	0.4025	0.6972	0.6177
歷史 (History)	0.4608	0.6170	0.5600
英語 (English)		0.5920	0.3750
特徵值 (eigenvalues)	2.2159	0.5896	
解釋變異數 (%)	36.932	9.8260	46.758

註：因素萃取方法為主軸 (Principal axis) 法。
　　因素轉軸方法為直接斜交 (Oblimin) 法。
　　因素負荷量低於 0.3 者未顯示。

牛刀小試　Try for yourself

TFY **21-4-1**　· Holzinger and Swineford(1939) 對七、八年級的學生 (n=145) 進行智力測驗的研究，此測驗共包含五個測驗項目：英文文法 (gram)、英文造句 (sent)、英文字義 (word)、算數加法 (adds)、算數乘法 (dots)。其相關係數矩陣如下：

	gram	sent	word	adds	dots
gram	1.000				
sent	0.722	1.000			
word	0.714	0.685	1.000		
adds	0.203	0.246	0.170	1.000	
dots	0.095	0.181	0.113	0.585	1.000

資料來源：

Holzinger, K. J., & Swineford, F. (1939). A study in factor analysis: The stability of a bifactor solution. Supplementary Educational Monographs, Vol. 48. Chicago: Department of Education, University of Chicago.

TFY **21-4-2**　· 下列資料是研究五年級共 250 位學生對語意量表之反應的相關係數矩陣，共計利用八個分量表：友善的／不友善的 (X1)、好的／壞的 (X2)、親切的／畏懼的 (X3)、勇敢的／害怕的 (X4)、大的／小的 (X5)、強壯的／虛弱的 (X6)、移動的／靜止的 (X7)、快的／慢的 (X8)，試以主成份法抽取因素，而以最大變異數法加以轉軸，進行因素分析？

	X1	X2	X3	X4	X5	X6	X7	X8
X1	1.00							
X2	0.75	1.00						
X3	0.76	0.78	1.00					
X4	0.28	0.30	0.38	1.00				
X5	0.33	0.35	0.31	0.52	1.00			
X6	0.30	0.23	0.41	0.79	0.61	1.00		
X7	0.21	0.19	0.19	0.43	0.31	0.42	1.00	
X8	0.30	0.31	0.57	0.29	0.57	0.68	0.46	1.00
平均數	4.11	3.44	4.40	4.08	3.29	4.43	3.11	3.37
標準差	0.75	0.87	0.78	0.91	1.09	0.76	0.83	0.93

A21-1對話盒指引　Factor程序

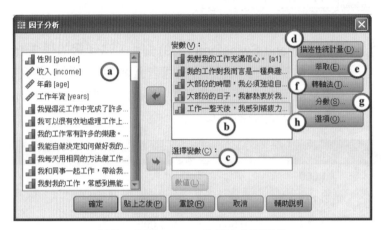

圖①　因素(Factor)分析之主對話盒

Factor對話盒的說明

　　Fcator 程序提供的因素分析會試著找出基本變數（或「因素」），因為這些變數（或因素）可以說明觀察變數組中，所存在的相關型態。因素分析常用於資料縮減，以找出少量的因素來說明大量的明顯變數中所觀察到的變動。亦可使用因素分析，產生跟經常性機制相關的假設，或者篩檢變數，以便日後分析（例如，在線性迴歸分析之前，使用因素分析以避免共線性）。可從功能表選擇分析 (Analyze) > 維度縮減 (Dimension Reduction) > 因子 (Factor)…，以開啟如圖①的對話盒。

ⓐ 來源變數清單 (Source List) 方塊：所有資料檔的變數均會顯示在此清單中。

ⓑ 分析變數清單 (Variables List) 方塊：可從來源變數清單中選取多個變數，按第一個 ▶ 鈕，以進入此清單中。

ⓒ 選擇變數 (Selection Variable) 方塊：可從來源變數清單中選取一個變數，按第二個 ▶ 鈕，以進入此清單中。按一下 數值… 鈕，如圖②所示，以便輸入整數作為選擇數值。

圖②　設定值(Value)次對話盒

ⓓ 描述性統計量… (Descriptives…) 按鈕：可開啟如圖③的次對話盒。

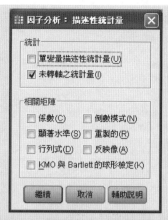

圖③　描述統計量(Descriptives)次對話盒

描述性統計量次對話盒的說明

(1) 統計 (Statistics) 方塊：可選取下列一或多個的統計量數。

　□ 單變量描述性統計量 (Univariate descriptives)：顯示各變數的有效觀察值數目、平均數和標準差。

　□ 未轉軸之統計量 (Initial solution)：此為預設選項，顯示未轉軸前之各變數的共同性、特徵值、和可解說之變異量的百分比。。

(2) 相關矩陣 (Correlation Matrix) 方塊：可選取下列一或多個相關量數。

　□ 係數 (Coefficients)：顯示變數間的相關係數距陣。。

　□ 顯著水準 (Significance level)：顯示相關係數單尾的顯著水準。

　□ 行列式 (Determinent)：顯示相關係數距陣的行列式值。

　□ KMO 與 Bartlett 的球形檢定 (test of sphericity)：Kaiser-Meyer-Olkin 測度指標，用以度量抽樣的適當性，其是比較變數之相關係數與偏相關係數的值，當偏相關係數平方和遠小於相關係數平方和，則 KMO 值會愈趨近於 1，KMO 值小表示兩變數不能以其他變數來解說，此時應用因素分析技術進行分析並不恰當，KMO 值愈大表示較適合應用因素分析技術。Bartlett 球形檢定用以檢定相關矩陣是否為單元矩陣 (identity matrix：對角線的相關係數為 1，其餘為 0)，若是，則不適合應用因素分析技術。

　□ 倒數模式 (Inverse)：顯示相關係數矩陣的反矩陣。

　□ 重製的 (Reproduction)：因素解之中的估計相關矩陣。此矩陣也會顯示殘差 (估計相關和觀察相關之間的差異)。。

　□ 反映像 (Anti-image)：偏相關係數的負值稱為反映像相關係數，若大的反映像相關係數比例高，則不適合應用因素分析技術。在較佳的因素模式中，大多數位於對角線外的元素皆較小，在反映像相關矩陣的對角線上，會顯示變數取樣適當性的量數。同時亦會顯示反映像共變異數矩陣，即負數的偏共變異數。

ⓔ 萃取… (Extraction…) 按鈕：可開啟如圖④的對話盒。

圖④ 萃取(Extraction)次對話盒

萃取次對話盒的說明

(1) 方法 (Method) 下拉式選單：可選取下列其中之一的萃取方法。

主成份 (Principal components)：用於構成觀察變數的無相關之線性組合，第一個
成份的解釋變異量最大，而後續成份的解釋變異量的比例逐漸減少，而且
互不相關。使用主成份分析可取得未轉軸之統計量。當相關矩陣奇異時，
可使用此方法。

未加權最小平方法 (Unweighted least squares)：將觀察值和重製相關矩陣 (忽略對
角線) 之間差異的平方和最小化的因素萃取法。

概化最小平方法 (Generalized least squares)：將觀察值和重製相關矩陣之間差異的
平方和最小化的因子萃取法。系統會使用相關性本身的反向唯一性來予以
加權，因此擁有高唯一性的變數即會獲得較少的加權，而擁有低唯一性的
變數則會獲得較多的加權。

最大概似值 (Maximum likelihood)：若樣本是來自多變量常態分配，則此方法會產
生最可能具有觀察相關矩陣的參數估計值。

主軸因子 (Principal axis factoring)：使用在對角線的複相關係數平方值，作為共同
性的起始估計值，從原始相關矩陣中萃取因素。這些因素負荷量用於估計新
的共同性，以替換在對角線的舊共同性估計值。疊代會一直繼續，直到從上
一個疊代到下一個疊代當中，共同性變更可滿足萃取因子的收斂準則為止。。

Alpha 因素萃取法 (Alpha factoring)：從潛在變數範圍中考量要作為樣本的變數。
此方法會將 alpha 信度的因子最大化。。

映像因素萃取法 (Image factoring)：由 Guttman 根據映像理論所發展，變數的常見
部分稱作偏映像，且會定義為本身在其他變數中的線性迴歸，而非假設因子
函數。

(2) 分析 (Analyze) 方塊：可選取下列其中之一的分析所需的統計量數。

○ 相關矩陣 (Correlation Matrix)：以相關係數矩陣為分析對象。可用於變數有不
同尺度時。

○ 共變異數矩陣 (Covariance Matrix)：以共變異數矩陣為分析對象。可用於每個
變數有不同的變異數之多重群體。

(3) 顯示 (Display) 方塊：可選取下列一或多個統計量數的顯示。

　□ 未旋轉因子解(Unrotated factor solution)：顯示未轉軸之每個變數的因素負荷量、共同性和特徵值。。

　□ 陡坡圖 (Scree plot)：顯示陡坡圖。它是繪出相對於每個因素變異量 (特徵值) 的趨勢圖，此圖是以特徵值遞減方式顯示。陡坡圖是用以判斷因素的數量，基本上該圖中會顯示相鄰之高特徵值的因素與低特徵值的因素的線條斜率會很陡，此點即用以衡量因素的取捨。

(4) 萃取 (Extract) 方塊：可選取下列其中之一的萃取因數量之準則。

　○ 根據特徵值 (Based on Eigenvalue)：選取大於或等於該特徵值的因素。
　　特徵值大於 (Eigenvalue greater than)：輸入右邊方格的特徵值。

　○ 固定因子數目 (Fixed number of factors)：選取等於該數目的因素。
　　要萃取的因子 (Factors to extract)：輸入右邊方格的指定數目。

(5) 收斂最大疊代 (Maximum iterations for Convergence)：可指定在評估因素解時，演算法可執行的步驟數的上限，矩陣疊代的次數，PASW 內定為 25 次。

ⓕ 轉軸法… (Rotation…) 按鈕：可開啟如圖⑤的次對話盒。

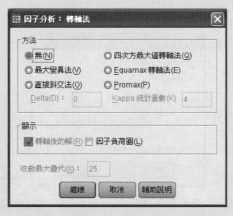

圖⑤　轉軸法(Rotation)次對話盒

轉軸法次對話盒的說明

(1) 方法 (Method) 方塊：可選取下列其中之一的轉軸法。

　○ 無 (None)：不因素轉軸，此為預設選項。

　○ 最大變異法 (Varimax)：正交轉軸法，其用以使每個因素對應之高因素負荷量的變數數目最少，有助於因素的解讀。

　○ 四次方最大值轉軸法 (Quartimax)：正交轉軸法，為一種使每個變數對應的因素數目最少的轉軸方法，有助於變數的解釋。

　○ Equamax 轉軸法 (Equamax)：正交轉軸法，為 Varimax(用以簡化因素) 和 Quartimax(用以簡化變數) 的合併轉軸法。

　○ 直接斜交法 (Direct Oblimin)：非正交轉軸法 (斜交轉軸法)。當選取此項時，下面的輸入方格「Delta」會成作用狀態，可輸入一個小於或等於 0.8 的數值。當輸入為一負值，該值愈小 (即其絕對值愈大)，則斜交情況愈低。

○ Promax 法 (Promax)：斜交轉軸法。其允許因素彼此相關，是一種較直接斜交轉軸法更快運算的方法，有助於處理大量資料的情形。當選取此項時，下面的輸入方格「Kappa」會成作用狀態，可輸入一個數值，用以控制該法的運算。預設值為 4，其適用於大部份的分析。

(2) 顯示 (Display) 方塊：可選取下列一或多個統計量數的顯示。

□ 轉軸後的解 (Rotated solution)：必須選取一轉軸法，此選項才會成作用狀態。對正交轉軸法，此選項會顯示轉軸後因素組型矩陣 (rotated pattern matrix) 和因素轉換矩陣 (factor transformation matrix)。對斜交轉軸法，此選項會顯示轉軸後因素組型矩陣、因素結構距陣 (factor structure matrix) 和因素相關矩陣。

● 因素組型矩陣 (factor pattern matrix) 即為因素負荷矩陣。

● 因素結構矩陣 (factor structure matrix)：為變數與因素的相關係數矩陣。當因素軸是正交時，因素組型矩陣和因素結構矩陣是一樣的。

□因子負荷圖 (Loading plots)：顯示前三個因素之因素負荷量的散佈圖。

(3) 收斂的最大疊代 (Maximum iterations for Convergence)：可指定在轉軸解時，演算法可執行的步驟數的上限，矩陣疊代的次數，PASW 內定為 25 次。

ⓖ 分數⋯ (Scores⋯) 按鈕：。可開啓如圖⑥的次對話盒。

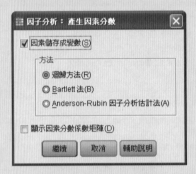

圖⑥　產生因素分數(Factor Scores)次對話盒

產生因數分數次對話盒的說明

可選取下列一或多個選項。

□ 因素儲存成變數 (Save as variable)：此選項會替最後解中的每個因素，分別建立一個新變數。可選取下列其中之一的產生因素分數的方法。

○ 迴歸方法 (None)：產生的因數分數平均數為 0，變異數為複相關係數的平方，此複相關係數為估計的因素分數與因素值的相關係數。當因素是正交時，因素分數也可能顯現相關。

○ Bartlett 法：產生的因數分數平均數為 0，且獨特因素之平方和為最小。

○ Anderson-Rubin 法：為 Bartlett 的修正，其保證因數是正交性。產生的因數分數平均數為 0，變異數為 1，且彼此不相關。

□ 顯示因素分數係數矩陣 (Display factor score coefficient matrix)：顯示因數分數相關係數距陣和共變異數距陣。

ⓗ 選項… (Options…) 按鈕：。可開啓如圖⑦的次對話盒。

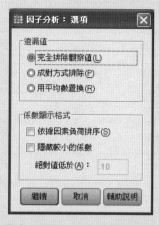

圖⑦　選項(Option)次對話盒

選項次對話盒的說明

(1) 遺漏值 (missing Values) 方塊：可選取下列其中之一處理遺漏值的方法。

　○ 完全排除觀測值 (Exclude cases listwise)：分析時完全去除所有變數的遺漏值。

　○ 成對方式排除 (Exclude cases pairwise)：分析時以每對變數為對象，去除有遺漏值的個案。

　○ 用平均數置換 (Replace with mean)：以平均數取代遺漏值。

(2) 係數顯示格式 (Coefficient Display Format) 方塊：可選取下列一或多個顯示格式。

　□ 依據因素負荷排序 (Sorted by size)：於因素負荷距陣中，依照因素負荷量值的大小排列變數，使某因素對應之具高因素負荷量的變數群聚，以利分析。因素結構距陣中亦同。

　□ 隱藏較小的係數 (Suppress small coefficients)：僅顯示絕對值大於或等於指定值的係數 (因素負荷量)

　　絕對值低於 (Absolute value below)：指定值為介於 0 與 1 之間的數值，預設值為 0.10。

Chapter 22

二因子變異數分析

22-1 如何執行獨立樣本二因子變異數分析？

操作程序

 ➔ 分析 (Analyze) > 一般線性模式 (General Linear Model) > 單變量…(Univariate…)

統計原理

　單因子變異數分析是研究一個因子或自變數對依變數的影響，例如不同教學方法對學業成績的影響是否有顯著差異。而二因子變異數分析則是研究兩個因子或自變數對依變數的影響，例如教學方法 (A 因子) 與教室氣氛 (B 因子) 對教學效果的影響。

(1) 主要效果 (main effect)：各因子個別產生的影響。

(2) 交互作用 (interaction)：一個因子對另一因子的不同水準 (levels) 有不同效果。

(3) 單純主要效果 (simple main effect)：A 因子在 B 因子各水準 (b_j) 之效果以及 B 因子在 A 因子 (a_i) 各水準的效果。

(4) 變異數的分割 (Partition)

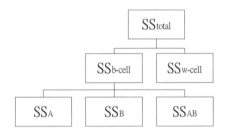

(5) 分析步驟：

如圖 22-1-0 所示，二因子設計之效果分析的準則，首先是考驗交互作用，①當交互作用達顯著時，則考驗單純主要效果 (simple main effects)，並對有顯著者 (p<0.05)，再加以進行細格平均數 (cell means) 之事後比較的考驗分析。②當交互作用不顯著時 (p>0.05)，則考驗各因子的主要效果 (main effects)，並對有顯著者，再加以進行邊緣平均數 (marginal means) 之事後比較的考驗分析。

(6) 變異數分析摘要表

變異數來源	平方和 (SS)	自由度 (df)	均方 (MS)	F 值
A 主要效果	SSA	a-1	MSA=SSA/(a-1)	MSA/MSE
B 主要效果	SSB	b-1	MSB=SSB/(b-1)	MSB/MSE
AB 交互效果	SSAB	(a-1)(b-1)	MSAB=SSAB/[(a-1)(b-1)]	MSAB/MSE
細格內誤差	SSE	ab(n-1)	MSE=SSE/[ab(n-1)]	
總和	SST	N-1		

(7) 二因子設計之優點：

■ 一個二因子設計，可以達到兩個一因子設計之目的，故其結果將節省勞力以及節省時間。

■ 二因子設計，可以反應出二個因子的交互影響。

■ 二因子設計所得結論，其實用的範圍更為廣泛。

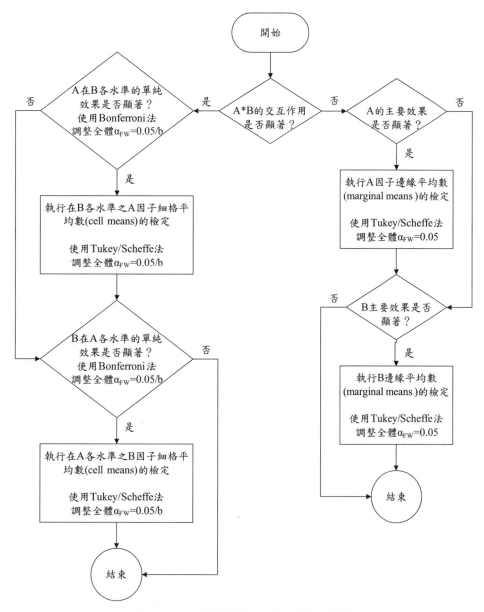

圖22-1-0　二因子設計之效果分析的準則

資料來源：Maxwell & Delaney (1990)

範例22-1-1   獨立樣本二因子變異數分析(交互作用不顯著)

下列資料是不同性別與不同課程對學生學習計算機概論影響的實驗，試進行變異數分析以探討：(1) 不同性別在學習計算機概論是否有顯著差異？(2) 不同課程對學習計算機概論是否有顯著差異？(3) 性別與課程之間是否有交互作用？(α =0.01)

性別	課程別		
	甲	乙	丙
男	10	16	18
	12	12	14
	8	19	17
	14	17	13
	10	15	19
	16	11	15
	15	14	22
	13	10	20
女	8	14	12
	10	10	18
	7	13	14
	9	9	21
	12	17	19
	5	15	17
	8	12	13
	7	8	16

一、分析步驟

0. 開啟資料檔 (2anova.sav)，從功能表中選擇分析 (Analyze) > 一般線性模式 (General Linear Model) > 單變量…(Univariate…)。

1. 如圖 22-1-1 的對話盒所示，從左邊的來源變數清單中，選擇 y 變數進入右邊的依變數 (dependent variable) 方格中、a 及 b 變數進入固定因子 (Fixed Factors) 方塊中。

2. 點按 選項… (Options…) 鈕，開啟如圖 22-1-2 的次對話盒，在顯示 (Display) 方塊中，點選敘述統計 (Descriptive statistics)、同質性檢定 (Homogeneity test)、效果大小估計值 (Estimates of effect size)、觀察的檢定力 (Observed power) 等選項，並在顯著水準 (Significance Level) 方格中輸入 0.01 後，再按 繼續 (Continue) 鈕回到主對話盒。

3. 點按 Post Hoc檢定… (Post Hoc…) 鈕，開啟如圖 22-1-3 的次對話盒，從左邊的因子 (Factors) 中選取 b 變數進入右邊的 Post Hoc 檢定方塊中，並選擇事後比較方法 Scheffe 法，再按 繼續 (Continue) 鈕，回到主對話盒。

4. 點按 圖形… (Plots…) 鈕，開啟如圖 22-1-4 的次對話盒，從左邊的因子 (Factors) 中分別選取 a 變數及 b 變數進入右邊的水平軸 (Horizontal Axis) 方格中，並按 新增 (Add) 鈕，加入下方的圖形 (Plots) 清單中，再按 繼續 (Continue) 鈕回到主對話盒。

5. 點按 確定 (OK) 鈕，即可完成獨立樣本二因子的 ANOVA 考驗。

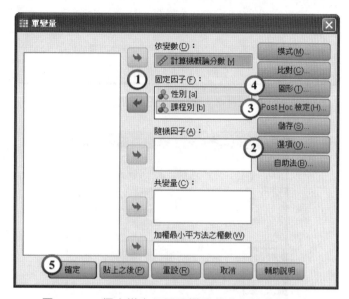

圖22-1-1 獨立樣本二因子變異數分析的主對話盒

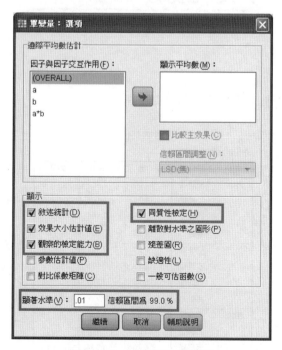

圖22-1-2 選項的次對話盒

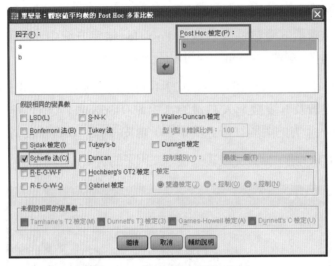

圖22-1-3 事後檢定的次對話盒

圖22-1-4 圖形的次對話盒

二、報表及說明

1. 描述性統計：平均數、標準差、個數等。

敘述統計

依變數:y 計算機概論分數

a 性別	b 課程別	平均數	標準離差	個數	
男	甲課程	12.25	2.765	8	AB 交互作用的 細格平均數
	乙課程	14.25	3.105	8	
	丙課程	17.25	3.105	8	
	總數	14.58	3.550	24	
女	甲課程	8.25	2.121	8	A 因子的邊緣平均數
	乙課程	12.25	3.105	8	
	丙課程	16.25	3.105	8	
	總數	12.25	4.286	24	
總數	甲課程	10.25	3.152	16	B 因子的邊緣平均數
	乙課程	13.25	3.173	16	
	丙課程	16.75	3.044	16	
	總數	13.42	4.068	48	

經由樞軸表的欄列調整並隱藏個數及標準差後如下所示，更能清楚瞭解邊緣平均數及細格平均數之意義。

敘述統計

依變數:y 計算機概論分數

a 性別	b 課程別			
	甲課程	乙課程	丙課程	總數
	平均數	平均數	平均數	平均數
男	12.25	14.25	17.25	14.58
女	8.25	12.25	16.25	12.25
總數	10.25	13.25	16.75	13.42

AB 交互作用的細格平均數

A 因子的邊緣平均數

B 因子的邊緣平均數

2. 變異數同質性考驗：不顯著表示達同質，因此適合進行 ANOVA 分析。

誤差變異量的 Levene 檢定等式[a]

依變數:y 計算機概論分數

F	df1	df2	顯著性
.500	5	42	.775

檢定各組別中依變數誤差變異量的虛無假設是相等的。

a. Design: 截距 + a + b + a * b

3. 變異數分析：A 因子及 B 因子均達顯著差異。

受試者間效應項的檢定

依變數:y 計算機概論分數

來源	型 III 平方和	df	平均平方和	F	顯著性	淨相關 Eta 平方	Noncent. 參數	觀察的檢定能力[b]
校正後的模式	422.667[a]	5	84.533	10.001	.000	.544	50.006	.998
截距	8640.333	1	8.640E3	1022.237	.000	.961	1022.237	1.000
a	65.333	1	65.333	7.730	.008	.155	7.730	.538
b	338.667	2	169.33	20.034	.000	.488	40.068	.999
a * b	18.667	2	9.333	1.104	.341	.050	2.208	.084
誤差	355.000	42	8.452					
總數	9418.000	48						
校正後的總數	777.667	47						

a. R 平方 = .544 (調過後的 R 平方 = .489)

b. 使用 alpha = .01 計算

4. 事後比較 (平均數差異)：僅甲丙及乙丙課程達 0.01 顯著水準，顯示丙課程 > 甲課程、丙課程 > 乙課程。

多重比較

y 計算機概論分數
Scheffe 法

(I) 課程別	(J) 課程別	平均差異 (I-J)	標準誤差	顯著性	99% 信賴區間	
					下界	上界
甲課程	乙課程	-3.00	1.028	.021	-6.30	.30
	丙課程	-6.50*	1.028	.000	-9.80	-3.20
乙課程	甲課程	3.00	1.028	.021	-.30	6.30
	丙課程	-3.50*	1.028	.006	-6.80	-.20
丙課程	甲課程	6.50*	1.028	.000	3.20	9.80
	乙課程	3.50*	1.028	.006	.20	6.80

根據觀察值平均數。
誤差項為平均平方和 (錯誤) = 8.452。

*. 平均差異在 .01 水準是顯著的。

5. 事後比較 (同質組)：僅甲乙同組，亦即顯示丙課程 > 甲課程、丙課程 > 乙課程。

y 計算機概論分數

Scheffe 法[a,b]

課程別	個數	子集	
		1	2
甲課程	16	10.25	
乙課程	16	13.25	
丙課程	16		16.75
顯著性		.021	1.000

顯示的是同質子集中組別的平均數。
根據觀察值平均數。
誤差項為平均平方和 (錯誤) = 8.452。

a. 使用調和平均數樣本大小 = 16.000。

b. Alpha = .01

6. 繪製 A 因子及 B 因子平均數的剖面圖。

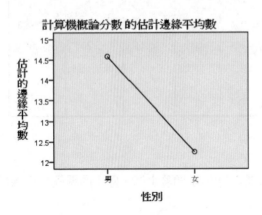

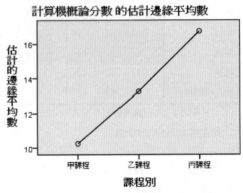

三、分析結果及解釋

　　如表 1 所示，由變異數分析摘要表中顯示出性別與課程的交互作用未達顯著之水準 ($F=1.10$，$p > 0.01$)；而進一步對主要效果的考驗則發現性別之間有顯著的差異 ($F=7.73$，$p < 0.01$)，再從平均數摘要表來看，如表 2 顯示男學生在計算機概論的學習成績 ($M=14.58$) 顯然優於女學生的學習成績 ($M=12.25$)。另外，課程之間的差異亦達顯著水準 ($F=20.03$，$p < 0.01$)，因此，乃進一步進行事後考驗，結果如事後比較摘要表，如表 3 顯示學生在丙課程的學習成績 ($M=16.75$) 顯然分別高於甲課程 ($M=10.25$)、乙課程 ($M=13.25$)。

表 1　獨立樣本二因子變異數分析摘要表 (交互作用不顯著)

變異來源	SS	df	MS	F	事後比較 (Scheffe 法)
性別 (A)	65.33	1	65.33	7.73**	男 > 女
課程 (B)	338.67	2	169.33	20.03**	丙 > 甲、乙
交互作用 (A*B)	18.67	2	9.33	1.10	
誤差	355.00	42	8.45		
總和	777.67	47			

$$**p < 0.01$$

表 2　A 因子平均數、人數摘要表

性別 (A)	男	女
平均數 (M)	14.58	12.25
人　數 (N)	24	24

表 3　B 因子平均數、人數摘要表

課程 (B)	甲	乙	丙
平均數 (M)	10.25	13.25	16.75
人　數 (N)	16	16	16

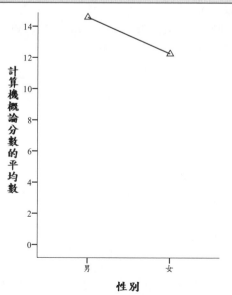

圖1　A因子平均數的剖面圖

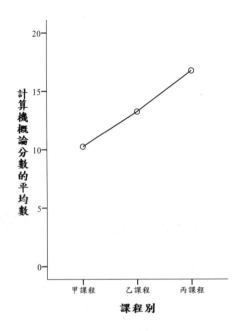

圖2　B因子平均數的剖面圖

四、撰寫程式

程序語法：獨立樣本單因子變異數分析

(1) 在單變量 (Univariate) 對話盒中按 貼上之後 (Paste) 鈕，即可貼出語法如下：

```
UNIANOVA y BY a b
   /METHOD=SSTYPE(3)
   /INTERCEPT=INCLUDE
   /POSTHOC=b(SCHEFFE)
   /PLOT=PROFILE(a b)
   /PRINT=OPOWER ETASQ HOMOGENEITY DESCRIPTIVE
   /CRITERIA=ALPHA(.01)
   /DESIGN=a b a*b.
```

範例22-1-2　獨立樣本二因子變異數分析(交互作用顯著)

　　某研究者想瞭解不同性別與不同社經背景對智力測驗成績是否有影響，下表是收集 48 位受試者的資料，試進行變異數分析以探討：(1) 不同性別在智力測驗成績是否有顯著差異？(2) 不同社經背景在智力測驗成績是否有顯著差異？(3) 性別與社經背景是否有交互作用？(α =0.01)。

性別 (A)	社經背景 (B)					
	低 (b1)		中 (b2)		高 (b3)	
男 (a1)	32	28	28	26	36	46
	27	23	31	33	47	39
	22	25	24	27	42	43
	19	21	25	25	35	40
女 (a2)	18	16	27	25	24	26
	22	19	31	32	27	30
	20	24	27	26	33	32
	25	31	25	24	25	29

一、執行整體變異數分析

(一) 分析步驟

0. 開啓資料檔 (2anovai.sav)，從功能表中選擇分析 (Analyze) > 一般線性模式 (General Linear Model) > 單變量…(Univariate…)。

1. 如圖 22-1-5 的對話盒所示，從左邊的來源變數清單中，選擇 y 變數進入右邊的依變數 (dependent variable) 方格中、a 及 b 變數進入固定因子 (Fixed Factors) 方塊中。

2. 點按 選項… (Options…) 鈕，開啓如圖 22-1-6 的次對話盒，在顯示 (Display) 的方塊中，點選敘述統計 (Descriptive statistics) 選項，再按 繼續 (Continue) 鈕回到主對話盒。

3. 點按 圖形… (Plots…) 鈕，開啓如圖 22-1-7 的次對話盒，首先從左邊的因子 (Factors) 中選取 a 變數進入右邊的水平軸 (Horizontal Axis) 方格中，b 變數進入個別線 (Separate Lines) 方格中，並按新增 (Add) 鈕，加入下方的圖形 (Plots) 清單中。其次是選取 b 變數進入水平軸 (Horizontal Axis) 方格中，a 變數進入個別線 (Separate Lines) 方格中，並按 新增 (Add) 鈕，再加入下方的圖形 (Plots) 清單中，最後再按 繼續 (Continue) 鈕回到主對話盒。

4. 點按 確定 (OK) 鈕，即可完成獨立樣本二因子的 ANOVA 考驗。

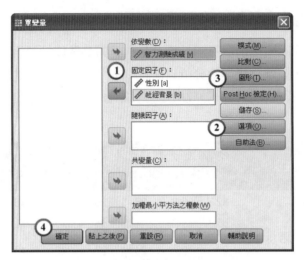

圖22-1-5　獨立樣本二因子變異數分析的對話盒

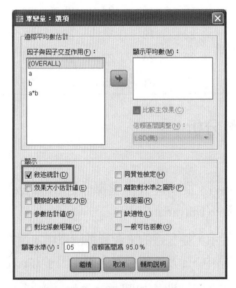

圖22-1-6　選項的次對話盒

圖22-1-7　圖形的次對話盒

(二) 報表及說明

1. 描述性統計：細格平均數、邊緣平均數等。

敘述統計

依變數:y 智力測驗成績

a 性別	b 社經背景			
	低	中	高	總數
	平均數	平均數	平均數	平均數
男	24.63	27.38	41.00	31.00
女	21.88	27.13	28.25	25.75
總數	23.25	27.25	34.63	28.38

2. 變異數分析：AB 交互作用達顯著水準。

受試者間效應項的檢定

依變數:y 智力測驗成績

來源	型 III 平方和	df	平均平方和	F	顯著性
校正後的模式	1746.250[a]	5	349.250	23.621	.000
截距	38646.750	1	38646.750	2613.790	.000
a	330.750	1	330.750	22.370	.000
b	1065.500	2	532.750	36.031	.000
a * b	350.000	2	175.000	11.836	.000
誤差	621.000	42	14.786		
總數	41014.000	48			
校正後的總數	2367.250	47			

a. R 平方 = .738 (調過後的 R 平方 = .706)

3. A 因子與 B 因子的細格平均數之交互作用圖。

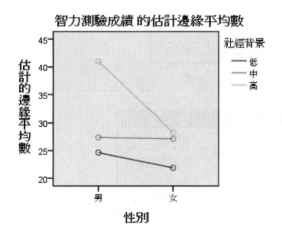

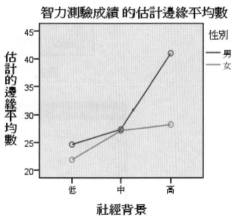

二、執行單純主要效果考驗

★A在B各水準之單純主要效果分析

(一) 分析步驟

0. 從功能表中選擇資料 (Data) > 分割檔案 (Split File…)。

1. 如圖 22-1-8 的主對話盒所示，選擇比較群組 (Compare groups) 選項，並從左邊的來源變數清單中，選擇 b 變數進入右邊的依此群組 (Groups Based on) 方塊中，並按 [確定] (OK) 鈕以執行檔案分割。

2. 從功能表中選擇分析 (Analyze) > 比較平均數法 (Compare Means) > 單因子變異數分析…(One-Way ANOVA…)。

3. 如圖 22-1-9 的主對話盒所示，從左邊的來源變數清單中，選擇 y 變數進入右邊的依變數清單 (Dependent List) 方塊中、a 變數進入因子 (Factor) 方格中，並按 [確定] (OK) 鈕。

4. 從功能表中選擇資料 (Data) > 分割檔案 (Split File…)。

5. 如圖 22-1-10 的主對話盒所示，從左邊的來源變數清單中，選擇分析所有觀察值 (Analyze all cases) 選項，並按 [確定] (OK) 鈕，以結束檔案分割。

圖22-1-8　依B因子分割檔案

圖22-1-9　執行A因子的單因子ANOVA

圖22-1-10 分析完後,即刻結束分割檔案。

(二) 報表及說明

ANOVA

y 智力測驗成績

b 社經背景		平方和	自由度	平均平方和	F	顯著性
低	組間	30.250	1	30.250	1.487	.243
	組內	284.750	14	20.339		
	總和	315.000	15			
中	組間	.250	1	.250	.027	.871
	組內	128.750	14	9.196		
	總和	129.000	15			
高	組間	650.250	1	650.250	43.872	.000
	組內	207.500	14	14.821		
	總和	857.750	15			

★B在A各水準之單純主要效果分析

(一) 分析步驟

0. 從功能表中選擇資料 (Data) > 分割檔案 (Split File⋯)。

1. 如圖 22-1-11 的主對話盒所示,選擇比較群組 (Compare groups) 選項,並從左邊的來源變數清單中,選擇 a 變數進入右邊的依此群組 (Groups Based on) 方塊中,並按 確定 (OK) 鈕以執行檔案分割。

2. 從功能表中選擇分析 (Analyze) > 比較平均數法 (Compare Means) > 單因子變異數分析⋯(One-Way ANOVA⋯)。

3. 如圖 22-1-12 的主對話盒所示,從左邊的來源變數清單中,選擇 y 變數進入右邊的依變數清單 (Dependent List) 方塊中、b 變數進入因子 (Factor) 方格中,點按 Post Hoc檢定⋯ (Post Hoc⋯) 鈕,開啟如圖 22-1-13 的次對話盒,點選 Scheffe 法,並於顯著水準 (Significance level) 的方格中更改為 0.01,再按 確定 (OK) 鈕。

4. 從功能表中選擇資料 (Data) > 分割檔案 (Split File…)。

5. 如圖 22-1-14 的主對話盒所示，從左邊的來源變數清單中，選擇分析所有觀察值 (Analyze all cases) 選項，並按 確定 (OK) 鈕，以結束檔案分割。

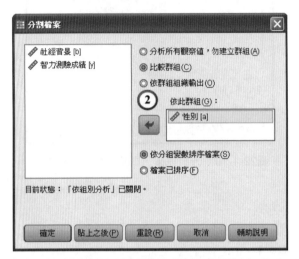

圖22-1-11　依A因子分割檔案

圖22-1-12　執行B因子的單因子ANOVA

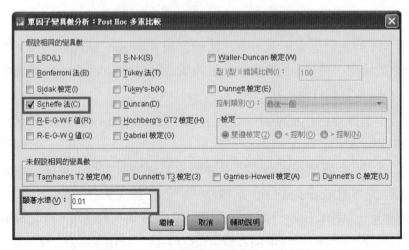

圖22-1-13　選擇B因子事後比較的方法

圖21-1-14　分析完後，即刻結束分割檔案。

(二) 報表及說明

1. B 在 A 因子各準的單純主要效果分析。

ANOVA

y 智力測驗成績

a 性別		平方和	自由度	平均平方和	F	顯著性
男	組間	1230.250	2	615.125	39.413	.000
	組內	327.750	21	15.607		
	總和	1558.000	23			
女	組間	185.250	2	92.625	6.633	.006
	組內	293.250	21	13.964		
	總和	478.500	23			

2. B 在 A1 及 B 在 A2 的事後比較。

多重比較

y 智力測驗成績
Scheffe 法

a 性別	(I) b 社經背景	(J) b 社經背景	平均差異 (I-J)	標準誤	顯著性	99% 信賴區間 下界	99% 信賴區間 上界
男	低	中	-2.750	1.975	.396	-9.47	3.97
		高	-16.375*	1.975	.000	-23.09	-9.66
	中	低	2.750	1.975	.396	-3.97	9.47
		高	-13.625*	1.975	.000	-20.34	-6.91
	高	低	16.375*	1.975	.000	9.66	23.09
		中	13.625*	1.975	.000	6.91	20.34
女	低	中	-5.250	1.868	.035	-11.60	1.10
		高	-6.375*	1.868	.010	-12.73	-.02
	中	低	5.250	1.868	.035	-1.10	11.60
		高	-1.125	1.868	.836	-7.48	5.23
	高	低	6.375*	1.868	.010	.02	12.73
		中	1.125	1.868	.836	-5.23	7.48

*. 平均差異在 0.01 水準是顯著的。

3. 事後比較的平均數同質組。

a 性別=男

Scheffe 法[a]

b 社經背景	個數	alpha = 0.01 的子集	
		1	2
低	8	24.63	
中	8	27.38	
高	8		41.00
顯著性		.396	1.000

顯示的是同質子集中組別的平均數。
a. 使用調和平均數樣本大小 = 8.000。

a 性別=女

Scheffe 法[a]

b 社經背景	個數	alpha = 0.01 的子集	
		1	2
低	8	21.88	
中	8	27.13	27.13
高	8		28.25
顯著性		.035	.836

顯示的是同質子集中組別的平均數。
a. 使用調和平均數樣本大小 = 8.000。

三、分析結果及解釋

由表 1 的變異數分析摘要表，顯示出性別與社經背景的交互作用達顯著之水準 (F=11.84，p < 0.01)。亦即，不同性別是否影響受試者的智力測驗成績，必須視受試者的社經背景而定。當二因子變異數分析的交互作用達顯著時，通常可利用交互作用圖 (interaction graph) 及單純主要效果 (simple main effects) 來瞭解其間的性質與差異。如圖 1 及圖 2 所示，即為利用細格內平均數繪製而成的交互作用圖。由表 3 的單純主要效果分析摘要表中，顯示不同性別的受試者在高社經背景下，智力測驗成績有顯著的差異 (F(b3)=43.98，p < 0.01)，再由平均數來看，男生的智力成績 (M=41.00) 顯然高於女生 (M=28.25)。另外，由表 4 的單純主要效果分析摘要表中，顯示不同社經背景的受試者亦分別在男生、女生均有顯著的差異 (F(a1)=41.60，p < 0.01；F(a2)=6.25，p < 0.01)，因此，進一步進行 Scheffe 法事後考驗，結果發現在男生受試者方面，高社經背景的智力成績 (M=41.00) 分別顯著高於中社會背景者 (M=27.38)、低社經背景者 (M=24.63)；而在女生受試者方面，則僅高社經背景者的智力成績 (M=28.25)，顯然高於低社經背景者 (M=21.88)。

表 1　獨立樣本二因子變異數分析摘要表

變異來源	SS	df	MS	F
性別 (A)	330.75	1	330.75	22.37**
社經背景 (B)	1065.50	2	532.75	6.03**
交互作用 (A*B)	350.00	2	175.00	11.84**
誤差	621.00	42	14.79	
總和	2367.25	47		

**p < 0.01

表 2　平均數、人數摘要表

性別 (A)		社經背景 (B)			
		低 (b1)	中 (b2)	高 (b3)	合計
男 (a1)	M	24.63	27.38	41.00	31.00
	N	8	8	8	24
女 (a2)	M	21.88	27.13	28.25	25.75
	N	8	8	8	24
合計	M	23.25	27.25	34.63	28.38
	N	16	16	16	48

表 3　A 因子在 B 各水準的單純主要效果分析摘要表

研究變項	男生 (n=24)		女生 (n=24)		F 值
	平均數 (M)	標準差 (SD)	平均數 (M)	標準差 (SD)	
性別 (A) 在 低社經背景 (b1)	24.63	4.24	21.88	4.76	1.49
性別 (A) 在 中社經背景 (b2)	27.38	3.16	27.13	2.90	0.03
性別 (A) 在 高社經背景 (b3)	41.00	4.34	28.25	3.28	43.87 ***

***p<0.001

表 4　B 因子在 A 各水準的單純主要效果分析摘要表

單純主要效果	(1) 低社經背景 (n=16)		(2) 中社經背景 (n=16)		(3) 高社經背景 (n=16)		F 值		Scheffe 法 事後比較
	平均數 (M)	標準差 (SD)	平均數 (M)	標準差 (SD)	平均數 (M)	標準差 (SD)			
社經背景 (B) 在男生 (a1)	24.63	4.24	27.38	3.16	41.00	4.34	39.41	***	(3)>(2),(1)
社經背景 (B) 在女生 (a2)	21.88	4.76	27.13	2.90	28.25	3.28	6.63	**	(3)>(1)

**p<0.01, ***p<0.001

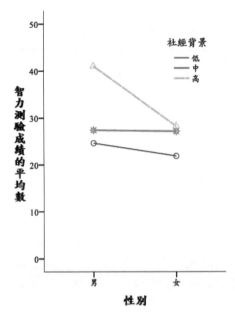

圖1　B因子在A各水準的交互作用圖

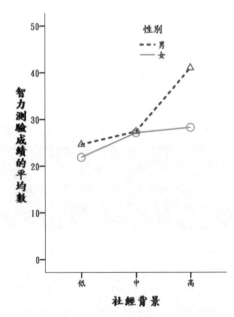

圖2　A因子在B各水準的交互作用圖

四、撰寫程式

程序語法：獨立樣本二因子變異數分析(交互作用顯著)

```
*執行獨立樣本二因子ANOVA分析.
UNIANOVA  y  BY a b            /*界定依變數BY自變數
  /METHOD = SSTYPE(3)
  /INTERCEPT = INCLUDE
  /PRINT = DESCRIPTIVE         /*印出平均數、標準差的描述性統計
  /PLOT = PROFILE( a*b b*a )    /*繪製交互作用圖
  /CRITERIA = ALPHA(.01)       /*設定顯著水準
  /DESIGN = a b a*b .          /*界定分析模式.


*A在B各水準的單純主要效果分析.
SORT CASES BY b .
SPLIT FILE  LAYERED BY b .       /*以B因子分割檔案.
ONEWAY  y BY a.                  /*執行A單因子變異數分析.
SPLIT FILE  OFF.                 /*關閉分割檔案，恢復資料檔原狀.


*B在A各水準的單純主要效果分析.
SORT CASES BY a .
SPLIT FILE  LAYERED BY a .        /*以A因子分割檔案.
ONEWAY  y BY b
  /POSTHOC = SCHEFFE ALPHA(.01).  /*執行B單因子變異數分析.
SPLIT FILE  OFF.                  /*關閉分割檔案，恢復資料檔原狀.
```

五、獨立樣本二因子ANOVA單純主要效果的另解

(一) 以MANOVA程序解獨立樣本二因子ANOVA的單純主要效果

1. 撰寫程式

```
*MANOVA程序解二因子獨立樣本單純主要效果分析 .
MANOVA y BY a(1,2) b(1,3)
  /PRINT=CELLINFO (MEANS) SIGNIF(EFSIZE)    /*計算效果大小
  /POWER=F(0.01)    /*計算檢定力
  /ERROR=WITHIN
  /DESIGN      /*二因子ANOVA分析
  /DESIGN=a WITHIN b(1), a WITHIN b(2), a WITHIN b(3)    /* A在B各水
準的單純主要效果分析
  /DESIGN=b WITHIN a(1), b WITHIN a(2).             /*B在A各水準
的單純主要效果分析.
```

2. 輸出報表

(1) 二因子變異數異數分析

```
Tests of Significance for y using UNIQUE sums of squares
Source of Variation        SS      DF      MS         F  Sig of F

WITHIN CELLS            621.00      42    14.79
a                       330.75       1   330.75    22.37    .000
b                      1065.50       2   532.75    36.03    .000
a BY b                  350.00       2   175.00    11.84    .000

(Model)                1746.25       5   349.25    23.62    .000
(Total)                2367.25      47    50.37

R-Squared =          .738
Adjusted R-Squared =  .706


- - - - - - - - - - - - - - - - - - - - - - - - - - - - - - - -

Effect Size Measures and Observed Power at the .0100 Level
                       Partial Noncen-
Source of Variation    ETA Sqd trality    Power

a                      .34752 22.3696     .975
b                      .63178 72.0628    1.000
a BY b                 .36045 23.6715     .955
```

(2) A 在 B 各水準的單純主要效果分析

```
Tests of Significance for y using UNIQUE sums of squares
Source of Variation        SS      DF      MS         F  Sig of F

WITHIN CELLS            621.00      42    14.79
A WITHIN B(1)            30.25       1    30.25     2.05    .160
A WITHIN B(2)             .25        1     .25       .02    .897
A WITHIN B(3)           650.25       1   650.25    43.98    .000


- - - - - - - - - - - - - - - - - - - - - - - - - - - - - - - -

Effect Size Measures and Observed Power at the .0100 Level
                       Partial Noncen-
Source of Variation    ETA Sqd trality    Power

A WITHIN B(1)          .04645 2.04589     .116
A WITHIN B(2)          .00040  .01691     .003
A WITHIN B(3)          .51150 43.9783    1.000
```

(3) B 在 A 各水準的單純主要效果分析

```
Tests of Significance for y using UNIQUE sums of squares
Source of Variation        SS      DF       MS        F  Sig of F

WITHIN CELLS             621.00    42     14.79
B WITHIN A(1)           1230.25     2    615.13    41.60    .000
B WITHIN A(2)            185.25     2     92.63     6.26    .004


- - - - - - - - - - - - - - - - - - - - - - - - - - - - - - -

Effect Size Measures and Observed Power at the .0100 Level
                         Partial Noncen-
Source of Variation     ETA Sqd trality    Power

B WITHIN A(1)           .66455 83.2053     1.000
B WITHIN A(2)           .22977 12.5290      .682
```

(二) 以GLM程序解獨立樣本二因子ANOVA的單純主要效果

1. 撰寫程式

```
*GLM程序解二因子獨立樣本單純主要效果分析 .
GLM y BY a b
  /PRINT = DESCRIPTIVE HOMOGENEITY ETASQ OPOWER   /*輸出同質性考驗、效
果大小及檢定力
  /PLOT = PROFILE( a*b b*a )   /*繪製交互作用圖
  /EMMEANS TABLES(a*b) COMPARE(a)  ADJ(BONFERRONI)   /*A在B各水準的單
純主要效果分析
  /EMMEANS TABLES(a*b) COMPARE(b)  ADJ(BONFERRONI)   /*B在A各水準的單
純主要效果分析
  /CRITERIA ALPHA(.01).   /*設定檢定的 α 值.
```

2. 輸出報表

(1) 二因子變異數異數分析

敘述統計

依變數:y 智力測驗成績

a 性別	b 社經背景			
	低	中	高	總數
	平均數	平均數	平均數	平均數
男	24.63	27.38	41.00	31.00
女	21.88	27.13	28.25	25.75
總數	23.25	27.25	34.63	28.38

誤差變異量的 Levene 檢定等式[a]

依變數:y 智力測驗成績

F	df1	df2	顯著性
.669	5	42	.649

檢定各組別中依變數誤差變異量的虛無假設是相等的。

a. Design: 截距 + a + b + a * b

受試者間效應項的檢定

依變數:y 智力測驗成績

來源	型 III 平方和	df	平均平方和	F	顯著性	淨相關 Eta 平方	Noncent. 參數	觀察的檢定能力[b]
校正後的模式	1746.250[a]	5	349.250	23.621	.000	.738	118.104	1.000
截距	38646.750	1	38646.750	2613.790	.000	.984	2613.790	1.000
a	330.750	1	330.750	22.370	.000	.348	22.370	.975
b	1065.500	2	532.750	36.031	.000	.632	72.063	1.000
a * b	350.000	2	175.000	11.836	.000	.360	23.671	.955
誤差	621.000	42	14.786					
總數	41014.000	48						
校正後的總數	2367.250	47						

a. R 平方 = .738 (調過後的 R 平方 = .706)

b. 使用 alpha = .01 計算

(2) A 在 B 各水準的單純主要效果分析

單變量檢定

依變數:y 智力測驗成績

社經背景		平方和	df	平均平方和	F	顯著性	淨相關Eta平方	Noncent. 參數	觀察的檢定能力[a]
低	對比	30.250	1	30.250	2.046	.160	.046	2.046	.115
	誤差	621.000	42	14.786					
中	對比	.250	1	.250	.017	.897	.000	.017	.011
	誤差	621.000	42	14.786					
高	對比	650.250	1	650.250	43.978	.000	.512	43.978	1.000
	誤差	621.000	42	14.786					

每個 F 會檢定 性別 (顯示其他效果的每個層級組合) 的簡單效果。這些檢定根據所估計邊緣平均數的線性獨立成對比較而定。

a. 使用 alpha = .01 計算

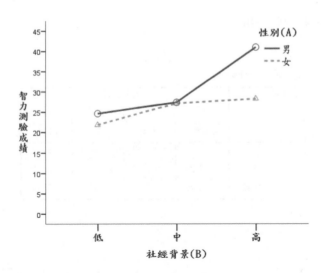

(3) B 在 A 各水準的單純主要效果分析及事後比較

單變量檢定

依變數:y 智力測驗成績

性別		平方和	df	平均平方和	F	顯著性	淨相關 Eta 平方	Noncent. 參數	觀察的檢定能力[a]
男	對比	1230.250	2	615.125	41.603	.000	.665	83.205	1.000
	誤差	621.000	42	14.786					
女	對比	185.250	2	92.625	6.264	.004	.230	12.529	.682
	誤差	621.000	42	14.786					

每個 F 會檢定 社經背景 (顯示其他效果的每個層級組合) 的簡單效果。這些檢定根據所估計邊緣平均數的線性獨立成對比較而定。

a. 使用 alpha = .01 計算

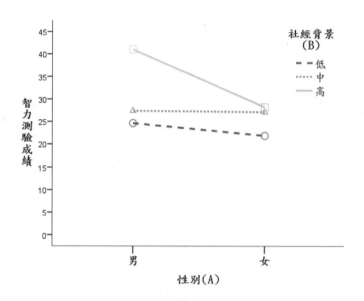

成對比較

依變數:y 智力測驗成績

性別	(I) 社經背景	(J) 社經背景	平均差異 (I-J)	標準誤差	顯著性[a]	差異的 99% 信賴區間[a] 下界	差異的 99% 信賴區間[a] 上界
男	低	中	-2.750	1.923	.480	-8.734	3.234
		高	-16.375*	1.923	.000	-22.359	-10.391
	中	低	2.750	1.923	.480	-3.234	8.734
		高	-13.625*	1.923	.000	-19.609	-7.641
	高	低	16.375*	1.923	.000	10.391	22.359
		中	13.625*	1.923	.000	7.641	19.609
女	低	中	-5.250	1.923	.028	-11.234	.734
		高	-6.375*	1.923	.006	-12.359	-.391
	中	低	5.250	1.923	.028	-.734	11.234
		高	-1.125	1.923	1.000	-7.109	4.859
	高	低	6.375*	1.923	.006	.391	12.359
		中	1.125	1.923	1.000	-4.859	7.109

根據估計的邊緣平均數而定

a. 調整多重比較：Bonferroni。

*. 平均差異在 .01 水準是顯著的。

(三) 分析結果及說明

　　由表 2 的變異數分析摘要表，顯示出性別與社經背景的交互作用達顯著之水準 (F=11.84，p < 0.01)，其效果大小 (淨 η^2) 達 36.05%。亦即，不同性別是否影響受試者的智力測驗成績，必須視受試的社經背景而定，而由單純主要效果分析，結果顯示不同性別的受試者在高社經背景下，智力測驗成績有顯著的差異 ($F_{(b3)}$=43.98，p < 0.01)，其效果大小 (淨 η^2) 達 51.15%，再由表 1 的平均數摘要表來看，男生的智力成績 ($M_{(a1b3)}$=41.00) 顯然高於女生 ($M_{(a2b3)}$=28.25)。另外，不同社經背景的受試者亦分別在男生、女生均有顯著的差異 ($F_{(a1)}$=41.60，p < 0.01；$F_{(a2)}$=6.25，p < 0.01)，其效果大小 (淨 η^2) 分別達 66.46% 及 22.98%，因此進一步以 Bonferroni 法進行事後考驗，結果發現在男生受試者方面，高社經背景的智力成績 ($M_{(a1b3)}$=41.00) 分別顯著高於中社會背景者 ($M_{(a1b2)}$=27.38)、低社經背景者 ($M_{(a1b1)}$=24.63)；而在女生受試者方面，則僅高社經背景者的智力成績 ($M_{(a2b3)}$=28.25)，顯然高於低社經背景者 ($M_{(a2b1)}$=21.88)。

表 1　不同性別與社經背景之學生在智力測驗成績的描述性統計

| 性別 (A) | 社經背景 (B) | | | | | | | |
| | 低 (b1) | | 中 (b2) | | 高 (b3) | | 合計 | |
	平均數 (M)	標準差 (SD)	平均數 (M)	標準差 (SD)	平均數 (M)	標準差 (SD)	平均數 (M)	標準差 (SD)
男 (a1)	24.63	4.24	27.38	3.16	41.00	4.34	31.00	8.23
女 (a2)	21.88	4.76	27.13	2.90	28.25	3.28	25.75	4.56
合計	23.25	4.58	27.25	2.93	34.63	7.56	28.38	7.10

表 2　不同性別與社經背景之學生在智力測驗成績的二因子 ANOVA 摘要表

變異來源	SS	df	MS	F		淨 η^2	事後比較
性別 (A)	330.75	1	330.75	22.37	***	0.3475	
社經背景 (B)	1065.50	2	532.75	36.03	***	0.6318	
交互作用 (A*B)	350.00	2	175.00	11.84	***	0.3605	
性別 (A) 在低社經背景 (b1)	30.25	1	30.25	2.05		0.0464	
性別 (A) 在中社經背景 (b2)	0.25	1	0.25	0.02		0.0004	
性別 (A) 在高社經背景 (b3)	650.25	1	650.25	43.98	***	0.5115	男＞女
社經背景 (B) 在男生 (a1)	1230.25	2	615.12	41.60	***	0.6646	高＞中、低
社經背景 (B) 在女生 (a2)	185.25	2	92.62	6.26	**	0.2298	高＞低
誤差	621.00	42	14.79				

**p<0.01, ***p<0.001

牛刀小試　Try for yourself

TFY 22-1-1 · 共有 30 位受試者隨機分派到如下表所示的六個實驗情境中，在授課結束後，量測受試者的瞭解程度。試探討：(1) 不同授課方式 (A 因子) 對受試者的瞭解程度是否有顯著差異？(2) 不同課程種類 (B 因子) 對受試者的瞭解程度是否有顯著差異？(3) 授課方式 (A) 與課程種類 (B) 是否有交互作用？(α =0.01)。

授課方式 (A)	課程種類 (B)					
	統計 (b1)		英文 (b2)		歷史 (b3)	
傳統式 (a1)	44	18	47	37	46	21
	48	32	42	42	40	30
	35	27	39	33	29	20
電腦式 (a2)	53	42	13	10	45	36
	49	51	16	11	41	35
	47	34	16	6	38	33

TFY 22-1-2 · 共有 45 位不同職別的警察參與專業教育訓練的實驗，受試者依職別隨機分派到如下表所示的三個訓練週期中，在訓練結束後，量測其工作績效。試探討：(1) 不同職務級別 (A 因子) 之警察的工作績效是否有顯著差異？(2) 不同訓練週期 (B 因子) 之警察的工作績效是否有顯著差異？(3) 職務級別 (A) 與訓練週期 (B) 是否有交互作用？(α =0.01)。

職務級別 (A)	訓練週期 (B)		
	五週 (b1)	十週 (b2)	十五週 (b3)
高階警官 (a1)	24, 33, 37, 29, 42	44, 36, 25, 27, 43	38, 29, 28, 47, 48
中階警官 (a2)	30, 21, 39, 26, 34	35, 40, 27, 31, 22	26, 27, 36, 46, 45
基層警察 (a3)	21, 18, 10, 31, 20	41, 39, 50, 36, 34	42, 52, 53, 49, 64

Do your best

DYB 22-1 · 巧克力與幽默感對憂鬱感的效果

某研究者有興趣於巧克力對憂鬱感的效果，其認為巧克力對憂鬱感會產生有益的效果，無論如何，他相信這種有益的效果僅對於無幽默感的人會產生作用。為檢定此基本構思，乃隨機分派 30 位受試者於自變數為巧克力劑量 (A) 的三個水準 (levels)：10 位受試者是獲得高劑量的巧克力、10 位受試者是獲得低劑量的巧克力、而 10 位受試者則是未獲得巧克力。每一位受試者也分別分派到第二個自變數為幽默感 (B) 的二個水準之一，如下表資料所示。受試者是依據 Puns 與 Quips 的感恩測驗 (Appreciation Test) 的分數加以分類成有、無幽默感，而依變數則是憂鬱量表 (Depression Questionnaire) 所測得的分數，高分數係反應出有較高的憂鬱傾向。

研究者預測在巧克力劑量 (A) 與幽默感 (B) 之間具有交互作用，特別是對於有幽默感的受試者發現巧克力劑量對憂鬱感沒有效果；其預測對於無幽默感的受試者發現巧克力劑量對憂鬱感有顯著的效果。更且，其預測沒有展現幽默感的受試者中，獲得低或高劑量巧克力者之憂鬱感平均數顯著低於未獲得巧克力者；而對於沒有展現幽默感的受試者中，獲得高劑量巧克力者之憂鬱感平均數顯著低於獲得低劑量巧克力者。

請使用 ANOVA 來檢定該研究者的所有預測？(α =0.01)

巧克力劑量 (A)	幽默感 (B)	
	無幽默感 (b1)	有幽默感 (b2)
無 (a1)	28,34,27,31,33	15,18,19,22,14
低劑量 (a2)	15,25,17,23,25	18,26,17,20,25
高劑量 (a3)	11,15,8,9,12	14,16,20,19,16

22-2　如何執行混合設計二因子變異數分析？

操作程序

 → 分析 (Analyze) > 一般線性模式 (General Linear Model) > 重複量數…(Repeated measures…)

統計原理

重複量數二因子變異數分析有兩種情形：因子中有一個因子重複測量 (混合設計 ，mixed design)、兩個因子皆重複測量。首先說明混合設計變異數分析的變異來源、自由度及 F 值如下：

(1) 變異數的分割

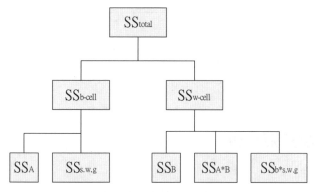

(註：s.w.g 係 Subject within group)

(2) 變異數分析摘要表

變異來源	自由度	F 值
受試者間		
A(因子)	a-1	$F_a = MS_{a/MS_{a \times s}}$
群內受試 (A*S)	n-a	
受試者內		
B(因子)	(b-1)	$F_b = MS_b / MS_{a \times b \times s}$
A×B(交互作用)	(a-1)(b-1)	$F_{a \times b} = MS_{a \times b} / MS_{a \times b \times s}$
B× 群內受試	(b-1)(n-a)	

(註：n 為細格內人數)

範例22-2-1　二因子混合設計變異數分析(一因子重複)

　　某研究所想瞭解「男女性別」(A 因子) 與「科目」(B 因子) 的關係。進行實驗所得之結果如下表，試對此資料進行變異數分析以探討：(1) 男女性別在測驗成績方面有無顯著差異？(2) 不同科目在測驗成績方面有無顯著差異？(3) 性別與科目間是否有交互作用？(α =0.05)

性別 (A)	受試者	科目 (B)		
		國文 (b1)	英文 (b2)	數學 (b3)
男 (a1)	1	4	9	14
	2	8	12	19
	3	6	10	13
	4	3	6	11
女 (a2)	5	5	6	9
	6	3	3	3
	7	8	10	9
	8	4	3	3

一、執行整體變異數分析

(一) 分析步驟

0. 開啟資料檔 (2anovam.sav)，從功能表中選擇分析 (Analyze) > 一般線性模式 (General Linear Model) > 重複量數…(Repeated Measures…)。

1. 如圖 22-2-1 的對話盒所示，在受試者內因子的名稱 (Within-Subject Factor Name) 方格中輸入 b，在水準個數 (Number of Levels) 方格中輸入 3，並按新增 (Add) 鈕後，再按 定義 (Define) 鈕。

2. 在圖 22-2-2 主對話盒左邊的來源變數清單中，選擇 b1 ~ b3 等變數進入右邊的受試者內變數 (Within-Subject Variables) 方塊中、a 變數進入受試者間的因子 (Between-Subject Factor) 方塊中。

3. 點按 圖形… (Plot…) 鈕，開啟如圖 22-2-3 的次對話盒，從左邊的來源變數清單中，在水平軸 (Horizontal Axis) 方格中選入 a，在個別線 (Separate Line) 選入 b，按 新增 (Add) 鈕，重複一次在水平軸及個別線分別選入 b 及 a，按新增 (Add) 鈕，再按 繼續 (Continue) 鈕，回到主對話盒。

4. 點按 選項… (Options…) 鈕，開啟如圖 22-2-4 的次對話盒，在顯示 (Display) 方塊中選取敘述統計 (Descriptive statistics) 及同質性檢定 (Homogeneity tests) 選項，再按 繼續 (Continue) 鈕，回到主對話盒。

5. 點按 確定 (OK) 鈕，即可完成二因子混合設計的 ANOVA 考驗。

圖22-2-1　設定重複量數因子的對話盒

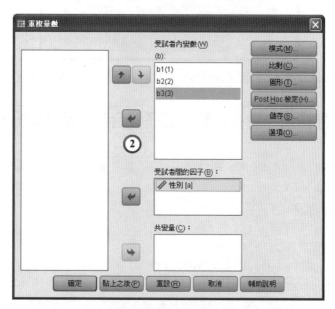

圖22-2-2　二因子混合設計變異數分析的主對話盒

圖22-2-3　二因子混合設計變異數分析：圖形的次對話盒

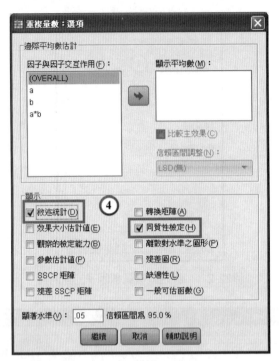

圖22-2-4　二因子混合設計變異數分析：選項的次對話盒

程序語法：重複量數二因子混合設計變異數分析

(1) 在重複量數 (Repeated Measures) 對話盒中按 貼上之後 (Paste) 鈕，即可貼出語法如下：

```
GLM   b1 b2 b3 BY a
   /WSFACTOR = b 3
   /METHOD = SSTYPE(3)
   /PLOT = PROFILE( a*b   b*a )
   /PRINT = DESCRIPTIVE HOMOGENEITY
   /CRITERIA = ALPHA(.05)
   /WSDESIGN = b
   /DESIGN = a.
```

二、報表及說明

1. A 因子及 B 因子的平均數、標準差及個數。

敍述統計

	a 性別	平均數	標準離差	個數
b1 國文(b1)	男	5.25	2.217	4
	女	5.00	2.160	4
	總數	5.13	2.031	8
b2 英文(b2)	男	9.25	2.500	4
	女	5.50	3.317	4
	總數	7.37	3.378	8
b3 數學(b3)	男	14.25	3.403	4
	女	6.00	3.464	4
	總數	10.13	5.436	8

2. 球形檢定。

Mauchly 球形檢定[b]

測量:MEASURE_1

受試者內效應項	Mauchly's W	近似卡方分配	df	顯著性	Epsilon[a] Greenhouse -Geisser	Huynh-Feldt	下限
b	.620	2.392	2	.302	.725	1.000	.500

檢定正交化變數轉換之依變數的誤差 共變量矩陣的虛無假設,是識別矩陣 的一部份。

a. 可用來調整顯著性平均檢定的自由度。改過的檢定會顯示在 "Within-Subjects Effects" 表檢定中。

b. Design:截距 + a
受試者內設計: b

3. 受試者內因子效果的檢定:B 因子及 AB 交互作用的考驗。

受試者內效應項的檢定

測量:MEASURE_1

來源		型 III 平方和	df	平均平方和	F	顯著性
b	假設為球形	100.333	2	50.167	37.625	.000
	Greenhouse-Geisser	100.333	1.449	69.240	37.625	.000
	Huynh-Feldt	100.333	2.000	50.167	37.625	.000
	下限	100.333	1.000	100.333	37.625	.001
b * a	假設為球形	64.333	2	32.167	24.125	.000
	Greenhouse-Geisser	64.333	1.449	44.397	24.125	.000
	Huynh-Feldt	64.333	2.000	32.167	24.125	.000
	下限	64.333	1.000	64.333	24.125	.003
誤差 (b)	假設為球形	16.000	12	1.333		
	Greenhouse-Geisser	16.000	8.694	1.840		
	Huynh-Feldt	16.000	12.000	1.333		
	下限	16.000	6.000	2.667		

4. 受試者間因子效果的檢定：A因子的考驗。

受試者間效應項的檢定

測量:MEASURE_1
轉換的變數:均數

來源	型III平方和	df	平均平方和	F	顯著性
截距	1365.042	1	1365.042	60.556	.000
a	100.042	1	100.042	4.438	.080
誤差	135.250	6	22.542		

5. AB交互作用的剖面圖。

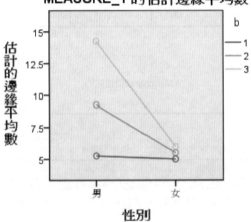

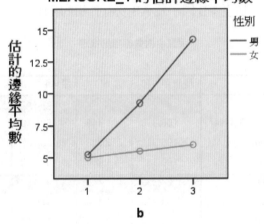

二、執行單純主要效果考驗

★A在B各水準之單純主要效果分析

(一) 分析步驟

0. 從功能表中選擇分析 (Analyze) > 比較平均數法 (Compare Means) > 單因子變異數分析…(One-Way ANOVA…)。

1. 在圖 22-2-5 對話盒左邊的來源變數清單中，選擇 b1 ～ b3 等變數進入右邊的依變數清單 (Dependent List) 方塊中、a 變數進入因子 (Factor) 方格中，並按 確定 (OK) 鈕。

2. 點按 確定 (OK) 鈕，即可完成 A 因子在 B 各水準之單純主要效果的分析。

圖22-2-5　A因子在B各水準之單純主要效果分析

(二) 報表及說明

1. A 因子在 B 各水準的單純主要效果分析。

ANOVA

		平方和	自由度	平均平方和	F	顯著性
b1 國文(b1)	組間	.125	1	.125	.026	.877
	組內	28.750	6	4.792		
	總和	28.875	7			
b2 英文(b2)	組間	28.125	1	28.125	3.261	.121
	組內	51.750	6	8.625		
	總和	79.875	7			
b3 數學(b3)	組間	136.125	1	136.125	11.544	.015
	組內	70.750	6	11.792		
	總和	206.875	7			

★B因子在A各水準之單純主要效果考驗及其事後比較考驗

(一) 分析步驟

1. 從功能表中選擇資料 (Data) > 分割檔案…(Split File…)。

2. 如圖 22-2-6 的對話盒所示，選擇比較群組 (Compare groups) 選項，並從左邊的來源變數清單中，選擇 a 變數進入右邊的依此群組 (Groups Based on) 方塊中，並按 確定 (OK) 鈕，以執行檔案分割。

3. 從功能表中選擇分析 (Analyze) > 一般線性模式 (General Linear Model) > 重複量數…(Repeated Measures…)。

4. 如圖 22-2-7 的對話盒所示，在受試者內因子的名稱 (Within-Subject Factor Name) 方格中輸入 b，在水準個數 (Number of Levels) 方格中輸入 3，並按 新增 (Add) 鈕後，再按 定義 (Define) 鈕。

5. 在圖 22-2-8 對話盒左邊的來源變數清單中，選擇 b1 ～ b3 等變數進入右邊的受試者內變數 (Within-Subject Variables) 方塊中。

6. 點按 選項… (Options…) 鈕，如圖 22-2-9 所示，從左邊的變數清單中，選取 b 變數進入顯示平均數 (Display Means) 方塊中，勾選比較主效果，並在信賴區間調整的下拉式清單中選取 Bonferroni 法，而在顯示 (Display) 方碼中選取敘述統計 (Descriptive statistics)，再按 繼續 (Continue) 鈕，回到主對話盒。

7. 最後在主對話盒中點按 確定 (OK) 鈕，即可完成單純主要效果的考驗。

8. 從功能表中選擇資料 (Data) > 分割檔案…(Split File…)。

9. 從圖 22-2-10 對話盒左邊的來源變數清單中，選擇分析所有觀察值 (Analyze all cases) 選項，並按 確定 (OK) 鈕，以結束檔案分割。

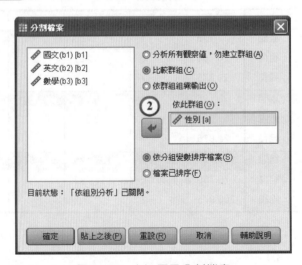

圖22-2-6　以A因子分割檔案

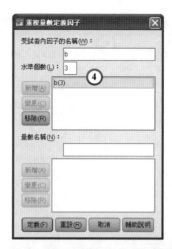

圖22-2-7 設定重複量數因子的對話盒

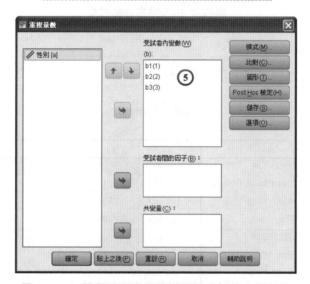

圖22-2-8 單因子重複量數變異數分析的主對話盒

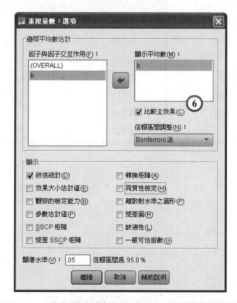

圖22-2-9 重複量數變異數分析：選項的次對話盒

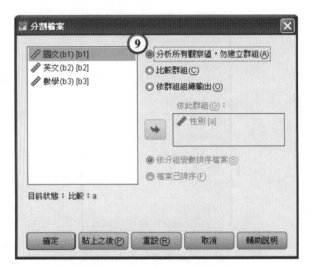

圖22-2-10　結束分割檔案

(二) 報表及說明

1. B在A因子各水準的單純主要效果分析。

受試者內效應項的檢定

測量:MEASURE_1

a'性別	來源		型 III 平方和	df	平均平方和	F	顯著性
男	b	假設爲球形	162.667	2	81.333	73.200	.000
		Greenhouse-Geisser	162.667	1.316	123.627	73.200	.001
		Huynh-Feldt	162.667	1.937	83.957	73.200	.000
		下限	162.667	1.000	162.667	73.200	.003
	誤差 (b)	假設爲球形	6.667	6	1.111		
		Greenhouse-Geisser	6.667	3.947	1.689		
		Huynh-Feldt	6.667	5.812	1.147		
		下限	6.667	3.000	2.222		
女	b	假設爲球形	2.000	2	1.000	.643	.559
		Greenhouse-Geisser	2.000	1.525	1.311	.643	.528
		Huynh-Feldt	2.000	2.000	1.000	.643	.559
		下限	2.000	1.000	2.000	.643	.481
	誤差 (b)	假設爲球形	9.333	6	1.556		
		Greenhouse-Geisser	9.333	4.576	2.040		
		Huynh-Feldt	9.333	6.000	1.556		
		下限	9.333	3.000	3.111		

2. B 在 A 因子各水準的平均數。

估計值

測量:MEASURE_1

a 性別	b	平均數	標準誤差	95% 信賴區間 下界	95% 信賴區間 上界
男	1	5.250	1.109	1.722	8.778
	2	9.250	1.250	5.272	13.228
	3	14.250	1.702	8.834	19.666
女	1	5.000	1.080	1.563	8.437
	2	5.500	1.658	.223	10.777
	3	6.000	1.732	.488	11.512

3. B 在 A 因子各水準的單純主要效果的事後比較考驗。

成對比較

測量:MEASURE_1

a 性別	(I) b	(J) b	平均差異 (I-J)	標準誤差	顯著性[a]	差異的 95% 信賴區間[a] 下界	差異的 95% 信賴區間[a] 上界
男	1	2	-4.000*	.408	.007	-5.983	-2.017
		3	-9.000*	.913	.007	-13.434	-4.566
	2	1	4.000*	.408	.007	2.017	5.983
		3	-5.000*	.816	.026	-8.965	-1.035
	3	1	9.000*	.913	.007	4.566	13.434
		2	5.000*	.816	.026	1.035	8.965
女	1	2	-.500	.645	1.000	-3.635	2.635
		3	-1.000	1.080	1.000	-6.246	4.246
	2	1	.500	.645	1.000	-2.635	3.635
		3	-.500	.866	1.000	-4.706	3.706
	3	1	1.000	1.080	1.000	-4.246	6.246
		2	.500	.866	1.000	-3.706	4.706

根據估計的邊緣平均數而定

*. 平均差異在 .05 水準是顯著的。

a. 調整多重比較：Bonferroni。

三、分析結果及解釋

　　由表 1 的變異數分析摘要表，顯示出性別與課程科目的交互作用達顯著之水準 (F=24.13，p＜0.01)。亦即不同性別是否影響受試者的學習成績，必須視課程科目而定。如圖 1 及圖 2 所示即是利用細格平均數所繪製的交互作用圖，顯示男生受試者的學習成績高於女生的學習成績，且依課程的不同，兩者差異亦不相同。而由表 3 的單純主要效果分析摘要表中，顯示不同性別的受試者僅在數學課程的學習成績有顯著的差異 (F=11.54，p＜0.01)，再由表 2 的平均數摘要表來看，男生的學習成績 ($M_{(a1b3)}$=14.25) 顯然高於女生 ($M_{(a2b3)}$=6.00)。另外，由表 4 的單純主要效果分析摘要表中，顯示不同課程科目的男生受

試者亦有顯著的差異 (F=73.20，p ＜ 0.01)，因此，進一步以 Bonferroni 法進行事後考驗，結果發現受試者在三科目的學習成績互有差異，且數學成績 ($M_{(a1b3)}$=14.25) ＞英文成績 ($M_{(a1b2)}$=9.25) ＞國文成績 ($M_{(a1b1)}$=5.25)。

表 1　混合設計二因子變異數分析摘要表

變異來源	SS	df	MS	F
性別 (A)	100.04	1	100.04	4.44
群內受試 (S*A)	135.25	6	22.54	
課程 (B)	100.33	2	50.17	37.63**
交互作用 (A*B)	64.33	2	32.17	24.13**
課程 * 群內受試 (S*A*B)	16.00	12	1.33	
總和	415.96	23		

**p ＜ 0.01

表 2　平均數、人數摘要表

性別 (A)		課程 (B)		
		國文 (b1)	英文 (b2)	數學 (b3)
男 (a1)	M	5.25	9.25	14.25
	N	4	4	4
女 (a2)	M	5.00	5.50	6.00
	N	4	4	4

表 3　性別 (A) 在不同課程 (B_j) 中的單純主要效果分析

變異來源	SS	df	MS	F	差異比較
性別 (A)					
在國文 (b1)	0.13	1	0.13	0.03	
誤差	28.75	6	4.79		
在英文 (b2)	28.13	1	28.13	3.26	
誤差	51.75	6	8.63		
在數學 (b3)	136.13	1	136.13	11.54*	男 ＞ 女
誤差	70.75	6	11.79		

*p<0.05

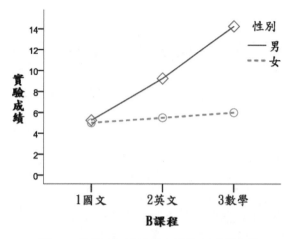

圖1 A因子在B因子各水準的交互作用圖

表 4 課程 (B) 在不同性別 (A$_i$) 中的單純主要效果分析

變異來源	SS	df	MS	F	事後比較
課程 (B)					
在男生 (a1)	162.67	2	81.33	73.20 ***	數 > 英 > 國
誤差	6.67	6	1.11		
在女生 (a2)	2.00	2	1.00	0.64	
誤差	9.33	6	1.56		

***p<0.001

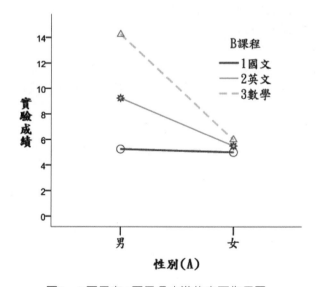

圖2 B因子在A因子各水準的交互作用圖

四、撰寫程式

程序語法：二因子混合設計變異數分析

```
*執行二因子混合設計ANOVA分析.
GLM   b1 b2 b3 BY a
  /WSFACTOR = b 3
  /METHOD = SSTYPE(3)
  /PLOT = PROFILE( a*b b*a )
  /PRINT = DESCRIPTIVE HOMOGENEITY
  /CRITERIA = ALPHA(.05)
  /WSDESIGN = b
  /DESIGN = a.


*執行A在B各水準的單純主要效果分析.
ONEWAY   b1 b2 b3 BY a.


*執行B在A各水準的單純主要效果分析.
SORT CASES BY a.
SPLIT FILE  LAYERED BY a.          /*以A因子分割檔案.
GLM  b1 b2 b3                      /*執行B因子重複量數變異數分析
  /WSFACTOR = b 3
  /METHOD = SSTYPE(3)
  /EMMEANS = TABLES(b) COMPARE ADJ(BONFERRONI)
  /PRINT = DESCRIPTIVE
  /CRITERIA = ALPHA(.05)
  /WSDESIGN = b.
SPLIT FILE  OFF.                   /*關閉分割檔案，恢復資料檔原狀.
```

五、混合設計二因子ANOVA單純主要效果的另解

(一) 以MANOVA程序解混合設計二因子ANOVA的單純主要效果

1. 撰寫程式

```
*MANOVA程序解二因子相依樣本混合設計單純主要效果分析 .
MANOVA b1 b2 b3 BY a(1,2)
  /WSFACTORS=b(3)
  /PRINT=CELLINFO (MEANS) SIGNIF(AVONLY EFSIZE)      /*計算效果大小
  /POWER=F(0.01)      /*計算檢定力
  /ERROR=WITHIN
  /DESIGN.        /*二因子ANOVA分析.


*A在B各水準的單純主要效果分析.
MANOVA b1 b2 b3 BY a(1,2)
  /WSFACTORS=b(3)
  /PRINT=CELLINFO (MEANS) SIGNIF(EFSIZE)        /*計算效果大小
  /POWER=F(0.05)      /*計算檢定力
  /ERROR=WITHIN
  /WSDESIGN= MWITHIN b(1), MWITHIN b(2), MWITHIN b(3),
  /DESIGN=a .


*B在A各水準的單純主要效果分析.
MANOVA b1 b2 b3 BY a(1,2)
  /WSFACTORS=b(3)
  /PRINT=CELLINFO (MEANS) SIGNIF(AVONLY EFSIZE)       /*計算效果大小
  /POWER=F(0.05)      /*計算檢定力
  /ERROR=WITHIN
  /WSDESIGN=b
  /DESIGN=MWITHIN a(1), MWITHIN a(2).
```

2. 輸出報表

(1) 二因子變異數異數分析

```
Tests of Between-Subjects Effects.

AVERAGED Tests of Significance for b using UNIQUE sums of squares
Source of Variation        SS      DF      MS         F  Sig of F

WITHIN CELLS             135.25     6     22.54
a                        100.04     1    100.04     4.44     .080


- - - - - - - - - - - - - - - - - - - - - - - - - - - - - -
Effect Size Measures and Observed Power at the .0100 Level
                             Partial Noncen-
Source of Variation      ETA Sqd trality    Power

a                        .42518 4.43808      .159



Tests involving 'B' Within-Subject Effect.

AVERAGED Tests of Significance for b using UNIQUE sums of squares
Source of Variation        SS      DF      MS         F  Sig of F

WITHIN CELLS              16.00    12      1.33
B                        100.33     2     50.17    37.63     .000
a BY B                    64.33     2     32.17    24.13     .000


- - - - - - - - - - - - - - - - - - - - - - - - - - - - - -
Effect Size Measures and Observed Power at the .0100 Level
                             Partial Noncen-
Source of Variation      ETA Sqd trality    Power

B                        .86246 75.2500    1.000
a BY B                   .80083 48.2500     .996
```

(2) A 在 B 各水準的單純主要效果分析

```
Tests involving 'MWITHIN B(1)' Within-Subject Effect.

Tests of Significance for T1 using UNIQUE sums of squares
Source of Variation        SS      DF      MS         F  Sig of F

WITHIN CELLS              28.75     6      4.79
MWITHIN B(1)             210.13     1    210.13    43.85     .001
A BY MWITHIN B(1)           .13     1       .13      .03     .877


- - - - - - - - - - - - - - - - - - - - - - - - - - - - - -
Effect Size Measures and Observed Power at the .0500 Level
                             Partial Noncen-
Source of Variation      ETA Sqd trality    Power

MWITHIN B(1)             .87964 43.8522    1.000
A BY MWITHIN B(1)        .00433  .02609     .052
```

Tests involving 'MWITHIN B(2)' Within-Subject Effect.

Tests of Significance for T2 using UNIQUE sums of squares

Source of Variation	SS	DF	MS	F	Sig of F
WITHIN CELLS	51.75	6	8.63		
MWITHIN B(2)	435.13	1	435.13	50.45	.000
A BY MWITHIN B(2)	28.13	1	28.13	3.26	.121

- -

Effect Size Measures and Observed Power at the .0500 Level

Source of Variation	ETA Sqd	Partial Noncen-trality	Power
MWITHIN B(2)	.89371	50.4493	1.000
A BY MWITHIN B(2)	.35211	3.26087	.332

Tests involving 'MWITHIN B(3)' Within-Subject Effect.

Tests of Significance for T3 using UNIQUE sums of squares

Source of Variation	SS	DF	MS	F	Sig of F
WITHIN CELLS	70.75	6	11.79		
MWITHIN B(3)	820.13	1	820.13	69.55	.000
A BY MWITHIN B(3)	136.13	1	136.13	11.54	.015

- -

Effect Size Measures and Observed Power at the .0500 Level

Source of Variation	ETA Sqd	Partial Noncen-trality	Power
MWITHIN B(3)	.92058	69.5512	1.000
A BY MWITHIN B(3)	.65801	11.5442	.806

(3) B 在 A 各水準的單純主要效果分析

Tests of Between-Subjects Effects.

AVERAGED Tests of Significance for b using UNIQUE sums of squares

Source of Variation	SS	DF	MS	F	Sig of F
WITHIN CELLS	135.25	6	22.54		
MWITHIN A(1)	1102.08	1	1102.08	48.89	.000
MWITHIN A(2)	363.00	1	363.00	16.10	.007

- -

Effect Size Measures and Observed Power at the .0500 Level

Source of Variation	ETA Sqd	Partial Noncen-trality	Power
MWITHIN A(1)	.89069	48.8909	1.000
MWITHIN A(2)	.72855	16.1035	.913

(3) 混合設計二因子 ANOVA 的單純主要效果分析摘要表

變異來源	SS	df	MS	F	淨 η^2
性別 (A)	100.04	1	100.04	4.44	0.4252
群內受試 (S*A)	135.25	6	22.54		
社經背景 (B)	100.33	2	50.17	37.63***	0.8625
交互作用 (A*B)	64.33	2	32.17	24.13 ***	0.8008
課程 * 群內受試 (S*A*B)	16.00	12	1.33		
性別 (A)					
在國文 (b1)	0.13	1	0.13	0.03	0.0043
誤差	28.75	6	4.79		
在英文 (b2)	28.13	1	28.13	3.26	0.3521
誤差	51.75	6	8.63		
在數學 (b3)	136.13	1	136.13	11.54*	0.6580
誤差	70.75	6	11.79		
課程 (B)					
在男生 (a1)	162.67	2	81.33	61.00***	0.9606
在女生 (a2)	2.00	2	1.00	0.75	0.1765
誤差	16.00	12	1.33		

*p<0.05, ***p<0.001

(二) 以GLM程序解混合設計二因子ANOVA的單純主要效果

1. 撰寫程式

```
*GLM程序解二因子相依樣本混合設計單純主要效果分析 .
GLM b1 b2 b3 BY a
  /WSFACTOR=b3
  /PRINT  = DESCRIPTIVE HOMOGENEITY ETASQ OPOWER
  /PLOT= PROFILE (a*b, b*a)
  /EMMEANS=TABLES(a)
  /EMMEANS=TABLES (a*b) COMPARE (a) ADJ(BONFERRONI)   /* A在B各水
準的單純主要效果分析
  /CRITERIA = ALPHA(.05).

*B在A各水準的單純主要效果分析.
TEMPORARY.
SELECT IF (a=1).
GLM b1 b2 b3
  /WSFACTOR=b3
```

```
/PRINT  = DESCRIPTIVE ETASQ OPOWER
/EMMEANS=TABLES(b) COMPARE ADJ(BONFERRONI)
/CRITERIA = ALPHA(.05).

TEMPORARY.
SELECT IF (a=2).
GLM b1 b2 b3
  /WSFACTOR=b3
  /PRINT  = DESCRIPTIVE ETASQ OPOWER
  /EMMEANS=TABLES(b) COMPARE ADJ(BONFERRONI)
  /CRITERIA = ALPHA(.05).
```

2. 輸出報表

(1) A 在 B 各水準的單純主要效果分析

單變量檢定

測量:MEASURE_1

b		平方和	df	平均平方和	F	顯著性	淨相關 Eta 平方	Noncent. 參數	觀察的檢定能力[a]
1	對比	.125	1	.125	.026	.877	.004	.026	.052
	誤差	28.750	6	4.792					
2	對比	28.125	1	28.125	3.261	.121	.352	3.261	.331
	誤差	51.750	6	8.625					
3	對比	136.125	1	136.12	11.544	.015	.658	11.544	.807
	誤差	70.750	6	11.792					

每個 F 會檢定 '性別 (顯示其他效果的每個層級組合) 的簡單效果。這些檢定根據所估計邊緣平均數的線性獨立成對比較而定。

a. 使用 alpha = .05 計算

(2) B 在 A 各水準的單純主要效果分析

　　*B 在 A1 各水準的單純主要效果分析

受試者內效應項的檢定

測量:MEASURE_1

來源		型 III 平方和	df	平均平方和	F	顯著性	淨相關 Eta 平方
b	假設為球形	162.667	2	81.333	73.200	.000	.961
	Greenhouse-Geisser	162.667	1.316	123.62	73.200	.001	.961
	Huynh-Feldt	162.667	1.937	83.957	73.200	.000	.961
	下限	162.667	1.000	162.66	73.200	.003	.961
誤差 (b)	假設為球形	6.667	6	1.111			
	Greenhouse-Geisser	6.667	3.947	1.689			
	Huynh-Feldt	6.667	5.812	1.147			
	下限	6.667	3.000	2.222			

a. 使用 alpha = .05 計算

成對比較

測量:MEASURE_1

(I) b	(J) b	平均差異 (I-J)	標準誤差	顯著性[a]	差異的 95% 信賴區間[a] 下界	上界
1	2	-4.000*	.408	.007	-5.983	-2.017
	3	-9.000*	.913	.007	-13.434	-4.566
2	1	4.000*	.408	.007	2.017	5.983
	3	-5.000*	.816	.026	-8.965	-1.035
3	1	9.000*	.913	.007	4.566	13.434
	2	5.000*	.816	.026	1.035	8.965

根據估計的邊緣平均數而定

*. 平均差異在 .05 水準是顯著的。

a. 調整多重比較：Bonferroni。

*B 在 A1 各水準的單純主要效果分析

受試者內效應項的檢定

測量:MEASURE_1

來源		型 III 平方和	df	平均平方和	F	顯著性	淨相關 Eta 平方
b	假設為球形	2.000	2	1.000	.643	.559	.176
	Greenhouse-Geisser	2.000	1.525	1.311	.643	.528	.176
	Huynh-Feldt	2.000	2.000	1.000	.643	.559	.176
	下限	2.000	1.000	2.000	.643	.481	.176
誤差 (b)	假設為球形	9.333	6	1.556			
	Greenhouse-Geisser	9.333	4.576	2.040			
	Huynh-Feldt	9.333	6.000	1.556			
	下限	9.333	3.000	3.111			

a. 使用 alpha = .05 計算

(3) 混合設計二因子 ANOVA 的單純主要效果分析摘要表及平均數摘要表

變異來源	SS	df	MS	F	淨 η^2	事後比較
性別 (A)	100.04	1	100.04	4.44	0.4252	
群內受試 (S*A)	135.25	6	22.54			
社經背景 (B)	100.33	2	50.17	37.63***	0.8625	
交互作用 (A*B)	64.33	2	32.17	24.13***	0.8008	
課程 * 群內受試 (S*A*B)	16.00	12	1.33			
性別 (A)						
在國文 (b1)	0.13	1	0.13	0.03	0.0043	
誤差	28.75	6	4.79			
在英文 (b2)	28.13	1	28.13	3.26	0.3521	
誤差	51.75	6	8.63			
在數學 (b3)	136.13	1	136.13	11.54*	0.6580	男 > 女
誤差	70.75	6	11.79			
課程 (B)						
在男生 (a1)	162.67	2	81.33	73.20***	0.9606	數 > 英 > 國
誤差	6.67	6	1.11			
在女生 (a2)	2.00	2	1.00	0.64	0.1765	
誤差	9.33	6	1.56			

*p<0.05, ***p<0.001

性別 (A)	課程 (B)							
	國文 (b1)		英文 (b2)		數學 (b3)		合計	
	平均數 (M)	標準差 (SD)	平均數 (M)	標準差 (SD)	平均數 (M)	標準差 (SD)	平均數 (M)	標準差 (SD)
男 (a1)	5.25	2.22	9.25	2.50	14.25	3.40	9.58	1.37
女 (a2)	5.00	2.16	5.50	3.32	6.00	3.46	5.50	1.37
合計	5.13	2.03	7.38	3.38	10.13	5.44		

牛刀小試 | Try for yourself

TFY 22-2-1 · 研究者從某科技大學隨機抽樣四年級男學生共二十名參與實驗室的
教學課程，分別將二十名學生隨機分派至控制組 (未接受實驗室安
全衛生訓練) 及實驗組 (有接受實驗室安全衛生訓練)。在 12 週的
實驗教學後，對受試者進行安全意識 (包括安全認知、安全技能、
安全情意等三方面) 的測驗，結果如下表所示，試分析有無接受實
驗室安全衛生訓練的大學生在安全意識的測驗成績有無顯著差異？
不同的安全意識之面向間的測驗成績有無顯著差異？有無接受實驗
室安全衛生訓練與安全意識各面向間的測驗成績是否有交互作用？
(α =0.01)

受試者	控制組 (無訓練)(a1)			受試者	實驗組 (有訓練)(a2)		
	安全認知 (b1)	安全技能 (b2)	安全情意 (b3)		安全認知 (b1)	安全技能 (b2)	安全情意 (b3)
1	42	42	48	11	48	60	78
2	42	48	48	12	36	48	60
3	48	48	54	13	66	78	78
4	42	54	54	14	48	78	90
5	54	66	54	15	48	66	72
6	36	42	36	16	36	48	54
7	48	48	60	17	54	72	84
8	48	60	66	18	54	72	90
9	54	60	54	19	48	72	78
10	48	42	54	20	54	66	78

精 益 求 精　Do your best

DYB 22-2・研究者進行飲食 / 運動的治療以防止女性骨骼鈣質流失的實驗，抽樣年老女性並分為控制組 (n=15)、實驗處理組 (n=16)。骨骼鈣質的水準值係採用光子吸收測量儀 (photon absorptiometry) 的讀數，於受試者剛加入研究時、一年後、二年後、三年後分別予以量測，研究者興趣的研究問題在於：

1. 是否實驗組較控制組有較少的骨骼鈣質的流失？

2. 是否骨質流失的速率在實驗組與控制組會有所不同？

控制組				實驗組			
基準	一年	二年	三年	基準	一年	二年	三年
87.3	86.9	86.7	75.5	83.3	85.5	86.2	81.2
59.0	60.2	60.0	53.6	65.3	66.9	67.0	60.6
76.7	76.5	75.7	69.5	81.2	79.5	84.5	75.2
70.6	76.1	72.1	65.3	75.4	76.7	74.3	66.7
54.9	55.1	57.2	49.0	55.3	58.3	59.1	54.2
78.2	75.3	69.1	67.6	70.3	72.3	70.6	68.6
73.7	70.8	71.8	74.6	76.5	79.9	80.4	71.6
61.8	68.7	68.2	57.4	66.0	70.9	70.3	64.1
85.3	84.4	79.2	67.0	76.7	79.0	76.9	70.3
82.3	86.9	79.4	77.4	77.2	74.0	77.8	67.9
68.6	65.4	72.3	60.8	67.3	70.7	68.9	65.9
67.8	69.2	66.3	57.9	50.3	51.4	53.6	48.0
66.2	67.0	67.0	56.2	57.3	57.0	57.5	51.5
81.0	82.3	86.8	73.9	74.3	77.7	72.6	68.0
72.3	74.6	75.3	66.1	74.0	74.7	74.5	65.7
				57.3	56.0	64.7	53.0

22-3　如何執行重複量數二因子變異數分析？

操作程序

 ➔ 分析 (Analyze) > 一般線性模式 (General Linear Model) > 重複量數…(Repeated measures…)

統計原理

重複量數二因子變異數分析 (兩因子皆重複測量) 的變異來源、自由度及 F 值如下：

(1) 變異數的分割

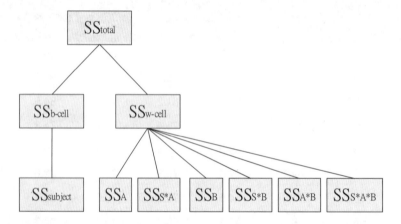

(2) 變異數分析摘要表

變異來源	自由度	F 值
S(受試者)	n-1	
A(因子)	a-1	$F_a = MS_a/MS_{a \times s}$
A×S	(a-1)(n-1)	
B(因子)	b-1	$F_b = MS_b/MS_{b \times s}$
B×S	(b-1)(n-1)	
A×B(交互作用)	(a-1)(b-1)	$F_{a \times b} = MS_{a \times b}/MS_{a \times b \times s}$
A×B×S	(a-1)(b-1)(n-1)	

(註：n 為細格內人數)

■ 範例22-3　　二因子重複量數變異數分析(二因子均重複)

　　某研究想瞭解學生在不同的教室氣氛、不同之課程下的學習成績是否會受到影響。乃想進行如下的實驗設計，下表則是 5 位受試者的課程結果，試對此資料進行變異數分析，以探討 (1) 不同教室氣氛對學生的學習成績是否有顯著差異？(2) 不同教學課程對學生的學習成績是否有顯著差異？(3) 教室氣氛與教學課程間是否有交互作用？(α =0.05)

受試者	教室氣氛 (A)	嚴肅 (a1)		輕鬆 (a2)	
	課程 (B)	統計 (b1)	微積分 (b2)	統計 (b1)	微積分 (b2)
1		2	4	3	5
2		4	6	6	6
3	學期成績	3	2	4	3
4		5	5	7	7
5		1	3	5	4

一、執行整體變異數分析

(一) 分析步驟

0. 開啓資料檔 (2anovar.sav) 從功能表中選擇分析 (Analyze) > 一般線性模式 (General Linear Model) > 重複量數…(Repeated Measures…)。

1. 如圖 22-3-1 的對話盒所示，在受試者內因子的名稱 (Within-Subject Factor Name) 方格中輸入 a，在水準個數 (Number of Levels) 方格中輸入 2，並按 新增 (Add) 鈕，在受試者內因子名稱及水準個數再分別輸入 b、2，並按 新增 (Add) 鈕，最後按 定義 (Define) 鈕。

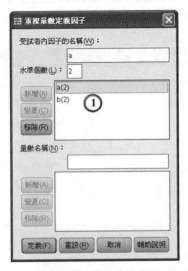

圖22-3-1　設定重複量數因子的對話盒

2. 在圖 22-3-2 對話盒左邊的來源變數清單中，選擇 a1b1 ～ a2b2 等四個變數進入右邊的受試者內變數 (Within-Subject Variables) 方塊中。

3. 點按 圖形… (Plot…) 鈕，開啟如圖 22-3-3 的次對話盒，從左邊的來源變數清單中，在水平軸 (Horizontal Axis) 方格中選入 a，在個別線 (Separate Line) 選入 b，按 新增 (Add) 鈕，重複一次分別選入 b 及 a，再按 新增 (Add) 鈕，最後按 繼續 (Continue) 鈕，回到主對話盒。

4. 點按 選項… (Options…) 鈕，開啟如圖 22-3-4 的次對話盒，在顯示 (Display) 方塊中選取敘述統計 (Descriptive statistics) 及同質性檢定 (Homogeneity tests) 選項，再按 繼續 (Continue) 鈕，回到主對話盒。

5. 點按 確定 (OK) 鈕，即可完成二因子重複量數的 ANOVA 考驗。

圖22-3-2　重複量數變異數分析的主對話盒

圖22-3-3　重複量數變異數分析：圖形的次對話盒

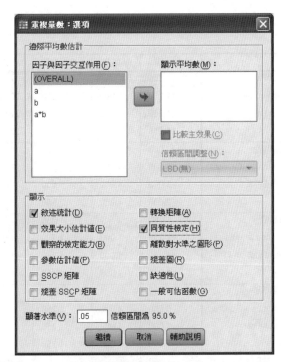

圖22-3-4　重複量數變異數分析：選項的次對話盒

(二) 報表及說明

1. A 因子及 B 因子的平均數、標準差及個數。

敘述統計

	平均數	標準離差	個數
a1b1 嚴霜(a1)統計(b1)	3.00	1.581	5
a1b2 嚴霜(a1)微積分(b2)	4.00	1.581	5
a2b1 輕鬆(a2)統計(b1)	5.00	1.581	5
a2b2 輕鬆(a2)微積分(b2)	5.00	1.581	5

2. 受試者內因子效果的檢定：A 因子、B 因子及 AB 交互作用的考驗。

受試者內效應項的檢定

測量:MEASURE_1

來源		型 III 平方和	df	平均平方和	F	顯著性
a	假設為球形	11.250	1	11.250	22.500	.009
	Greenhouse-Geisser	11.250	1.000	11.250	22.500	.009
	Huynh-Feldt	11.250	1.000	11.250	22.500	.009
	下限	11.250	1.000	11.250	22.500	.009
誤差 (a)	假設為球形	2.000	4	.500		
	Greenhouse-Geisser	2.000	4.000	.500		
	Huynh-Feldt	2.000	4.000	.500		
	下限	2.000	4.000	.500		
b	假設為球形	1.250	1	1.250	1.000	.374
	Greenhouse-Geisser	1.250	1.000	1.250	1.000	.374
	Huynh-Feldt	1.250	1.000	1.250	1.000	.374
	下限	1.250	1.000	1.250	1.000	.374
誤差 (b)	假設為球形	5.000	4	1.250		
	Greenhouse-Geisser	5.000	4.000	1.250		
	Huynh-Feldt	5.000	4.000	1.250		
	下限	5.000	4.000	1.250		
a * b	假設為球形	1.250	1	1.250	2.500	.189
	Greenhouse-Geisser	1.250	1.000	1.250	2.500	.189
	Huynh-Feldt	1.250	1.000	1.250	2.500	.189
	下限	1.250	1.000	1.250	2.500	.189
誤差 (a*b)	假設為球形	2.000	4	.500		
	Greenhouse-Geisser	2.000	4.000	.500		
	Huynh-Feldt	2.000	4.000	.500		
	下限	2.000	4.000	.500		

3. AB 交互作用的剖面圖。

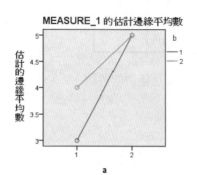

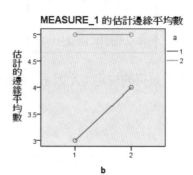

三、分析結果及解釋

由表 1 的變異數分析摘要表中，顯示出教室氣氛與教學課程之間並無交互作用 ($F=2.5$，$p > 0.05$)。而進一步對主要效果的考驗，則僅發現受試者在教室氣氛中的學習成績達到顯著的差異 ($F=22.50$，$p < 0.01$)，再從表 2 的平均數摘要表中，發現受試者在輕鬆教室氣氛中的學習成績 (M=5.00)，顯然優於嚴肅教室氣氛的學習成績 (M=3.50)。

表 1 重複量數二因子變異數分析摘要表

變異來源	SS	df	MS	F
受試者間 (S)	31.00	4	7.75	
教室氣氛 (A)	11.25	1	11.25	22.50**
S*A	2.00	4	0.50	
教學課程 (B)	1.25	1	1.25	1.00
S*B	5.00	4	1.25	
交互作用 (A*B)	1.25	1	1.25	2.50
S*A*B	2.00	4	0.50	
總和	53.75	19		

** $p < 0.01$

表 2 平均數、人數摘要表

教室氣氛 (A)	嚴肅 (a1)	輕鬆 (a2)
平均數	3.5	5.00
人 數	5	5

四、撰寫程式

程序語法：二因子重複量數變異數分析

```
*執行獨立樣本二因子ANOVA分析.
GLM a1b1 a1b2 a2b1 a2b2
  /WSFACTOR=a 2 b 2
  /METHOD=SSTYPE(3)
  /PLOT=PROFILE(a*b b*a)
  /PRINT=DESCRIPTIVE HOMOGENEITY
  /CRITERIA=ALPHA(.05)
  /WSDESIGN=a b a*b.
```

五、重複量數二因子ANOVA單純主要效果的解法

(一) 以MANOVA程序解重複量數二因子ANOVA的單純主要效果

```
*MANOVA程序解二因子重複量數單純主要效果分析.
*二因子重複量數ANOVA分析.
MANOVA a1b1 a1b2 a2b1 a2b2
  /WSFACTORS=a(2) b(2)
  /PRINT=CELLINFO (MEANS) SIGNIF(AVONLY EFSIZE)      /*計算效果大小
  /POWER=F(0.05).      /*計算檢定力.


*A在B各準的單純主要效果分析.
MANOVA a1b1 a1b2 a2b1 a2b2
  /WSFACTORS=a(2) b(2)
  /PRINT=CELLINFO (MEANS) SIGNIF(AVONLY EFSIZE)      /*計算效果大小
  /POWER=F(0.05)     /*計算檢定力
  /ERROR=WITHIN
  /WSDESIGN= a WITHIN b(1), a WITHIN b(2).


*B在A各準的單純主要效果分析.
MANOVA a1b1 a1b2 a2b1 a2b2
  /WSFACTORS=a(2) b(2)
  /PRINT=CELLINFO (MEANS) SIGNIF(AVONLY EFSIZE)      /*計算效果大小
  /POWER=F(0.05)     /*計算檢定力
  /ERROR=WITHIN
  /WSDESIGN= b WITHIN a(1), b WITHIN a(2).
```

(二) 以GLM程序解重複量數二因子ANOVA的單純主要效果

```
*GLM程序解二因子重複量數單純主要效果分析.
*單純主要效分析解法一.
GLM a1b1 a1b2 a2b1 a2b2
  /WSFACTOR=a 2 b 2
  /PRINT  = DESCRIPTIVE HOMOGENEITY ETASQ
  /PLOT= PROFILE (a*b, b*a)
  /EMMEANS=TABLES (a*b) COMPARE (a) ADJ(BONFERRONI)      /*A在B各水準
  /EMMEANS=TABLES (a*b) COMPARE (b) ADJ(BONFERRONI).     /*B在A各水準.

*單純主要效分析解法二.
GLM a1b1 a2b1
  /WSFACTOR=a 2   /*A在b1
  /PRINT = DESCRIPTIVE HOMOGENEITY ETASQ.
GLM a1b2 a2b2
```

```
   /WSFACTOR=a 2   /*A在b2
   /PRINT = DESCRIPTIVE HOMOGENEITY ETASQ.
GLM a1b1 a1b2
   /WSFACTOR=b 2    /*B在a1
   /PRINT = DESCRIPTIVE HOMOGENEITY ETASQ.
GLM a2b1 a2b2
   /WSFACTOR=b 2    /*B在a2
   /PRINT = DESCRIPTIVE HOMOGENEITY ETASQ.
```

牛刀小試　Try for yourself

 · 研究者從某科技大學隨機抽樣四年級學生共十名參與實驗室安全衛生訓練課程,在訓練前,受試者先進行前測以記錄其在安全意識(包括安全認知、安全技能、安全情意等三方面)的三個測驗的分數,在 8 週的訓練課程後,受試者再重新做測驗,結果如下表所示:

1. 整體而言,安全衛生訓練可以改善受試者的安全意識的測驗分數嗎?
   ● 是否安全衛生訓練可以改善安全認知的測驗分數?
   ● 是否安全衛生訓練可以改善安全技能的測驗分數?
   ● 是否安全衛生訓練可以改善安全情意的測驗分數?
2. 整體而言,在安全意識的三個分量表的測驗分數有顯著的差異嗎?

受試者	實驗前 (a1)			實驗後 (a2)		
	安全認知 (b1)	安全技能 (b2)	安全情意 (b3)	安全認知 (b1)	安全技能 (b2)	安全情意 (b3)
1	42	42	48	48	60	78
2	42	48	48	36	48	60
3	48	48	54	66	78	78
4	42	54	54	48	78	90
5	54	66	54	48	66	72
6	36	42	36	36	48	54
7	48	48	60	54	72	84
8	48	60	66	54	72	90
9	54	60	54	48	72	78
10	48	42	54	54	66	78

精 益 求 精 Do your best

DYB 22-3-1 · 某神經心理學家欲探索大腦損傷的人員在短期記憶的缺損情形。病患被分成左腦受損或右腦受損或無損傷等三類。受試者觀看的刺激物包括一串都是數字、都是字母、以及混合數字與字母等三種。每一位受試者在每種情境中所能記憶的最長的字串的結果如下表所示，試分析下列的各項問題 (α =0.05)

1. 是否依刺激物的種類而有不同的記憶效果？

2. 上述的效果差異是否依腦部損傷的類型而有所不同？

3. 是否依不同類型的腦部損傷而有不同的記憶效果？

4. 上述效果差異是否依刺激物的種類而有所不同？

腦部損傷	刺激物					
	數字		字母		混合	
左腦損傷	6	8	5	5	6	8
	8	6	7	4	5	7
	7	7	7	6	4	5
右腦損傷	9	7	8	8	6	8
	8	7	8	6	7	7
	9	9	7	8	8	7
無損傷	8	9	8	7	7	9
	10	8	9	8	9	8
	9	10	10	10	8	9

Appendix 01

PASW各資料檔說明

一、資料檔名稱：demo.sav

■ 資料檔位置：PASW 安裝位置的次目錄 \Samples\Traditional Chinese\

（例如：C:\Program Files\SPSSInc\PASW Statistics18\Samples\Traditional Chinese）

■ 資料檔內容：為一假設性資料檔，包含每個月客戶提供的資料庫，內容除了客戶提供的回應記錄外，亦包含客戶的各項人口資訊。

■ 資料檔編碼：

PASW 變數名稱	變數標註	變數值標註
age	年齡	
marital	婚姻	0 未婚 1 已婚
address	目前居住年數	
income	收入（以千元計）	
inccat	收入類別（以千元計）	1 $25 以下　2 $25 ～ $49 3 $50 ～ $74　4 $75 以上
car	車價	
carcat	車價類別	1 經濟型 2 標準型 3 豪華型
ed	教育程度	1 高中以下　2 高中 3 專科 4 大學 5 研究所以上
employ	年資	
retire	退休	0 否 1 是
empcat	年資類別	1 少於 5 年 2 5 ～ 15 年 3 超過 15 年以上
jobsat	工作滿意	1 極不滿意 2 有些不滿意 3 尚可 4 有些滿意 5 極滿意
gender	性別	f 女性 m 男性
reside	家庭人數	
wireless	無線服務	0 否 1 是
multline	多線服務	0 否 1 是
voice	語言信箱	0 否 1 是
pager	傳呼服務	0 否 1 是
internet	網路	0 否 1 是 8 不知道 9 未回答
callid	來電號碼顯示	0 否 1 是
callwait	來電待接	0 否 1 是
owntv	擁有電視	0 否 1 是

PASW 變數名稱	變數標註	變數值標註
ownvcr	擁有錄影機	0 否 1 是
owncd	擁有 CD 播放機	0 否 1 是
ownpda	擁有掌上型電腦	0 否 1 是
ownpc	擁有桌上型電腦	0 否 1 是
ownfax	擁有傳真機	0 否 1 是
news	訂有報紙	0 否 1 是
response	回應	0 否 1 是

二、資料檔名稱：Employee data.sav

■ 資料檔位置：PASW 安裝位置的目錄

■ 資料檔內容：此資料檔為受雇於 1969 年～ 1971 年間共 474 位銀行員工的資訊，主要涉及機會均等的訴訟所需資料，包含有同樣資格的員工是否有較低的工作類別、薪資、晉升等不均等的機會。

■ 資料檔編碼：

PASW 變數名稱	變數標註	變數值標註
id	員工編碼	
gender	性別	f 女 m 男
bdate	出生日期	
educ	教育水準	
jobcat	職務類別	1 職員 2 保管員 3 經理
salary	目前薪資	
salbegin	起始薪資	
jobtime	工作年資 (以月計)	
prevexp	之前經歷 (以月計)	
minority	少數族群	0 否 1 是

三、資料檔名稱：1991 U.S. General Social Survey.sav

■ 資料檔位置：PASW 安裝位置的目錄

■ 資料檔內容：此資料為 1991 年進行的一般性社會調查，共訪談 1,500 位成人所得的結果。

■ 資料檔編碼：

PASW 變數名稱	變數標註	變數值標註
sex	填答者性別	1 男 2 女
race	填答者種族	1 白人 2 黑人 3 其它
region	美國的地區	1 北東區 2 南東區 3 西區
happy	一般的快樂度	0 不適用 1 非常快樂 2 普通快樂 3 不快樂 8 不知道 9 未回答 (0,8,9 為缺漏值)
life	生活是有趣的或無趣的	0 不適用 1 有趣的 2 正規的 3 無趣的 8 不知道 9 未回答 (0,8,9 為缺漏值)
sibs	兄弟姐妹的人數	98 不知道 99 未回答 (98,99 為缺漏值)
childs	子女人數	0 無 1 1 位 2 2 位 3 3 位 4 4 位 5 5 位 6 6 位 7 7 位 8 8 位 (含) 以上 9 未回答 (9 為缺漏值)
age	填答者年齡	98 不知道 99 未回答 (98,99 為缺漏值)
educ	完成教育的最高年數	97 不適用 98 不知道 99 未回答 (98,99 為缺漏值)
paeduc	父親，完成教育的最高年數	97 不適用 98 不知道 99 未回答 (98,99 為缺漏值)
maeduc	母親，完成教育的最高年數	97 不適用 98 不知道 99 未回答 (98,99 為缺漏值)
speduc	配偶，完成教育的最高年數	97 不適用 98 不知道 99 未回答 (98,99 為缺漏值)
prestg80	填答者的職業聲望 (1980)	0 不適用、不知道、未回答 (0 為缺漏值)
occcat80	職業類別	1 管理及專業人員 2 技術、銷售及行政人員 3 服務人員 4 農、林、漁業人員 5 精密製造、工藝、維修人員 6 操作、製造及一般勞工
tax	填答者收入的聯邦稅額	0 不適用 1 太高 2 剛好 3 太低 4 未付稅款 8 不知道 9 未回答 (0,8,9 為缺漏值)
usintl	參與世界事務	0 不適用 1 積極角色 2 阻止觀望 8 不知道 9 未回答 (0,8,9 為缺漏值)
obey	服從遵守	0 不適用 1 最重要 2 第二重要 3 第三重要 4 第四重要 5 最不重要 8 不知道 9 未回答 (0,8,9 為缺漏值)
popular	讓人喜歡或受歡迎	0 不適用 1 最重要 2 第二重要 3 第三重要 4 第四重要 5 最不重要 8 不知道 9 未回答 (0,8,9 為缺漏值)
thnkself	為自己著想	0 不適用 1 最重要 2 第二重要 3 第三重要 4 第四重要 5 最不重要 8 不知道 9 未回答 (0,8,9 為缺漏值)

PASW 變數名稱	變數標註	變數值標註
workhard	努力工作	0 不適用　1 最重要　2 第二重要 3 第三重要　4 第四重要　5 最不重要 8 不知道　9 未回答 (0,8,9 為缺漏值)
helpoth	協助他人	0 不適用　1 最重要　2 第二重要 3 第三重要　4 第四重要　5 最不重要 8 不知道　9 未回答 (0,8,9 為缺漏值)
hlth1	生病到去看醫生	0 不適用　1 是　2 否　8 不知道 9 未回答 (0,9 為缺漏值)
hlth2	諮詢精神醫生	0 不適用　1 是　2 否　8 不知道 9 未回答 (0,9 為缺漏值)
hlth3	無法生育，無法有小嬰兒	0 不適用　1 是　2 否　8 不知道 9 未回答 (0,9 為缺漏值)
hlth4	酗酒問題	0 不適用　1 是　2 否　8 不知道 9 未回答 (0,9 為缺漏值)
hlth5	非法嗑藥 (大麻、古柯鹼)	0 不適用　1 是　2 否　8 不知道 9 未回答 (0,9 為缺漏值)
hlth6	夥伴 (丈夫、妻子) 住院	0 不適用　1 是　2 否　8 不知道 9 未回答 (0,9 為缺漏值)
hlth7	子女住院	0 不適用　1 是　2 否　8 不知道 9 未回答 (0,9 為缺漏值)
hlth8	子女嗑藥、酗酒問題	0 不適用　1 是　2 否　8 不知道 9 未回答 (0,9 為缺漏值)
hlth9	親密朋友死亡	0 不適用　1 是　2 否　8 不知道 9 未回答 (0,9 為缺漏值)
work1	失業並尋覓工作一個月以上	0 不適用　1 是　2 否　8 不知道 9 未回答 (0,9 為缺漏值)
work2	被降職或換到較差的職務	0 不適用　1 是　2 否　8 不知道 9 未回答 (0,9 為缺漏值)
work3	減薪或工時減少	0 不適用　1 是　2 否　8 不知道 9 未回答 (0,9 為缺漏值)
work4	錯失晉升的機會	0 不適用　1 是　2 否　8 不知道 9 未回答 (0,9 為缺漏值)
work5	與老闆相處不良	0 不適用　1 是　2 否　8 不知道 9 未回答 (0,9 為缺漏值)
work6	自己的事業虧損或倒閉	0 不適用　1 是　2 否　8 不知道 9 未回答 (0,9 為缺漏值)
work7	夥伴 (丈夫、妻子) 被解雇	0 不適用　1 是　2 否　8 不知道 9 未回答 (0,8,9 為缺漏值)
work8	夥伴 (丈夫、妻子) 減薪	0 不適用　1 是　2 否　8 不知道 9 未回答 (0,8,9 為缺漏值)
work9	自己的配偶失業	0 不適用　1 是　2 否　8 不知道 9 未回答 (0,8,9 為缺漏值)

PASW 變數名稱	變數標註	變數值標註
prob1	過去一年中面臨的最重要問題	1 健康 2 財務 3 缺乏基本服務 4 家庭 5 個人 6 法律 7 其他
prob2	過去一年中面臨的最重要問題	1 健康 2 財務 3 缺乏基本服務 4 家庭 5 個人 6 法律 7 其他
prob3	過去一年中面臨的最重要問題	1 健康 2 財務 3 缺乏基本服務 4 家庭 5 個人 6 法律 7 其他
prob4	過去一年中面臨的最重要問題	1 健康 2 財務 3 缺乏基本服務 4 家庭 5 個人 6 法律 7 其他

主要參考文獻

1.　余民寧（民 92）。教育測驗與評量－成就測驗與教學評量（第二版）。台北：心理。

2.　林清山（民 82）。心理與教育統計學。台北：東華書局。

3.　郭生玉（民 79）。心理與教育測驗。台北：精華書局。

4.　簡茂發（民 80）。命題方法與試題分析。國教輔導，第 31 卷第 1 期，2-13。

5.　Agresti, A., & Finlay, B. (1997). Statistical Methods for the Social Sciences (3rd edition). Upper Saddle River, New Jersey: Prentice Hall.

6.　Andrews, F. C. (1954). Asymptotic behavior of some rank tests for analysis of variance. Annals of Mathematical Statistics. 25, 724-736.

7.　Bartlett, M. S. (1954). A note on the multiplying factors for various chi square approximations. Journal of the Royal Statistical Society, 16(Series B), 296–298.

8.　Briggs, S. R., & Cheek, J. M. (1986). The role of factor analysis in the development and evaluation of personality scales. Journal of Personality, 54, 106–148.

9.　Cattell, R. B. (1978). The Scientific Use of Factor Analysis. New York: Plenum.

10. Chase,C. I . (1978). Measurement for educational evaluation, 2nd ed. Reading, Mass: Addison-Wesley.

11. Cochran, W. G., & Cox, G. M. (1950). Experimental Design. Chapman & Hall, London, UK.

12. Cohen, J. (1988). Statistical Power Analysis for Behavioral Sciences, 2nd ed. Hillsdale, New Jersey: Lawrence Erlbaum & Associates.

13. Comrey, A. L., & Lee, H. B. (1992). A first course in factor analysis. Hillsdale, New Jersey: Erlbaum.

14. Ebel, R. L. (1979). Essentials of Education Measurement, 3rd ed. Englewook Cliffs, New Jersey: Prentice-Hall.

15. Ebel, R. L., & Frisbie, D. A. (1991). Essentials of educational measurement, 5th ed. Englewood Cliffs, New Jersey: Prentice-Hall.

16. Everitt, B. S. (1975). Multivariate analysis: the need for data and other problems. British Journal of Psychiatry, 126, 237-240.

17. Fisher, R. A. (1949). The Design of Experiments, 5th edition. Edinburgh: Oliver and Boyd.

18. George, D., & Mallery, P. (2003). SPSS for Windows step by step: A simple guide and reference, 4th ed. Boston: Allyn & Bacon.

19. Glass, G. V., & Hopkins, K. D. (1996). Statistical methods in education and psychology, 3rd ed. Needham Heights, MA: Allyn & Bacon.

20. Goodman, L. A., & Kruskal, W. H. (1954). Measures ofassociation for cross classifications. Journal of the American Statistical Association, 49, 732-764.

21. Gorsuch, R. L. (1983). Factor Analysis, 2nd Ed. Hillsdale, New Jersey: Erlbaum.

22. Guilford, J. P. (1954). Psychometric methods, 2nd, Ed. New York: McGraw Hill.

23. Hair, J. F., Anderson, R. F., Tatham, R. L., & Black, W. C. (1998). Multivariate data analysis, 5th Ed. New Jersey: Prentice Hall Inc.

24. Health and Safety Executive. (2004). HSE Management Standards for Tackling Work-related Stress. UK: HSE.

25. Kaiser, H. F. (1961). A note on Guttman's lower bound for the number of common factors. British Journal of Statistical Psychology, 14, 1-2.

26. Kaiser, H. F. (1974). An index of factorial simplicity. Psychometrika, 39, 31–36.

27. Kruskal, W.H., Wallis, W. A. (1952). Use of ranks in one-criterion variance analysis. Journal of the American Statistical Association, 47, 583-621.

28. Mann, H. B. & Whitney, D. R. (1947). On a test of whether one of two random variables is stochastically larger than the other. The Annals of Mathematical Statistics, 18, 50-60.

29. Maxwell, S. E., & H. D. Delaney (1990). Designing experiments and analyzing data: A model comparison perspective. Belmont, CA: Wadsworth.

30. Mood, A. M. (1954). On the Asymptotic Efficiency of Certain Nonparametric Two-Sample Tests. The Annals of Mathematical Statistics, 25, 514-533.

31. Noll, V. H., Scannell, D. P., & Craig, R. C. (1976). Introduction to Educational Measurement, 3rd ed. Boston: Houghton Mifflin.

32. Nunnaly, J. C. (1978). Psychometric theory. New York: McGraw Hill.

33. Pallant, J. (2007). SPSS Survival Manual: A step by step guide to data analysis using SPSS for Windows. Australia: Allen & Unwin.

34. Satterthwaite, F. E. (1946). An Approximate Distribution of Estimates of Variance Components. Biometrics Bulletin, 2, 110-114.

35. Scheffé, H. (1959). The Analysis of Variance. New York: John Wiley & Sons.

36. Shirom, A. (2003). Feeling vigorous at work? The construct of vigor and the study of positive affect in organizations. In D. Ganster & P. L. Perrewe (Eds.). Research in organizational stress and well-being, 3, 135-165.

37. Siegel, S. & Castellan, N. J. (1988). Nonparametric Statistics for the Behavioral Sciences, 2nd ed. New York: McGraw-Hill.

38. SPSS (2008). PASW Statistics 18 Brief Guide. SPSS Inc., Chicago, IL, USA.

39. SPSS (2008). PASW Statistics 18 Core System User's Guide. SPSS Inc., Chicago, IL, USA.

40. SPSS (2008). PASW Statistics Base 18. SPSS Inc., Chicago, IL, USA.

41. Stevens, J. P. (2002). Applied multivariate statistics for the social sciences, 4th. Ed. Mahwah: Lawrence Erlbaum Associates.

42. Tabachnick, B. G. & Fidell, L. S. (1996). Using Multivariate Statistics. 3rd ed., New York: HarperCollins College Publishers.

43. Tabachnick, B. G., and Fidell, L. S. (2007). Using Multivariate Statistics, 5th Ed. Boston: Allyn and Bacon.

44. Thurstone, L. L. (1947). Multiple factor analysis. Chicago: University of Chicago Press.

45. Tukey, J. W. (1953). The Problem of Multiple Comparisons. In Mimeographed Notes. Princeton, New Jersey: Princeton University.

46. Wilcoxon, F. (1945). Individual comparisons by ranking methods. Biometrics, 1, 80-83.

國家圖書館出版品預行編目資料

易學易用 SPSS PASW 統計分析實務 / 李金泉編著.
-- 二版. -- 台北縣土城市：全華圖書. 2010.01
　　面　；　公分
　ISBN 978-957-21-7426-5(平裝附光碟片)
　1.統計套裝軟體　2.統計分析
512.4　　　　　　　　　　　　　　98023570

易學易用 SPSS PASW 統計分析實務(第二版)

作者 / 李金泉

發行人 / 陳本源

執行編輯 / 張晏誠

封面設計 / 楊昭琅

出版者 / 全華圖書股份有限公司

郵政帳號 / 0100836-1 號

印刷者 / 宏懋打字印刷股份有限公司

圖書編號 / 06010017

二版三刷 / 2015 年 9 月

定價 / 新台幣 750 元

ISBN / 978-957-21-7426-5（平裝附光碟片）

全華圖書 / www.chwa.com.tw

全華網路書店 Open Tech / www.opentech.com.tw

若您對書籍內容、排版印刷有任何問題，歡迎來信指導 book@chwa.com.tw

臺北總公司(北區營業處)
地址：23671 新北市土城區忠義路 21 號
電話：(02) 2262-5666
傳真：(02) 6637-3695、6637-3696

中區營業處
地址：40256 臺中市南區樹義一巷 26 號
電話：(04) 2261-8485
傳真：(04) 3600-9806

南區營業處
地址：80769 高雄市三民區應安街 12 號
電話：(07) 381-1377
傳真：(07) 862-5562

讀者回函卡

（請由此線剪下）

填寫日期：　　　　

姓名：　　　　　　　生日：西元　　　年　　　月　　　日　性別：□男 □女

電話：（　　　）　　　　傳真：（　　　）　　　　手機：

e-mail：（必填）

註：數字零，請用 Φ 表示，數字 1 與英文 L 請另註明並書寫端正，謝謝。

通訊處：□□□□□

學歷：□博士 □碩士 □大學 □專科 □高中・職

職業：□工程師 □教師 □學生 □軍・公 □其他

學校／公司：　　　　　　　科系／部門：

需求書類：

□A. 電子 □B. 電機 □C. 計算機工程 □D. 資訊 □E. 機械 □F. 汽車 □I. 工管 □J. 土木

□K. 化工 □L. 設計 □M. 商管 □N. 日文 □O. 美容 □P. 休閒 □Q. 餐飲 □B. 其他

本次購買圖書為：　　　　　　　　　　書號：

您對本書的評價：

封面設計：□非常滿意 □滿意 □尚可 □需改善，請說明

內容表達：□非常滿意 □滿意 □尚可 □需改善，請說明

版面編排：□非常滿意 □滿意 □尚可 □需改善，請說明

印刷品質：□非常滿意 □滿意 □尚可 □需改善，請說明

書籍定價：□非常滿意 □滿意 □尚可 □需改善，請說明

整體評價：請說明

您在何處購買本書？

□書局 □網路書店 □書展 □團購 □其他

您購買本書的原因？（可複選）

□個人需要 □幫公司採購 □親友推薦 □老師指定之課本 □其他

您希望全華以何種方式提供出版訊息及特惠活動？

□電子報 □DM □廣告（媒體名稱）

您是否上過全華網路書店？（www.opentech.com.tw）

□是 □否 您的建議

您希望全華出版那方面書籍？

您希望全華加強那些服務？

～感謝您提供寶貴意見，全華將秉持服務的熱忱，出版更多好書，以饗讀者。

全華網路書店 http://www.opentech.com.tw 客服信箱 service@chwa.com.tw

2011.03 修訂

親愛的讀者：

感謝您對全華圖書的支持與愛護，雖然我們很慎重的處理每一本書，但恐仍有疏漏之處，若您發現本書有任何錯誤，請填寫於勘誤表內寄回，我們將於再版時修正，您的批評與指教是我們進步的原動力，謝謝！

全華圖書 敬上

勘　誤　表

書　號			
頁　數	行　數	書　名	作　者
		錯誤或不當之詞句	建議修改之詞句

我有話要說：（其它之批評與建議，如封面、編排、內容、印刷品質等⋯）